中华现代学术名著丛书

中国通史简编

上册

范文澜 著

商務印書館
创于1897
The Commercial Press

范 文 澜

(1893—1969)

出版说明

百年前，张之洞尝劝学曰："世运之明晦，人才之盛衰，其表在政，其里在学。"是时，国势颓危，列强环伺，传统频遭质疑，西学新知亟亟而入。一时间，中西学并立，文史哲分家，经济、政治、社会等新学科勃兴，令国人乱花迷眼。然而，淆乱之中，自有元气淋漓之象。中华现代学术之转型正是完成于这一混沌时期，于切磋琢磨、交锋碰撞中不断前行，涌现了一大批学术名家与经典之作。而学术与思想之新变，亦带动了社会各领域的全面转型，为中华复兴奠定了坚实基础。

时至今日，中华现代学术已走过百余年，其间百家林立、论辩蜂起，沉浮消长瞬息万变，情势之复杂自不待言。温故而知新，述往事而思来者。"中华现代学术名著丛书"之编纂，其意正在于此，冀辨章学术，考镜源流，收纳各学科学派名家名作，以展现中华传统文化之新变，探求中华现代学术之根基。

"中华现代学术名著丛书"收录上自晚清下至20世纪80年代末中国大陆及港澳台地区、海外华人学者的原创学术名著（包括外文著作），以人文社会科学为主体兼及其他，涵盖文学、历史、哲学、政治、经济、法律和社会学等众多学科。

出版“中华现代学术名著丛书”，为本馆一大夙愿。自 1897 年始创起，本馆以“昌明教育，开启民智”为己任，有幸首刊了中华现代学术史上诸多开山之著、扛鼎之作；于中华现代学术之建立与变迁而言，既为参与者，也是见证者。作为对前人出版成绩与文化理念的承续，本馆倾力谋划，经学界通人擘画，并得国家出版基金支持，终以此丛书呈现于读者面前。唯望无论多少年，皆能傲立于书架，并希冀其能与“汉译世界学术名著丛书”共相辉映。如此宏愿，难免汲深绠短之忧，诚盼专家学者和广大读者共襄助之。

商务印书馆编辑部

2010 年 12 月

凡　例

一、"中华现代学术名著丛书"收录晚清以迄20世纪80年代末，为中华学人所著，成就斐然、泽被学林之学术著作。入选著作以名著为主，酌量选录名篇合集。

二、入选著作内容、编次一仍其旧，唯各书卷首冠以作者照片、手迹等。卷末附作者学术年表和题解文章，诚邀专家学者撰写而成，意在介绍作者学术成就，著作成书背景、学术价值及版本流变等情况。

三、入选著作率以原刊或作者修订、校阅本为底本，参校他本，正其讹误。前人引书，时有省略更改，倘不失原意，则不以原书文字改动引文；如确需校改，则出脚注说明版本依据，以"编者注"或"校者注"形式说明。

四、作者自有其文字风格，各时代均有其语言习惯，故不按现行用法、写法及表现手法改动原文；原书专名（人名、地名、术语）及译名与今不统一者，亦不作改动。如确系作者笔误、排印舛误、数据计算与外文拼写错误等，则予径改。

五、原书为直（横）排繁体者，除个别特殊情况，均改作横排简体。其中原书无标点或仅有简单断句者，一律改为新式标点，专名号从略。

六、除特殊情况外，原书篇后注移作脚注，双行夹注改为单行夹注。文献著录则从其原貌，稍加统一。

七、原书因年代久远而字迹模糊或纸页残缺者，据所缺字数用“□”表示；字数难以确定者，则用“（下缺）”表示。

目　　录

上　册

第二编　民族统一的中央集权的封建国家成立后对外扩张到外族的内侵——秦汉至南北朝

第三编　封建制度社会螺旋式的继续发展到西洋资本主义的侵入——隋统一至清鸦片战争

下　册

序

我们要了解整个人类社会的前途，我们必需了解整个人类社会过去的历史；我们要了解中华民族的前途，我们必需了解中华民族过去的历史；我们要了解中华民族与整个人类社会共同的前途，我们必需了解这两个历史的共同性与其特殊性。只有真正了解了历史的共同性与特殊性，才能真正把握社会发展的基本法则，顺利地推动社会向一定目标前进。

这样，研究中国历史，是每一个进步中国人民应负的责任。

中国是拥有五千余年悠久历史的古国，积累着丰富而又庞杂的大堆史料。甲骨钟鼎，经传诸子，史书地志，小说笔记，哲学宗教，诗文考证，歌谣戏曲，凡此种种，无不属于历史的研究范围以内。这不仅非短时期所得遍览穷探，在物质条件多方限制的环境下，也不允许这样去做。可是要了解中国历史比较近真的情况，却又必需向这广泛纷乱的大堆史料中去寻找。

如果利用二十五史、《资治通鉴》一类现成的史书来学习中国历史，是不是能收预期的功效？第一，这类包含千百万字的大部书籍，学习者哪有这许多时间和精力去消费；第二，这类书连篇累牍，无非记载皇帝贵族豪强士大夫少数人的言语行动，关于人民大众一般的生活境遇，是不注意或偶然注意，记载非常简略；第三，我们要探求中国社会循着怎样的道路向前发展，而这类书却竭力湮没或歪曲发展的事实，尽量表扬倒退停滞阻碍社会发展的功业。一言蔽之说，这类书不适于学习历史的需要。

我国广大读者需要的首先是从广泛史料中选择真实材料，组成一部简明扼要的，通俗生动的，揭露统治阶级罪恶的，显示社会发展法则的中国通史。

中国历史研究会同志们才力薄弱，不自揣量，草拟了这一部《通史简编》出来，不用说，距离实际合用的通史，至少还有十万八千里。我们知道，这仅仅是大胆的尝试，这仅仅是初步的探索，这仅仅是不值自珍的敝帚，这仅仅是聊备删削的草稿。我们怀抱着百分之二百的热望，要求大雅通人、先进硕士给我们严格的批评和指正。止有在批评和指正下面，才能完成写出较好通史的任务。

参加本书编辑的同志凡七人：谢华、范文澜分任第一编，佟冬、尹达、范文澜分任第二编，叶蠖生、金灿然、唐国庆、范文澜分任第三编，为了整齐体例，修饰文字，由范文澜任总编的责任。

今天，《通史简编》上册付印了，我们非常欣幸，因为我们将得到批评和指正。

中国历史研究会一九四一年五月二十五日

再版说明

《中国通史简编》一九四一年在延安出版以后，各个解放区多有翻印，在蒋管区虽然遭受法西斯特务的禁止，但是一九四七年上海也终于印出了。这证明读者急需一部真实的中国人民的历史。不过在延安编辑的时候，因为材料缺乏，人力薄弱，仅仅一年半的日期，仓促脱稿，自然产生许多缺点，距离实际合用的通史，还有十万八千里。几年来接到许多珍贵的批评和指正，却又因为原来参加编辑工作的同志们，都负担起另外的工作，范文澜同志忙于赶写近代史，所以始终未能修改。去年北方大学历史研究室成立，预计在近代史编辑完毕以后，把《通史简编》仔细订正。现在编辑近代史的工作正在进行，《通史简编》又须再版，只得根据原稿校对一遍，在个别问题和词句上略有改动，较详细的修改还得留待将来。

人民的历史，不是皇族的家谱。历代纪元年号，显然以天下为帝王私产，且时代距离不易省察；故本书对历代帝王直称姓名，年次全用公历。为便于检查，将公历、年号、帝王姓名和帝号，制成简单的年表。中国历史到西周“共和”的时候，才有确实的年数，所以年表就从“共和”元年开始。年表把同时存在的主要政权、年号并列。年表仅仅为了纪年，其在纪年上没有多少作用的，完全删去，如公元三〇四年从七月到十二月司马衷改变三次年号，删去“建武”、“永安”，止留下能继续二年的“永兴”；如公元四九四年南齐连换三个皇帝，删去萧昭业、萧昭文，止留下能继续五年的萧鸾。

参加本书校订工作的同志共八人：范文澜、王南、王可风、荣孟源、牟安世、高山、刘桂五、纪志翘。

这次止是微小的校订，深望读者再多给予严格的批评和指正，庶几将来能仔细修改，慢慢写成一部较好的中国通史。

北方大学历史研究室一九四八年四月三日

第一编
原始公社到中央集权的民族国家底成立——远古至秦

（远古 — 公元前二二一年）

（凡公元前，以下简称前）

第一章　原始公社时代——禹以前

远古 — 前二一九八年(?)

第一节　黄河流域最早的居民

北平西南周口店发现大约四五十万年以前的人类遗骨,据说那时候的人,已经知道用火,并制造粗糙的石器骨器。

内蒙古鄂尔多斯发现大约五万年前的旧石器,其中有似乎剥皮用的石刀。

中原地方还没有发现过旧石器,但未必就是从古无人居住的证据。

依据地下发掘的材料,约在前三〇〇〇年(?)黄河流域确有人类居住,而且已经踏进新石器阶段,有相当发展的文化。

中国中部黄河南北,是平原肥沃的地区。住在周围的各民族,都想迁徙进来。因此成了各种族斗争的舞台,也成了不同文化相互影响的场所。有一种苗人叫做黄猫头蛮,发拳曲,作黄金色。这当是欧洲人种,先从西方迁来,后被汉族压迫逃到南方。后冈(河南安阳县)发掘,最下层是红陶,中层黑陶,上层白陶,递变的形迹显然。据上述两个例证,可以想见远古种族间文化间的斗争状况。

住在中原地区及其周围的种族,推想如下:

东部的夷族，济水流域是夷族的根据地。大概从东北沿渤海岸入山东境，南下到淮水流域。相传太皞是他们的圣帝。春秋时代还有任（山东济宁县）、宿（山东东平县东无盐城）、须句（东平县）、颛臾（费县西北）四个风姓的小国，说是太皞的后裔。济南龙山城子崖发掘，最下层的灰陶，形质粗劣，年代很古；皞是白色，灰也含白色，或许这就是夷族文化的遗迹。灰黑白三色是东方出土陶器的特征。

南部是蛮族，苗、黎、瑶[1]总称为南蛮。蛮族大概从安南迁来，发展到长江流域，又北进到黄河流域，现今苗人的椎髻、服装、乐器以及房屋构造形式，与安南风俗，大体相同，可以作为古代蛮族来源的佐证。蛮族种类繁杂，在远古似乎也有相当文化。其中黎族最强，蚩尤是九黎著名的酋长。

西部是羌族，从西方侵入中原，与苗黎杂居。炎帝是羌族的首领，炎帝也称为赤帝。后冈发掘最下层的陶器，以赤色为主体，花纹形制，都极简单，年代比仰韶期要早些，也许这就是羌族文化的遗迹。赤色和彩色（主要的也是赤色）是西部文化的特征。

北部的狄族（也许就是散布长城以北至西伯利亚平原的细石器种族），东北部的貊族，在远古传说中，没有显示他们活动的形迹。

地下发掘，材料最丰富的是仰韶系文化。民国九年，河南渑池县仰韶村掘得石器、骨器、陶器多种。石器有刀、斧、杵、镞、耨、锄及纺织用的“棉坠”。骨器有缝纫用的针，陶器有红、白、黑两彩三彩的花纹。所以仰韶文化也称为彩陶文化。遗物中还有陶鬲、陶鼎、豕骨、谷粒和人骨，据说，人骨同现代北中国的人种没有什么分别。

---

① 原书写作“傜”。现遵1949年后通例，统一改为“瑶”。——校者注

与仰韶同系统的文化遗物，在辽宁锦西县、甘肃宁定县、山西夏县（夏县西阴村还发现半个蚕茧）、南满洲貔子窝等地，都有发现。可是太行山以东、渤海以西的大平原上，却未曾发现过。因此或可推想为，仰韶文化的种族，从西方向东发展，到渑池地方，遇着别一种族的阻碍，不能前进，渡河入山西境，北上顺长城线往东，经热河中部到辽东半岛朝鲜北部。现在这些地方都有遗迹可寻。考古学家称为南方系文化或中国系文化，以别于长城外的细石器文化。

仰韶文化的地区散布如此广大，足见这个种族繁殖力颇强。制造工具也比较精致，而且已有原始农业和纺织业。如果西阴村的半个蚕茧鉴定不误，那更使人联想到嫘祖（黄帝正妻）发明了养蚕的故事。

仰韶遗址的人骨，既和现在北中国人同类，黄帝从西方来，又是历代相传的旧说；考古家证明中国仰韶系彩陶，与巴比伦的素沙、中亚细亚及屈里波夷等地出土的彩陶同一系统。东西交通时期，据专家推算，约在公元前四千年。经过一千多年的发展，可能在公元前二千七百年（？）前后，即传说中的黄帝族对占据中原的羌族、蛮族发生争夺战。所以不妨说仰韶文化就是黄帝族的文化。

如果上述假设，没有大错误的话，最初居住中国中部的，应该说是羌族和蛮族。东部属夷族，西部属黄帝族。经过长期的斗争，黄帝族成为中国的主人，其他民族，或被驱逐，或被同化。

第二节　关于远古的传说

关于远古（黄帝以前）的传说，如果刷去荒诞的神话，以及带有后代色彩的追叙，其中比较近乎事实的材料，还保存相当数量。从这些材料中看出那时候人类的生活概况，大体如下：

远古人类的生活与普通动物不差多少，一群人住在一起，认识母亲，却不知谁是父亲。走路不辨方向，行动毫无意识。没有火，也没有器械和用具，生吃果实鸟兽虫鱼。冷天披草着皮，热天止遮蔽腹下那一块。饥饿求食物，饱了就舍弃。经过极长时期，才逐渐进化。

有巢氏——当人们穴居的时期，无法抵御禽兽虫蛇的侵害，后来发明了构木为巢的方法，白天采集果实，作为生活的资料。夜里栖息在树上的巢内。这是人类的蒙昧时期。

燧人氏——人们由采集生活，进到渔猎生活。生吃蚌蛤虫鱼，腥臊臭恶，多生肠胃病。后来发明钻木取火的方法，开始知道熟食。这是由蒙昧进到半开化的初步。

庖牺氏——发明网罟，用以捕鱼猎兽。又发明饲养家畜，开始有牧畜业。

女娲氏——传说中，女娲与庖牺对男女交配旧习惯都有些改革。

神农氏——发明种五谷，作耒耜陶器，又日中为市，开始有交易。那时候人不知道争夺财物，也不知道什么刑法政令。神农氏别号烈山氏，烈山就是烧山，也许焚烧山林，开垦土地，正是农业的开始。

依一般进化规律说，人类最初过着树上生活，其后发明用火，又其后发明渔猎，又其后发明牧畜，又其后发明农业。这与有巢、燧人、庖牺、神农的次序，大体符合。古书凡记载大发明，都称为圣人，所谓某氏某人，实际上是说某些发明。而这些发明，正表示人类进化的某些阶段。

传说中人物，似乎比较可信的，有太皞、炎帝、蚩尤三人。他们是三个种族的首领。

太皞——据说姓风。画八卦代替结绳。八卦是“—”“--”两种线形凑成用作记事的符号。有无其事，不能证明。不过类似这种原始楔形文字，在中国西南部落后种族的苗瑶中，确曾普遍使用过。南宋周去非做广西灵川县官，有瑶人投木片告状。木片上刻长短条痕，据翻译说，是“和仇人相攻，仇人用箭射他，请求县官究办”。依此作例，八卦原来是夷族木契，很有可能。后来华族发明象形文字，借它作卜筮的符号。

炎帝——据说姓姜。姜就是羌，羌本西方民族，很早迁入中原地区。相传炎帝第七代后裔榆罔与黄帝在阪泉打过三次大仗。照《括地志》（古地理书，唐朝李泰著）说，阪泉在察哈尔怀来县。如果这样，黄帝族止在边境攻略，未能侵入内地。此后两族同化，在政治上，姜姓仍很有地位。

蚩尤——蛮族中九黎最强，大概是联合九个部落，每个部落各包含有九个兄弟族，共八十一个兄弟族。蚩尤做大酋长。据说八十一个酋长全是兽身人言，吃沙石，耳上生硬毛，头有角能触人。蚩尤驱逐炎帝族，炎帝族请黄帝援助，经过猛烈的战争，才把蚩尤杀死。古书中蚩尤的神话最多，可见他在当时确是炎黄二族的共同劲敌。

如果这个传说，多少包含些事实，那么炎黄两族曾经长期战争，后来联盟对抗蛮族。照《国语》说，黎苗在夏商时代，还很顽强。同从西方来，文化又相近的炎黄两族，协力御侮，因而两族逐渐同化，是很合乎情理的。

此外还有一个盘古氏。蛮族自称祖先是一只五色毛狗，名叫盘瓠。三国时代徐整做《三五历记》，把盘瓠搬进古史，改名盘古，又造一段开天辟地的神话。中国各种族的合并运动，不断发展，吸收各族神话，使内容复杂起来，这是不足怪的。

第三节　关于黄帝及其后裔的传说

现代的中华民族，是吸收无数民族，在一定文化一定民族的基础上，经四五千年的长期斗争和融化，才逐渐形成起来。这里所谓民族基础，无疑地应该说是从黄帝传下的华族（周代称华族，汉以后称汉族）。

古代传说，不论如何分歧荒诞，从没有认太皞、炎帝、蚩尤做自己祖先的。太皞人头蛇身，女娲也是蛇身，炎帝人身牛头，蚩尤更描写成大怪物。独黄帝系统的古帝，全是人形。这显然含有民族偏见，但正是说明中国古史的基干，从黄帝一族流传下来。

相传炎帝族受蚩尤族压迫，逃避到涿鹿。涿鹿在怀来县境，是黄帝东迁后根据地之一。黄帝攻杀蚩尤，本族仍居西部与北部（陕甘晋等地区）。这与仰韶文化分布地域，大体符合，仰韶与殷墟小屯（河南安阳县），是同一系统的文化，可见黄帝与殷商间，实有不可割断的脉络存在着。

古代文献记载黄帝子孙世系，有《国语》、《大戴记》、《山海经》等书，虽然错乱脱略，疑问很多，但如全由后人伪造，何妨谱系井然，自圆其说。子孙尊礼祖先，记述名号，年久讹误，事所常有，至于重要祖先，决不会轻易忘记。古人祭祀，有“神不歆（受祭）非类，民不祀非族”、“鬼神非其族类，不歆其祀”的种族信念，黄帝世系，实不能视为毫无根据。

中国比较有系统的历史，可以承认从黄帝开始。

《史记》黄帝本纪说，黄帝姓姬，居涿鹿地方的山阿（山湾），时常迁徙，往来不定，生二十五子。正妻嫘祖，生子二人，一名玄嚣，一名昌意。

相传黄帝发明弓箭衣裳。仰韶遗物有石镞、骨镞，又有纺织器具，传说也许可信。

黄帝二十五子，据说有十四人得姓，其中二人同一姓，共得十二姓，十二姓大体见于古代传记，唐虞夏商周秦都是十二姓后裔。二十五人或有姓，或无姓，或同姓，或异姓，或从母姓，或从父姓，或同母异姓，或异母同姓，大概社会在女系男系交替时代，可有氏姓无常的现象。两汉时，东胡乌桓正当女系转入男系的阶段，他们姓氏没有一定，往往用勇健酋长的名字作姓。中国传说中古帝姓氏，纷歧不一，也就是女系男系交替时代的现象。

按照传说，黄帝后裔有下列诸帝：

少皞——姓已，或说姓嬴，名挚，居曲阜（山东曲阜县）。春秋时代郯国是他的子孙。黄帝后裔，往往“或在中国，或在夷狄”。大概少皞最先迁徙到东方，与夷族杂居，接受太皞系文化，所以称为少皞。

颛顼——昌意（黄帝子）的后裔。居帝邱（河北濮阳县）。号高阳氏。攻伐苗黎，驱散他们。一部分苗族逃窜西方，一部分逃窜南方，华族占领黄河北岸土地。颛顼立尊重男权、压抑女子的规矩，女子遇见男子不让路，男子得在路上责打她。

帝喾——玄嚣（黄帝子）的后裔。居亳（河南偃师县）。号高辛氏。传说中帝喾娶四妻，生四子。姜嫄生弃（周朝祖先），简狄生契（商朝祖先），庆都生尧，常仪生挚。如果弃等确同出帝喾一系，也止是后裔，决不是同父异母兄弟。卜辞证明商朝自认高祖是帝喾，帝喾当是实有其人。

以上三帝（帝字本义是祖先），彼此年代相隔，有颇大的距离，并不是前后继承帝位。他们或因特殊事功，或因子孙昌盛，名号得保存下来。他们究竟作些什么事业，古史传述，几乎全不可信。试取其他落后民族的记载，作远古历史的参考，倒可约略想见当时的情况。

《魏志》乌桓传叙述乌桓习俗说，他们选举勇健能战公平解决争讼的人做大人。邑落各有小帅，数百千落自为一部。大人有召呼，各部落不敢违犯。大人和小帅，都是选举，没有世袭。大人以下，各有畜牧治产，不相繇役。敬鬼神，祭天地日月星辰山川，先世大人有勇名功业的也用牛羊祭他们。没有法律，止相约：违大人命令，死；盗掠不止，死。部落间有仇怨，得自相报复，报复不止，请大人评判，理曲的部落，出牛羊赎罪。自杀父兄无罪，但不敢杀母，因母有母家部落，要出来报仇，杀自己的父兄，没有人替他们报仇。

中国古帝，少皞、颛顼、帝喾，名号流传，大概也像乌桓祭先世勇健有功业的大人一样。

三帝居地，少皞开始居东方。颛顼伐苗黎，居帝邱向西发展，渑池是仰韶文化根据地。帝喾居亳向东发展，比渑池东进一步。

这种简单传说，也许包含些种族斗争的遗痕。

黄帝到帝喾，年代不可考，据说黄帝在公元前二七〇〇年左右。

第四节　关于尧舜禹的传说

《书经》有《尧典》等篇，叙述尧舜禹禅让的故事。春秋战国时人，尤其是儒墨两大学派，都推崇取法这三个古帝，因此关于他们的传说，似乎比黄帝以下诸帝，较富于真实性。

照传说，尧是帝喾的儿子，距黄帝五代。舜是颛顼的七代孙，距黄帝九代。禹是颛顼的孙子，距黄帝五代。三人世次，显然有很大的错误。

尧都平阳（山西临汾县），居地在西方。孟子说："舜生于诸冯（山东诸城县），卒于鸣条（河南开封附近），东夷之人也。"是舜居地在东方。禹父鲧居地在崇。崇就是嵩，在河南西部。禹都阳翟（河南禹县），也略偏西部。各人自有部落，各治其事，未必像《尧典》所说，许多人聚集在一处，似乎后世的朝廷那样。

《尧典》等篇，大概是周朝史官，掇拾传闻，组成有系统的纪录；虽然不一定有意捏造，夸大虚饰，却所难免。其中"禅让"帝位的故事，在传子制度实行已久的周代史官，不容无端发此奇想，其为远古遗留下来的史实，大致可信。据说尧在帝位，咨询四岳（炎帝族），四岳推举虞舜作继位人。舜受各种试验后，摄位行政。尧死，舜正式即位。舜也照样咨询众人，选出禹来摄行政事。舜死，禹继位。禹在位时，众举皋陶作继位人。皋陶死，又举皋陶子益（似乎已有父死子继的意义）。禹死，子启夺益位自立。“禅让”制度，从此废弃。

尧舜禹当氏族社会末期，选举方式已不十分民主，最后决定权，握持在首领的手中，所以启攻益夺位，并不是偶然发生的现象。

所谓“禅让”制度，实际就是氏族社会的会议选举制度。这种制度在后世落后民族中如乌桓、鲜卑、契丹、女真、蒙古都曾行施，有记载可以考见。

“禅让”是一种选举方式，尧舜以前，这种方式应该早已存在。

尧舜“禅让”就是许多部落的联盟，共同选举一人当大酋长，主要任务是主持祭祀及对苗黎的防御。

特别是禹被选作大酋长以后，建都阳翟，征伐苗黎，追到长江流域，从此苗黎不能北上侵扰。黄帝族在中原的地位，更趋于巩固。周公希望成王像禹一样，用武力横行天下，无有不服，足见禹的武功，为后世所推崇。黄帝以下，征伐苗黎当作主要事业，禹把这个事业完成了。

禹治洪水，没有实证，因而是不可确信的事件。相传他凿开龙门，疏通九河；石器时代的人力，如何能胜任。照孔子说“禹尽力乎沟洫”，大概他发明原始灌溉工程，在那时候，自然是农业上一个进步。

在伐苗的胜利中，俘获苗黎作奴隶，是可以想见的。民苗同声，没有文字以前，民就是苗。周朝才有苗民黎民的名称。金文民字像足上挂器械的形状。现时有些苗族对待汉人俘虏，还保持这个习惯。从金文推想民字的本义，是苗黎俘虏当奴隶。奴隶是财产，禹部落中增加了这种财产，势必促成旧制度的破坏。

“禅让”的传说，在政治上思想上起了很大的影响。“天下为公”成为革命的口号。统治阶级自相篡夺，“禅让”成为一种篡位的公式。清乾隆时代，广东侨商罗芳伯在爪哇建立“禅让”式的共和国，与华盛顿创造美利坚共和国同时。所以尧舜“禅让”是中国旧式的最高政治理想。

第五节 原始公社制度

中国历史同任何民族的历史一样，也就是说，依照历史一般的发展规律，在上古时代，存在过原始公社制度（也称为原始共产制度）。从中国历史开端到“禅让”制度崩溃，正是实行着这个制度的时代。

什么是原始公社制度？就是对于生产资料的社会公有制。那时候，生产力非常低微，人们藉以生活的工具，仅仅是石器以及后来出现的弓箭。那时候，没有生产资料私有制，没有剥削，没有阶级。

石器和弓箭，已被仰韶遗物证明了。仰韶时代，约当传说中的黄帝时代。

周朝祭祀制度，祭品必须仿照被祭者原来的生活状况，照周朝人所知道的远古情形，是没有火以前，称为上古，有火以后，称为中古。上古人连毛带血生吃禽兽肉。饮的是血和水。中古人把石头烧热，放碎肉块或湿黍米在烧石上，半生不熟的吃。后来才制造陶器、房屋、布帛、酒酪。因此，周天子祭祖先喾和弃，是用薄酒及半生肉。

《韩非子》说：尧的生活是茅草屋，糙米饭，野菜羹不加调味，饮食器是土缶，粗布仅掩身体，冬天披鹿皮，衣履不到破烂不换。舜比尧进化一些，木制饮食器具上涂漆。禹更进化，祭器外面涂漆，里面涂红。据龙山发掘，中层黑陶文化，确有这样的陶器，也许就是夏代的遗物。他们的生活资料这样贫乏，所以私有观念，不会发达，大酋长位号，无须霸占传给自己的儿子。

刑法是阶级压迫的表现。那时候既没有剥削，也就没有阶级，因之不需要残酷的刑法。相传（当然杂有后人想像附会处）尧舜时人犯了罪，止罚面上涂墨（后世黥刑），草制帽带子（后世割鼻刑），苍白色韠（后世宫刑。韠是蔽盖腹下的装饰品），草鞋（后世割脚刑），土黄色布衣无领（后世斩刑）。这些叫做象刑。实际上很少人犯象刑。

从《尧典》等篇看来，当时并没有君臣贵贱严格的区分。姜姓部落的酋长，称为四岳，有很大的议政权。皋陶确是黄帝后裔，似乎做了夷族的酋长（皋陶也称皞陶，皞是夷族通称。夏代与九夷不断战争。春秋时代淮水流域蛮夷小国，很多是皋陶后裔），但仍有被举作继位人的权利。舜举十六族（颛顼、帝喾后裔各八族），是扩充联盟的范围。所谓“禅让”时代，大概止是黄帝族作主体，炎帝族（羌）、太皞族（夷）作辅佐的部落自由联盟。联盟的主要目的，是对抗顽强的苗黎族。《墨子》载禹伐苗誓辞说：“你们听我讲话，不是我喜欢打仗，那苗子实在可恶。我现在率领众邦君长，去打苗子。”相传禹攻三苗，东夷不出兵援助，也许夷族对联盟，比炎黄族要疏远些。

依据上面那些材料，生产工具仅仅是石器和弓箭，生活资料仅仅是吃半生肉，着粗布衣，刑罚止有道德上的惩戒作用，大酋长由部落公选，没有特殊权力。这样的社会，恰恰就是原始共产社会。

所以《礼记》的礼运篇讲禹以前的社会情况道：

> 大道之行也，天下为公，选贤与（尊重）能（酋长公选），讲信修睦（和平）。故人不独亲其亲，不独子其子。使老有所终（养老），壮有所用（工作），幼有所长（抚育）。鳏（老男无妻）寡（老女无夫）孤（幼儿无父）独（老人无子）废疾（残废）者皆有所养。男有分（职业），女有归（生活可靠）。货恶其弃于地也，不必藏于己（生产品共同所有）。力恶其不出于身也，不必为己（各尽所能）。是故谋闭而不兴（不欺诈争利），盗窃乱贼而不作（不侵略），故外户而不闭（没有私有财产，不用关大门），是谓大同。

产生在封建社会而又极端拥护封建制度的儒家学派，如果不是依据古代传闻，不能虚构“大同”的思想，原始公社制度确在中国上古存在过，这也是一个证据。

简短的结论

中国历史，关于远古的传说，有的出自后世推想，有的出自异族传说的残余，比较可以述说的，从黄帝起。

黄帝族从西方迁来，散布在中国西北部。陕西、甘肃、山西、察哈尔顺长城线经热河到辽东半岛朝鲜北部，都有仰韶文化的遗迹。仰韶文化考古学者认为当是黄帝族的文化。

夷族（太皞）居中国东部。西方来的羌族（炎帝）、南方来的蛮族(蚩尤)居中国中部。黄帝族向东伸展,到河南渑池地带,受阻不能前进。

炎黄两族在察哈尔怀来县打过几次仗。炎帝被蚩尤追逐,向黄帝求援,黄帝攻杀蚩尤。炎黄两族开始联合和同化,共同对抗顽强的蛮族。

黄帝后裔一部分自东北入山东境,与夷族杂居,逐渐同化。颛顼据濮阳自东向西发展,帝喾据偃师自西向东发展,造成夺取中原地区的形势。

尧舜禹时代,组织黄帝族为主羌炎族为辅的部落大联盟。禹武功最大,压迫蛮族退回长江流域,中国中部成为黄帝族的根据地。

禹在军事胜利中,自己财富增加了,氏族社会也就开始破坏了。

黄帝族胜利的原因,主要是联合羌夷,共同攻伐蛮族,迫使退回长江流域。

从黄帝到禹的社会制度,是原始公社制度。

第二章　原始公社逐渐解体到奴隶占有制度时代——夏商

前二一九七年(?)—前一一二二年(?)

第一节　夏代传说

[前二一九七年(?)—前一七六六年(?)]

《礼记》礼运篇说,禹以前是没有阶级、没有剥削、财产公有的大同社会;禹以后是财产私有的阶级社会。他说:

> 今大道既隐(原始共产制度废弃),天下为家(变公有为私有),各亲其亲,各子其子,货力为己(私有观念),大人世及以为礼(子孙继承财产,认为当然),城郭沟池以为固(保护财产),礼义以为纪(制定道德和法律),以正君臣,以笃父子,以睦兄弟,以和夫妇,以设制度(阶级制度),以立田里(划分疆界,土地私有),以贤勇知(养武人谋士作爪牙,镇压反抗),以功为己(谋个人利益),故谋用是作而兵由此起(争夺及革命不可避免),禹、汤、文、武、成王、周公其选也(统治阶级的圣人,用阶级制度治人民)。……是谓小康(不得小康,即成大乱)。

礼运说禹是财产公有和私有的转变时代，这是非常确切的见解。禹发明原始灌溉工程，又俘获蛮族当奴隶，他开始建筑城郭保护本人的财富和私属，这自然是儿子启应该继承的。禹虽然照例推举益做继位人，但启势力比益强大，所以禹死以后，启率私党攻益，连公举的位号也继承了。这就创始了传子制度。

一种制度的改革，一定因为经济方面发生新变化，可是旧的传统习惯，也还有不可忽视的反抗力量。启夺位后，招集众部落君长在钧台（河南禹县北门外）大宴会，表示自己正式继位。由于形势不稳，他放弃阳翟，西迁到大夏（汾浍流域），建都安邑（山西安邑县）。同姓部落有扈氏（陕西鄠县）起兵，反对启破坏旧制。启战败有扈，罚有扈族做牧奴。

后来启的儿子们争夺继承权，他放逐小儿子武观到黄河西岸。武观反叛，他派彭寿带兵去平乱。启喜欢酗酒打猎跳舞。死后，儿子太康继位，比启更荒唐。他带家属到洛水北岸打猎接连一百天，夷族酋长后羿利用夏民（被压迫阶级）怨恨，夺取安邑，拒绝太康回来，自己做了君长，号称有穷氏。羿也是荒唐人，专喜欢打猎，亲信人寒浞用阴谋杀羿煮熟，给羿子吃，羿子被逼自杀。寒浞继承了羿的妻妾和全部家业。这段简单传说，充分证明了与私有财产制度同时并生的、不可分离的是富人荒淫享乐，穷人劳苦受灾，强有力者互相争夺残杀。总而言之，私有制度的发生，是当时社会的大进步，但同时也就带来了人剥削人的灾难。

太康失位，逃到同姓部落斟鄩（河南巩县西南）。羿灭斟鄩，立仲康。仲康子相逃到商邱（河南商邱县），被夷族攻伐，又逃帝邱（河北濮阳县），依同姓昆吾（濮阳西）等部落。寒浞攻杀相。相妻从墙洞爬出，逃归母家有仍氏，生子少康。少康做有仍氏牧官，被寒浞追逐，逃到舜后裔有虞氏（河南虞城县）做厨官。少康很有才能，纠合同姓，攻灭寒浞。太康失去的帝位，经过几十年，又被少康恢复，古史称为少康中兴。

两种制度长期斗争的结果，新制度必然战胜旧制度。传子制度更进一步的巩固了。

少康居安邑。子杼居原（河南孟县），又迁老丘（河南陈留县附近），势力又向东发展。帝泄时夷族受夏爵命，大概启篡夺的帝位，此时被夷族承认。帝胤甲时夏又衰弱，退居西河（河南洛阳到陕西华阴通称西河）。帝皋居渑池附近，夏桀居洛阳。帝胤甲以后，商在东方强盛，夏不敢向东竞争，终于为商汤攻灭。

战国以前书，从不称夏禹，止称禹、大禹、帝禹；称启为夏启、夏后启。这种区别，还保存两人时代不同的意义。开始居大夏的是启，子孙虽然迁居，夏的名称相仍不改。

有扈族战败，被罚作牧奴。少康逃难，做牧官厨官，都是贱职。可以推想夏代已用奴隶在牧畜部门。夏帝沿黄河岸东西迁徙，大概也有游牧的意义。

夏代后半期，有帝胤甲、帝孔甲、帝癸（桀）等名称，历法是随着农业而发展的，也许当时农业有些进步，因而有干支纪日法。

私有财产制度在夏代发展起来，所以传子制度确立了。他的反面就是原始社会制度崩溃下去。

照传说夏代已有铜器（禹铸九鼎，一说启铸）。但无实物作证，不能确信其有。也许后半期开始用铜，亦未可知。

从启至桀十六君，十三代。据《竹书纪年》说从禹到桀四百七十一年，《三统历》说四百三十二年。

第二节　商代事迹

［前一七八三年(?)—前一一二二年(?)］

商是帝喾后裔契的子孙。传说契母简狄吞燕卵生契，尧舜时代做掌教育的官职，居商邱。卵生的神话，分布最广：如秦祖先女修吞燕卵生子大业，高丽国祖先朱蒙从大卵里生出来，清朝祖先是佛库伦吞神鹊衔给她红果生的。大概夷族爱说鸟生，居东方的黄帝族，受夷族影响，所以也有燕卵生契的传说。

契到汤凡十四代，迁居八次，他们过的是游牧生活。可是商祖先多取天象作名号，汤以前六代人名都用干支(上甲微、报丁、报乙、报丙、主壬、主癸)，足见农业很进步。传说汤十一代祖相土，发明马车。八代祖冥治河溺死。七代祖王亥发明牛车，王亥用帛和牛当货币，驾着牛车在部落间做买卖；大概要扩大商业，曾迁居到黄河北岸，后来被有易族掠夺杀死，弟恒战败有易，夺回牛车。王亥有这样大的功业，所以子孙祭他用牛多到三百头，礼节很隆重。

汤灭夏以前，商已是一个兴旺的部落。随着商业发展，交易的货物必需要增加，夏后氏早已利用奴隶，商应该有更多的奴隶从事生产。从历史发展过程说，商比夏发展得快，可能造成代夏兴起的形势。

祖先有功德的，才用报祭，上甲微到报丁四代都用报祭，想见商在长时期中，建立了强大的基础。

桀是夏代最后一个暴君。照汤伐桀的誓辞说，夏君臣过度剥削民众，用重刑驱使服劳役，夏民相率怠工（有众率怠勿协），指着太阳咒骂道，你几时破灭，我情愿跟你死亡。汤想利用这个机会率众灭夏，汤臣下不以为然，说夏桀暴虐，不干我们事。汤强迫臣下说，你们不听我命令，我杀你们，罚你们妻子做奴隶；听我命令，我大大赏赐你们。所谓赏赐，当然是指战胜的掠获品。

夏民怠工，似乎是奴隶反抗奴隶主的斗争方式。如果是自力谋生的农民，怠工只能饿死自己和自己的父母妻子。

汤从商邱徙居亳（山东曹县），作灭夏的准备。他用伊尹做右相，仲虺做左相。伊尹是汤妻陪嫁的"媵臣"，仲虺是夏车官奚仲的后代，仲虺居薛（山东兖州南），是个旧部落的酋长，汤用两人做相，正代表奴隶贵族两个阶级。

夏桀居洛阳，东方有昆吾、韦（河南滑县）、顾（山东范县）三个与国。汤伐灭韦、顾，战败昆吾，乘势攻桀，桀到鸣条（河南陈留县）迎战，士兵败散，桀不敢回洛阳，逃依昆吾，汤伐灭昆吾，桀逃南巢（安徽巢县）。夏贵族被分散到各地做官，依俘虏当奴隶的惯例，夏民至少有一部分做了商的奴隶。

汤回到亳都，自称武王。传十代到盘庚，迁都五次。从第六代中丁到第十代阳甲，共有九王，争夺王位，政治衰乱，国王大造宫室，贵族奢侈贪污。阳甲死。弟盘庚立。盘庚想稍抑奢侈恶习，藉以和缓阶级的对立，强迫贵族和民众渡河迁殷（河南安阳县小屯村），茅草盖屋，减轻剥削，称为中兴贤王。盘庚以后，商别号殷，本名仍称为商。

盘庚传到纣凡七代十一王，止有武丁比较贤明些，其余全是昏乱的国王。武丁用罪徒傅说（音悦）做相。章炳麟说，古代用奴隶做宰相，取得国王亲信的就有大权，就成为宰相。生杀予夺，全凭国王一人做主宰，这说明专制政体是随着国家而产生的。

纣是最后的也是最残暴的一个国王，被周武王攻灭。

从汤到纣凡十七代三十王（其中兄死弟继位的十四王），年代不可考，《竹书纪年》说四百九十六年，有的书说六百二十九年。

第三节　商代的生产方式

考古学者王国维说："夏商间政治文物的变革，不像商周间那样剧烈，商周间大变革，是旧制度废而新制度兴，旧文化废而新文化兴。"王氏虽然不了解历史发展的一般规律，但这一点确被他敏感到了，夏代世袭制代替了禅让制，也就是私有制度破坏了公社制度。私有制度在夏代作数量上的增长，公社制度依反比例逐渐解体。商经济发展比夏快，力量比夏强，在一定条件之下，发生所谓商汤革命。这个革命，是私有制度进一步的完成，与夏代的发展方向，并没有什么根本的不同，因而历史没有留下像商周间那样斗争的遗痕。

继原始公社而起的是奴隶占有制度。在中国，商正是奴隶制度占主要地位的时代。

甲骨文有臣、多臣、小臣、牧臣、耤臣、臧、仆、奴、宰、奚、童、妾等字，全是奴隶的名称。罪人在屋下工作叫做宰，最高的官职叫做冢（大）宰、太宰。冢宰是管理奴隶的头目。周公说，商王武丁，初做国王三年不管事，由冢宰全权代理。奴隶头目在政治上有这样高的地位，可见国王是大奴隶主了。奴隶参加生产和战争,所谓政治主要就是剥削压迫奴隶的事务,因此冢宰成为最大的官位。

商代生产工具,已经不是石头工具而是金属工具。殷墟发掘专家李济说:“大多数石器都非平常用的东西,有的是一种艺术的创造,有的是一种宗教的寄托,这些东西,在周朝多用玉琢,如璧琮一类的礼器,在殷墟所见仍为石制。”又殷墟中发现许多铜器,有矢镞,有勾兵,有矛,有刀与削,有斧与锛,有觚,有爵,有各种铜范。李济在论殷墟五种铜器说:“殷墟铜器,以矢镞为最多,金属原料,只有到了最便宜时,才能用作箭镞,实际上在青铜时代用作箭镞的仍是骨与燧石,这就是说用铜的时代,并不一定用铜做矢镞。矢镞是一次就消耗了的,不是铜的价值低廉,社会经济决不允许这种质料如此消耗。且矢镞的形制也完全一致,铜范技术,确已臻至纯熟境界,铸铜业正在全盛时代,没有长期的培养,决不会达到此境界的。……殷商为青铜末期,殷商以前,仰韶以后,黄河流域,一定尚有一种青铜文化,等于欧洲青铜文化的中早二期,及中国传统历史的夏及商的前期。这个文化,埋藏在什么地方,自然尚待将来考古的发现,但它的存在,我们考虑各方事实的结果,却可以抱十分的信仰心。”

依据考古所得的结论,殷代不但非石器时代,而且还是青铜器末期,按照世界古国埃及旧王朝时代(约当公元前四千年前后)才开始进入青铜器时期,经过中王朝一直到新王朝的第十八王朝(公元前一千五百年前后),使用青铜器凡二千数百年,在此时期,谁也不能否认埃及已经建立了强盛的奴隶王国。殷代既进到青铜器末期,当然也可以建立奴隶占有制度的国家。

牧畜业在殷代已发展到最后的阶段了,后世所有家畜,殷时种类全备，而且还有象用于战争和工作。祭祀消费牺牲，数量可惊。箕子讲《洪范》，第八条叫做庶征，庶征是雨、旸（晴）、燠（闷热）、寒、风五种气候，五种合时，众草茂盛；牧畜业在生产部门中占有重要地位，所以草盛算是好现象。庶征以外，又讲到“岁月日时无易（节气不错误），百谷用成（有收获）”。足见农业也是重要的生产部门。关于农业状况，可从农作物种类繁多看出来，甲骨文谷类有禾、麦、黍、稷、稻、粟、米、糠等名称，土地有田、畴、井、疆、甽、圃等区别，畴字甲骨文作、（金文作），像牲畜犁地的形状。《淮南子》说古代削木耜耕田，磨蚌壳除草，后世有耒耜耕锄，费力少，得利多。所谓古代后世，不知确指何时。《说文》蚌壳叫做珧，田器叫做铫，铫珧同一语根，足证确有用蚌壳作田器的一个时代。郭沫若说辰本耕器，所以農蓐耨诸字都从辰字会意，由此可见《淮南子》所说是有根据的。甲骨文即耒字，即耜字，商有耒耜，当即《淮南子》所谓后世；非木非蚌，可以推想是金属制的农具。井的发明，全世界以中国为最早，相传益作井，虽无确证，商代有井，乃是事实：有了井，人不必依河流居住，对农田扩充、人口繁殖有极大的意义。农民称为小人，武丁曾同小人生活在一起，祖甲亲自做过小人，他们做国王后，知道稼穑的艰难，称为贤王；大概小人就是平民，也就是《洪范》所称庶人，依租税方式受统治阶级的剥削。甲骨文中有耤臣、小耤臣等名称，是监督耕奴的小官，殷代奴隶从事农业，是无可疑的事实。

手工业种类很多，而且分工很细。安阳殷墟发现王宫西北有石工玉工场所，西南有骨工铜工场所。这四种工业，铜骨工主要是制造兵器礼器。卜骨极光滑，当是经骨工磨制，又制骨镞骨贝，所以同铜工并列。玉是贵重货币又是贵族珍玩品，石器主要是艺术品。此外如皮革、酿酒、舟车、土木、饲蚕、织帛、制裘、缝纫等，均见于甲骨文。工艺方面，有这样多的部门，其分工的情状，已可概见。殷亡国后周分殷民六族给鲁，分七族给卫。十三族中至少有九族是工：索氏（绳工）、长勺氏、尾勺氏（酒器工）、陶氏（陶工）、施氏（旗工）、繁氏（马缨工）、锜氏（锉刀工或釜工）、樊氏（篱笆工）、终葵氏（椎工），这大概是百工的一部分。周公教康叔杀戮饮酒的殷人，止有工犯酒禁可以免死，百工有世传的专门技术，所以特别待遇。百工的徒属，即实际工作者，当然是奴隶，因为春秋以前，作工匠的照例是"皂隶之事"。

商代早有商业。贝是海滨产物，制青铜的锡，从南方来，玉是西方出产，盘庚时代已称贝玉为宝货，骨工制骨贝，大概当辅币用。周公允许殷民牵牛车到远处贸易，这都说明商代有相当发展的商业。

《洪范》讲五福，富居第二位，讲六极（恶），贫居第四位。讲贫富不讲贵贱，与周人意识大异。《礼记》说"殷人贵富"（以富为贵），又说"殷人先鬼而后礼（礼属人事），先罚而后赏（有刑罚无恩情），其民之弊，荡而不静，胜而无耻"。这就是说殷统治阶级不顾廉耻道德，尽量掠夺财富。所谓财富，无疑的是从奴隶身上榨取来的生产物。

殷代统治者对奴隶的待遇是怎样？贤字甲骨文作臤，能捕获臣仆的就算贤。臧字作奴隶讲也作善讲，戕杀奴隶就算善。奴隶来源是俘虏和罪人。商代战争特别多，刑罚特别重，《荀子》说"刑名从商"，《韩非子》说殷代法律，街上弃灰的斩手。统治阶级利用重刑压迫平民当奴隶，同时镇压奴隶的反抗，杀大批奴隶殉葬，祭祀用人作牺牲。甲骨文仆字臀后拖长尾（东汉时西南夷人还保存拖尾的装饰），《易经》旅卦，童仆可以卖买。盘庚称民为畜民，不听命令全体杀死。奴隶和牲畜，统治阶级看作一样的东西。

这些事实，都是奴隶社会应有的现象。

第四节　商代的制度与文化

国家组织，商代确已成立。甲骨文国字写作或。口指人口，戈指武力，一指土地。但还没有加上一个囗（音围），因为那时候荒地广阔，随意开拓，不需要什么疆界。不过疆界实际上还是存在的，卜辞有土方（国名）征我东鄙（边）、鬼方牧我西鄙等记载，足见并不是漫无边际。

照卜辞看来，殷国全盛时代，属国东有齐，西有周（周与殷和战无常不完全服从），南有光，北有蚁，政治势力所到地方，大体当今河南全部及山东、河北、山西、陕西、安徽等省一部分。

商代有富人（贵族，盘庚所指贪聚贝玉的那些旧人）和穷人，剥削者和被剥削者（纳租税的平民），享有完全权利者（大小奴隶主）和毫无权利者（奴隶）的阶级对立。当时已有猛烈的刑法，有地牢，证明阶级对阶级的压迫非常残酷。国王组织军队，如呼（命令）宰（奴隶头目）伐某，呼多宰伐某，好像奴隶是军队主要组成者。又有属国军队，如余其从（率领）多侯与多伯征盂方。国王限制属国不得养多量牛马，不得造锐利兵器。看铜工场所设王宫附近（殷墟发现大堂基，某些考古家疑是殷王殿），武丁时代赐矛给各国各地各人及守护人凡四百余支，受矛者少或一支两支，最多不过二十支，属国不得造兵器的传说，似乎可信。

国王婚姻是一夫一妻制（实际是多妻制），妻生的儿子（嫡子）有王位继承权，妾生子不得继承。嫡子大体是兄死弟继，所以汤到纣三十王，代数止十七。从第十四代武乙起，才改为父子相传，这是世袭制度进一步的发展。

封建制度在商代已经孕育着，见于卜辞，有侯虎、侯喜、侯光、侯来甲，及攸侯、犬侯、周侯、杞侯、亚侯等。又有伯，如兒（郳）伯、蚁伯。又有子，如箕（山西榆社县）子、微（山西潞城县）子。他们都服从殷王命令，或奉命出征，如呼雀伐猷（命雀国伐猷国）。或通聘问，如往雀、戊（国名）来归；或助祭宗庙，如井方（国名）用毳来祭汤；或做王官，如鬼侯、鄂侯、周侯为纣辅佐。这种制度扩大起来，就成为周朝的大封建。

鬼神在商代有莫大的威权，也就是说国王有莫大的威权。国王自称为天子，土地人民都是上天付给他所有的。国王死后回到天上，死了的人民奴隶，依然还是他的人民奴隶。盘庚训告众民说：你们不听我话，天上的先王要忿怒，说，你们为什么不顺从我的小孙子！你们的祖先，都请求先王，大大降刑给你们，把你们杀绝，不留种子。鬼神的妙用，就在这里。杀了人，还说他自己祖宗请求的。在地上反抗，不能逃过天上的刑罚，活着做奴隶，死后一样做奴隶，不如忍受痛苦，免得死后再受刑罚。

商代祭祀，有各式各样的种类，次数极多，祭品极富。死的统治者该这样享受，活的自然也该穷奢极欲。鬼神的意旨，由卜筮传达，国王大小事件，全问鬼神，得其指示，谁还敢反抗他。所以纣依恃天命，说："我生不有命在天？"不怕周国谋害他，但周人信天命却有些不同,他认为"惟命不于常",终于把商灭了。

《洪范篇》很有系统地叙述了殷代的文化概要。它分为九畴(条)。第一畴讲五行,原来意思是说水火木金土是人生必需的五种东西,并不含什么神秘性质。战国时代,阴阳五行学派把五行穿凿附会,所有迷信命运等怪谬思想,全用五行做理论基础。秦汉以后,五行学说成了中国文化的重要构成部分。

小屯发掘,得到大量殷代遗物,考古学家证明与仰韶是同一系统的文化,商周文化又证明是同一系统。所以殷文化是周文化的先驱。

简短的结论

由于生产力的进步,由于俘虏的增加,私有财产制度逐渐发展了。达到一定的程度,私有制度就代替公社制度,这表现在夏后启的开始世袭帝位。新社会的产生,必然要经过剧烈的斗争,这表现在夏后氏与有扈氏、羿、寒浞间的长期残杀。新社会一定战胜旧社会,因为正在发展着的力量是无可遏止的,这表现在夏少康的终于恢复旧业。

私有制度在夏代继续发展着,衰败的公社制度益趋崩溃。东方新起的商,生产力比夏前进,利用夏桀内部的阶级矛盾,攻灭夏邑,建立相当大的王国。

这个王国是建立在奴隶占有制度上面的。它有官吏,有刑法,有牢狱,有政治,有军队,有强烈的宗教迷信,有稀薄的道德观念。统治阶级驱使奴隶参加一切劳动,自己凭武力享受放荡奢侈的生活。甲骨文我字作人执戈形，金文戈杀二字合成我字（金文本甲骨文），统治阶级一开始就依靠暴力压迫被统治者。

因为生产力发展非常缓慢，不能促使生产关系起重大的变化，对旧传公社制度，也不能作更多的破坏。所以按本质说，商代自然是奴隶社会，但公社制度，依然还保存很大的残余。

第三章　封建制度开始时代——西周

前一一三四年(?) — 前七七一年

第一节　周初生产方式

传说周是帝喾后裔弃的子孙。弃母是有邰氏(陕西武功县)女姜原。传说弃在禅让时代做农官,号称后稷。周祖先世代重农,公刘迁居豳(陕西栒邑县)改善农业,颇有蓄积,部落兴旺起来。公刘传十世到古公亶父,避戎狄侵略,带着家属和奴隶迁居岐山下周原(陕西岐山县),豳地和其他部落的平民(自由民),扶老携幼来归附他。古公改革旧风俗(旧俗男女混乱),建筑城邑室屋,设立官司,形成一个粗具规模的国家。周朝王业从此开始。古公后来被追尊为太王。

古公生三个儿子:太伯、虞仲、季历。季历生子姬昌,古公爱昌,太伯、虞仲逃走,让位季历。季历时周渐强盛,殷王文丁把他杀死。姬昌做国君五十年,一手造成灭殷的事业,后来追尊称为文王。

重农是周立国的特点,周农业也确比夏殷发达。夏历建寅(寅月即阴历正月。以正月为岁首),是原始的纯自然的历法。殷历建丑(丑月即十二月),周历建子(子月即十一月),这显然是冬至点

（中历节气从冬至点起算）的推步术，到周代才完成，正好说明周农业比夏殷进步。至于《诗经》、《书经》里周初作品讲到农业的重要，几乎每篇都是。

要发展农业，必须发展生产力。生产力包含工具和人力两个因素。

周初农具如钱（臿）、镈（短镰刀）都用金属制造。是否铁制，还没有实物作证。《逸周书》说武王用黄钺斩纣头，玄钺斩纣宠妾头。黄钺铜制，玄钺铁制，如果这个传说不是战国时人捏造，似乎殷周间已经有铁。铁字古文作銕，最初从夷族输入（异族通称为夷）。殷代能从南夷输入锡，西夷输入玉，周未必不可能从夷族输入铁。《山海经》说弃后裔叔均发明牛耕，甲骨文金文畴字像耕犁到田边转弯的形象。人用耒耜发土，止有直行，不会转弯，所以殷周间即使没有铁，金属犁是确已使用了。

《诗经》豳风七月篇叙述古公居豳时候的农事，诗中农夫工作繁重，衣服菜蔬（苦菜，荼）柴火（恶木，樗）都由公家供给，显然是奴隶生活。古公迁岐山后，吸收许多归附平民，例如《召诰篇》说纣暴虐，殷民带着妻儿，想逃出国境，被纣禁阻。足见当时有逃往别国的人民。从古公到文王，尤其是文王，号称行仁政（剥削比较宽些），可能招来很大数量的归附平民。他们领取土地，从事耕种。土地分为公田与私田两种，公田的收获，完全缴纳给地主，私田的收获，为耕者自有。小农的生产方式，周初就有了，《诗》豳风东山篇（成王初年作品）描写东征兵士回家，宛然一幅荒凉农村画，只有小土地耕种者才会对这个荒村留恋不舍，如果是奴隶，决不能自由散居在荒村。周朝制度，起源姬昌时代，足见灭殷以前，周已开始踏上封建社会的阶段，但这并不是说，周已完全废弃奴隶生产，只是说，封建成分超过了奴隶成分。南宋洪迈《容斋四笔》说，瑶人男丁从酋长领得耕地，不纳租税，止服劳役。有罪受酋长裁判。范成大《桂海虞衡志》说，苗人酋长称为主户，主户计口授田给苗民，称为田子或田丁，领得的田，不许典卖。此外俘虏或买得人口，男女相配，给田耕种，称为家奴。农奴与奴隶并存，农奴数量比奴隶多，周初社会，大概也是这样。

周是新兴小国，几十年工夫，居然灭殷，造成一个大朝代，这固由于殷代统治阶级极端腐化，势必崩溃，同时也由于周已经形成新社会，而新社会必然要战胜旧社会。

第二节　周怎样灭殷

盘庚迁殷，原想纠正贵族的贪污腐化，可是武丁以后，腐化更甚，到纣时候，达到最高程度。他们一般的生活，是淫乱好色，是日夜酗酒，是打猎游玩。他们荒废耕地，让麋鹿禽鸟生长。他们想出各种残酷的刑罚，榨取财物。他们招诱别人的奴隶，供自己使用。殷人最畏敬鬼神，他们甚至连祭神的牺牲都偷来享受。这样的统治阶级，自然非溃灭不可。

姬昌的政治，与殷恰巧相反。他禁止饮酒打猎；他施行裕民（富民）政策。所谓裕民，就是征收租税有节制，让农家有些蓄积，发生力耕的兴趣，他又针对着殷纣招诱奴隶，为其他小国所怨恨的形势，定出一条“有亡（奴隶逃亡）荒（大）阅（搜索）”的法律，就是说，谁的奴隶归谁所有，不许藏匿。据春秋时申无宇说，这是周文王得天下的重要原因之一。

姬昌战败西戎混夷，又灭附近几个敌国。拓境西到密（甘肃灵台县），东北到黎（山西黎城县），东到鄂（河南沁阳县附近），对纣都朝歌（河南淇县），取进逼的形势。他又扩充势力到长江、汉水、汝水三个流域，教化那里的蛮夷，称为江汉汝坟之国，也称为南国，也称为周南、召南。南国是周基本力量的一部分。

姬昌死后四年，子姬发（武王）车载姬昌木主去伐纣。据说周派间谍到殷，回来说，坏人执政当权，昏乱极了。姬发认为时机未到。又来报告好人全被斥逐，姬发认为时机还未到。最后报告百姓闭口不敢说话了。姬发得报即刻动兵出征。随同伐殷的有许多友邦和庸、蜀、羌、髳（苗）、微、卢、彭、濮八个蛮夷小国。武王在牧野（河南汲县）誓师，指责纣听信妇言，不祭祀祖宗，不信任亲族，招集天下罪人和逃奴，给他们官做，尤其第四条罪状，引起从征各国的敌忾心，要和纣决战。纣兵七十万人，不战溃败，欢迎周兵杀纣，周正月底出发，二月底灭殷，兵力比殷小得多，成功却这样快，主要原因就是殷虐待民众和奴隶，周政治比较宽厚。

周虽然战胜，却不能就此吞并殷国。姬发把殷分为三部，教自己的兄弟管叔、蔡叔、霍叔各据一部。封纣子武庚做诸侯，受三叔的监视。姬发灭殷两年病死，子姬诵（成王）幼小，周公旦（姬发弟）登王位代行政治。姬诵和大臣们（召公等）疑忌周公，三叔也造谣说周公要谋害成王。继承问题引起周内部的不和，武庚看有机可乘，联合东方旧属国奄（山东曲阜县）、蒲姑（山东博兴县）及徐夷、淮夷起兵反周。周公处在内外交攻的地位，他首先向召公恳切解释，稳定内部，自己带兵出征，杀武庚，诛三叔，攻灭奄等十七国。

殷贵族（士大夫）被俘虏，称为献民或称顽民。

献民就是贡献给周王的俘虏，他们反抗周统治，所以也被称为顽民。顽民本身是大小奴隶主，现在自己当俘虏虽然还不算奴隶，却已丧失幸福和自由。周公知道他们随时可以反叛，必需迁居洛阳（武王原定计划迁都洛阳），才能就近管束。他先宣布迁顽民到黎水地方（河南浚县东北），地近朝歌，顽民们相当满意。周公卜问鬼神，得不吉利的卦，于是改卜别地，说洛阳最好；殷人信鬼，这样，把顽民迁到洛阳。

周公召集殷旧属国，来替顽民筑城造屋，新城很快造成，号称成周。同时也召集周属国，在成周西五十里筑城，称为王城。派八师兵力（一师二千五百人）驻成周，监视顽民。周人告诫顽民说，你们受天罚，本当杀死，我保留你们的生命，应该感恩做我顺民。现在分配住屋田地给你们，安心谋生，如果再反抗，那是你们自己不要生命。又劝诱顽民说，你们只要顺从教训，我要用你们做官。做官是顽民唯一的希望，有了这个希望，逐渐软化降服。周公死后，第二子君陈替周公管理成周，不敢疏忽，足见周初对殷顽民的注意。

感化顽民，是周公最大的也是周初最严重的政治事业。就社会意义说，殷朝大小奴隶主，现在变成周朝的农民了。一部分住成周，一部分被赏给受封的诸侯。

第三节　周初大封建

周公杀武庚，灭奄国，开始大封建。据说，周公姬诵建立七十一国，其中兄弟十五人，同姓四十人，周子孙不是发狂生病，都有封做诸侯的权利。

殷代有侯、伯等爵位，有侯、甸、男、采、卫五服的名称。周制大体相同，侯、甸、男、卫称外服，是正式国家。采称内服，是卿大夫食邑。服定贡赋的轻重，爵定位次的尊卑。晋国侯爵，列在甸服，郑国伯爵，列在男服，曹国伯爵，列在甸服。周灭殷以前，周公、召公、毕公、太公、康叔都有封邑，封建制度萌芽在殷代，到周才完备。

周要统治广大新疆土，必须建立属国，拥护王室。当时最难平定的是殷，周公迁徙殷贵族到成周，对留居原地的遗民还不能放心。他封自己同母弟康叔做卫侯，统治旧殷国。他教训康叔说，对一般平民要宽厚。行施文王的裕民政策，不要枉法杀人。对掠夺财货，不孝养父母，不和睦兄弟的殷人，用严刑诛戮。殷人群聚饮酒，不论贵贱，全数拘获送周京治罪。康叔封地最大，权势最重，带八师兵力镇压殷人，在当时是主要的侯国。

东方奄和蒲姑两个大国，曾助武庚叛周。姬诵把奄国封给周公长子伯禽做鲁侯，又封外祖父太公吕尚做齐侯。吕尚都营邱（山东昌乐县），灭蒲姑国。齐鲁两大国代替奄和蒲姑，殷不能反叛了。召公的儿子封燕（北平），姬诵弟唐叔封唐（山西翼城县，后称晋国），抵御戎狄，掩护卫、周两国。

当姬发克殷时，纣庶兄微子启抬着棺材到军前投降。武庚死后，周公把殷旧都商邱封给微子，国号宋。宋附近封陈（舜后裔。河南淮阳县）、杞（夏后裔。河南杞县）、焦（炎帝后裔。安徽亳县）三个国家，隐含监视宋国的意义。

封建和宗法是不可分离的。周天子算是天下的大宗，众诸侯都尊奉他。鲁、卫、晋三国附近，封许多同姓小国，尊奉它们做宗主（滕宗鲁，虞宗晋）。一国里面国君算是大宗，封给同姓卿大夫土地

（采邑），尊奉国君做宗主。同姓不通婚姻的习惯已成法律。这样，各国间同姓既是兄弟，异姓又是甥舅，彼此都有血统关系，可以减少些纷争。天子称同姓诸侯为伯父叔父，称异姓诸侯为伯舅叔舅。用亲昵的称呼，来团结众诸侯。

天子对各国，依爵位服次，征取贡赋。周公教姬诵说："你得用心考察众诸侯谁纳贡，谁不纳贡，纳贡的如果礼貌不好，即是侮慢王朝，等于不贡。诸侯不贡天子，人民也不贡诸侯，政治就乱了。"孔子说周公定贡赋法有三个原则："施恩惠要厚，用民力要平，收租税要轻。"天子自以为是土地人民的最高所有者，土地人民是上天付给他的；他又分给诸侯及卿大夫，所以他有权向受封的诸侯要求贡赋，因之诸侯卿大夫也有权向人民要求贡赋。天子诸侯的收入，主要靠征收贡赋。

天子封建诸侯，有授土授民的仪式。授民时指出民的身份和数目：如臣、仆若干家（奴隶），民献（殷俘）、庶民若干夫。据金文所记，夫的数目，总比臣仆大得多，因为封建主剥削的对象，主要是农奴。夫当然也有妻子，不过只是本人对统治者负纳贡责任，所以不像臣仆全家归统治者所有。舀鼎铭文记载匡抢舀的禾，舀告状胜利，匡送舀一众三臣谢罪。众与臣分说，足见众（庶人）是可以买卖赠送的农奴。

周封鲁卫，都说政治保留旧习惯，土地改用周新法。所谓周法，就是农民缴纳贡赋，剩余的得私有养家。殷奴隶主自己做了献民，奴隶被周解放做农奴，是可以推想的。周革殷命，是封建主摧毁奴隶主的统治，所以顽民作剧烈的反抗。

周初南蛮没有强国，汉水流域有些姬姓小国，并不重视。姬诵封熊绎做楚蛮小国君，歧阳大盟会，派熊绎和鲜卑（东胡部落）管火堆，不得正式参与盟会。后来楚强大，怨恨周朝，自称楚王，成为南方大国。

第四节　社会阶层的分化

周公削平叛乱，建立诸侯，完成周朝的王业。他制定君臣父子夫妇上下亲疏尊卑贵贱等等的礼（法规），照春秋战国时代儒家说，大礼有三百，小礼有三千。他真是周朝的圣人，也是中国封建社会的圣人。

这些法规，在西周初期，已否全部完成和施行，自然是疑问。但从后来的历史事实看来，确是按照这些法规来做统治工具的，而且是一代一代发展着。封建社会的构成，较奴隶社会复杂，这些法规，是从封建经济变化中反映出来的一种政治体系。

西周土地有公田和私田，农民耕种一定数量的公田，作为租税，缴纳公家，私田收入，归农民自有。收获时留些禾麦在地上，让寡妇们拾取。《诗经》许多篇说成王带着妻子去看耕田，他看的是公田（在南郊，称为南亩），有田畯（田大夫）督耕，公家给农夫们吃陈米饭，农夫们很满意，工作勤敏不偷懒。这是封建主待农民最大的恩典，诗人认为值得歌颂的太平时代。

姬诵的儿子姬钊（康王），贪色早晨起不来，周政治从此衰退。如果说姬诵时代封建社会比较稳定，那末，姬钊时代开始显著的变动了。

姬钊孙子姬满（穆王），是个大游历家，据说他到过昆仑山西王母国。晚年想出剥削新法，叫做赎刑。——统治阶级对付庶民一向用残酷的刑法。刑法有五种:墨刑(用刀刻面涂墨)一千条,劓刑(割鼻)一千条,剕刑(割脚)五百条,宫刑(男子割生殖器,女子禁闭宫中当奴隶)三百条,大辟刑(斩头)二百条。总共三千条。那时狱官贪赃枉法,贿赂公行,姬满要化私为公,定出赎罪条例。墨刑黄铜六百两,劓刑一千二百两,剕刑三千两,宫刑三千六百两,斩刑六千两。这完全用严刑欺诈财物,因为真有罪的不许赎,许赎的止限疑狱。任何人都可被疑,也就是任何人都可受罚。

从这里看出当时庶人私有财产是相当发达了。庶人阶级分化穷富两个阶层。富人受罚,穷人受刑。农民是不容易致富的,致富的主要是商人。

周天子是天下宗主,各国朝聘、贡献,有玉帛兽皮珍玩及地方特产。这些货物汇集在周京,需要工匠制造商人流通来处置它们。周朝铜器流传最多,玉器又是大小贵族行礼必需品,织布非常精细(制冠布一分宽含十七缕),布帛染色种类繁多,可以推想当时工业的进步。不过百工吃公家饭,制品不能自由出卖,未必能致富。庶人致富,只有商人,大概姬满以前,商业已经发展,所以被看做赎刑的对象。

姬胡(厉王)是个大暴君,他酷爱财货,重用荣夷公想法专利。国人(市民)诽谤姬胡,姬胡派巫师监视,随意杀戮,禁阻说话。姬胡自以为胜利,压迫更加严厉。后来国人不能再忍,突然起义,姬胡渡黄河逃走,太子静藏匿召公家里。起义者围召公家,召公把自己儿子假冒王子送出去,被起义者杀死。

周公、召公共同执行国政,号称共和。周十四年没有国王。姬胡在流放地死后,姬静(宣王)继位。他对市民让步,不得不对农民加重剥削。他晚年废除耤田制度,就是说,不要农民耕公田,而要普遍征收田租。他调查农民户口财产,改革旧贡赋法。这个新法称为料民,贤臣仲山甫极力谏阻,说有害政治,将会造成祸乱,姬静不听,果然西周趋于衰亡。

姬静子姬宫涅(幽王),是与姬胡并称的暴君,他在位时,政治更商业化。他夺取贵族的土地和农奴,许多贵族破产流落。庶人有钱,可以做官受爵,把等级制度毁坏了。当时君子(贵族)也想做买卖,谋三倍的利息。王叔郑桓公知道周快灭亡,同商人订互助盟约,请商人帮助他建立新郑国。西周末年,商人地位提高,分享政权,《诗经》里留下不少贵族的怨恨诗。

姬满、姬胡压迫商人,厉王被市民驱走;姬静加重剥削农民,到姬宫涅兵败国亡,因为失去了农民的援助。

第五节　民族间斗争及西周灭亡

西周民族间战争,主要是东夷南蛮西戎北狄。

东方地域广大,周公灭奄,太公灭蒲姑,周势力仅到山东境内,淮夷、徐夷仍倔强不服。伯禽初封鲁国,淮夷、徐夷起兵来攻,伯禽守东郊,不敢开城门。伯禽誓师说,马牛臣妾逃亡,不许藏匿,要归还原主;又说不许跳墙偷诱别人的马牛臣妾。当时东方国家还保存抢夺奴隶的旧习惯,誓言里严重指出,意在维持鲁军的纪律。伯禽被夷族围困,姬诵派三军援助,才击退寇兵。姬满时候,徐夷国君强大称王,号为偃王。联合九夷伐周,打到黄河边上,姬满害怕,承认他做东方的霸主。同时教楚伐徐，楚战胜徐，势力扩张，成了南方新兴的强国。姬静屡次伐徐夷、淮夷，但偃王子孙仍称王，与周天子对立。

江汉流域是蛮族根据地。姬瑕（昭王）征伐南蛮，全军覆没，君臣淹死在汉水，周天子声威大损。姬满、姬静曾经南征，没有什么成功。汉水流域有些姓姬的诸侯，全是弱国，这给熊绎子孙很好的发展机会。熊绎初封在丹阳（湖北秭归县），土地非常小，不够诸侯的资格，姬诵会诸侯，他只配看守祭神的火堆。可是他的子孙，处在群蛮斗争环境中，坐小竹车，穿破烂衣，开辟山林荒地，吞并许多小国，姬满时候，战胜徐偃王，造成独霸南方的形势。夷王时，楚君熊渠更强大，封长子做句亶王（湖北江陵县）、次子做鄂王（武昌市）、小子做越章王。春秋初年，熊通正式称王，统率蛮族，不承认周天子的地位。

西周外患最紧急的是西北方戎狄族。戎狄散布地域很广，陕西西部北部，山西、河北极大部分都被戎狄占有。戎狄是中国人给他们的名称，他们自称鬼（方）、混（夷）、犬（戎或夷）、獯鬻、猃狁。中国人把他们看作兽类，用恶字写译音，方、夷、戎等字也是中国人附加的（战国以后称胡，称匈奴）。周都镐京，接近戎狄。汧（音牵）渭两水中间，是西戎入寇的路线。姬诵时候曾打一次大仗，俘获鬼方一万三千八十一人，斩首馘（音帼。杀敌人割取左耳）耳的人数，大概也不少。此后戎狄屡次寇周，姬囏（懿王）甚至被逼迁居槐里（陕西兴平县）。姬静时候，侵略更加急暴，经过多次战争，互有胜败，筑城防御，仅能阻止深入。姬静子姬宫涅，宠爱褒姒，想杀太子宜臼（东周平王），立褒姒的儿子伯服做太子，宜臼的母亲是申侯的女儿，申侯勾结犬戎攻姬宫涅，杀姬宫涅骊山下。西周积累的货物宝器，全被犬戎掳去，西周灭亡。宜臼靠诸侯的援助迁居洛邑。

姬静号称中兴贤王，他的功业是征讨异族，获得相当胜利。可是连年用兵，耗费很大。姬胡专利，被国人驱逐，他继位后，不能不对国人减轻压迫，把费用转嫁到农民肩上。三十九年（前七八九年）伐姜戎大败，姬静几乎被擒。他为补充兵力，想出料民（调查户口）的办法。仲山甫谏止料民，说农民数目要从各方面间接推知，如果直接查点，一定要起祸乱。姬静不听。因为农民负担过重，不愿出力拥护周室，所以姬宫涅被犬戎一击就破亡。

姬辟方（孝王）（姬静前三世）封养马人非子一小块土地，地名秦（甘肃清水县）在戎狄间。姬静封非子曾孙秦仲做大夫，攻西戎战死。子孙都专力攻戎。国势渐盛。秦仲孙襄公救姬宫涅有功，宜臼避戎东迁洛阳，襄公派兵护送。宜臼封襄公做诸侯，逐渐收复周失地，成为西方大国。

秦、楚先是最小的附庸国家，从艰苦斗争中变成强大；唐和鲁卫先是大国，从富贵安乐中变成贫弱甚至灭亡。

西周从姬发灭殷到姬宫涅亡国凡十一世十二王，据说共二百五十七年。中国历史有真实年代从共和元年（前八四一年）开始。以前年代都不可靠。

简短的结论

姬昌施行裕民政策，招致附近各地的平民。照《召诰》说，殷纣禁止本国平民出境逃亡，是否全数投奔西周，不可知，当时有平民这个阶层却无疑义。他们领公家土地耕种，缴纳税租。剩余物品得私有自享，这种人数增大，就成为封建社会的开始。

周公姬诵封建诸侯，规定对王朝贡赋的数目，诸侯对农民，也有一定的贡赋法。起初征收比较轻，后来逐渐加重。用农民耕公田的制度，被姬静废除，改为普遍征收田租。

西周奴隶依然存在，主要用途是供封建主的役使。姬昌定法律确定奴隶所有权，不许互相诱夺。奴隶来源是俘虏和罪人及其妻子。

姬宫涅时代很多贵族破产流落，有钱的庶民（主要是商人）穿贵族衣服，在朝廷做官。甚至贵族也想经商致富。文字如贵贱贫贤賓（所敬的人）都带贝（货币）字，富字像屋下物多，想见西周商业的发展。

西周与异族战争很多，姬宫涅终于被犬戎杀死。春秋时代强大国家，在西周全是处在异族包围中的小国（止有齐开始是大国），变成贫弱的国家，原来却都是大国。

第四章　列国兼并时代——春秋

前七七〇年 — 前四〇三年

第一节　王室衰微

西周时代,周天子保持“天下宗主”的威权,列国诸侯不敢显违王命,互相吞并。

姬宫涅败亡,姬宜臼畏惧犬戎,迁都洛邑,号称东周。土地逐渐削减,势力愈趋衰弱,楚、齐、晋、秦、吴、越,强大国家相继出现,用武力争霸中原。虚拥王号的周天子,依赖诸华霸主——齐、晋——支持危局。

姬宜臼初迁洛邑,还有方约六百里的土地,比较列国大得多。后来有的送人——如赐郑国虎牢以东(河南汜水县),赐晋重耳(文公)温(河南温县)原(河南济源县)等十二邑。有的被夺——如晋灭虢国(河南陕县),虢国以西周地全归秦晋所有;南境中(河南南阳县)吕(南阳县西)不知何年入楚,楚疆域扩大到叶县(河南叶县)。有的被异族占据——如扬拒、泉皋、伊雒之戎,杂居境内,伊川(河南嵩县)有陆浑之戎。有的封公卿大夫作采邑——大夫以上都有采邑。国境北西南三面被晋秦楚包围,国内有戎族、有采邑分土割据,天子自有的土田和民人,实在存余无几。

因此周天子非常贫穷。据《左传》记载，姬宜臼死后周派人来鲁国求赙。姬林派人来求车，姬林死，因为穷，七年才得埋葬。姬郑死，派人来求金。他们虽然穷得办不起丧礼，可是空架子——所谓礼——却非摆不可。晋重耳请姬郑允许他死后用“隧”礼——隧是掘一条长地道，天子棺木大而重，从地道送进圹穴去，比诸侯棺木从穴口直挂下去要稳当些，所以重耳提出这个请求。姬郑宁愿送重耳温原等十二邑，对于请隧却严辞拒绝。可见东周的穷天王依然保守从前富天子的阔排场。

为了争夺王位继承权，王室还时常闹家务。姬阆二年，王子颓篡位，赖郑、虢二国的兵力杀子颓。姬阆赐郑虎牢以东，赐虢酒泉（陕西大荔县）。姬郑三年，王子带召扬拒、泉皋、伊雒之戎攻王，闹到姬郑十七年，赖晋重耳出兵杀子带，姬郑赐重耳温原等十二邑。姬贵二十五年，王子朝与王子猛争位，到姬匄四年，子朝逃奔楚国，东周旧传的典籍，全被带走，于是连王室累积的文化记录也丧失了。

衰乱到这样的东周，何以能免于灭亡呢？这是由于春秋时代宗法组织还很有力量，天子被认为“天下宗主”，好比家族里的宗子一样。谁要企图篡夺，其他别子（同姓诸侯）联合起来反对他，野心家要受到极大的危险。所以楚侣（庄王）打败晋国，造成霸业，到周疆阅兵探问九鼎的大小轻重，有意尝试，被王孙满一顿驳斥，止好知难而退。齐是甥舅国，晋是兄弟国，自然更不敢作此妄想。

列国诸侯虽然不敢篡夺王位，争霸却是整个春秋时代政治军事的中心问题。因为争得霸权以后，可以征取弱小国家的贡赋和徭役，事实上霸主获得了天子的经济权利。

鲁是周公的后代，与王室最亲近。按照天子对诸侯剥削的规矩，诸侯应该两年一小聘，三年一大聘，五年一朝。每次朝聘，都有一定的贡品。事实怎样呢？据《鲁史》记载，二百四十二年里面，鲁君朝王止三次，鲁大夫聘周止四次。周天子为对鲁表示亲密，却来聘了七次。鲁君朝齐十一次，大夫聘齐十六次。鲁君朝晋二十次，大夫聘晋二十四次。鲁君朝楚两次。霸主代替天子收纳贡赋，这是显著的说明。

第二节　大国争霸

春秋时代有楚、齐、晋、秦、吴、越六个大国，主要的是晋、楚两国。

楚——楚在春秋时代陆续吞并四十五国，疆土最大。它首先灭亡江汉流域许多小国，后来侵入淮水流域，国大力强，成为华夏诸侯的劲敌。春秋时代中国人通称为“华”或“诸华”（华是赤色，周朝尊尚赤色，晋羊舌赤字伯华，孔子弟子公西华名赤）。异族人通称为“夷”。中国西部通称为“夏”（郑大夫子西名夏），东部称“东夏”（齐在东方，称为东夏），总称为“诸夏”。楚是蛮夷，攻伐中国，不仅为了扩大土地，同时也以雄长华夏为莫大的光荣。因此楚国君臣，不向中国出兵，算是不胜其职的耻辱。要不是齐、晋两国抵抗侵略，东周王室是很危险的。

齐——齐在春秋时代吞并十国（又据《荀子》说齐桓并国三十五，《韩非子》说齐桓并国三十）。地虽不大，因东边靠海，有鱼盐大利，到齐小白时，造成富强的国家。小白信任管仲，纠合诸侯，尊王攘夷，被称为五霸的首长。管仲是春秋时代著名政治家，他劝小白分全国为二十一乡，其中工商六乡，士十五乡，不许士农工商四民杂居；分全国为三军，五家为轨，十轨为里，四里为连，十连为乡，五乡为帅。每家出一人，五人为伍，伍有轨长，五十人为小戎，小戎有里有司，二百人为卒，卒有连长，二千人为旅，旅有乡良人，二万人为一军。这是内政寄寓军政的制度。依照土地的美恶，定赋税的轻重，山海收归国有，设盐官铁官。国用充足，兵力强大，诸侯不敢叛，楚不敢北侵，孔子很赞美管仲的功业。小白称霸二十多年，亲率齐、鲁、宋、陈、卫、郑、许、曹八国兵力，伐楚到召陵（河南郾城县），楚派大夫屈完来讲和，小白许和退兵，并没有得到胜利。桓公死后，不久，晋重耳代替了齐国的霸业。

晋——晋吞并二十余国，有今山西全省，河北、山东、河南、陕西四省的一部分，东西长约二千余里，这样广大的土地，可以和楚作敌对。晋重耳（文公）城濮（河北濮县南七十里临濮城）一战，大败楚师，比齐小白成就更大的霸业。后来晋楚战争，晋常获胜，保持诸夏盟主的地位。

秦——秦本西方小国（甘肃清水县），周宜臼东迁以后，西周故地逐渐归秦所有。秦（任好）称霸西戎，与齐、晋、楚称为四大国。它也想到中原争霸，但被晋阻止，没有机会发展。

吴——吴是僻远的小国（江苏吴县）。晋想削弱楚国，扶助吴国扰乱楚的后方。到阖闾一度灭楚，他的儿子夫差又战胜越王勾践，吴成了南方新兴的大国。夫差与晋争霸，那时候晋已衰弱，止好退让。不久，吴被越攻灭，土地全归越有。

越——越是更僻远的小国（浙江绍兴县）。越君姓芈（音弥），不是禹的子孙（据传说越是禹的子孙）。越王勾践被夫差战败，卧薪尝胆，决心报仇雪耻，趁吴连年对诸夏用兵，国力衰敝，攻灭吴国。越代吴兴起,向中国争霸。墨子是春秋末期时人,他说“今天下好战之国,齐、晋、楚、越”,可见越在当时的强盛。战国时代,勾践五世孙无强被楚攻灭,楚兼有吴、越两国的土地。

以上六个大国,除齐国原来比较大些,其余都是很小而又僻远的。它们周围全是蛮夷狄戎落后的种族,文化上军事上容易把落后种族克服和同化,齐灭莱夷(山东黄县)东境达到海边,晋灭赤狄白狄,疆土扩大,秦霸西戎,抗衡晋楚。至于楚、吴、越三国,吴姓姬,楚、越同姓芈,虽说也算华族旧姓,可是立国在蛮地,自然要和蛮人同化,楚俗被发左衽,吴俗断发文身,越俗大概更要野蛮些。吴楚人很少生胡须,生长胡须的,国君就挑选他当侍从,会见中国诸侯时,立在左右夸示荣耀。足见吴、楚人种与华族有分别。他们的文化从中国传去,楚地接近中国,首先开化。楚人巫臣带晋人到吴国,教吴驾车战阵的方法,攻掠楚国,吴才被中国人当作一个国家。越王勾践用范蠡、文种作谋臣,他们原是楚人;勾践厚礼招收四方贤士,提高本国文化程度,才成强国。吴越的文化比楚更是后起,所以楚、吴、越都被诸夏看作蛮夷之国。

春秋是大国争霸的时代,同时也是华族与蛮族(楚、吴、越)战争的时代。战争的基本性质是华族团结在齐晋盟主周围,与蛮族争夺中国的领导权。

第三节 从对外兼并转变到对内兼并

春秋时代见于记载的凡一百四十八国。到末年,止存周、鲁、齐、晋、楚、宋、郑、卫、秦、吴、越十一国。还有些极小国家,侥幸存在，寥寥无几。

依大小强弱分国家为三等。晋、楚、齐、秦以及后起的吴、越是一等国，鲁、卫、郑、宋是二等国，陈、蔡、杞、曹等是三等国，二、三等国有权列于盟会，通称为列国。其余小国，只能做列国的私属，给宗主国服役，没有资格参加盟会。还有一种附庸国，地位更卑微。

二等国被一等国侵夺，但它也侵夺弱小国家，求得补偿。它们对大国献纳公开的贡赋和私情的贿赂，再加曲尽恭顺的礼貌，颇能讨得大国的欢心。对弱小国家，却毫不讲理，只要有侵夺的机会，决不放弃，例如邾、鲁两国境界交错，邾人在翼筑城，回来经过鲁地武城，猛不妨鲁兵堵塞前后，捉邾人当俘虏。邾也侵夺更小的国家，例如鄅国国君出城督耕，邾人袭入鄅国，俘虏鄅君的妻女；鄅君说："我无家可归了"，跑到邾国同妻女当俘虏；邾君留下他的女儿，把鄅夫人送还鄅君。举这两个例证，可以推知其他国家一般的情况。

春秋前半期盛行兼并，弱小国家多被吞灭。有些国家还能存在的原因：（一）立在两大国中间的二等国。如晋、齐间的卫，楚、齐间的鲁，晋、楚间的郑、宋，它们一则本身还有相当力量，二则大国也需要它们当缓冲国。（二）有些小国因为无关轻重得暂时保存。（三）大国本身因获得多量贡赋，君主淫奢庸愚，权臣互争国政，私交外国作声援，不汲汲于侵略。

宋大夫向戌发起的弭（息）兵大会，是列国对外兼并逐渐转为对内兼并的关键。

春秋时代用战争胜败作判断国君好坏的标准。想战争胜利因而多少改良些政治的，就算贤君。不准备战争，专事虐民奢侈的，就是坏君。例如楚招(康王)立了五年,自称没有北伐,怕死后见不得祖宗。晋大夫叔向批评晋国军备废弛,民穷政暴快要衰亡。还有国内遭遇天灾,说发动战争可以免祸,例如卫国大旱,大夫宁速主张伐邢。封建领主间充满着矛盾,对外紧张,内部自然比较和缓。反之,对外和缓,内部自然紧张起来。所谓"无敌国外患,国恒亡",因之统治阶级喜欢发动侵略的战争。

向戌同晋国执政赵武、楚国执政屈建都有友谊,想说合两国,息兵停战。晋国六家权臣——赵氏、范氏、知氏、荀氏、韩氏、魏氏——相互间矛盾增剧,无心对外。楚因吴国强大,屡被攻掠,也愿意暂时息兵。其余小国更希望减轻兵役的苦痛,所以向戌一提倡,就得到各国的赞许。鲁襄公二十七年(前五四六年)晋、楚、鲁、蔡、卫、陈、郑、许、曹在宋国大会,约定晋、楚两国,同作霸主。这样一来,楚可以专力对吴,晋可以进行内争,吃亏的是小国,要向两个霸主进贡,负担更加严重。夹在晋、楚中间的郑国,更陷于进退两难的穷境。

息兵大会以后,战争相当减少,大小各国,尤其是齐、晋两国的权臣,展开了内部的斗争。

晋灭大夫祁氏、羊舌氏,分祁氏田为七县,羊舌氏田为三县。又灭荀氏、范氏,又灭知氏。晋国政权归赵氏、韩氏、魏氏三家。到战国时代成立赵韩魏三个王国。

齐大夫陈氏、鲍氏击破栾氏、高氏,二氏又合力击破高氏、国氏、晏氏。陈氏又杀齐君,立悼公。悼公立五年被鲍氏杀死,立简公。陈氏又杀简公,齐国政权全归陈氏。到战国时代,陈氏灭齐(姜姓),建立陈氏的齐国。(陈氏也称田氏,田陈二字古音同,田陈可通用。)

第四节　弱国对强国、人民对国家的负担

据《鲁史》的记载——仅仅记在《鲁史》的——二百四十二年里面，列国间军事行动，凡四百八十三次，朝聘盟会凡四百五十次。总计九百三十三次。

军事行动和朝聘盟会，按照一般的性质来说，只是小国被大国剥削掠夺不同形式的表现。小国怕大国无厌的诛求，更怕残暴的讨伐。

朝聘必需的贡品，是麋鹿皮、虎豹皮、丝织物、马和玉，并附献珍异货物。照《仪礼》所载觐礼聘礼看来，贡献物品还有相当限度，可是事实却不尽然。

当初晋重耳创霸，教诸侯三年一聘，五年一朝，有事开会，诸侯不和，歃血盟誓。到后来霸主娶妾或妾死，也要诸侯去吊贺。总之，霸国用各种名义，向列国榨取贡献罢了。贡献一次，要用一百辆货车，一千人护送。到了霸国，住在破烂的客馆里，大概要例外送些贿赂，才肯收受礼物。小国对非霸主的邻近大国，也同样纳贡求得和好。

贡献如果不合受贡国的要求，将会遭受可怕的讨伐。受伐的国家，井被填塞，树被砍断，禾麦被收割，车马被掠夺，人民不分男女老小，逃不脱的都当俘虏。男子做各种奴隶，女子年青的做婢妾，普通的做舂米酿酒工奴。晋楚城濮战后，晋文公献给周天子楚俘兵车一百乘（每乘马四匹），步兵一千人。郑宋大棘之战，宋国战败，郑获兵车四百六十乘，俘二百五十人，馘（杀敌人割取左耳）一

百人。晋灭赤狄潞氏，晋君赏大夫荀林父狄臣一千家。吴、齐郊之战，齐兵大败，吴送鲁国齐俘兵车八百乘，甲首三千。战败国人民被俘当奴隶，国家损失的车马器械急速补充，当然都得人民来负担。

被敌人围城的时候，痛苦更不可想像。据守城法，城下比较不重要的地方，每五十步置壮男十人，壮女二十人，老小十人。城上守兵每一步一人。城下重要地方，每五百步置壮男一千人，壮女二千人，老小一千人。男兵六分用弩，四分用矛戟盾等器械，女兵和老小兵全用矛。民间粮食、布帛、金钱、牛马畜产一切可用的物品，都献给公家使用。围城里面，人民每天规定吃二升米粮凡二十天，吃三升凡三十天，吃四升凡四十天。春秋时代的量，五等于现在的一，五升等于一升。这样，九十天每人共食米二石九斗。平均每天吃三升多，合现在大半升。既要作战死伤，又要忍饿破产。有时甚至穷困到"易子而食，析骸而爨"。人民忍受这样的痛苦，止是为了封建领主的爱好战争比被俘当奴隶的痛苦更甚。

人民被国君强迫，不得不服极重的兵役。春秋时代一般是用车战。兵车一乘，马四匹，甲士十人，步兵十五人。甲士是穿戴盔甲的，三人立车上，立左的用弓箭，立右的用矛，中立的驭马。这三人通称甲首。其余甲士七人，在车旁步行。步兵十五人在车后，另有步兵五人保护辎重车。兵车一乘，共有三十人(兵器盔甲车马都由国君储藏，战时发给兵士)。辎重车有火夫十人，看守五人，马夫五人，打柴挑水五人，共二十五人，都是不能作战的老弱者。每兵车五乘，有辎重车一乘(用牛驾车)。卫国被狄攻破，剩下人民共五千人，有兵车三十乘。约略计算，五人中有一人服兵役。其他国家，大概相同。人民平时受经济剥削，战时受生命危险。宋与夷

（殇公）十年十一战，所以民不堪命；晋绛县人七十三岁，还得老远往杞国筑城。人民只有死了，才算得到休息。

国君和卿大夫的家里人，绝对不事生产。孔子批评鲁大夫臧文仲有三不仁，“妾织蒲”算作不仁之一。鲁大夫公父文伯的母亲织布，文伯怕招季康子的怨恨。因此，当时有“盗憎主人，民恶其上”的谚语。就是说人民与统治阶级存在着不可调和的矛盾。

第五节　民族间的斗争

列国兵制虽不无出入变革，大体当是五人中出一人服兵役。照这样计算，一百七十五人有车一乘，鲁卫等千乘之国，约有人民十六七万，充其量当在二十万左右。晋国兵车四千乘，当有七十万左右的人口（兵车一乘有多至七十五人的，是全国人口当超过此数）。土地如此广大，人口如此稀少，其中自然有许多空地（所谓草莱）异族杂居其间，自然也不可免。

南方——长江、汉水两流域，是蛮族居住地。有群蛮、百濮、卢戎（湖北南漳县）等，通称为南蛮。淮水流域是夷族所居。小国有舒（安徽舒城县）、六（安徽六安县）、蓼（安徽霍邱县西北），又有舒蓼、舒庸、舒鸠、宗四国，大国有徐（安徽泗县北），通称为淮夷。

东方——都在山东省境内。有莱夷（黄县东南），任（济宁县），宿、须句（二国都在东平县境），颛臾（费县西北），邾（邹县），莒（莒县），小邾（滕县），杞（安邱县），介（胶县南），郯（郯城县西南），根牟（沂水县），通称为东夷。又有戎（曹县东南，别名戎州）、鄋瞒

（济南北境），别名长狄。

北方——都在河北省境内。有北戎（卢龙县境，一名山戎）、甲氏（鸡泽县，赤狄别种）、鲜虞（正定县西北，别名中山）、肥（藁城县）、鼓（晋县。鲜虞、肥、鼓三国都是白狄别种）、无终（玉田县），通称为北狄。

西方——有大戎（陕西延安县），小戎（甘肃敦煌县。一部迁居河南嵩县，称陆浑之戎，又称险戎，又称九州之戎），骊戎（陕西临潼县），犬戎（本部在青海西宁县，一部迁居陕西凤翔县境），姜戎（陆浑别部），茅戎（山西平陆县），扬拒、泉皋、伊雒之戎（当在河南洛阳县附近），又有白狄（延安县附近）、赤狄，赤狄有东山皋落氏（或在山西垣曲县境），廧咎如（当在卫晋二国中间），潞氏（山西潞城县），留吁（山西屯留县），铎辰（山西潞安境），通称为戎狄。

以上诸族，有的是纯粹异族，有的是华夏旧姓做异族君长。有的同化于中国，有的保守旧习俗。有的因贫弱而自贬为夷，有的因强大而争霸诸夏。推想各族的人口，也许同华族差不多，可是他们文化程度很低，政治上因为人种及地域的分歧，不可能团结成一个国家。华族是比较团结的，所以利用优势的文化和政治力量，逐渐把他们融化。

南方蛮夷被楚统一，春秋时代侵害中国最凶的要算楚国。到春秋末年，因为文化向上发展，与诸夏相等，华、夷的界限逐渐消失。

东方诸夷没有成立大国，陆续被齐鲁楚吞灭。

北方戎夷间有华族小国燕，春秋时代不被诸夏重视，齐小白曾救燕伐山戎。后来晋国强大，攻灭赤狄白狄，燕在北方逐渐强大起来。

西方戎狄是华族可怕的敌人。晋攻灭戎狄最多。晋悼公用魏绛的计策,同诸戎讲和,用货物交换土地,获得极大利益。秦穆公伐戎,得国十二,开地千里,在西戎中称霸。当时甘肃陕西境内有绵诸,混戎,翟貆之戎,义渠、大荔,乌氏,朐衍之戎。西北诸戎散居溪谷间有一百多种,因为统一不起来,所以逐渐被秦征服。

从春秋鲁隐公元年到僖公三十三年,共八十六年。戎伐曹伐郑伐齐各一次,伐周二次。齐伐戎三次,鲁伐戎一次,虢伐戎二次,诸侯为戎祸守周城二次。狄灭卫围卫灭温各一次,伐邢伐卫伐齐伐郑伐周各一次,伐晋三次。晋伐狄二次,卫伐狄一次。总计戎狄攻华族十六次,华族攻戎狄九次。戎狄的势力不算小,但不能发展,因为华族知道团结,互相援救。鲁文公以后,晋国霸权巩固,戎狄开始被消灭。到春秋末期,居住中国的异族差不多完全消灭了。

中华民族的祖先,在中国奠定了居住权,是经过艰苦斗争才得到的。

第六节　土地制度与耕具

春秋时代,大体上也像西周一样,土地所有权是属于天子诸侯以及卿大夫之有采邑者的。

周王是天下的大宗,土地全归他所有,他分给诸侯土地。在国内诸侯是大宗,诸侯又分给卿大夫土地作采邑,卿大夫在采邑内是大宗,有采邑才能收族聚党。族党就是首先受封者的子孙,聚集在宗子（采邑继承人）管理下，结成一个团体。族人对宗子很恭敬，有富余的财物，应该献给宗子一部分，穷乏时，也可以得到宗子的补助。

宗族有土地（田）、刑法（有杀人权）、武力（私卒私属）、臣属（士）、农奴（主要是耕田和当兵）和奴隶（主要是供使役）。替宗子管理宗事的叫做“宗老”，也叫做宰。宗族对本国诸侯要服徭役并缴纳贡赋，有时被罚加倍出赋，有时被逐甚至被灭族。同是宗族，有强宗弱宗的区别。

这种宗族制度，春秋时代还普遍存在着。到后半期大夫间盛行兼并，许多宗族失去土地，族人降为庶民或皂隶。有的宗族强大，如鲁国三桓（孟孙氏、叔孙氏、季孙氏）三分公室，陈氏夺取齐国，晋国三家（赵氏、韩氏、魏氏）瓜分全晋。到战国时代，国王利用士（官僚）执行政权，贵族很少得封采邑，因之宗族制度的经济基础被破坏，仅仅保留一种残余，这残余依靠传统习惯的力量，很久远的留传下来。

《韩非子》说晋国赵襄子时候，住宅园圃已经自由买卖。如果韩非说不误，是私人间土地买卖，春秋末期已经开始，但未必盛行，因为春秋时代地广人少，例如秦穆公袭郑，路遇郑商人弦高，才被发觉。杞国本在河南杞县，后来迁到山东昌乐县，又迁到安邱县，郑宋边境有大块空地，两国相约不许夺取。这都证明当时人力非常缺乏，土地荒废不能开辟。所以墨子在春秋末年，屡次说诸侯杀伤人民争夺土地的不合算。

不过我们可以想到，政治上失败因而破落的宗族成员，流散到民间，例如晋国的范氏、中行氏，子孙在齐国务农。他们很可能利用财富智力，役使贫贱，开辟草野，占有耕地。这种耕地归开荒者所有，彼此割让，形成土地私人间买卖。宗族破坏和土地买卖，应该是有相当的联系。

井田制度在中国历史上无法证明其存在。从金文以及经典比较可靠的材料看来,两周的田用一田、十田、五十田、六十田、一百田计算;亩用百亩、千亩、十万、七十万、一百万亩计算。并没有井田的形迹。人住的邑,大小不定,小的十家,大的列国都城称邑,天子京师也称邑。农夫散在郊野,十家住一小邑,称为十室之邑。军赋称邑,因为邑是征赋的单位。一夫耕田百亩,一邑得一千亩。卿大夫采邑有百邑(实际多于百邑),所以称千室之邑,亦称百乘之家。一乘必需用十人,每家出役一人,得兵役两伍(五人为伍),正合百乘的数目。这样看来,两周耕地单位,与其说是一井九百亩,不如说是一邑一千亩。

井田的名称,孟子最早提出来。他说:一方里得田九百亩,划成井字的形状,中间一百亩叫做公田,其余八百亩分给农民八家,叫做私田。八家同耕公田,公田耕完,才敢耕私田。至于详细情形,孟子自己也说不清楚。后出可疑的《周礼》,又说到井田,大司徒属官遂人管分配土地,与孟子说不同。《周礼》考工记匠人造沟洫,与遂人又不同。除了《孟子》、《周礼》两书,经传诸子从没有说到井田的,足见这止是孟子的理想。因为土地分配是封建社会的基本问题,所以井田说也被历代政治家所重视,当作一种最好的土地制度。但历史上空谈井田的议论极多,实行的却极少,止有西汉末王莽曾经试行,即刻遭遇反对而失败,原因是承认私有财产制度存在的社会里根本不能合理的解决土地问题。

许慎《说文解字》说"六尺为步,步百为亩"。周一尺约当营造尺八寸一分。一亩宽四尺八寸六分,长四百八十六尺,得二千三百六十二方尺,以成数计,得二十四方丈,约合今亩四分。《礼记》儒行篇（战国儒者作）形容极穷儒生的生活，说住处止有一亩大。四分土地上除去几间小屋，余地种桑种蔬，产量极微，所以穷到家里人掉换穿衣才能出门，两天吃一天的饭才能过活。孟子、荀子都想给农民五亩之宅，五亩约合今二亩。古代尺寸，逐渐从短变长，商鞅立法，一步超过六尺的有罚，可见商鞅以前，步的尺数不定。秦汉亩制增加到二百四十步，与现在的亩相差无几。这由于生产力进步，制度跟着改变的缘故。

管仲说美金（青铜）造兵器，恶金（铁）造农具。如果确是管仲的话，春秋前半期已经用铁耕田了。晋国用铁铸刑鼎（铁鼎上铸刑律），是春秋后半期冶铁术进步的证据。用牛犁地，何时开始，虽然没有确证，孔子弟子冉伯牛名耕，司马耕字子牛，晋国有力士名叫牛子耕，可以证明春秋后半期确用牛耕了。较早的是申叔时述楚国俗话"牵牛而蹊（践踏）人之田"，这个牛大概是耕牛，不过我们不能就此断定春秋时代才有牛耕。甲骨文、金文都有畴字，照赵翼《陔余丛考》说，耒是牛耕的器具，如果人耕，何必揉木使曲呢。赵说如不误，也是殷周两代早有牛耕的证据。可是必须注意的是农奴在残酷剥削下多数养不起耕牛，所以春秋时代一般还得用人力耦耕（两人并力发一耜）。

第七节　赋税与阶级

《礼记》王制篇说，古代农民止替国君耕种公田，免缴私田的租税。又说山林川泽，人民按照一定的时候去生产，国君不禁止。又说国君用民力，修治宫室城郭道路河渠，一年不过三天。话说得很好听，可是所谓古代，却不知是那一代。郑玄作注解，止得说是殷代的制度，其实不是殷代而是儒生的空想。

晋姬夷吾（惠公）被秦嬴任好（穆公）俘获，他想讨好国内臣属，创作爰田法。爰田就是换田，地力用尽，允许耕者换一块地。这样，大夫们的采地扩大了，农民生产也比较丰富些，可能给大夫们增加剥削。因此群臣感激惠公，要他回国。农民却没有得到什么好处，因为跟着爰田法，又创立一个州兵制，令各州长整顿甲兵，这无疑是加重农民负担。

鲁国宣公十五年"初税亩"。地力必须休息，休息的田亩，当初也许免缴租税。新法按照农民承耕的亩数纳税，不管土地是否需要休息，所以称为"初税亩"。隔了三年，成公元年，鲁"作邱甲"。据说四邑叫做邱。邱甲是每邱增加甲士的名额。哀公十二年，鲁"用田赋"。原来农民应该出粟，商贾应该出赋（货币），现在鲁国把商贾该出的赋，加到农民身上，这种不合理的剥削，孔子也曾坚决反对过。

郑国执政子产是春秋时代最著名的政治家，被孔子称为仁惠人的。他采取鲁国邱甲制度在郑国行施，叫做邱赋。大概邱甲是每邱增出甲士，邱赋是每邱增缴养甲士的赋税。他又整理田亩，划定疆界，编制户籍，五家为伍。《韩非子》说，子产开亩种桑，郑人怨谤。开亩当是开垦田间空地，后来商鞅开阡陌，也就取法郑子产。不消说，种桑一定加税，所以郑人要怨谤。齐姜杵臼（景公）征取人民生产物三分之二，止留一分作生产者衣食费用。各国君主，苛暴大率类此。

此外还有更苛暴的赋税。例如陈国司徒辕颇，替陈君筹钱嫁女儿，加征田赋，多余的财物，给自己造钟鼎，结果被人民赶走。晋国铸刑鼎，令人民出一鼓铁，一鼓不知若干斤，总之是人民额外的负担。楚子重想整顿霸业，改革政令，有一条叫做“大户”，大户就是允许多的人口缴纳一个户籍的赋税，足见以前一户不许有过多人口。宋武公赏耏班一个城门，让他征税。齐姜杵臼在都城附近设立关口，乡村人民来都城服役，要纳税，并夺下私物。这种苛税名目，都由封建主随意增设，是人民额外的负担。

山林川泽有官司守护，归国家专利。齐国权臣陈氏，想讨好民众，夺取政权，山上的树木，海里的鱼盐蜃蛤，到市上出卖，价钱不比出产地高。这说明一部分山海在陈氏手中，所以价钱高低由他规定。

至于统治阶级不顾农时，随意浪费民力，更是不胜举例。莒君庚舆喜欢铸剑，铸成后定要用人来试验利钝。这个暴君后来被人民驱逐了。这里止指出统治者轻视民命如此，还会爱惜民力么？

根据上面的记载，证明《王制篇》所说，全是儒生自欺欺人的空想。事实上却是君子（统治阶级）剥削，小人（主要是农民）被剥削。当时叫做“君子勤礼，小人尽力”，“君子劳心，小人劳力”。

那些是被剥削的小人呢？

农民——民字的本义，专指愚昧无知识的耕田人。最初的民是耕田奴隶，后来成为农奴，又转为士工商贾的通称，甚至统治阶级有时也自称为民。不过名称虽有变化，农民卑贱的地位，依然如故。西周初诸侯受封，有授土授民的典礼。《左传》记卿大夫受采邑，或称受若干田，或称受若干邑。农奴附着在土地上。田和邑异名而同实。春秋时代农村已有贫富的分化。宋国乡民得宝玉，卖玉致富；齐国申鲜虞逃到鲁国，在田野当佣工，一般说来，农民总是最穷苦的。

商贾——出外贸迁的叫做商,住在一定地方的叫做贾,所以称为行商坐贾。商人可以自由往来,卫文公复兴卫国,齐桓公、晋文公经营霸业,都注意通商。就是减轻关税,平治道路,招商人来交易有无。春秋初郑桓公利用商人的财力,建立新郑国,订约不侵犯商人的利益,商人也不许迁到别国去。弦高路遇秦兵,假托君命犒师,秦兵不敢袭郑。晋国荀莹被楚俘获,郑商人想藏他在货车里逃出楚境。齐晋两国商业都很发达,郑地居南北中枢,所以更占优势,商人也更关心政治。越国上将军范蠡弃官经商,致富数千万,孔子弟子端木赐买贱卖贵,家累千金。富商的地位很高,可以结交诸侯卿相。自然,普通的商人还是受诸侯卿相的贱视和压迫。

各国境内有许多大小市场,贩卖的商品,从珠玉象牙等贵重物品到酒脯(干肉片)冠履以及受刖刑人(斩脚)用的踊,市上都有。又有一种官贾,是受公家俸给的商人,首领称为贾正。大概本国山林川泽的物产,官制的工业品,由官贾出售,类似国营商业。

货币分赤白黄三等。黄金为上币,白银为中币,铜钱为下币(一说,止有金铜两等)。铸铁是国君的特权,周姬贵(景王)铸大钱,也是剥削方法的一种。积储钱币的地方,楚国称为三钱之府。玉比黄金更贵重,诸侯朝聘用玉。通行的是金和钱两种。墨子弟子耕柱子送墨子十金供费用。《墨子》说人民守城有功,女子赐钱五千,老小赐钱一千。春秋末年金钱的用途已经很广泛。

封建主和商人都经营高利贷事业。列国偶见的所谓贤君,准备用兵大战争以前,总要颁布"已责(债)"的法令。就是说减轻或取消穷人的债务,而债权人就是统治阶级和商人。

百工——管百工的大夫称为工正、工师或工尹。做工的是奴隶。鲁国臧僖伯说做器物是皂隶的职事。楚国侵鲁,鲁献木工、缝工、织工各一百人求和。晋赵鞅伐卫，卫贡五百家求和。这和齐灵公伐莱，莱国献好马牛各一百头同样当作贡品。工人官贾都食公家的俸给，地位比农民更低，所以《国语》的晋语说“庶人（农民）食力，工商（官贾）食官”。当时主要工业是金工车工。齐公子工名铸（铸金属作器具）；宋国大火，乐喜命工正出车。兵车藏在工正的官府，可以看出车工的重要。统治阶级用的战争器械以及奢侈玩好，都由百工供给，工人不能自由出卖制造品。

奴隶——楚申无宇说人有十等，王、公、大夫、士、皂、舆（称为舆人或舆臣）、隶、僚、仆、台。更贱的牧（牧牛人）、圉（养马人）在十等以外，地位最低微。战争需要马匹，所以圉人最多。鲁国人孟孙氏家里能选出精壮圉人三百。郑子产家里临时能出兵车十七乘，比孟孙、子产强大的贵族家里，豢养奴隶当然更多。农民的牧畜业是衰败的。管仲说，牺牲不掠夺，牛羊才能繁殖。封建主祭祀用的牺牲，原来从民间抢取。大概他们掠夺成了天性，所以连向鬼神求福的牺牲，也要农民来牺牲。

以上都是被剥削的小人。主要的小人是农民。所谓“小人农力以事其上”，“庶人力于农穑”。没有小人庶人，也就没有君子大人了。

统治阶级也很知道治民是不容易的。他们官养百工，集合在都邑里，管理出产品；尤其是武器，储藏在府库，不到临阵作战，不肯发给士兵。所谓政治，实际止是刑罚和牢狱。他们的理论是“政以正兵”；“民不可逞”（放纵）；“为刑罚威（可怕）狱，使民畏忌”；“使民战栗”（害怕）；“刑不上大夫，礼不下庶人”；“民可使由（服从）之，不可使知之”。

人民怎样答复这种政治呢？简单举出几个例。

晋重耳当公子的时候，走过卫国的五鹿地方，饥饿得很，向农夫讨饭吃。农夫投给他一块泥土。

孔子到楚国去，子路落后，遇见老人在田间。子路问：见到我的老师么？老人说：身体不劳动，五谷分不清，谁是你的老师。把杖一插，止顾耘田，不理子路。

农民对统治阶级是何等憎恶。

莒君杀人，其妻寡居在纪鄣城，秘密做一条长绳。过了多年，齐兵伐莒，莒君逃到纪鄣，老寡妇等齐兵赶到，投绳城外，齐兵攀绳登城，莒君开门逃走。

卫国虐待工商，工商遇有机会，没有一次不反抗。卫庄公使工匠造器物，久不休息，工匠攻庄公，庄公跳后墙，腿断被杀。他的儿子出公继位，又久使工匠，不让休息。工匠拿斧头攻出公，把他赶跑。

春秋时代人民对付暴君就是这样。

第八节　新旧制度的演变

春秋是列国兼并时代，同时也是华族和南蛮争霸时代。为了战争的胜利，旧制度逐渐破坏，新制度逐渐发生。例如晋赵鞅与范氏、中行氏作战，下令克敌有功的，庶人工商得做官，奴隶得免奴籍。齐伐晋，勇士敝无存战死，齐君下令能得敝无存尸体的，赏给五家做私属。更甚的如越王勾践想灭吴，驱寡妇上山，男子随意游山，藉以增加人口。战争把春秋时代推进到战国时代。

制度演变显然可见的有下列几种：

世卿——周初大封建，凡立七十一国，其中兄弟国十五，同姓国四十。这是宗法封建两个制度的混合制。诸侯在本国,也建立自己的亲属做卿大夫,世世相传。春秋后半期,国君的政权,逐渐移到世卿手里。止有晋楚两国,和列国不同。楚国令尹(执政官)是王室亲公子,但得随时罢免或杀戮,也不限于那几个宗族。晋国执政限于六家世卿,却都不是公子。晋楚制度经过战国(贵戚与异姓并用),转化为秦汉时代的官僚制度。

养士——齐小白创霸,养游士八十人,给与车马衣裘财币,周流四方,号召天下贤士来齐国。齐姜商人(懿公)想篡位,破产招士,后来果得齐国。晋世卿栾怀子喜欢养士,执政范宣子怕他,驱逐怀子。有人劝宣子说,州绰、邢蒯是勇士,不妨让二人回来。宣子说,他们是栾家的勇士,对我有什么好处?人说,你能像栾家那样养他们,就成你的勇士了。谁给士衣食,士就给谁用力,这是士的特征。孔子聚士讲学,有大弟子七十二人,经孔子的称扬,多数做了官。孔子本人也是士,三月不得禄位,就慌张起来,所以仆仆风尘奔走列国求禄位。春秋末年,墨子是士的大师。大师有介绍子弟做官的义务,学成的可以要求介绍,做了官的应该招待同学并送金钱给大师。士造成一种特殊地位,有才能而且可以随意进退,适合国君的需要,这样,逐渐代替了世卿制度。

郡县——小国被灭,改称为县。楚灭九国,称为九县。晋灭大夫祁氏、羊舌氏,分祁氏田为七县,羊舌氏田为三县。又人口多的都邑也称县。晋国首都称绛县。齐姜杵臼赐晏子一个千家之县。晋智过说击破赵氏,封赵葭、段规二人万家之县各一。郡是晋国的地方制度,大抵新开辟的戎狄土地,离国都辽远,设置权力较大的守官,可以应付突发的事变。郡大夫爵位比县大夫低,权力却比县大夫高。县和郡起始是依地方远近富庶荒陋来区别,彼此不相统属。但因郡守权力较大，晋三家瓜分智氏以后，郡的地位提高了。

兵制——经书没有骑字。战争和交通都用车。马驾车，不单骑。春秋末年战争才用骑兵。纯用步兵作战，春秋时代还很少。郑庄公败北戎，晋荀吴败众狄，用步兵制胜。因为戎狄是步兵，中国御敌，不得不毁车用步。荀吴败狄以后，晋连年用兵，消灭众狄，步兵战术大概在这时候发展起来。战国时代，步兵成了主要的兵种。

春秋末(《左传》鲁哀公十四年以后)战国初(周威烈王二十三年以前)，中间凡七十七年，是两段历史的剧转时代，可是记载非常简略，不能考见变化的详情。例如春秋时代还讲周礼、尊王室，重祭祀，论宗姓氏族，列国间朝聘宴会，赋诗言志，有死丧事故，赴告各国，供史官记录。到战国时代，一切都不讲了，战争的性质变化，旧制度旧习惯，必然要废弃，任何善意的愿望，像孔子想复兴周道(文、武、周公)，儒家想齐桓、晋文匡正天下，是不会发生微效的。因为如果说春秋时代是争夺中国霸权的战争，那末，战国时代已经转变为争夺中国统一权的战争了。

简短的结论

见于春秋时代的大小国家凡一百四十八。到末年止留存周、鲁、齐、晋、秦、楚、宋、卫、郑、燕、越十几国。

大国的土地扩大，人口也增加了。墨子(春秋末年)说，齐晋各有人口数百万。秦、楚、越一定也不少。

晋国铸刑鼎，令人民贡铁，想见铁已成民间通用的金属，铁制农具，应该普遍使用。

土地归封建主所有,人民不得自由买卖。剥削非常苛刻,刑罚也极繁重。农村里有贫富的分化,不过一般是穷困的。

农民散居乡村,工商(包括官贾)聚居都市。反抗虐政,总有都市居民(称为国人)参加,否则不能成功。统治者不得农民的帮助,战必败,国必亡,所以列国发动大战争以前,要对农民施些小惠,诱他们出力。

戎狄蛮夷侵略中国,并且有的和华族杂居在内地,华夷斗争的结果,山东夷族被灭于齐,陕西夷族被灭于秦,山西、河北两省的狄族,被灭于晋。止有南方的蛮族,建立楚、吴、越三个大国,与中国不断战争,想夺取霸权,华族有齐、晋二个霸国,纠合诸华,协力御侮,终于把蛮族同化了。

附:西周春秋年表

公　元	周纪年	春秋纪年
	姬昌　（文王）	
	姬发　（武王）	
	姬诵　（成王）	
	姬钊　（康王）	
	姬瑕　（昭王）	
	姬满　（穆王）	
	姬繄扈　（共王）	
	姬囏　（懿王）	
	姬辟方　（孝王）	
	姬燮　（夷王）	
	姬胡　（厉王）	

续表

前八四一年	共和	
前八二七年	姬靖(宣王)	
前七八一年	姬宫涅　(幽王)	
前七七〇年	姬宜臼　(平王)	
前七二二年		姬息姑　(隐公)
前七一九年	姬林　　(桓王)	
前七一一年		姬允　　(桓公)
前六九六年	姬佗　　(庄王)	
前六九三年		姬同　　(庄公)
前六八一年	姬胡齐　(釐王)	
前六七六年	姬阆　　(惠王)	
前六六一年		姬季友　(湣公)
前六五九年		姬申　　(釐公)
前六五一年	姬郑　　(襄王)	
前六二六年		姬兴　　(文公)
前六一八年	姬壬臣　(顷王)	
前六一二年	姬班　　(匡王)	
前六〇八年		姬倭　　(宣公)
前六〇六年	姬瑜　　(定王)	
前五九〇年		姬黑肱　(成公)
前五八五年	姬夷　　(简王)	
前五七二年		姬午　　(襄公)
前五七一年	姬泄心　(灵王)	
前五四四年	姬贵　　(景王)	
前五四一年		姬裯　　(昭公)
前五一九年	姬匄　　(敬王)	
前五〇九年		姬宋　　(定公)
前四九四年		姬蒋　　(哀公)
前四八一年		春秋绝笔
前四七六年	姬仁　　(元王)	
前四六八年	姬介　　(定王)	
前四四〇年	姬嵬　　(考王)	
前四二五年	姬午　　(威烈王)	
前四〇三年	(三家分晋,战国开始)	

第五章　兼并剧烈时代——战国

前四〇三年 — 前二二一年

第一节　七国形势

晋国韩、赵、魏灭知氏以后，三家分晋，晋君姬柳（幽公）止有绛、曲沃两县。幽公荒淫，被人刺死。周姬午（威烈王）二十三年封魏斯（文侯）、赵籍（烈侯）、韩虔（景侯）为诸侯。战国时代开始。

周安王十六年齐国田和废齐君，周封田和为诸侯。齐、赵、韩、魏以及旧有秦、楚、燕共七个大国。秦在函谷关（河南灵宝县）以西；其余六国在关东，称为山东六国。

七国的疆土与国情，因战争胜败而常有变动，下面的叙述是比较初期的状况：

秦——秦到嬴渠梁（孝公）时代才成强国。孝公建都咸阳（陕西咸阳县东），发愤图强，厉行商鞅新法，不过二十年，造成唯一强大的国家。那时候疆土东有函谷关，与周为邻国。关内自郑（陕西华县）西北过渭河，沿洛水（北洛河）东岸，到上郡（陕西延安县）鄜（陕西鄜县）都属魏国，魏筑长城防秦。秦南有武关（陕西商县东南），与楚为邻国；西有义渠戎（在甘肃境）。秦兵东出争天下，必需先灭魏、韩两国。

韩——东邻魏国，西当秦函谷关大路，两面受敌，连年被侵。昭侯用申不害为相，行法家严刻的政治，国基才比较巩固（前三五一—前三三七年）。哀侯灭郑，作为都城（前三七五年）。疆土北自成皋（河南汜水县西北）过黄河到上党（山西长子县），南到宛（河南南阳县），西到宜阳（河南宜阳县）商阪（即商山，陕西商县东南），东临洧水（源出河南密县马岭山，至新郑东南流入颍水）。地方九百余里。山地多，平原少，物产贫乏，风俗淫乱，七国中最为弱小。

魏——魏斯（文侯）（前四二四—前三八七年）师事卜子夏、田子方、段干木，重用西门豹、李克、乐羊，在诸侯中最有声望。他的儿子魏击（武侯）用吴起为将，国势也还强盛。那时候建都安邑（山西安邑县）。疆土南有鸿沟（即汴河，旧自河南中牟县境流径开封南，又东南径通许尉氏入淮阳境），与楚为邻国。东有淮（河南淮阳县）、颍（河南禹县）、煮枣（山东菏泽县西南），与齐宋为邻国。西有长城，与秦为邻国。北有卷（河南原武县）、酸枣（河南滑县），与赵为邻国。地方千里，平原肥沃，人口稠密，无险可守，四面受敌。魏莹（惠王）时被齐赵秦几次战败，不敢居安邑，迁都大梁（河南开封县）与韩为近邻。

齐——建都临淄（山东临淄县）。南有泰山，与鲁宋楚为邻；北有渤海，与燕为邻；西有黄河，与赵为邻；东滨大海。地方二千余里，国富民强，与秦隔周韩魏三国，受战祸较小。田辟疆（宣王）喜欢文学辩说，招集天下游士几百千人，给与优厚的待遇，让他们讲学议论，这些人当时号称稷下先生。宣王以后，养士风气，继续兴盛，各种学派，大体汇集在齐国，临淄成了战国时代的文化城。

赵——建都邯郸（河北邯郸县），西有黄河，南有漳河，与魏为界。东有黄河易水，与齐燕为界。北傍阴山筑长城，与匈奴楼烦林胡为界。地方二千余里，人民强悍善战。赵雍（武灵王）胡服骑射，向北开拓疆土，成为山东唯一的强国。

燕——建都蓟（北平）。东有朝鲜辽东，北筑长城与东胡林胡楼烦为界，西有云中（绥远归绥县）、九原（绥远乌拉特旗），与赵为邻。南境接齐。齐田辟疆乘燕国内乱，出兵破燕（前三一四年），此后两国结成世仇。

楚——地方五千余里，最为大国。西有黔中（湖南沅陵县西）、巫郡（四川巫山县），东有吴越旧地（江苏、浙江），南有洞庭苍梧（湖南道县南），北有陉塞（陉山在河南新郑县西南）、郇阳（陕西洵阳县）。战国末年，楚将庄跻更拓地到云南。都城本在郢（湖北江陵县），考烈王二十二年迁都寿春（安徽寿县）。

七国土地楚最大，秦赵齐次些，燕魏又次些，韩最小。人口楚魏最多。楚兵一百万，如果五人出一兵，当有人口五百万。魏兵七十万，当有人口三四百万。秦赵长平大战（前二六〇年），赵兵四五十万。秦起全国兵力灭楚（前二二四年），也只六十万。齐都临淄，据苏秦说有七万户，得兵二十一万，这是夸大的话，不可尽信。田单守即墨，有壮士五千人，合老弱当有三万人。齐全国七十余城，平均当得二三百万。秦赵人口大抵相近。韩兵，据张仪说有三十万，燕称弱国，兵力未必比韩大，两国人口大概各有一二百万。赵奢说古代一国人民，没有超过三千家，现在万家之邑，随处可见。所谓古代，不知确指何时，战国人口增加，却是事实。

七国以外，还有少数小国，逐渐灭亡。郑并于韩（前三七五年），中山并于赵（前二九五年），宋并于齐（前二八六年），鲁并于楚（前二四九年），卫到秦二世元年（前二〇九年）才被废绝。

称为天下共主的周天子，比春秋时代更衰微了。春秋末年，姬匄迁都成周（洛阳县东北），姬嵬（考王）封弟于河南（即王城，洛阳县西北），周分为东西两国。战国初，魏赵韩三家受周天子封爵，正式列为诸侯。田和想做齐侯，魏文侯代他向天子请求，得到允许，各国才承认田和的地位（前三八七年）。秦嬴渠梁富强，周天子封他做霸主，渠梁大会诸侯去朝见天子（前三四二年）。后来秦嬴驷自称为王（前三二五年），各国诸侯也先后称王，周天子的空名号，失了作用。周朝最后一代的王姬延，被称为赧王（赧是羞愧脸红的意思）。他寄居东西二周，无地无民，穷到向人民借贷，不能偿还，藏在台上避债，周人称这台为逃债台。秦嬴则攻西周，西周君入秦叩头请罪，献出所有邑三十六，人口三万，秦受献，放还西周君（前二五六年）。赧王也在这一年死了，其后七年，秦灭东周。周从文武开国，到赧王凡三十七王，八百六十七年。

第二节　七国兴亡

秦国富强，从孝公开始，也就是从商鞅变法开始。一切落后，被诸侯轻视的秦国，施行新法十年，追上并超过山东的先进的国家。

春秋后期，贵族领主的土地所有制开始破坏，代之而起的是地主的土地所有制。商鞅代表新兴的地主利益，改革旧制，创立新法，主要措施是：

地方制度——归并各小乡村，集成大县，县有令，掌握大权。全国共四十一县。

连坐法——定户籍，五家为保，十家相连。十家互相纠察，一家为罪,九家告发,不告发,九家连同受罚。

赋税——定赋税制度。一家有两个以上男子,必须分居,否则加倍纳赋。

改恶俗——秦染戎狄风习,父子兄弟同居一室,男女混乱,商鞅严令禁止。

赏罚——筑冀阙,法令在冀阙上公布。有军功的按法律受爵赏,私斗的各依轻重受刑。人民努力耕织,不限耕地多少,生产最多的免徭役。经营非生活必需品的工商业以及懒惰而穷乏的,一家都罚作奴婢。秦国贵族非有军功,不得享贵族特权。私用田宅奴婢衣服的多少好坏,按照尊卑爵位等级享用,奢侈越等的受罚。

尽地力——开辟阡陌封疆,增加耕地。阡陌是田里的道路,战国时代用步兵骑兵,兵车极少用,不需要宽广的道路,阡陌势必要废除。说井田废于商鞅开阡陌,是腐儒的谬说。

度量衡——划一升斗权衡丈尺,私改的受罚。

首功制——定二十级爵位,斩得敌人一头,赐爵一级。秦兵贪得爵位,每战胜敌国,斩首总是用万或十万计算,所以秦被称为“首功之国”。

商鞅的法令,一方面,奖励生产,重赏战士,促使新兴的地主制度得到发展;另方面,限制贵族领主的权力,使他们不敢法外横夺。后来商鞅被秦国贵族惨杀,他的法令,大体沿袭不变。

魏都安邑,逼近秦地,嬴渠梁和商鞅决定首先破魏的计划。渠梁二十二年商鞅大破魏军,魏迁都大梁,献地求和。渠梁子嬴驷六年魏献阴晋(陕西华阴县)。八年,大败魏兵,斩首八万。同年,魏献黄河西岸土地。九年,渡河取魏汾阴(山西荣河县北)、皮氏(山西河津县西)。十年,魏献上郡十五县。秦既得河西全部魏地,黄河天险，在秦掌握。秦不断侵夺河东魏赵土地，主力则出函谷关攻击韩国。

嬴驷后元六年出兵函谷关击破韩军。七年，韩赵魏燕齐合力攻秦，秦大败五国兵。八年，败韩赵魏三国兵，斩首八万二千。九年，秦灭蜀，愈益富强。嬴荡四年败韩宜阳（河南宜阳县西），斩首六万。宜阳是韩国大都邑，宜阳入秦，行军更便利。秦又渡河筑武遂城。韩君先世坟墓在平阳（山西临汾县西南），武遂离平阳七十里，威胁韩君不敢叛秦。嬴则十四年秦将白起大破韩、魏兵于伊阙（河南洛阳县龙门山），斩首二十四万。此后韩、魏不断被攻，献地求和，秦主力南向击楚。

楚熊槐与齐田遂约定彼此互救，秦派间谍张仪去做楚相。张仪对熊槐说，如果楚齐绝交，秦送楚商于（河南淅川县）地六百里。熊槐大喜，与齐绝交。甚至派遣勇士见齐王，当面辱骂，对秦表示诚意。后来去秦国要地，张仪说，我止说送六里，没有说六百里。熊槐怒，发兵攻秦，大败，死战士八万，失汉中郡。熊槐更怒，发全国兵攻秦，又大败（前三一二年）。熊槐受秦欺，被秦俘获（前二九九年）。楚丧地破军，国力衰落。秦在伊阙大胜以后，移主力来图楚。楚顷襄王十九年秦败楚，割楚上庸（湖北房县、均县等地）以及汉水北岸的土地。二十年，秦将白起攻楚，二十一年，白起破楚都城郢，焚烧楚先王的坟墓。顷襄王兵败，不能再战，逃到陈城（河南淮阳县）躲避。二十二年，秦又夺取巫郡、黔中郡。

楚既破败，秦移主力攻北方强国赵。秦昭王三十七年攻赵，被赵将赵奢大破于阏与（河南武安县西）。昭王四十五年，攻取韩的野王（河南沁阳县），隔断上党（山西长子县），上党降赵。四十七年，秦攻上党，赵将廉颇驻军长平（山西高平县），筑壁垒坚守，秦兵挑战，赵持重不应。秦派间谍送赵权臣黄金千斤，对赵王说，秦最怕赵奢的儿子赵括做将军，廉颇容易对付，而且快投秦了。赵王中秦反间计，令赵括代廉颇为主将。秦听说赵括做将，秘密使白起做上将军。赵括出兵击秦军，秦军诈败退走，赵括乘胜追击，直到秦壁下，秦据壁坚拒，吸引赵兵在壁下。秦先有两队骑兵伏在近地，一队二万五千人断赵军后路，一队五千人，截断赵军归壁垒的退路。因此赵军裂成两部。秦出轻装兵流动袭击，赵括受困，临时筑垒坚守，等待援救。秦昭王听得赵粮道已断，亲到河北，征发十五岁以上的男子，悉数送长平，阻绝赵救兵及粮食。赵兵饥饿四十六日，杀人而食。赵括分兵四队，轮流攻秦垒，不能破，括自率精兵猛攻，被秦兵射死。赵军失主将，止好投降，凡四十万人。白起怕赵兵反叛，把四十万人一起在长平坑死。这是战国时代第一个大战，赵兵前后死亡四十五万人，秦兵也死了大半。五十年秦围赵都邯郸，魏楚两国往救，邯郸才得保全。

长平大战以后，秦连年攻韩赵魏三国。嬴政（秦始皇）十七年灭韩，十九年灭赵，二十二年灭魏，二十五年灭楚灭燕，二十六年灭齐。山东六国全部灭亡，中国成为统一的国家。

第三节　合纵连横

山东六国土地比秦大五倍，兵力大十倍，但是不免灭亡，主要的原因，由于不能合纵。

从燕到楚，南北联合反秦叫做合纵，诱山东各国割地和秦叫做连横。战国时代策士们奔走游说，不是合纵，就是连横，大抵都是贪图富贵、反复无耻的小人，其中苏秦、张仪最为著名。

苏秦，东周洛阳人。见燕文侯说合纵的利益（前三三四年），文侯送他车马金帛，去联合各国，赵韩魏齐楚都听从，赵王做纵长。

苏秦合纵的条约是：

秦攻楚——齐魏出兵援救，韩断秦粮道，赵燕作声援。秦攻韩魏——楚出兵武关攻秦，齐出兵援楚，赵燕作声援。秦攻齐——楚出兵武关攻秦，韩魏阻秦道路，赵燕作声援。秦攻燕——赵守常山（河北正定县），楚出武关，齐渡渤海，韩魏作声援。秦攻赵——韩守宜阳，楚屯武关，魏屯黄河南岸，燕出兵援赵。

苏秦这个计划是好的，秦国的确感觉困难了。秦派策士公孙衍诱齐魏伐赵，破坏纵约，赵王责问苏秦，苏秦离赵走燕。秦王嫁女儿给燕太子，燕文侯死，太子继位，号称易王。齐乘燕丧伐燕，取十城。苏秦合纵前后止有三年，被齐魏闹散。他在燕又和易王的母亲通奸，怕受刑罚，去齐国做间谍，劝齐田遂大兴土木，耗损国力，这个阴谋后来被发觉，燕齐两国，结成深仇。齐破燕（前三一四年），燕又破齐（前二八四年），两国互相残杀，给秦吞并的机会。

张仪，魏人。仪曾在楚相门下当食客，因被疑偷宝器，几乎被打死。仪妻劝他不要再读书游说。张仪说，你看我的舌头还在么？止要舌头在，什么都有了。他跑到秦国，替秦连横，破坏合纵，利用各国君主的贪心，挑拨他们自相侵夺，秦乘机取利。例如秦想攻魏安邑，怕齐救魏，劝齐灭宋。秦已得安邑，又想攻韩，说齐灭宋是不义，劝诸侯伐齐。秦已得韩宜阳，又谴责诸侯伐齐的罪行。秦想攻魏，怕楚救魏，劝楚夺韩地南阳（河南邓县），魏被逼和秦，秦责楚夺韩地，助韩攻楚。秦想弱齐，劝燕夺胶东，劝赵夺济西。后又责燕赵的不是。秦对各国离间威吓，使他们互相怨恨猜疑，不能联合与秦对抗。

韩宣惠王十六年韩约赵魏攻秦。魏赵援助不力，韩兵大败，韩将申差被俘，死战士八万。齐乘魏赵兵败，出兵攻伐两国，韩危急，韩相公仲对韩王说，同盟国不可靠，不如送秦一个大城，讲和共同伐楚。楚王听得这个计策，赶快派人来告韩王，说楚大发兵卒，出死力救韩。韩王喜欢，不听公仲。秦怒伐韩，斩首一万，楚救不来，韩大败求和，跟从秦兵伐楚，大败楚军，斩首八万。各国玩弄小计谋，自取败亡，大率类此。

秦始皇十年尉缭献计说，“秦国富强，山东诸侯譬如秦国的郡县。可是诸侯如果合纵，秦有灭亡的危险。愿大王不爱财物，贿赂各国权臣，不过耗费三十万金，可以消灭六国”。李斯也说“诸侯如果合纵，大王就有黄帝那样圣明，也不能成吞并的功业”。始皇用两人的计策，密派谋士多带金玉，收买各国大臣名士，不受贿赂的或暗杀或使权臣进谗言杀害。各国内乱，秦兵随后侵入，赵名将李牧大破秦兵，秦多给赵王宠臣郭开金，教他进谗杀李牧。过了三个月，赵灭亡。秦日夜攻韩赵魏燕楚，独齐国远在海滨，不被兵祸。齐相后胜多受秦金，又使宾客受秦贿赂，共同劝齐王不修军备，不助五国攻秦。等到五国亡了，秦兵突入齐都临淄，虏齐王。

秦国最怕合纵，山东恰恰不能合纵，这是灭亡的主要原因之一。

第四节　养士制度

春秋时代养士的风气已经开始，末年更甚，到战国，山东各国争着养士,士的数量大大增加。

士要求优裕的生活,却看不起劳动食力。他们投奔富贵人门下,不仅得衣食,而且得好衣食,得车马,得养活全家。他们不做工而得食,照孟子说,有学问的人是应该受养的。大概士都有这样的自信,所以很骄傲。魏太子击(武侯)路遇文侯的老师田子方,太子赶快下车拜谒。子方昂然不理。太子问,富贵该骄傲,还是贫贱该骄傲?子方说,自然贫贱该骄傲。诸侯骄傲要失国,大夫骄傲要失官。贫贱的士主张不合,议论不用,立即跑到别国去,好比丢一只破鞋子,你怎么拿富贵来比贫贱!

富贵者为什么这样爱士呢?士能替主人出计策,能替主人显扬声名,巩固他的地位。如果待士不好,他能投到仇敌方面来作对。例如商鞅、张仪、甘茂、范睢、蔡泽、李斯,全是山东失意的策士,入关助秦灭亡六国。更重要的是这些策士,依靠统治阶级,容易求得富贵,再也不想领导痛苦的人民反抗暴政。战国时代没有农民起义,这也是原因之一。

国君养士著名的有魏文侯、齐宣王、燕昭王;贵族著名的,齐有孟尝君田文,赵有平原君赵胜,魏有信陵君魏无忌,楚有春申君黄歇。其他如燕太子丹、秦相吕不韦,也曾养士。还有如孟子后车数十乘,侍从数百人,凭他的声名,所到国家,都得供给他衣食,这可说是间接养士了。

田文的父亲田婴,有黄金一万斤,又封为薛公。田文继承大财产,在薛召集豪侠奸人六万多家,宾客三千多人。其中有犯罪亡命的,有装狗偷窃的,有学鸡叫的,不论贵贱,一律招待。他在薛放高利贷,取息金养食客。他曾路过赵国,赵人闻名,群出看他,笑道,田文原来止是一个普通样子。田文怒,他的食客下车斩杀观众几百人，索性把一县屠灭才走路。后来田文失位，食客都跑走了，田文复位，食客又回来。

赵胜养士数千人，秦兵围邯郸，他去楚国求援，在门下挑选上等人才二十，中用的却止毛遂一人。魏无忌养士三千，他待士更谦恭，搜求更无所不到，门下人才也比较多些；秦王用黄金一万斤，买间谍向魏王进谗言，无忌忧愁身死。黄歇也有食客三千余人，上等客都着珠履，其实全是不中用的废物。

战国卿相大臣，几乎全要养士，赵名将廉颇失官，从长平回邯郸，食客都走了，后来又做将军，食客相率回来。廉颇愤怒道，你们请走吧！食客道，嘻！将军怎么现在才懂得这个道理呢！人与人全是买卖的关系，将军有势，我们跟从，将军失势，我们走开，这是当然的道理，有什么可怨啊！

山东策士聚在赵国谋攻秦。秦相魏冉说不妨事。秦和策士没有怨仇，他们无非谋自己的富贵，所以谋攻秦。好比狗，有卧的，有起的，有走的，有立的，彼此没有斗意，投下一块骨头，立刻起来争夺了。秦王用魏冉计，费不了三千金，赵国策士果然大争夺。

富贵人养士，和养狗同样的意义。

当然，士也有比较有人格的。司马迁作《史记》，特别给鲁仲连立传，鲁仲连确是战国唯一的高士，他不肯做官任职，他反对秦国奴隶般待遇人民。邯郸被秦围困，他跑进危城，反对降秦。邯郸解围，平原君封他土地，坚辞不受。送他黄金千斤，鲁仲连笑道，士应该替人家排患难，解纷乱，如果受报酬，与商贾无异，我不忍这样做。告辞去赵，终身不见平原君。后来在齐国立功，齐王要封他，鲁仲连逃走，隐居海边不见人。他说，为了富贵屈服于人，不如贫贱行动自由。

第五节　经济状况

战国时代战争的破坏，粮食的征发，贵族的奢侈，游士的供养，这种巨大的耗费，当然需求人民尤其是农民来负担。战国生产力比春秋是进展了，可是在这样残酷剥削之下，人民痛苦是可想而知的。

春秋末期许多宗族破坏了，宗族成员流为农民，可能变为小地主。春秋末期，战士有功，多赏赐田宅，这也是小地主的来源。赵括有钱就买田宅。王翦请秦王赐田宅，留给子孙做产业。苏秦说我如果有负郭（近城市）田二顷，岂能佩六国相印。《韩非子》说赵襄子时候（春秋末期）住宅园圃已经自由买卖。《吕氏春秋》、《淮南子》都说孔子的马吃路旁禾稼，被田主扣留，马夫对田主说，你耕地东到东海，西到西海，我的马怎能不吃你的禾稼呢？田主大喜，把马送还。《韩非子》、《吕氏春秋》、《淮南子》所说，未必全出虚构，不过战国时代，土地私有制，才完全确定（秦始皇三十一年，即统一以后五年，令人民报告耕田实数，足见人民所有的土地多少不等）。汉人说商鞅立法，田得买卖，其实商鞅以前，秦国以外，都有这种制度存在。

《韩非子》说雇农出卖劳力耕种，主人给他衣食工钱，希望他耕得深，耘得快。乡村既有雇农，当然会有富农。《荀子》说乡间轻薄子，服装美丽，态度妖冶，专门引诱妇女。这也许就是富农小地主家的子弟。《荀子》说雇市上佣工打仗，《韩非子》说，有水灾，雇佣工开沟渠。大概当时都市和乡间有大批出卖劳力的雇工存在，因此可以推想当时失去耕地的农民很多。

孟子、荀子都说一个农民应该有五亩宅地，百亩耕地。孟子又说："明君制民之产，必使仰足以事父母，俯足以畜妻子。今也制民之产，仰不足以事父母，俯不足以畜妻子。"普通农民耕地不满百亩，不能维持一家人生活，是当时农民普遍的现象。

耕百亩的农民依然不能生活。魏文侯时李悝计算农民的生活费，说农夫一家五口，耕田百亩，一年得粟一百五十石。除租税十五石，余一百三十五石。一人每月食一石半（约当今三斗），五人每年共食九十石。余四十五石，每石卖钱三十，得钱一千三百五十。除祭祀赛会用钱三百，余钱一千零五十。每人衣服用钱三百，五人共一千五百，不足四百五十。疾病死伤天灾赋敛等意外费用，都还不算在内。如果每年止亏钱四百五十，农民节衣缩食，也许可以抵补，事实上单是赋敛一项，有布缕之征（纳布帛），有粟米之征（纳粟米），有力役之征（应徭役）。孟子说，好君主征了一项，不征其他两项。如果征两项，要有饿死人，征三项，要出卖妻子。好君主没有存在过（照孟子、荀子说），那末，农民止得饿死及出卖妻子。

李悝是战国初年人，那时候生产力比较低微。后来孟子才说到深耕施肥，荀子更屡说肥料的功用。荀子说多粪肥田，又说五谷一岁再获。一年能收获两次，是技术上一大进步。荀子又说民富自然田肥，田肥自然出产加倍，民贫自然田瘦，田瘦自然出产减半。谁是富民呢？自然是地主和富农，在技术进步的影响下，贫富的分化更剧烈了。

最大地主是国王和贵族，赵奢做收税吏，平原君家不肯出租税，赵奢按法杀管事九人。赵王用奢管国赋，国赋公平，仓库充实。《韩非子》说士卒依靠权势人家逃避徭役，人数上万。富贵人有法外的利益，贫贱人自然穷苦更甚。

春秋时代工人是奴隶，战国似乎一部分得到解放。周人的风俗，治产业，力工商，求二分的利息。《韩非子》说车匠希望人富贵，棺匠希望人死亡，又说工匠造恶劣器械，骗农民的钱。荀子想禁止工人在家制造器具。这都说明工人可以自由出卖制造品。

战国时代据说出铜的山四百六十七，出铁的山三千六百九。兵器多用铜，工具多用铁。但也开始用铁制造兵器。楚、韩两国，冶铁技术更见进步。楚国宛地出钢铁，做矛刺人像蜂刺。秦昭王夸奖楚国铁剑的锋利。韩国出宝剑最多，西平县（河南）是铸剑的地方。据说那里有龙泉水，锻炼刀剑特别坚利。不过一般的兵器，还是用铜制造。

战国时代似已废除了官贾制度，商贾得自由买卖。墨子说城不能守的条件有五，市离城远，是条件之一。《周易》系辞（孔子以后儒者所记）说，日中做市，招集天下的人民，聚会天下的货物，交易而退，各得其所。《韩非子》说商贾的钱财，存放国外，可以亡国。这都说明商业的重要。《荀子》说当时的商业，北方的走马大狗，南方的象牙犀皮颜料，东方的鱼盐，西方的毛织物旄牛尾，中国市场都能买到。《史记》货殖传记载各地大小都会很多，可以想见当时国内外贸易的发展。因为商业继续扩大，在政治上需要中国统一，废去各国间的关梁禁限。《荀子》说，流通财物，交换有无，转输调剂，各得满足，四海之内，好像一家。秦国统一，正适合这个要求。

富商大贾虽然也称为庶人，可是势力很大。工农尤其是雇工和中小农，压抑在社会最下层，过极穷苦的生活。贵族和国君的奢侈淫乐，恰好与工农相反。国君每饭要一百样菜，后宫要成千成百的女人，一切器用玩物，都要装饰珍宝。国君如此，贵族可以类推。他们直接或间接拿严厉的刑罚作工具，向人民“厚刀布（钱）之敛，重田野之税，苛关市之征”。拿关税来说，客人过关，关吏要勒索贿赂，骑白马过关，照例要多纳税。孟子说，古代设关为了禁暴，今世设关，为了行暴。统治者无往而不行暴，也就是无往而不要钱。战国生产力果然有些进步，下层人民并不能改善他们的生活。

第六节 秦统一的原因

秦嬴师隰七年（前三七八年）开始有市。十年开始有户籍。嬴渠梁用商鞅，定许多法令，制度才逐渐完备。嬴驷二年（前三三六年）开始用钱，秦是一个落后的国家。

正因为落后，腐化势力比较薄弱，新制度容易有效地实施。荀子曾到过秦国，他夸奖民俗的朴素，官吏的忠实，大官的守法，朝廷的清静，认为是最好的政治。秦国军制，荀子也认为比别国好。足见秦的成功，不是偶然的幸运。

秦始皇即王位时候（前二四六年），秦地有巴蜀、汉中、宛、郢、上郡、河东（山西西南部）、太原、上党等郡。函谷关外有荥阳及两周旧地。单就疆土来说，秦对山东已占绝大的优势。

关中地本肥沃，郑国渠造成后，农产更丰富。巴蜀出铜铁，滇僰（音仆，四川宜宾县）出奴隶，西北戎狄出牛马。秦连年用兵，经济力量能够支持，因为拥有重要资源的缘故。司马迁说，关中土地约占天下三分之一，人口不过十分之三，财富却占十分之六。这种估计，未必确实，但经济方面，秦确占优势。

秦国人民止有多斩敌首，才能得到爵赏。不像山东各国，说空话，当食客，有侥幸的途径。始皇以前，夺得重要都邑，有驱出原来居民的办法。如取陕，放还陕民给魏国（前三二五年）。魏献安邑，秦出其居民，募秦民及赦罪人迁徙安邑（前二八六年）。取赵二城（前二八二年），取楚南阳（前二八〇年）、鄢邓（前二七九年），都赦罪人移殖新地。这大概是防止山东腐化生活传染秦民的缘故。同时别国人民也不愿意做秦民。始皇时代，改变了这种办法，秦民与非秦民的差别，虽然还是存在，不过没有以前那样严格了。大抵秦国政治风俗，比山东朴素严明，不能不说是一种优势。

商鞅代表新兴的地主利益，改革法制，从此新兴的地主在秦国的势力逐渐增长，到秦始皇时已经占了绝对优势，乌氏倮位“比封君”（地位和领主一样），巴寡妇清，“礼抗万乘”（皇帝用客礼待她），这在六国中是没有的事情。六国中虽然都有富豪地主兴起，可是他们仍在贵族领主压制下，不能畅所欲为，自然他们羡慕秦国，要秦国式的制度。秦始皇尊显富豪，大商人吕不韦做了秦相，招集文学游士，著书立说。秦国从来不养游士，不贵商贾，始皇这种改变，很能得到山东游士和商人的好影响。山东国家，各造堤防，大旱争夺水利，天雨放水到邻国。例如东周想种稻，西周不放水。齐、赵、魏三国，赵、魏地高，齐地卑下，黄河不决齐堤，就要泛滥赵、魏。壅水和放水，给地主农民以生死的威胁，从灌溉事业说来，他们希望有统一的管理。战国盛用牛耕。牛耕一天比两人偶耕约多一倍半。如偶耕一天得两亩半（百步的亩），牛耕当得六亩二分五，计数很不便。一亩放大为二百四十步，那末，牛耕一天也约得二亩半（二百四十步的亩），亩数同，田积却不同，秦改革亩制，是适合生产力的进步制度。山东国家生产力进步了，还保守旧制度,人民在实际生活中,对守旧是不会满意的。秦国各种设施比山东诸国进步,可能减轻游士、商贾、地主、农民对秦国的抵抗力,虽然他们并不真正爱护秦国。

春秋时代大小一百多国,像莒、邾等小国,也要准备兵车一千乘。所有对强国缴纳的贡赋徭役,以及列国间的战争损害,国内君主贵族的奢侈浪费,全压在人民的肩上,那时候小国人民,负担何等苛重。但如晋、齐等国,土地人口比莒、邾大几十倍,兵车不过四五千乘,从这一点说,大国人民的负担,要比小国轻得多。战国时代秦、赵等强国,兵力六十万,战争中用全兵力的次数极少,可以说人民负担又比春秋大国要轻些。所以人民的经验是:做小国人民不如做大国人民,做大国人民不如做全中国统一的人民。邹、鲁两国打仗,邹国官员战死三十三人,兵卒一个也不死亡。邹、鲁人民不愿意打仗,七国人民当然也不愿意打仗,谁能统一中国,人民就希望从他那里得到和平。秦在七国中有上述的优势,成为有统一全国能力的一个国家,因此人民把希望寄托在秦国;全国人民对秦国的希望,更促进秦国力量的增长,实现统一全国的历史任务。

周朝以来,虽说华族占据中原,蛮夷戎狄各族在华族的四周;但在实际上中原地区也是各族杂居。华族生产进步,文化较高,因此逐渐的把居住在中原地区的各民族和四周边沿地区的一些民族同化了。春秋末年,蛮族的楚国统一南方诸蛮族,文化向上发展,和华族相等;东夷各族,本来没有大国,陆续被齐、鲁、楚各国吞灭,西戎各族,逐渐被秦国征服;北方戎狄各族,经过齐、晋等国征伐,又经过燕国的攻灭,各民族被华族融化,扩大了华族的疆域,也消失了华夷界限。战国时,中原地区已经没有华夷斗争的民族问题,但是北方游牧民族,却不断向南侵袭。落后的游牧民族进攻农业民族，在军事上总是容易获胜，因此保护中原地区的农业生产，不受落后民族的破坏，是华族面前的大问题，秦、赵、燕各国建筑长城，就是为了解决这一个问题。不过中国内部许多国家互相对立，不能抵御外来的侵略，以长城为例，齐、韩、楚、魏筑长城完全为了内战，固然消耗了华族抵御外来侵略民族的力量，秦、赵、燕筑长城，彼此不相连接，各自为政，也不能完成抵御外来侵略民族的功效。秦统一全国，建立起中国民族的国家，消灭了华族内部的互相对立，团结华族一致对外，是一个历史的进步，是当时人民的要求。

山东各国互相猜忌，不能“合纵”，供养食客，浪费资财，固然是灭亡的原因，但主要原因是下层民众，在水深火热的境遇里，不能生活下去。单就韩、赵、魏三国说，被秦杀死几百万人。山东各国间战争，死亡数目也不会很小。壮年人大量死亡，生产力破坏了。又加以横征暴敛，土地愈削小，赋税愈苛刻，人民负担，将是不可想像的繁重。齐都临淄，赵都邯郸，居民生活非常腐化，其他都会，大概相类。这种不生产的寄生者，当然也是间接剥削劳苦民众的。民穷财尽到不可维持的时候，国家非灭亡不可。

山东六国不能再维持他们的统治，秦国的兵力、经济力和政治影响都远胜六国，这样，势必产生前所未有的统一大帝国。

简短的结论

战国时代冶铁技术进步了，有些地方，如楚国、韩国，开始能炼钢。战争中已应用铁制剑戟，不过一般还是用铜制兵器。

耕田是用牛和铁犁，知道施肥深耕，战国后期农业进步到一年收获两次。魏国有温囿，每年收租八十金，后来租给西周君，年租一百二十金。温囿面积不见记载，年租数目不算小，当时园圃业发展了。

人民得私有土地，可以自由买卖。乡村有小地主富农和佣工。大部分土地是属于国君和贵族。

商业很发展，富商大贾积财产到千金或万金。商人做大官的魏有白圭，秦有吕不韦。有些国家可以用铁买得官爵，商贾兼做小官的大概不少。

工匠制造器械，可以自由出卖。比较大规模的工业，还是用奴隶。秦国的滇僰两地，出产奴隶很多。

下层民众生活非常痛苦，战争中死亡率也非常大。文学辩说的游士，垄断居奇的商贾，他们虽是庶民的身份，社会地位却很高。

秦政治经济都比较好，所以兵力也特别强。山东比不上秦，又不能合纵团结，终于贫弱而灭亡。

附：战国年表

公元	周纪年	秦纪年	魏纪年	韩纪年	赵纪年	楚纪年	燕纪年	齐纪年
前四〇三年	姬午二十三年（威烈王）	嬴悼子十二年（简公）	魏斯二十二年（文侯）	韩虔六年（景侯）	赵籍（烈侯）	当五年（声王）	三十一年（湣公）	姜贷二年（康公）
前四〇二年							姬庄（釐王）	

续表

前四〇一年	姬骄（安王）					熊疑（悼王）		
前三九九年		（惠公）		韩取（烈侯）	（武公）			
前三八六年		嬴出子	魏击（武侯）	（文侯）	赵章（敬侯）			
前三八四年		嬴师隰（献公）						
前三八〇年						臧（肃王）		
前三七八年								田因齐（威王）
前三七六年				（哀侯）				
前三七五年	姬喜（烈王）							
前三七四年					赵种（成侯）			
前三七二年							（桓公）	
前三七〇年			魏䓨（惠王）	若山（庄侯）				
前三六九年						熊良夫（宣王）		
前三六八年	姬扁（显王）							
前三六一年		嬴渠梁（孝公）					（文公）	
前三五八年				（昭侯）				
前三四九年					赵语（肃侯）			

续表

前三 四二年								田辟疆 （宣王）
前三 三九年						熊商 （威王）		
前三 三七年		嬴驷 （惠文 王）						
前三 三四年			魏嗣 ［注］ （襄王）					
前三 三二年				（宣惠 王）			（易王）	
前三 二八年						熊槐 （怀王）		
前三 二五年					赵雍 （武灵 王）			
前三 二四年		（改为 元年）						
前三 二三年								田遂 （湣王）
前三 二〇年	姬定 （慎靓王）						姬哙	
前三 一八年			（哀王）					
前三 一四年	姬延 （赧王）							
前三 一一年				韩仓 （襄王）			姬平 （昭王）	
前三 一〇年		嬴荡 （武王）						
前三 〇六年		嬴则 （昭王）						

续表

前二九八年					赵何（惠文王）	横（顷襄王）		
前二九五年			魏遬（昭王）	韩咎（釐王）				
前二八三年								田法章（襄王）
前二七八年							（惠王）	
前二七六年			魏圉（安釐王）					
前二七二年				（桓惠王）				
前二七一年							（武成王）	
前二六五年					赵丹（孝成王）			
前二六四年								田建
前二六二年						熊元代（考烈王）		
前二五七年							（孝王）	
前二五六年	（周亡）							
前二五四年							姬喜	
前二五〇年		嬴柱（孝文王）						

续表

前二四九年		嬴楚（庄襄王）						
前二四六年		嬴政（秦始皇）						
前二四四年					赵偃（悼襄王）			
前二四二年			魏增（景湣王）					
前二三八年				韩安				
前二三七年						悼（幽王）		
前二三五年					赵迁（幽缪王）			
前二三〇年				（韩亡）				
前二二八年					（赵亡）	犹代（哀王）		
前二二七年			魏假			负刍		
前二二五年			（魏亡）					
前二二二年						（楚亡）	（燕亡）	
前二二一年		秦统一中国						（齐亡）

注:《史记集解》说,前三三四年是魏罃后元元年。前三一八年是魏嗣元年,并无哀王。

第六章　周代思想概况

第一节　孔子

中国文化的起源，向来从夏商说起，也就是从私有财产制度确立的时候说起。不过夏商两代，尤其是盘庚以前，可信史料太缺乏，无法论证当时的真相，只能在先秦传说里，约略推见些稀疏的影子。

夏代社会已有阶级，但是原始公社制度还保存很大的成分。孔子说，夏人尊天命，事鬼敬神，赋税政令比较宽，刑罚威势比较轻，人民蠢愚朴野，对统治者没有什么怨恨。殷代奴隶占有制度发展了，统治阶级尊天命，敬鬼神，借重天命鬼神的威权，掠夺财富，对被统治者施行严厉的刑罚，不讲什么道理和恩义，所以社会"荡而不静，胜而无耻"。换句话说，是阶级斗争非常剧烈。周代开始了封建制度，周公制礼治民，规定尊卑、亲疏、贵贱、长幼、男女、君臣、父子等等无数差别。每一等人有他一定的义务和权利。尊贵人权利大，义务小。卑贱人义务大，权利小。

夏商周政教不同，决非如儒家所说"三代之道，若循环，终而复始"，实际上是社会向前发展的不同现象。

春秋后期，贵族领主的土地所有制，向着地主的土地所有制变革。这一变革的过程，经过战国时代，完成于秦之统一。这种制度与阶级的激剧变化，在当时思想上的反映，有主张保守的一派，梦想恢复周公时代的领主制；这一派的代表人物为孔子。战国时代，地主势力较春秋时强大，传儒家之学的孟、荀，都放弃尊周的主张，特别是荀子，要求秦朝式的统一。有主张打破贵族领主制，尽量使地主得到发展的；这一派思想的代表人物为商鞅、韩非。没落了的贵族领主，因为陷入绝望地位，所以情绪消极，主张极端的复古守旧；这一派思想的代表是老子。上述各派之外，还有许多思想派别，其中最显著的，是主张劳苦庶民利益的墨子。

孔子赞美尧舜（原始公社社会），认为是大同之世，太平的社会。同时对现实社会，希望造成固定的、巩固的、不变动的封建制度，就是说想恢复周公时代的制度。

孔子名丘，字仲尼，鲁国曲阜人。先世是宋贵族，曾祖父逃难到鲁国。父叔梁纥，曾做鲁陬邑（山东泗水县东南）宰。宋是殷朝的后代，鲁是周公的旧封，春秋时代，宋鲁是文化国，给孔子学术上很大的影响。

孔子生于鲁襄公二十二年（前五五一年），卒于哀公十六年（前四七九年），年七十二岁。这正当春秋后半期，公室卑弱，大夫争权，所谓臣弑其君，子弑其父，表示出旧制度不能维持现社会的时代。当时士大夫间，流行着“善之代不善，天命也”，“社稷无常奉，君臣无常位，自古已然”，带些革命性质的理论。这在旧统治者看来，是多么危险的思想。孔子立在复古的观点上，严格批评犯上作乱的乱臣贼子，但对鲁国的乱臣贼子，却替他们讳莫如深，说是为尊者讳，为贤者讳，为亲者讳。

士处在社会中间阶层，看不起老农老圃，当然不愿意吃苦劳动，但贵族阶层里，又没有士的地位，很少机会取得大官。因此他们憎恶世卿把持，要求登进贤才，唯一希望是做官食禄，最好得做国君的宰相。周公相成王，是他们理想的幸运。如果做不到，替世卿当家臣也可以。孔子正是这个阶层的代表。

想维持旧统治者的地位，可是正在摇摇欲坠；想反对世卿大臣，可是他们仍有实际权力；想做大官，可是被贵族压抑；想安贫贱，可是委曲了治国平天下的大学问。士的生活是烦恼矛盾的。信天命而不信鬼神，正是这种矛盾生活的反映。因为天是至尊无上、独断独行、高深莫测的东西，"天何言哉，四时行焉，百物生焉，天何言哉"。天定下的命，谁能反对呢？鬼神应该福善祸淫，事实却不然，所以鬼神是不可信的。孔子所谓天命就是君主专制，鬼神就是卿大夫，卿大夫不得分君主的威权，不得有独立的地位，犹之有了天，不必再信鬼神，犹之君主有权，不必向卿大夫要官做。

据说，孔子五十岁才知天命。他没有被桓司马杀死，说是有天命，冉伯牛病死，也说有天命。这样，统治者未被推倒，当然是天命未改，应该"仍旧贯，何必改作"。等到统治者既被推倒，那是天命已改，可以拿"仍旧贯"的理论去拥护新受命者。照《春秋经》大义说来，魏文侯是篡逆之臣，文侯的老师，却是传《春秋经》大义的卜子夏，这也许就是孔子天命论的实践。

天命是固定不变的，所以道德政治等等都是固定不变的。政治的根本是礼乐，亲亲、尊尊、长长、男女有别，是礼乐的真义。那些疏者、卑者、幼者、女人等被压迫、被轻贱是合理的。道德的根本是仁义。仁就是爱，义是等次。爱有等次，对父母谓之孝，对君主谓之忠。人臣事君之礼是"不显谏，三谏而不听则逃之"。人子事亲之礼是“三谏而不听，则号泣而随之”。春秋战国时代，诸侯并立，士不必拘束在一个国家做官，所以君臣关系，固然比不上父子，也不像秦汉统一以后“君天也，天可逃乎”那样严厉。

孔子教人立身处世的大道理，可说是中庸主义和家族主义。处世以中庸为主，庸言庸行，寡悔寡尤，就是不要说固执的话，不要做特异的事，免得招祸受辱。天下有道，出来做官，无道，快点隐藏，和不分是非，惟利是图的“乡原”（伪君子），区别就在这里。立身以家族为主。孝为仁之本，身体肤发受之父母，不敢毁伤，自然不会犯上，更不会作乱。

历史证明统治者在未得政权，已得政权，以及政权将要崩溃的时候，对孔子的态度是不同的。汉高帝，侮辱儒生，夺下他们的帽子撒尿，这是何等的无赖行为。后来做了皇帝，用太牢（牛羊猪）祭孔子。金兵攻破曲阜，指着孔子像骂道：“夷狄之有君，不如诸夏之无也”，是你说的么？一把火烧毁孔子庙。后来统治中原，赶快修庙尊孔。宋徽宗大封孔子弟子做什么公什么侯什么伯，连仅见姓名的人物，如公夏首封钜平侯，公坚定封梁父侯。不多几年，北宋灭亡，徽宗当降虏，被金人封做昏德公。统治阶级不从改善政治着手，却一味大尊圣人，正是说明自己政权的动摇和危险。

中国是长期的封建社会，所以孔子学说的影响也是长期的。他是历史上伟大的教育家、政治家，教育方面的成功比政治要大得多。他那种“学而不厌，诲人不倦，不知老之将至”的精神，是应该学习的。他那种繁富的学说，在一定的批判之下，加以选择继承发扬，是非常必需的。他有些概念，只要改换阶级内容，也还适用的。至于失去时代意义的理论，腐朽没落的统治阶级，最喜欢拿来利用，企图阻挠新兴的力量，企图挽救崩溃的危局，不过这种企图，无例外的会得到失望。

第二节　儒家及其所传经典

孔子一派的学者,称为儒家。他们学习的书籍称为六经,六经就是《周易》、《尚书》、《诗》、《礼》、《乐》、《春秋》。

孔子死了以后,弟子们想推选一个像教主身份的人继承孔子,有些人推选有若,被曾参反对,没有做成,弟子们也就离散了。离散以后,他们自以为得孔子的真传,聚徒讲学,互相菲薄,成立许多派别。这种分裂现象,说明儒家不能有统一的思想。因为士依靠统治阶级才能生活。统治阶级好恶不同,必需有多样的方式迎合他们,如果议论行动是统一的,活动范围势必缩小,也就不容易成为显学了。

墨子攻击儒家,还可以说是学派不同,未必可信。荀子自己是儒者,他所痛斥的贱儒,并不比墨子说的好一点,可见一般的儒者是卑鄙无耻的。

齐王田辟疆问儒者匡倩说,儒者赌博么?匡倩说,不赌博。因为赌博以枭为贵,杀枭才能胜利,杀枭是不合理的,所以不赌博。又问儒者射鸟么?匡倩说,不射鸟。因为鸟在上,射者在下,下害上,是不合理的,所以不射鸟。又问儒者弹瑟么?匡倩说,不弹瑟。因为瑟小弦发大声,大弦发小声,大小贵贱变乱位次,是不合理的,所以不弹瑟。田辟疆听了喜欢道,很好。这匡倩真是典型的贱儒。

保存古代文化,流传后世的,不是匡倩那样的儒者,而是朴素的传经之儒。

殷周两代用竹简(竹制片子)写字,史官就是拿竹简记事的人。周朝有记言记事的史官,国君和贵族们说话做事以及典章制度都写下来,子孙世代相传,成为专门的学问。春秋时代,史官的学问,逐渐流传到民间,孔子从各方面学习了专门知识,再加整理选择的功夫,订定所谓六经,教授弟子们。从此儒家得到"继往开来"的地位,传统的中国文化和儒家发生不可分离的联系。

六经的内容,大抵是这样:

《周易》——是卜筮用的书。有六十四卦,每卦有六画,一画叫做一爻。《易经》原有的文辞,全是神秘难懂的话。孔子讲授《易经》,弟子们记载下来,叫做《易传》。其实《易传》杂凑而成,不一定全出孔子之口。《易传》里很有近乎辩证法的见解,认为宇宙间一切事物都是流动变化不固定的。可是它又认为有一种不变的本质存在,就是天一定在上,地一定在下,在上者一定尊,在下者一定卑,绝对不能变动的,这种思想应用到人事方面,制度名号器械正朔等等可变,亲亲尊尊长长男女有别(礼的真义)不可变。换句话说,就是在不破坏封建制度大前提下,枝节问题是可以变动改革的。这是孔子的哲学,也是一切儒家的哲学。

《尚书》——是政治方面重要言论的记载。主要是西周初年周公说的几篇话。

《诗》——是西周东周的诗歌,可以考见当时的社会情状。因为容易记忆,所以几乎全数保存下来。从文字意义说,《诗》三百篇,是中国文学的源泉。

《礼》——有《周礼》、《仪礼》、《礼记》三部。都是记载制度礼节的文辞。孔子教弟子学礼,大概是学《仪礼》。

《乐》——乐经早亡失,不能知道它的内容。

《春秋》——春秋原来是一种编年史，各国都有，所以墨子说见过百国春秋。孔子根据鲁国《春秋》，亲手写定这一部历史，宗旨在严格辨明君臣父子、上下、尊卑的神圣不可侵犯的等次名分。汉以后儒者发挥《春秋》大义，在拥护统治者意义上，的确起了很大的作用，解释《春秋经》有左氏、公羊、穀梁三家，称为春秋三传。

六经以外，记载孔子言语的《论语》也很重要。

这几部主要经典，流传到现在，已经二千多年，经学本身起了无数变化和派别，每一变化和派别，都是适应当时政治上的需要而发生的。所以不了解经学，很不容易了解中国文化的根柢。

第三节　墨子及墨家

儒墨两家在战国并称显学。秦汉以来，儒学大盛，墨学被统治阶级深恶痛绝，传授中断。

儒家主张守旧复古，按照固定的等级分配生产资料。庶民止准著粗布或草制的衣冠，食藜藿之羹，渡河用木筏，不许坐船，祭神止许祭户神或灶神，祭鬼止许祭父母，照儒家的理想，庶民应该永远过牛马生活，甘心服事尊贵的长上。

儒家重礼，墨家猛烈反对这个所谓礼。

墨子名翟，鲁国人。生在孔子以后，死在春秋战国之际。正当兼并益趋剧烈，儒家声势兴盛的时代。墨子创造新学派，代表下层社会农工奴隶要求改善自己的社会地位。他首先向儒家作理论上的攻击。

儒家止许天子祭天，墨子主张人无贵贱，都有权祭天。天子代天牧民，儒墨意见略同，可是儒家说天命既定之后，人应该服从，不许怨恨。墨子以为天鉴临下民，随时行施公平的赏罚，绝无不变的命运。儒家信命，所以鬼神不灵。墨子不信命，所以鬼神也能赐福降祸。儒家认庶民最贱，奴隶不算人类。墨子以为官无常贵，民无终贱，臧获（奴婢）也是人，在上天看来，凡是人都应该兼相爱，交相利。儒家替统治阶级制定衣食娱乐丧葬等等奢侈排场，墨子知道这止是加重庶民负担的藉口，根本予以否定。归根到底，儒家企图等级制度巩固，自己分享富贵。墨家要求人类平等，反对统治阶级任意剥削和压迫。

墨子的主张，流行在下层庶民之间，墨家如禽滑釐、跌鼻、田系索、彭轻生、腹䵍、苦获等，从姓名看来，也像是下层庶民。墨家组织带宗教色彩的政治性的团体，首领叫作“钜子”。墨家的团体有许多特点：

刻苦生活——墨子教弟子著短衣草鞋，昼夜工作，不避劳苦。如果不能刻苦，就不配称为墨者。

自我牺牲——墨子有一百八十个弟子，都能赴汤蹈火，视死如归。孟子说墨子摩顶放踵，利天下为之，就是说止要对大众有利益，即使把墨子全身从头到脚磨成细屑，他也愿意。

严格的纪律——一个墨者住在秦国，儿子杀人。秦王说，先生年老，止有一子，我已免他的死罪。墨者说，墨家的规矩，杀人者处死，为的禁止人杀人。大王虽有好意，我不能反背墨子定的规矩。终于把儿子杀死。

言行一致——墨子弟子胜绰，分配到齐国做官。他跟从主人作战很勇敢，墨子责备他违背非攻(反战)的理论，教他辞官回来。

分财互助——有余力余财的应该扶助贫乏。弟子做官得禄，一部分送墨子作费用。

这种组织，可说是中国劳苦人民最早的结社。

墨子主张“兼爱”，反对战争，反对奢侈浪费，是表现了庶民当时的要求。但是兼相爱、交相利的学说，实际上是叫庶民片面的去爱王公大人。反对一切战争，没有看到战争里边有诛灭独夫民贼的“义战”；甚至率领弟子替国君去守城，直接给统治者效劳。他又把庶民的公意，幻化成为天和鬼神，想借天鬼去说服王公大人，王公大人绝不会听从，却把庶民的斗志麻痹了。

由于时代的限制，墨家的思想，纵然有这些缺点，但始终是为庶民利益着想的，因此遭受统治阶级的弃绝。秦汉统一以后，重儒灭墨，有组织的墨家变为单独活动的侠客。后世农民反抗，提出“替天行道，劫富济贫”一类的口号，成立宗教色彩的组织，很有当初墨家思想的痕迹。统治阶级能扑灭墨家，但是农民工人依时代发展的革命力量，却永远不能扑灭。

墨家对自然科学，有许多研究。为当时其他学派所不及。在研究方法上，含有朴素的唯物论和原始辩证法的因素。它的支流成为名家。

第四节　老子及道家

道家学派的创始者李耳，楚苦县人(河南鹿邑县)。著《道德经》五千多字，号称老子。儿子名宗，魏圉时做魏将，有功封于段干，称段干子，或称段干宗。魏圉四年，秦大破魏军，段干宗请魏王献地求和。宗子名注，注子名宫，宫玄孙名假。假子名解，汉刘恒时做胶西国太傅（前一六四—前一五四年）。李耳的学生，一传河上丈人，再传安期生，三传毛翕公，四传药瑕公，五传乐巨公，六传盖公，盖公汉初为齐相曹参师（前二〇一年）。司马迁父子尊信黄（道家假托黄帝是本学派的创始者）老之术，所记应该可信。

李耳生在孔子死后一百多年，当然不会是孔子的老师，道家伪造老子教训孔子的话，这等于道士说释迦是老子的儿子，又说老子是释迦的丈夫。梁武帝说老子、周公、孔子都是释迦的学生。《清净法行经》说孔子是儒童菩萨，颜渊是净光菩萨，老子是摩诃迦叶，三人受释迦命来东方传道。我们止能说这都是为了抬高自己，不惜捏造事实。

李耳是个隐居者，所以孟子批评当时学派，没有说到他。荀子书里才见老子，韩非子才替《道德经》做解释。足见他的学说广泛传播，是在战国后半期。

老子看到历史上的成与败，存与亡，祸与福，古今的关系变化，以及战国时代的纷争繁扰，总结出一些含有朴素的唯物论的辩证法的思想。但是，他所代表的没落了的贵族领主阶级的地位，使他不仅不能随着历史的发展前进，反而憎恨发展，主张清静无为，纯任自然。他所说的自然，就是事物的原始状态，因此主张倒退复古。

道家学说比儒家更反动。儒家复古，止复到西周，道家却想复到“结绳而治”，“邻国相望，鸡犬之声相闻，民至老死不相往来”的太古。社会向前发展，在道家看来，是不可容忍的罪恶。《庄子》载一段故事,说,子贡(孔子弟子)路见种菜老人抱瓮入井,汲水灌园。用力多,见功少。子贡劝他用桔槔。老人愤怒道,谁不晓得那个东西,我不能无耻到用桔槔的地步。这个种菜老人未必实有,不过是道家虚构的有道人物,对这种人物的崇尚,正说明道家思想的反动。

李耳以为天下大乱,由于人民不肯安分。他竭力主张愚民政策,说:“圣人治民,非以明之,将以愚之,民之难治,以其智多。”又说:“圣人之治,常使民无知无欲。”李耳贡献了这样凶恶的学说,统治阶级自然心悦诚服,很巧妙的来应用它。

战国是一个动荡竞争的时代,李耳知道这是不利于统治阶级的,因此反复说明清静无为的必要。后来秦朝兵役不休,很快就崩溃,汉朝用黄老术,果然巩固了政权。

老子认为天地万物的运行生灭,纯循自然规律,不受个人爱憎情感的干涉。人们只能消极的服从,打破了天为“人格的”掌握人类祸福、神秘莫测的看法。这种脱离情感,服从外在规律的主张,被韩非采去,发挥成为破除私情,纯任法治的学说。

老子又是一个大权谋家。他懂得历史发展和人情世事关联转变的辩证关系,例如他说“祸兮福之所倚,福兮祸之所伏”,“弱之胜强,柔之胜刚,天下莫不知莫能行”等等,因此主张柔、静、下……。看见事物的辩证关系,是他的成就;但他那没落阶级的特性,使他只能夸大事物柔弱的一面,而抹煞了另外的一面。法家所说的“术”,兵家所说的“奇”,都是老子学说的应用。

儒道两家,都是封建社会最出色的政论家。儒家替统治者制定贵贱尊卑的秩序,使他安富尊荣;道家替统治者发明驾驭臣民的方法,使他地位巩固。汉刘询教训儿子刘奭说,我们汉家自有制度，杂用儒道两家，你偏重儒学，非把汉朝弄坏不可。后来刘奭果然把汉朝弄坏。

中国士大夫处世的秘诀，也是外儒内道，就是说，披着仁义礼乐的外套，内藏阴谋权术的骨干。

第五节　孟子与荀子

战国时代两个大儒，就是孟轲与荀况，孟轲在思想上，荀况在传经事业上都起了很大的影响。

孟子，邹人（山东邹县）。魏䓨三十五年（前三三六年）孟子被称为老叟，年龄当在五十以上，可以代表战国前半期的儒者。荀子，赵国人，楚熊元代二十五年（前二三八年）还生存着，可以代表战国后半期的儒者。孔子讲仁义礼乐，孟子偏重仁义，荀子偏重礼乐。孟荀是儒学分化和发展以后的大派别。

孟子主张性善，仁义是人性，因之人人可以做尧舜。荀子主张性恶，要勉强学习，行为合于法礼，才能成为善人。性善，所以应该心悦诚服地顺从圣人规定的道理，不顺从就是非人。性恶，所以应该虚心克己地学习圣人规定的道理，不学习就是怙恶。他们所谓善恶，完全据圣人做标准，而圣人乃是统治阶级典型的代表人物。孟荀主张，好像相反，本质并无二致。就是说，人民应该服从统治阶级。

孟子继承孔子的天命观，相信五百年必有圣王出世，平治天下。子思、孟子创五行运命的学说，发展到邹衍，成立迷信怪妄的阴阳五行家。

荀子时代较晚，看出孔子、墨子、老子、庄子、子思、孟子、邹衍讲天都有流弊。墨家的天能赏贤罚暴，含有对统治者的威胁性，其余各家的天，是依一定不变的运命而表现出无上的权力，人止能靠天任命，绝对服从它，不得发挥人为的积极性。这在荀子时代，生产力正当跃进阶段中（《荀子》富国篇说人力可以增加生产。不愁衣食缺乏），旧说不能再使他满意。因此他推翻旧说，创造新的天论。

荀子以为天止是客观存在的自然物，天的功用，止是寒暑风雨，生长万物。人应该理解天运行的规律，控制它，利用它，使它有益于生产。那些灾变怪异，都是不相干的事。所以圣人但改善人事，不推求天意。荀子用人事代替天意，用科学代替迷信，把天命鬼神一起否认，确是思想上极大的进步。

荀子所谓人事，主要的是法后王。他以为后王斟酌先代制度，订立新制度一定是比较适合社会实际需要的。他这种主张，承认社会依时代变化，决不是固定的东西。比较迂阔不切事情开口就是尧舜先王的孟子一派儒者，进步得多了。不过荀子受着时代限制，封建社会可以转变到别一种社会，他当然不会懂得。

荀子法后王，希望找一个眼前较好的君主，帮助他成功。孟子法先生，看不起当世统治者，所以责骂得很严厉。如说暴君是独夫，是民贼；又说君之视臣如土芥，则臣视君如寇仇；又说民为贵，社稷（国家）次之，君为轻。诸如此类，颇有民主的意味。

孟、荀都主张政治的基础，建筑在五亩之宅，百亩之田上面，这是他们比腐儒高明的地方。

荀子的天论，被儒者唾弃了，止接受他传授的经义训诂。孟子的仁义五行和性善，被儒者盛大提倡，而民贵君轻一类见解，却被轻轻地抹煞。

韩非继承荀子学派，又批判的集中春秋战国诸子的学说成为一个伟大的政治家，思想家。他代表新兴的地主利益，反对贵族领主，自认为从贵族领主统治下拯救民氓众庶，决心牺牲自己的生命，去建立新的法术制度。他把荀子所讲的礼发展为刑（法律）。把一切名（概念）都考查它的实（物质），排斥无实的虚名。他的学说被称为刑名之学。他把人与人（父子、君臣、夫妇等等）的关系，澈底看作物质交换的利害关系，否认抽象的道德伦理。他懂得斗争的必要，他说，木蠹了，不遭猛风不就断；墙松了，不遭大雨不就坏，谁能改善民生和政治，谁就能起风雨的作用，促使其他腐朽的国家，加速崩溃。韩非子可说是战国时代显著的唯物论者。

简短的结论

西周是封建社会的开始，周公是封建制度的订定（所谓制礼作乐）者。典章文物，经过五百多年积累和变动，既极丰富，又极破碎。孔子整理修正旧典籍，教授弟子，于是贵族专有的文化，广泛流传到民间。

孔子的学问，大体分仁义、礼乐两部分。孔子死后，儒者很受尊重。贵族有丧事，必需向儒家请教。办丧礼，成了儒家的专业。

墨子起来猛攻礼乐。他代表下层庶民，借天鬼名义，向统治者说教，希望改善庶民的生活，提高庶民的地位。当然，人民没有积极的革命行动，决不会获得什么真实利益。

老子生在孔墨之后，提出比仁义礼乐更高的所谓道德。道家思想很反动，攻击儒家的仁义，却切中弊病。这样，礼乐仁义，先后被攻而动摇了。

孟子发挥仁义，向墨家猛烈反攻。荀子发挥礼乐，批评各学派，主要也是反对墨家。儒家理论的基础，又坚强起来。

中国是长期封建社会，所以儒家也得长期受统治阶级的尊宠和利用。孟子的性善，荀子的传经，成为后代儒学的骨干。

第二编
民族统一的中央集权的封建国家成立后对外扩张到外族的内侵——秦汉至南北朝

（前二二一年 — 公元五八九年）

第一章　官僚主义中央集权的民族国家底成立——秦

前二二一年 — 前二〇七年

第一节　秦统一后怎样建立新制度

从嬴政二十六年统一中国起，到胡亥三年子婴降汉止，首尾十五年，是一个很短的朝代，但在历史上却占重要的地位。

秦朝开始建立中国民族统一的国家，它的一切制度和设施，都在中央集权这一总目标上面。因为集权的成功，出现了统一的大帝国。七国混战转变为对外侵略，疆土扩大了，人口增加了。秦虽然很快崩溃，它的统一事业，替盛大的汉朝奠定了巩固的基础。

单凭嬴政个人愿望，是不能做到中央集权的。正因为历史推动他这样做，所以顺利的完成了他的愿望。

秦始皇创定许多新制度，这种制度战国时代大体已经存在，汉朝又几乎全部继承了这种制度。举出重要的略述如下：

皇帝独裁——皇帝自称为“朕”，表示至尊无二。天下事不论大小，全由皇帝裁决。嬴政一天规定看奏章一百二十斤（竹简），不看完不休息。六国礼仪，凡是尊君抑臣的，都被采纳作秦礼。

郡县——从李斯议，改封建诸侯为郡县。全国分三十六郡，郡各辖县若干，郡守县令，由朝廷任命，随时调动，防止割据互斗。郡县制确比诸侯制优良，所以成为历代不变的定制。

官制——中央官制有左右丞相（辅佐皇帝处理国政）、太尉（掌全国军政）、御史大夫（辅佐丞相）、将军（掌征伐）、廷尉（最高法官）、治粟内史（掌财政经济）、博士（备顾问）等官。地方官制有监御史（监视郡守）、郡守（掌一郡政事）、郡尉（辅佐郡守并主军事）、县令长（掌一县政事，一县大抵方一百里。万户以上称令，不满万户称长）。县以下的乡官有三老、啬夫、游徼（十亭一乡，有三老掌教化，啬夫掌狱讼赋税，游徼捕盗贼）、亭长（十里一亭，有亭长掌捕盗贼）。汉初官制十之八九承用秦制。

禁私学——凡是人民都称为黔首（黑布包头）。不仅六国旧贵族，流落做黔首，就是秦宗室公子，也没有贵族特权。无论何人，想做官必须"以吏为师"，学习法令。这样，官僚制度确立了。不合法令的学习，称为私学。民间所有书籍，除出医药卜筮种树等书，全数缴到郡县官烧毁。谈论诗书的斩首，是古非今的灭族，又活埋儒生四百六十多人。始皇这种处置，是采用李斯的建议。事实上私学并没有消灭，民间藏书还是很多的。

订定文字——周朝文字笔画笨重，称为大篆，或称籀文。战国时代东方齐鲁地方文化发展，字体比较省便（汉人称为古文、蝌蚪文或孔壁古文）。秦统一后，李斯订定文字，大抵采取古文，笔画力求简省划一，称为小篆，或称秦篆。程邈制成一种更省便的文字，叫做隶书。隶书是日常用的文字，到汉朝通行极广。东汉末王次仲把隶书姿态小变，就成现在的楷书。

划一器械——统一全国度量衡。隋初掘得始皇时秤权，有丞相隗状、王绾二人具名，足见朝廷对器械的重视。战国时车轨大小不同，秦规定车广六尺。

销毁兵器——收集民间兵器，铸铜人十二，各重二十四万斤。铜兵器销毁，促进铁兵器的使用。冶铁技术改善，大概在秦汉间大战争时代。

迁徙豪富——六国贵族，豪富兼并土地，积蓄财物，容易号召民众叛变，因此初灭六国，就迁徙天下豪富十二万户到咸阳，并分散到巴蜀等地。他们新开垦的土地，以及留在故乡土地的重新分配，四五年间，自然有很大的变动，因此，三十一年令人民陈报耕地实数制定赋税。这种强本（秦）弱末（六国）政策，并没有澈底实行，如楚怀王的孙儿心，著名将家项梁，韩国世家张良，以及各国宗族，大抵藏匿民间，待机而动。

抑止末业——这是商鞅以来一贯的政策。战国时代商业发展，致富的方法，农不如工，工不如商。李斯上书称农工是百姓本业，所谓末业，自然是指商贾。秦徭役法，先发有罪吏（有财产人才得作吏）、赘婿（贫民典身给富人，过期不赎，没为奴称赘婿）及贾人，次发曾做贾人的，再次发祖父母或父母曾做贾人的。此外富强人也得先服徭役，称为闾右（富强人住在里的右边）。最后才发贫弱人，叫做发闾左。法律上虽然如此规定，但是实行到什么程度，很可怀疑；而且他所抑制的商贾，止是一般的小商贾，大商贾却被秦政府所重视。

秦朝以前，田亩、车轨、法律、衣冠、器械、言语、文字都是各国不同的，嬴政才统一起来。汉朝继承秦制，一般儒生却开口就斥秦朝的不是，后世政论家，又跟着汉儒说话，其实中国封建制度的发展，到嬴政才转上新的阶段，而这些人又正是这种制度的拥护者。

第二节　秦朝的事功

短短十五年的秦朝，把全国人力财力，榨取尽了。无数血汗生命，造成下列许多事功。

伐胡越——胡（匈奴）是西北方强族。嬴政信方士“胡灭秦”的妖言，令将军蒙恬领兵三十万击匈奴，驱走胡人，取河南地（宁夏、绥远等地），开辟四十四县，徙内地罪人去居住。嬴政又发兵击南越，开桂林、南海、象三郡（广西、广东、安南等地）。徙民五十万人守五岭（大庾、骑田、都庞、萌渚、越城），与越人杂居。政治文化商业传入南方，岭南开始成为中国的领土。

筑长城——战国时代，秦、赵、燕边界接近外族，各筑长城一段，防御侵略，彼此不相连接。内地国家如齐、韩、楚、魏也筑长城，完全用作内战，分裂疆土，阻碍交通。秦统一后，国内长城以及旧时城廓要塞，一并拆毁。令蒙恬因地形，筑新长城，起临洮（甘肃岷县）到辽东，长万余里。从秦朝到明朝，长城起了防止北方游牧民族侵入中原的作用，所以历代增修，北齐高洋发民一百八十万人，隋杨广发民一百余万人筑长城，规模比秦更大。世界古代著名大工程，长城算是其中之一。

兴水利——战国时代各国筑堤防，阻塞水道。嬴政开通堤防，凿鸿沟（河南开封县汴河）作水路中心，通济、汝、淮、泗等水。在楚、吴、齐、蜀等地，也大兴水工。可以行船灌田，对商业农业有很好的影响。

治驰道——全国修筑驰道（行车大路），宽五十步，高出地面，用铁椎筑土坚实。路中央宽三丈,是皇帝走的路,种松树标明路线,禁止人民行走。嬴政每年出外巡游,中国本部几乎无处不到,想见当时驰道工程的巨大。后世驿路,起源于此。

求神仙——嬴政唯一的欲望是长生不死,他招集很多方士,浪费财物(如刻石鲸长二百丈),寻求奇药。方士欺诈,劝他隐藏,不让臣下知道住处。他多造宫室,建筑长城,都是受方士的暗示。齐人徐市(《后汉书》东夷传作徐福)说东海中有三座神山,仙人及不死药都在神山上。嬴政令徐市带童男女几千人入海求神仙。相传徐市留居海岛(岛名澶州)不回来,其实徐市在嬴政临死前一两个月,还骗他射海中大鱼,留居海岛的传说不可信。方士入海求仙,不止徐市一人,当时航海技术,大概有些进步(春秋末,浙江到山东已通海路)。

造宫室——嬴政初并六国,图画各国宫室,照样建筑,有宫室一百四十五处,藏美女一万人以上。他还觉得太小,在长安县西北筑阿房宫前殿,东西五百步,南北五十丈,上可以坐万人,下可以立五丈旗。发罪人七十余万,分工营造,北山的石料,楚蜀的木材,都运输到关中。计关中共有宫室三百所,关外四百余所。工程没有完毕,嬴政死了,胡亥继续兴修。后来项羽入关,烧秦宫室,火三月不息。

造坟墓——嬴政初即位,就在骊山造自己的坟墓。并六国后,更征集七十万人工作。坟高五十多丈,周围五里余,掘地极深,灌入铜液。墓中有宫殿及百官朝位,珠玉珍宝,不能计数。用水银造江河大海,机器转动,水银流注。又用人鱼膏(据说是一种四脚鱼,生东海中)做烛,在墓中燃烧。没有生子的宫女,全数殉葬。令工匠特制弓弩,有人穿坟,弓弩自动放射。嬴政已经下葬,封闭墓门,工匠都活埋在里面。

兴水利，修驰道，拆毁国内长城，筑万里长城，伐胡越，都含有完成统一，推进生产的意义；但是当时人民还没有很多的积蓄，耗费这样大的人力物力，人民无法负担。再加以求神仙，造宫室，修坟墓，加重对人民的压榨，全国人民被暴政迫胁作皇帝一人的牺牲，止有起义反抗，才能保存自己的生命。

第三节　农民大起义及楚汉战争

人民需要统一，更需要和平，秦朝给与的却是残暴的刑罚，严重的徭役，起义和死亡两条道路，很明显的摆在人民眼前了。人民当然不会束手待毙。秦朝废弃宗室贵族专政制（汉以后继承秦制，宗室权位，贵族特权大抵受严格限制），皇帝一人统率官僚和全国人民对立，人民攻击对象比较单纯，止要驱散官僚，就能推倒皇帝。所以秦以前，止有贵臣得夺君位，秦以后，平民创立朝代，成为常事，诸侯并列，互相援助或监视，例如燕王哙让位给宠臣子之，孟子劝齐宣王伐燕定乱；庶民夺国，更是绝对不允许。统一以后，皇帝孤立，庶民开始武装起义，没有外力干涉摧残，成功较易。战国以前，文化知识被贵族独占；从战国起，士的数量大增，他们不敢独立起义，但以“帝师”、“王佐”的资格，帮助革命，却起很大的作用。因为这些缘故，秦朝农民在历史上第一次大起义了，而且政权落在平民刘邦的手里了。

嬴政活着的时候，统治已经动摇。东郡有流星坠地，有人在星石上刻“始皇帝死，土地分裂”。又有人夜间拦住一个使官说，“今年始皇死”。说完逃走。陈涉耕地，忽而停耕出神，想学鸿鹄横飞四海。嬴政南游渡浙江（浙江杭县钱塘江），项籍看了对叔父项梁说，“夺取他，代他做皇帝”。刘邦在咸阳当差，见秦皇帝威风，叹气道“大丈夫应该这样”。嬴政正在得意妄为，不知道“王侯将相，那有一定种子”的思想，流传在民间，革命危机已经成熟了。

嬴政死后，第十八子胡亥谋杀长兄扶苏，夺取帝位，号称二世。二世凶暴而又昏愚，信任赵高，杀戮大臣及公子公主二十余人（嬴政子女）。宗室世家，全被残破。征发七十余万人造骊山坟墓，夫役不足，征发闾左贫弱人。元年七月，阳城（河南登封县）人陈涉，阳夏（河南太康县）人吴广率闾左夫役九百人，假冒公子扶苏、楚将项燕名义，号召人民反秦。陈涉是个雇农，没有什么名位才能，可是他一起事，就夺得淮阳（河南淮阳县），有车六七百乘，骑兵千余，步兵几万。派人四出略地，六国人民一齐杀秦官吏，聚众响应。连孔子八世孙孔鲋也投奔他当个博士官。陈涉自号张楚王，被推为起义的首领。

在陈涉号召下，赵国武臣（陈涉部将），燕国韩广（武臣部将），齐国田儋，魏国魏咎（陈涉部将），楚国景驹，都自立为王。其余将官攻城夺地，各有企图，彼此间猜忌攻杀，造成混乱的局面。吴广骄傲，被部将杀死。陈涉也骄傲自满，乡间穷朋友听说他做了王，特地来看他，谈些贫贱时的故事，陈涉嫌丢脸，把客人斩头，吓得穷朋友都逃走。他的妻父来看他，也傲慢没有礼貌，妻父大怒回去，断定他必然失败。他对部下任意杀戮，想提高自己的威信，闹得众叛亲离，没有人敢亲近他。当时起义将领，不懂军事，止有周文曾当过项燕军中“视日”（推算时辰吉凶）的差使，算是最知兵法的人。陈涉给他将军印，西去攻秦。周文沿路收兵，有车一千乘，兵几十万,直到关内新丰(陕西临潼县)。二世开始大惊,令将军章邯率领骊山夫役去攻周文,周文大败出关。章邯追击,周文兵散自杀。章邯连破各起义军,又击陈涉,涉败走,车夫庄贾杀涉降秦。陈涉起事到败死,止有六个月,可是革命的浪潮,被他激动起来了,这个浪潮,终于冲毁秦朝的统治。

楚名将项燕的儿子项梁听说陈涉反秦,同他侄子项籍杀会稽郡守,在吴(江苏吴县)起事,有精兵八千人。项梁从谋士范增的计策,立楚怀王孙心做楚王,仍号楚怀王,自己引兵到定陶(山东定陶县)。几次战胜,觉得很骄傲,看不起秦军。章邯集中兵力,大破楚军,杀项梁。章邯渡河攻赵,围巨鹿(河北巨鹿县),项籍救巨鹿,遇秦军大战九次,楚兵士拼死战斗,一个抵得十个,呼声震动天地。当时各国救赵兵有十余军,筑堡垒不敢出战,将士立壁上看楚兵攻秦,吓得心惊魄动,面无人色。项籍已大破秦军,各国兵都服从他,号称"诸侯上将军"。楚兵继续进攻,章邯全军投降。起初山东人民到关中供徭役,被秦官吏虐待,这时候对秦降兵报复旧怨,激起秦兵的怨恨。项籍引兵攻秦,怕降兵入关叛变,在新安(河南渑池县)城南坑杀秦兵二十余万人。秦主力军消灭了。

沛人(江苏沛县)刘邦是个农村无赖,自己当亭长,妻吕雉带子女在家种地。陈涉起事,各地响应,刘邦杀沛令,众推做沛公,项梁起兵,刘邦投他做将军。楚怀王疑惧项籍,教籍去救赵,却教刘邦攻秦,好让他做关中王(怀王与诸将约,先入关的王关中)。刘邦用谋士张良的计策,破秦兵。此时二世已被赵高杀死,秦王子婴出降,刘邦申明军纪,废除严刑苛政,秦民大喜,希望他做王。项籍破章邯,引大兵四十万入关,屠咸阳,烧秦宫室,报秦杀项梁的仇恨。他自立为西楚霸王,都彭城(江苏铜山县),封刘邦做汉王,都南郑

（陕西南郑县），三分秦国，封章邯等三人为王，又大封诸侯王十余人。他同众侯王回到本国，希望各守疆土，从此安定。项籍野心不很大，止分取九郡上地，他违反人民要求统一的愿望，想回复古代霸王制度。刘邦抓住了这个弱点，从汉中出兵与籍苦战四五年，联合众侯王，攻击项籍。最后垓下（河南鹿邑县）决战，项籍败死（前二〇二年）。刘邦自立为皇帝，统一中国，创立历史上著名的汉朝。

项籍兵力声威比刘邦强大得多，刘邦屡战屡败，身受重伤十二次，为了想做皇帝，率领许多野心家，积极进攻，终于获得胜利。推究刘项胜败的原因，刘邦出身农村，知道民间痛苦，他占领关中，政治上有些改良，很得民众的拥护。项籍出身将家（项氏世世为楚将），动辄屠城烧杀，人民对他害怕。刘邦有关中作根据地，萧何替他留守，输送兵卒粮饷，战败常得补充。项籍也有根据地，但比不上刘邦那样巩固，战败不能回去。项籍封的诸侯王，多数是凡庸旧贵族，许多平民出身的野心家，分不到封地，心怀不平。刘邦利用名位爵赏，诱致这些人反叛项籍，归附自己。重要的谋士猛将，都是从项籍那边跑过来的，等到大功完成，才把他们诛灭。所谓“狡兔死，走狗烹；飞鸟尽，良弓藏；敌国破，谋臣亡”。历史上农民起义，总被野心家利用，起义的果实，总归他们享受，他们彼此间又互相欺诈残杀，最后一个就成为皇帝。项籍自恃勇力，不会用人，更轻视贫贱出身人，很少给与高位。刘邦搜罗各种人才，用其所长（刘邦部下张良是贵族，陈平等是游士，萧何、曹参是县吏，任敖是牢头，樊哙是狗屠，周勃是吹鼓手，灌婴是布贩，娄敬是车夫，韩信是流氓，彭越是强盗），了解各人性质，布置对付的方法。他善于听从劝谏，选择计谋，确有异常的智能。韩信夺得齐地，派人见刘邦，请封自己做假齐王。刘邦大骂道，我被项籍围困，日夜望你来援救，原来想自立为王。谋士张良、陈平知道这时候不该得罪韩信，暗中踢刘邦的脚，刘邦觉悟，改口大骂道，大丈夫立功做真王就是了，做假的干什么。即时派张良去封韩信做齐王。有一次他在阵上大骂项籍，被籍射中胸口，不能直立，曲身摸脚，说：恶奴射伤我的脚指。兵士不知道他受重伤，没有溃散。他是这样急智的人。项籍性情鲠直，所以斗不过他（刘邦对项籍说，斗智不斗力）。

楚汉战争，说明了军事脱离政治，军事归根要失败；说明了没落的贵族世家，敌不过新起的农村庶民；说明了保守旧制度，违反人民愿望，旧制度总归于破坏；说明了封建社会农民起义，只能推翻旧的地主政权，起而代之的依然还是地主政权，对农民不会有什么好处。止有在无产阶级革命时代，农民才能得到正确的领导，才能得到真正的出路。

简短的结论

孟子答梁襄王问，统一才能安定，不喜欢杀人的才能统一。荀子也主张天下为郡县，四海成一家。儒家的政治理想，反映出战国时代人民一般的愿望。秦国政治军事比六国好些，所以完成了统一。

秦始皇在物质经济思想制度各方面，做了不少统一的工作。中华民族的汉族部分，从秦朝起开始壮大了。北方长城，南方五岭，划成华夷的分界。同时疆域扩大了，比现在的中国，并不小多少。

秦朝对人民压迫剥削，是非常残酷的。始皇征发徭役，似乎还假借名义,如有罪吏赘婿贾人罪徒等类。二世征发到闾左,于是成熟了的农民起义,不可抑制而爆发起来。

当时三个革命首领,陈涉出身农村无产者,这是农民中最穷苦的阶级。刘邦的兄弟妻子都耕田治产业,是中小农,这在秦朝是农民中最广大的阶层。项籍出身贵族世家,这是已经没落了的阶层,胜利属于刘邦,因为他有最大阶层的拥护。

这是中国历史上第一次农民起义,他推倒了秦朝统治,消灭了西周以来最后的一个领主。这也是第一次说明没有达到现代无产阶级领导革命时代,农民起义止能争取到短期的休息,部分的减轻负担,减少苛法,却不能推翻封建制度。

第二章　对外扩张时代——两汉

前二〇六年 — 公元二一九年

第一节　两汉政治概况及农民生活

刘邦战胜项籍后，建都长安，国号汉。习惯上称为前汉或西汉。他活着的时候，把可能反叛的功臣，杀戮得很澈底。边远及要害地区，封自己的儿子和同姓做拥有实权的国王（刘启以后国王止存空名），与直属中央政府的郡县，犬牙交错，互相牵制。他这一布置，后来很收成效。他又订定各种制度，大抵采取秦制，略加变通。对人民的基本政策是"让人民休息"。这样，汉朝的统治巩固了。

他这"让人民休息"政策，经过他的儿子刘盈、妻吕雉、儿子刘恒、孙子刘启四个皇帝，大概七十年工夫，切实遵行着，收获很大的效果。官僚地主商人非常富庶快乐。皇帝的库藏，钱多到算不清，谷多到腐烂没人吃。可是没有蓄积的大多数农民，却穷困得卖田宅妻子，无法餬口。刘恒时，政论家贾谊、晁错，都承认农民的痛苦，想抑制商人，来救济中小地主的破产，根本没有土地的农民，他们并不以为值得注意。

刘启的儿子刘彻，是个仿佛秦嬴政那样雄才大略的皇帝。他想和缓国内的阶级矛盾，利用雄厚的财力，穷人的生命，发动大规模对外长期侵略。战争是胜利的,土地扩展到一倍,可以容纳不少内地贫民。富豪受了相当打击,破产的很多,穷人死亡更是不计其数。虽然因此引起人民的愁苦骚动,盗贼成群,阶级矛盾却多少和缓了些。刘弗陵、刘询时代,官吏地主商人逐渐恢复他们的元气,刘奭以后,农民穷困,又成了极大的问题。

王莽篡汉,国号新。他想用均分土地、释放奴婢、抑制商人来解决问题。这种政策,当然触犯豪富人的利益。同时对外战争和刑罚暴虐,穷人也大受痛苦,于是农民起义爆发了。当时起义首领,都拿“恢复汉朝”作号召,这显然是官僚地主商人的口号,农民盲目地替他们战斗。混战的结果,推翻王莽,消灭许多起义军,政权落在豪绅地主兼知识分子的刘秀(东汉光武帝)手里。

刘秀是汉疏远的宗室,父亲做过县令。他曾经去京城(长安)游学,接交有才能的读书人,后来组成团体,参加战争。他开始作战,止有牛骑,杀新野县尉(军官)才夺得一匹马。因为军事政治有计划,不到三年,做了汉皇帝。他建都洛阳,所以称为东汉,也称后汉。

东汉继承西汉的统治方法,让官僚地主商人自由发展。对读书人用征辟制度(大官征召有声名人做属员),大小给个官吏做。因此官僚主义特别发达,政治非常腐败。马援征服安南,班超开辟西域(新疆),对匈奴氐羌,都获得胜利,这种侵略的成功,使国内腐败政治,更见稳定。农民受尽压迫,最后不能不起义。可是没有一个豪富知识分子参加他们的队伍;相反的,豪富知识分子组织军队残酷地把他们镇压下去。东汉的政权被豪家出身的曹操夺去,破落贵族刘备,豪家孙权,也分得一部分土地,出现三国鼎立的局面。

春秋末期因宗族制度的崩坏，土地住宅开始自由买卖。战国名田制度（土地归私人占有）已经盛行，秦统一后，更确认为全国通行的定制。豪强兼并，与名田制度是不可分离的。在汉朝“让人民休息”政策下面，兼并成为剧烈的现象。土地集中在少数人手中，农民得不到耕地，止好忍受凶暴的剥削。王莽说汉朝租税名义上三十取一，其实是十中取五：地主对皇帝负担止有三十分之一，农民对地主却负担十分之五。

战国时代万户大邑，到处都有，经秦朝及楚汉战争的摧残，汉初，万户存留不过二三千户，人口可惊的减耗了。刘邦起义后第五年（前二〇二年）二月做皇帝，五月就解散军队，令兵士回家耕地。又招募逃匿山泽的人民，各归旧田宅，因穷卖身做奴婢的，都释放做平民。刘盈令女子十五岁到三十岁不出嫁，分五等罚钱。这都是增加人口的办法，可是人口繁殖很迟缓。刘盈两次筑长安城，征发附近六百里内男女夫役，止十四万六千人。京城附近如此，其他地方可知。刘启时代号称极盛，吴又算最富庶的国家，吴王刘濞反叛，征发国中六十二岁以下、十四岁以上男子，仅得二十余万人。到西汉末刘衎时候，民户一千三百二十三万三千六百一十二户，口五千九百一十九万四千九百七十八人。垦田八百二十七万五百三十六顷。两汉人口，这算是最高纪录（其中或有王莽夸大处）。东汉户口垦田记载较详，列表于下[《续汉书》郡国志注引帝王纪桓帝永寿二年户二千六百零七万九百六十（《晋书》地理志作一千零六十七万七千九百六十），口五千零六万（《晋书》地理志作五千六百四十八万）六千八百五十六人。十年之间，人口骤增二百五十万，容或可能，户何故骤增多至二千六百万，实难索解。按一户人口约有五人左右。《三国志》李典传，典有宗族部曲三千余家，一万三千余人，大体合于一户四五人数目。桓帝时户数恐有讹误，不列入表］：

年代	户数	口数	垦田
光武中元二年（五六年）	四二七九六三四	二一〇〇七八二〇	
明帝永平十八年（七五年）	五八六〇五七三	三四一二五〇二一	
章帝章和二年（八八年）	七四五六七八四	四三三五六三六七	
和帝元兴元年（一〇五年）	九二三七一一二	五三二五六二二九	七三二〇一七〇
安帝延光四年（一二五年）	九六四七八三八	四八六九〇七八九	六九四二八九二
顺帝建康元年（一四四年）	九九四六九一九	四九七三〇五五〇	六八九六二七一
冲帝永嘉元年（一四五年）	九九三七六八〇	四九五二四一八三	六九五七六七六
质帝本初元年（一四六年）	九三四八二二七	四七五六六七七二	六九三〇一二三

两汉中间人口骤减，东汉逐渐上升。顺、冲、质三帝又急速下降。这时候正当梁冀擅权，剥削加剧。人民逃走死亡，一年中耗损二百万，试看暴政给与人民何等严重的影响。按照两汉土地面积以及生产技术，人口可能大量增加，事实却不然，主要原因由于皇帝、贵族、官僚、地主、商人、豪强一齐向农民进行超经济的、暴力迫胁的各种剥削。

皇帝——是最大的地主。每年收入赋税钱四十余万万文，除去官俸一半，净收二十余万万文，供军国大事的用途。还有山海川泽园池市肆的税收，每年十三万万文，称为禁钱，供皇帝私用。皇帝拥有大量黄金，例如刘彻赐平阳公主黄金一千斤（一立方寸为一斤），赐卜式四百斤，赐卫青军队二十余万斤，又赐卫青、霍去病军队五十万斤。刘询赐霍光七千斤，广陵王五千斤，诸王一千五百斤。王莽末年，库藏黄金六七十万斤，这都是人民的血汗。

贵族——宗室、公主、外戚、诸侯王都是大地主，他们依恃权势，强夺土地财物，压迫平民做奴婢，无恶不作。刘启的兄弟梁孝王尽量挥霍；死后还存黄金四十万斤。东汉外戚梁冀造巨大第宅，极尽奢侈的能事。花园别墅，洛阳周围千里内到处都有。他爱养兔子，特造一座兔苑，曾有西域商人误杀一兔，因此牵连被杀的十多人。他随意捉人，作为奴婢，多至几千，叫做自卖人。大官们想见他，必须贿赂管门的，管门的积累黄金一千斤。冀被杀抄家，存钱三十万万文。举这两个例子，可以推想一般贵族怎样生活着。

官僚——刘盈为奖励官吏廉洁，令吏六百石（中级官）以上，及曾做二千石（高级官）的，全家止缴军赋，其余租税一切除免。这是官吏法定的权利，实际从丞相起直到郡县小吏，除了偶有廉洁的，极大多数是贪污的民贼。西汉王温舒做中尉，用凶悍吏十余人当爪牙，帮着他惨杀作恶，人民称他们为戴帽子的老虎，几年工夫，吏都暴富，温舒自己也积累黄金一千斤。东汉侯参做益州刺史，专杀富人，没收财产；革官回来，有车三百多辆，饱载金银锦帛珍玩。他的兄弟侯览，是个宦官（阉人），前后夺人住宅三百八十一所，田一百一十八顷，自造第宅花园十六区。东汉末名士三大首领之一的窦武，享盛名，做宰相，假装廉洁，妻子衣食仅仅温饱，暗中却取许多宫中美女饮酒作乐，一两个月，积财巨万。大抵西汉官吏贪污，东汉官吏更贪污。

地主——秦朝本来有很多中小地主，自耕或雇用穷人代耕。

刘邦解散军队,有军功的给与好田宅,全家免户赋及徭役。这些人回到乡间,都成了中小地主。他们有朝廷的优待,有战胜的功绩,对贫弱人兼并压迫,是可想而知的。农村中增加大量地主,虽然他们本身互相兼并或出卖产业,变动很大,但对一般农民总是不利。

商人——两汉商业发展,富商大贾,生活奢侈,不减王侯。他们囤积财物,放高利贷,叫做子钱家,利息有时百分之一千,普通是百分之二百。他们与官吏勾结,剥削农民,农民还不起债,往往本人连妻子田产卖给商人做耕奴。商人犯罪,田和僮(耕奴)没收入官。商人不仅剥削农民,同时剥削贵族,甚至皇帝也不能免(至少是夺皇帝的利益)。所以统治阶级对商贾取憎恶态度,斗争有时很激烈。

豪强——豪绅恶霸,到处都有。西汉宁成,革官回家,立誓说:"做官不到二千石,做商不到一千万,不能算人。"他连强迫带雇用贫民数千家,种水田一千多顷,没有几年,积钱数千万文。涿郡大姓西高氏、东高氏,大小官吏都怕他。收养许多强盗,白日抢劫,逃进高家,没人敢问。严延年做涿郡太守,查究两高奸恶,各杀数十人,一郡才平静。西汉还有不少地方官,专杀豪强,称为酷吏。东汉官僚主义极盛,以"忠厚不得罪人"为做官秘诀(童谣:直如弦,死道边,曲如钩,反封侯)。豪强武断乡曲,比西汉更凶暴。

从皇帝到豪强,都是靠剥削农民来生活的,他们活着穷奢极欲,享尽人间乐趣,这还不算,死后必需带大批财物到地下去。皇帝登位,照例开始造坟墓和庙堂。坟墓埋藏珍宝,愈多愈好。后来赤眉掘西汉帝后坟墓,董卓掘东汉帝后及公卿大臣坟墓,收得财宝无数。西汉提倡孝弟,东汉更甚。所谓孝弟,主要是厚葬,棺材要用南方出产的大楠木,从几千里外运来,巧匠雕治,工程细致,造得一具棺材，重约万斤，耗费成千成万的人力；其他祠堂碑碣，殉葬物品，车马帷帐，建筑坟墓，招待宾客，所有费用，都由较小官吏及朋友供应。按照官级负担长官葬费，最后负担者当然还是那些死无葬身之地的穷人，而厚葬者却享孝弟忠义的美名（西汉大郡太守死，照例收财礼一千万文以上。东汉数目更大）。怪不得西汉杨王孙，临死时坚决主张自己一丝不挂埋到土坑里，表示对恶俗的反抗。

皇帝、贵族、官僚、地主、商人、豪强，死的活的一齐向农民敲剥，农民又丧失了土地，止好向地主租用耕地，付给地主十分之五的田租。剩余的缴纳算赋钱一百二十文（十五岁到五十六岁）、口赋钱二十三文（七岁到十四岁）、献费（献给皇帝）钱六十三文。此外还有户赋、军赋（钱数不详）、更赋（每人轮流服兵役一月，要免役出钱三千。每人戍边三日，要免役出钱三百）、杂税、徭役、临时徭役，种种名目，农民都负担起来。朝廷对地主收租却很轻微，刘盈规定十五税一，刘启改为三十税一，这种历史家所歌颂的“仁政”，等于奖励地主盛行兼并，使农民很难保存他们的小耕地。

农民怎样生活下去呢？

穿破短袄，吃糟糠豆饭，藜藿（野菜）羹，喝凉水。或者照西汉大儒董仲舒所说：“衣牛马之衣，食猪狗之食。”西北边郡贫民冬天没有衣服，整天卧在细草窠里，必需见官吏时，忍冷披草出窠。官吏找他，多半还是要钱。

出卖自身及妻子做奴婢，街上有木栏，像牲畜一样，放在栏里买卖。普通奴价值钱一万五千文。有时被豪强劫掠或强迫出卖作奴婢。

汉律：三人以上，无故聚集饮酒，罚金四两。人民偶尔会饮的自由也被剥夺了。

战国已有溺女的记载。刘彻时小儿三岁就纳口赋，贫民生子多杀死。刘奭改为七岁纳赋。

刘骜（成帝）时有兄弟三人合娶一妻，生子四人，因分儿子涉讼发觉，兄弟三人算是禽兽，被判死刑，四子归母亲所有。

饿死或人相食，史书记载许多次。流亡或逃匿山泽做盗贼，因而被杀受罚，妻子没入官府做奴婢，更是习见的常事。

两汉农民生活就是这样，号称太平的文景时代，也并不例外。

第二节　两汉工商业

两汉有三种大工业，煮盐、冶铁、铸钱。

秦朝已有铁官，也许还有盐官，掌收盐铁的租税。汉初继承秦制，刘彻以前，让人民自由经营。煮盐成巨富的比较少（山西池盐，山东海盐，四川井盐，各有著名富商），多数是从冶铁起家。铁器主要是农具。铸钱业往往因不合法定重量质量，受刑罚破产，很难获大利。止有吴王刘濞，刘恒宠臣邓通，靠政治势力，铸钱致富。

冶铁工业发达，采矿工业自然也发达，矿工多数是破产农民，受雇作工。一部分是奴隶。刘彻时吏民因私铸金钱处死刑的数十万人，被赦免罪的一百多万人，藏匿不敢出面的人数更多。如果一半是工人，至少当有一百多万。刘奭时公家雇用采铜工人，每年经常十万人，私铸的不算在内。采铁工人无从查考，单看冶铁家积累财产黄金几千斤，或一万斤，工人数目可想而知了。此外还有金银锡铅等矿。锡铅主要是掺和在铜钱里面，数量不会很大。煤矿到东汉末才开采。曹操铜雀台北有冰井台，藏石炭（也称石墨）数十万斤（斤字，或作片字），民间似乎少用，晋初陆云见了很新奇，写信去告诉陆机（二陆江苏人）。宋顾文荐《负暄杂录》说，《前汉书》地理志豫章郡出石，可燃为薪。考《汉书》并无这几句话，如果顾氏没有误记，那末，豫章地方，西汉时已经用石炭了。

冶铁设备有炉（熔铁炉）、橐（风箱，称为排橐，后汉杜诗用水力鼓动排橐，称为水排）、埵（吹火筒）、坊（土型范），沛县铁官冶铁炉旁有十三个工人做工，山阳铁官有工役二百二十八人，当时制铁工场的规模大概如此。西汉兵器主要是用钢铁制造（汉初还有铜兵器）。《尚书》禹贡篇是秦汉间人假托，其中有梁州（四川）贡铁和镂（钢铁）的话。战国以来有一种髡刑，把罪人须发剃光。《韩非子》说，婴儿不剃头要肚痛。罪人头面也许用铜刀硬刮，剃婴儿头应该是钢刀。春秋时候婴儿生三月才剪发，足见还没有剃刀。大概战国炼钢术已经发明，到西汉大量用到兵器及刀类上。

盐铁钱三大工业都在富人手里，对皇帝是不利的。刘彻从富人夺取工业利益，起了很剧烈的斗争。他利用政权，盐铁收归国家专卖，产铁郡置铁官，凡五十处。不产铁郡置小铁官，收旧铁铸器物。产盐郡置盐官凡三十五处。人民敢煮盐或私铸铁器，没收工具，罚左脚挂铁钳（重六斤）。以前旧盐铁业富人，都给官吏做，官制铁器恶劣，连割草也不行，耕具特别大，为了多卖钱。因为盐铁定价太贵，贫民止得吃淡饭，用木器耕地，官吏又不允许，强迫人民购买。刘彻在京城铸铁钱，叫做三官钱（五铢钱）。下令销毁各种旧钱，非三官钱不得行用。到刘衎时候，共铸钱二百八十万万文。

他还有许多办法对付富人，中等以上人家大抵破产。与皇帝争利的商贾受了打击，因之政府增加极大收入，国用颇见充足。

从刘彻起，冶铁、铸钱、煮盐，成为国家专利事业，商贾无法再夺回去，止好改变营业，向高利贷田产及其他商业发展。

皇帝原来有工业，不过规模比较小些。工人是奴婢和罪徒。制造品供皇帝贵族自用，管理皇帝工业的大官叫做少府。工业分“若卢”，主修治兵器。“考工室”，主作兵器、弩弓、刀甲及织印绶诸杂工。“东园匠”，主作皇帝贵族坟墓里器物。又有“左右司空”、“东织室”、“西织室”等工场。管理木匠、石匠的大官叫做将作大匠（其他如漆工、革工等还多）。皇帝需要大批奴婢罪徒做工，用各种方法来增加他们的数量。给养小到极度，例如养鹿奴婢每天给五个钱，鹿粪钱积累到刘奭时值七十万万文，作征伐西域的军费。《周礼》地官草人掌农田肥料，据说坟壤（高地）用麋粪，渴泽（低地）用鹿粪。原来汉朝皇帝兼做肥料买卖，无微不至的剥削奴婢和农民。

与皇帝争利的大商人，他们也有工业。刘彻虽将盐铁钱收归国营，但如罗褒结交权贵，专利盐井。其他如翁伯卖脂（油类），张氏卖酱，浊氏卖肉干，王君房卖丹药，樊少翁卖豆豉，都成巨富。他们有工场大量制造，所以能积累财产。

家庭工业主要是妇女纺织布和帛，叫做女红（女工）。临淄是纺织工业的中心地。

工匠散在民间数量也不少。所谓农不如工，工不如商，足见有专业手工的人民。刘彻时赵过振兴农业，耕耘、下种等田器，都有便巧改良的地方，流传很广。据《汉书》食货志，大农（大农官）教工巧奴造赵过的田器给人民做式样，民间自然非专门工匠不能仿制。又市上各种用具都能买得，也一定有手工业者从事制造。三国吴主孙休令交趾郡送上手工千余人，孙皓时有鬼目草生工人黄狗家，平虑草生工人吴平家。两汉民间应该也有很多的工人。

不兼营工业的商贾，主要营业是高利贷和操纵囤积，垄断货物。农村出身的刘邦初做皇帝，就下令商贾不得着锦绣、细绫、细葛、毛织物，不得带兵器，骑马乘车。更加重他们的租税，算赋加倍。这是对商贾一种报复。后来陈豨造反，很多商贾参加。刘盈、吕雉取消压迫商贾法令，但商贾子孙，仍禁止做官吏。两汉一贯讲重农抑商政策，止有刘彻一度破坏商贾财产，此外贵族官僚总是和商贾互相勾结，共同发财。照东汉桓谭、王符等人所说，当时最大商贾，多数经营高利贷，中等人家子弟替他经手，转放给次等人户。经手人对大商贾，好比奴仆尊敬主人。大商贾游闲无事，穷奢极欲，享受同贵族一样。

两汉大都市广布全国，王莽时京城长安以外，有洛阳、邯郸、临淄、宛、成都五个最大都市。东汉京城洛阳，商贾比城外农夫多十倍，其他都市，可以类推。照张衡《两京赋》所描写，当时街市非常热闹繁华。西汉侠客原涉有穷朋友母死，原涉在宴会席上号召宾客替丧家帮忙。开列应用衣被棺木，下至琐碎杂物，宾客上市购买，刚过中午，照数办齐送丧家，涉等继续宴饮。可见市上货物齐备。

两汉开拓疆土，对外贸易很发达。两汉极盛时代，匈奴臣服，西域内属，东灭朝鲜，南至安南。海上交通贸易，与日本、印度、南洋群岛、罗马帝国，都有过接触。当时对外贸易的原则是“输入外国货物，防止金钱流出”。所以国内交易全用货币（黄金铜钱两种），对外却用货物交换。法律定法，与胡人贸易，中国吏民不得带兵器及钱出关，犯者处死刑。刘彻曾因商贾犯禁杀五百多人。交易货物主要是丝织品，换取外国骡、马、骆驼、皮革、毛织物、璧玉、珊瑚、琉璃等物。匈奴刀比中国钝，因为得不到钢铁。

此外还有几种工业或发明值得注意。

农具——西汉赵过发明下种器，名叫耧车，一天能播种一顷。东汉末有翻车渴乌的发明。翻车就是水车，渴乌是一种吸筒，能引水上地，对灌溉有很大的功用。

茶——茶是四川的特产。战国时秦开发巴蜀，中国开始有茶。《尔雅》释木（汉儒所作书）有槚字。槚树就是茶树。叶早采叫做茶，晚采叫做茗。西汉王褒《僮约》有武都（甘肃武都县）买茶（买当作卖）的话，大概运四川茶叶到武都贩卖。

纸——《三辅故事》说，西汉武帝时已有纸。东汉邓太后允许臣下贡献纸笔。许慎《说文》有纸字。最初的纸是用丝絮做原料，和水打烂，摊在竹席上使平滑。刘肇时宦官蔡伦改用树皮麻头及破布鱼网造纸，制造法比前进步。从此纸的用途推广，竹简逐渐消灭。

科学仪器——东汉张衡造地动仪，用精铜制成，圆径八尺，形似酒樽，内部安置机关，按照八个方向，装八个龙头，口内各衔铜丸，那一方向地动，同方向的龙就口吐铜丸。

铅笔——西汉末扬雄用铅笔记载各地方言，当时大概有制造铅笔的小手工业。

火井——《后汉书郡国志注》说，蜀郡临邛县西南有火井，人民用井火煮盐，一斛水可得盐五斗，用家火不过得盐二三斗。四川人用火井煮盐，在东汉时已经开始。

第三节 疆域的扩大

中国人民蕴藏着无限巨大的力量。春秋战国时代，这个力量，被诸侯们分割破碎，浪费在国内混战里，不能有什么表现。秦嬴政统一以后，利用这个力量的一部分。满足他的侵略野心；北逐匈奴，南开交趾（安南），建立前所未有的大帝国。西汉初期，休养民力，七十年工夫，农民虽然穷困，剥削阶级却积累起丰厚的财富。刘彻利用当时人力财力，对外吞并，扩大疆域，奠定地大物博的现代中国的基础。中国人民统一团结的力量，不能在生产方面发展，却被野心的刘彻浪费在侵略事业上，汉族以及许多异族的人民，战争中死亡至少在百万以上。

两汉人口大概有五六千万，文化高出任何四邻国家，工业品（主要是丝织品）到处受欢迎，这就是对外发展的基本因素。刘彻以后，两汉对外，完全处在胜利的地位。甚至三国分裂，还能保持旧威严，防止异族不敢内侵。

两汉与四夷的关系，大略如下：

东方——朝鲜、倭国（日本）。

西汉初，燕人卫满击破朝鲜，自立为王。刘彻灭朝鲜，置真番、临屯、乐浪、玄菟四郡。附近许多小国如挹娄（就是后来的女真，金和满清都属这一族）、夫余、高句骊、马韩、辰韩、弁韩都臣服进贡。

倭在大海中，分百余小国，据海岛各自称王。刘彻灭朝鲜，倭人进贡的三十多国。刘秀赐倭奴王黄金印（原印一七八四年在日本九州筑前地方发现）。那时候倭人还是黥面文身的野蛮种族。

南方——西南夷、南粤。

西南夷小国很多，其中夜郎（贵州桐梓县）、滇（云南普宁县）、邛都（四川西昌县）三国最大。刘彻赐夜郎锦帛，附近小国贪汉赏赐，都愿内附，因置犍为郡。邛都也内附置县。刘彻想从西南夷开辟通身毒国（印度）的道路，路没有通，却把滇国击灭，置益州郡。此后夷族归附向化，变乱很少。

南粤王赵佗，本是秦朝的县令，汉初自立为王。刘彻灭南粤，置儋耳、珠崖（广东海南岛）、南海、苍梧、郁林、合浦、交趾、九真、日南九郡。广东、广西、安南都成为郡县。东汉时，大秦（罗马帝国）、天竺（印度）以及南洋群岛都由海道来贡献和贸易。

西方——西域。

从玉门关、阳关以西，通称西域。本有三十六国，附属匈奴。刘彻想削弱匈奴的势力，派张骞出使，视察各国的物产国情，作征服的准备。后来发兵攻灭大宛（出兵目的是要夺取大宛出产的汗血马），西域震动，降汉进贡。汉使官曾到安息国（波斯），安息王来献大鸟卵（鸵鸟卵）及两个犁靬幻人。幻人就是玩魔术人（能口中出火，自缚自解，跳十二丸，巧妙非常）。犁靬就是大秦（《后汉书》作犁鞬）。他们高鼻、蹙眉、须发拳曲，身长四尺五寸。白种人到中国，这是最初的记载。东汉班超做西域都护，汉朝声威更向西发展。他派甘英往大秦国，到地中海东岸，虽然没有到罗马，路程却调查明白。大秦王安敦派人从海道来汉贡献。

北方——匈奴。

匈奴是中国的强敌。刘彻以前，汉对匈奴取和亲政策，匈奴入寇，止是防御，不能反攻。刘彻倾全国力量，经常用一二十万大军，征伐匈奴，战争规模很大，结果汉损失战马十几万匹，士卒死伤没有确数,至少在二三十万以上。匈奴丧亡更大,国力虚耗,逃避漠北,不敢应战。刘询时匈奴内乱,分成南北两部。南匈奴呼韩邪单于(单于好比汉称皇帝)降汉,称臣入朝,帮着汉兵攻北匈奴。刘奭时西域都护甘延寿击杀北匈奴郅支单于。东汉窦宪几次大破北匈奴,收降胡三十余万人。牲畜一百多万头,北单于率残部向西逃走。后来攻破西罗马帝国的匈奴人,大概就是北单于的遗族。从殷朝起,侵害中国的匈奴,经一千多年的斗争,终于被中国战胜了。

两汉对外胜利的结果:第一,土地扩展,建立亚洲唯一的大帝国。第二,中国文化传播到附近各种族。有的完全同化,融入汉族,有的半同化,意识方面半汉半胡。如西晋匈奴酋长,自称汉朝的外孙,冒姓刘氏。西域乌孙王娶汉宗室女,生女儿到西京学弹琴。乌孙女深目黑丑(乌孙人青眼赤须,面像猿猴),路过龟兹,被龟兹王留作夫人。龟兹王大喜,同夫人入朝,学汉衣服制度。胡人讥笑他说,驴不像驴,马不像马,龟兹王是个骡子。第三,从外国输入大蒜、葡萄、苜蓿、骆驼、骏马及其他珍宝,丰富了中国的物产。第四,佛教从西域、南海两路流传中国,音乐艺术也不断有新的输入,影响中国人民的精神生活。第五,地理知识扩大,改变以前局促的世界观,养成泱泱大国风的民族性,虚心吸收外国文化,来充实自己。

因为降附的民族数量很大,不及逐渐融化,中国内部又分裂互争,政治也极端腐败,终于酿成两晋时代五胡乱华,汉族南迁的祸乱。

第四节　王莽变法

西汉社会问题,第一,土地集中在少数人手中,第二,贫民被迫沦落当奴隶。阶级斗争尖锐地发展着，使统治阶级感到更大的危险。

刘恒时贾谊痛哭流涕请重农抑末（工商），晁错也提出同样建议。他们代表中小地主说话，这些地主正被商贾剥削，陷入破产的困境。刘彻时董仲舒主张“限民名田”，不让富人占田过多，庶几贫人不至“无立锥之地”。他想“限”的“民”，当然还是商贾。贵族大地主，政论家是不敢非议的。刘欣时，阶级对立更深刻了，迫得左将军师丹建议约略限制田宅奴婢，解救国家的危急。朝官们商定诸侯王、列侯、公主、关内侯、吏民占田不得过三十顷；奴婢，诸侯王不得过二百人，列侯、公主百人，关内侯、吏民三十人。结果，贵族大地主认为不便，没有实行。师丹的官也丢了。

问题必需解决，王莽就是企图解决问题的一人。王莽的新法大体如下：

王田——全国土地收归国有，称为王田，私人不得买卖。一家男口不满八人，有田一井（九百亩）以上，余田分给同族或邻居。没有田的得分田一百亩。国家收三十分之一的租税，废除田主佃户对分制。

私属——奴婢称为私属，不得买卖。罪人被没入官府，称为官奴婢。

五均——长安市令，洛阳（中市）、邯郸（北市）、临淄（东市）、宛（南市）、成都（西市）五市市长，都称为五均司市师。各地方设立司市官。每季第二月（如二月、五月）司市官评定本市货物上中下三等价目，称为市平。生活必需品如五谷、布、帛、丝绵等类，货主如果卖不出去，司市按原价收买。物价昂贵超过市平，司市按平价卖出，物价不及市平，让人民自由买卖。

赊贷——人民有祭祀丧葬急用，得向钱府（司市的属官）赊贷，不取利息。祭祀十天偿还，丧葬三个月偿还。贫民想治产业，也得赊贷，产业所得，除去衣食费，按照净利取十分之一的利息，或月息百分之三。

工商税——渔猎业，畜牧业，妇女蚕桑纺织业，工匠医巫卜祝杂业，商贩贾人，各向所在地县官报明收入数目，除去本钱，按照净利分作十一份，官取一份。

不生产税——田荒芜不耕，住宅不种桑麻果木菜蔬，各出三倍的租税，游手不工作，出布一匹，无力出布，罚充苦工，官给衣食。

六管——盐、酒、铁、山林川泽、五均赊贷、铸钱六种事业，归国家经营，不许商贾把持牟利。

以上办法，对贵族地主商贾确是极大的打击，对贫民生活，似乎很有利。西汉社会问题，应该得到解决，可是事实上，王莽遭遇了大失败。

王莽出身贵族，利用地位、阴谋、伪善、复古、鬼神各种方法，夺取汉朝皇帝的位号。当时上书颂莽功德的有四十八万人，上自贵族，下至吏士，大概整个统治阶级都拥护他。不料他做了皇帝，突然来一套大不利的新制度，弄得人民（地主商贾）在街市涕泣，诸侯、卿大夫至于庶民，犯买卖田宅奴婢铸钱罪的不可胜数。王莽害怕他们的反对，因而动摇了。新制度止推行四年，允许卖王田不算犯罪，私买卖平民作奴婢暂勿治罪，买王田是否有罪，没有说明。实际就是说，有势力可以无罪，没势力可以有罪。这样，田又回到势家豪族大地主手里。到十四年（莽死前一年）他决心取消一切土地奴婢五均六管的禁令，对地主富商完全屈服。以前十年中，所谓王田私属，在似禁非禁的状态下，贫民被官吏上下其手，吃亏受屈，不言可知。总之，贫民遭灾，官吏发财，是一定不易的原则。

王莽新制度，既被统治阶级反对，贫民又一无所得，反增官吏侵扰的痛苦，社会问题未得解决，反而更严重化了。他又想发动对外战争，来和缓国内的危机，凭空制造事端向外族挑衅。例如匈奴单于本名囊知牙斯，王莽教他改单名。单于听命改名知。后来又改匈奴单于为降奴服于。无故下一道诏书说降奴服于知犯了大罪，该当诛灭。起兵十路去打匈奴。知死，弟咸做单于，请求讲和，莽定要发掘知墓，用棘鞭尸。令匈奴退到漠北，贡献马万匹，牛三万头，羊十万头。莽又出兵攻高句骊，改高句骊为下句骊。四夷被迫反乱，兵连祸接，加重人民的灾难。他又想用奇特的刑罚，来镇压人民的反抗。例如屡变钱币制度，禁民私铸，一人犯禁，五家连坐，没入当官奴婢。男子坐囚车，妻儿步行，用铁锁铁索缚头颈，解送京城，人数在十万以上。他竟把旧夫妇重新乱配一番，愁苦冤死的十有六七。

王莽做了十五年皇帝，不能解决当时的根本问题，却加深了人民的灾难。农民起义成熟了，贵族地主也要参加这个起义，王莽变成了独夫，企图解决问题的王莽，成为被问题解决的王莽。

第五节　西汉农民起义

刘邦入关，除秦暴政，约法三章，秦民很拥护他。等到皇帝做成，就教萧何抄袭秦法作汉律九章，把锁链赶快套在人民头颈上。

刘彻时律令有三百五十九章，其中大辟罪（杀头）四百零九条，细目一千八百八十二项，例一万三千四百七十二项，刘骜时大辟罪一千多条，律令一百多万字。这样多的刑律，连狱官也看不清楚，舞文弄法，随贿赂多少定刑罚轻重。刘弗陵以后，每年平均杀死罪囚一万人以上。

人民受压迫，是有限度的。刘彻末年，山东"群盗"大起，大群数千人，小群数百人，攻城市，夺兵器，杀官吏，放囚犯，地方官无法对付，止好请朝廷派兵镇压。每郡杀人一万以上，连坐的至少几千。破了这一群，别一群又起，弄得刘彻也无可奈何。

刘骜时，广汉（四川广汉县）罪徒反狱，推死罪囚郑躬做首领，自称山君，聚众万人，攻破四县。尉氏（河南尉氏县）庶民樊并等十三人起义，杀陈留太守，自称将军。山阳（山东金乡县西北）铁工苏令等二百二十八人起义，自称将军，破郡国十九，杀太守都尉等官吏。起义人是工人、庶民、罪徒，社会上最痛苦的阶层。

刘欣时，民间无故惊动，号呼狂奔，路上多至千数人，口称要祭西王母，又称有直眼人（妖怪）快来，惊扰的地区很广，经历二十六郡国，京城居民也骚动，三个月才平静。这是民众受压迫过久，不自觉的发狂奔走，舒散郁闷的怨气。

知识分子也开始动摇。刘弗陵时眭孟假托董仲舒说，汉帝应该让位。刘询时盖宽饶据韩氏易传说，汉帝应该学五帝公天下。刘骜时谷永主张"天下乃天下人之天下，非一人之天下"，不该把天下看作一姓的私产。甘忠可伪造《天官历包元太平经》传授生徒，说汉运已完，该重新受命。这是人民厌憎汉朝的反映。

王莽派大兵镇压起义，到处掳掠烧杀，比强盗凶恶得多，中产人民也不能安居生活，农民大起义，成为必不可免的事了。

南方起义军——下江、新市、平林。

王莽末年，南方大饥，穷人到野地掘草根，时常争夺互斗，新市（湖北京山县）人王匡、王凤给他们调解讲和，被推作首领，有众几百人。他们占据绿林山（湖北当阳县），抢劫远乡孤村，几个月扩充到七八千人。后来打破几个县城，虏获妇女人口五万，藏绿林山中。因为避瘟疫，王常等到南郡（湖北江陵县）号称下江兵。王匡、王凤等到南阳，号称新市兵。平林（湖北随县东北）人陈牧等聚众千余，响应下江、新市，号称平林兵。春陵（湖北枣阳县东）人刘縯、刘秀兄弟起兵，与新市、平林合伙。众军共推刘玄做皇帝，号称更始，刘縯攻破宛，作为更始的都城。诸将领都封爵做大官。刘秀在昆阳（河南叶县北）大破王莽主力军。縯、秀功劳最大，其余诸将止知道抢妇女财物，不知道作战。更始忌刘縯威名，把他杀死，刘秀表面很恭顺，一点不表示怨恨，更始觉得惭愧，封他做破虏大将军，出征河北。

更始遣王匡攻洛阳，申屠建攻武关，王莽惊慌失措，全国反叛，各州郡豪强，纷纷起兵，自称汉将军。京城少年朱弟、张鱼等在市上号召民众，攻破皇宫，商人杜吴手杀王莽。他们怨恨王莽，抢着脔割尸体，却不懂割王莽头有官做。王莽旧臣公宾就见主人已死，有利可图，赶快割莽头送更始讨赏，果然得了一个侯爵。更始迁都京城，诸将大掳掠，更始问他们得物多少，吓得投降的老官僚面面相觑，说不出话。当时贩夫厨子都讨个官做，抢来的绣花衣服，不论男女，捡美丽的穿上，在街市打架吵闹。官僚士绅们大失望，各打别的主意，不帮助更始。赤眉军进关，更始败降，新市平林溃散。

东方起义军——吕婆、赤眉、青犊、铜马。

海曲（山东莒县东）人吕婆，儿子吕育做县吏，犯小罪被县官杀死，吕婆财产几百万，酿美酒，买刀剑衣服。无赖少年来饮酒，不要钱，穷的送衣服，不要还。日久少年们想报答她，吕婆哭道，我不要钱，我要替儿子报仇，你们愿意助我么？少年们允许，聚集几十百人。其中勇士徐次子等自号猛虎，同吕婆到海岛招募亡命得几千人，攻破县城，斩县官头祭子。吕婆死后，众并入赤眉、青犊、铜马军。

琅邪（山东诸城县）人樊崇，有勇力，聚众几百人，占据泰山，自号三老。饥民群盗归附他，一年间得一万多人。逄安、徐宣、谢禄、杨音等各起兵，共数万人，推樊崇做首领。崇等被饥寒逼迫，抢掠求活，并没有打天下的野心。

后来人数扩大，口头约定杀人抵命，伤人还报。其他文书、号令、旗帜、队伍等制度，他们全不知道。这些人生长农村，止见过乡村小吏三老（近乎乡长，比亭长大些）、从事（干事）、卒史（司书），因此军中最尊的称三老，次从事，次卒史。相互称巨人（大人）。用红色涂眉，号称赤眉军。

赤眉寇河南境，战争很胜利，兵士们却哭着想回家乡去。樊崇等计议，回去一定溃散，不如西攻京城，夺更始军的地位。更始军屡败，赤眉军增加到三十万，每万人为一营，营置三老从事各一人。这样，算是有些组织了。兵到华县，用拈阄法立牧牛小童刘盆子做皇帝。盆子年十五，披发赤足，着破衣，满头流汗，见众人对他跪拜，吓得几乎啼哭。樊崇等不会写字，止有徐宣做过狱吏，大家公推他当丞相，其余都封大官。更始投降后，盆子入居皇宫，腊日（十二月初八日）盆子坐正殿，樊崇等置酒大会，有一人出笔要写贺片，不识字的群起请他代写，秩序紊乱。杨音拔剑大骂，“你们这伙老佣工，今天想讲些君臣礼节，却被你们闹翻了，小孩玩还不至此，都该打杀”。众人听了不服，互骂起哄，兵士们跑进来抢酒肉吃，互相格斗，卫队上殿杀百余人才平定。

赤眉兵贪财物，专事掳掠。地主富豪，各守堡寨，贫民饥饿，死亡无数。赤眉穷困乏食，引兵东归，这时候刘秀居洛阳，做皇帝，拦住去路，赤眉军溃散。

北方起义军——王郎等。

邯郸卖卜人王郎，诈称刘骜的私生子。更始时，土豪刘林、李育等拥他做皇帝，都邯郸。河北州郡都归附他。刘秀攻邯郸，王郎逃走被杀。

此外还有铜马（首领东山荒、秃上、淮况等）、大肜（樊重）、尤来（樊崇）、五校（高扈）、檀乡（董次仲）、五楼（张文）、富平（徐少）、获索（古师郎）、高湖、重连、铁胫、大枪、上江、青犊、五幡等部，众合几百万人，陆续被刘秀击破。

以上各部起义军，新市、平林、赤眉最重要。他们纯是农村饥民，被贪污残暴的统治者逼得无路，不得不起义求生。他们没有政治军事知识，缺乏组织和纪律。贪财物，想回家，老皇帝姓刘，必得找个姓刘的做皇帝，不知道联络其他阶层，利用他们的力量，充分表现农民的纯朴性，保守性，自私性，狭隘性。所以击破王莽政权后，起义果实，却落在豪绅地主兼知识分子刘秀的手里。

刘秀胜利的原因，主要是军队有纪律。不掳掠害民；号召恢复汉朝旧制度，得到统治阶级的拥护；收罗人才，部属都是统治阶级出身的能干人（云台二十八将，没有一个贫民出身）；占据河北作根据地，进战退守，行动自由。他本人有知谋和度量。朱鲔谋杀刘縯，投降后待遇很好；对更始表示恭顺，获得经略河北的机会。赤眉攻入关中，他乘机占领洛阳，截断赤眉归路，不折一兵，消灭一二十万的大敌。他恢复汉朝，也恢复了所有旧制度。起义农民，一无所得。

第六节　东汉的政治与党祸

在西汉成为必需解决的土地奴隶问题，经大起义得到暂时解决。就是人民大量饿死、战死、疫死、流亡，土地荒废，人口骤减，极残酷的自然解决。

刘秀做皇帝，首先恢复三十税一制度，贫农租用土地，自然还是十税五。东汉土地兼并，比西汉更剧烈，荀悦说："地主纳税轻到百分之一，贫农负担，却超过十分之五，朝廷减税，止是优待富豪罢了。"

刘秀在位三十三年，从二年到十四年，下过七次解放（有条件的解放）奴婢的诏书，诏书多至七次，正表示解放是句空话。十四年以后，直到亡国，凡一百七八十年，从没有提起奴婢问题（仅刘隆、刘祜曾部分的"加恩"奴婢）。贫农应该当奴婢，已被认为公理（县令至少要一个仆人，没有奴，就有雇"客"，客的工钱每月一千，去县令月俸的半数。举此作例，所以官吏都需要养奴）。

统治阶级依靠什么来维持政权呢？死刑六百一十条，杂刑一千六百九十八条，赎罪二千六百八十一条。叔孙宣、郭令卿、马融、郑玄等解释法律的有十余家，每家数十万字，总计二万六千二百七十二条，七百七十三万二千二百余字；狱吏随意引用，条文无限，人民一举手，一动足，都有被杀被罚的危险。

农民起义军纯朴忠厚，没有被野心的知识分子利用，所以很快就溃灭。刘秀深感养士政策的重要了。做皇帝后第四月，就访得七十多岁的老官僚卓茂，使作太傅（最大的官），封褒德侯。后来又访得矫情好名的旧同学严光（光变姓名隐藏，却又热天披羊皮袍钓鱼，故意让刘秀找着他），特别优礼。聘请全国著名儒生做博士（教师），建立太学，广招生徒读经书。他这种做法，对一代士风，很有影响。

刘庄、刘炟都提倡儒学。刘保以后，太学扩大到二百四十房，一千八百五十室，学生三万余人。还有著名大师，在家授徒，郡县学校，号称“如林”（多得无数）。这样多的学生，什么是出路呢？自然是做官吏。东汉内外文武官七千五百六十七人，内外吏佐杂职十四万五千四百一十九人。官吏俸给微薄，主要靠开私门，受贿赂，向人民自筹供养。

学生想做官吏，有所谓贤良方正、博士弟子、公府征辟、州郡征辟、孝廉、明经、将帅等途径。其中孝廉、征辟，尤为做官得名的捷径。州郡官举孝廉，多凭权贵保荐，或取年少能报荐主恩德的私人。内官公卿，外官刺史（州），守（郡），令（县），都得征辟名士做属员，名士也感激知己，敬事府主，希望跟着升迁。当时有一首童歌说：“举秀才，不知书，举孝廉，父别居（不孝）。寒素清白浊如泥（不廉），高第良将怯如鸡（被选为高等将才，胆小像鸡）。”还有一首诗说：“河清不可俟，人命不可延（世俗昏暗，无澄清希望），顺风激靡草（人无气节，随风倾倒），富贵者称贤。文籍虽满腹，不如一囊钱。伊优（无耻人）北堂上（坐高堂），抗脏（抗直人）倚门边。”选举腐败不平，可以想见。

东汉后半期皇帝，照例出卖官爵，刘宏在鸿都门张挂出卖内外大小官爵价格表，二千石卖钱二千万文，四百石四百万文，公一千万文，卿五百万文，穷官准许暂时赊欠，到职后加倍缴款。定价以外，还有折扣价目，额外价目，临时价目，花样很多。曹嵩买太尉，出钱一万万文。崔烈半价买得司徒(公),行礼时刘宏后悔,对左右说,我揩勒他一下,可以得一千万。从皇帝到小吏,除了极少数廉洁正人,其余全像豺狼般向人民吞噬。当时有“官就是戴帽狗”的谚语。

东汉皇帝多半短命,皇后抱幼子临朝,号称太后。她们都是年青寡妇,怕见朝廷官员,不得不用娘家兄弟,左右阉宦,处理国事。大抵外戚自恃亲贵,骄横擅权,无视幼主;幼主稍长,结纳阉宦,夺回政权,成为外戚阉宦相互消长的惯例。刘志靠单超等五个阉人杀死梁冀收回政权,超等都封侯爵。刘宏靠张让、赵忠等十二个阉人杀窦武,让等也封侯爵。刘宏常说,张常侍(大阉宦称常侍)是我的父亲,赵常侍是我的母亲。扶风人孟佗,交结张让家奴,献让葡萄酒一斗,得做凉州刺史。宦官的父兄子弟亲戚朋友,都做州郡大官,人民冤苦,无法生活,终于激发农民起义。同时兴党锢狱,把当时忠臣义士名儒,几乎杀逐一空。

太后、皇帝、外戚、阉宦四种民贼,把东汉搅的昏浊不堪,人民饱受残虐,不是饿死,就是起义;统治阶级里面某些人士看到政权快要崩溃,企图驱逐阉宦,挽救危亡,历史上第一次学生运动出现了。

汝南太守宗资重用功曹范滂,南阳太守成瑨委任功曹岑晊(音质)。范岑二人压抑豪强,得罪阉宦,在郡很有名誉。太学生听得二人行事,也不避权贵,议论朝政。大官们怕被批评,对他们很谦逊。学生首领郭泰、贾彪与名臣李膺、陈蕃、王畅互相标榜,声势更盛。妖人张成交接宦官,故意教儿子杀人,李膺做河南尹,杀成子抵命。阉宦大怒,诬李膺等收买学生,结党危害朝廷。刘志捕李膺下狱,牵连名士陈实、范滂等二百余人,称为党人。陈实自投牢狱说,我不进狱,怕众心动摇。范滂在狱打得血肉模糊,还是慷慨不屈。阉宦被舆论压迫，大臣们也上表营救，党人得释放，终身禁锢，不许仕进。刘宏时阉宦又奏请逮捕党人。刘宏年十四，问党人是什么。阉宦说党人就是想造反的人。刘宏下诏逮捕。李膺说，我年已六十，还怕死么？自往投狱。范滂在家听说有吏来捕，跪别老母。老母说，你为正义杀身，死可不恨。滂临走教训儿子道，我教你作恶吧，恶是不可作的；我教你做善吧，我没有作过恶，却遭受刑祸。

这次党祸很残酷，死一百多人，家属发边地充军。全国正人君子，都被指为党人，杀戮充军禁锢又六七百人。后来张角领导农民起义，刘宏怕党人与张角同谋，下诏赦罪。党祸前后凡二十余年，不是农民起义，大概还要闹下去。

太学生徒三万余人，他们得官很不容易（有六十岁以上学生一百多人），而且官必须出钱购买，仕途更闭塞不通。在郭泰、贾彪等领导下，一时造成严峻的风气，他们爱惜名誉，畏忌清议，不屑或不敢交结阉宦权贵，以免被清议摈出士类。后来阉宦用暴力杀戮优秀学生，捕系千余人，剩余的全是鄙贱无耻的庸人，为争考试等第高下，甚至涉讼。也有私行贿赂，偷改兰台（皇室图书馆）经书文字，符合自己的私说，藉获高第。他们不顾一切，止是想官做。农民起义，太学生徒一个也没有参加，这次党祸，是统治阶级里面士人与宦官两派的斗争，宦官派胜利，东汉政权的溃灭，也就无可挽救了。

第七节　东汉农民起义

刘秀刚取得政权，就遭遇规模很大的农民起义。建武十五年，他下诏各州郡检查田亩户口数目及人民年龄。官吏藉检查名义，召集人民聚立田中，并搜查住宅村落，贫民受害不堪，至于拦路哭叫。官吏对豪强却特别庇护，任其隐匿侵占。贫民冤屈过甚，被迫纷纷起义，攻劫豪强，杀戮官吏，郡县派兵镇压，兵来民散，兵去民聚，郡县束手无策。这次起义是全国性的，山东、河北形势尤其严重。到底刘秀有计谋，他用度田（查田）不实的罪名，捕杀十几个郡太守，和缓人民的义愤；又令群盗（起义人）互相告发，五人共斩一人，免罪；赏罚官吏按杀人多少作标准；起义首领免死，解送远郡，给田地粮食，使安生业。他这"以盗攻盗"的分化政策，果然生效，起义军不久解散了。

刘庄、刘炟、刘肇（刘肇开始败坏）三帝，似乎政治比较宽平些，历史上不见起义的记载，大概当时没有大规模叛变。

从刘祜到刘宏七十二年，发生民变六十七次（实际不止此数）。南至交趾，北及幽燕，东抵琅邪，西迄凉州，几乎没有一片平静地方。起义人数和区域，也急速发展。而且起义行动，与西汉末不同，一起事就杀官吏，烧城邑，首领自称皇帝、天子、太上皇或无上将军、平天将军、柱天将军。宗教色彩很浓，利用迷信组织民众。这都说明东汉人民对统治阶级怨仇比西汉更深，起义能力也比较有些进步。

人民不断起义，能说是犯上作乱么？当然不能。统治阶级善于诈伪欺骗，像王符《潜夫论》所说："凡今之人，言方行圆，口正心邪，行与言谬，心与口违（言行不符，口是心非），论古则知称夷（伯夷）、齐（叔齐）、原（原宪）、颜（颜回），言今则必官爵职位。虚谈则知以德义为贤，贡荐则必以阀阅（有权势人家）为前。"被压迫的人民，说假话骗谁呢？除了实行起义，总不会有其他生路。

黄巾军起，把东汉腐朽的统治打碎了。

巨鹿人张角自称大贤良师，创立太平道教。教主手执九节杖画符念咒，教病人叩头，说出自己的罪过。给病人符水喝，病愈算是信道，不愈算是不信道。穷人生活恶劣，得不到医药，止好信从他，希望去病。角派遣学徒八人到全国各地传教，十余年间，得信徒数十万。青、徐、幽、冀、荆、扬、兖、豫八州地方，潜伏势力最大。角部署信徒为三十六方（方好比将军），大方万余人，小方六七千人，各设将领统率部属。又散布谣言说"苍天已死（汉），黄天当立（角自谓），岁在甲子（甲子年），天下大吉"。京城及州郡官府门上，都用白粉写"甲子"二字（刘宏中平元年是甲子年）。

中平元年，大方马元义等计划先收荆、扬二州数万人，到邺（河南临漳县西南）集中。元义往来京城，与常侍张让、封谞、徐奉等交通，作为内应，约定三月五日，内外一齐发动。张角学徒唐周上书告密，元义被捕，车裂死。封谞、徐奉阴谋发觉，刘宏怒责张让等说："你们常说党人想造反，我听从你们，重的杀死，轻的禁锢。现在党人并不造反，你们却和张角通谋，该斩不该？"张让等叩头，都说这是常侍王甫、侯览的事，与我们不相干。王甫、侯览早已死了，刘宏也就不追究。张角知道事情败露，通知三十六方同日起义。角自称天公将军，弟张宝称地公将军，弟张梁称人公将军。军中都戴黄巾，所以当时称为黄巾贼，又称为蚁贼，因为人数众多像蚂蚁一样。

黄巾二月里起义，不过十来天，全国响应，到处焚烧官府，攻掠城邑，州郡长官，纷纷逃走。刘宏也恐慌起来，他一向信阉宦的话，这时候急了，召集朝臣会议，采纳皇甫嵩意见，大赦党人，发出卖官钱若干万，招募精兵四万余人，令皇甫嵩（豪家出身）、卢植（儒生）、朱儁（县吏）率领，讨伐黄巾。刘宏喜欢在宫中或西园（卖官机关）玩狗。狗戴进贤冠，挂印带子，进贤冠是文官的礼帽，前高七寸，后高三寸，长八寸。狗戴着这样的帽子，有时在街上乱跑，有时同女人交配（刘宏的命令），真是侮辱官吏到极点。皇甫、卢、朱等人却替他出力，单皇甫嵩一人，杀黄巾二十万以上。十一月，黄巾被他们击平。第二年二月，刘宏加收天下田税每亩十钱，补偿上年移充军费的卖官钱。

比黄巾起义较早有骆耀（在关中），与黄巾同年有张衡（在汉中）。骆耀教人“缅（远）匿法”，大概是“隐身术”一类的妖术。张衡法术略同黄巾，治病要五斗米，称为五斗米教。东汉农民起义，同道教关系很密切，原因是农民生活困苦，穷极无聊，不得不向鬼神寻求援助，野心道士利用时机，妖言惑众。他们既没有政治理想，又没有真实技能，所以开始时风动一世，稍久就不能支持。黄巾式的起义，东汉以后，历朝继续出现，农民愚昧无识，一次又一次地受他们的欺骗，牺牲极大，成就很小，完全证明农民没有进步阶级领导，起义决不会有好的前途。

黄巾败后，河北农民纷纷起义，各部名号有黑山（山在河南浚县西北，首领张牛角）、黄龙、白波、左校、郭大贤、于羝根（首领是大胡子）、青牛角、张白骑（首领骑白马）、刘石、左髭、丈八、平汉、大洪、司隶、缘成、雷公（首领是大嗓子）、浮云、飞燕（首领张燕，脚手轻快）、白雀、杨凤、于毒、五鹿、李大目（首领是大眼睛）、白绕、眭固、苦蝤、四营、屠各（胡族）、雁门（胡族）、乌桓（胡族）等等。大部有二三万人，小部有六七千，占据太行山一带，攻掠州郡，声势浩大。飞燕（本姓褚，继张牛角作首领，改姓张）联络各部，众至百万，通称为黑山。后来飞燕和袁绍大战数次，各部陆续被袁绍消灭，燕降曹操。

黄巾残部及其他起义军，此仆彼起，终东汉世没有停止过。刘宏死后，阉宦全数被袁绍诛灭，军阀混战代替了农民起义。刘协先落在董卓手里，后被曹操挟持，东汉名存实亡。刘协建安二十五年让位给曹丕。从此中原属曹丕（国号魏），四川属刘备（国号蜀汉），长江流域属孙权（国号吴），造成三国分立的局面。

简短的结论

西汉初期。统治阶级知道人民需要休息，所以采取黄老“清静无为”政策，让人民自由兼并。经六七十年的安定，朝廷积累起极大财富，统治阶级也繁荣富庶，同时贫民大量破产流亡，形成严重的阶级对立。

国家统一是异常伟大的力量。统治阶级为和缓社会内部尖锐的矛盾，发动对外侵略，用战争来消灭过剩的人口。从刘彻征伐四夷，开拓广大疆土，直到东汉灭亡，三百多年，始终保持对外侵略的政策。被招降或俘虏的异族人大量入居中国，供贵族地主们的奴役和驱使。

两汉土地兼并，非常剧烈，地主对国家纳税三十分之一，东汉后半期，减轻到百分之一。借地耕种的农民，对地主负担至少是十分之五或以上，这样轻重悬殊的租税，迫使贫民不得不破产当奴婢。土地和奴婢是两汉最严重的社会问题。

西汉末年王莽企图解决问题，提出了许多办法，可是他没有坚决执行的勇气，被统治阶级反对，就动摇而屈服。结果，各阶层都攻击他，刘秀在“恢复旧制度”号召之下，夺取了政权。

西汉农民起义军，表现出很大的原始性，组织力薄弱，几乎止是一大群饥民。刘秀称赞(也许是讽刺)赤眉有三善：不改换旧妻；立姓刘人做皇帝；投降新君，不杀旧君。多么纯朴的农民道德！东汉起义首领，开始利用宗教迷信来组织农民，起义技术也比西汉进步。黄巾式的起义，在中国历史上有悠久的影响。

军阀混战，代替了农民起义，东汉转移到三国。

附:秦汉年表

公元	朝代	姓名	年号
前二二一年	秦	嬴政　（始皇）	二十六年
前二〇九年		嬴胡亥　（二世）	元年
前二〇七年		（秦亡）	
前二〇六年	西汉	刘邦　（高祖）	元年
前一九四年		刘盈　（惠帝）	元年
前一八七年		吕雉　（高后）	元年
前一七九年		刘恒　（文帝）	元年
前一六三年			后元
前一五六年		刘启　（景帝）	元年
前一四九年			中元
前一四三年			后元
前一四〇年		刘彻　（武帝）	建元
前一三四年			元光

续表

前一二八年			元朔
前一二二年			元狩
前一一六年			元鼎
前一一〇年			元封
前一〇四年			太初
前一〇〇年			天汉
前九六年			太始
前九二年			征和
前八八年			后元
前八六年		刘弗陵　（昭帝）	始元
前八〇年			元凤
前七四年			元平
前七三年		刘询　　（宣帝）	本始
前六九年			地节
前六五年			元康
前六一年			神爵
前五七年			五凤
前五三年			甘露
前四九年			黄龙
前四八年		刘奭　　（元帝）	初元
前四三年			永光
前三八年			建昭
前三三年			竟宁
前三二年		刘骜　　（成帝）	建始
前二八年			河平
前二四年			阳朔
前二〇年			鸿嘉
前一六年			永始
前一二年			元延
前八年			绥和
前六年		刘欣　　（哀帝）	建平
前二年			元寿

续表

公元元年		刘衎 （平帝）	元始
六年		孺子婴	居摄
八年		（西汉亡）	初始
九年	新	王莽	始建国
一四年			天凤
二〇年			地皇
二三年		（新亡） 刘玄 （淮阳王）	更始
二五年	东汉	刘秀 （光武帝）	建武
五六年			建武中元
五八年		刘庄 （明帝）	永平
七六年		刘炟 （章帝）	建初
八四年			元和
八七年			章和
八九年		刘肇 （和帝）	永元
一〇五年			元兴
一〇六年		刘隆 （殇帝）	延平
一〇七年		刘祜 （安帝）	永初
一一四年			元初
一二〇年			永宁
一二一年			建光
一二二年			延光
一二六年		刘保 （顺帝）	永建
一三二年			阳嘉
一三六年			永和
一四二年			汉安
一四四年			建康
一四五年		刘炳 （冲帝）	永嘉
一四六年		刘缵 （质帝）	本初
一四七年		刘志 （桓帝）	建和
一五〇年			和平
一五一年			元嘉

续表

一五三年			永兴
一五五年			永寿
一五八年			延熹
一六七年			永康
一六八年		刘宏　　（灵帝）	建宁
一七二年			熹平
一七八年			光和
一八四年			中平
一九〇年		刘协　　（献帝）	初平
一九四年			兴平
一九六年			建安
二二〇年		（东汉亡）	延康

第三章　内战时代——三国

二二〇年 — 二六四年

第一节　人民浩劫与三国的形成

农民起义军如黄巾、黑山，止是杀官吏、掠财物，并没有屠杀人民。大量屠杀人民，使生产破败，户口骤减，造成“出门无所见，白骨蔽平原”的惨象，完全是统治阶级军阀们的暴行。

刘协在位时期，镇压起义农民的军阀们，割据土地，互相攻杀，东汉名存实亡。后来曹操、孙坚、刘备三大军阀，消灭其他军阀，形成三足鼎立的形势，仍是连年战争。据历史记载，杀人数目显著可见的，不下几百万人。经这一次军事大破坏，此后三四百年，没有恢复过两汉盛况，社会发展呈现出严重的停滞状态。

董卓——陇西临洮（甘肃岷县）大土豪。性残忍。曾大宴朝官，当众杀降人数百，先割舌，次或斩手足，或凿眼，或投镬中煮烂，惨状无限，卓饮食如常，好似没有看见。河南尹朱儁讨卓，卓遣部下李傕（音确）等屠杀陈留、颍川二郡，男女不留一人。其次派兵到阳城（河南登封县），正是春季乡村大庙会，卓兵突然包围，男子头全数割下，挂车辕车轴上，载妇女财物回洛阳，声称攻贼大胜。卓迁都长安，先烧洛阳周围二百里内城市村落，又烧城内宫殿宗庙府库民家，驱人口数百万入关。饥饿困顿，积尸满路。富人杀死无数，货物没收。繁华的东都，变成一片焦土。

李傕等——卓部将。卓被王允、吕布杀死，傕等替卓报仇，攻破长安，焚烧屠杀，老少全灭。长安四周几百里内，还有户口几十万，傕等放兵掠夺，人民饥困，两三年间，人相食略尽，几百里不见烟火。傕等又互相攻击，死伤用万计算。

袁绍——汝南人。贵族。刘宏死后，绍杀阉宦二千余人。占据冀、青、幽、并四州。杀黑山数万人。绍与曹操战，被杀八万人。绍死后子袁谭、袁尚互争。曹操围尚根据地邺，城中人大半饿死。

袁术——贵族。占据扬州，自称皇帝。术生活奢侈，赋役苛暴，江淮间人自相食，田园大量荒废。吕布与术屡次战争，杀术军数万人。

公孙瓒——辽西令支（河北迁安县）人。世家。名儒卢植的门徒。占据幽州。青徐黄巾三十万众，入渤海（河北沧县）郡界，瓒率步骑二万人迎击，斩首三万余级。黄巾逃退，瓒又追杀数万人，俘虏七万，财物车甲无数。瓒与袁绍连战数年，瓒杀绍兵七八千，绍杀瓒兵二三万，两军没有粮食，都向人民掠夺，人民食青草活命，良田变成白地。瓒造大楼，搜括民谷三百万斛，积储楼内。

陶谦——丹阳（安徽宣城县）人。儒生。占据徐州。曹操父曹嵩被谦部下抢劫杀死。曹操攻谦，屠彭城（江苏铜山县）等五县，杀男女数十万人，尸体投泗水，水壅塞不流。关中人民避李傕乱，流徙徐州，全数遭难。

曹仁——曹操族弟。南阳人民苦赋税过重，守将侯音与吏民共反曹操，仁屠宛，斩侯音。

军阀混战，养成一般人战斗杀人的习惯，例如刘表攻西鄂（河南南阳县南），西鄂县长杜子绪率县民男女守城。南阳功曹柏孝长也在城中，起初听到战斗声，吓得关上房门，用被蒙头，不敢出气。过了半天，稍敢露面。第二天早晨，敢扶着墙听声音，第三天，敢出房门打听消息，第四、五天，居然拿着刀上城战斗。他对杜子绪说，勇气是可以学的。这说明统治阶级能战的人愈多，战争时期愈延长，人民死伤愈增加。

以上止是极简略的记载，实际死丧还要多无数倍。大抵当时最富庶地方，也就是战争最激烈地方。东西两京及其周围几百里，澈底破坏了，人口集中的黄河流域，千里无人烟了，邺、宛等大都市，杀掠一空了，全国精华，在军阀手里成了灰烬。

在不可想像的军事大破坏时期，社会里最有权力的人怎样生活呢？

皇帝——刘协从长安逃到安邑，住处没有门户，用荆棘作篱。百官朝见，兵士伏篱上，互相挤压开玩笑。从安邑回洛阳，路上饥饿，张杨献粮食，封杨做大司马。宫女多数没有衣服，或饿死，或流落逃散。

百官——刘协被李傕劫持，从官乏食，协求米五斛，牛骨五具。傕说，你有饭吃，要米干什么？给烂牛骨，臭秽不可食。协到安邑，从官吃枣和野菜。回到洛阳，穷饿更甚，官员自出打柴，往往倒毙在路上。

军队——各部军队都没有粮食，饿了出去掠夺，吃饱作践剩余。袁绍军在河北，靠桑椹生活，袁术军在江淮，靠蚌蛤生活。二袁在当时算是富裕的军队，其他可想而知。曹操军乏食，东阿（山东阳谷县东北）人程昱搜括本县粮食，其中杂有人肉干，供操三天军用。很多军队，因饿自动溃散。

据说，孔融曾主张吃不认识的人，好比吃猩猩、鹦鹉，不算有罪。孔融是否这样主张，无从证明，程昱拿人肉干给曹操，却是事实。军阀们剥削人民，酿成大乱，又借平乱为名，争夺私利，不但杀人，而且吃人。军阀们罪恶滔天，真是孟子所谓“率兽食人”。建安七年，曹操下一道命令说，“吾起义兵，为天下除暴乱，旧土人民，死丧略尽，国中终日行，不见所识，使吾凄怆伤怀”。谁闹成“死丧略尽”的悲惨景况呢？

中原地区变作屠场，人民不是被杀被吃被虏，就是逃避比较偏远的地方，苟延生命。

辽东——公孙度占据辽东，东伐高句骊，西击乌桓，威行海外。中国人到辽东避难的很多。

汉中——道士张陵学道鹄鸣山（在四川崇庆县），创五斗米教，陵子衡，曾在汉中起义。衡子张鲁，占据汉中，自号师君。学徒起初称鬼卒，信道深的升做祭酒，率领部众。位次更高的称治头大祭酒。祭酒所在地各设义舍（旅店），义舍里放着义米义肉，行路人随意食宿，不取报酬，人民犯罪，原谅三次，最后犯罪才用刑，犯小罪罚修路一百步。禁酒，春夏两季禁杀生物。祭酒管理政治，不别设官吏。张鲁用宗教组织民众，虽说迷信，比杀人吃人的那些“暴乱”及“除暴乱者”，多少还站在人民利益方面，所以本地居民和蛮夷都拥护他，关中人民从子午谷（山中小路）投奔他的数万户。张鲁统治汉中三十年，被曹操攻破。

益州——刘焉占据益州（四川），南阳及关中人民数万户流入益州，焉强迫编作军队，号东州兵，作为压迫益州人民的主要武力。

荆州——刘表占据荆州（湖北），关中及兖豫名士千余家投奔他。海内俊杰，大抵流寓荆州，诸葛亮就是其中之一，普通流民多至十余万户。

江东——汉末大乱，名士如周瑜、鲁肃、张昭、诸葛瑾、吕蒙等流寓江东，后来助孙策、孙权建立吴国。孙氏所用文武官吏，很少是江东土著。

交州——西汉末，士燮六世祖避难交州（安南），至燮做交趾太守。董卓乱起，中国士人百余家投奔交州。

鲜卑——轲比能本是鲜卑小酋长，部落近边塞。袁绍据河北，中国人多投奔轲比能，教他造兵器甲盾，并学中国文字制度，轲比能成鲜卑强族。

人民大死丧、大流徙的结果，中原户口十不存一，曹操削平群雄，统一北方，占有十二州土地，人口却止抵得汉时一州或一大郡。四百年来统一的汉朝，此时不能不分成三国。

黄河流域是人力、财力、文化、政治的中心地区，现在中心地区被破坏了。孙权占据扬、荆、交、广四州，刘备占据益、凉二州，单独一国，敌不过占据中心地区的魏，两国协力，才能自存。因此诸葛亮、鲁肃都主张蜀吴合作，共同反魏。

汉末历史证明，内战是最可怕的罪恶，几百年积累的经济、文化、人口，挡不住内战残酷的破坏，所以发动内战的野心军阀，应该永远被历史咒骂。

第二节　孙吴始末

（二二一年 — 二八〇年）

富春（浙江富阳县）人孙坚，世代做郡县小吏。坚从朱儁屠杀黄巾，积军功封乌程侯。袁术占据扬州，使坚击刘表，被表部将黄祖射死。长子孙策年幼英俊，交结豪杰，与周瑜、张纮友善。策说袁术愿助术平定江东，术付还坚旧部千余人、马数十匹。策渡江攻扬州刺史刘繇，繇败走。策军令整肃，民间鸡犬菜果，一无所犯，大得民众欢心，郡县官吏，相率降附。策夺得会稽（浙江绍兴县）、丹阳（安徽宣城县）、豫章（江西南昌县）、庐陵（江西吉安县）、吴（江苏吴县）、庐江（安徽庐江县）六郡。破庐江时，获得袁术部下百工及鼓吹（音乐队）部曲（类似奴隶的亲兵）三万余人。袁术曾在寿春（安徽寿县）做皇帝，中原技术工人多因避难投奔到寿春。术死，大将张勋等率众逃庐江。孙策这一次虏获，对江东工业建设，有巨大意义，所以他很重视，送工人到根据地吴郡居住。策已平定江东，计划袭击曹操，遇刺客受伤死。年二十六。

策死，弟孙权继位，文武官吏有张昭、周瑜、程普、黄盖、吕范、鲁肃、诸葛瑾等人，吴国基础，逐渐巩固。建安十三年，荆州牧（州长）刘表死，曹操驱大兵攻荆州，表子刘琮降操。操得荆州水军，声势更盛。写信给孙权说：“我整顿水军八十万，同你到吴郡狩猎。”孙权部下众官惊慌失色，张昭为首的一群文官，力劝权降，理由是用卵击石，一定破败。会议中止有鲁肃不发言。

当初鲁肃听说刘表病死，对孙权说，荆州地势重要，刘表二子不和，势不能自保；刘备寄寓在那里，可劝备安抚表部众，与吴同心一意，共敌曹操。权遣肃往荆州，琮已降操，肃、备在当阳会见，商议孙刘合作的大计。肃同诸葛亮来见孙权，约定协力击操。此时张昭力主投降，孙权狐疑，失了主意，鲁肃请权召还周瑜共商和战，周瑜先受命去番阳（江西鄱阳县），回来对权说，操军号称八十万，其实不过二十余万，请给我精兵五万，包为将军破贼。

周瑜将精兵三万，进到赤壁（湖北嘉鱼县）用火攻大破曹操军。周瑜、刘备水陆并进，操引残军逃走。赤壁大胜，是决定三国局势的主要战争。周瑜不久病死，鲁肃代瑜执政，劝孙权借荆州给刘备。曹操正在写字，听得这个消息，手中笔不觉掉在地上。鲁肃认清曹操的强大，所以他力主联络刘备。鲁肃死后，孙权夺还荆州，与刘备失和，怕曹操袭击，上表请降，甚至无耻地劝操做皇帝。曹丕篡汉，封权做吴王，权俯首称臣，不敢不受。

建安二十五年曹丕篡汉，建立魏朝。接着刘备在蜀称帝。孙权也想做皇帝，又不敢得罪曹丕，丕派人命权立誓效忠，并送长子到魏作保证。权上表哀求饶恕，曹丕不答应，出兵来征讨。权危急，止好向刘备讲和，与魏连战两三年，魏兵才退去。

孙权做吴王七年，改称吴皇帝（二二九年），建都建业（南京）。蜀汉承认他的位号。约定互相援助，同讨魏贼，成功后平分中国。这当然止是一种外交上的辞令，实际孙权对魏防御，对蜀无时不想乘机进攻。可是他内部弱点很多，忙着维持自己的地位，不能完成他的野心。孙权的政治，主要的是：

造谣言——要证明自己命该做皇做帝。经常造“黄龙出现，凤凰出现，麒麟出现，赤鸟出现，白虎出现，嘉禾生，甘露降”等等谣言。甚至敬礼妖人王表，请求降福。

掠人口——连年动兵杀人，需要补充人口。民间传说大海中有夷洲、亶洲，洲上居民是秦始皇时徐福带去的童男女的后裔。权派兵万人，求夷洲、亶洲，据说得夷洲人数千回来。又常浮海到辽东掳掠男女。

杀贤能——权性猜忌多疑，对臣下严刑杀戮。边境守将，必需留妻子家口在都城，叫做保质。喜用贪污卑鄙人，才名盛大的如沈友、张温等，认为自己不能用，借罪名杀害。当然，他的子孙学他，杀人更凶暴。

伐山越——山越是蛮族，伏居丹阳一带深山中，不纳租税。孙权想征服他们当兵纳粮，进行长期的侵略。权曾对张温说，如果山越平定，就要大举攻蜀。可是山越的英勇反抗，迫使孙权无力发挥他的野心。

孙权死后（二五二年），幼子孙亮继位。亮被废黜（二五八年），权第六子孙休继位。休死（二六三年），权曾孙孙皓继位。皓粗暴淫凶，专用阴险小人，寻人罪过，大臣及宗族，几乎被他杀尽。魏攻蜀，皓止是虚声援救，却在国内用剥面皮凿眼睛等酷刑杀人。穷凶极恶，全国怨恨。晋武帝司马炎利用蜀汉水军，遣大将杜预、王浑、王濬并进攻吴，吴兵不战溃散。孙皓自己捆绑，头上涂泥，抬着棺材，投降司马炎。吴亡（二八〇年）。

第三节　蜀汉始末

（二二一年 — 二六三年）

刘备，涿县（河北涿县）人。远祖是汉宗室，封侯爵。备幼孤贫，随母贩履织席为业。年十五，与公孙瓒师事名儒卢植，略通经学。性沉默不多说话，喜怒不表现在面上，别人有长处，不存妒忌心。大商人张世平、苏双等见备性格非凡，赠送很多财物，助备聚众。

黄巾起义，各州郡强族大姓，地主土豪，纷纷举兵镇压。刘备也是屠杀黄巾起家，势力逐渐扩大。先从公孙瓒攻袁绍，后归陶谦御曹操，谦死，备得徐州。与袁术战，吕布袭破下邳（江苏邳县），虏备妻子。备军乏粮，吏兵自相杀食，穷饿不能生存，向布求和。布见备军势又振，率兵来攻，备败归曹操。受刘协密旨谋杀操，发觉后逃奔袁绍。后又去绍归荆州刘表。曹操曾无意中对备说，天下英雄，止有你我两人，袁绍等辈算不得什么。因此操认定刘备是大敌，亲自追逐，不让他立足停留。吕布、袁绍、刘表也都心怀疑忌，防止他发展。刘备到处做客，得不到土地，在当时军阀中，声名最大，势力最弱。

阳都（山东沂水县）人诸葛亮，年二十六，避乱隐居隆中（湖北襄阳县西），刘备三次往见，恳求出山相助。亮说，曹操孙权，都已造成实力，应该结好孙权，同抗曹操。刘表刘璋，庸弱无能，如果取得荆益两州，内修政治，外和东吴，坐看时局变化，一军从荆州北攻宛洛，一军从汉中进取关中，汉室危亡，还可挽救。刘备大喜，请亮做军师。

曹操攻破荆州，备与孙权合力大战赤壁下，操败退，周瑜占领南郡（湖北江陵县），分南岸地给备。备驻军油口（湖北公安县），攻取武陵（湖南溆浦县）、长沙（湖南长沙县）、桂阳（湖南郴县）、零陵（湖南零陵县）四郡。孙权看了害怕，周瑜劝权软禁刘备，分散关羽、张飞，消灭他的势力。孙权又怕曹操再来，没有帮手，不敢采用瑜计。周瑜死，鲁肃劝权借备江北四郡，备因此得荆州全部。备留关羽镇守襄阳，自率步兵数万入益州。建安十九年，刘璋降备。益州人物殷富，地势险要，刘备奔走二十余年，才得到这个地盘。

孙权见备已得益州，派人索还荆州。刘备答应取得凉州（甘肃）后，归还荆州。孙权忿怒，使吕蒙袭夺长沙、零陵、桂阳三郡，备引兵来公安，曹操乘机攻入汉中，备与权讲和，平分荆州，还军击操，连战两三年，操军败退，备自称汉中王。同时关羽在荆州，声势大振。

关羽围攻樊城，魏守将曹仁被困危急，曹操遣于禁督七军救仁，羽斩魏将庞德，禁大败降羽。河南反曹民军，受羽委任官号，纷纷起事。羽威震华夏，中原摇动。曹操议放弃许都（魏都许，河南许昌县），迁徙河北。司马懿献计道，关羽得志，孙权一定不愿意，可派人说权攻羽后路，允许割江南封权，樊城自然解围。曹操从懿计，孙权果使吕蒙袭破江陵，虏羽士众妻子，羽军溃散，羽走，被吴将潘璋杀死。权送羽头给曹操，表示服从命令。据《蜀记》说，关羽将出兵攻曹仁，梦中被猪咬坏了脚。这当然是《蜀记》假托的寓言，意思是说孙权贪而又蠢，行为同猪一样。

建安二十五年，曹丕篡汉，刘备在蜀称帝，建都成都。备恨孙权杀羽，率大军伐吴。吴蜀相拒七八月，吴将陆逊用火攻，大败备军，备逃回白帝城（四川奉节县）。孙权被魏讨伐，又闻刘备住白帝，不回成都，怕两面受敌，遣使见备请和。备许诺，两国又通使来往。

刘备在白帝城病死。子刘禅继位，年十七岁。丞相诸葛亮全权辅政。亮料孙权将有阴谋，遣邓芝去通和好。权果狐疑不见芝。芝上书说，我来也为了吴，不单为蜀，请赐见商议。芝告权道：吴蜀相助，好比唇齿，进可以兼并天下，退可以鼎足三分，你如果还认降魏为得计，魏定要你入朝，要你送儿子作担保。你不听从，魏下令讨叛，蜀也顺流而下，那时候江南危险了。权想了好久，说：你的话很是。从此蜀吴连和，彼此不相侵犯，诸葛亮得专力对魏。

魏闻刘备死，司徒华歆、司空王朗、尚书令陈群、太史令许芝等一群弃汉降魏、弃魏准备降晋的无耻名士，各写信给亮，大谈天命人事，劝蜀投降称臣。亮一概不理，发表一篇文章叫做正议，作为答复，大意说，你们说的全是废话，大人君子不会像你们这样无聊的。兵法说："万人必死，横行天下"，何况蜀有数十万大兵，正名伐罪，胜利可必呢！

亮整顿内政，奖励农耕，息民练兵，准备大举。南方诸郡（云南）叛乱，亮率众征伐，所向克捷。大豪孟获，向来为夷汉人所推尊，亮采用马谡（音缩）①"攻心为上，攻城为下，心战为上，兵战为下"的建议，与孟获战，七纵七擒。获最后心服道，诸葛公天威，南人不再反了。夷人纳税安居，蜀汉内部平安。

亮息民五年，亲率诸军北驻汉中。刘禅六年春，亮攻祁山（甘肃西和县西北），阵势整齐，号令严明。南安（甘肃陇西县）、天水（甘肃天水县）、安定（甘肃定西县）三郡叛魏响应。魏国朝野恐惧，曹叡（魏明帝）自率大军来抵御。先锋马谡违亮节度，被魏战败，亮退还汉中，上表请贬官三等。七年，拔魏武都（甘肃成县）、阴平（甘肃文县）二郡。亮连年征伐，都因粮尽退军，决心在渭河旁分兵屯田，准备久居。不幸发病卒。年五十四。

亮原来计划，是占有荆益，和吴攻魏。荆州被孙权夺去，蜀势孤弱。每次出兵，魏用全力抵御，魏兵常多四五倍，所以亮虽然智谋无敌，却不能有什么成就。

史称亮有巧思，造木牛流马，转运军粮，这也许是夸大的传说，未必实有。他确制造一种连弩，十矢俱发，号称奇巧，蒲元给他造刀三千口，用竹筒装铁珠，举刀斫筒，如断刍草。炼钢术进步，大概

① 谡应为"素"音。——校者注

由于他的奖励。

亮曾上表刘禅说:臣家在成都,有桑树八百株,薄田十五顷,一家可以温饱。臣随身衣食,公家发给,决不增长私产尺寸。亮事刘禅忠敬,出于至诚,禅做太子时,亮亲抄《韩非子》等书送给他,希望他做个能干的皇帝,绝对没有自恃才能,把持政权的意思。世俗流传亮认“阿斗”(小说讹传禅小名阿斗)无能,自己揽权到死,这种话不符合史实。

亮死后二十九年,魏司马昭遣邓艾、钟会攻蜀,刘禅听名儒谯周劝告,降司马昭,蜀亡(二六三年)。

第四节　曹魏始末

(二二〇年 — 二六四年)

曹操,谯县(安徽亳县)人。祖父曹腾,汉刘志时做大阉官。父曹嵩(腾的义子),家产极富,官至太尉。董卓擅权,操在陈留(河南陈留县)散家财招募徒众。陈留绅士卫兹出钱助操,得兵五千人,准备起事。

起初董卓封操做骁骑校尉,操辞官改姓名逃归乡里。路过成皋(河南汜水县),访友人吕伯奢,伯奢不在家,五个儿子出来殷勤招待,操怀疑他们,夜里把吕家八口一起杀死。临走说“宁可我害人,不要等人害我”。这就是曹操一生行动的指南。

各州郡长官联盟讨董卓,合兵十余万,推袁绍做盟主。他们讨卓止是一种号召,真意在争夺权利,割据称雄,军阀混战从此开始。曹操参加联盟,因不满袁绍等行为,率部属独立发展。青州黄巾入兖州，操与兖州刺史刘岱合力击破黄巾，得降兵三十余万，男女百余万口，选拔精锐，扩大军队，这是曹操独霸中原的初步胜利。

刘协颠沛流离，困在洛阳，军阀们谁也不重视他。曹操亲到京都，保卫天子，藉口洛阳残破，迁都许。建立宗庙社稷，恢复汉朝制度，改元建安。操得大将军、丞相等名号，地位高出一切军阀，行动都算名正言顺，“挟天子以令诸侯”，造成政治上极大的优势。

东汉豪强长期兼并的结果，名宗大族，布满全国，他们筑堡垒，聚宗族，招集徒党，叫做宾客，役属佃户，叫做部曲。这种地主武装，镇压农民起义，拥护军阀政权，起了很大的作用。刘备、孙权，都得到他们的助力，曹操所得更多。如李典宗族部曲三千余家，一万三千余人，许褚聚少年及宗族数千家，任峻收宗族宾客家兵数百人，吕虔将家兵守湖陆（山东鱼台县），李通率亲戚部曲攻破周直部众二千余家，张赤部众五千余家。这些北方地主武装，大都归附曹操，构成曹操政权坚固的基础。

各军阀最感困难的是民散田荒，军队乏食。曹操迁汉帝到许，当年就创立屯田制度。兴修许地河渠，开辟稻田，募农民耕种，一岁得谷百万斛。按照户口数目，比较垦田多少，作为赏罚地方官吏的标准。各州郡遍设田官，到处积谷，大军出征，不必运粮。当时铁的生产，大遭破坏，改铁制刑具为木制。足见铁非常缺乏。旧法冶铁用马排（风箱），一百匹马力，制成一石（一百二十斤）熟铁，用人排，费力更多。韩暨做冶官，利用河流造水排，省费三倍，六七年间，器用充实。张既做雍州刺史，教陇西、天水、南安三郡富豪作水碓。梁习到上党取木材，置屯田都尉一人，领客（雇农）六百夫，耕种路旁，供人牛费用。曹操对农耕特别重视，所以足食兵强，所向克捷。某次行军，经过麦田。下令：损坏田麦处死刑。他自己的马跃入麦中，教部属议罪。算是主帅不可自杀，割发置地上当作斩首。这自然是他骗人权术，但也说明他对农耕的注意。

盘据河南的军阀吕布、张绣、袁术等先后被操攻灭。袁绍占河北四州，拥兵十余万，武力比操强大。操渡河击绍，大战五年，杀绍主力军八万人。某次战争，甚至来不及割绍军战死人首级，改割人鼻和牛马唇舌，作为战功的凭证。操夺得河北土地，禁止厚葬，严禁豪强兼并，令人民纳田租每亩四升，每户出绢二匹，绵二斤，不许额外多取。以前袁绍部属任意夺田，强迫农民代出租赋，卖子破产，不够赔累，曹操这一法令，多少给农民解除些痛苦，因此河北成了曹操的根据地。

建安十三年，操在荆州大治水军，想顺流下取孙权，屯军赤壁，心骄气扬，以为一举可以平定江东，统一中国。不料刘备、孙权，合力猛攻，操军大败，退出荆州。此后屡次伐吴，不能取胜。刘备夺得益州，建立蜀汉，操攻入汉中，又被备驱退。曹操两次战败，形势上不得不三分天下了。

曹操知道三国相持是长期的，军事以外，应该作篡汉的准备。他先教刘协封自己做魏公，位在诸侯王上。又叫刘协封自己做魏王，用皇帝仪仗。本来土地人民，都归曹操所有，汉帝止存空名号，现在名号也相差极微，随时可以代做皇帝。无耻的孙权，上书劝曹称帝，操对群臣说：这小儿想骗我蹲在炉火上么？群臣都说孙权的话很对。操说：我如果该受天命，我要学周文王，让我的儿子做皇帝。建安二十五年操死，太子曹丕当年就教刘协让位给自己，建立魏朝。

曹操有二十五个儿子，他活着的时候，儿子们抢太子名位，争斗很激烈。长子曹丕能装孝顺的样子，终于获得继承权。曹操刚死，曹丕就把操宠爱的妾侍都取过来。气得他的生母卞太后，大骂："狗鼠不吃的东西，该死！该死！"丕做皇帝后，对争位的同母兄弟曹植、曹彰，怨仇极深。他和曹彰在卞太后屋里下围棋，同吃枣子。有些枣子蒂中藏着毒药，他拣好的吃，曹彰不知道，中毒暴死。他又想害曹植，卞太后竭力救护，幸得免死。

曹丕封兄弟们都做国王，防范却非常严密。曹植封东阿王，给兵一百五十人，全是六十至七十岁的老夫，其中卧床不起、仅存呼吸的三十七人，半身不遂、痨病、聋子、瞎子二十三人。诸王游猎不得过三十里，不得互通聘问，不得到京都。各国派有监视者，专寻诸王过失，轻罪受罚，重者赐死。

曹操暴虐，但生活还不甚奢侈。曹丕暴虐而又奢侈，自然，人民痛苦更增重了。丕刚登帝位，就向降臣孙权要大贝、明珠、象牙、犀角、玳瑁、孔雀、翡翠、斗鸭、长鸣鸡、雀头香。农民租税，不能满足他的贪欲，他教各州郡农官，拨出一部分吏民经营商业，求加倍的利息，剩下田地，强迫农民代耕，纳加倍的租税。汉律："罪人妻子没为奴婢，黥面。"罪人子孙永远面上刻黑字做奴婢，本是古代传下的暴法，曹丕更进一步，不仅剥削奴婢的子孙，并剥削将死的老奴婢，他制定法律将七十岁或残废老病不中用的官奴婢发到市上售卖，谁买与鬼为邻的奴婢呢？还不是硬派给没势力的人民！

经军阀们长期混战，全国生产力遭受大破坏，中原地区尤甚。刘备铸值百大钱，孙权铸值五百及值千大钱，曹丕索性废五铢钱，令百姓用谷帛作交换媒介。曹叡时生产力逐渐恢复，五铢钱又行用起来。

曹丕的儿子曹叡，暴虐奢侈比丕更甚。他大量养鹿，夺取广大农田算是牧场,人民杀鹿处死刑,没收财产入官。叡时有著名巧人马钧,利用水力作发动机,使木人击鼓吹箫,跳丸掷剑,缘绳倒立,出入自在;舂米、磨谷、斗鸡,变巧百端。又改良发石车,大石数十悬轮上,用机鼓轮,飞石接连击敌城。曾用砖试验,能飞数百步,他主要的功绩是改良翻车,儿童转车机,水连续上升,功效比普通水车高百倍。又改良织绫机,旧绫机五十综要五十蹑,六十综要六十蹑,钧改为十二蹑,节省时间,出品更精。耕织机械的进步,促使中原地区富力增加,奠定西晋灭蜀、吴两国的经济基础。

曹叡在位十三年,死后政权落在司马懿手里。过了二十七年,司马炎教魏帝曹奂让位,建立晋朝。魏亡(二六四年)。

简短的结论

东汉官吏贪污,豪强兼并,政治黑暗,刑罚残暴,人民受极端严重的压迫,无法继续生活。黄巾黑山起义,当时历史记载止说他们杀官吏,烧城邑(豪富大商贾居城邑),并没有杀害平民,破坏生产。足见农民起义,纯属自卫性质。

统治阶级的军阀们,却借皇室统治权动摇的机会,拥兵争夺权利,烧杀掳掠,无恶不作。户口骤损十分之九,良田全成荒地,人口密集的中原地区,千里不见烟火,军阀内战的罪行,真使人伤心惨目。他们屠杀人民,还说自己替人民除暴乱。

长期混战中,曹操获得黄河流域的统一。他在赤壁、汉中两次败北,再不敢轻率大举进攻(他认长江是天堑,汉中是天牢地狱)

吴、蜀，军事上形成三个武装集团。吴、蜀两国出产盐铁，粮食足用，在经济上也形成三个独立集团。吴、蜀人口比魏少，因吸收大量中原流亡人，文化技术也各能自立。这样，就出现三国互争的时代。

吴蜀合作，协力抗魏，是吴、蜀必须采用的策略。这种联盟破坏，弄得孙权对魏称臣，诸葛亮"恢复汉室"的计划也不能实现。

中原经五六十年相当的安定，实力又超过吴、蜀两国，在司马氏统治下，攻灭蜀、吴，中国又得到统一。

附：三国西晋年表

魏			蜀		吴	
公元	姓名	年号	姓名	年号	姓名	年号
二二〇年	曹丕（文帝）	黄初				
二二一年			刘备（昭烈帝）	章武		
二二二年					孙权（大帝）	黄武
二二三年			刘禅（后主）	建兴		
二二七年	曹叡（明帝）	太和				
二二九年						黄龙
二三二年						嘉禾
二三三年		青龙				
二三七年		景初				
二三八年				延熙		赤乌
二四〇年	曹芳（邵陵公）	正始				
二四九年		嘉平				
二五一年						太元

续表

二五二年					孙亮(废帝)	建兴
二五四年	曹髦 (高贵乡公)	正元				五凤
二五六年		甘露				太平
二五八年				景耀	孙休(景帝)	永安
二六〇年	曹奂(陈留王)	景元				
二六三年			(蜀亡)	炎兴		
二六四年		咸熙			孙皓(乌程侯)	元兴
二六五年	(魏亡)		西晋 司马炎(武帝)	泰始		甘露
二六六年						宝鼎
二六九年						建衡
二七二年						凤凰
二七五年				咸宁		天册
二七六年						天玺
二七七年						天纪
二八〇年				太康	(吴亡)	
二九〇年			司马衷(惠帝)	永熙		
二九一年				元康		
三〇〇年				永康		
三〇一年				永宁		
三〇二年				太安		
三〇四年				永兴		
三〇六年				光熙		
三〇七年			司马炽(怀帝)	永嘉		
三一三年			司马邺(愍帝)	建兴		
三一六年			(西晋亡)			

第四章　外族侵入时代——两晋

二六五年 — 四一九年

第一节　三国统一后的经济状况

曹叡死，子曹芳（年八岁）继位，司马懿与魏宗室曹爽同辅幼主。懿爽争权，懿杀爽，政权全归懿手。他的儿子司马师、司马昭都很能干，懿妻张春华，年老色衰，懿生病，春华来问候，懿骂道，老物讨厌，出来干什么？春华惭愧绝食，要自杀。子师、昭也绝食。懿大惊，赶快向春华谢罪，对人说，老物死了不足惜，怕好儿子吃亏。懿刻薄残忍，即此可见。懿死，师、昭相继擅权，准备篡夺。他们父子杀人比曹操更残酷，手段比曹操更卑鄙，连他们自己的子孙司马绍听讲开国历史，也羞得脸覆床上，说，这样讲来，晋朝运命，那能久长！昭死，子司马炎当年篡位。曹操父子对汉的故事，司马氏照样重演一次，这就成立了晋朝。

蜀汉亡时有户二十八万，男女口九十四万，将士十万二千，吏四万，米四十余万斛，金银各二千斤，帛数十万匹。吴亡时有户五十二万三千，男女口二百三十万，兵二十三万，吏三万二千，米谷二百八十万斛，舟船五千余艘，后宫妇女五千余人。魏亡时，与蜀通计民户共九十四万三千四百二十三，男女口五百三十七万二千八百九十一(除去蜀户口,魏原有户六十余万,口四百余万)。这就是三国人民物力的对比,也就是蜀、吴被司马氏吞并的主要原因。

司马炎做了二十六年皇帝,他对土地、赋税、奴仆、佃户规定如下的制度:

王侯限田——国王公侯,京城得有住宅一所,近郊田大国十五顷,次国十顷,小国七顷(在本国占田并无限止)。

官员占田——官品第一至第九,各按贵贱占田。一品占田五十顷,二品四十五顷,每品递减五顷,至九品有田十顷。一品别赐菜田十顷,二品八顷,三品六顷。

户调——丁男一户,每年纳绢三匹,绵三斤。女及次丁男立户,纳半数。有些边郡止纳三分之二,更远纳三分之一。夷人每户纳布一匹,远地或纳一丈。男子(户主)一人占田七十亩,女子(主妇)三十亩。非户主的丁男(男女年十六以上至六十岁为正丁)课(课税)田五十亩,丁女二十亩。次丁男(十五以下至十三,六十一以上至六十五)比丁男减一半,女不课。十二以下,六十六以上为老小,不课。

边远夷人——不课田。每户缴纳义米三斛,较远户五斗,极远户缴纳算钱每人二十八文。

荫亲属——按官品高卑,得荫亲属,多至九族(上自高祖下至玄孙),少至三族。宗室国宾(魏帝),先贤后代,士人(名门世家)子孙也得按高卑荫亲属。被荫人得免课役。

荫客——又得荫衣食客(与奴类似的仆役)及佃客(农奴)。六品以上得荫衣食客三人,七、八品二人,九品及不入品的吏士一人。一品二品荫佃客不得过五十户,三品十户,四品七户,五品五户,六品三户,七品二户,八品九品一户。魏代给公卿以下租牛和客户,各有定数，晋继承魏的制度。佃客本是官奴（罪人），分给品官以后，成为农奴的身份。东晋末年曾发“免奴为客”人当兵，这种从官奴转化的客户，名额有定，政府必要时也得借用。别一部分是穷人逃避重役，投奔势家作佃客。近边郡县，甚至招募或强迫胡人当佃客，势家豪族拥胡客数百或数千。朝廷虽立限制，未必实行。

这种制度，完全为便利贵族官僚世家大族而设，名义上规定占田最高额，实际成为占田最低额。他们得荫宗族，又得荫佃客，势力既大，负担极轻，岂有不事兼并的道理。强弩将军庞宗有田二百顷以上；刘友、山涛、司马睦、武陔各占官稻田；王戎广收园田水碓，周遍天下；石崇水碓三十余处，苍头（奴）八百余人，其他财物田宅数量相当。足见扩大田产，并无限制。当时地广人稀，分给民户土地，本是可行，但按之事实，却不尽然。贵族官僚各有大量佃客，如果人民平均分配土地，佃客从何而来。司马衷时，张方搜括京城官私奴婢，止有万余人，足见奴隶数量并不很多，贵族主要是靠佃客作剥削对象。魏晋惯例，用官牛耕官田，官得六分民得四分，用私牛耕官田，官民对分，如果人民分得土地，又何必耕种官田。两汉三十税一，叫做田赋，人出一算，叫做口赋，晋制似乎并田赋口赋为一，所谓七十亩五十亩，止是计算赋税的标准，并非一定实有此数（这种定田收租制度，到东晋末才废除）。东晋司马衍时田税每亩米三升，如果西晋也按三升取税，不论有田无田，每一户主纳米二斛一斗，丁男一斛五斗，这与不论是否养蚕，每户纳绢三匹，同一事例。司马炎曾借牛三万五千头给兖、豫两州人民，收谷以后，每头偿谷二百斛，得七百万斛。借官牛一头，能偿谷二百斛，那末，每户每年纳米五六斛（每户约四五人），负担不算很重了。《晋书》食货志说当时天下无事，赋税平均，人民安居乐业。也许是事实。

汉末董卓铸小钱，钱轻物贵，谷一斛值数十万。曹操废小钱，用汉五铢，又不鼓铸新钱，因而钱少价高，谷价跌落不止，曹丕废五铢，改用谷帛作交易媒介，商贾用水湿谷并造薄绢牟利，农民大困。曹叡又铸五铢钱，西晋沿袭不改。汉末大乱以后，经济破败，铜产量极少，钱价昂贵，晋初公卿大臣致仕，皇帝赐养老钱不过百万，死后赐丧葬钱不过三十万，比汉朝赐钱动辄几百万或一二千万，富力相差很远。

晋代贵族专政，自矜门第清贵，对商贾非常贱视。法令禁止游食商贩，又规定商贾著白头巾，写姓名及出卖物品贴额上，一脚白鞋，一脚黑鞋。这种装束，含有侮辱的意义。石崇做荆州刺史，杀夺商客货物致巨富，政府不以为非，反升官做大司农。商贾地位低微，财产生命，没有法律的保障。可是皇宫的西园，却经营商业，出售葵菜、蓝子、鸡、面等物，足见贱商的本旨，还是在剥削自利。

晋灭吴，吴国百姓及百工免役二十年。特别指出百工，想见工人地位，比商贾高些。嵇康是名士领袖，性喜锻铁，夏月，居柳树下锻铁，名士向秀做助手。大概士大夫心目中，还不把工人当作最下流人看待。

司马炎对人口增殖，颇为重视。女子年十七，父母不给出嫁，由官吏代择配偶。一家有五个女儿（奖励养女儿，因为民间保存战国以来生女不育的恶俗），得免役。又发遣邺城官奴婢屯田，代田兵（兵士种田）种稻，奴婢各五十人为一屯，让奴婢配成夫妇。当时户口的确很快发展起来，太康元年，户有二百四十五万九千八百四十，口有一千六百十六万三千八百六十三（其中包括复业的流亡户口）。三国以来，还是最高的纪录。

社会相当安定,经济逐渐恢复。同时统治阶级的剥削和浪费也随着加紧。何曾每天菜钱一万文,还说不能下咽。曾子何劭,每天食二万钱,奢侈更甚。王济、王恺、羊琇比劭尤甚,济用人乳饲小猪,说是蒸食味特美。恺、琇等声色服用,与济类似。石崇又高出一切,没有人能与崇比豪富。无限浪费,促使社会走上大崩溃的道路。

第二节 腐朽的统治阶级

司马炎死,子衷继位。衷在华林园听得蝦蟆叫声,问侍从"那叫的为官呢,还为私?"听说人民饿死,他说:"为什么不吃肉粥?"皇后贾南风,荒淫污浊,专权悍虐,衷成南风的傀儡。整个统治阶级贪暴放荡,无恶不作,看他们罪行重叠,想见人民的痛苦非常。

豪侈——石崇的生活,为一般贵族所模仿。王恺曾和崇斗富,恺用麦糖洗锅,崇用白蜡当柴;恺制紫丝布屏障四十里,崇制锦绸屏障五十里;恺屋涂赤石脂,崇屋涂香椒泥;恺得珊瑚树高三尺,自谓无比,崇执铁如意一击粉碎,拿出自己的珊瑚六七株,都高三四尺。崇厕所陈设华丽,美婢十余人。预备锦香囊,沈香汁,新衣服,客人出厕,照例换一套新衣服。崇宴客常令美女劝酒,客饮酒不多,崇当场杀美女。有些恶客故意不饮,看他接连杀人,表示豪气。

贪污——鲁褒做一篇《钱神论》,讥刺士大夫,大意说"钱之为体,有乾坤之象(边圆像天,孔方像地),亲之如兄,字(名)曰孔方。无德而尊,无势而热,排(推开)金门(宫门),入紫闼(皇宫),危可使安,死可使活,贵可使贱,生可使杀。是故(所以)忿争非钱不胜,幽滞(卑贱)非钱不拔(升迁),怨仇非钱不解,令闻(名誉)非钱不发。洛中(京城)朱衣(王公)当涂(大臣)之士,爱我家兄,皆无已已(贪不多止),执我之手,抱我终始。凡今之人,唯钱而已"。统治阶级爱好金钱,真是古今无异。

放荡——行为愈放荡,声名也愈高。贵族子弟群聚狂饮,散发裸体,对弄婢妾。名士胡毋彦国关房门饮酒,被儿子谦之窥见,大声叫道,"彦国老儿,不该独乐"。彦国欢笑,呼入共饮。士大夫甚至提倡男色,互相仿效,夫妻离异,不以为耻。统治阶级的思想行动,任意发展,一定变到"衣冠禽兽"的地步。

清谈——清谈从魏代何晏、王弼开始,他们研求《易经》、老、庄的哲学,主张虚无不做实事。何晏性淫,喜著妇女衣服,随身带香粉,走路赏鉴自己的影子。王弼的官职,被好友王黎夺去,弼痛恨黎。他们口头上讲虚无,实际非常贪鄙。何王以后,有所谓竹林七贤,全是些狂醉说空话的人(止有阮籍、嵇康两人,品格较别人高洁)。晋代王戎、王衍是清谈首领,清谈比魏更盛行。统治阶级腐败到极点,所以必需讲玄妙空虚的话,来掩蔽本身的丑秽。

争夺——司马炎大封亲属做王,本想他们保卫皇室,结果却造成大乱,促使晋朝很快崩溃。司马衷用汝南王亮做太宰,楚王玮做卫将军,贾后教玮杀亮,又借玮擅杀的罪名杀玮。赵王伦杀贾后,篡帝位,齐王冏讨伦,成都王颖、河间王颙、长沙王乂举兵响应,伦战败被杀。冏擅权,颙、颖、乂攻杀冏。乂擅权,颙、颖攻乂大战,洛阳人民死万余人。东海王越捕杀乂。颖做丞相兼皇太弟,驻邺;颙做太宰,驻长安。越奉司马衷攻颖,战败,衷被颖俘获。安北将军王浚大败颖军，衷转落在颙手。颙擅权，改封豫章王炽做皇太弟。越起兵夺衷；颙败走。越部下鲜卑军大掠长安，杀三万余人。越得衷回洛阳。颙、颖相继被杀。越毒杀衷。炽继位，越横暴擅权，被荀晞逼迫病死。

这就是所谓“八王之乱”，前后二十年，人民死丧二三十万以上，晋朝统治机构也因此大破坏，内战引起不可收拾的外患。

八王以外还有许多王，大体都是野心家，其中最安本分，被朝廷称为“清虚静退，简(少)于情欲”的是平原王干。他放俸米布帛在空地上，让它腐烂。爱妾死，棺材不钉盖，隔几天揭盖探看，有时跳进棺去行淫秽。尸体败坏才埋葬。所谓“简于情欲”的行为是这样。

统治阶级罪恶无限，遭大祸的却是人民大众。

第三节 人民流亡与外族侵入

统治阶级无限奢侈浪费，都是人民的脂膏血汗。司马衷时代，田亩课税，不断增加，对田兵尤甚。田兵原来是兵士屯田，现在变成一种剥削的制度。人民当兵，兵种田。用官牛，官得八分，兵得二分，用私牛或无牛，官得七分，兵得三分。一亩收谷数斛，田兵所得，有时连偿还种子都不够，人民名义上服兵役，实际是替统治阶级当耕奴。再加水利不修，赋敛繁苛，天灾兵祸连年不断，人民无法生活，止得离弃乡土，逃避远方。史传关于流亡的记载，如：

关西人饥，饥民数万家，十余万口，流徙汉中，转入梁益二州。

河东、平阳、弘农、上党诸郡流民散在颍川、襄城、汝南、南阳、河南一带数万家，被本地豪强虐待，流民烧城邑，杀官吏，响应匈奴刘渊部将王弥。

雍州流民多在南阳，朝廷派兵强令归还本乡，流民因关中荒残，不愿回去，聚众四五万反抗。

巴蜀流民十余万户散在荆湘二州，受豪强侵掠。蜀人李骧聚众自卫。荆州刺史王澄杀流民八千余人。湘州刺史荀眺谋尽杀流民，四五万家被迫反抗，推杜弢做首领。

并州人民扶老携弱，流移四散，存留不满二万户。

以上止是极简略举些例证，已经看出人民饥寒交迫，穷困无聊，盲目散走，希望觅食，又遭官吏土豪的虐待残杀，再加上八王混战外族侵暴两重灾祸，多少穷苦民众，在饿死杀死中消灭了！

外族大侵入，也是统治阶级造成的罪恶。东汉时代，边境内外，住着许多降附的外族，中国有战事，往往征发他们当兵。例如刘宏时北地太守夏育率屠各胡击破鲜卑军。张温发幽州乌桓骑兵三千人击凉州。诏发匈奴兵讨叛将张纯，南单于遣子于扶罗率兵入塞，因而留在中国寇掠州郡。刘宏死后，军阀内战，各诱集外族自助。例如乌桓破幽州，虏汉民十余万户，袁绍立乌桓酋长做单于，嫁女连和，借兵击破公孙瓒。曹操大破乌桓，乌桓校尉阎柔率部落万余，迁居中国，助操战争，号称天下名骑。刘备初起兵，有乌桓杂胡骑数千人。黑山统帅张燕，联合屠各、雁门、乌桓等部，攻掠河北州郡。魏时安西将军邓艾谋灭蜀汉，招鲜卑数万，散居民间。辽东公孙渊自立为燕王，诱鲜卑侵扰中国北部。军阀贪一时便宜，借外力进行内战。后来八王相攻，照样利用，终于酿成大乱。

又因内战剧烈，户口大减，土地荒废，统治阶级需要补充人力，愿意外族迁居内地。例如曹操徙武都氐五万落(汉族称户,外族称落)居扶风、天水界。曹丕时武都氐王杨仆率种人内附,居汉阳郡(甘肃甘谷县)。郭淮徙氐三千余落实关中。又凉州休屠胡二千余家内附,淮使居高平县(甘肃固原县)。司马炎时代,塞外匈奴前后归附,一次二万余落,一次二万九千人,一次十余万口,一次一万一千五百口,凡十九种,各按部落,居住内地。大抵匈奴居山西及陕西北部,氐羌居陕西、甘肃。晋建都洛阳,离匈奴仅隔骑兵三四天路程,当时有识见的朝臣,如郭钦、江统、傅玄诸人,早已恳切指明它的危险,可是一般士大夫,并不相信被降服的蛮夷敢反叛。

八王混战,引起五胡乱华。五胡是:

匈奴——西汉末年,呼韩邪单于率五千余落降汉,杂居中国北部。到汉魏间,人口繁殖,势力渐大。曹操分散匈奴为五部,每部置帅,选汉人做司马,监督他们。魏末,改帅称都尉。左部都尉统万余落,居泫氏县(山西高平县),右部都尉六千余落,居祁县(山西祁县),南部都尉三千余落,居蒲子县(山西隰县),北部都尉四千余落,居新兴县(山西忻县),中部都尉六千余落,居大陵县(山西文水县)。汉时匈奴与汉通婚姻,单于子孙冒姓刘氏。五部都尉由姓刘人充当。

羯——匈奴别部。居武乡(山西榆社县)。建立后赵国的石勒,就是羯人。勒祖和父都做部落小帅。勒年十四,跟邑人到洛阳行贩。稍长,在汉人郭敬、宁驱两家充当雇农。司马衷末年,并州饥乱,群胡亡散,并州刺史司马腾派兵虏群胡,两人一枷,带往山东出卖。勒被卖给茌平人师欢当耕奴。石勒的遭遇,也就是一般胡人的遭遇。羯种高鼻深目多须,与匈奴种不同。

鲜卑——东胡种族。东汉末,酋长檀石槐立庭(建都)高柳(山西阳高县）北三百里，兵马强盛，尽据匈奴故地，东西万二千余里，南北七千余里。鲜卑贵族有慕容氏、段氏、拓跋氏、宇文氏。宇文氏是匈奴别部，居辽东，语言与鲜卑略异。鲜卑宇文、拓跋两族剪发，留顶上一部，打成发辫，南朝人叫宇文族为索头宇文，叫拓跋族为索虏（辫奴）。慕容族发学中国式，肤色与拓跋族不同；东晋司马绍母荀氏，鲜卑人，绍须发黄色；关中人呼慕容鲜卑为白虏或白贼。大概鲜卑慕容族是白色人种。别有白部鲜卑，当由皮肤白色得名。

氐——西戎种族。有险糜（陕西泾阳县）氐、汧氐、兴国氐、临渭氐、略阳氐，各因所居地为名号。魏时氐人内迁的很多。

羌——西戎种族。分布甘肃、青海一带，两汉时与汉战争不绝。羌人少种五谷，游牧为业。《后汉书》说羌有一百五十种，氏族无定，或用父名母姓为种号，十二世后，互通婚姻。父死妻后母。兄死妻寡嫂，没有鳏寡，种类繁殖。祖先名爰剑，曾做秦国的奴隶，学得农业传授族人，子孙因用爰剑做种号，爰剑后五世酋长名研，豪健有威名，子孙用研做种号。研后十三世有烧当，也豪健著名，子孙又用烧当做种号。

此外还有西南蛮族“賨”，也参加叛乱。賨有巴氏、樊氏、瞫（音审）氏、相氏、郑氏五姓。巴氏为君，四氏为臣。世居巴西宕渠（四川渠县）。汉末大乱，自宕渠迁汉中，曹操又迁徙賨人居略阳，与氐人杂居。西晋末，关西饥乱，流民自略阳还汉中，转入巴蜀，推賨族豪酋李特为主。

匈奴族刘渊建立汉国（前赵），沮渠蒙逊建立凉国（北凉），赫连勃勃建立夏国。羯族石勒建立赵国（后赵）。鲜卑族慕容廆建立燕国（前燕），慕容垂建立燕国（后燕），秃发乌孤建立凉国（南凉），慕容德建立燕国（南燕），乞伏国仁建立秦国（西秦）。氐族苻洪建立秦国（前秦），吕光建立凉国（后凉）。羌族姚弋仲建立秦国（后秦）。賨族李特建立蜀国（前蜀）。以上外族所立凡十三国。又汉人建立有张轨前凉，李暠西凉，冯跋北燕，计三国。总凡十六国。

第四节　十六国大混乱

匈奴刘渊开始叛乱，建立汉国，攻灭西晋。群寇纷起割据，互相屠杀，前后一百三十六年。华族人民迁徙死亡，户口耗损太半。塞外野蛮民族，大量流入黄河流域，落后低级的生活，残暴嗜杀的恶性，破坏华族二三千年来发育滋长的经济和文化。十六国以及后来称为北朝的拓跋魏占据黄河流域三百年，造成中国历史可耻可痛的一部分。这个极大的灾祸，完全是西晋统治阶级腐化内战的结果。

十六国起灭不常，事变烦杂，按照它们起灭及割据地作线索，大体可分为五类：（一）汉、前赵、后赵、魏；（二）前燕、后燕、南燕、北燕；（三）前秦、后秦、西秦、夏；（四）前凉、后凉、南凉、北凉、西凉；（五）蜀。

（一）汉、前赵、后赵、魏

汉——刘渊祖名于扶罗，父名豹。司马炎时代，渊做匈奴北部都尉。八王乱起，匈奴酋长密谋反叛，共推渊做大单于。司马衷元兴元年，渊自称汉王，建都左国城（山西离石县）。司马炽永嘉二年，渊自称皇帝，建都平阳（山西临汾县）。渊死，第四子刘聪杀太子刘和自立。聪遣将刘曜、石勒等攻洛阳，杀晋兵三万余人。破洛阳后，纵兵大掠，又杀王公百官以下三万余人。司马炽降聪。聪问炽：你家骨肉相残，为什么这样厉害？炽答，臣家替大汉扫清道路，好让圣朝兴起，如果臣家骨肉和睦，圣朝怎能起来呢？炽忍辱求活，无耻到这样！聪大宴群臣，令炽著青衣（奴婢衣）给群臣斟酒。炽旧臣庾珉、王儁起立大哭，聪怒，杀炽及珉、儁等十余人。晋人立司马邺做皇帝（愍帝），都长安。刘曜攻破长安外城，邺又投降。曜送邺见聪，邺伏地叩头。聪出猎，令邺军服负戟在前引路。大宴会，令邺斟酒洗杯，在座晋旧臣表示悲愧，聪怒杀邺。炽、邺降敌求活，结果是受辱被杀。

前赵——聪取后母单氏为妻，前后立皇后十余人，淫暴惨杀，行为不像人类。聪死，子刘粲继位。聪留下皇后四五人，都是不满二十岁的国色，粲昼夜在宫内淫乱，政事全委靳准。准是屠各胡，女儿是聪皇后。准得权，攻杀刘粲，刘氏男女不论长幼，一起处斩。准自称汉天王。渊族人刘曜带兵族灭靳氏，自称皇帝，徙都长安，改国号为赵。石勒部将石虎攻曜，曜战败，死士卒一万六千人。曜大发国中兵，击败石虎，虎军伏尸二百余里。石勒击曜，曜大败被擒。勒破赵国，杀王公群臣士卒屠各胡五万余人。前赵亡（三二九年）。立国凡二十六年。

刘聪据平阳，破洛阳、长安，灭西晋，算是汉国全盛时代。他置左右司隶，各领户二十余万，万户置一内史，凡四十三内史。又置单于左右辅，各主六夷十万落。这是汉国的基本民众，约计人口不过三四百万。司马业在长安称帝，城中民户不满一百，公私共有车四辆。用汉国人口推测别处人口，用长安景象推测别处景象，当时社会破败程度，可以想见。石勒诱司隶部民二十万户奔冀州，刘曜徙氐羌二十余万口到长安，又想见当时人口变迁徙动的剧烈。

后赵——石勒，羯人。家居武乡。八王乱起，勒招集王阳等八人做骑贼，后又得郭敖等十人，号称十八骑，勒从大盗汲桑，声称为成都王颖攻东海王越、东瀛公腾；桑、勒击杀腾及晋兵万余人。越击败桑、勒，勒降刘渊。勒攻陷冀州郡县堡垒（地主武装）百余，得兵十余万。选士族名门成一队，号君子营。任用张宾做军师，其余辅佐全是中国士人。东海王越率众二十余万讨勒，越病死，众推清谈领袖王衍做主帅。勒大破衍军，尸积成山，二十余万人无一得免。勒占据幽冀二州，建都襄国（河北邢台县），徙乌桓、匈奴部落及降人各三万余户充实都城。勒有郡三十四，民户二十九万，司马睿太兴二年自称赵王。后灭刘曜，统一黄河流域，司马衍咸和五年自称皇帝，迁都临漳（河南临漳县）。

石勒蹂躏中原，完全靠中国士人替他谋划，尤其是张宾，屡次出奇计，从危败中救助石勒，认勒可以共成大事，真是华族无耻的败类。勒建立赵国，封宾做大执法，总管朝政，订定制度。称胡人为国人，严刑禁说胡字。改革几种旧俗，惟火葬俗不改。群胡恃势，劫夺财物，例如参军樊坦被抢，仅存破烂衣冠，一般人民遭祸更不待言。

勒死，石虎杀勒子石弘自立为皇帝，迁都邺（临漳县西南）。虎性残虐，比勒更甚。攻得城邑，杀人不留余种，前后屠杀不能计数，连石勒也嫌他太凶暴。虎昼夜荒淫。令太子石邃管国事。邃残虐不比虎差,听说百官家有美女,他就跑去奸淫。斩宫女头,用血洗染,置盘上传观。或美女肉合牛羊肉同煮,赏给左右尝新味。邃想杀虎,虎怒,杀邃妻子二十六人,同埋一棺中。虎立子石宣做太子,宣又谋杀虎,虎烧杀宣,虎怒极,对臣下说,我要用纯灰三斛洗腹肠里秽恶,生儿二十岁便想杀老子。石虎父子间残杀如此,对待被征服的人民,当然比犬羊还不如。

石虎在位十五年,无限暴政惨事,他都做了。他置女官二十四等,太子宫十二等,诸公侯七十余国各九等。大发民女二十以下十三以上三万余人,按面貌分三类配官等。官吏谄媚石虎,务求佳丽,夺民妻九千余人。太子宣及公侯又私采美女一万人。妇女被豪强胁迫自杀的,不计其数。实际石虎宫中有妇女十万人,太子和公侯也不会很少。人民在野蛮民族统治下,即此一端,已经几乎灭种。

石虎死,虎子争位大乱,汉族冉闵杀虎子孙四十余人。大开邺城门,下令城中人去留听便。胡羯纷纷出城,百里内中国人悉数自动进城。闵率兵杀诸杂胡二十余万人。各地民众,纷起响应,高鼻深目人,全被杀死。后赵亡(三四九年)。立国凡三十一年。

魏——冉闵,内黄(河南内黄县)人。勇猛善战,为石虎部将。闵灭石氏,自称大魏皇帝。石祗在襄国称赵皇帝,号召蛮夷与闵对抗。闵遣使告东晋说,逆胡作乱,现在诛灭了,残余小丑,请派兵来共同讨伐,扫清中原。东晋君臣别有用心,竟不答理。闵独力攻石祗,祗联合鲜卑慕容儁(前燕)。羌姚弋仲(后秦)来击闵军,闵大败,文武官吏兵民死十余万人,华族力量大受损失。闵驱逐诸氐羌胡蛮数百万各还本土,路上互相杀掠,饥疫死亡,得到家的十止二三。闵破襄国,灭石祗。慕容儁来攻,闵率骑兵出击,十战连胜,率轻兵猛进，被鲜卑大军围困，儁杀闵。

闵子冉智，奉表降东晋，请发兵援助，晋坐视不救，魏被慕容儁攻灭（三五二年）。立国凡三年。

石氏残暴苛敛，人饥相食，闵散发仓库，救济穷困，很得民众的爱护。做皇帝后，提拔人才，不限门第贵贱，政治渐次清明。中原人士，称他有开国气象，他请东晋出兵，同讨叛逆，更是深明种族大义。当时羌酋姚弋仲臣服石氏，但不敢反晋，慕容儁名义上也算东晋的藩国，晋魏合作，正名伐叛，胜利很有把握。可是东晋君臣，不肯立在种族观点上协力御侮，却想陈师边境，坐观成败，乘机取利。结果冉闵力竭败灭，中原被慕容儁吞并，自称皇帝。东晋使臣见儁，儁说，“我受中国人民推举，已经做皇帝了，你回去告诉你们的天子吧”。东晋想不费力占便宜，失去驱逐野蛮种族的机会。不顾种族大义，不顾民众痛苦，止为自己计算利益，这是腐朽统治阶级的特性。

（二）前燕、后燕、南燕、北燕

前燕——鲜卑族慕容廆居大棘城（辽宁义县西北），受晋官爵，名义上算是藩国。廆死，子皝立，受东晋封，称燕王，建都龙城（辽宁锦县境）。慕容氏占地偏远，战争较少，冀豫青并四州流人，多来归附，选拔僚属，全是中国士族，所以政治比较好些。无产流民，得领耕牛一头。种官田，依魏晋旧例六四或五五分谷。皝死，子儁立。儁时已有兵二十余万，杀冉闵后，据有中原，自称燕皇帝，建都邺。儁谋攻东晋，令州郡检查户口，每户留一丁，其余悉数当兵，想凑成一百五十万大军。这个计划被臣下反对，没有实现，当时户口却约略可以推见。儁死，子昧立。东晋桓温率兵五万北伐，大败燕兵，进驻枋头（河南浚县西南）。燕将慕容垂智勇善战，屡败晋军，昧又向前秦苻坚求救，温粮道断，败退。垂功高遭忌，逃奔降坚。坚攻灭燕，前燕亡（三七〇年）。立国凡八十五年。

后燕——慕容垂降苻坚，得坚宠任。坚伐晋大败，垂归河北称燕皇帝（三八六年），建都中山（河北定县）。垂死，子宝立，徙都龙城。数传至慕容熙，大兴土木，虐杀臣民。妻苻氏死，熙悲号躃踊（跳跃），如丧考妣（父母），抱着尸体大哭道，死了死了，不能活了。昏晕好久才苏醒。大殓后又开棺交接，令百官哭号，有泪算忠孝，无泪加重罪，熙披发跣足送妻葬，被慕容云杀死。云立三年死。后燕亡（四〇九年）。立国凡二十四年。

南燕——慕容皝子德，据滑台（河南滑县）称帝（四〇〇年）。德死，兄子超继位。晋刘裕北伐，杀超。南燕亡（四一〇年）。立国凡十一年。

北燕——冯跋，信都（河北冀县）人。慕容云杀熙自立，三年死，众推冯跋为主，称燕王（四〇九年）。跋死，弟弘立。魏伐弘，弘奔高句骊死。北燕亡（四三六年）。立国凡二十八年（跋都龙城，所以称北燕）。

（三）前秦、后秦、西秦、夏

前秦——苻洪，临渭（甘肃秦安县东南）氐人。洪有众十万，降附石虎。洪死，子苻健据关中称帝（三五二年），都长安。健死，子生立。生酗酒昏暴，兽性极重。身旁置弓箭刀锯，随手杀人。喜欢剥人面皮,仍令歌舞;或剥牛羊驴马皮,三五十成群,狂奔殿前,断胫刳胎,拉胁锯颈,各种惨刑,死人无数,宗族亲戚,几乎杀尽。族弟苻坚因众怒杀生。

坚杀生自立,用王猛做谋主。猛率兵六万,击败慕容暐兵四十余万,杀十余万人,暐降坚。坚检阅前燕户籍,凡郡一百五十七,县一千五百七十九,户二百四十五万八千九百六十九,口九百九十八万七千九百三十五。当司马炎全盛时代,仅有州十九,郡国一百七十二,县一千二百三十二,户二百四十五万余,口一千六百万余。慕容暐占据数州土地,何来这许多郡县民户?这也许是慕容氏虚立郡县名目,也许是苻坚伪造,夸示自己战功的伟大。郡县户籍,大体依西晋旧数,人口数或比较近真。塞外蛮夷,大量迁入,连苻坚原有人口,可能得八九百万。

坚在位二十七年,黄河流域大体统一,全国兵力九十七万。他想并吞东晋,下令发州郡公私马,人十丁出一兵(当是十人出一兵),名门富家子弟,年二十以下,都给羽林郎官号,悉数从军,共得步兵六十余万,骑兵二十七万,羽林郎三万余骑。苻融、慕容垂等步骑二十七万做先锋。军队首尾长千里。融攻陷寿春(安徽寿县)。晋谢石、谢玄、谢琰(音炎)、桓伊率水陆军八万,相继拒融。秦兵五万屯洛涧(洛涧水在寿县入淮),谢石离洛涧二十五里不敢进。坚遣尚书朱序来诱降,序密告石等说,如果秦兵百万到来,势不可敌,应该速战击破先锋,大军自然溃散。石从序计,遣刘牢之率精兵五千攻洛涧,大破守军,谢石等水陆继进。秦军守淝水,谢玄使人告苻融,请秦兵军略向后移,让晋军渡淝水决战。苻融想半渡袭击,麾军稍退。朱序在阵后大叫兵败了,秦兵败了。秦兵奔逃不可止。谢玄、谢琰、桓伊渡淝猛攻,苻融马倒被杀。玄等乘胜追击，秦兵大败逃走，路上闻风声鹤唳（鸣），以为追兵快到，昼夜不敢停息，伏尸蔽野塞川，十中死去七八。苻坚逃回洛阳。收集溃兵，止剩十几万人。

淝水大战是十六国时代最大一次战争，也是决定南北朝对立局面的一次战争，谢石等功绩固然不小，朱序不忘种族大义，身陷夷狄，心爱祖国，立功补过，垂名青史，也不愧为历史上可敬的人物。

苻坚败归，被姚苌杀死，坚子丕据晋阳（山西太原县）称帝。丕死，族子登据陇东（甘肃平凉县）称帝，登死子崇据湟中（青海西宁县）称帝，被乞伏乾归攻灭，前秦亡（三九四年）。立国凡四十四年。

后秦——姚弋仲，羌烧当族人。弋仲子苌降苻坚。坚淝水败后，苌杀坚，据长安称帝（三八六年）。苌死，子兴立，灭苻登，陷洛阳，灭西秦后凉，国势颇盛。兴死，子泓立，晋刘裕北伐，灭后秦（四一七年）。立国凡三十三年。

西秦——乞伏国仁，陇西鲜卑人。苻坚败，国仁据陇西，自称大单于。国仁死，弟乾归立，自称秦王，居苑川（甘肃靖远县西南）。乾归死，子炽磐立，灭南凉。炽磐死，子暮末立，降魏。西秦亡（四三一年）。立国凡四十七年。

夏——赫连勃勃，匈奴族人。晋灭后秦，勃勃攻走晋兵，入长安称帝。勃勃死，子昌立。魏灭夏，昌弟定奔平凉，败死。夏亡（四三一年）。立国凡二十五年。

（四）前凉、后凉、南凉、北凉、西凉

前凉——晋凉州刺史张轨，乘晋乱据有凉州，居姑臧（甘肃武威县）。孙张骏始称凉王。数传至张天锡，降苻坚。前凉亡（三七

六年）。立国凡七十六年。

后凉——吕光，略阳氐人。苻坚使光伐西域，降服三十余国。坚败，光据姑臧称天王。光死，诸子互相篡杀，最后吕隆降姚兴，后凉亡（四〇三年）。立国凡十九年。

南凉——秃发乌孤，河西鲜卑人。吕光时据金城（甘肃皋兰县西北）称王。传弟至傉檀，被乞伏炽磐袭杀，南凉亡（四一四年）。立国凡十八年。

北凉——沮渠蒙逊，匈奴族人。杀吕光叛将段业，夺姑臧，自称河西王。子茂虔降魏（四三九年）。立国凡三十九年。

西凉——李暠，狄道（甘肃临洮县）人。段业叛北凉，众推暠为敦煌太守，自称凉公。子恂，被沮渠蒙逊攻灭。西凉亡（四二三年）。立国凡二十四年。

（五）蜀

蜀——西晋司马衷时代，关西大饥乱，人民流徙入蜀，益州刺史罗尚虐杀流民，賨人李特被推攻尚，尚杀特。特弟李流代统特众。蜀民保险结坞（堡垒），流军饥困将散。涪陵大地主范长生率千余家依青城山，给流军粮，流势复振。流死，特子李雄继立，称成都王。雄从范长生劝，称皇帝，都成都。长生做丞相，封天地太师，免长生部曲赋役，租税全归长生私有。晋朝官吏贪暴，激起异族变乱，大地主图私利，助异族作乱。无辜人民，遭受殃祸。雄数传至李势，淫杀尤甚。蜀地向来没有獠族，忽从深山里出来十余万落，杀掠为害。足见蜀人口过度减损，任何落后种族，都敢乘虚侵入。

晋桓温伐蜀，势败降。蜀亡(三四七年)。立国凡四十七年。

十六国混战一百余年，黄河流域成异族争夺的中心，淮水流域成南北战斗的交点，华族户口，无限耗损，各种大小异族，像潮水涌入中国。中原和边境，看不见比较安静的地区。统治阶级造祸因，人民食恶果，人民不能阻止造祸因，自然止得食恶果。

简短的结论

西晋统一以后，国家财富骤增，统治阶级尽量享受，政治极端腐化。残酷的剥削，超出人民生产限度，人民死丧流亡，社会动荡解体，这是西晋崩溃的主要原因。

八王混战，使崩溃加速发展。曹魏防止侯王篡夺，但篡夺者却是权臣；司马氏大封同姓，但篡夺者却是同姓。政权既属私有，任何人都存攘窃的贪心，因而任何制度不能巩固政权的私有。

外族迁徙入塞，受中国官吏的压迫，受本族豪酋的压迫，受民族间压迫，痛苦比中国人民所受更大。石勒时代做小酋，家无尺寸土地，匈奴刘氏，也只空存名号。酋长如此，其他可知。阶级斗争民族斗争一起爆发，势必造成十六国大乱。

十六国长期混乱，中国社会受极大的破坏。野蛮落后民族的流入，使华族经济文化不仅停滞而且向后骤退。

外族占据中国，文化上、婚姻上逐渐趋向同化，十六国及后来的北朝，是在这样一个过程中。

东晋不愿与冉闵合作，共同驱逐外族，却想乘机取巧，坐收渔人之利。结果魏败燕兴，东晋自保不暇，再没有恢复中原的机会。

第五章　中国文化南迁时代——南朝

三一七年 — 五八八年

第一节　南朝的经济状况

腐朽混乱的西晋，被匈奴刘聪颠覆了。琅邪王司马睿占有长江流域，继承西晋帝统，在建邺（南京）建立东晋皇朝，历一百四年。刘裕篡晋，建立宋朝，历六十年。萧道成篡宋，建立齐朝，历二十三年。萧衍篡齐，建立梁朝，历五十六年。陈霸先篡梁，建立陈朝，历三十三年。隋灭陈。南朝前后不满三百年。从政治现象看，变动很急剧，从经济方面说，南朝始终是少数大地主占绝对优势的经济。

司马睿依靠王导、王敦、周𫖮（音蚁）、刁协（均中原大族）、顾荣、贺循（江东大族）等人的拥戴，重建晋朝。他第一天登帝位，竟让王导同坐御床，受百官朝拜；他依靠大族尤其王氏一族的扶助，即此可见。这些名门大族，多数是大地主，他们掌握政权，一切政令，止在增进大地主的利益，人民痛苦，非所顾虑。因此中原文化虽然迁移到长江流域，经济的发展，却仍落在黄河流域的后面。

户口——长江流域向来人口稀少，最大的荆、扬二州，当司马炎全盛时代。荆州止三十五万户，扬州三十一万户。晋末流离，中原士民大量南迁,促成人口激增的现象。东晋户口,不见记录。宋刘骏时代有户九十万六千八百七十,口四百六十八万五千五百一,比三国时吴国人口,增加一倍。这说明长江流域的人口,从南朝起开始繁殖。齐梁户口,史书失载。陈顼时有户六十万,隋灭陈,收户五十万,口二百万。陈末户口骤减,原因是领土缩小,又连年战乱,人民定多逃匿,依领土面积与户数作比例,实际人口并不减少。大抵南朝户籍,或称侨寄,或冒勋阀,或并三五十户为一户,记录最不可信。晋庾冰检阅户籍,查出无名万余人,足见隐漏不少,实际户口,一定要比史书记载的多些。

土地——江南地势卑湿,农民向来用火耕水耨的方法从事生产。所谓火耕水耨,就是烧去田里杂草,灌水种稻,草和稻并生,高七八寸,一并割去,再放水灌田,草死稻长。这样简单的耕种法,生产量自然很低微。司马炎时杜预奏称东南水灾,特别严重,原因在于火耕水耨,必需高地蓄水,多筑陂堰,每遇水雨,堤坏泛滥,低田损毁,延及陆田;过去东南地旷人稀,不妨用这个旧法,现在户口日增,村舍相接,田地高低不一,每岁陂堰放水,为害实多,请令地方官吏决去曹魏以来新造诸陂堰,修缮汉朝旧堰及山谷私家小陂,藉免水灾。司马炎听从他的建议。大概西晋以后,耕种法逐渐改变,耕地也逐渐增加。宋到彦之曾务农,何敬宗骂他的孙子到溉身有余臭,用粪做肥料,足见火耕水耨法已经废止不用了。

南朝是少数大地主的政权,所以土地集中在少数大地主手里。晋刁协家有田一万顷。谢混家有田业十余处,混妻晋陵公主有田宅十余处。谢安、谢琰产业在会稽、吴兴、琅邪各地,传到谢混时还有耕奴数百人。宋沈庆之家财累万金,有产业在娄湖,指地告人说,“钱都在这里”。孔灵符产业殷富,有墅(庄园)在永兴(浙江萧山县），周围三十三里，水陆地二百六十五顷，又有果园九处。当时大族，都拥有广大土地，这些止是偶见的例证。

他们土地的获得，有所谓赐田，如王导有赐田八十余顷在钟山（南京城东北）西。有所谓求田，如谢灵运求会稽回踵湖，始宁（浙江上虞县）休蝗湖，决水为田。有所谓悬券，如梁萧衍弟萧宏，有库屋百间，储钱三万万以上，其他布绢丝绵等杂物，不可计数。田宅市屋，遍布京城内外，他的殖产法是借钱给人，文契上预先指定田地房产作抵押，到期不还，驱逐业主，收归己有。更强暴的方法是霸占山泽。如刁协家专擅京口（江苏镇江县）山泽，蠹害贫民。齐萧子良在宣城（安徽宣城县）、临城（安徽青阳县）、定陵（青阳县东北）三县封闭山泽数百里，禁民樵采。山林湖泽被势家占有，百姓误入捕鱼，罚布十匹，汲取饮水，刈割柴草，都有罚禁。甚至某些统治阶级也感觉到剥削太甚，民不聊生了。

土地集中必然造成农民的失业。宋刘骏时，山阴县（浙江绍兴县）人多（山阴有户三万）田少，孔灵符请迁徙贫民到余姚（浙江余姚县）、鄮（浙江鄞县东）、鄞三县开垦湖田。当时朝臣全数反对灵符的建议，说山阴豪族富家，田并不少，贫民佣耕，可以谋生。刘骏不听众议，移民垦田，都成良业。众朝臣代表山阴县地主的利益，孔灵符代表最高地主（朝廷）的利益，农民能得些什么呢？梁朝余姚大姓虞氏共千余家，把持县政，县南豪族数百家，子弟横暴，侵夺民产，贫民辛苦垦荒，所谓良业，还是便宜了大姓和豪族。

佃客——东晋定制官品第一第二，佃客不得过四十户，每品减五户，第九品五户。农产物客主酌量分配。都下民户多投王公贵人当佃客，朝廷制度，并不实行。普通士族，都享免役特权，平民却负担苛暴的徭役。晋范宁说，古代役民，一年不过三次，今世役民，几乎一年不得三天休息。齐朝与北魏接境的扬徐二州,人丁服军役三中取二。远郡每人出米五十斛免行,仍须充杂役。照梁郭祖深说,人民充军役身死,主将妄加叛亡恶名,全家同村,悉遭破毁。人民被迫或自斩手足,避免重役,或投靠士族做附隶,称为“属名”。萧衍曾停止各地女丁服役,足见南朝男女丁同样服役。一家男女,无法谋生,不得不求主人荫庇,当佃客属名,得免国家残酷的课役。农民既苦重役,又不能获得耕地,投靠地主做农奴,算是唯一的生路。

门生——南朝士族多畜门生,好像后世的门客。晋陶潜有脚病,使一门生与二儿舁篮舆。宋徐湛之有门生千余人,都是三吴富家子弟,衣服鲜丽,跟从湛之出入。谢灵运有门生数百人,齐刘瓛(音桓)每出游,一门生持胡床随行。梁顾协性廉洁,有门生新来投靠,不敢送厚礼,止献钱二千文,协怒,赐杖二十。姚察有门生送南布(木棉布)一端,花练一匹,察厉声驱出。南朝最重门第,凡不入士流的微族,即使豪富,不敢僭拟士族,也不敢希望获取高的官位,可是出钱买做门生以后,得服事贵人,自觉身价提高。贵人出仕,更得随从到任,分润赃物。宋刘秀之做益州刺史,益州前后刺史,莫不大事聚敛,多至万金,随从宾僚,都是京城穷子,出去做郡县官,尽量贪污致富。秀之整顿政治,人民悦服。益州如此,别州不会例外,门生地位比宾僚低,情谊却很亲近,他们依仗权势,同样剥削人民。

奴婢——南朝士族又多畜奴婢。如晋陶侃有家僮千数,刁协家有奴婢数千人。宋谢混有奴僮千数百人,沈庆之有奴僮千人。其他大族畜奴数量,当不相上下。晋初刁协建议取奴当兵,取将吏所属私客当转运，庾翼发所统六州奴从军，二人大遭众人的怨恨。晋以后少见发奴当兵的记载，大概朝廷怕士族反抗，不敢再侵夺他们的利益。普通士族家庭，都养奴婢当作重要的财产。奴婢主要用在耕田织布，有时派奴到远方，不敢逃走。如齐时刘寅使奴当伯上广州，七八年才回来。当时六斗米约抵钱五千文，奴婢一人抵米六斗或值钱五千文至七千文。奴婢身体惊人的不值钱！

租税——东晋初年承用西晋户调法，司马衍改为按田亩实数收租制，平均每亩取十分之一，税米三升，称为“度田收租制”。这是对地主不利的制度，地主拒交税米，积欠至五十余万斛。司马丕减田租，亩收二升。司马曜废除度田收租制，改定王公以下，丁男（十六岁算全丁，十三岁算半丁）每口税三斛。这一改变，对非地主的人民是极大的不利，为和缓反对，免除服徭役人的口税。过了六年，增税米每口五石，服徭役免口税的制度，不久也就无形取消了。贫民与王公地主平等纳税，亩税改为口税，三斛改为五石。宋齐梁陈，有增无减。不公平的税制，使人民代统治阶级负担国家几乎全部的费用。口税以外，又课丁男布绢各二丈，丝三两，绵八两，禄绢八尺，禄绵三两（禄绢、禄绵是为官僚加的税）。

害民尤甚的还有苛税多种。有所谓赀税（财产税）。晋刘超做句容县官，以前县官亲到四乡估评百姓家产，超但作大函送各村，教人民自写家产数目投函中，写讫送还县官。百姓依实投报，课税收入，超过常年。宋时赀税，民家桑长一尺，田增一亩，屋上加瓦，都得抽税。因此人民不敢种树垦地，屋破不敢涂泥。齐萧子良说当时官吏苛敛，民间桑树房屋都评价抽税，往往斩树发瓦，折钱充数。梁郭祖深说，“官吏迫胁良善，害甚豺狼”。齐时征塘丁税，萧子良上表称浙东五郡，塘丁税每人一千文，贫民典卖妻子，不能足数，仍多积欠。海塘崩溃，害人更甚。晋宋旧制，新官就职二十天，应送朝廷修城钱二千文。刘彧时军役大兴，任用新官万余人，多不送修城钱，积二十年，旧欠不可胜数，人民大受侵扰。萧道成篡位，免除旧欠，百姓喜悦。这些苛杂税制，迫使人民加速失业破产，沦落到佃客、门生、奴婢的地位。

货币——从西汉到西晋，都用五铢钱。孙权在江东铸大钱，一当五百，又铸当千钱。东晋别铸小钱，与孙氏旧钱并用。宋铸钱极劣，一千钱长不满三寸，称为鹅眼钱。比鹅眼更劣的钱，称为綖环钱，入水不沉，随手破碎，商贾不敢行用。后来禁用鹅眼綖环等劣钱，专用古钱（五铢）。古钱多被民间剪凿破损，公家收税，必须圆大，人民纳两钱代一钱，或加七百买好钱一千，负担严重，因此犯罪受刑，冤苦无告。梁铸钱多种，轻重不一，币制纷乱，后废铜钱改铸铁钱，纷乱更甚。陈废铁钱，改铸五铢钱，一钱当鹅眼十钱。又铸六铢钱，一当五铢十，行用不便，人民愁怨。统治阶级利用铸钱作残酷的剥削，所以铜质恶劣，制度屡变。

工业——南朝历代置冶官，管理制铁工业。建邺有左右二冶，尚方（皇室工业）有东西二冶。工人多是囚徒。其他金、银、铜、锡、盐都归国有，不封给诸王。铁的产量最多。梁铸铁钱，堆积如邱山，市上交易，用车载钱，又用冶官铁器数千万斤塞浮山堰决口，足见铁产量的丰富。炼钢术公家有横法钢，是百炼精铁，私家有上虞谢平，称中国绝手。冶官铸造农器、兵器，扬州是鼓铸的重要地，剡县（浙江嵊县）三白山专制兵器。这种制铁工场大概规模不小。至于日用小器物，都是家庭手工业生产。梁傅琰做山阴县官，有卖针卖糖两老妇争团丝，琰鞭团丝见有铁屑，断归卖针老妇。丝团内混入做针刮下的铁屑，针工旁置丝团，足见设置规模的狭小。即此作例，可推其余。

南朝士族轻视技术，极少注意工业的改善。仅齐祖冲之世传工业，善算学，曾造指南车，内设铜机，随意圆转，不失方向。又本诸葛亮木牛流马遗意，造一机器，不借风力、水力、人力，自能运动。又造水碓磨和千里船。千里船一天行百余里。这些记载，或有夸大处，不过圆周率确是冲之的大发现，可以说是中国古代优秀的科学家。

商业——南北两朝边疆警戒严密，商贾不得自由往来，所以商业止限南朝境内和海外贸易，建邺是政治中心，也是商业集中地。司马德宗元兴三年一次风灾，官商船只毁坏万计，足见建邺的繁盛。沿秦淮河两岸，有不少市镇，北岸有大市，其余小市十余处。建邺以外，成都、寿春、京口、江陵都是大都会。广州是对外贸易的大都会。

统治阶级贱视商人，自己却利用政治特权，经营商业。例如宋孔觊（音冀）弟道成来建邺，带货船十余艘，满载绵绢纸席等物，觊正色责道成说，“你出身士族，为什么作商客”！把货物一起烧毁。顾觊之子绰放高利贷，邺里士庶负债累累，觊之诱出文券一大橱，悉数烧毁，通知债户免还。绰懊恼多日。《宋史》说宋代清俭止有孔觊、顾觊之两人，足见其余士族都兼营货殖。

统治阶级自己经商，用繁苛的捐税压迫商人，保证商业竞争上的胜利。从东晋到梁陈有所谓估税，凡卖买奴婢马牛田宅，有文券的大买卖每一万钱税抽四百，卖方出三百，买方出一百，称为输估。不立文券的小交易，随物价百分抽四，称为散估。估税表面的理由是“人竞商贩，不为田业，故使均输（纳捐），欲为惩励”。实际意义是“以抑商劝农为藉口，目的止在剥削”。估税以外，还有道路杂税，如建邺西有石头津，东有方山津，各设津主一人，贼曹(检查官)一人，直水(水上检查)五人，检查违禁品、来历不明人以及柴炭鱼苇等物。大小津并十分税一。大小市各设官司，税敛苛重，商民怨苦。

佛寺——南朝重佛教，萧衍时代更发展到最高度。梁时京城有佛寺五百余所，各拥大财产，僧尼十余万人，食肉饮酒，穷奢极侈。外州郡佛寺，不可胜数。男僧得收白徒，女尼得收养女，白徒养女不入户籍，免除一切课役。郭祖深说天下户口，几乎失去一半。祖深主张革除白徒养女，准僧尼畜奴婢，僧尼止许蔬食，婢女止许著青布衣。萧衍正想利用佛教，巩固政权，当然不听祖深的建议。

佛寺财产丰富，兼营高利贷，齐江陵长沙寺僧铸黄金为金龙，重数千两埋土中。甄彬曾持一束苎向长沙寺库房质钱，后赎还苎，苎中有黄金五两，问寺库知是有人持黄金质钱，管库僧误置苎中。小自一束苎，大至黄金贵物，都可质钱，想见剥削范围的广泛。后世典当业，从南朝佛寺开始。

第二节　士族制度

东汉士人求官，必需先在乡里间造成名誉，才能被长官辟召，或选作孝廉方正，取得禄位，东汉末年有人专业批评人物，如汝南许劭，考核人才高下，每月初发一次榜，叫做“月旦评”。经他评定的人，就在社会上有地位。曹操少年时没有声望，求许劭评品，劭说:“你是治世的能臣,乱世的奸雄。”从此曹操得名做官了。大抵大族世家的子弟容易得名,也就容易做官。公孙瓒做幽州刺史,专引用贫贱人。他说:“世家子弟自以为该当富贵,不会感谢我的恩德。”可见汉魏间仕途已被世家大族把持,连求名也不需重视了。

魏吴质家世单微,因与曹丕亲近,得封侯拜将,官位高显。但本郡(质济阴郡人)乡评还是看不起他。质虽然愤恨辱骂,仍不得列入士族。三国初期,士族与寒门形成严格的区别,排斥寒门,不让它分润政治上的权利。

曹丕依据这种习惯,创立“九品中正”的制度,州郡县各置中正官,考查所管人才高下,分成九等。列在下品的,永远不得仕进。西晋刘毅指出九品中正的弊病,是“爱恶随心,荣辱在手,上品无寒门,下品无世族”。地主官僚联合压迫贫寒人,九品中正是压迫的工具。

自从九品中正法确定以后,士族依法律保证统治地位的巩固,生活极端腐化,造成西晋末年的大乱,中原士族十之六七避难到长江流域,拥护司马睿重建政权。士族中王氏一族最强盛,王导做丞相,管政治,王敦做大将军,专兵权,子弟满布要职,当时有“王与马(司马氏),共天下”的传言,又有谢氏一族与王氏并称,南朝士族,王谢居首。其余众族各依门第高低,分配权利,不敢僭越。北方士族过江较晚,便被指为伧荒(南人呼北人为老伧或伧夫),即使人才可用,也止得浮沈微职,难升上流。

士族享受的权利,有下列几种:

入仕——南朝定制,甲族(世家)子弟二十岁登朝,后门(卑族)年过三十岁才得试作小吏。甲族开始就做秘书郎、著作郎、散骑侍郎等官,升迁极容易。寒贱人极少取得高级官职的机会,想转成甲族更是不可能。晋吴逵有德行,郡守王韶之擢逵补功曹,逵自知门寒,固辞不就。梁时交趾(安南)人并韶擅长文学,请求做官,吏部尚书蔡撙说并不是贵姓,止给管城门的贱职,韶回乡里谋作乱。寒贱人不退让就得受辱,退让还可保持"有德行"的虚名。

婚姻——门第相等,才通婚姻,否则视为极大罪恶。梁王源嫁女给富家满氏,沈约上表弹劾,说王源污辱士流,莫此为甚。甚至说满氏"非我族类",强烈的等级偏见,竟否认同种人为自己的"族类"。西晋末周浚作安东将军,偶过汝南富家李氏。李氏女络秀烹菜精美,浚求络秀作妾,络秀父兄不许。络秀说:"我们门户低微,如果得连姻贵族,将来也许有大好处,何必怜惜一个女儿。"后来络秀生周颢、周嵩兄弟二人。络秀对儿子说:"我为李家门户打算,屈身做周家的妾,你们如果不把李家当亲戚看待,我也不要老命。"李家因此得参与上流。东晋末杨佺期自矜门第极高,江左莫比,一般士族,却因杨氏过江较晚,又与伧荒通婚,共同排抑,不认杨氏为甲族。梁时侯景攻破台城(南京玄武湖旁),迫胁萧衍允许他求婚王谢。萧衍道:"王谢门高,可向朱张以下去求。"门第界限,严格如此。

身份——士族与非士族间有不可侵犯的区别,皇帝也不能改变它。萧赜时,中书舍人纪僧真得宠,僧真自觉有士族风度,请求萧赜说:臣出身武吏,荣任高官,请陛下允许臣列入士族。萧赜说:这要江𢿥(音效)认可,我不能作主,你可往见江𢿥。僧真奉旨往见,竟登客位坐下。𢿥命左右,移开我的坐床,不要近他。僧真丧气退走。告萧赜道,士大夫真不是天子权力所及。何敬宗与到溉不和,骂溉身有余臭,也冒充贵人;因为溉祖彦之曾务农担粪。萧道成(齐高帝)临终遗诏说:"我本布衣素族,想不到做皇帝。"宋、齐、梁、陈四朝皇帝，出身都不是高门甲族。赞助他们成功的多数是寒贱人，后来虽然做将相大臣，并不能提高自己的身份。

家谱——士族得免徭役，得依门第高下取得禄位，得依政治特权侵夺庶民，因此中原士族流寓江东，子孙相继二三百年，依然保持北方旧籍贯，不肯自称江东土著。士族有名籍，藏在官府，庶民纳贿赂一万余钱，得冒入士籍。士族要防止假冒，特别重视家谱，家谱成为专门的学问。

士族掌握着统治权，朝代改换，士族地位不变，所以南朝士人重家不重国，重孝（伪装的孝）不重忠，种族耻辱更不在意想中。他们的生活是：

傲慢——例如晋谢万自矜高门，贱视一切。率军屯下蔡，将士困苦，万从不留意。兄谢安劝万说："你做元帅，应该时常接近部下，那有傲慢如此，能成事功。"万听安劝，召集诸将大会。手执铁如意指四坐道，你们都是老兵。诸将愈益怨恨，遇燕慕容儁兵，不战溃退，万狼狈逃归。

苟安——燕慕容皝派刘翔来见晋帝司马衍。翔恨江南士大夫骄奢放纵，丝毫不想恢复中原，报西晋灭亡的耻辱。某次朝廷贵臣大会，翔慷慨说道，中国丧亡，已经三四十年，人民被胡虏蹂躏，盼望晋兵去救，想不到诸君苟安江南，荒乱无聊，奢侈算是光荣，骄傲算是贤能，不说实在的话，不练有用的兵，诸君有何面目对主上和人民呢？朝臣们颇有愧色，苟安依然如故。

优闲——士族与庶民分别极严，庶民服劳役，士族坐享安乐。颜之推说南朝末年的情形道："江南士族至今已传八九代，生活全靠俸禄，从没有自己耕田的，田地交奴隶佃客耕种，自己连起一拨土，耘一株苗也没见过。人世事务，完全不懂。所以做官不办事，管家也不成。都是优闲的缘故。”士族唯一的技能，就是有些人会做五言诗。有些人诗也不会做，公宴赋诗，请人代做。

腐败——颜之推说梁朝士大夫，通行宽衣大带大冠高底鞋，香料薰衣，剃面搽粉涂胭脂，出门坐车轿，走路要人扶持。官员骑马被人上表弹劾。建康（南京）县官王复未曾骑过马，见马叫跳，惊骇失色，告人道，这明明是老虎，怎么说它是马。后来侯景叛乱，贵族们肉柔骨脆，体瘦气弱，不堪步行，不耐寒暑，死亡无数。还有些贵族，因为百姓逃散，不能得食，饿成鸟面鹄形，穿着罗绮，怀抱金玉，伏在床边等死。南北朝最大文学家庾信，先与梁宗室萧韶有断袖欢（同性爱），不久韶封长沙王兼郢州刺史，庾信还想继续旧欢。韶对他冷淡，庾信大怒，跳上酒席践踏杯盘，指韶面道，你今天形容大异往日。当时客宾满座，韶很惭愧。士族生活丑恶到不可想像的程度。

九品中正制不仅在南朝行施，北朝士族虽在异族压迫的下面，也还享受一部分的政治上特权，直到隋唐，士族制度才逐渐破坏。

第三节　南朝五朝的兴亡

（一）东晋朝

（三一七年 — 四一九年）

空拥名号的皇帝——司马睿依靠士族的拥护，建立东晋朝，军政大权，全归最大的士族王氏。睿立六年就被王敦逼迫，忧愤病死。子绍继立，在位三年死，寿二十七。子衍继立，在位十七年死，寿二十二。弟岳继立，在位二年死，寿二十二。子聃继立，在位十七年死，寿十九。衍子丕继立，在位四年死，寿二十五。弟奕继立，在位六年。桓温谋篡位，废奕，改立睿幼子昱，昱在位二年死。子曜继立。曜十一岁登位，稍长沈溺酒色，昏醉不醒，政权悉交弟会稽王道子。道子昏乱贪污，政权转交儿子元显。元显年十余，昏暴更甚。曜在位二十四年，被爱妾谋死。子德宗继立。德宗是个白痴，不会说话，也不知寒暑饥饱，生活全赖弟德文调护。桓玄篡位，废德宗。玄败死，刘裕谋篡位，杀德宗，立德文，在位二年，裕杀德文，晋亡。

大族的拥护——东晋皇帝前半期多是短命，后半期多是昏痴，如果不得大族支持，根本不能存在。司马睿刚登位，王敦攻破京城，把他逼死。幸得王导拥护，敦不得夺位。司马衍时，帝舅庾亮代王导执政，祖约、苏峻举兵反叛，攻破京城，幸得陶侃、温峤援救，苏峻败死。荆州是东晋西境的重镇，司马聃时，桓温代庾翼镇荆州，桓氏族骤兴，实力超过王氏族。温有雄才，常说“男子不能流芳百世，亦当遗臭万年”。他想对外建立武功，然后篡夺帝位，朝廷怕他成功，重用殷浩，处处给他牵制。后来殷浩北伐失败，温独擅军政大权，灭蜀，攻关中，收复洛阳，最后攻燕，在枋头战败，死亡三万人，威名大减。谢安、王坦之两大族协力支持晋朝，温愤恨发病死。司马曜时，秦苻坚起大军百万攻晋，前锋到淝水，谢安遣谢石、谢玄、谢琰率兵八万拒敌，大破秦兵。淝水一战，谢氏族挽救了东晋的危亡。谢安以后，政权归道子、元显，各大族一致对司马氏离叛，东晋不得不在战乱中趋于消灭。

东晋的政治——王导是创造东晋的元勋，他首先团结北方流寓的士族，使各依门第高下，享受政治上特权。“举贤不出世族，用法不及权贵”，是东晋以及南朝传统的政策。南方士族地位比较低，止能享受免役、荫客等经济特权，政治上绝少发展的机会。北方士族间、南北士族间、士族与人民间，充满着不可调和的矛盾，王导的对策是“镇之以静，群情自安”。这就是无法调和的矛盾，索性放任不理，求得暂时均衡的政策。贵族庾翼批评王导说，“江东政治，纵容豪强，蠹民祸国，法律专为抑制寒贱而设。往年豪强偷石头城（南京西）仓米一百万斛，却杀仓官塞责。山遐做余姚县长，查出豪强藏匿的穷民二千户，却被众人驱逐，不得安位任职”。庾翼认为这是王导昏谬的政治，把东晋败坏了。其实王导牺牲人民，收买士族，正是被称为贤相的主要原因。后来谢安执政，也是略举纲领，不察细目，每遇危难，“镇之以和静”，不让矛盾爆发起来。所以王导谢安，并称贤相。司马道子专权，破坏各大族间势力的均衡，更促进东晋很快的灭亡了。

东晋的灭亡——东晋政权，建立在多种矛盾的暂时均衡上。它的灭亡，就在于均衡的破坏。桓温篡晋不成，桓氏族仍盘据荆州，司马道子专权，王恭、殷仲堪开始叛变，桓玄（温子）、庾楷、杨佺期继起，推王恭作盟主，合力进攻京城，晋朝危急，势将颠覆。道子利用叛军间矛盾，贿买恭部将刘牢之杀恭，仲堪、佺期、桓玄等猜疑互争，相率退兵，各据州郡独立。朝廷政令，止能在东方诸郡（会稽、临海、永嘉、东阳、新安、吴、吴兴、义兴八郡）行施，统治阶级本身分裂，因而发生大规模的农民起义。

中级士族孙泰，世奉五斗米道，王恭乱起，泰借讨恭名义，聚徒属数千，阴谋作乱，司马道子杀泰，泰兄子恩逃入海岛，招集亡命百余人，等待机会报仇。元显贪虐，为防御荆州的进攻，发东方诸郡“免奴为客”人集合京城充当兵役，号称“乐属”。地主（乐属的主人）和佃客（乐属），当然都怨恨，孙恩乘民心骚动，从海岛率徒属攻杀上虞（浙江上虞县）县长，转攻会稽，杀郡守王凝之。会稽谢鍼、吴郡（江苏吴县）陆瓌、吴兴（浙江吴兴县）丘尫、义兴（江苏宜兴县）许允之、临海（浙江临海县）周胄、永嘉（浙江永嘉县）张永等及东阳（浙江金华县）、新安（浙江淳安县）凡八郡人，同时起义，杀戮官吏贵族，响应孙恩。不到十天，聚众数十万。恩据会稽称徒属为长生人，捕获官吏，斩成肉糜，劫掠富人财物，烧毁城郭仓库，妇女抱婴儿不能逃走，被恩部众投入水中，祝告道，“贺你先登仙堂，我们随后奉陪”。穷苦农民久受统治阶级的压迫，一朝起义，止有与汝同死的决心，却没有革命理论的指导。野心家乘机利用，夺取起义的成果，农民一无所得，依然受地主政权的剥削。

东晋失去东方八郡，连京城附近几县，也是民心浮动，危机潜伏，道子命谢琰、刘牢之攻孙恩，相持多年，互有胜败。牢之部将刘裕击败恩，前后杀伤恩众二十余万人，裕因此造成篡晋的基业。

占据荆州的桓玄，攻灭殷仲堪、杨佺期，统一南京的上游，乘朝廷专力对付孙恩，大举入寇，攻破京城，流窜道子，杀元显及晋宗室，废司马德宗，晋朝臣全部归降，玄自立为楚皇帝。

晋大将刘牢之先降桓玄，被玄逼死。刘裕起兵攻杀桓玄，尽灭桓氏族，复司马德宗帝位，政权全归刘裕。后十五年，刘裕篡晋，东晋亡。

东晋十一帝，首尾一百零四年。

（二）宋朝

（四二〇年 — 四七八年）

刘裕的事业——刘裕是破落的低级士族，也是被乡里贱视的无赖穷子。侨居京口,家贫不能读书,曾做农夫、樵夫、渔夫及卖履小贩。酷爱赌博,曾因欠大族刁逵赌债三万钱,被逵缚马桩上索债。裕富贵后,灭刁氏族,令贫民分刁氏财物,整天取不尽。孙恩乱起,裕在刘牢之军中当小军职,勇健有胆气,屡立战功。当时诸将专掠民财,比孙恩尤残暴,裕独申明纪律,不甚扰民。桓玄篡晋,裕在京口聚众百余人,攻入京城,桓玄逃归荆州,裕杀玄,恢复晋朝。

刘裕胜利的原因,不仅军事上无人敢敌,主要还是依靠政治上的某些改革。晋政宽弛,纲纪不立,豪强横暴,小民穷蹙,桓玄篡晋,也想改革旧弊,可是空立规章,民间受苦更甚。刘裕出身低级士族,了解社会实际情状,他的施政纲领是禁止官吏过度作恶,减轻人民过重负担,用人依门第高低,不让侥幸争竞。这样,士族制度的政权,又重新稳定起来。

刘裕知道篡夺地位,必需对外用兵,养成无比的威望,才能镇压大族,不敢反抗。所以国内矛盾略见松缓以后,即时动兵北伐,先灭南燕,继灭后秦,俘获燕帝慕容超、秦帝姚泓,送京城斩首示威,他的功业,远过桓温,东晋百年政权,自然非转让刘裕不可。

宋朝的衰亡——东晋皇帝大抵庸弱无能,不会做好,也不会作恶。士族执政,止限王、谢、庾、桓几族,他们多少顾虑些清议,私人行为还不敢过分放纵。宋以后,统治阶级一切丑秽残暴的恶性,尽量发挥出来,这些恶性,引起无数的屠杀和极重的剥削,人民痛苦,不言而喻了。

刘裕篡晋后三年病死。子义符继立,在位二年,因昏狂被杀。裕第三子义隆继立,在位三十年,太子劭杀义隆自立。义隆第三子骏举兵杀劭。骏立十一年死,子子业继立,在位一年被杀,年十七。义隆第十一子彧继立,在位八年死,子昱继立,在位五年。萧道成杀昱，立彧第三子准。道成又杀准篡宋，宋亡。

皇帝是统治阶级最高的代表人，他们的行为，也就是整个统治阶级行为的代表，依史书所记，简略举出几条如下：

秽行——刘骏与叔父义宣的女儿淫乱，义宣怒，骏杀义宣，密取义宣女入宫，改姓殷氏。子业取义隆女新蔡公主（姑）作妾，改姓谢氏。子业姊山阴公主淫秽无比，对子业说，你有后宫数百，我止驸马一人，事不公平，竟至于此。子业给她三十个男妾，称为面首。彧宫内宴会，命妇女裸体作乐，彧与姑姊妹共看欢笑。王皇后用扇掩面不看，彧大怒。

暴行——子业做太子时，常被骏斥责。骏死，子业做皇帝，要发掘骏墓报仇。太史说掘墓对子业不吉，才免发掘。取粪便浇墓上，大骂酒糟鼻子奴（骏嗜酒鼻红）。子业猜忌残忍，大杀朝臣，又想杀叔父休仁、休祐、彧等，殴打凌辱，无所不至。彧最肥称为猪王，休仁称杀王，休祐称贼王，休秀目似驴，称驴王。掘地成泥水坑，裸彧伏坑内，坑前置木槽盛饭，搅和杂物，令彧学猪就槽食，用为欢笑。昱性好杀，率侍从各执刀矛，在街上搜寻男女老幼，犬马牛驴，遇见便杀，人民白昼不敢开门。随身带着钳凿刀锯，作击脑槌阴（生殖器）剖心破腹的工具。每天杀几十人，经常有卧尸鲜血在眼前，才觉快意，否则惨惨不乐，如有所失。彧性猜忌忍虐，信鬼神，多忌讳，言语文书，必需避忌祸败凶丧等字以及类似不吉的辞句，如騧字像祸，改騧为䯄，诸如此类，臣下误犯必加罪戮。

贪侈——义隆患痨病，朝政委弟义康代理，义康私奴多至六千余人。义隆忌义康权重，杀义康，委任弟义恭，义恭每年用费多至三千万钱。骏贪财物，州郡官还朝，必令贡献，或强使赌博输钱，尽其所有才满意，大修宫室，土木被锦绣。彧奢侈过度，每造器具，必备正副次三等各三十件。造湘宫寺，穷极壮丽，自称功德极大。老臣虞愿道："这都是百姓卖儿贴妇钱造的，如果佛有知识，应该慈悲叹愍，罪比浮屠（塔）还高，有什么功德可言。"彧大怒。义隆见刘裕传下来的耕犁，知道父亲出身寒贱，觉得很可耻。骏见刘裕日常用的葛灯笼、麻绳拂，羞得说不出话，勉强对臣属说，乡下老头有这些总算不差了。

屠杀亲属——刘裕七子，义符、义真被徐羡之所杀，义隆被长子劭所杀，义康被义隆所杀，义恭被子业所杀，义宣被骏所杀，仅义季饮酒醉死，留有后代，其余连子孙都被杀尽。义隆十九子，劭濬二人因杀父被诛，骏杀四人，彧杀四人，萧道成杀一人，夭死三人，逃祸降魏一人，善终二人。仅降魏一人留有子孙。骏二十八子，夭死十人，子业杀二人，彧杀十六人，子孙无一得存。彧肥胖阳痿，取他人子作子，凡九人，都被萧道成杀死。刘裕七子四十余孙六七十曾孙，大部分自相残杀，同归于尽。

宋八帝，首尾凡六十年。

（三）齐朝

（四七九年 — 五〇一年）

萧道成出身中级士族，侨居南兰陵（江苏武进县），刘彧时立军功，得参预朝政。彧死，子昱立，道成权位益盛。桂阳王刘休范举兵来伐，被道成战败，道成杀昱立准，又杀准篡宋，建立齐朝。道成免百姓积欠的赋税，赐穷困人每人谷五斛。他在位四年，常说："我治天下十年，当使黄金与泥土同价。”大概他对人民剥削比宋朝宽些，因此巩固了政权。

道成死，子赜继立。赜性奢侈，妃妾万余人，宫内不能容，还以为太少。道成杀刘氏子孙不留一人，临终嘱咐赜说：“刘氏如果不是骨肉相残，他族那得乘乱夺位。”赜在位十二年，尊遗嘱不杀兄弟。

赜死，孙昭业立。昭业幼年令女巫杨氏祝祷父长懋（文惠太子）速死。长懋死，又令杨氏祝祷祖父赜速死。私养无赖二十余人，共衣食卧起，妃何氏与无赖交欢，昭业不禁。常恨用钱不得快意，对叔祖母庾氏说：“阿婆！佛法说有福生帝王家，今反是受大罪，不及街上屠沽富儿百倍。”即位后，首先送母王太后男妾三十人。自己纵情游嬉，随意赏赐，每见钱骂道：“我从前想你一个不得，今天你敢不让我用么?”赜聚钱八万万，金银布帛不可数计，不满一年，被昭业耗尽，昭业立一年，被族祖鸾杀死。

鸾杀昭业立昭文，又杀昭文自立。鸾在位五年，专事屠杀。道成子十九人，赜子二十三人，除道成次子嶷早死，其余都被鸾灭绝。鸾死，子宝卷继立。

宝卷年十六。每月出宫游二十余次，路上见人，随手格杀。有一孕妇不能避走，即时剖腹看胎儿是男是女。宫殿三千余间，被火烧毁，宝卷大兴土木，装饰金玉富丽无比。铸金莲花，使宠妾潘妃行莲花上，称为步步生莲花。潘妃服饰穷极奢侈，琥珀钏一只值一百七十万钱。君臣横征暴敛，百姓困穷，号哭满路。宫殿壁上，多画男女秽亵图，又与诸姊妹淫通。有人托言曾见鸾在阴间发怒，宝卷大怒，缚草像鸾形状，斩首悬门上示众。宝卷立三年，被同族萧衍杀死。衍立宝融（和帝），一年后杀宝融自立。齐亡。

齐六帝，首尾共二十三年。

（四）梁朝

（五〇二年 — 五五六年）

萧衍篡齐，建立梁朝。他广泛收买士族，下诏凡诸郡国不得仕进的旧族，派官搜索，使每郡有一人。置州望、郡宗、乡豪各一人，专掌搜索旧族（当时名义上有州二十三，郡三百五十，县一千二十二）。东晋以来，淹没不显的卑微士族，都得仕进的机会。他优容士族和官吏，犯罪横行，全不受法律的制裁。百姓有罪，刑罚苛刻，绝不宽宥。官吏弄权枉法，贿赂成市，二岁刑以上，每年至少五千人。曾有老人拦衍车说道：陛下待百姓过严，待官吏过宽，这样治国，怕不能久长。衍又大兴佛法，屡设救苦斋、无遮会，说替百姓求福。到同泰寺舍身作奴，教群臣出钱一万万赎皇帝出寺，前后三次。皇帝出家，穷人却加重了三万万的负担。同泰寺塔焚毁，衍说这是我的道高，所以魔鬼作怪，应该造更高的塔。大兴土木，塔高十二层，将成，侯景乱起，塔工才停止。衍遵佛法大行慈悲，每断重狱，一天不快乐，表示自己好生恶杀。贵族杀人劫财，一切不问，至于人民受苦，并不在意。屡次动兵伐魏，争夺沿淮土地，战争中人民死伤无数。曾听魏降人王足计，壅淮水灌寿阳，发徐扬二州民二十户取五丁，役人及战士合二十万，筑浮山堰（在安徽凤阳县）。役人担负木石，肩肉腐坏，疫病流行，尸骸满路，蝇虫声昼夜薨薨。正当衍大做功德的时候，京城人讹传有妖怪专取人肝肺喂天狗，百姓大惧，二十天才平静。后来讹言又起，公然指明皇帝取人肝肺喂天狗，民间惊骇，黄昏便闭门，持杖自卫，几个月才平静。

衍晚年浪费愈大。贪心更盛，受东魏叛将侯景降，想夺东魏的土地，屡次出兵战争。景乘梁人民穷困怨恨，叛衍攻京城，景宣布衍等罪状说：“皇帝有大苑囿，王公大臣有大第宅，僧尼有大寺塔，普通官吏有美妾满百，奴仆数千，他们不耕不织，锦衣玉食，不夺百姓，从何处得来。”各州郡发来救兵三十余万，互相掠夺，人心离散，毫无斗志。景攻破京城，救兵相率退去，衍饿死。

衍在位四十八年，死后侯景立衍子纲。三年，景杀纲自立。衍子绎据江陵称帝。绎猜忌残酷，杀兄弟宗族多人，西魏攻杀绎。陈霸先立绎子方智，在位三年，霸先杀方智自立。梁亡。

梁四帝，首尾共五十六年。

（五）陈朝

（五五七年 — 五八八年）

陈霸先吴兴人，家世寒贱，不列在士族。早年当里司、油库吏、传令吏等微职，后来得小军职，因镇压广州农民起义，官位渐显。侯景灭梁，霸先与王僧辩击杀侯景。霸先袭杀僧辩，又杀萧方智，自立为帝，建立陈朝。

霸先在位三年死，兄子蒨继立。蒨立七年死，子伯宗继立。在位三年，蒨弟顼废伯宗自立。顼在位十五年死，子叔宝继立。

叔宝骄淫，饮酒少有醒时，随从美女千余人。使张贵妃、孔贵人等八人夹坐左右，文士江总、孔范等十人参与宴会，号称狎客。先令八美人制五言诗，十狎客同时和诗，迟成罚饮酒。君臣酣醉，从夜达旦，盛修宫室，永不休止。税江税市，百端敛钱。刑罚暴虐，牢狱常满。杨坚统一北方，发大兵伐陈。叔宝道，从前北齐三度来攻,北周兵也来过两次,都大败逃去,杨坚这次来攻,一定送死。孔范也说,隋兵决不能渡长江。君臣依然饮酒做诗,守将告急求救,一概不理,隋兵渡江灭陈,俘叔宝,陈亡。

陈五帝,首尾共三十三年。

东晋建国江东,南北分裂。南朝疆域,晋末宋初最大。晋夺得蜀,宋扩地到黄河北岸。萧齐时失去淮北。梁时与北魏争沿淮土地,互有胜败,境地比萧齐略大。侯景乱后,梁尽失长江北岸。西魏取蜀,又杀萧绎,割江陵封萧詧(音察)为梁帝(后梁)。萧詧降附西魏,建立小朝廷,与陈霸先对立。霸先所有土地,比萧绎时更小。南朝地削势弱,民穷财尽,统治者又是“全无心肝”的陈叔宝,隋兵两路(韩擒虎自合肥直渡采石,贺若弼自江都直渡镇江)渡江,叔宝还说长江天险,敌不能来。等到敌兵入城,叔宝率妻妾家属臣僚全部投降,降人从建邺往长安(隋都)五百里中累累不绝。分裂三百年的南北朝,从此又归于统一。

第四节　南朝文化的发展

西晋末年,中原士族逃奔江东,建立南朝政权。他们在政治上、经济上享受特殊的权利,生活非常优裕,地位非常巩固,因之黄河流域的文化,移植到长江流域,不仅是保存旧遗产,而且有极大的发展。中国古文化极盛时代,号称汉唐两朝,南朝却是继汉开唐的转关时代。唐朝文化上的成就,大体是南朝文化的更高发展。西晋以前,长江流域的经济和文化,远落在黄河流域后面;南北朝时代,南方文化超越北方,经济也逐渐发展起来;唐以后,黄河流域的经济和文化，都落在长江流域后面。这一转变的原因，不能不说是由于中原士族的南迁。

南朝士族生活的优裕，宗教迷信的盛行，产生以华美为特色的文化。

（一）文学

《诗》三百篇是两周歌诗的总集，句法以四言（字）为主，称为四言诗。两汉乐府歌辞以及不入乐的诗篇，句法以五言为主，叫做五言诗。东汉末（建安时代）魏晋五言诗高度发展，到南朝五言诗益被重视，不能做诗，几乎不得参与士族的宴会。

战国末楚国屈原、赵国荀况创造辞赋，屈原一派传到汉朝，非常发达，叫做楚辞或屈原赋，汉朝人自造的赋体，叫做汉赋或古赋。南朝作者造句更美，对偶益工，用事（典故）益富，叫做俳赋。大抵南朝士族人人能做五言诗，赋非著名文士不敢做。

南朝诗赋在形式上有新的创造，就是句法对偶化、声律（平仄）化。汉以前诗赋，止有韵脚，没有平仄。建安时代曹植采取梵呗中声律，应用于五言诗，于是偶有律句的出现。西晋文士如陆机、陆云，渐知平仄的重要，但不能自由运用。宋范晔、谢庄等人，发明诗赋中用平仄的规律，如范晔《狱中与诸甥侄书》、谢庄《赤鹦鹉赋》，对声律的研究，确有进展。齐梁时代，沈约、王融创四声（平上去入）八病（平头、上尾、蜂腰、鹤膝、大韵、小韵、正纽、旁纽）说，沈约作四声谱，刘勰作《文心雕龙》，把范晔、谢庄秘而不宣的诀法，传播文学界。此后诗、赋、骈体文，全依声律制作，益增华美。梁陈时代，庾信、徐陵集南朝文学的大成。庾信降北朝，历仕周隋二代，北方盛行庾信体。唐朝的律诗、律赋,就是南朝徐、庾体的发展。

长短不齐近于言语的文辞,叫做散体文,句法齐整,四字或六字成句的文辞,叫做骈体文。西汉散体文极盛,骈体文也在西汉开始。东汉以下,骈体文盛行,魏晋作者如建安七子(曹植为首)、潘岳、陆机称为骈文的楷模。南朝骈文,既重对偶,尤重声律,骈体转化成四六体,再转成为唐朝的四六体。东汉以来衰落到极度的散体文,正当西晋骈体极盛的时候,散体文又开始萌芽,经过南朝长期的发展,到唐朝成为陈子昂、韩愈的古文。古文模仿古代人口语,与作者当时口语相差甚远。

(二)经学

讲明儒家经典的学问,叫做经学。两汉经学极盛。魏晋时代改变两汉烦琐的学风,解经以清通简要为主。南朝儒生发展这一派的经学,称为南学。唐宋以来所谓《十三经注疏》,完全依据南朝的经学。

经学中的三礼学(《周礼》、《仪礼》、《礼记》),专讲区别尊卑亲疏贵贱,最适合士族制度的需要,因之礼学在南朝特别发达。宋何承天删旧行的《礼论》八百卷为三百卷。梁徐勉撰《五礼》,共一百二十帙,一千一百七十六卷,八千一十九条,其中凶礼(丧礼)多至五千六百九十三条。讲三礼尤其是讲丧服部分,是南朝儒生的专门学问。

思想上融合儒佛两家,《礼记》中的中庸篇是最好的媒介。宋戴颙撰《中庸传》,萧衍撰《中庸讲疏》,无名氏撰《中庸义》,中庸篇从《礼记》中提出单行。后来两宋理学家窃取佛教学说,借中庸篇高谈儒家的性命哲学，南朝已经启示出途径。

（三）哲学

东汉末老庄学派（玄学）开始复活。魏晋时代玄学大发展，手执麈尾，林下清谈，成为士族的专业。东晋玄学与佛学融合互助，如名僧支遁讲《庄子》逍遥篇，标举新旨，玄学家殷浩博通佛经，谈锋莫敌。王导以下，无不专心哲学，力争名誉。卫玠与谢鲲谈玄，彼此辩难，一夜不眠，玠向有痨病，病发身死。支遁、殷浩，各负重名，二人相避不敢见面。这类例证很多，足见哲学研究的盛行。宋以后，佛学比玄学更发展，与儒学成尖锐的对立。宗炳作《明佛论》，主张人死神不灭，何承天作论驳宗炳。承天作《达性论》，主张人贵物贱，否认佛家众生平等说，颜延之作论驳承天。大抵南朝哲学家析理精细，反复深入，辩驳解答多至七八次，始终保持严肃态度，不动意气，这一点堪称论家的良好模范。齐梁时代，儒佛两家力求融合，为统治阶级更进一步服务，萧衍是这一派的代表。一部分儒者发挥儒家崇实思想，攻击佛教迷信空寂的流弊，范缜《神灭论》是这一派的代表。陈朝文学极盛，哲学渐趋衰落。因为佛教得萧衍的拥护，在政治上、思想上完全战胜了儒家学派，儒学不敢再和佛教斗争，本身发展也就停顿了。隋唐时代佛教继续发展，是依靠它内部各派间的斗争，儒学和玄学都不成为佛教的对手。

（四）医学

南朝士族多精医学。殷浩妙解脉理，治百岁老妇人病，一剂便愈。殷仲堪亲为病人诊脉制方，藉示仁慈。宋孔熙先善疗病，兼能诊脉。羊欣善医术，撰药方数十卷。就《隋书》经籍志所载南朝医药书，有脉理、病理、药性、制药、针灸、孔穴、制丸、制散、制膏、制丹方、单方、验方、家传秘方；分科有小儿科、产科、妇女科、痈疽科、耳眼科、伤科、疟疾、痨病、癞病、软脚病、饮食法、养生术、男女交接术、人体图、兽医科（马牛驼骡）、印度医方。撰书人多是著名士族，科目分得很精细。

（五）艺术

书法——中国文字姿势与图画相近，因之写字成为艺术的重要部门。宋王愔撰《文字志》订定字体三十六种。齐王融订定六十四种。梁萧绎扩充到一百种，其中五十种用纯墨，五十种用采色。字体有龙虎篆、花草隶、鸟虫书等名目，图画技术运化在字体上，写字与绘画，同样能寄托作者的情思。东汉杜度、张芝、崔瑗，擅长草书，照赵壹《非草书》篇说："当时文人学习草书，十天用一枝笔，一月用几丸墨，衣袖常污，唇齿常黑，臂腕流血，不肯休止。"师宜官能作大字方一丈，小字方寸中容一千字。宜官时常空手到酒家饮酒，壁上写几个字，观众云集，酒家买卖骤增，不要宜官的酒钱。重视书法的风气，东汉已经盛行。东汉末蔡邕善篆隶，创造笔法，传授到东晋王羲之，集写字技术的大成，被称为书圣。南朝统治阶级上自帝王，下至僧道，写字著名的不可胜数，大抵都不及王羲之。羲之论书法说："要写字，先得凝神静思，预想字形大小、俯仰、平直、振动，令筋脉相连，变化莫测。先有意思，然后作字。如果平直没有变化，上下方整，前后齐平，这不是写字，只是点画罢了。”

图画——唐张彦远《历代名画记》说：“象物必在于形似，形似须全其骨气，骨气形似，皆本于立意，而归乎用笔，故工画者多善书。”南朝士族特重书法，因之图画也同时发达。东晋朝如司马绍、王羲之、王献之、顾恺之、戴逵、戴颙，宋朝如陆探微、宗炳、谢庄，齐朝如谢赫、刘瑱、毛惠远，梁朝如萧绎、陶弘景、张僧繇，陈朝如顾野王，都是最著名的画家。他们富有艺术修养，改革旧作风，创造新意境。例如顾恺之多才艺，尤工丹青，号称三绝（画绝、才绝、痴绝）。瓦棺寺僧设大会请朝官布施，朝官施钱最多不过十万，恺之独布施一百万。令寺僧备一新壁，恺之闭门月余，画维摩诘像一躯，告寺僧说，观众第一日可请施钱十万，第二日五万，第三日随意布施。画毕开寺，维摩诘画像光彩耀目，据说有“清羸示病之容，隐几忘言之状”。几天得施钱百万。谢安称恺之画生人以来所未有，因为他能自创新意。他如宗炳善画山水，顾景秀善画虫鸟，谢庄制方丈木版，画中国山川疆域，分开是一州一郡，集合是全国地图。谢赫善写真，称南朝第一。刘瑱善画美女，毛惠远善画马，都称当世无匹。萧绎善画外国人物。张僧繇专画寺壁。僧繇曾在江陵天皇寺画毗卢舍那佛及仲尼十哲像，萧衍问僧繇何故佛寺中画孔圣人，僧繇答，将来还得靠他。后来北周灭佛法，焚毁寺塔，天皇寺有孔圣像，独得保全。

南朝书画家不仅技术精卓，理论也为后世艺术家所遵守。论书法如卫夫人《笔阵图》，王羲之《题笔阵图后》，萧衍《观钟繇书法十二意》；论画法如顾恺之论画，谢赫论六法（一气韵生动，二骨法用笔，三应物像形，四随类赋彩，五经营位置，六传模移写），王微叙画。唐以后书法、画法，从没有人能超越南朝的范围。

雕刻——戴逵工书画，人物山水，妙绝当时。逵又善铸佛像及雕刻，曾作无量寿佛木像高丈六，并旁侍两大菩萨。因旧传雕刻术朴拙，不能起人敬心，逵潜坐帷中，密听观众批评，所有褒贬，悉心研究，接连三年，修成新像，众人惊服。逵子颙，传父业，宋太子在瓦棺寺铸丈六金像，像成觉头面瘦小，工人无法修改，请颙审视。颙说，这不是面瘦，是臂胛过肥。削损臂胛，形相很雄伟。其他雕铸和梁释僧祐造石像，坐躯高五丈，立形高十丈；释法悦铸丈九金像，用铜四万三千斤，技术也颇可观，不过能创造新意的还得推尊戴氏父子。

摹拓术——顾恺之有摹拓妙法，用好纸依法上蜡，拓名画不失神采笔意。唐朝拓本盛行，无意中成为印刷术的滥觞。

南朝贵族大营宫室，僧徒盛造寺塔，建筑术一定很发达。贵族多擅长音乐，创制新声。又围棋与书画同样重视，称为手谈，或称坐隐，也算艺术的一种。凡是精神上享乐的技艺，南朝都把它发展了。高欢说，江东有萧衍老翁，专讲衣冠礼乐，中原士大夫企慕他，说是正朔所在。隋灭陈，得清商乐，杨坚说"此华夏正声也"。北人承认南朝文化是华夏正统，不仅音乐一端，所以军事上北朝战胜南朝，文化上却是南朝领导北朝。

简短的结论

南朝政权，完全依靠大地主阶级的拥护，所以人民受豪强的压迫，特别严重。土地集中在士族手中，农民既缺乏耕地，又受赋税徭役的驱迫，不得不投奔士族求荫庇，做佃客或奴婢。

士族享受政治上经济上各种特权，生活非常优裕，朝代五次变动，士族的地位相承不变。

士族子弟依门阀高低，分享官位，大抵碌碌无能，不堪负担大事。止有国家遇到危难的时候，素族寒人，才得藉军功参与政权。军功较大的也就篡夺帝位，建立新朝。刘裕、萧道成、萧衍都是素族，陈霸先更是寒人。辅佐他们起事，相当有才能的功臣，出身全属卑贱。所谓世族高门，除了做官食禄，别无表现。

南朝整个统治阶级腐败残忍，单就帝王家庭互相屠杀的一端说，他们的行为，使人感觉到统治阶级争夺权利的狰狞可怕。

萧衍崇奉佛教，高谈儒学，他在位四十几年，算是南朝最兴盛的一个时代，实际是士族压迫寒人、地主剥削农民最典型的一个时代。

士族为了自己的享受，对文化和艺术有颇大的发展。唐朝的文化和艺术，是继承南朝并把它扩展起来。

附：东晋南北朝年表

南朝									
公元	朝代	姓名	年号						
三一七年	晋	司马睿（元帝）	建武						
三一八年			大兴						
三二二年			永昌						
三二三年		司马绍（明帝）	太宁						

续表

三二六年		司马衍（成帝）	咸和						
三三五年			咸康						
三四三年		司马岳（康帝）	建元						
三四五年		司马聃（穆帝）	永和						
三五七年			升平						
三六二年		司马丕（哀帝）	隆和						
三六三年			兴宁						
三六六年		司马奕（废帝）	太和						
三七一年		司马昱（简文帝）	咸安						
三七三年		司马曜（孝武帝）	宁康	北　　朝					
三七六年			太元	朝代	姓名	年号			
三八六年				北魏	拓跋珪（道武帝）	登国			
三九六年						皇始			
三九七年		司马德宗（安帝）	隆安						
三九八年						天兴			
四〇二年			元兴						
四〇四年						天赐			
四〇五年			义熙						
四〇九年					拓跋嗣（明元帝）	永兴			
四一四年						神瑞			
四一六年						泰常			
四一九年		司马德文（恭帝）	元熙						

续表

四二〇年	宋	刘裕（武帝）	永初						
四二三年		刘义符（少帝）	景平						
四二四年		刘义隆（文帝）	元嘉		拓跋焘（太武帝）	始光			
四二八年						神麚			
四三二年						延和			
四三五年						太延			
四四〇年						太平真君			
四五一年						正平			
四五二年					拓跋濬（文成帝）	兴安			
四五四年		刘骏（孝武帝）	孝建			兴光			
四五五年						太安			
四五七年			大明						
四六〇年						和平			
四六五年		刘彧（明帝）	泰始						
四六六年					拓跋弘（献文帝）	天安			
四六七年						皇兴			
四七一年					元宏（孝文帝）	延兴			
四七二年			泰豫						
四七三年		刘昱（后废帝）	元徽						
四七六年						承明			
四七七年		刘准（顺帝）	昇明			太和			
四七九年	齐	萧道成（高帝）	建元						

续表

四八三年		萧赜（武帝）	永明						
四九四年		萧鸾（明帝）	建武						
四九八年			永泰						
四九九年		萧宝卷（东昏侯）	永元						
五〇〇年					元恪（宣武帝）	景明			
五〇一年		萧宝融（和帝）	中兴						
五〇二年	梁	萧衍（武帝）	天监						
五〇四年						正始			
五〇八年						永平			
五一二年						延昌			
五一六年					元诩（孝明帝）	熙平			
五一八年						神龟			
五二〇年			普通			正光			
五二五年						孝昌			
五二七年			大通						
五二八年					元子攸（孝庄帝）	永安			
五二九年			中大通						
五三〇年					元晔（东海王）	建明			
五三一年					元恭（节闵帝） 元朗（废帝）	普泰 中兴			

续表

五三二年					元脩（孝武帝）	永熙	朝代	姓名	年号
五三四年				西魏	（北魏分为东西）		东魏	元善见（孝静帝）	天平
五三五年			大同		元宝炬（文帝）	大统			
五三八年									元象
五三九年									兴和
五四三年									武定
五四六年			中大同						
五四七年			太清						
五四九年								（东魏亡）	
五五〇年		萧纲（简文帝）	大宝				北齐	高洋（文宣帝）	天保
五五二年		萧绎（元帝）	承圣		元钦（废帝）				
五五四年					元廓（恭帝）				
五五五年		萧方智（敬帝）	绍泰						
五五六年			太平						
五五七年	陈	陈霸先（武帝）	永定	北周	宇文觉（愍帝）宇文毓（明帝）	元年			
五五九年						武成			
五六〇年		陈蒨（文帝）	天嘉					高演（孝昭帝）	黄①建
五六一年					宇文邕（武帝）	保定		高湛（成武帝）	大宁

① 应为“皇”。——校者注

续表

五六二年									河清
五六五年								高纬 （后主）	天统
五六六年			天康			天和			
五六七年		陈伯宗 （废帝）	光大						
五六九年		陈顼 （宣帝）	太建						
五七〇年									武平
五七二年						建德			
五七六年									隆化
五七七年								高恒 （幼主）	承光
五七八年						宣政			
五七九年					宇文赟 （宣帝） 宇文阐 （静帝）	大成 大象			
五八一年					（北周亡）	大定	隋	杨坚 （文帝）	开皇
五八三年		陈叔宝 （后主）	至德						
五八七年			祯明						
五八九年		（陈亡）							

第六章　异族同化时代——北朝

三八六年 — 五八一年

第一节　北朝魏、齐、周的兴亡

（一）北魏

（三八六年 — 五三四年）

鲜卑族本是东胡小部落，西周初年，曾朝贡中国，参加周成王的歧阳大盟会。东汉初匈奴衰弱，鲜卑族代兴。汉魏间鲜卑大人檀石槐、轲比能尽取塞外匈奴旧地，西接乌孙国（新疆内部），东到辽河流域，东西万二千里，南北七千余里，广大的地区，全被鲜卑族占据。他们连年侵扰幽（河北省）并（山西省）二州边境，成为中国北方新起的大种族。

鲜卑种类复杂，散布区域极广。当中国秦末汉初时候，受匈奴冒顿单于压迫，从辽河流域逃到极北大鲜卑山（山不知所在）。后来逐渐南下，人口繁衍，部落众多，畜牧射猎为业，生活简单朴野，刻木契作符信，没有文字。檀石槐开始用奴隶（俘虏）捕鱼，补充食粮，同时也开始世袭制度，各部大人（酋长）不再推选。轲比能得中国降人，造兵器甲盾，并学文字和兵法。檀石槐、轲比能两族，魏晋间隐没不显，继起的强族有慕容氏、拓跋氏、宇文氏。各族在两晋时代，先后接受中国文化，参与中原争夺战。慕容族起东北（都辽宁锦县），建立燕国，统治中原五六十年。拓跋族起西北（都山西大同县），建立魏国，宋元嘉年间，魏吞并黄河流域，结束五胡十六国混乱的局面，地大兵强，国力极盛。齐梁时代，渐就衰落，梁末分东西两魏。高齐篡东魏，宇文周篡西魏，周又灭齐，隋篡周灭陈，南北再合为一个大国。从西晋末年到隋初统一，华族与许多异族作三百年的长期斗争，鲜卑族在异族中始终居主要地位。隋唐时代，历史上著名人物，十之六七是鲜卑族后裔。唐朝人口恢复两汉旧数量，鲜卑族的同化，不能不是重要原因之一。

拓跋族最先世袭的大人名力微。力微长子沙漠汗，西晋初游学洛阳，回国时用弹弓射落飞鸟，诸部大人大惊，说他学得晋人异法妖术，要坏乱鲜卑旧俗，把他杀害。力微死后，数传至沙漠汗子猗卢，助刘琨守并州有功，晋愍帝封他做代公。猗卢始造城邑，定刑法，有兵二十余万，成立西北塞外一个强国。猗卢数传至什翼犍，建都盛乐（大同县），游牧生活开始转变到农业定居生活。

什翼犍死，孙珪继立。珪勇健善战，屯田务农，兼并附近部落，改国号为魏。燕慕容垂发兵十万伐魏，珪大败燕兵，坑杀降卒四五万人，俘获文武将吏数千，擢用俘虏贾闰、贾彝、晁崇等使谋议政令制度。珪率步骑四十余万乘胜进取中原，夺得中山（河北定县）、邺（河南临漳县西南）等重要城镇。燕帝慕容宝弃国逃奔龙城，黄河北部尽被魏占有。珪破燕后，自称皇帝（三九八年），建都平城（大同县东）。迁徙山东各州郡豪强百工技巧杂夷十余万家充实平城。

优礼中国士族，辨别族姓贵贱，多用儒生作官吏，命邓渊定官制，董谧制礼仪，王德修律令，晁崇考天象，崔宏总裁国政。官爵分九品，第一品至第四品是王公侯伯（贵族），第五品至第九品是文武官吏（主要是士族）。官吏取鸟兽名号，如使官称凫鸭，取迅速的意义；侦察官称白鹭，取伸颈远望的意义。珪曾问博士李先，天下何物最好，可以益人神智，先答，最好是书籍。珪令郡县大搜书籍送平城。魏国基业，到拓跋珪才巩固。

珪在位二十四年死，子嗣继立。嗣死，子焘继立。焘灭夏赫连昌、北燕冯弘、北凉沮渠牧犍，十六国至此全灭。焘占有黄河流域，成立北朝，与南朝对立。兴大兵号称百万伐宋，夺取淮南土地，进兵至长江北岸（江北瓜步）。宋文帝刘义隆竭全力御敌，军民杀伤不可胜计。魏士马死伤过半，俘获南人五万余家，罢兵北还。宋魏经这一次战争，宋国力大损，魏也从极盛转向衰弱。东晋淝水战后，这是南北决存亡的又一次大战。

焘回军一年后死。孙濬、濬子弘相继嗣立。弘死，子宏继立。宏在位二十九年，尽力接受中国文化，改革鲜卑旧俗，鲜卑杂胡与华族同化，因此加速。宏严禁鲜卑人同族通婚。迁都洛阳后，改国姓拓跋氏为元氏，鲜卑人迁洛，称河南洛阳人，死后不得还葬北土。朝廷议政，不得用鲜卑语。禁妇女戴帽着小袄。制定官品，州郡县官吏依户口多少给俸。建立地方组织，五家立邻长，五邻立里长，五里立党长，称为三长。更定新律令，州郡官受赃处死刑，吏民犯罪，多得宽免，都城每岁判死刑不过五六人。北朝政治，元宏时代号称极盛。这里所谓极盛，自然是统治阶级的福利，人民并不因政治极盛而获得温饱。齐州刺史韩麒麟说："富贵家奴妾饶美衣，工商家仆隶厌珍食，农夫耕田，糟糠不饱腹，蚕妇纺织，短褐不掩体。小民饥寒，原因在富贵人的奢侈。”元宏时代，阶级矛盾更深刻化了。所以形式上制度号令，详备可观，实际是风俗淫靡，纪纲废坠，乱亡成为不可避免的前途。

宏死，子恪继立。恪在位十七年，宠任奸佞，国政大坏。贵族豪门，崇尚淫侈，恪下令严立限度，节制放荡，可是最放荡的首推恪本人。发畿内夫役五万五千人，筑洛阳三百二十坊。迷信佛教，养西域僧三千余人，择嵩山形胜处造闲居寺，备极壮丽。贵族仿效，佛教大行，州郡共造寺庙一万三千余处。佛寺的发达，说明人民负担的严重。恪即位时，幽州人王惠定聚众起义，自称明法皇帝。末年幽州僧刘僧绍聚众起义，自称净居国明法王。这两个起义军都揭明法做号召，足见人民感受法令不明的痛苦。

恪死，子诩继立。拓跋珪定制，太子生母必需赐死，恪废旧制，诩母胡太后独得不杀。诩立时年六岁，胡太后擅权，荒淫残虐，无恶不为。她深信佛法能减轻罪过，大兴寺塔，伊阙山（洛阳）造石窟寺，宫侧建永宁寺，铸丈八金佛像一躯，中等金像十躯，玉佛二躯。造九层塔，高九十丈，塔上立柱高十丈，夜静铃铎声闻十里。僧房千间，珠玉锦绣，骇人心目。佛教传入中国，塔庙建筑宏大，推胡太后第一。恪初即位，在龙门山（洛阳）凿二佛龛（音堪），各高百尺，诩又凿一龛。前后二十四年，凡用八十万二千余工。其他营建寺塔，布施僧众，赏赐幸臣，所费不赀，却从不对人民施些小惠。宗室权豪，也竞赛饶富，穷极享乐。高阳王元雍有奴仆六千，妓女五百，雍一食值钱数万。河间王元琛与雍比富，骏马十余匹用银槽喂养，招集王公宴饮，食器有水精（玻璃）钟、马脑碗、赤玉壶，制作精巧，都不是中国产物。章武王元融看了懊恼，卧床三天不能起，其实元融财物，并不比元琛少。魏君臣骄奢如此，人民的灾难，不言可知了。

诩在位十三年，被胡太后杀死。诩在位时，北边六镇（武川、抚冥、怀朔、怀荒、柔玄、御夷）守军叛变，农民到处起义。统治阶级分裂互争，诩与胡太后斗争剧烈，想借大都督尔朱荣兵力，推倒胡太后。太后杀诩，尔朱荣杀太后，立子攸为帝。荣谋篡魏，杀王公朝臣二千余人，元氏宗室大部歼灭。子攸杀荣，荣族人尔朱兆等起兵攻洛阳，杀子攸，立元恭为帝。兆部将高欢据邺叛兆，立元朗为帝，欢击败尔朱氏，夺晋阳（山西太原县）作根据地，自称大丞相，封齐王。又夺洛阳，杀元恭、元朗，别立元脩。脩居洛阳，欢居晋阳，事实上魏政权已经消灭了。

脩在位三年，谋杀高欢不成，奔投关西大都督宇文泰。欢立元善见，迁都邺，称为东魏。泰恶脩兽行，杀脩立元宝炬，称为西魏。

（二）东魏与北齐

（五三五年 — 五七七年）

高欢是鲜卑化的汉人。祖高谧犯法徙怀朔镇。高氏累世戍边，习俗全同鲜卑。欢幼年当通信兵，到洛阳受笞辱，回镇结客，与侯景等友善，想乘机起事。欢初投六镇叛兵首领杜洛周，继投农民起义军首领葛荣，最后投尔朱荣，劝荣叛魏。荣死，欢从尔朱兆，又诱六镇叛兵从已叛兆。欢出身微贱，兵力不及尔朱氏远甚，可是几次战胜，竟成帝业。当时尔朱族与拓跋族间，六镇叛兵与统治阶级间，汉人与鲜卑人间充满着尖锐的矛盾，欢把这些矛盾利用了，《齐史》称他“把握时机，变化若神”，确是适当的批评。

欢与宇文泰屡次大战，各有胜败，势力相等。欢死，子高澄继齐王位。俘虏兰京（南朝人）配厨下作奴，求赎身不允，京刺杀澄。澄弟洋篡魏，杀善见，建立齐朝。洋残虐无人理，作大镬、长锯、剉刀、铁锥等刑具，陈列庭前，随意杀戮，用作戏笑快乐的资料。宰相杨愔取狱中罪囚立殿下，叫做供御囚，洋想杀人，执囚应命。洋既残忍，法官讯囚，习尚严酷，或烧铁犁使罪人立犁上，或烧铁轮，使罪人穿臂轮中，罪人不胜痛苦，诬伏求速死。洋曾问魏宗室元韶，汉光武何故中兴。韶答，为杀刘氏不尽。洋杀韶及元氏长幼三千人，投尸漳河，邺人好久不敢食鱼。元氏妇女没入官或赐人作奴婢。元氏经尔朱荣、高洋两次惨杀止留存元蛮、元文遥等数家，几乎全族歼灭了。洋在位十年死，子殷继立。一年，洋弟演杀殷篡立。演在位二年死，弟湛立。湛淫昏不亚高洋，行为无异禽兽。湛传位子纬，自称太上皇帝。纬昏悖狂乱，与湛类似，止是家族间还不杂交淫秽，比湛略好一些。周灭齐杀纬，高欢子孙无少长都杀死。北齐亡。

（三）西魏与北周

（五三五年 — 五八一年）

宇文泰是汉化的鲜卑人。先在葛荣起义军中，荣灭，投尔朱荣，又弃荣投贺拔岳。岳死，泰统岳军，占有关中土地。元脩投奔泰，泰杀脩立宝炬。宝炬在位十七年死，子钦立，在位三年，泰废钦立廓。廓在位三年，泰死，泰子觉篡魏，建立周朝。

宇文泰凭藉贺拔岳的遗业，成功较易。他知道建立政权，必需依靠汉族尤其士族的拥护，尊儒复古，是取得士族信仰的唯一途径，所以泰不愿复汉魏的古，索性复西周的古。他重用儒生苏绰、卢辨，依《周礼》改革官制，依《尚书·大诰》体改革文体，造成强有力的复古运动。泰死后，子觉篡魏，依孔子《春秋》例自称天王。觉立一年，宇文护杀觉立泰子毓。毓立四年，护又杀毓立泰子邕。邕沈毅有智谋，杀宇文护，灭齐，占南朝长江北岸土地，军事上造成统一中国的形势。令百官执笏，灭佛、道二教，焚毁经像，令沙门道士还俗，独尊儒教。撤毁高大宫殿，改为土阶数尺，减少妃妾至十余人，政治上造成复古运动的高潮。

邕灭佛教，经过很长的程序。天和四年邕登大德殿，召集百官道士沙门讨论佛、道二教优劣。建德二年集百官及沙门道士，邕登座辨别三教先后，定儒教为先，道教第二，佛教为后。次年禁止佛、道二教，沙门道士并令还俗。立通道观，选著名道士一百二十人入观学道，称通道观学士。当他对沙门五百余人宣布废佛的时候，允许沙门提出不该废的理由。五百余人相顾失色，不能作答，有慧远法师抗声陈言，与邕辩论，最后慧远用阿鼻地狱（最坏的地狱）吓邕，邕答，止要百姓得乐，我愿受地狱诸苦。沙门技穷，止得从令还俗。灭佛以后，佛徒任道林上书要求辩论，邕召入宫，立御座旁辩论多日，道林理屈辞穷，请与沙门十人入通道观求学。又有还俗沙门樊普旷，邕召入观，学道教教义。普旷常剃发留须，邕问有何意义。普旷答，臣学陛下废除二教，仍存道教，须是俗饰故留，发（发法同音，意谓佛法）非俗教故去。普旷和尚头上戴着道士冠，讥道是俗教，邕大笑不加罪。邕不借政治暴力压迫佛教，让僧徒有辩护的自由，这在统治阶级看来，要算是稀有的事了。

邕在位十八年死。子赟继立。赟荒淫奢侈，由学古进而学天。

他自称为天，所居称天台。不许人有高大上等名称，姓高改为姓姜，高祖改为长祖。打人以一百二十下为限，称为天杖。他自己戴通天冠，著红纱袍，令群臣都用汉魏衣冠。儒家经典，教人君复古法天，赟是复古法天的模范。

赟在位二年死，子衍继立。一年，赟妻父杨坚杀衍篡位。周亡。

拓跋族侵入中原，逐渐接受中国文化。元宏以后，鲜卑政权衰落，汉人高欢建立鲜卑化的齐朝，鲜卑人宇文泰建立汉化的周朝。汉化的周战胜鲜卑化的齐，这一现象，证明汉族依较高度的文化力量，经三百年长期斗争，融化了大量的异民族，黄河流域统治权，势必回复到汉族的掌握。

第二节　北朝的经济状况

鲜卑族长期停顿在氏族社会阶段上，檀石槐时代，开始转变到奴隶社会，因为军事上的胜利，占领了中国封建制度高度发展的根据地黄河流域，鲜卑族急速提升到封建社会。在极短的过程中，不能不保存许多旧社会的残余。这在元宏以前，表现最为明显。元宏以后，封建经济逐渐恢复汉魏旧状，人力财力超越南朝，南北的均势破坏，因而出现统一中国的隋朝。

（一）元宏以前

什翼犍曾定都灅源川，筑城郭，起宫室，母王太后以为历代祖宗，游牧迁徙，不需定居，把什翼犍说服了。当时已有穄（高粱）田，农业渐兴，什翼犍终于筑盛乐城，开始定居生活。拓跋珪时农业更发展，亲耕耤田，表示重农；使元仪屯田塞外；徙山东人十余万家到平城，分给耕牛，计口授田；置八部帅劝督农耕，依收获量作赏罚标准。珪每出战，定要迁徙俘获敌国的千万农民到魏地，从事耕作。新兴的农业，显然成为重要的生产部门。不过大部分鲜卑人，仍保持畜牧经济。拓跋嗣定税制，六部人（鲜卑人）人羊合计满百口，出战马一匹。与羊等视的人，当是奴隶。封建剥削的租赋制，主要是对被征服的晋人行施。拓跋珪灭燕，统治黄河北部，军国财用，依靠租赋，这是促使鲜卑族飞跃到封建社会的原因。拓跋焘时多封禁良田，后听高允谏，才解除田禁，租给百姓，鲜卑人牧畜畋猎的习惯，焘时还不能去尽。

奴隶制在鲜卑族统治阶级中局部的保存着。拓跋焘袭破赫连昌，赐将士俘虏各有差；攻宋悬瓠（河南上蔡县东）还军，赐从者及留守官吏生口各有差；又伐宋还，赐留守文武生口各有差。所谓赐生口，就是分配奴隶给官吏。拓跋濬徙青齐二州民到平城，悉数罚作奴隶，分赐百官。又犯重罪人民及官奴，赐给佛寺供洒扫役，称为佛图户。凡有佛寺的地方，都有佛图户。元宏以前，百官不给俸禄，可是拓跋嗣、拓跋焘、拓跋濬都严厉禁止州郡官贪污。濬定制凡刺史犯赃十匹帛以上处死刑，如果官吏不依靠奴隶，怎能维持生活。元宏给百官俸禄，罢诸商人，足见奴隶的用途是耕田兼营商业。

什翼犍以前，没有法律，什翼犍始定反叛罪灭族，死刑得用金或马赎罪，盗官物一赔五，盗私物一赔十等条例。四部大人共坐王庭，审判辞讼，当庭发遣，没有拘系连逮的烦扰。此后拓跋珪、拓跋焘各有改革。到元宏时，律令凡八百三十二章，灭族罪十六，死刑二百三十五，杂刑三百七十七。法律逐渐增繁，说明鲜卑族接受中国制度的逐渐进展。

元宏以前，朝廷占有绝大部分的工业，工人不得自由制作物品。拓跋珪徙山东百工技巧充实平城，又兴山东铁冶，发州郡罪徒造兵器。拓跋嗣遣放没有技巧的宫女配给鳏人，又赏赐王公以下至于士卒百工布帛各有差。拓跋焘徙长安城内工巧二千家到平城，焘又禁止王公以下至于庶人，不得私养工人，被养工人限期送给官府，违令罪至灭族。百工技巧的子弟，限令传习父兄本业。养工人家不许私立学校，违令，工师处死刑，主人灭族。朝廷为加强统治权，企图独占工业技术，不许自由传播。这种法令，止是看重技术，工人地位，仍与奴隶类似。元宏以后，工人才部分的被释放。

（二）元宏以后

北魏经济，到元宏时代，完成下列各种封建经济的组织：

均田——元宏太和九年均给天下民田，男夫十五岁以上受露田四十亩，妇人二十亩，牛一头受田三十亩，牛不得超过四头。农民受田四十亩，实得八十亩（四十亩耕种，四十亩休息），硗瘠地得一百六十亩。男夫到受田年龄，按例受田，年老或身死还田。男夫初受田，别受桑田二十亩，至少要种桑五十株，枣五株，榆三株。桑田作为永业，身死不还。均田制大略如此。当时豪强盛行兼并，史书上并无剥夺豪强的记载，足见均田制止在土广人稀的区域行施。太和十四年，因农民逃避官役，多投豪强作荫附，特遣使者与州郡官检查隐口漏丁，如果均田制普遍实行，贫农得受充分土地，何至隐漏户口，成为严重的问题。

奴隶——依均田制，奴婢也受露田、桑田，全与良丁同。国家对奴婢只收取良丁四分之一的租赋，其余利益自然归奴隶主所有。如奴婢被主人卖去，奴婢所受田地归还国家，这与畜牛一头，得受田三十亩，牛卖去，牛田归还同一事例。太和十二年立农官，取州郡户（普通农民）十分之一作屯民，官给耕牛，一夫岁纳谷六十斛，据《魏书》说，自此公家丰饶，不畏水旱。屯民与农奴类似，能给地主更多的利益，这将是给奴隶主一种示例，指出农奴耕种比奴隶有利。北魏贵族解放奴隶作农奴，当从元宏时代开始。太和十五年长孙百年攻吐谷浑，俘获三万余人，诏悉放免。十八年诏放还寿阳、钟离、马头三处俘获男女。十九年擒获齐人三千，悉数放还，因为奴隶的需要减少，所以俘虏得被放免。均田制建立在没有奴隶和牛的农民基础上，足见奴隶的数量并不大。

工人——延兴二年，诏工商杂伎，听自由归农，自此工人得到放免。太和元年诏：从今户内如有工人，仕进不得超过丞官（事务官），勋贵不在此例（意在破坏普通士族霸占工人的旧习俗）。十一年罢尚方锦绣绫罗工，准百姓自由制造。拓跋焘企图独占工业的制度，元宏时代才废除。

租赋——旧制户调，每户出帛二匹，絮二斤，粟二十石。又输州库帛一匹二丈，供调外费。延兴三年，河南六州每户收绢一匹，绵一斤，租三十石，又诏各州郡每户收租五十石备军粮二十石是最低租额（当是临时法令，不久停止征收）。太和八年，始给百官俸禄；每户增帛三匹，粟两石九斗（《元宏本纪》作二斛九升），调外帛增加到满二匹。又给治民官公田，刺史十五顷，太守十顷，治中、别驾各八顷，县令、郡丞六顷。这种公田，当是人民代耕。延兴三年遣使官十人，巡行州郡，检括户口。太和十年始立邻里党三长，检查户口实数，改定户调（口赋）制，一夫一妇增加出帛一匹，粟二石。民年十五以上未曾娶妻，四人出一夫一妇的租赋，耕奴织婢八口当未娶男丁四人，耕牛二十头当奴婢八人。按照历次增加的赋数，一夫一妇的小户，每岁应出粟二十四石九斗，帛八匹，何等繁重的负担。

钱币——元宏以前，魏不用钱。太和十九年铸五铢钱，通行京师及诸州镇。内外百官禄准绢给钱，绢一匹折钱二百。遣铸工到诸州镇备冶炉，代人民铸钱。元宏开始用钱，足见商业有些发展。

人口——《魏书》地形志说，正光年以前是北魏全盛时代，有户五百余万，口三千余万。十六国时前秦苻坚迁鲜卑四万余户到长安（三七〇年），经十七年，西燕慕容恒率鲜卑男女四十余万口离长安（三八七年），如果户数没有过大变动，一户约得十口（中国户口率，一户约得五口，鲜卑族户口率比汉族大一倍），据此约计，元魏鲜卑族及其他胡族当有户一百万，口一千万。

元宏在政治上、文化上尽力华化，原因在于封建经济已经发展到高度，不容保存鲜卑旧习俗，所以设施虽多，没有任何阻碍。也因为封建经济发达到高度，统治阶级骄奢浪费，所以元宏死后，北魏开始变乱。

从元恪到齐周，八十年间，统治阶级的残酷剥削以及战争的不断发生，战争规模的益趋扩大，使元宏时代表现的经济繁荣，又显出退缩的景象。这在佛教极盛与户口骤减两事上，尤其看出显著的例证。

佛教——拓跋族侵入中原以后，过着安富尊荣的生活，讲福德报应的佛教迷信，切合这些新贵族的贪痴心理，佛教蓬勃的发展起来，拓跋濬在平城西武州塞，开石窟五所，刻造佛像，高的七十尺，次六十尺，雕工奇伟，冠极一世。又令诸民能岁输谷六十斛入僧寺，得称僧祇户，粟称僧祇粟。各州镇都有僧祇户及佛图户。拓跋弘信佛更甚，造永宁寺，构七级塔，高三百余尺，称天下第一。又在天宫寺造释迦立像高四十三尺，用铜十万斤，黄金六百斤。元宏时洛阳城内新旧佛寺一百所，僧尼二千余人，四方诸寺六千余所，僧尼七万七千余人。僧尼出私财放高利贷，利用僧祇粟剥削贫民，或利息过本，或改造券契。元恪时凉州僧祇户二百家，被寺僧压迫，自缢投水死的五十余人，连统治阶级的官吏，也觉得太不慈悲了。当时佛寺增至一万三千余所，寺尼当在十万人以上。元诩时佛寺尤盛，洛阳民居被夺三分之一。元诩以后，人民逃避苛暴的赋役，相率出家，佛徒更多。北齐有寺三万余所，僧尼增至二三百万人。周宇文邕废佛教，勒令僧徒还俗，成为灭齐的原因之一。

人口——元宏时有户五百余万，口三千余万。尔朱荣乱起，人户流亡，官司文簿散弃，据旧史所记，户减至三百三十七万五千三百六十八。周灭齐，得户三百万二千五百八十八，口二千万六千八百八十六。宇文周亡时，有户三百五十九万，口九百万九千六百四。齐占有中原，是人口密集的地区，高欢曾派遣括户大使搜获逃户六十余万。周史没有括户的记载，户口隐漏当非少数。高欢与宇文泰战（五三七年），欢兵二十万，泰兵不满万人。宇文邕两次伐齐（五七五—五七六年），每次出兵都在二十万以下。高洋筑长城，一次发夫役一百八十万，筑邺三台，发丁匠三十余万。两国人口，相差悬殊，自是事实。但灭齐到周亡，四五年间，总人口反减到齐半数，史书记载，未免失实过甚。

奴隶——高洋大破库莫奚，俘虏发配到山东为百姓。高殷免元氏良口为奴。西魏元宝炬免妓乐杂役，编入民籍。宇文泰破江陵，杀萧绎，虏梁百官士庶十余万，悉数没为奴婢，宇文邕时免江陵良人为奴婢。邕又免齐诸杂户为平民。从元宏到齐周，多见释放奴婢的诏令，适与魏初赐百官生口相反。当时良（平民）贱（奴隶）区分，非常严格。元恪时阜城（河北阜城县）费羊皮母死家贫，卖七岁女与同城人张回为婢，回转卖与鄃县（山东平原县）人梁定之，按照卖五服内亲属为奴，尊长处死刑及掠人、掠卖人、卖人为奴婢处死刑的法律，费羊皮、张回二人，几乎都被判死罪。又大将邢峦在汉中掠良人二百余口为奴婢，被朝官弹劾，几陷重罪。元诩时，江阳王元继，用良人为婢，革夺王爵。高谦之家奴诉良（自诉被迫为贱），谦之系廷尉（最高法庭）被杀。良人有法律保障，奴婢数量自受限制。齐时定制，亲王奴婢限三百人，以次递减，八品以下至庶人限六十人。限外奴婢不给田，也不纳赋税。高洋篡魏，封给魏帝奴婢三百人，水碾一具，田百顷，园一所。大抵贵族占有奴婢，最多不过三百人，庶人竟得占有六十人。按魏均田制有“奴婢牛随有无以还（田）受（田）”的规定，奴隶与牛不是一般人都有，足见所谓庶人，止是一部分地主，不得误认每一庶人都占有奴隶。

租赋——齐周两国都承行均田制，租赋制度大体与魏同。元恪以后，横征暴敛，民不堪命。元诩废除百官例酒，计一岁省米五万三千五十四斛，曲谷六千九百六十斛，面三十万五百九十九斤。后来又废除百官例给米肉的半数，计省肉一百五十九万九千八百五十六斤，米五万三千九百三十二石。这样巨量的酒肉米，都是人民的负担。元诩又税京城田每亩五升，借赁公田每亩一斗，又税入市人每人一钱，店铺分五等收税。元恪在位十七年，人民起义凡十次，元诩在位十四年，人民起义凡二十次。领导起义人有农民，有军士，有沙门，有鲜卑人，有氐羌人、杂胡人，除地主贵族外，各阶层及各种族都不能生活下去，想见剥削无比的残酷。

工业——齐时有盐灶二千六百六十六所，一岁产盐二十万九千七百二斛四升。每灶平均产盐七八十斛，规模很小。元宏以后用钱，开采铜矿，恒农部(河南汲县)铜青谷的铜矿一斗出铜五两四铢，苇池谷矿一斗出铜五两，鸾帐山矿一斗出铜四两。河内郡(河南沁阳县)王屋山矿一斗出铜八两。此外又采银矿，长安骊山矿二石出银七两，恒州白登山矿八石出银七两，锡三百余斤。铁冶随处都有，铸造农具兵器。相州(河南安阳县)牵口冶铁工最好，武库刀兵，常由牵口冶供给。齐綦毋怀文造钢刀，用五种牲畜的尿，五只牛的脂来锻炼，据说刀斩铁如泥。这种记载不知是否可信。

商业——元宏以前交易不用钱。魏末河北诸州仍用现物交易，钱不入市。河南诸郡或用西域金银钱，官不禁止。北朝币制的幼稚，正说明商业的微小。

北朝商业工业比南朝落后，止有农业却逐渐恢复汉魏旧观，远胜南朝。随着农业的发展，南北两朝经济力的对比，决定南朝不能再存在，三百年分裂的中国，在隋灭陈的形势下统一了。

第三节　民族间的斗争与同化

从五胡乱华起到隋朝统一，居住黄河流域的汉族与许多异民族作猛烈持久的斗争，同时也就彼此间起着同化的作用。进行民族斗争的，主要是一般人民；民族间的同化，主要从汉族地主和外来统治者开始。

（一）斗争的发展

异族侵入中国，无不奴视汉族人（十六国以来，汉子成为男子的贱称），残杀生命，搜括财物，史书记载只是极简单的一部分，已使后世读者哀痛危惧。何况生在当时，亲历苦辛的人民，受民族阶级两重压迫，不反抗就无法生存。

十六国时，汉族冉闵杀胡羯二十余万人，他自以旧是晋朝人民，想迎晋帝司马聃还都洛阳，被士族胡睦劝阻。后来又请晋军北伐，协力讨平中原，又被南朝士族拒绝。冉闵出身微贱，懂得民族大义，南北士族却同样不理会这个。刘裕伐秦，部将王镇恶孤军深入，粮饷匮乏，百姓竞送义租，军食充足，大败秦兵。灭秦以后，裕急谋归国篡位，关中父老闻裕将还，到军门流涕挽留，裕藉口朝廷命令，不敢专擅，匆匆回去。镇守关中的是十二岁的幼子刘义真，夏赫连勃勃来攻，义真部下将士大掠长安，满载宝货子女逃走。勃勃入城又纵兵大屠杀，积人头成大坟，称为髑髅台。宋刘义隆元嘉二十七年与魏拓跋焘交兵，宋将王玄谟围滑台（河南滑县），河洛民众争出租谷，自备兵器来投军，每天总在千人以上，玄谟贪暴好杀，摈斥原来首领不用，却把民兵分配给亲近将官。给民家布一匹，强要大梨八百个，中原人民失望。柳元景攻潼关，关中豪杰到处起义，甚至四山羌胡，都来接洽，义隆因王玄谟大败，令柳元景退兵，关中人民又大失望。

留居北方的汉族平民，始终心向南朝，每遇南军北伐，人民不顾异族的镇压屠杀，纷纷响应，可是南军将帅从不给人民满意的援助。元宏以后，南朝无力北伐，汉族民众改取起义的方式，元宏时起义十一次，元恪时起义十次，元诩时起义二十次，起义的次数、规模、阶层、种族、地区都益趋扩大。最后葛荣领导百万义军，驰骋河北，终于破坏北魏的统治。这真是凭人民自力反抗压迫的有效方式，也是斗争向较高阶段的发展。

统治阶级对民众压迫的方式，也有它的发展。拓跋焘攻宋盱眙，向守将臧质求酒，质给他一瓶便尿。焘大怒，写信诱质出战道："我这些战兵，都不是鲜卑人，城东北是丁零与胡，南是氐羌。设使丁零死，正可减少我常山赵郡（二地丁零所居）贼，胡死，减少并州贼，氐羌死，减少关中贼，你出城来杀吧，我并不爱惜。"北魏用兵，专驱汉人在阵前，鲜卑骑兵在阵后猛压，步兵不进就被踏死。人民出发略后，罪至灭族，进攻略缓，就被踏死，这是何等残酷的民族压迫。后来鲜卑化的高欢，改用两面欺骗法。每号令军士，操鲜卑语说，汉民是你们的奴隶，男替你们耕，女替你们织，献给你们粟帛，让你们温饱，不要虐侮他们吧。对汉族用华语说，鲜卑是你们的雇客，领得你们一斛粟，一匹绢，替你们击贼，保护你们安宁，不要怨恨他们吧。高欢轻视汉人，却怕大将高敖曹，敖曹在队上，欢不说鲜卑话。改压迫为欺骗，是统治阶级统治方法的发展。

（二）同化的发展

五胡侵入中国，大部分士族逃到长江流域，遗留的士族，都投降新主人，帮着他们建立政权。最著称的如崔游、陈元达助刘渊，张宾助石勒，裴嶷、高瞻助慕容廆，阳裕助慕容皝，王隋助苻洪，王猛助苻坚，范长生助李雄，余人不可胜数，全是所谓衣冠望族。野蛮民族文化落后，没有统治中国的能力，只有得到这些无耻士流的援助，才能建立起政权。士族大半是地主豪强，如冀州刘姓，清河张姓、宋姓，并州王姓，濮阳侯姓，一姓将近万家，势力盛大。他们投靠异族，不仅本族得免徭役，还得荫庇许多贫户做自己的佃客。异族也利用他们，共同压迫汉族平民。石虎曾允许皇甫、胡、梁、韦、杜、牛、辛等十七姓为士族，有免役做官及居住自由权。石虎残虐如虎，仍能保持地位，就是士族拥护的效力。慕容宝定士族旧籍，分别清浊，校阅户口，废除荫户，因此士族离心，燕国灭亡。

拓跋珪初入中原，引用士大夫作辅佐，大选臣僚，令各辨门第，保举贤能。拓跋焘擢用大族范阳卢玄、博陵崔绰、赵郡李灵、河间邢颖、勃海高允、广平游雅、太原张伟等数百人。拓跋濬定制，皇族王公侯伯及士庶人家不得与百工伎巧卑姓通婚，犯者加罪。元宏诏此后贡举人才，必需选取高门。又诏厮养户（隶户）不得与庶士通婚。元诩要防止杂役户冒入清流，令在职官吏必需五人互保，无保革官还役。这种法令，只是代表士族的利益，法律上贫贱人永远不得出身。

北朝士族制度到元宏时代才完备。宏将迁都洛阳，韩显宗上书请分别住宅区域，不令士人与工商皂隶为邻。元宏制定族姓，皇族改姓元氏，拓跋氏改长孙氏，乙旃氏改叔孙氏，其他复姓都改单姓，穆、陆、贺、刘、楼、于、奚、尉八姓最贵。中国士族范阳卢氏、清河崔氏、荥阳郑氏、太原王氏四姓最高，与八姓有同等权利。四姓女得入宫当妃妾。陇西李氏、赵郡李氏，比四姓略卑，陇西李又比赵郡李贵些，女也得入宫。元宏给六个兄弟娶妻，指定元禧聘陇西李辅女，元幹聘代郡穆明乐女，元羽聘荥阳郑平城女，元雍聘范阳卢神宝女，元勰聘陇西李冲女，元详聘荥阳郑懿女，原娶王妃降为妾媵。其余诸州士族，多所升降。众议薛氏是河东名族，元宏说，薛氏出蜀，不得入郡姓。薛宗起立殿下，出班声辩道：臣先人汉末仕蜀，二世复归河东，到现在已六世，不能再算蜀人。陛下系出黄帝，受封北土，难道也算胡人？元宏无话可对，承认河东薛氏是郡姓。当时韩显宗怀疑这种"以贵袭贵，以贱袭贱"的办法，元宏说，八姓以外，士人品第有九等，九品以外，小人官品分七等。如果小人中有贤才，不妨提升高位，只怕贤才难得，不可为难得的人乱我典制。元宏确立士族制度以后，贵贱区分，牢不可破，齐孙搴出身寒贱，高欢赐搴韦氏为妻，韦是士族，大家觉得很光荣。郭琼犯罪死，子妇范阳卢氏女，没入官，高欢赐卢氏给陈元康。元康是寒人，大家以为是特赏。甚至寒贱人贵为皇帝，精神上还畏惧士族，高欢妻娄太后为博陵王高济娶崔氏女，敕济道，好好做样子，不可使崔家笑话你。

元宏大定族姓，实际为了鲜卑贵族与中国士族公平分配统治阶级的权利。元宏以后，人民接踵起义，从没有士族参加，这是元宏同化政策的成功。

元恪时尚书裴植自谓门第清高，官位不称，意常怏怏。及为尚书，志气骄满，每说不是我要尚书，是尚书要我。斥责征南将军田益宗，说华夷异类，不应列在百世衣冠（士族）的上面。鲜卑人于忠、元昭切齿痛恨，把裴植杀死。植做鲜卑族的大官，又藉百世衣冠傲人，心目中只知道门第高低，并不知道什么是华夷大义。

士族世系姻亲，等级分明，不容卑族冒滥，他们依同等门第，彼此通婚，汉族与鲜卑族间逐渐同化。民间华胡杂居，种类尤其繁杂。十六国时如翟斌是丁零族，卫驹是鲜卑族，鲁利、张骧、刘大是乌桓族，毕聪、卜胜、张延、李白、郭超是屠各族，他们都用中国姓名，杂居在乡村里，政治上与汉族平民同受压迫。这样的汉胡同化，与士族鲜卑贵族间的同化，性质完全不同。

曹丕始立九品中正制，形成南北朝的士族制度。南朝士族因陈亡而破败，北朝士族因官少人多而互争。元诩时冀州大中正张彝的儿子张均，奏请排抑武夫，不使预清品，引起羽林军（皇帝卫兵）的大兵变。士族不能独占官位，失去它的意义，隋唐科举制度于是代士族制度而兴起。

第四节　南北两朝的战争

东晋司马氏政权，依王、谢、桓、庾等大族的支持而存在，也因为大族间的矛盾剧烈而微弱无力。苻坚兴百万大军长驱南下，幸赖谢安团结各大族，合力御敌，淝水一战，挽回了将亡的东晋。这是华族与异族决存亡的第一次大战争（三八三年）。

东晋末刘裕从民间崛起，辅佐他的新将相，都是出身寒贱，比早经腐化了的旧士族，能力较大，矛盾较少，他们一致拥护刘裕北伐，企图造成威望，夺取司马氏政权，共享富贵。同时北方燕秦两国，政治暴乱，拓跋珪新占河北，无力争夺黄河南岸。刘裕利用这个机会，攻灭燕秦。魏人畏惧，与宋讲和，每岁交聘，南北两朝，各守边境不相侵犯。这是华族第一次对异族的小胜利。

刘义符景平元年，拓跋嗣伐宋，宋将毛德祖守虎牢（河南汜水县），魏兵围攻二百日，无日不战，魏增兵转多，毁虎牢外城，德祖更筑三重城拒敌。魏又攻毁二重，德祖止保一城。昼夜防御，将士眼都生疮，宋救兵畏魏不敢进，魏掘地道泄虎牢城中井水，城中人马渴乏，据说受伤不复出血，饥疫严重，魏猛攻不止，城陷。将士扶德祖出走，德祖慷慨说道，我誓与城同存亡，义不使城亡身存。城中人大遭屠杀，止有参军范道基将二百人突围南归。魏士卒疫死十之二三。河南地被魏夺去。

刘义隆在位年久，元嘉时代，号称东晋以来最殷富的一个时代。魏统治河北，势力强固，拓跋焘又勇武善战，开拓广大疆土，有吞并长江的奢望。南北两个全盛的国家，战争连年不断，元嘉二十七、八年终于发生了决存亡的大战争。

元嘉二十七年，拓跋焘自将大军袭宋。宋将陈宪守悬瓠（河南上蔡县东），士卒不满千人。焘昼夜围攻，肉搏登城，宪督率将士苦战，积尸与城平，魏军踏尸登城，短兵相接，宪锐气愈奋，战士无不一当百，杀敌万人，守军死伤也过半数。焘攻城四十二日，宋将臧质、刘康祖救悬瓠，焘退兵回平城。

接着义隆起大兵伐魏，令王公后妃百官富民各献金帛杂物助军费。富民家产满五十万，僧尼满二十万，并四分借一。全国男丁三丁发一，五丁发二，集中广陵（江苏江都县）、盱眙待命，王玄谟率水军入黄河，臧质直趋许（河南许昌县）、洛（河南洛阳县），刘秀之牵制秦陇。焘率兵号称百万渡河击宋，王玄谟大败，死亡万余人，委弃军资，器械山积。宋将柳元景、薛安都攻陕（河南陕县），魏洛州刺史张是连提率众二万救陕。安都怒目舞矛，单骑突阵，所向无敌，杀魏兵不可胜数。第二天又战，曾方平对安都说：今天是我死日，你不前进，我便杀你，我不前进，你便杀我。安都答道：你说的是。二将合力击魏，全军齐奋，从早晨到日仄，魏兵大溃，斩张是连提，魏将士死亡万余人。魏将拓跋仁攻破悬瓠、项城（河南项城县），刘康祖率兵八千人击仁，下令军中，顾望者斩首，后退者斩首。魏兵四面猛攻，康祖督将士死战，一日一夜杀敌万余人。康祖身受十创，意气愈盛。魏军分三部，轮流进攻，纵马负草烧军营，康祖且战且救火，有流矢贯康祖颈，坠马死。宋军失主将溃散。

魏攻彭城（江苏铜山县）不克，进兵至淮上。义隆遣臧质将万人救彭城，至盱眙，兵溃，质弃辎重器械，将七百人赴盱眙城。盱眙太守沈璞有精兵二千人。部属劝璞不纳臧质，免得将来有功被质分去，逃走时舟车不够使用。璞叹道：准备舟车逃难，我早就不想了。鲜卑残暴，古今少有，屠杀的惨状，诸君还没有看饱么？人民被驱还北国当奴婢，算是最大的幸运，臧质残兵难道不怕，所谓同舟共济，胡越一心，我决不能贪功拒绝他。璞开门纳质，协力守城。魏攻盱眙不克，直趋瓜步。建康畏惧，内外戒严，畿内民丁尽发，王公以下子弟悉数从军，沿江六七百里，水陆坚守，魏不能渡江，退兵攻盱眙，又不克。拓跋焘向臧质求酒，得了一瓶便尿，怒攻三十日不拔，止得退走。宋国兖、南兖、徐、豫、青、冀六州经魏兵屠烧，成了白地，春燕归来，在树林造巢。宋从此国力大衰。魏士马死伤过半，焘回国被侍臣杀死。南北两朝都疲惫不能再举。

齐萧鸾建武二年，魏元宏亲率大兵三十万伐齐。魏将刘昶、王肃众号二十万攻钟离（安徽凤阳县东北），历时长久，魏兵多死。元宏到邵阳，筑城洲上（洲在钟离城北淮水中），栅断水路，夹岸筑二城。齐将萧坦之遣裴叔业攻拔二城。元宏屡战不胜，撤兵北归。魏使官卢昶、张思宁先被齐留在建康，齐人恨魏，饲昶等蒸豆，当作牛马看待。昶怖惧，泪汗交流，勉强食豆。思宁不屈死。齐放昶还魏。元宏责昶道：人谁不死，何至自同牛马，屈身辱国，就使不学苏武，难道不怕思宁笑你。斥昶为民。这次战争，魏没有占优势，此后北人普遍存着畏惧南侵的心理。

萧衍天监五年，魏将元英、杨大眼率众数十万攻梁，围钟离。衍遣曹景宗都督诸军二十万，救钟离。钟离城北阻淮水，魏人在邵阳洲两岸造桥。英据南岸攻城，大眼据北岸作英军后援。钟离兵止三千人，守将昌义之督率将士随方抗御。魏军使汉人负土填堑，鲜卑骑兵从后驱迫，人土并坠堑中，顷刻堑满。魏军昼夜苦攻，分队代进，一日战数十合，前后杀伤万计，魏尸骸与城平。衍又遣韦睿将兵救钟离，受曹景宗节制。僚佐畏魏兵势盛，劝睿缓行。睿说：钟离危急，我军飞奔往救，还怕失机，你们不要恐慌。睿行十天到邵阳，景宗招待甚优。衍喜道，二将和，定得胜利。景宗在洲上筑城，器甲精新，军容严肃，魏人望见丧气。城中知有援军，勇气百倍。杨大眼勇冠全军，将万余骑来战，所向披靡。睿结车成阵，硬弩二千一时并发，矢贯大眼右臂，大眼退走。次日元英自率兵来战，睿上阵指挥，一日数合，英败退。魏军黑夜攻城，飞矢如雨，睿立城上防御，魏又败退。景宗、睿率水军各攻一桥，睿攻南桥，景宗攻北桥。睿使冯道根、裴邃、李文钊等率战舰先发，尽杀魏洲上军。别用小舟载草灌油，乘风烧桥，风怒火盛，烟尘晦冥，敢死士拔栅斫桥，转眼间桥栅全毁。道根等身自搏战，全军奋勇，呼声动天地，无不一当百，魏军大溃。元英见桥断，脱身弃城走，大眼也烧营逃去。诸垒相次崩坏，魏人溺死十余万，斩首又十余万。睿遣人通知昌义之，义之悲喜，不及答话，大叫再生！再生！诸军追逐魏败兵，沿淮百余里，尸体满布，生擒五万人，收得资财、器械牛马驴骡不可计数。义之请景宗、睿宴会，置钱二十万赌博助兴，睿故意输败，送钱给景宗。诸将争先向萧衍报捷，睿独居后，尤为世人所崇敬。这次战争,梁得全胜。说明魏到元恪时代内政衰乱,国力已没落不振。

萧绎都江陵称梁帝,承圣三年,西魏宇文泰遣常山公于谨、中山公宇文护将兵五万攻江陵。绎令大将王僧辩入援,镇南将军王琳使裴政走小路见绎,魏军获政,令政到城下说:“王僧辩闻江陵被围,已自称帝,王琳孤弱,不能来援。”政大声对城上人说:“援兵大至,你们努力。我因走小路被擒,誓碎身报国。”监视人大怒,击碎政口。魏军四面攻城,胡僧祐亲冒矢石,昼夜督战,魏不能胜。僧祐中流矢死,魏攻破南城,城北诸将仍苦斗,日暮众溃散。绎焚所聚古今图书十四万卷,说道:“我读书万卷,还不免有今天。”使人起草降书,谢答仁、朱买臣谏道:城中兵不少,夜间率众突围出城,渡江就任约,约筑垒马头岸,隔着大江,可以抗敌。绎怕骑马,又怕步走,认渡江事必无成。答仁愿亲自扶马,绎问王褒,褒说:答仁是侯景余党,不可信,被他出卖,不如自己投降。答仁请守子城,收兵可得五千人,王褒以为不可。答仁求见绎,被褒拒绝,怒极吐血逃走。王褒上书于谨,自称常山公家奴王褒。褒是南朝著名文士,贪生无耻如此。绎骑白马著白衣出东门降魏,魏军士反绑绎,路遇于谨,牵绎使跪拜。与绎争位不胜,奔降西魏的萧詧取绎入营,大肆侮辱,用土囊压绎死。魏虏江陵王公以下及百姓男女十余万人分赏三军做奴婢,驱归长安,城中老弱都被杀死。

魏立萧詧做梁帝,借给荆州土地。詧居江陵东城,魏置防兵居西城,监视萧詧。詧部将尹德毅先曾说詧道:魏人贪残,江东涂炭。殿下引魏入寇,杀人父兄,孤人子弟,人人怨恨,如何立国,魏全国精粹集中江陵,我想殿下可设盛会,欢宴魏将。伏武士杀于谨等,分遣诸将袭杀魏兵,魏人新胜骄慢,事必成功,安抚江陵士庶,招来王僧辩等，迁都建康，可立大功。詧犹豫不决。后来魏兵杀掠梁民，仅让詧居西城拥空号，詧悔叹道：恨不用尹德毅的计策。荆州是南朝上游重镇，经这次战争，南朝土地更削小了。

隋杨坚开皇八年，命晋王杨广、秦王杨俊、清河公杨素为行军元帅。广出六合（江苏六合县），俊出襄阳（湖北襄阳县），素出永安（湖北松滋县），刘仁恩出江陵，王世积出蕲春（湖北蕲春县），韩擒虎出庐江（安徽庐江县），贺若弼出广陵，燕荣出东海（江苏东海县），兵五十一万八千，水陆军东西数千里，大举攻陈。隋军临江，陈人震骇，陈帝陈叔宝对群臣说：我受天命做天子，齐兵三来，周兵两至，都大败回去，隋兵来做什么！叔宝依旧饮酒赋诗，昏睡到午后才醒。开皇九年，贺若弼进据钟山（南京东北十八里），韩擒虎屯新林（离南京二十里），王世积水师出九江，陈人大惧，相继降隋。建康守军十余万，叔宝性怯懦，不达军事，日夜啼泣，军政处分，一切委奸臣施文庆。叔宝忽然说道：兵久不决，令人气闷，可呼萧摩诃出兵打一仗。任忠叩头，苦请坚守勿战，叔宝不听，命摩诃、鲁广达、任忠、樊毅、孔范出击贺若弼，陈兵大败溃散。任忠降韩擒虎，引擒虎入朱雀门。忠对守军道：老夫还投降，你们战什么！守军走散，城内文武百官都奔遁。叔宝率张贵妃、孔贵嫔等美女十余人逃入辱井（本名景阳井，因叔宝投入，称为辱井）。隋军投绳井中，呼叔宝不应，声言要下石，叔宝惊叫，与张孔二人同缚上来，投降隋朝，陈亡。

江南自东晋以来，刑法疏缓，士族世家陵侮寒贱，把持各种优厚的权利。隋平陈，悉用北人作守令。苏威作《五教》令陈民诵读。民间又讹传隋将徙民入关，远近惊骇。豪强婺州汪文进、越州高智慧、苏州沈玄憎自称天子，乐安蔡道人、蒋山李棱、饶州吴世华、温州沈孝彻、泉州王国庆、杭州杨宝英、交州李春等自称大都督，各聚徒党，鼓动人民，举兵反隋。大部有众数万，小部数千人，攻陷州县，执隋官或抽肠或割肉，骂道：还能迫我读《五教》么？陈故地纷纷反叛，隋大将杨素率兵屠杀，击破诸叛军，江南平定。这一战争，不仅消灭陈氏政权，连作为南朝政权基础的士族势力，也同时消灭。

南北两朝长期战争，谁的政治较好，谁的内部比较统一团结，谁就在军事上获得胜利。北方依靠兵多马多，南方依靠长江天险，这只是不甚重要的条件。决胜败的主要条件，还是在于谁的政治较好和谁的内部较能统一团结。

简短的结论

长期停顿在氏族社会，刚开始转到奴隶社会的拓跋族，因侵入中原，迅速飞跃进入封建社会。他们保持强烈的野蛮性，屠杀剥削，竭尽摧残的能事。当时北方汉族，遭受多种的痛苦。动辄被灭族，动辄被罚做奴隶，又加上残酷的租赋徭役以及种族的侮辱，无数压迫，一齐放在亡国的汉族肩上了。

拓跋族没有文化，本不能统治中原，可是无耻的士族（地主），为了保护自己的利益，降附鲜卑，教给他统治的方法，共同来剥削汉族平民。

汉族平民起初仰望南朝的援救，每遇北伐军来，自动聚众送义租，希望北伐成功，结果总是失望。后来改变方式，凭自力反抗压迫，农民起义广大发展，终于摧毁拓跋氏政权。

元宏开始大改鲜卑旧俗，尽量接受中国文化，封建制度到元宏时代才详备。同时贵族官僚愈益奢侈腐朽,魏从此衰乱不振。佛教的盛行,也成为衰乱的重要原因。

鲜卑化的高齐,华化的宇文周,东西对立,周灭齐,显示华族文化的力量,终于战胜了野蛮的鲜卑人。

南北战争,也就是华夷民族的战争,战争中指出谁政治较好,谁内部团结,谁就能获得胜利。

第七章　秦汉以来文化概况

第一节　儒家学派

战国儒学分孟荀两大派。孟派法先王，荀派法后王。秦嬴政时代，两派冲突非常激烈，丞相李斯是荀子门人，最能迎合嬴政的意旨，创立许多新制度。可是孟派儒者，混杂阴阳五行家的迷信、方士（方士自称有长生不死的秘方和奇药）的神仙，也很得嬴政的尊宠。始皇三十四年，李斯借儒生是古非今的罪名，劝嬴政烧毁民间藏书。第二年活埋儒生四百六十余人（孟派），孟派大受打击。做博士官的大抵是荀派传经之儒，幸存的孟派，再不敢议论政治。

西汉刘彻以前，统治者知道要巩固政权，必需使人民有休养生息的机会，所以采取黄老刑名的学说，用权术严刑驾驭官吏，使不敢过分作恶，儒学虽立博士，却并不重视。当时著名儒生，有的兼阴阳五行（如贾谊），有的兼黄老刑名（如晁错），没有纯粹的儒学。刘彻初年，罢斥诸子百家，独尊儒学。这是因为统治者喜欢阴阳五行家的运命论，又喜欢黄老刑名家的专制术，同时更喜欢儒家的三纲五伦说。原来的儒家，没有充分发挥前面那两种学说，等到贾谊晁错，居然融会贯通起来，适合朝廷的需要，因此，刘彻很慷慨地提高儒家独尊的地位。被称为汉朝唯一大儒的董仲舒，尽量发展这些学说，而且归纳到《春秋公羊传》一部书里面，使儒家独尊的地位愈加巩固。议政断狱，《公羊传》都能够对付。

刘彻时代国力发展到最高点，他想制礼作乐，粉饰太平，又想发扬兵威，满足本人侵略的野心。于是儒家尤其是公羊家大受宠用。武帝征伐匈奴，藉口匈奴曾经侮辱过刘邦和吕雉，公羊家说，国君应该报九代甚至一百代祖宗的怨仇。武帝征伐其他蛮夷，公羊家说，《春秋》主张大一统，什么外国都应该来归附。武帝对臣下严刑杀罚，公羊家说，《春秋》诛心，心里犯罪的就该杀罚。凡是皇帝要做的事，全合于《春秋》的道理，法先王也就法了后王。公羊家把孟荀两派统一了，同时儒道刑名也统一了。

刘奭时代政治腐败，君权衰落，儒家也恢复柔懦庸碌的作风，公羊家被诗家（据说诗家是温柔敦厚的）代替了。儒学排斥黄老刑名的成分，尽量扩大阴阳五行，孔子俨然成为巫师，儒经与纬候（大体是怪异迷信等事，假托孔子所传）、图谶（预言）并行。西汉末年，纬候有八十一篇，图谶有十余家，比原始的阴阳五行学，更荒谬得多。王莽篡汉，谶纬曾是重要工具之一。汉朝利用儒学巩固政权，结果儒学腐化了它，并且促成它的溃灭。

西汉人写经用当时通行的隶字，称为今文经。王莽为迎合一般人复古的心理，提倡用篆字写的旧本经书，称为古文经。从此儒经有古文今文的对立。古文经西汉很少流传，容易附会和修改，又不讲谶纬，可以争取一部分反对谶纬者的信仰。王莽运用复古迷信两个工具，完成篡位的事业。

东汉刘秀崇尚谶纬，强迫臣下不许怀疑，用人行政，都是依据谶纬的预言。统治者要证明自己受天命做皇帝，这确是最好的方法。古文经专讲训诂制度,与当前政治隔离很远,所以也得到朝廷的赞助。今文经在东汉,完全处于劣势,不为朝野所重视。东汉末年,郑玄融合古文今文谶纬为一体,号称郑学。既不谈思想,也不谈政治,止是一种烦琐的训诂学,在大混乱的时代,郑学正适合儒家明哲保身的传统习惯,因此流传很广,而且很久。

从汉末经三国到六朝,思想界被道家、佛教占领了,政治界被刑名家、清谈家占领了。西晋末年,五胡侵入,两汉博士传授的经说,随着政治崩溃而灭绝了。南北朝儒生讲经,主要的是郑学,因为南北朝讲究丧服,郑玄注三礼(《仪礼》、《周礼》、《礼记》)最称精密,讲丧服不能不依据郑学。

南北朝尤其是南朝,盛行士族制度,贵族要表明自己门第的清高,必需严格辨别亲疏尊卑的等次,因此丧服学,比汉儒讲得更精密。

道家、佛教的发达,刺激了儒家,一部分儒者也曾在思想上参加了斗争。不过统治阶级感觉到利用佛教效力更大,所以儒家无法挽救它的衰落。

第二节　道家与道教

李耳创立的学派,叫做道家。道家不信鬼神,反对前知,专讲"人君南面之术",就是讲君主怎样统治臣属的方法,丝毫没有宗教的意味。

燕齐是滨海的国家,有所谓"迂怪之士",大概受沧海渺茫、蜃楼变化的影响,幻想海中有神山,山上有与天地同寿的仙人。他们讲的是不死药、黄金方、房中术,利用富贵人贪财、好色、怕死的弱点，大言诱骗，丝毫没有学理的根据。这种人叫做方士、术士或神仙家。燕昭王、秦始皇、汉文帝、武帝都上过大当。

方士曾与儒家合流，战国时齐有掘药的老儒，秦始皇求仙，博士做仙真人诗。西汉盛行阴阳五行化的儒学，著名儒者董仲舒会作法求晴雨，刘向依淮南《枕中鸿宝》（淮南王刘安著）炼黄金。东汉崇尚谶纬，方士儒生更无甚分别。《后汉书》方术传所载方术士，很多就是儒生。又方士魏伯阳附会《易经》做书叫《参同契》，专讲炼丹的秘法，儒者张衡做《同声歌》，认男女按图淫戏是仙术。可是因为古文经学在东汉发展起来，儒与方士不能不逐渐分离。

墨子主张有鬼神，方士造墨子《枕中五行记》五卷，可是墨学在汉朝早经灭绝，所以不能多作附会。老子《道德经》里有许多恍恍忽忽、似懂非懂的话，如“玄之又玄，众妙之门”；“谷神不死，是谓玄牝”；“善摄生者，陆行不遇凶虎，入军不被甲兵……以其无死也”；“深根固柢，长生久视之道”，给方士穿凿附会最好的资料。因此方士确定黄帝、老子是神仙。东汉浮屠（佛）黄老并祭，黄老从道家被拉到道教去当祖师。道士的名称，也从东汉开始。

佛教传入中国，带来很多经典神话和宗教仪式。魏晋时代，方士模仿佛教，把天堂地狱、因果报应一类骗人法宝，悉数偷来，造出一大堆所谓道经的东西。佛教还算有整套的唯心派哲学，道教却止是浅薄鄙陋、支离矛盾的连篇梦话。

道教偷佛教的法宝，又对佛教争夺宗教地位。魏晋称佛教徒为道人，道教徒为道士，佛道俨然对立。道士王浮作《老子化胡经》，说老子到维卫国，入清妙夫人口中，后破左腋，产生释迦。道士顾欢作《夷夏论》，张融作《门论》、《三破论》，说佛教礼拜是狐蹲狗踞，剃光头是受髡刑，不娶妻是绝恶种。佛教徒也大造谣言，说释迦比老子更尊贵。两方丑恶,互相揭发,完全说明一切宗教,无非是自欺欺人的可耻伎俩。

道教集中国传统的鬼神迷信贪污淫秽一切黑暗卑劣思想的大成,再加佛教虚幻妄诞的骗人新法,造成中国独有的宗教。所谓长生不死,白日飞升,妻妾甚至鸡狗都跟着上天,很能满足富贵人的愿望。所谓呼风唤雨,捉鬼驱妖,避灾免祸,制造黄金白银,使用不尽,很能满足贫贱人的愿望。所以道教虽说一无可取,社会基础,却很稳固。

历史上农民起义,往往借道教作号召。因为道教自称能算天命,画符持咒,役使鬼兵、神将,又有避免死伤的法术,容易鼓起农民的胆量。不过这种队伍,掠夺金银妇女是不能禁止的,一遇强敌,必然溃散。

东汉儒生乔装极端虚伪的礼教,统治阶级也腐败到不堪的地步。三国时代曹操、诸葛亮改用黄老刑名治国,重儒旧习因而转变。魏国王弼、何晏提倡老子庄周的学说,接着嵇康、阮籍更标榜放荡自然,大胆破坏礼教,造成清谈家的新道家(尊老庄)。嵇康斥六经是秽物,读经是鬼话。阮籍斥礼教之士,是破裤里的虱子。嵇、阮在思想上给儒家很大的打击。此后清谈盛行,老庄成为贵族享乐的玩具。到东晋末年,道佛二教冲突转剧,清谈家逐渐消灭。

第三节 佛教

秦始皇二十六年临洮(甘肃岷县)发现十二个穿外国衣服的大人(据说身长五丈,足长六尺)。三十三年,禁“不得祠”。“不得”

大概是浮屠的译音。也许始皇时,印度佛教徒已到中国西部传教。

汉武帝通西域,佛教可能流传过来。东汉初,楚王刘英祭祀黄老、浮屠。明帝永平八年赐楚王诏书,有“伊蒲塞”、“桑门”等译名。朝廷不以祭浮屠为疑怪,而且称它为仁祠,可见当时早有传教的胡僧,为统治阶级所默认。

相传汉明帝梦见丈六金人,头上发光,飞行殿廷,醒后派人去印度求经,中国开始有佛教。又传西汉刘向作《列仙传》,称佛为黄面夫子,神仙一百四十六人,其中七十四人见于佛书。这都是僧徒伪造证据,抬高自己的地位,不可信。

西晋以前,传教全是胡僧,中国人很少出家做僧尼。胡僧言语隔阂,译出经典,文义僻涩,不为士大夫所尊信。清谈家讲论名理,不出老庄的范围,文学家著作,也从不着佛学的形迹。东晋清谈家大抵兼通佛经,文学家喜用佛经语,中国名僧如支遁、释道安、释慧远等人,阐扬教义,声望很高。鸠摩罗什精通汉文,翻译经典,一变以前体制,佛经才广泛流传。佛教到东晋开始发展,梁武帝时代,发展达最高点。南北朝三百年,佛教在精神界占了统治的地位。

一个外来宗教,何故这样繁荣呢?

西晋统治阶级生活极端腐化,表面清谈放旷,不屑尘俗,实际穷奢极欲,怠惰贪鄙,无恶不作。终于五胡侵入,政权崩溃,一部分逃窜南方,回想昔日洛下(西晋都洛阳)盛况,感受深刻的痛苦,需要更有效的麻醉剂来解脱烦恼,佛法谈无常、苦、空、无我四大原则,无疑地应该是当选了。侵入中原的五胡,本是野蛮被压迫民族,文化方面,一无所有,又是佛教乘虚而入的好机会。北朝两次灭佛兴道,南朝始终尊信佛教,说明在失败柔弱的社会里,佛教应该有更巩固的基础。

佛教讲不杀、不盗、不淫、不欺骗、不饮酒，称为五戒。又不犯杀、盗、淫、妒忌、忿恨、愚痴、谎话、巧辩、挑拨、恶骂，称为十善。违犯或奉行五戒十善，依轻重受天堂、人类、畜生、饿鬼、地狱五种报应。心中起一恶念，就得恶报，所以必需慎独防微，不让恶念发生。菩萨的本领，忍辱最是伟大，学做菩萨，对任何辱骂、毒打、虐待，不该计较。人生富贵贫贱，都是宿缘运命，好比春夏秋冬，不能拒它不来，也不能留它不去，所以应该一心听命。人的精神永久存在，肉体暂生就坏，精神偶寓在躯壳里，好比人住客店，止要修炼精神，死后自有更好的住处。一般人民受尽现实的痛苦，容易接受来生享福的幻想，因此佛教在下层社会也广泛流传起来。这一套骗人到死的理论，统治阶级那得不大欢喜。提倡佛教，比设立无数监狱，豢养无数暗探，更有效果，怪不得梁武帝说孔子、老子是佛的学生。

佛教极重布施，说有无限福德，至少死后免做饿鬼。这样，寺院获得很大布施，僧徒可以饮美酒，吃肥肉，养妻子，做卖买（见牟融《理惑论》、梁武帝《请诸律师断酒肉》）文，过快乐生活。僧徒有钱建筑大厦，雕刻佛像，一部分财物间接周转到穷苦工人，大寺院还养活着若干穷读书人，教他们写文章赞扬佛法，无意中替统治者减弱革命的发动。

佛教不仅在思想上发生极大影响，文学方面传来调平仄的方法，经过六朝文人的研究、运用，骈文转成四六，古赋转成律赋，古诗转成律诗，再转为宋词、元曲，如果没有平仄，就不会有唐以后的文学。其他如理学、音韵学、印刷术，以及雕刻、建筑、音乐等类，都与佛教有密切关系。佛教是中国文化重要的构成部分。

第四节 儒佛道的斗争

西汉刘询以前,儒道并用。刘恒、刘启时代道家较占优势;刘彻、刘奭时代儒家较占优势。从刘奭到东汉末年,儒家战胜道家,独掌学术界的霸权。儒家本身也就腐败庸俗到不堪的地步。

三国魏晋,道家复兴。王弼、何晏尊道而不攻击儒,到嵇康、阮籍才猛烈攻击儒学。道家独霸思想界,清谈成为时代的特产,权术的黄老化为放荡的老庄,方士的神仙,也混合在道家里面,道家包含清谈和神仙两派了。东晋时代,两派各自发展。神仙派转成道教,联合儒家攻击佛教,清谈派取佛理作谈助,逐渐被佛教融化而归于消灭。

宋齐时代道佛冲突,各造伪书,互相责骂。佛徒作伪技术较巧,战败道士。在北朝,道士得儒生的援助,两次打击佛教。道士寇谦之自称天师,魏拓跋焘及儒者崔浩很信他,终于大杀僧徒,得了第一次的胜利(四四六年)。北周宇文邕重道尊儒,勒令僧尼还俗,设立通道观,选僧徒学道教。这是第二次胜利(五七四年)。不过两次都是暂时的胜利,因为道教的骗人术,到底比佛教差些。

在南朝,统治阶级很聪明地运用佛儒两个工具,不重道教。梁萧衍时,佛教极盛,儒者范缜提出一篇《神灭论》,引起佛儒的冲突,理论上范缜战胜了。

佛教说人死精神不灭,精神永远存在,肉体(物质)随时生灭。范缜针对着佛教这个基本观点,提出恰恰相反的神灭论,证明物质是实在的，精神是附生的。设为问答三十余条，大旨如下：

（一）精神是肉体（物质）的作用，肉体是精神的本质。肉体存在，精神也得存在；肉体死灭，精神也就消失。好比一把刀，精神是犀利，肉体是刀口，没有刀口，就不会有犀利。所以没有肉体，也就不会有精神。

（二）物质有多样的种类。譬如木是无知的物质，人是有知的物质。人死了，身体变成像无知的木质，因之死人也就像木质的无知。

（三）物质变化有一定的规律。譬如树木，先是活树，后是枯木，枯木决不能又变活树。犹之活人要死亡，而死人决不能再变活人。

（四）心脏（那时候不知道脑的作用）是思想的器具。心脏有病，思想就错误，可知精神是物质（心）的产品。

（五）鬼神是没有的。古人祭祀祖宗，只是教人孝弟，不是说真有鬼神来饮食。妖怪也是没有的，古书记怪事，不可凭信。佛教说人死变鬼，鬼又变人，是毫无证据的谎话。

范缜在《神灭论》结论上说，富贵人不惜竭财破产布施富僧，对贫穷人丝毫不想救济。因为布施富僧有升天的希望，救济穷人得不到一些报酬。国家贫弱，人民困苦，都是相信精神不灭的缘故。归根到底，止有耕田吃饭，养蚕穿衣，才是人生真实的事实。

《神灭论》发表以后，引起统治阶级几乎全体的反对。他的表弟萧琛，贵官沈约、曹思文，都做了《难神灭论》，僧徒认为是最好的文章，选录在《弘明集》里。可是他们立论非常支离空虚，只能拿些书本上写的鬼神来证明鬼神，究竟神鬼在那里，谁也不能答复一个字。范缜当时自称“辩摧众口，日服千人”，确是事实。因为站在真理方面，不怕任何反驳，离开真理的反驳，又必然只有失败的前途。

如火如荼的论战，使佛教濒于危机了！朝廷用大官诱范缜，又被严厉拒绝了！萧衍止好凭他皇帝的威权，下一道敕书禁止范缜发言。僧徒释法云奉敕书作救命法宝，普遍送给王公朝贵们看。王公朝贵们给法云回信的凡六十二人，没有一人能说些真实理由，止是空骂范缜一顿，总算把危机度过了。

简短的结论

战国时代，儒虽称显学，在政治上实未尝得势，秦嬴政立博士七十人，其中有占梦博士，儒学博士与方士杂技并列，卑微可知。

汉初重黄老，但立博士限于儒经（老子立博士，不久即废），形式上儒家地位提高了。武帝罢黜百家，独尊儒学，地位又提高一步。刘奭以后，儒在实际上真正独占了学术界全部。

从汉朝起，历年二千，儒学成为中国文化的基干。其间或兴或衰，却没有一个学派或宗教，能夺取它的正统地位。严格拥护封建社会的等级制度，是不败的原因之一。能吸收敌对学派或宗教的某些特长，来充实自己，使适合统治阶级的需要，是不败的原因之二。

阴阳五行和黄老刑名，被儒家同时吸收。等到一定时机，儒家排除黄老刑名，尽量发展阴阳五行。阴阳五行被人烦厌，它又转变为专讲训诂名物、典章制度的古文经学，退出思想界，静观新兴老庄学派的发展。这是两汉儒学的一般状况。

魏晋以来，老庄极盛，儒学又吸取老庄简易清通的方法，来讲经学，讲经称为南学。北方儒者保守汉儒烦琐支离的旧风，称为北学。南学是古文经学摆脱阴阳五行，战胜今文经学，又战胜北学，建立唐朝经学的基础。这是魏晋南北朝儒学的一般状况。

南北朝儒道佛鼎立，道佛斗争，儒守中立。两教都引儒自重，不敢向儒进攻。同时儒学又吸收道佛，经过唐朝，成立宋朝的理学（亦称宋学）。宋学战胜汉学，又战胜道佛。

夺取敌人的主要武器，来战胜敌人，放弃旧的儒学，建设新的儒学，是儒家传统的本领，也就是永远被封建统治阶级提倡尊重的主要原因。

第三编

封建制度社会螺旋式的继续发展到西洋资本主义的侵入

——隋统一至清鸦片战争

（五八九年——一八四二年）

第一章 南北统一时代——隋

五八九年 — 六一七年

第一节 统一后经济的发展

周宇文赟荒淫残虐，在位两年死，年二十二。后父杨坚入宫总揽大权，废赟子阐自立，国号隋，年号开皇。开皇九年灭陈，南北朝从此统一了。

坚父杨忠是周功臣，赐姓普六茹氏。坚小名那罗延。妻独孤氏，鲜卑大贵族。坚畏惧独孤氏，不敢近妃妾，不敢纵侈欲，成为历史上著名节俭的皇帝。独孤氏与坚共同掌握政权，宫中称为二圣。坚屠杀宇文皇族及周朝勋臣，对一般鲜卑贵族却照旧重用，尊重他们在政治上经济上的权利，避免各族间的纠纷，所以政权也就巩固起来。

取得人民的拥护，是巩固政权最基本的因素，坚篡周前，就在政治上经济上有些改革，人民久苦虐政，自然对他怀抱好感。周臣尉迟迥、王谦、司马消难等起大兵反坚，都很快败灭。人民力量的伟大，于此可见。

坚即位后，首先整顿钱币，铸标准的五铢钱，每一千重四斤二两。钱周和钱孔,都有边廓,不易磨取铜屑。禁用古钱及杂钱,各关置样钱百枚,旅客过关,勘钱合样,才得通过,不合样没收销毁,铜入官库。从此钱币逐渐统一,流布全国,人民称便。

周法烦虐,坚首先制定隋律。命裴政等十余人采魏晋以下至齐梁各朝法律,讨论沿革轻重,务取折衷。废前世枭(悬头木上)、镮(车裂躯体)及鞭法。非谋叛大逆,不用族诛。定死刑(绞、斩)、流刑三(二千里至三千里)、徒刑五(一年至三年)、杖刑五(六十至一百)、笞刑五(十至五十)。又废前世讯囚酷刑,拷打不得过二百。民在县受枉屈,得依次经郡州以至朝廷申诉。全律凡五百条,十二卷(一名例,二卫禁,三职制,四户婚,五厩库,六擅兴,七贼盗,八斗讼,九诈伪,十杂律,十一捕亡,十二断狱)。北朝异族统治,人民备受虐待,杨坚新律给人民生命财产有些保障,官吏豪强,不得无限止侵夺。这在古代确是最进步的法律,所以唐宋以下,多遵用隋律。

北朝依南朝例,空立郡县名目,或地无百里,数县并置,或户不满千,二郡分领,民少官多,耗损租调。坚废郡立州,并小为大,存要去闲,地方行政组织,因此厘定,人民减轻了不少负担。

隋政权依这些改革而巩固了,灭陈后南北统一,经济更得发展的机会。坚在位二十四年,始终爱惜物力,保持俭素的生活,对贪官污吏,刑罚极严,剥削既相对减轻,经济因而顺利地发展。从开皇到大业(杨广年号)三十年间,人口大量增加,这说明三国以来社会长期的衰落,到隋时又走上繁荣的途径。

土地——隋遵北齐制度,一夫受露田八十亩,妇四十亩;又每夫给永业田二十亩(桑田或麻田),课种桑榆枣等树。齐时豪贵盛行兼并，侵占河渚山泽肥饶的土地。豪贵互争，有三十年未了的狱讼。贫户被苛税困迫，出卖田业，浮浪远方，不愿回乡受田。高洋时宋世良上书请把富家牛地（牛一头受田六十亩）分给贫人，朝臣称世良说合理，但并不采用。富家利用奴婢牛受田的制度，迫使贫人无立锥的土地（宋世良语），甚至宁愿弃地逃走，所谓均田制度，实际已不存在。开皇十二年，坚派使官四出均田，狭乡每丁仅得二十亩，老少所得更少。宽乡民丁受田，亩数自当增加，是否尽如均田定制，一夫一妇受田一百四十亩，没有确证。不过豪强兼并，多少受些限止，贫民也就得到喘息的机会，逐渐繁殖起来。

租赋徭役——隋遵齐制，丁男一夫一妇称为一床，一床出租粟三石，调绢一匹（后减为二丈），绵八两，垦租二石，义租五斗。单丁称为半床，租调准丁男的半数，隋租赋名义上与齐同，实际比齐大。北宋沈括《梦溪笔谈》说，秦汉以前，六斗当今（北宋）一斗七升九合，三斤当今十三两。两汉一斛（十斗）当今二斗七升，一百二十斤为石，当今三十二斤。可见汉时斗称比周秦大。唐孔颖达《左传正义》说，魏齐斗称一，等于古斗称二，周隋斗称一，等于古斗称三。是周隋又大于魏齐。唐杜佑《通典》说，六朝量三升当今一升，称三两当今一两，是唐斗称遵用隋制。所以顾炎武《日知录》说，三代以来斗称至隋大变。隋租既比齐重，何以人口还能繁殖？这由于隋徭役确比齐周减轻得多。齐制男子十八岁以上六十五岁以下为丁。十八岁受田输租调，二十充兵，六十免役，六十六退田免租调。周制凡民自十八至五十九岁，每岁都得服力役一个月，称为十二番法（宇文赟增一月为四十五日）。杨坚改定二十一岁为成丁（杨广改为二十二岁），五十岁免役。减十二番为每岁二十日役，徭役减轻,生产力自然增进。此外未曾受田的人民,得免课租调,有品(官品)爵及孝子顺孙义夫节妇,得免课力役。一般说来,杨坚时代徭赋比较宽舒,赏赐耗费比较有节,国库出入,大致相等,户口每岁增加,这是主要的原因。

户口——开皇初年,定五家为保,保有长,五保为闾,四闾为族,闾族有正。畿外置里正、党长,里正等于闾正,党长等于族正。这些正长,都负检察的责任。又令州县大括户口,悬赏民间互相告发,正长隐漏不实,流配远方。亲属大功(九个月的丧服)以下(堂兄弟)各立户头,不得合籍冒滥。又从高颎议,制定输(租赋)籍(户籍)定样,每年正月五日,县官亲巡查阅户口,按照路途远近,五党三党共为一团,依样定户等上下。经过这种严格检查,计增四十四万三千丁,新附一百六十四万一千五百口。此后户口逐年增加,到大业二年,得户八百九十万七千五百四十六,得口四千六百一万九千九百五十六。垦田数目,开皇九年一千九百四十万四千二百六十七顷,大业时增至五千五百八十五万四千四十一顷。大业户口和垦田也许含有夸张的成份,不过离实数也不能很远。试看北魏元宏时代,北方地区已有三千万人口,元宏上距西晋司马炎太康时代约二百年(其中有一百年以上的混战),除去太康时长江流域(吴蜀两地区)的户口,单就北方地区说,元宏时户口实比太康增加一倍以上。元宏到大业约一百年(其中有五十年混战),大业包括长江流域人口,全国总数仅比元宏时增加半倍。足见这个数字,不能指为全出伪造。按周末人口仅九百万,陈仅五十万户(约二百万口)。到大业增至四千六百万口,约得四倍。其中一部分由于人口生产率的提高,大部分还是由于荫附冒滥的革除。开皇大业两个垦田数字，相差很大。大业垦田比开皇增加一倍半，当然，开荒以外，主要来源仍在豪强侵占田地的逐渐查出。例如尉迟迥反坚，坚遣杨尚希督宗兵三千人镇潼关；尚希是弘农（河南灵宝县）名族，杨家军多至三千人，其他名族随处都有，他们隐没田地，数必不小。在杨坚长期搜索以后，人口垦田大量出现，似乎不足为怪。

封建政权依靠豪强地主的支持，如果搜索过度，势必引起叛变，何以杨坚时代，并没有反抗的记载。原来贵族地主在别一方式下受到魏齐以来未曾有的优待。魏制奴婢纳单丁的半租，齐周奴婢纳良丁的半租，杨广时免妇人及奴婢部曲的课税，这对贵族地主是何等的优待。至于贵族们做官领俸禄赏赐，高级的还封王公侯伯子男等爵位。诸王以下至都督给永业田各有差。京官外官各给职分田，又给公廨田。这种分田，用奴隶佃客耕种，贵族官吏坐收地租。这是从杨坚开国时制定的优厚待遇。

别一优待富人的法令是罢酒坊，开放盐井、盐池，任人民营业。本来齐有关市邸（逆旅）店税，又官置酒坊收利，盐池、盐井禁百姓采用。周有入市税，每人一钱。坚把齐周各种苛敛废除了。坚又造铜斗铁尺，颁布全国，市上交易，依官式作标准。这些法令，很能促进商业的发展。开皇十六年，定制工商不得仕进，保持官与商各自的权利，杨广想获得西域的宝物，令裴矩驻张掖（甘肃张掖县）监护中外互市，重利诱胡商入朝，自此西域蕃客，往来不绝。唐朝国外贸易的发达，从杨广时开始。

隋时工业也颇有进展，吴中豫章等地，织工能夜中浣纱，次晨成布，俗称鸡鸣布。杨素在永安造大战舰，上起楼五层，高百余尺，左右前后置拍竿六枝（拍击敌船），并高五十尺，舰上容战士八百人。宇文恺造观风行殿，离合便利，下设车轮，行军可以携带，合并成一大殿，能容数百人。何稠造六合城，杨广伐高丽，带六合城到辽东，一夜工夫，合成一座周围八里的大城，城上布列甲兵，建旗立仗，高丽惊为神功。这种奢侈不切实用的制品，与社会生产无关，但也算一种技术的进步。

隋朝的经济状况，大体如此。当时农民缴纳的是粟、米、布、帛、绵、麻等物，还是现物地租的形态。官吏领取俸禄赏赐，也是田地奴婢牛马布帛为主要品。商业上钱与帛并用。三国以来，黄河流域因落后民族的侵入与军阀的混战，经济遭受破坏；北魏元宏以后，逐渐恢复两汉旧状。在长江流域，因为中原的生产技术广泛推行，耕地面积扩大，生产力提高，生产物增加，经济不断向前发展。隋朝统一南北，从此中国经济比前一时期推进了一个阶段。

第二节　隋朝的溃败

杨坚在位二十四年，因为他剥削人民较有节制，社会确呈繁荣的景象。坚晚年从独孤后意，废太子勇，立次子广为太子。独孤后死，坚宠爱陈夫人、蔡夫人。坚病重，太子入宫侍疾，迫陈蔡两夫人为兽行。坚大怒，骂道：畜生那堪付大事，独孤误我！令召废太子勇来。广情急，与大臣杨素谋，杀坚自立。这就是历史上著名荒唐的隋炀帝。史籍上关于杨广的记载，难免有夸大之处，但其荒唐、浪费、残酷也确是事实。

广即位后，第一件大事是迁都洛阳。发壮丁数十万掘长堑，从龙门（山西河津县）起，东接长平（山西高平县）、汲郡（河南汲县）抵临清关（河南新乡县），渡河至浚仪（河南开封县西北）、襄城（河南襄城县),达于上洛(陕西商县),作为保护洛阳的关防。每月役丁二百万人,营造东京(洛阳),徙诸州富商大贾及洛阳附近居民数万户充实新都。又造显仁宫(在河南宜阳县),发大江以南,五岭以北奇材异石。又求海内美树名草,珍禽怪兽,输洛阳实苑囿。又造天经宫,取《孝经》孔子说孝是天经(天然常道)的意义名宫,四时祭祀被他杀死的父亲杨坚。又筑西苑,周二百里,苑内有海周围十余里,海中有神山仙岛,高出水面百余尺,台观殿阁,罗列山上,布置非常奇巧。海北有龙鳞渠,纡回注海。沿渠筑十六院,院门临渠,每院置四品夫人一人主院事。堂殿楼观,穷极华丽。宫树秋冬残落,翦彩绫作花叶,满缀枝上,色坏改换新制。池沼内布满绫制的荷芰菱芡,不让池沼冻冰。十六院竞制精美酒食,希望恩幸。广每逢月夜率宫女数千骑,马上奏清夜游曲,游玩西苑。

第二件大事是掘运河。发河南淮北诸郡民丁,前后百余万,开通济渠(汴水)自西苑(谷洛二水会西苑)引谷洛水到黄河,再从板渚(河南汜水县)引河历荥泽(河南荥泽县)入汴。又自大梁(河南开封县)东引汴入泗以达淮河。又发淮南民十余万开邗(音寒)沟(邗沟贯穿扬州城中),自山阳(江苏淮安县)至扬子(江苏仪征县)入长江。全渠广四十步,渠旁筑御道,两旁种柳树。从长安到江都(江苏江都县)置离宫四十余所。又遣王弘等往江南造龙舟及杂船数万艘。东京官吏督役严急,役丁死去半数,骸骨遍地。大业元年三月动工,八月,一切工程完备。广坐龙舟从洛阳出发游扬州。龙舟高四层,四十五尺,长二百丈。上层有正殿内殿东西朝堂。中二层有一百二十房,全用珠玉装饰。下层内侍居住。皇后乘翔螭(音痴)舟,制度略小,装饰与龙舟无异。别有浮景九艘,三层都是水殿,又有漾彩朱鸟苍螭白虎等数千艘,载后宫妃妾诸王公主百官僧尼男女道士蕃客及内外百官饮食用品，共用挽船工人八万余人。船工都著锦彩袍，号称殿脚。又有平乘青龙等数千艘乘载卫兵。船只衔接二百余里，骑兵夹两岸缓步护卫，旌旗蔽空，照耀水陆。所过州县五百里内，令各献食物，一州多至一百台，极水陆珍奇，后宫不胜食用，多埋弃地下。

广即位才一年，就做了这两起大事件，证明当时民间积累的财富确很丰厚。

大业二年，广在巩县东南筑洛口仓，仓城周二十余里，穿大窖三千，每窖容八千石以上。又在洛阳北筑回洛仓，仓城周十里，穿大窖三百。三年，发河北十余郡丁男，凿太行山，通驰道到并州（山西太原县）。又发丁男百余万，筑长城，西起榆林（陕西榆林县），东至紫河（山西平鲁县）。四年，发河北军民百余万，穿永济渠，引沁水入河，北通涿郡（河北涿县）。丁男不足，发妇人充役。又发丁男二十余万，筑长城。六年，开江南河，自京口（江苏镇江县）至余杭（浙江杭县），长八百余里，广十余丈，使可通龙舟，准备东游会稽（浙江绍兴县）。

别一盛大事件是大业六年正月，召集诸蕃酋长到洛阳城。端门街大陈百戏，戏场周五千步，执丝竹人一万八千，声闻数十里。乐人巧工，三四年前从各地召集，广亲自检阅。杂戏有舍利兽先来跳跃，激水满街，鼋鼍龟鳖虫鱼充盈水中，又有鲸鱼喷雾掩日，忽然化成黄龙，长七八丈。又二人戴竿，竿上有人歌舞，从这一竿跳到那一竿。又有神鳌负山，幻人吐火，千变万化，观众目眩。乐工都著锦绣缯帛，舞人悬环佩，缀花球。广令长安、洛阳制衣饰，两京缯帛用完还不够。戏乐自昏达旦，灯火光照天地。终月才罢散，费用巨万。此后每年照例举行，后世所谓元宵行乐，也从此成为风俗。

诸蕃入丰都市（洛阳东市）交易，广先命整饰店肆，檐宇如一，盛设帷帐，珍宝充积，人物华盛，连菜摊也用龙须席铺地。蕃客走过酒食店，店主邀入就坐，醉饱散去，不取报酬。骗蕃客说，中国丰饶，酒食例不取值，蕃客惊欢。有些蕃客知道虚伪，见缯帛缠树，说中国穷人很多，衣不蔽形，为什么不给他们，却来缠树，市人惭愧不能回答。

这些浪费——当然不止这些——的结果，人民生活痛苦，不言可知。当时穷人往往自断手足，避免徭役，称为福手福足，残疾称福，徭役的惨暴可知。不过促使隋加速溃灭的原因，主要还在杨广好大喜功，对外侵略。人民在两重压迫下，不得不起义，推倒杨广的统治。

鲜卑族侵入中国，北境常被新起的野蛮民族柔然（蠕蠕）侵扰，后来柔然衰灭，突厥代兴。突厥是处在氏族社会末期的游牧民族。北魏末，木杆可汗西破挹怛，东败契丹，占有今内外蒙古的全境，征服北方诸戎狄，骑兵多至数十万，成为塞外大强国。佗钵可汗时兵力更强，周齐争结姻好，贡献财物求援，佗钵骄慢，每对臣下说，我在南两儿子常来孝顺，还愁穷么？沙钵略可汗娶周千金公主，隋篡周，公主劝沙钵略起兵四十万伐隋报仇。杨坚命五个元帅出塞迎击，沙钵略大败逃走。后来突厥内乱，沙钵略、阿波、贪汗、达头四可汗争位，各遣使到隋求援，隋助沙钵略，沙钵略大喜，称臣朝贡。沙钵略死，弟叶护可汗立。叶护死，沙钵略子都蓝可汗立。木杆子大逻便与沙钵略有仇，立国西域，称为西突厥。大逻便被叶护捕获，东西两突厥常因仇起战争。都蓝弟突利可汗居北方，遣使请隋赐婚。坚用离间计，厚待突利，嫁给他安义公主，教突利南迁。都蓝怒道，我是大可汗，反不如突利，从此断绝朝贡，抄略边境。突利侦察动静，事先密报，隋边境有备，都蓝不能得志，内争愈烈。突利入塞降隋，封启民可汗。隋助启民，屡败突厥，启民也诚心归顺，杨广时厚给赏赐，曾一次宴突厥部落酋长三千五百人，赐帛三千万匹。其他耗费不可胜计。西突厥也被杨广离间，因内争而破灭。

隋对突厥虽然耗费巨量的赏赐，却得免去战争的折损，所得似乎比所失多些。隋对外最大的损失，是在侵略高丽的三次大战争。

高丽王高汤，隋初每岁朝贡。平陈以后，汤大惧，治兵积谷准备拒隋。汤死，子高元嗣位。开皇十八年，高元寇辽西，坚怒，发水陆军三十万伐高丽。元帅杨谅率陆军出临渝关（山海关），水军总管周罗睺自东莱（山东掖县）泛海攻平壤（高丽京城），因疫病及船覆，水陆两军败退。死亡率竟至十分之八九。高元惶惧，上书请罪，自称辽东粪土臣元，坚也藉此罢兵。

大业六年，杨广伐高丽，课天下富人买军马，一匹贵至十万钱。派使官检阅器仗，务令精新，或有滥恶，使官立时斩首。七年，下诏伐高丽，派元弘嗣往东莱海口造战舰三百艘，官吏督役，工人昼夜立水中，不敢休息，腰以下都生蛆腐烂，死人无数。广率百官驻涿郡，总征天下兵，不论远近，到涿郡集中。又发江淮以南水手一万人，弩手三万人，岭南排镩（小矛）手三万人。又令河南、淮南造兵车五万乘，供载衣甲幔幕。又发河南北民夫，供运输军需。又发江淮以南民夫及船舶运黎阳（河南濬县）及洛口诸仓米至涿郡，船舶衔接千余里。载兵甲攻具，路上民夫往返，经常数十万人，尸体堆积，臭秽满路。八年正月，大军集中完毕，广下令左十二军右十二军分路进取平壤。每军大将次将各一人。骑兵四十队，每队百人，十队为团。步兵八十队，分为四团，团各有偏将一人。辎重散兵等也分四团，步兵夹路护送。正月初三日，第一军出发，每天发一军，四十天才发完。各军相隔四十里，连营推进，首尾相衔，鼓角相闻，全军凡一百一十三万三千八百人，号称二百万，民夫数加倍，队形长九百六十里。御营分内外前后左右六军，最后出发，队长八十里。古代出兵的盛大，这算是第一次。

广下令凡军事进退，必需奏闻待报，不得专擅。又令诸将，高丽如请降，必需招抚，不得纵兵猛攻。因此高丽受攻，城将失陷，就高声叫投降，隋军不得不停攻驰奏请旨，等到请旨回来，守军补充完备，又坚守拒战。如此再三，广终不觉悟，攻城多不下。大将来护儿率水军进至平壤附近六十里，大将宇文述率陆军进至离平壤三十里。因轻敌及乏食，相继败退。七月，大军渡萨水，高丽袭击后军，将军辛世雄战死。诸军奔溃，不可禁止，一日一夜退到鸭绿江，据说走了四百五十里。渡辽水九个军，凡三十万五千人，回到辽东城止剩二千七百人。巨量粮械，丧失无遗。

九年，广又大征天下兵伐高丽，命宇文述趋平壤，诸将攻辽东城，四面并进，昼夜不息。二十余日不能拔，攻夺两军死伤极重。杨素的儿子杨玄感乘机起兵反叛，攻洛阳城，声势浩大。广闻玄感反，密令诸将引军还，弃军资器械攻具，堆积像丘山。众心恟惧，纷纷溃散，高丽追击，杀后军数千人。广还军击杀玄感。当时国内起义军蜂起，广不以为意。十年春，又征天下兵伐高丽，各路兵多失期不至，士卒沿路逃亡，斩杀不能禁。高丽三次被攻，民困国弊，不堪抵敌，遣使求降，广许和退兵。广回国还想伐高丽，令诸将帅准备再举，可是隋也就灭亡了。

其他方面的侵略，如刘方攻破林邑国（安南附近）。宇文述击走吐谷浑（青海），得地东西四千里，南北二千里。伊吾吐屯设（突厥守伊吾官）献西域土地数千里。广贪求不止，遣陈棱率海军万余人击琉球国，杀国王渴刺（音辣）兜。日本沙门数十人来学佛法（大业三年），广遣裴清谕令倭王多利思北孤奉表朝贡，当时朝贡国除外，隋全境东西九千三百里，南北一万四千八百一十五里，因侵略的胜利，更增长杨广无限的贪欲。

杨广凭藉国力富强，悬重赏募人出使绝域，诱令朝贡，靡费巨万，最后因高丽王不肯亲身入朝，无端引起大规模的战争。他止求满足自己的虚荣心，看人民生命如虫蚁一样轻微。凡是统治阶级，虽然程度不同，心理大致与杨广无异。

第三节　农民大起义

杨坚开皇十五年收天下兵器，重刑禁止私造。民间船长不得过三丈，怕它藏匿奸党，凡长船一概没收。杨广大业五年，禁民间不得有铁叉搭钩刀钻等物。六年正月初一日拂晓前，有壮丁数十人，白帽白衣，烧香执花，自称弥勒佛下凡，入洛阳皇城建德门。守门卫士叩头礼拜，壮丁夺取兵械，将攻入皇宫，遇齐王杨暕（音简），被擒获处斩，牵累受罪的千余家。这是人民徒手起义的第一个信号。六月，雁门（山西代县）民尉文通聚众三千起义，十二月朱崖（广东琼山县）民王万昌举兵起义。这一北一南两个起义，虽然很快就被扑灭，虽然统治阶级还以为是自己的胜利，可是全国性的起义，终于不可禁阻而爆发了。

大业六年，谋伐高丽，课天下富家买军马，富家十之八九因此破产。又发民夫运米，屯积前方，车牛一去不得回来。军民死亡过半，耕种失时，田地荒废，米一石贵至数百钱。又发鹿车（小车）夫六十余万人，二人共推米三石，路远不给费用，到达时车上米已吃完，不能缴纳，惧罪弃车逃命。官吏藉故贪财，凡朝廷征求器物，官吏先照贱价收买，随后宣布诏令，贵价卖给人民，转手间获利数倍。人民困穷不能生存，或自卖为奴婢，或逃入山泽，掠夺求活。除去贵族官吏和大地主，凡是中小地主以至贫民，几乎全数破产，一致要求起义。虽然起义军首领，不少是贵族官吏和地主，起义的主力，无疑是破产穷困的民众。

大业七年，邹平（山东邹平县）人王薄，聚众据长白山（山东章邱县境），自称知世郎。薄作《无向辽东浪死歌》，避征役人多往归附。平原（山东平原县）富豪刘霸道聚众据豆子坑，号阿舅军。漳南（山东恩县）土豪窦建德助同县勇士孙安祖聚众数百人，据高鸡泊，安祖自号将军。鄃（音输，山东夏津县）人张金称、蓨（音条，河北景县）人高士达各起兵，士达自号东海公。窦建德家属被县官虐杀，建德率二百人逃归高士达。张金称杀孙安祖，安祖兵归建德，有众万余人。在许多起义军中，建德势力最大。

八年，伐高丽军败回，广又征天下兵，准备第二次出征，这使起义军更广大发展起来。九年一年中，著名的起义军列举如下：

正月——杜彦冰、王润等陷平原郡（山东陵县）。平原李德逸聚众数万，称阿舅军。灵武（宁夏灵武县）奴白榆娑劫掠牧马起事，被称为奴贼。

二月——济北（山东茌平县）人韩进洛起兵，有众数万。

三月——济阴（山东曹县）人孟海公起兵，有众数万。穷苦人民平时备受官吏的虐待，所以隋官及士族子弟被起义军捕获，多遭惨杀。孟海公见人称引书史，即加刑戮。窦建德颇知礼遇士人，隋官敢举城投降他，因此声势日盛，精兵多至十余万人。

五月——济北人甄宝车聚众万余，攻掠城邑。

六月——礼部尚书杨玄感据黎阳反，进攻洛阳，杨广自高丽回兵击玄感。

七月——余杭（浙江杭县）人刘元进起兵响应杨玄感，众数万。梁郡（河南商邱县）人韩相国率众十余万，响应玄感。

八月——大将宇文述杀杨玄感。吴（江苏吴县）还俗僧朱燮、晋陵（江苏武进县）隐士管崇拥众十余万，自称将军。陈瑱等众三万攻陷信安郡（广东高要县）。

九月——济阴人吴海流，东海（江苏东海县）人彭孝才并起兵，众数万。梁慧尚率众四万陷苍梧郡（广东封川县）。东阳（浙江金华县）人李三儿、向但子起兵，众至万余。

十月——吕明星率众数千围东郡（河南滑县）。朱燮、管崇推刘元进为天子。王薄、孟让等众十余万据长白山攻掠诸郡。张金称众至数万。渤海（山东阳信县）人格谦自号燕王，孙宣雅自称齐王，众各十万。

十二月——扶风（陕西凤翔县）僧向海明起兵，自称皇帝。隋将王世充击杀刘元进，坑死三万余人，余众反隋，声势益盛。章丘（山东章邱县）人杜伏威、临济（山东章邱县西北）人辅公祐、下邳（江苏宿迁县）人苗海潮合兵，伏威年十六，勇猛善战，被推为主帅。

这一年里，起义军几乎每月都有，起义地区有今山东、宁夏、河南、江苏、浙江、广东、陕西等省，山东起义军最多，因为伐高丽海军从山东出发，陆军一部分也经过山东北上，人民受苦比他处更甚。广下令凡离大路五里以外的郡县城，一律迁徙到大路旁，又下令犯盗贼罪全家籍没。这当然不会发生丝毫效果。

杨玄感的叛变，给杨广一个极大的打击，统治阶级内部分裂，迫使广急速回军镇压。玄感是杨素的儿子，是高级贵族，他想篡夺帝位，乘大军出国，人民怨恨，突然起兵攻洛阳。他常对众人说，我官至上柱国，家累巨万金，我要援救你们，所以冒险起事。人民很同情他，父老争献牛酒，子弟到军门投效，每日千人，众至十余万。玄感不听李密的计策，被宇文述等击死。广因玄感反叛大怒，对群臣说，玄感一呼，众至十万，可见天下人不要多。多了做贼杀不完，不重办如何惩后。令裴蕴穷治杨党，坑杀三万余人，流徙六千余人。人民惊骇，十之八九被迫流亡，夺取军马，制造长枪，攻陷城邑。广益派官督捕，随获随杀。某次发觉一起盗案，广命捕逐，凡获二千余人，悉数处死，其实真盗只有五人，余都是平民。屠杀的反响，是起义军更飞跃的发展。

十年，广又出兵攻高丽。起义军继续出现。

二月——扶风人唐弼起兵，众十万，推李弘芝为天子，弼自称唐王。

四月——彭城（江苏铜山县）人张大虎聚众数万，被隋将董纯战败，死万余人。

五月——宋世谟陷琅邪郡（山东临沂县），延安（陕西延安县）人刘迦谕起兵，有众十万，自号皇王。

六月——郑文雅、林宝护等众三万陷建安郡（福建闽侯县）。

八月——邯郸（河北邯郸县）人杨公卿率众八千人袭击广后

军，夺得御马四十二匹。

十一月——司马长安破长平郡（山西晋城县）。离石（山西离石县）胡人刘苗王聚众数万，自称天子，汲郡人王德仁拥众数万，据林虑山（河南林县）起兵。东海彭孝才攻掠沂水（山东沂水县）。

十二月——孟让率众十余万据都梁宫（宫在安徽盱眙县）。齐郡（山东历城县）人左孝友众十万，屯蹲狗山。涿郡人卢明月众十余万，据祝阿（山东长青县）。左孝友、卢明月被隋将张须陀战败，斩俘无数。

这一年里，起义地区更扩大，起义人数也增加，可是隋军在战争中，还保持优势，起义军不能统一力量，大部分被各个击破。

十一年，杨广感觉到自己地位的动摇，下令乡民悉数迁移入城，各郡县的驿亭村坞都筑碉堡。这当然不会有什么效力，止说明他自己快要灭亡。

二月——上谷（河北易县）人王须拔起兵，自称漫天王，国号燕；又魏刁儿自称历山飞，众各十余万，北连突厥，南侵燕赵。杨广命唐公李渊为山西河东抚慰大使，击破起义军毋端儿。

五月——司马长安破西河郡（山西汾阳县）。

七月——淮南（安徽寿县）人张起绪起兵，众三万。

十月——彭城人魏麒麟聚众万余，寇鲁郡（山东滋阳县）。卢明月众十余万，寇陈汝间。东海人李子通拥众渡淮，自称楚王，寇江都。

十一月——王须拔破高阳郡（河北高阳县）。城父（安徽亳县东南）县小吏朱粲起兵，自称迦楼罗王，被称为可达寒贼，众至十余万，攻陷汉南诸郡，改称楚帝。

十二月——杨广命民部尚书樊子盖发关中兵数万攻绛郡（山

西绛县)起义军敬盘陀、柴保昌等,汾水以北村坞,尽被子盖焚毁,屠杀非常惨暴,人民怨愤,参加起义人数更众。

杨广除了无效的碉堡政策,屠杀政策,别无他计。他十月间回到洛阳。见街上行人,对从官说,还大有人在,意思是说,往年平杨玄感,人杀得太少。在他看来,人民都是他可怕可杀的敌人。

十二年正月——雁门人翟松柏据灵邱(山西灵邱县)起兵,众至数万,转攻傍县。东海人卢公暹起兵有众数万。

四月——魏刁儿部将甄翟儿又号历山飞,率众十万寇太原。

七月——冯翊(陕西大荔县)人孙华起兵,自号总管。高凉(广东阳江县)通守(比太守低一级)冼瑶彻起兵,岭南蛮族多响应。

八月——赵万海聚众数十万自恒山(河北正定县)寇高阳。

九月——杜伏威、沈觅敌等众数万,被陈棱击破。安定人荔非世雄杀临泾县(甘肃镇原县)令起兵,自号将军。

十月——宇文周功臣李弼的曾孙李密助杨玄感叛隋,玄感败,密逃民间。时韦城(河南滑县东南)人翟让据瓦岗(在东郡界)起兵,单雄信、徐世勣、王当仁、王伯当、周文举、李公逸等各聚众攻掠,李密联络各军,威望智谋为诸军信服。

十二月——鄱阳(江西鄱阳县)人操师乞起兵,自号元兴王。师乞战死,部将林士弘击败隋将,聚众至十余万人,自称皇帝,国号楚,占地北自九江,南至番禺。太原留守李渊破甄翟儿,虏男女数千口。张金称、郝孝德、孙宣雅、高士达、杨公卿等攻掠河北,隋将相继败亡。隋将罗艺据涿郡叛,自称幽州总管。涿郡是伐高丽的后方根据地,器械粮食,积累极多,罗艺占据涿郡,给杨广很大的损失。

这一年里,杨广的政权更危急不能支持。四月,大业殿西院失火，广以为盗起，惊走入西苑，伏匿草间，火灭才敢出来。广自八年以后，每夜心惊发慌，叫有贼来，要几个妇人摇抚小儿那样摇抚他，才得入眠，现在心慌更甚，百无聊赖，征求萤火虫数石，夜出游山放萤，光遍岩谷。他在洛阳不耐烦，要上江都去，做诗留别宫女道"我梦江都好，征辽亦偶然"。三次大举伐高丽，死伤无数，他还说是偶然游戏的事，全国人民无端牺牲生命，在广止算一种偶然游戏。统治阶级的心理，真使人不可测度。任宗上书谏止出游，广怒，即日在朝堂杖杀。崔民象上书谏阻，广大怒，先割碎民象两颊，然后斩首。王爱仁又上书谏阻，广怒极，斩爱仁。广到江都，专问郡县官贡献多少，多的升官，少的黜逐。官吏竞务苛敛，人民受严重剥削，穷困乏食，起初采草木皮叶，后来捣稻草为末，或煮土充腹，百物都尽，人自相食。各地仓库囤粮丰足，官吏不肯发仓赈救。王世充还检阅江淮民间美女，贡献给广，大得宠幸。

十三年，各地的起义军逐渐形成几个有力的集团。

杜伏威——伏威击败隋名将陈棱，乘胜破高邮（江苏高邮县），据历阳（安徽和县），自称总管，江淮间群雄，推伏威为主帅。

徐圆朗——鲁郡人徐圆朗起兵，占有琅邪以西，北至东平（山东郓城县）土地，有兵二万余人。

窦建德——建德据乐寿（河北献县），自称长乐王，置百官。

梁师都——隋将梁师都据朔方郡（陕西横山县）叛隋，自称皇帝。师都降附突厥，割地求援，突厥始毕可汗封他为解事天子。

刘武周——马邑郡（山西朔县）土豪刘武周杀太守王仁恭，开仓赈饥民，收兵得万余人。遣使降附突厥，借突厥兵击败隋兵，取隋汾阳宫美女赂始毕可汗。始毕封他为定杨可汗。武周自称皇帝。

郭子和——罪犯郭子和结勇士十八人袭据榆林郡（绥远鄂尔多斯左翼后旗黄河南流处），执郡丞王才，责才坐视饥民饿死，不肯救济，斩才。开仓赈施，自称永乐王。降附突厥，始毕封他为平杨天子，子和力辞不敢受，比梁师都、刘武周似乎知道些羞耻。

李轨——武威（甘肃武威县）富豪李轨聚众据郡，自称河西大凉王。

薛举——富豪薛举与勇士十三人袭取金城郡（甘肃兰州），开仓赈施，自称西秦霸王，占有陇西，众至十三万。后又自称秦帝。

萧铣——梁后裔萧铣据巴陵（湖南岳阳县），自称梁王。

李密——李密袭破兴洛仓，开仓任人携取，军威大振。众推密为主，号称魏公。密封翟让为上柱国，单雄信、徐世勣为大将军，秦叔宝、程咬金（后改名知节）为骠骑。赵魏以南，江淮以北起义军多降密，密居洛口城。隋大将裴仁基举虎牢降密，仁基、孟让袭破回洛东仓。密屡败隋兵，洛阳危急，杨广遣王世充等击密。密袭破黎阳仓，开仓任人民就食，得兵二十余万，大败王世充，造成中原最大的势力。

李渊——太原留守李渊从次子李世民计，自晋阳起兵夺取西京。关中豪杰争先降附。世民有精兵九万，渊女柴绍妻李氏有精兵万余，号称娘子军。世民与李氏会师渭北，其余诸军合二十余万。十一月渊军攻破长安城，拥西京留守代王杨侑（杨广的孙子）做隋帝，改大业十三年为义宁元年，遥尊广为太上皇。渊据有关中，与民约法十二条，废除隋一切苛法。第二年三月，杨广死。五月，侑让位给李渊，隋亡。渊称帝，国号唐。年号武德。

全国大乱，杨广无法收拾，在江都荒淫益甚。宫中立百余房，房各居美女多人，每日一房轮流做主人，广与后萧氏及宠妃就房饮酒，杯不离口，昼夜昏醉。他心里发慌，常对萧后说，外间大有人图侬（我），且不管他，快乐饮酒吧！又常取镜照面，对萧后说，好头颈不知该谁来斩它。后惊问缘故，广强笑道，贵贱苦乐，没有一定，斩头也不算什么。卫兵多关中人，广召集江都境内寡妇处女，令将士任意选取。可是卫兵们依然怨恨想叛亡。右屯卫将军宇文化及等乘机谋篡夺，率兵入宫。广换服装逃避西阁，被执还暖阁。化及徒党马文举、裴虔通、司马德戡等拔刀立左右。广说：我犯什么罪？文举道：你轻动干戈，巡游不息，奢侈荒淫，专任奸邪，不听忠言，还说什么无罪。广说：我实在对不起百姓，至于你们，跟着我享尽富贵荣禄，我没有对不起你们。今天的事，谁是首领？德戡道：全国同怨，何止一人。广要求饮毒酒死，文举等不许。令狐行达按广坐下，广怕刀杀，自解巾带给行达，广被绞死。广子孙及宗室外戚，全数在街上处斩。广早知道不得善终，随行带一瓮毒酒，告宠妃等道，如有乱事，你们先饮，随后我饮。等到需要毒酒，左右早已逃散不见。依靠碉堡政策、屠杀政策的杨广，终于在自己亲信的臣属手里，用巾带结束了生命。

李密宣布杨广十大罪，里面有"罄（用尽）南山之竹，书罪无穷；决东海之波，流恶难尽"的话，这的确代表了当时一般人民的怨恨声。

简短的结论

杨坚教诫太子勇说："自古帝王，从没有好奢侈而能久长的，你做副君，应该以俭约为先。"坚在位二十四年，的确生活朴素，减轻剥削，三百年来，人民第一次获得休养生息的机会。

坚对臣属用刑极严，功臣勋旧，诛逐略尽。贵族大姓破家的多，人民得益不小。官吏受贿，即使小物如鹦鹉麖皮马鞭等类，发觉处死刑不贷。虽说近乎残酷，却使官吏不敢过于作恶。坚多少懂些民为邦本的意义，所以开皇时代，经济欣欣向荣，户口垦田大量增殖起来。

杨坚是历史上著名节俭的皇帝，儿子杨广却是著名淫侈的昏君。广大兴土木，民力浪费在个人享受的宫室苑囿御河上，后来野心更肆，倾全国兵力，三伐高丽，开皇时代积累的财富，全被广耗尽。

人民不能忍受残酷无厌的榨取，起义军布满全国了。统治阶级内部分裂，促使广加速溃灭。广不知改过，看人民都是可怕的敌人，想用碉堡政策、屠杀政策来巩固地位。不料绞死自己的，恰恰是自己的亲信人宇文化及。

人民起义的成果，政权从杨广转到贵族李渊手里。

第二章　封建制度发展时代——唐

六一八年 — 九〇七年

第一节　初唐的经济状况

(六一八年 — 七四一年)

从李渊武德元年到李隆基开元二十九年凡一百二十四年,在这时期中,因国内统一,政治比较良好(贞观、开元),对外侵略不断胜利,社会经济一般是向上发展,超越隋朝杨坚时代。经三国两晋南北朝长期摧残的社会,到初唐才恢复了两汉的盛况。

隋末杨广的暴政,全国的混战,社会遭受极大的破坏,幸而不到十年,李世民统一了中国。他是一个英明的政治家,在位二十三年,建立制度,节用爱民,确使人民获得休养生息的机会。世民以后,虽然发生不少宫庭政变,经济基础,却没有过大的损害,所以开元天宝间,唐朝的经济,发展到最高点。

均田——武德七年,制定五尺为步,二百四十步为亩,百亩为顷。丁男中男给田一顷,残废人给田四十亩,寡妻妾三十亩。残废人寡妻妾自立户头,加给二十亩。工商业者,比丁男受田减半。所授田十分之二为世业,八为口分。世业田身死得转授承户人,口分田由官收回,转给别人。唐初人口死亡流徙,土地宽旷,这种制度,可信其实际行施。唐制，庶人身死家贫，或流徙他地，听出卖永业田，乐迁（自愿）就宽乡，并听出卖口分田。堪作住宅邸店碾硙（水磨）的土地，即使不是乐迁也听私卖。土地出卖以后，不得再请受田。这分明允许官吏商贾地主兼并贫民，而且狭乡地价总比宽乡高，势必迫使贫民流向宽乡。虽说法律上规定买地人占地不得超越定制，显然止是一种虚文，开元时朝官们广占良田，工部尚书张嘉贞独不营家产，被称为难得的达人。杜佑《通典》说，天宝以来，法令废坏，土地兼并，比汉朝更剧烈。其实初唐兼并的事实，本来存在，止是被驱逐的贫民，还能向宽乡谋生，因之形式上比天宝以后似乎和缓些。

租庸调——武德七年定租庸调法。租是每丁岁纳租粟二石或稻三斛。调是每户纳绢二匹（每匹宽一尺八寸，长四丈），绫绝绸各二丈，绵三两。如纳布加五分之一，并输麻三斤。庸是每丁岁役二十日有闰加二日，不能应役，纳绫绢绝每日三尺。

唐制本取元魏以来旧制，但有重要的改革。第一，旧制奴婢依良丁受田，缴纳租赋，唐制不给奴婢土地，也不课税，奴婢的剩余劳动，全归奴婢主专有。第二，旧制妇人受田仅得男子的半数，有妻人负担却比无妻人（半床租）加倍（一床租），这种制度，迫使贫民宁愿作鳏夫，不敢娶妻。唐制妇人不受田不课税，与丈夫共同劳动，加强男丁的耕作效率，对人口增殖，有很大意义。

官吏——唐制文武京官有职分田，一品十二顷，依次递减到九品，得田二顷。外官也按品分给职分田。李世民贞观十一年，因官吏藉职分田侵害百姓，下令收回职分田，转给流亡还乡的贫户。别给官吏每亩（按职分田亩数）粟二斗，称为地租。官吏们不愿意。世民只得借水旱的理由，废除新法令。李隆基开元十年，收回职分田，每亩改给仓粟二斗。十八年，又给还职分田，职田的忽收忽还，说明官吏不肯放弃优厚的利益。随着官吏的增加，职田也逐渐扩大。贞观元年，选举文武官仅六百三十四员。李治时，内外文武官一品至九品凡一万三千四百六十五员，每年入流（考选合格）士人超过一千四百人。李显（中宗）时，大置员外（额外）官，自京师至外州，凡二千余人。宦官超迁七品以上员外官，又近千人。又定价卖官，纳钱三十万文，即得官职，正官以外，有所谓员外、同正、试官、摄（代理）官、检校官、判某官、知某官等名目，士人到吏部求选，每岁数万人。显封爵一百四十余家，五十四州的上等腴田，都被爵家割去。人民充当爵家的封户，剥削比朝廷更苦。户部每年给爵家六十余万丁，一丁纳绢二匹，朝廷每年亏短一百二十余万匹，朝廷因此亏短的数目，当然由增加农民负担来补偿。开元二十一年，一品官以下多至一万七千六百八十六员，吏自佐史以上多至五万七千四百一十六员。奴官王毛仲生儿三日，赐五品官，毛仲不满意，说这小儿难道不堪给三品官。宫中宦官三千余人，多封三品将军。京城附近田园，三分之一以上被宦官占有。开元二十五年，定文武勋（勋位）官永业田制度，亲王一百顷，职事官正一品六十顷，下至云骑尉（正七品）、武骑尉（从七品）也各受田六十亩。散官（非职事官）五品以上与职事官同例给田。永业田得传授子孙，不再收回。官吏获得大量土地，也就是人民的土地大量被侵夺。

府兵——府兵是一种征兵制，全国男丁，每年服兵役若干月。李世民分全国为十道，置军府六百三十四，关中有府二百六十一，占总数三分之一强。府分三等，上等府统兵千二百人，中等千人，下等八百人。每府自都尉至队正，共置官六十九人。民年二十充兵役，六十免役。兵丁每年轮番去京师当宿卫，兵部依道路远近给番。五百里以内五个月轮到值番上宿卫一个月，称为五番，千里七番，千五百里八番，二千里十番，二千里以外一律十二番。每一丁男，不论离京远近，服役及往返路程，一年平均耗损耕作时间两三个月。兵士所用服装器械粮食，都得自备，更是苛刻的负担。沿边戍兵，经常六十余万，名为守边，实际止供将官们役使营利。农民既要自费当兵，本家杂徭，仍不能免，生活非常穷困，不得不逃匿避役。开元时代，府兵已成空名。隆基改府兵制为旷骑制，招募九等户或八等户身高五尺七寸的壮丁，充当宿卫兵士，数凡十二万。一年六番，免除苛杂役使。边地戍兵也改为募兵制。从此兵农分业，统治者无限扩大军额，农民必须负担养兵的义务。

宗教——北朝旧俗尊信佛教。贞观时代，佛道两教都没有新的发展。世民死后，李治令旧宫女全数入灵宝寺做尼，又改玉华宫为佛寺，这是佛教将盛的征兆。武曌（音照。武则天）选淫僧怀义当男宠，封他做白马寺主。又命怀义作夹纻（用纻麻和布缝成）大佛像，小指中能容数十人。造明堂高二百九十四尺，明堂北造天堂，高五层，供大佛像。天堂第三层已能俯视明堂，想见天堂与佛像的高大。发工役数万人，费用亿万，府藏因而耗竭。怀义还挥金如粪土，公私田宅，多被僧寺占取。李显时，僧寺更盛，敢和权力最大的太平公主（武曌的爱女）争碾硙，而且得到胜利。李显命僧慧范在洛阳造圣善寺，又在长安长乐坡造大像，府库虚耗，慧范得贮钱数十万缗（钱一千称一缗）。显遣使官分路到江淮买鱼鳖水族放生。谏官李乂请他节省放生的钱物，减穷人的徭赋。他大造寺庙，务求崇丽，大寺用钱百数十万，小寺三五万，总数在千万缗以上。人力劳弊，怨声满路。李旦（睿宗）时谏官辛替否上书说，中宗皇帝大封官爵，造寺不止，费财货几百亿，滥度僧尼，损失租庸数十万。岁出益多，岁入益寡，夺百姓口中食物，养育贪残，剥万民身上衣服，涂饰土木，终于公私俱困，众叛亲离。现在陛下为两个公主造金仙玉真二道观，逼夺民产，用工数百万，用钱百余万缗，陛下是否知道人民的切齿怨恨。从李显时起，贵族争造佛寺，度人为僧尼，富户豪强，出钱三万买度牒，就得免除一切徭役。李隆基淘汰天下僧尼，查出假冒，勒令还俗的一万二千余人。禁创建佛寺，旧寺颓坏得官府检视，才许修理。又禁百官家不得与僧尼道士往还，民间不得铸佛写经。令诸寺院设病坊，京城乞丐贫病人得入房养病。隆基这些措置，多少给佛寺一点阻碍。

商业——武曌的男宠张易之曾引蜀商宋霸子等数人，到曌前饮酒赌博。宰相韦安石跪奏道，商贾贱类，不得参与宫宴。宋霸子得入宫赌钱，大概是大富商。李隆基问富人王元宝财产，元宝对，臣请用一匹帛挂终南山一株树，南山树尽，臣帛不尽。隆基说，我是天下最贵人，元宝是最富人。元宝家住京城，既非贵族和官吏，在当时，也不容庶民兼并广大田地，他应是营商致富。开元二十二年，没收京城商人任令方资财六十余万贯。据上列诸例，想见初唐已有巨大的商业。贞观时，各官司置公廨本钱，每司设令史九人，号称捉钱令吏。五万本钱，交富商大户经营，每月收息钱四千文，就是说，一年收百分之百的利息。经营官本的富人得免除徭役，贫户欠债破产，一生还不完。开元时收百姓一年税钱充本，交富商大户放债，按月收息，供官吏用费。直到唐亡，商贩富户勾结官司，藉口官本，广求私利，债户纳利十倍，还被指为逋欠，受官商的非理逼迫。唐制分民户为九等，等次愈低，纳税愈少，富商人贾多与官吏往还,私情托请,冒列下等,官商相互利用,联合向贫民剥削,捉钱制度是他们的主要工具。

广州是对外贸易的中心。武曌时广州都督路元睿及僚属侵夺商舶,被番客刺杀十余人。唐朝凡到广州做官的,无不贪赃致巨富。扬州是国内商业的中心,中外商贾往来如织,中唐以后,更趋繁盛。

钱币——隋末钱币轻小,武德四年废五铢钱,铸开元通宝钱,每十钱重一两,计一千重六斤四两。李治时民间私铸盛行,严禁不能止。武曌为讨好富人,允许恶钱通用,盗铸更盛。李隆基禁恶钱,不许私卖铜铅锡及用铜作器物。铜铅锡出矿,由官收买。当时钱少不敷流通,钱与铜价略等,官铸无利可取。开元二十二年宰相张九龄请不禁铸钱,隆基集百官公议,录事参军刘秩说,法令不行,人民难治,都由于贫富不齐的缘故,如果许私家铸钱,贫民决不能为,势必贫民愈贫,给富家服役,富家愈富,更逞贪欲。隆基从刘秩议,下令货(钱)币(布帛)并用,所有庄(田)宅口(奴婢)马交易,先用绢布绫罗丝绵等,其余市买至一千以上,得钱物兼用。私钱被禁,物价略平。

工业——工部掌管全国工匠,按州县组成工团。五人为火,五火置长一人。工匠必须有专门技巧,每年轮番应役,每日受佣资绢三尺。工匠有一定的名额,也有特定的地位,有缺额,先补工巧业作人的子弟,补工匠后,不得改做诸色(别种行业)。还有一种更专门的工匠,终身在官立工业部门工作。如少府监总管中尚、左尚、右尚、织染、掌冶五署,及诸冶、铸钱、互市等监。少府招请传家巧技的工师,教工人各种技术,细镂工四年,车工乐器工三年,刀矟工二年，矢镞竹漆工一年，冠冕弁帻工九月，每年季考四次，大考一次。制成物品刻工人姓名。武曌禁民间用锦，侍御史侯思止私藏锦，发觉被杖死。当时绫锦坊有巧儿三百六十五人。工匠称为巧儿，应是制作特精，怕民间仿造，所以下令禁止（她的男宠张易之、张昌宗都面涂红粉，身著锦绣），徐敬业讨武曌，就江都钱坊驱囚徒工匠授兵甲。李亨时李光弼守太原，募得蔚州铜冶钱工三人，善穿地道。朝廷严禁铸私钱，这些钱工当是在公家终身服役。

武曌用铜铁铸天枢，武三思令四夷酋长聚钱万亿买铜铁，不足，更敛取民间农器。天枢高一百五尺，径十二尺，八面各径五尺。下为铁山，周一百七十尺。用铜制蟠龙麒麟萦绕铁山。天枢上置腾云承露盘，径三丈。四龙直立捧火珠，高一丈。工人毛婆罗造模，武三思撰文。后来李隆基毁天枢，发工匠熔铜铁，逾月不尽。曌又铸九州鼎，豫州鼎高一丈八尺，受一千八百石。余州鼎各高一丈四尺，受一千二百石。鼎上图画山川物产，共用铜五十六万七百余斤。又铸十二神（子鼠丑牛等十二支）各高一丈。这样巨大工程，说明冶铸技术的优良。李显女安乐公主有织成裙值钱一亿，花卉鸟兽细如粟粒，正看旁看，日中影中各为一色，可见当时织工的精妙。

初唐土地兼并还不很剧烈，各种剥削制度，还没有发展到极度，所以从武德到开元，户口一直上升，历史上也就称为唐朝的兴盛时代。

户口——唐制凡民始生为黄，四岁为小，十六为中，二十一为丁，六十为老。民户百户为里，五里为家，四家为邻，四邻为保。每里设正一人，城居称坊，有坊正一人，野居称村，有村正一人。村满百家,增置一人,村满十家,附入大村,不别置村正。估量民户资产等第,定为九等。每年造计账,三年造户籍。户籍分课户、不课户两种,凡九品以上官,贵官的亲族,学校学生,鳏寡废疾奴婢部曲客都免课役,称不课户。户内有课口,称课户。不课户的增加,也就是课户负担的增加,所以贫民逃亡隐漏,避免徭役,或出入关坊,或往来山泽,或此地检查,急转他境,暂时容身。这种逃人,其中一部分成为有组织的流氓。李治从长安往洛阳,怕路上多小偷,命监察御史魏元忠保护车驾前后。元忠到长安狱检视,得盗一人,神色言语有异常人,元忠命开释刑具,给官员服装,乘驿车随从,一路共同食宿,托他防止窃盗。此人微笑许诺,车驾到达洛阳,人马数万不失一钱。中唐以后,朝廷和藩镇盛行募兵,应募的主要就是这些流氓。

从李渊时起,就存在着括户与隐漏两个相反的现象。武德四年,诏括天下户口。贞观三年,户部奏中国人自塞外归来及四夷降附男女凡一百二十余万口。十六年诏天下括浮游无籍人,限明年末登记完毕。当时民户不满三百万,自洛阳到山东,本是人口密集的地区,隋末乱后,人烟稀少,荒草弥望,世民不敢往泰山封禅(祭天),怕被四夷酋长看出内地的空虚。李治永徽元年,户部奏去年进户一十五万,通天下户三百八十万。李显神龙元年,得户六百一十五万,口三千七百一十四万。开元九年,监察御史宇文融奏称天下户口逃移,巧伪极多,请加检括。隆基下诏,州县逃亡户口,听百日内自首,过期不出,罚迁徙边远。据史载一次括得八十余万户,百姓大受州县官的侵扰。十一年下令停止检括逃人,藉安生业。十二年又派宇文融出去括户,岁终增得税钱数百万缗,百姓受害更甚。十四年户部奏今年户七百六万九千五百六十六,口四千一百四十一万九千七百一十二。二十一年天下户七百八十六万一千二百三十六,口四千五百四十三万一千二百六十五。二十八年,天下户八百四十一万二千八百七十一,口四千八百一十四万三千六百九。这是初唐户口最高的纪录。其中课户不课户各占若干,记载不明。不课户每户口数一定很大。课户中口数平均也应在五人以上,因法律禁止兄弟在父母生存时别籍异居。州县查勘一家有十丁以上放免两丁赋役,五丁以上放免一丁,足见朝廷重视多丁大户,不许无故析户分居。即使父母命子出继别户,新析户仍须与本户同等,不得降下,供应徭役,与本户共计丁数,不得藉口析居减免,所以唐朝每户口数,平均应不止五人,再加实际存在的大量逃户,总人口也许达五六千万,与两汉户口数相等。

第二节　初唐的政治

隋末群雄割据,洛阳有李密、王世充,河北有窦建德,陇西有薛举、薛仁杲,河西有李轨,河东有刘武周,江陵有萧铣,江淮有杜伏威、李子通、沈法兴、辅公祏,山东有刘黑闼。李世民智勇出群,战无不胜,武德七年,削平群雄,全国统一。世民建立大功业,应该继承帝位,李渊却想传位给长子李建成。世民与兄建成、弟元吉猜忌互争,武德九年,世民杀建成、元吉,李渊不得已禅位给世民,这就是历史上著名英武的唐太宗。

世民受禅,改元贞观。他在位二十三年,创造两汉以后最大的朝代。贞观政治,在封建时代,一般称为唯一的模范。

科举——魏晋南北朝行九品中正制，少数士族把持政权，妨碍一般地主参加政权，和皇帝用人的自由。杨广改用明经进士等科取士，使许多地主有参加政权的机会，略微限制一下贵族把持政权，更加强了皇帝的权力。唐承隋制，尤重进士科。世民曾登宫门见新进士试毕鱼贯出门，喜悦道：天下英雄，入我彀中了！明经及第不易，进士更难，唐人有三十老明经，五十少进士的谚语。赵嘏诗：太宗皇帝真长策，赚得英雄尽白头。贞观以后，宰相大臣，多从进士科出身。进士试诗赋，所以唐朝诗人特别多。

学校——世民大征天下名儒为学官，时常亲到国子监（大学）听学官讲书。学生能明一大经以上，都给官做（《礼记》、《春秋左氏传》称大经，《诗》、《仪礼》、《周礼》称中经，《易》、《尚书》、《春秋公羊传》、《穀梁传》称小经）。增筑学舍一千二百间，增学生满二千二百六十人。四方学者云集京师。高丽、百济、新罗、高昌、吐蕃诸国，各遣子弟入学听讲。学生总数多至八千余人。国子监传播文化给四邻各国，高丽、日本接受得最多。武曌时，日本使臣朝臣真人来朝贡，真人能读经史，态度完全华化。开元初，日本使臣来朝，请学经典，学成后，多买文籍归国。副使朝臣仲满慕中国文物，改姓名居京师五十年，逗留不肯回去，官至镇南都护。李适时又遣使入朝。同来学生及僧空海，留京师求学，李纯时学成归国。

士族——北朝崔、卢、李、郑诸族，自矜门第，不与他族通婚姻。较卑族姓得娶高门女，认为莫大荣幸。议婚时男家献纳厚币，称为陪门财。世民命高士廉等广搜天下谱牒，考核真伪，撰氏族志。士廉仍推崔族第一。世民说，刘邦、萧何、曹参都出身庶民，起为帝王将相，世族何足贵。命士廉重修，依唐官吏品秩为高下，皇族第一，外戚第二，降崔族第三。氏族分九等，凡二百九十三姓，一千六百五十一家，颁示天下。后来李治改氏族志为姓氏录，补入武氏为第一等。士卒积军功升官到五品，也得参与士流，称为勋格。士族制到唐朝渐趋于崩溃，到宋朝科举制度完全代替了士族制度。

纳谏——封建社会不容发生民主制度，皇帝能纳谏，就算难得的贤主。世民常对群臣说，你们应该不惜苦谏，纠正我的错误。魏徵屡次犯颜直谏，世民总是虚心听从。某次世民退朝发怒道，总有一天杀这田舍翁。皇后长孙氏问是谁。世民道，魏徵时常当众侮辱我。长孙后贺道，魏徵忠直，正因陛下是个明主。世民听了喜悦。世民一样爱好奢侈、建筑、田猎、女色，止是能纳谏，所以成为贤君。

世民死，子李治继位。李治是个庸人，在位三十四年，没有什么大作为，娶世民侍妾武曌做皇后，是他一生最大的行事。

李治死，子李显继位。太后武曌废显自立，改国号为周。这是中国史上唯一的女皇帝。她在位二十二年，所谓政治，止有残酷的特务政治。她怀疑全国人厌恶她，奖励告密，告密人往往得五品官。她重用索元礼、周兴、来俊臣等，元礼做游击将军，兴做秋官（刑部）侍郎，俊臣做御史中丞，各畜无赖数百人，专做告密工作。要陷害人，令数处同时告发，事状如一，无法自辩。讯囚酷法有定百脉、喘不得、突地吼、著即承、失魂胆、实同反、死猪愁、求破家、反是实、求即死十样大枷；又有凤凰洒翅、驴驹拔橛、仙人献果、玉女登梯等名目；又或倒悬人身，头挂巨石；或用热醋灌鼻；或用铁圈束头，钉入木楔，脑裂髓出；或用竹签刺入指甲；或不给饮食，连夜问讯，摇撼身体，不许合眼，杀人先用木丸塞口，免得在刑场大骂。当时告密和屠杀,成为政治的主体,前后杀唐宗室贵戚数百人,大臣数百家,刺史郎官以下,不可胜数。每新任一官,宫婢私笑道,枉死鬼又来了。果然不到一月,犯了罪,身死族灭。后来周兴也被人告密,武曌令来俊臣讯问。俊臣问兴,囚犯不承,当用何法。兴说,那很容易,取大瓮四面烧红炭,令囚入中,何事不承。俊臣如法布置,起立道,奉旨讯兄,请兄入瓮。兴惶恐叩头伏罪,流窜岭南,路上被仇家杀死。俊臣也被人告密,斩首。仇家争割俊臣肉生吃,挖眼珠,剥面皮,刮胸腹,掏心肝,顷刻蹋成泥浆。武曌知道众怒难犯,把索元礼也杀死。

武曌别一丑行是纵容男宠,污乱政治。她先爱洛阳市卖药人冯小宝,为入宫便利,度他做僧,名薛怀义。武曌年龄已到八十岁左右,还竭力修饰。自称齿落更生,大可庆喜,改元长寿。怀义却厌入宫中,多居白马寺,聚徒横行。武曌怒杀怀义,别宠张易之、张昌宗兄弟。二张年少美姿容,善音乐,爱幸无比。她又多选美少年入宫,称为奉宸内供奉。柳模奏荐儿子柳良宾洁白美须眉,史侯祥奏称自己阳道壮伟,强于薛怀义,都自说堪充奉宸内供奉。二张的幼弟张昌仪做洛阳令(武曌居洛阳),某次上早朝,有姓薛士人马前献履历及黄金五十两,请求做官。昌仪到朝堂,取履历授吏部侍郎张锡。数日后锡遗失履历,去问昌仪,昌仪骂道,胡涂人,我那里记得,凡姓薛人都给官做就是。张锡恐惧,赶快给六十余姓薛人做官。昌仪如此,二张的骄侈无道,不言可知。

武曌病,张柬之等率兵入宫,斩二张,迁武曌入上阳宫,复立李显做唐帝。显比李治更昏,皇后韦氏与武三思淫乱,朋比作恶。三思用宗楚客等五人当爪牙,号称五狗。李显爱女安乐公主与韦后谋重演武曌故事，进毒饼害死李显。显弟李旦的儿子李隆基杀韦后母女，立旦为帝。旦禅位给隆基，这就是唐朝人把他与世民并称的唐玄宗。

隆基即位，年号开元。他用姚崇、宋璟做宰相，赋役比较宽缓，刑罚也还清平。开元十三年，洛阳米价一斗钱十五文，山东一带米一斗五文粟一斗三文。二十八年，东西两京（洛阳、长安）米一石值钱不满二百文，绢一匹价略相等。当时海内富庶，户口逐年增加，行旅不持兵器。工匠工资每日绢三尺，约合十五文。驴夫脚值，每驮一百斤，行一百里，得钱一百文。官俸一品官月俸八千文，食料一千八百文，杂用一千二百文；九品官月俸一千五百文，食料二百五十文，杂用二百文。职分田公廨本钱还不在内。所谓太平时代，受益最大的是官吏，生活最苦的还是农民和工人。

第三节　初唐的对外侵略

李世民天姿雄武，十六岁应募从军，十八岁助李渊守太原。世民首创夺取长安、东向争天下的计划。后来削平群雄，统一中国，也全是世民的功绩。他部下谋臣猛将，如李靖、李世勣、尉迟敬德、李道宗、程咬金、侯君集、薛万彻等人，大抵出身行伍，好战成性。李世勣常对人说，我年十二三时为无赖贼，逢人便杀，十四五为难当贼，不快意便杀人，十七八为好贼，止在阵上杀人，二十为大将，用兵救人死。在世民看来，这些人是不容易安置的。他不愿意屠杀功臣，又不放心他们能终守臣节。贞观十八年，出兵伐高丽，李靖年七十余岁,老病不能从行,世民拍靖背道,好好努力,司马懿非不老病,竟能自强,立功魏朝。靖惶恐叩头道,老臣请扶病从驾。二十三年,世民临死密告太子李治道,李世勣才智有余,你对他无恩,未必肯顺服,我现在贬他的官,他如果奉命就行,我死,你用他做大臣,如果徘徊顾望,立刻杀死他。世民对功臣猜忌如此。贞观时代,连年攻伐四夷,第一为了减少君臣间的矛盾。第二为了夺取土地和人口。第三为了提高皇帝的威望,对人民丝毫没有利益。

突厥——突厥始毕可汗时,国力强盛,李渊起兵取长安,怕突厥攻袭晋阳,忍辱对突厥称臣。始毕死,颉利可汗立。颉利连年大举入寇,李渊甚至想焚毁长安,迁都避难,赖世民出击获胜,关中得免陷没。世民即位,每日亲率将士数百人在宫中习射,准备击灭突厥。颉利用兵不息,资财匮乏,向诸部重敛,诸部怨叛。东部突厥突利可汗受颉利压迫降唐。铁勒族的薛延陀、拔野古、仆固、同罗等部及突厥诸部酋长也相率降唐,颉利益衰弱不振。贞观三年,李靖率李世勣、柴绍、薛万彻合兵十余万人分路出击,大破颉利兵。四年,生擒颉利可汗,斩首一万余,俘男女二十余万。获杂畜数十万。突厥亡。大漠以南,全为唐有。世民对群臣说:往年太上皇(李渊)为救百姓,称臣受辱,我常痛心,今突厥降服,庶几可雪前耻。颉利到长安,伏地哭拜谢罪。李渊非常喜悦,召世民及贵臣置酒凌烟阁,渊自弹琵琶,世民跳舞,贵臣轮流进酒,到夜深才散会。

铁勒——突厥强盛时,铁勒诸部散居漠北,有薛延陀、回纥、同罗、仆固、契苾等十五部,薛延陀最强大。贞观二年,薛延陀推夷男为可汗,夷男不敢当。世民正图突厥,遣使封夷男为真珠可汗。夷男大喜,入唐贡献。突厥亡后,北方空虚,真珠率部落南迁,有兵二十余万。真珠使二子分主南北部，世民封二子都做小可汗，外示优崇，实际是分裂薛延陀。世民又立突厥降人李思摩为俟利苾可汗，使渡河居突厥故地。十五年，真珠发兵三十万攻突厥，世民命李世勣、李大亮、张士贵、李袭誉分路出救。临行训诸将道：用兵的原则，见利速进，不利速退。薛延陀不能乘思摩无备，一击成功，思摩已入长城，又不速退，粮尽马瘦，进退失据，你们出兵，不须速战，等薛延陀穷困退走，同时夺击，一定成功。李世勣依计，大破薛延陀，斩首二千余级，捕虏五万余人。

十六年，真珠遣使来请婚，献马三千匹，貂皮三万八千张，马脑镜一面。世民允许嫁女给他。真珠大喜，使侄突利设来纳聘礼：马五万匹，牛骆驼一万头，羊十万口。世民大会群臣，厚赏突利设，表示和亲已定，又下诏亲送公主到灵州（宁夏灵武县），令真珠来亲迎并会见皇帝，同时发使三路收受真珠所献杂畜。薛延陀本无库藏，真珠严厉搜括诸部，往返遥远，牛马耗损。世民藉口真珠聘礼未备，失期不来，下诏绝婚，追回三路收礼使。世民知道薛延陀新做大酋长，势力还没有巩固，所以力求通婚唐朝，借势威服诸部。这次通婚不成，同罗、仆固、回纥等十余部，兵各数万，一定要反叛薛延陀。果然，真珠死后，子多弥可汗立，回纥、仆固、同罗等部大败多弥。二十年，命大将李道宗、阿史那社尔、薛万彻、执失思力、张俭、契苾何力率兵分路出击。多弥惊逃，回纥攻杀多弥。李世勣招抚铁勒余部，回纥、拔野古、同罗等十一姓各遣使入贡，尊唐天子为天可汗。

西突厥——贞观二年西突厥内乱，西域诸国及铁勒叛西突厥。二十年，乙毗射匮可汗遣使入贡请婚，世民令割龟兹、于阗、疏勒、朱俱波、葱岭五国作聘礼。李治显庆元年，葱岭道行军总管程咬金大破西突厥，副总管周智度攻突骑施（西突厥属部），斩首三万余级。二年，伊丽道行军总管苏定方大破西突厥，俘沙钵罗可汗。李治分西突厥地，置濛池、崐陵二都督府，封降人阿史那弥射为兴昔亡可汗，阿史那步真为继往绝可汗。继往绝与兴昔亡有旧怨，飓海道总管苏海政信继往绝密告，杀兴昔亡，西突厥又乱。武曌封兴昔亡子元庆为兴昔亡可汗，继往绝子斛瑟罗为继往绝可汗。斛瑟罗收西突厥十姓（咄陆五姓，弩失毕五姓）余众六七万人入居内地，改封竭忠事主可汗。李显封突骑施酋长乌质勒为怀德郡王。李隆基封阿史那昕为十姓可汗。西突厥时叛时降，不为中国大害。

龟兹——贞观二十一年，龟兹王布失毕失臣礼，世民怒，命阿史那社尔、契苾何力、郭孝恪出兵，与铁勒、突厥、吐蕃、吐谷浑连兵进讨。阿史那社尔破五大城，降七百余小城，虏男女数万口，擒布失毕。李治时龟兹内乱，唐灭龟兹，置龟兹都督府。

高昌——高昌王麹文泰遏绝西域诸国入唐朝贡道路。贞观十三年，世民命大将侯君集、薛万均伐高昌。十四年，文泰死，子智盛兵败降唐。唐略地得二十二城，户八千余，口一万七千七百，置安西都护府，留兵镇守。

吐谷浑——贞观八年，令吐谷浑（青海）伏允可汗入朝，伏允托病不来。世民命大将段志玄进讨，吐谷浑远遁。世民又遣大将军李靖、侯君集、李道宗、李大亮等击吐谷浑。唐兵深入，沙漠中缺水，刺马血解渴，袭破伏允，斩首数千级，获杂畜二十余万头，伏允被杀。唐立慕容顺为西平郡王。

世民征伐西夷，止有灭突厥，还算给李渊雪耻，其余都是无故侵略。他依据兵法“抚士贵诚，制敌贵诈”的原则，对四夷用了无数诈计，结果扩地极大，东至于海，西至焉耆，南尽林邑，北抵大漠，凡东西九千五百一十里，南北一万九千一十八里。

世民对四夷用军事和通婚两个政策。对西境的吐蕃（西藏），采取和亲政策。吐蕃在吐谷浑西南，有兵数十万，未曾通中国。世民时赞普（酋长）弄赞有勇略，四邻畏服。贞观八年，世民谋大举攻吐谷浑，使冯德遐往吐蕃抚慰。弄赞遣使随冯德遐入贡求通婚，献黄金五千两，珍玩数百件。十五年，命礼部尚书李道宗送文成公主至吐蕃。弄赞大喜，模仿中国衣服仪饰，禁止本国鄙俗，遣子弟来长安学诗书，李治封弄赞为西海郡王。弄赞死，宰相禄东赞执国政，吐蕃益强。吐蕃与吐谷浑互攻，唐助吐谷浑。吐蕃大臣仲琮入朝，李治问吐蕃风俗，仲琮对：吐蕃地薄气寒，风俗朴鲁，可是法令严整，上下一心，议事常从下层首先提议，政治适合大众的利益，所以能强盛持久。李治末年，李敬玄将兵十八万与吐蕃将论钦陵大战青海上，唐兵大败。吐蕃尽据羊同、党项及诸羌土地。东接凉、松、茂、嶲（音髓）等州，南邻天竺，西陷龟兹、疏勒，北抵突厥，地方万余里，成为唐朝西方强敌。武曌时吐蕃内乱，大将赞婆率千余人降唐。李隆基时吐蕃连年入寇，隆基创防秋制，每年用十几万兵力防御吐蕃。

武曌以来，西突厥吐蕃最为边患，战争不息。游牧种族向内地侵扰，本无足怪，引起战乱的主要原因，却在中国政治腐朽，将吏故意挑衅，例如吐蕃请求和亲，李隆基道，赞普来信言语悖慢，我如何能忍。皇甫惟明谏道：赞普当开元初年，还是幼童，那能说这话。大概是中国边将诈造这封信，激怒陛下。因为边境有事，将吏得乘机盗匿官物，假报战功，讨取爵赏。这是奸臣的利益，国家的祸害。陛下试遣一使去看金城公主，与赞普当面议和，免得边地军民困弊。隆基命惟明往吐蕃，赞普大喜，出贞观以来唐帝诏书示惟明，上书极恭顺，和议成功。这说明前时战死的军民，何等冤屈。

世民对外侵略，所向无敌，当然不肯放弃东北方的高丽国。贞观十六年，高丽东部大人泉盖苏文杀高丽王，自称莫离支（军民总管）。唐属国新罗上书称百济与高丽连兵来攻，请求援救。世民决心东征，造粮船四百艘。十八年，命张亮为平壤道行军大总管，率兵四万，战船五百艘，自莱州泛海趋平壤；李世勣为辽东道行军大总管，率步骑六万趋辽东，海陆合势前进。世民宣布东征的理由说：辽东本中国土地，隋朝四次出师不能收回，我要给中国子弟报父兄战死的仇恨；替高丽报国王被泉盖苏文谋杀的耻辱。现在四海大定，只有高丽不服，趁我还没有老，用士大夫闲余的气力取它来。

李世勣渡辽水，高丽大骇，城邑都闭门坚守。唐兵至辽东城下，世民亲自负土填堑，拔辽东城，杀数万人，俘兵士万余人，男女四万口。大将李世摩中弩矢，世民亲为吮血，契苾何力中槊，世民亲为敷药。白岩城请降，李世勣率甲士数十人见世民道，士卒所以争冒矢石，不怕死伤，止是为了破城虏取财物。现在城快攻下，如果受降，战士不免失望。世民下马谢道，你们的话很对。不过杀人虏掠，我心实在不忍，你们的功劳，我别用库物重赏，我替城中人向你们赎取生命。他表示各样伪善，欺骗高丽人民，收效颇大。

十九年，世民至安市城，高丽北部酋长延寿、惠真率高丽靺鞨兵十五万救安市，阵长四十里。李道宗献计道，高丽倾全国兵力拒王师，平壤守备空虚，愿借臣精兵五千，袭破高丽京城，数十万众可不战败降，世民不应。世民登驻跸山，令李世勣将步骑万五千阵西岭，长孙无忌将精兵万一千为奇兵，自山北出狭谷冲敌阵后背，世民自将步骑四千阵山上。世民望见无忌军尘起，命诸军鼓噪并进，延寿惊慌阵乱。唐将薛仁贵大呼陷阵，所向披靡，唐军前后夹击，高丽兵大溃，斩首二万余级。无忌撤桥梁，断溃兵归路，延寿、惠真率残兵三万六千人请降。唐军获得马五万匹，牛五万头，铁甲一万套，其他器物无数。高丽全国骇惧，后黄城银城守军都弃城逃走，数百里不见人烟。唐攻安市城不下，天寒草枯水冻，兵马难久留，粮食将尽，世民下令退军。

这次战争，凡拔城十，徙高丽户口入中国七万人，新城、建安、驻跸三大战，斩首四万余级。唐战士死二千人，战马十死七八。世民深恨不能成功，问李靖道，我用天下兵力，被小夷困辱，是什么缘故。靖答，李道宗知道。世民问道宗，道宗陈述乘虚袭平壤的计策。世民叹道：当时匆匆，我没有留意。

二十一年，世民又想伐高丽。众议高丽依山筑城，攻取不易。前次大军东征，高丽人不得耕种，夺得城邑，收没积谷，又遭旱灾，民大半乏食。今若屡遣偏师，轮番入境骚扰，使高丽疲于奔命，荒弃农作，几年以后，千里萧条，人心离散，鸭绿江北可不战而取。世民听从这个计谋，命大将牛进达将海军万余人，李世勣将精兵三千人分路侵高丽。高丽穷困，遣太子入朝谢罪。二十二年，大将薛万彻率海军三万余人击高丽。李治继续世民的遗策，厚结新罗国，连年出兵。较大的战争是显庆五年，大将苏定方率水陆军十万，联合新罗国攻百济。百济大败灭亡。百济既灭，高丽势孤，李治命大将契苾何力、苏定方、刘伯英、程名振、刘仁轨分路进击。次年，契苾何力大破鸭绿江守将泉男生（盖苏文长子），斩首三万余级。倭国（日本）举兵救百济余众，龙朔三年，孙仁师大破百济余众及倭军，拔周留城。仁师率陆军，刘仁轨率海军，遇倭军白江口，四战四捷，焚毁倭船四百艘，烟焰冲天，海水变赤。倭军歼灭，百济王扶馀丰单身奔高丽，百济尽平。

李治乾封元年，盖苏文死。子男生、男建、男产争权互攻，男生使子献诚入朝求援，李治命李世勣率宠同善、契苾何力、薛仁贵等击高丽，献诚做向导，大破高丽军，斩首五万余级。薛仁贵勇冠三军，杀高丽数万人。总章元年，泉男建遣兵五万人救扶馀城，与李世勣战大败，死伤三万余人。九月，李世勣拔平壤城，高丽王遣泉男产率首领九十八人持白幡降唐。高丽悉平。唐分高丽五部、一百七十六城、六十九万余户为九都督府、四十二州、一百县。薛仁贵为安东都护，率兵二万驻平壤镇守。

自贞观十八年开始征东，到李治总章元年灭高丽，凡二十五年。

贞观二十二年，王玄策奉世民命到天竺（印度），招诸国入唐朝贡。中天竺王阿罗那顺兵最强，臣属四天竺，发兵攻玄策，擒玄策等三十余人。玄策脱身逃到吐蕃西境，征吐蕃兵一千二百人，泥婆罗兵七千余人，进攻中天竺都城茶镈和罗城，连战三日，大破中天竺兵，阿罗那顺弃城逃走，收余众再战，又大败。玄策擒阿罗那顺及其妻子，虏男女一万二千人。天竺震动，降城邑村落五百八十余处。俘虏中有婆罗门（印度僧侣）那罗迩娑婆寐，自言有长生术。世民很信他，使合长生药，派人往四方求奇药异石，又派人到天竺诸国采药物。世民吃了他的长生药，毒发下痢，名医束手，竟不能救。朝臣们想杀娑婆寐，又怕被四夷嗤笑，止好说是病死。

这是李世民侵略胜利的结果。

侵略胜利的别一结果，是大量异族迁入中国内地。贞观四年，灭突厥，酋长受五品官以上者百余人，几占朝官的半数，入居长安近万家。六年，契苾何力率部落六千余家归降，散居甘凉两州间。十九年，徙高丽酋长三千五百人入内地，悉授武职。又内徙辽盖严三州高丽人七万。总章二年，徙高丽户三万八千二百到江南淮南及山南京西诸州空旷地，留老弱使守安东。仪凤二年，散徙高丽人到河南陇右诸州，贫人留安东城旁。开元十年，徙河曲六州残胡五万余口到许、汝、唐、邓、仙、豫等州。这止是一些例证，其余降附的诸族，居住边境，数量极大，流入内地，与华族同化，唐朝从不禁阻，可以想见当时异族居住的自由。至于酋长和武将，很多赐姓李，政治上与华族有同等的权利。武曌时选善射武将五人赌金宝，左卫大将军泉献诚得第一，献诚让右玉钤卫大将军薛咄摩（薛延陀人），咄摩不受。献诚奏言，陛下选善射人，今多非汉官，窃恐四夷轻汉，请停选善射人。因为异族人多做武官，兵权逐渐落在他们手中，酿成中唐时代安史为首的大战祸。

第四节　中唐的经济状况

从李隆基天宝元年到李纯元和十五年，凡七十九年。在这个时期中，因政治上的腐朽虚弱，引起中央政权（朝廷）与地方政权（藩镇）间长期的战争。各个政权尽量向人民榨取财物，黄河流域遭受极大的破坏,全国经济重心,转移到江淮流域。中央政权依靠江淮的物力,虽然长安屡次陷落,政权终得免于崩溃。李纯时代,居然削平藩镇,获得暂时的有限度的统一。从此黄河流域经济逐步衰颓、江淮流域逐步发展,中唐正是转变的关键。

天宝是唐朝极盛而衰的时期,致衰的原因是:

军费——天宝元年,国内有州三百二十一,国外有羁縻州(朝贡国)八百。边境置十个节度经略使,配备边兵四十九万人,马八万余匹。单是衣食两项,每年用布帛一千二十万匹,粮一百九十万斛。内地彍骑等兵八万余人,还不计在内。朝廷每年支出这样巨额军费,养五十七万脱离生产的职业兵,对人民不得不加重剥削。

奢侈——李隆基是天才的音乐家,他精通音律,打羯鼓尤称妙手。开元初年,设立左右教坊,练习俗乐,又选乐工数百人,居住梨园,亲自教练,号称皇帝梨园子弟。天宝四年,他夺取第十八子寿王李瑁的妻杨太真做贵妃,纵情声色,开始了极度淫侈的生活。杨贵妃有三姊(韩国、虢国、秦国三夫人)三从兄(杨铦、杨锜、杨国忠),杨氏姊妹是淫妇,兄弟是无赖,国忠人品更不堪,李隆基对诸杨却宠幸无比。贵妃院中有绣织工七百人,收受中外官吏贡来的器服珍玩,不可数计。国忠做宰相,广取贿赂,绢帛积累三千万匹。韩、虢、秦、铦、锜五杨竞造第宅,穷壮极丽。虢国曾造中堂,召工匠涂壁,费钱二百万文。工毕求赏,虢国出红罗五百段,工匠嫌少不肯接受。隆基令诸贵家进食品,水陆美味数千盘,一盘值中等十家的财产。诸贵家竞赛珍异,每次进食,用几百人护送。隆基自恃承平日久,无事可尤,深居宫中,享受淫乐,看金帛如粪土,随意赏赐,没有节制。户部郎中王鉷替他竭力搜括,每年贡献额外钱百亿万,说是租庸调以外的剩余,专供宫中用费,隆基很喜欢。

变造——天宝初年,仓库积藏粟帛无数。韦坚奏请将江淮各州县租米及义仓存粟变价购买各地轻货输送京师。坚又引浐水到宫苑东望春楼下,漕船数百艘直达楼下。漕船所载轻货,如广陵郡(江苏江都县)船载锦、镜、铜器、海味,丹阳郡(江苏丹徒县)船载绫绣,晋陵郡(江苏武进县)船载绫绣,会稽郡(浙江绍兴县)船载铜器、罗、吴绫、绛纱,南海郡(广东番禺县)船载玳瑁、真珠、象牙、沈香,豫章郡(江西南昌县)船载名瓷、酒器、茶釜、茶樽、茶碗。宣城郡(安徽宣城县)船载空青石、纸、笔、黄连,始安郡(广西桂林县)船载蕉葛、蚺蛇胆、翡翠。凡数十郡驾船人,一律南方装束,大笠,宽袖衫,芒鞋。隆基坐楼上受献。杨国忠扩大变造法,奏请全国各州县正仓义仓(备水旱灾)藏粟及丁租地税,都变价改买轻货布帛。变造法使轻货大量流入京师,对工商业和贵族浪费,非常有利,可是仓米既空,官禄兵粮,势必就地向人民征取,名为和籴,实际止是强夺,并不给钱。高力士对隆基说:“和籴不停,即四方之利,不出公门(官吏擅利),天下之人,尽无私蓄。”农民缴纳租米,官吏变作轻货。再借和籴名义向农民取米。这就是变造法的妙处所在。江淮地区运输用船,北方运输用车,船运便利省费,江淮经济发展,运输工具也是原因之一。

户口——天宝元年户部奏称天下户八百五十二万五千七百六十三,口四千八百九十万九千八百。十三年,户部奏称天下郡三百二十一,县一千五百三十八,乡一万六千八百二十九,户九百六万九千一百五十四,口五千二百八十八万四百八十八,这是唐朝户口最高的纪录。十四年,天下户八百九十一万九千三百九,内不课户三百五十六万五千五百,课户五百三十四万九千二百八,不课口四千四百七十万九百八十八，课口八百二十万八千三百二十一。垦田五千二百九十一万九千三百九顷（垦田数过分夸大，不可信）。不课户占总户数约五分二，口数约占六分五，一户平均有十二口。课户每户平均不到两口。当时安史乱起，繁重的徭役赋税，全由这些穷苦无告的课户负担，豪家强宗，不仅免除课役，广占垦田，并得荫庇贫民充当庄客佃户，供无情的剥削。例如京城附近每田一亩，官税五升，私家收租，每亩多至一石，比官税高二十倍。政府不敢得罪豪强，专力向课户课口榨取财物，农民被迫破产，止好应募当兵，受朝廷及藩镇的荼毒屠杀。

天宝十四年，安禄山破长安，李隆基逃往四川，太子李亨逃往灵武，自立为皇帝。第五琦入蜀见李隆基说："当今用兵，财赋最关紧急，财赋产生，江淮居最多数。请给臣一官，可使军费充足。"李隆基喜悦，封琦为江淮租庸使。琦收江淮租庸卖轻货，经长江、汉水至洋州（陕西洋县），陆运至扶风助军。江陵成转运中枢，租赋堆积如山。李亨终能战胜安史，收复两京，全赖江淮的财赋。当时掠夺江淮人民，不问是否欠租，止要家有粟帛，官派差役围宅搜索，或平分所有，或十取八九，号称白著（无故取财物，犹俗言落空）。稍有违抗，捕送牢狱受重刑。民间唱白著歌道："上元（李亨年号）官吏务剥削，江淮之人多白著。"李纯元和初年，土地大半被藩镇割据，朝廷每岁赋税，全从浙江东西、宣歙、淮南、江西、鄂岳、福建、湖南八道四十九州一百四十四万户征取，比天宝税户四分减三，养兵八十三万余人，比天宝三分加一，大率二户养一兵。至于水旱灾荒，额外调发，不在数内。中唐时代，江淮人民所受痛苦可知，其他州县受藩镇刻剥，痛苦又可知。

从李亨时起，国内战争连绵不绝，朝廷需要大量税收作战费，于是创行各种新税法，向穷苦人民榨取。

榷盐法——唐有盐池十八，盐井六百四十，沿海州郡多设盐场，第五琦做盐铁使，始变盐法，就山海井灶置监院。旧盐户及制盐游民称为亭户，免除杂徭役，使专事产盐。严禁私制私卖。前时盐价每斗十钱，琦加价一百，每斗卖钱一百一十文。李豫用刘晏理财，专用榷盐法。起初江淮盐利不过四十万缗，后来增至六百余万缗。河东盐利不过八十万缗，成本比海盐昂贵。晏收亭户所产盐，转卖给商人，任其自由贩运，罢各州县卖盐官。海盐价贱，产量激增，远过西北池盐。李豫初年，朝廷岁入不过四百万缗，末年，增至一千二百万缗，盐利占半数以上。富贵人费盐少，穷苦人费盐多，这就是说，盐税的最大部分，由贫民负担。扬州是海盐集中地，也是盐铁转运使的巡院所在地，因此成为全国最富庶的都市。唐人称扬一益（蜀）二。扬州产海盐，富庶居第一位，蜀产井盐，居第二位。李适时盐价每斗增至三百七十文，江淮豪商操纵逐利，市价或增一倍，人民经常淡食，怨苦欲死。

两税法——李适（音括）用杨炎议，改庸租调为两税法。初唐赋敛，称为租庸调。有田出租，有丁出庸，有户出调。天宝末年，户籍法废坏，户口数目不实。李亨以来，内战剧烈，横征暴敛，急似星火，多设税收机关，各随意自立名目，凡数百种。旧税不除，新税又加，富户丁多，为官为僧，得免课役。贫户丁多，无法隐避，上户优游，下户劳疲，官吏乘机蚕食，尽量刻剥，贫民不胜穷困，止得弃家逃徙为浮户，土著百无四五。杨炎建议行两税法，先计州县每岁所需上供及地方费用，量出制入，按人民丁数及财产定等第高下，分两次收税，夏税不得过六月，秋税不得过十一月。不问主户客户，依现居地为断，不问中丁（十八岁以上）成丁（二十三岁以上），依贫富为差。商贾居地不定,依所在州县纳税三十分之一(当年增为十分取一)。租庸调及杂徭,悉数革除,止按丁额收税。田亩税依李豫大历十四年垦田数由纳税人民均摊。两税法规定收现钱,农民生产止有布帛,官吏任意折价,豪家大商乘机放债操纵,物贱钱贵,农民困穷。自李适到李纯四十年间,税额不变,人民实际负担增加三倍。天宝以来,自由兼并代替均田制,所以租庸调法不得不改为两税制。

茶税——豫章郡出产茶器,想见初唐饮茶风习,已经流行。李亨时张巡、许远守睢阳城,粮食匮乏,将士用茶纸、树皮充饥。李豫末年淮西节度使李希烈赠宦官邵光超黄茗二百斤。江淮人用茶作饮料,传入中原,浪费量因之加增。诗人陆羽嗜茶,创煎茶法,著《茶经》三篇,饮茶风气更盛。李适贞元九年,行茶税,按市价十分取一,岁得钱四十万缗。

酒税——酒税从李豫时开始。李适加税,酒每斗收税一百五十钱,当时酒价每斗三百钱,税率重至百分之一百。淮南等地税曲不税酒。此后酒税收入益增,晚唐李昂时每岁得钱一百五十六万缗。

青苗钱——李豫广德二年,创行青苗钱,供百官俸料。有苗田每亩收税十五文,又征地头钱每亩二十五文。永泰元年,百官请纳还职分田充军粮。大历五年,废地头钱,改青苗钱每亩三十五文。百官职分田让给拥兵的武将,另向人民榨取至少与职田同数量的钱作俸料,苗已生长,农民不得不纳税。

借富商钱——李适建中三年,每月军费百余万缗,府库不能供,下诏借富商钱,朝廷原议以为天下财货尽聚富商家中,凡资产超过一万缗,可借其余充军用。借一二千家,可支数年的军费。后来大索长安市中商贾所有货物田宅奴婢，估价仅值八十八万贯。又搜括僦柜（典当），所有钱帛粟麦，都四分借一。封闭柜（藏布帛）窖（藏粟麦），不得擅移。商人怨怒，罢市反抗。计共借得二百余万缗，远不及预计可得五百万贯那样大，当然许多是隐藏了。

间架税、除陌钱——李适借富商钱不能完全成功，改行两种新税。间架税是每屋两架为一间，上等屋每间税钱二千文，中等税一千，下等税五百。吏执笔握筭，入人家查验房数。敢匿一间，杖六十，赏告密人钱五十缗。除陌钱是公私付款及买卖，每缗官扣取五十钱，用货物相交换，折钱照扣。敢隐钱一百，杖六十，罚二千文，赏告密人十缗。赏钱都由被告发人付给。

以上各种剥削的对象，主要当然是农民，止有借富商钱及间架、除陌二税，不利城市中富商大贾，因而激起罢市风潮。泾原节度使姚令言部下五千人乘机在长安兵变，大呼道，你们不要恐慌，不夺你们商货僦柜了，不税你们间架除陌了。李适逃往奉天（陕西乾县），朱泚被变兵、市民拥护，据长安称帝。

货币——钱是统治阶级剥削人民财物的重要工具。李隆基时，贵戚大商到江淮收买恶钱，良钱一换恶钱五，载入长安，照良钱同价行用。中小商及平民不胜困敝，宰相李林甫奏请禁止，贵戚大商不以为便，隆基听从杨国忠的话，允许恶钱照旧流通。隆基设九十九炉（三十炉在绛州），每炉铸钱三千三百缗，雇工匠三十人，用铜二万一千二百斤，鑞（铅锡混合物）三千七百斤，锡五百斤，每千钱成本七百五十文。全国岁铸三十二万七千缗。

李亨时第五琦铸乾元重宝钱，径一寸，每缗重十斤，一钱当十钱用。琦又铸重轮乾元钱，径一寸二分，每缗重十二斤，一钱当五十钱用。钱价轻贱，物价飞腾，斗米贵至七千钱，贫民饿死满路。京师豪强镕化小钱及佛像，私铸乾元钱，人民愈益穷困。李豫改令两种乾元钱与开元通宝钱等价行用，豪强又毁钱改铸器具，乾元钱从此废止。

李纯时因钱少，准许十缗以上交易，参用布帛。河东节度使王锷利用拒马河水力铸钱，大省工费。李纯命刺史李听效王锷法起五炉，每炉月出钱三十万文。纯又规定文武官僚并公主郡主县主（三主都是皇室贵女）中使（宦官）下至士庶商旅（行商）寺（僧寺）观（道观）坊市（商家）私藏现钱，并不得过五千贯，余钱勒令收买别种物品。当时京师市上存款，多是藩镇将帅如王锷、韩弘、李惟简等人的钱财，每人所积至少在五十万贯以上。其他富豪，依托左右军（禁卫军）官钱的名义，官吏不敢追究。李纯命令在武将豪商联合势力下，无形取消。

李纯时始有飞钱，俗称为便换。商贾至京师，纳钱诸路进奏院（驻京办事处）及诸军诸使富家，自己轻装到外路贸易，就官府合契券取钱。朝廷想收飞钱的利益，禁止进奏院等私相授受，令商人向户部、度支、盐铁三司飞钱，每千钱收汇兑费百钱，后又改为照数付钱，不收汇费。商人始终不愿与三司交易，钱贵帛贱如故。农民不得不用低价的帛向商人换钱，缴纳两税。

上述各种剥削方法，名义上还算是国家合法的正式收入，人民还可以勉强忍痛贡献。可是按之实际，人民额外负担，远比这些正供繁苛得多。统治阶级每一分子，都有特权掠夺财物来满足自己的贪欲，下面简单地叙述些当时额外的剥削：

皇帝私蓄——李隆基用度奢侈，赏赐无度。王𫟹岁进额外钱百亿万，贮在内库，号称百宝大盈库。李适时姚令言兵变，掠夺宫中琼林、大盈二库，军民运取金帛，通宵不能尽。后来李适回长安，更专力聚敛，奖励藩镇及州县官用各种苛法刻剥百姓。从节度使起，下至判官幕僚，大小官吏，争献进奉钱，私留大部分，贡献止十中一二，美其名曰月进日进，通称为进奉。李适依进奉多少，赏赐官爵。适又使宦官率白望（在市上瞭望，白取货物不给本价）数百人，在东西两市讹诈货物，称为宫市。李纯时内外官吏争献进奉钱，有所谓助军、贺礼、助赏等名目。这种皇帝私人收入，存储内库，委宦官管理。李豫时大盈库宦官三百余人，想见积累的丰富。

功臣——天宝以来，内战不绝，拥护朝廷的武将，都成为功臣。其中声名最好的郭子仪，月得俸钱二万缗，私产不可计数，库中珍宝山积，奴仆三千人，自黄峰岭到河池关，中间百余里，都是子仪家的田地。其他功臣，大致类似。

官吏——官吏经常一万人左右。初唐一品官月俸不过三十缗，职田禄米不过一千斛。中唐大官月俸至九千缗，州不分大小，刺史（州官）月律一千缗。月俸以外，贪污尤甚，李豫没收宰相元载家产，单是胡椒，多至八百石。李纯没收堂后主书（小官）滑焕家产，值数千万钱。官吏不分大小内外，无不受赃致富。

藩镇——藩镇割据土地，与朝廷对抗，自然财产富厚，其中号称恭顺的节度使，一样豪富可惊。泾原节度使马璘家产不可计算，在京城造第宅，中堂建筑费二十万缗，其他旁屋工价相差无几。天宝时，贵戚第宅，极尽奢丽，初唐功臣李靖家庙，止配作杨氏马厩。安史乱后，大臣将帅，竞造第宅，比天宝更奢丽，当时称为木妖。李纯时宣武军（河南开封县）节度使韩弘入朝，献马三千匹，绢五千匹，杂缯（帛）三万匹，金银器千件。又献绢二十五万匹，䌷三万匹，银器二百七十件。宣武库厩还存钱百余万缗，绢百余万匹，马七千匹，粮三百万斛。

宦官——宦官奉令出使外州县，公然行文求贿赂，与征取赋税同算合法。每出使必饱载回来。外官不厚赠宦官，反被疑为不敬皇帝。

佛寺——李豫信佛，为母吴太后造章敬寺，穷壮极丽，京师现有材料不够用，拆官殿旧料充数，费逾巨万。宫中经常养僧百余人，遇有变乱，请僧讲仁王经，求佛力保祐。胡僧不空出入宫廷，弄权纳贿，京城内外良田厚利，多被僧寺占有。豫又下令人民不得侮辱僧尼。五台山造金阁寺，全用涂金的铜瓦，费钱万万，宰相王缙令五台僧数十人，带政府公文到四方求钱。从此佛教大盛，政刑更乱。李纯迎佛骨至京师，留宫中三日，送各寺院轮流供奉。王公士民，敬礼布施，一国若狂。刑部侍郎韩愈上表切谏，纯大怒，愈几乎被杀。

胡客——李亨借回纥兵力，平安史叛变，收复两京，对回纥人待遇特优。回纥留居京师常千人，其他胡商冒名杂居又千人，都给与衣食财帛。他们贪横放纵，官吏不敢过问。胡客置产业，开第宅，有利商业，多归胡客经营。李适时久居长安的胡客，娶妻生子，买田宅，放高利贷，不愿归还本国的多至四千人，唐朝停发给养，每岁省钱五十万缗。

武人——初唐行府兵制，武曌时，百姓怕当府兵，自坏手脚肢体避兵役。李隆基时，朔方节度使牛仙客伪造“节用度，勤职业，仓库充实，器械精利”等功劳，得入朝做宰相。边将效法牛仙客，强令戍卒缴出随身财物，寄藏军库，白昼服非人的苦役，夜缚入地牢，想法使戍卒病死，财物没收入官。戍卒得生还家乡，十中不到二三。李隆基从宰相张说议，改府兵为犷骑，募贫民当兵。应募人多数是流氓和破产农民，既无家室，又无宗族，嗜利忘身，不知自爱。藩镇将帅拥兵称雄，悬重赏驱使盲目战斗。朝廷依赖神策军（禁卫兵）武力，兵卒多是市井富儿贿买军籍，领受犒赏，本人仍在店铺做买卖。偶有事变，无一兵可用。边兵也同样腐败，李纯命天德军接收受降城兵士和器械，照原额应有骑兵一千一百四十人，交割时止有五十人，器械止有弓一张。兵士被边将役使，衣粮全被私吞。朝廷兵力，远不及藩镇强悍，掠夺民财，勒索犒赏，却与藩镇兵并无高下。李湛时，进士刘蕡说："首一戴武弁（军帽），疾（恨）文吏如仇雠；足一踏军门，视农夫如草芥。谋不足以翦除凶逆，而诈足以抑扬威福（任意逞威作福）；勇不足以镇卫社稷（政权），而暴足以侵轶（侵侮）里闾（平民）。"将帅兵士，互相利用，共同害民，中唐已剧，晚唐更甚。

在上述各式各样的剥削下面，户口大量耗损了。据旧史所记，李亨至德二年，有户八百一万八千七百一（口数失记）。乾元三年户口总数，户一百九十三万三千一百二十四，内不课户一百一十七万四千五百九十二，课户七十五万八千五百八十二。口一千六百九十九万三百八十六，内不课口一千四百六十一万九千五百八十七，课口二百三十七万七百九十九。自天宝十四年至乾元三年，首尾仅五六年，户口骤减十之七八，战争给与人民的灾祸，严重如此。不课户口竟占极大多数，无限的赋税、徭役、杂课，都由占少数的课户、课口来负担，更显示了阶级待遇的绝对不平等。

不课户口的大量增加，迫使朝廷无法获取充分财赋，供应费用。李适建中元年改行两税，就是补救这个困难的新方法。当时有税户三百八万五千七十六，税钱一千八十九万八千余缗，谷二百一十五万七千余斛。兵七十六万八千余人，平均四户养兵一人。

李纯元和二年，有户二百四十七万三千九百六十三，江淮民户占一百四十四万。朝廷费用全赖江淮，平均两户养一兵。

中唐初期（天宝）与末期（元和）比较户口赋税，略数如下：

天宝总户数八九百万，内课户五百余万，元和江淮税户一百余万，比天宝仅得四分一稍强。天宝租税庸调每年总计钱粟绢布丝绵约五千二百三十余万端（布一端长六丈）匹（绢一匹长四丈）屯（丝绵）贯（钱一千）石（粟一斛），元和两税榷酒盐利茶利总计三千五百一十五万一千二百二十八贯石，比天宝约得四分三稍弱。四分一的户口负四分三的税赋，元和时人民生活的惨苦可以想见。

李豫时独孤及奏称："天宝以来，兵乱已十年，人民生产破败，衣食空乏。拥兵将帅第宅连街道，奴婢厌酒肉。贫人瘦饿服役，剥肤敲髓。官乱职废，将骄兵暴，纲纪毁坏，如沸粥乱麻，长安城中，白昼掠夺，人民含冤，无处申诉。"这是中唐内战初期的情况。

李纯时李吉甫奏称："天宝以来，国家养兵八十余万，其余官吏商贾僧道不耕而食的占人口十分之五六，强制三个劳筋苦骨的农民，供养七个待衣坐食的游手。"这是中唐长期内战的结果。

中唐农民破产了，工商业尤其是商业却很大的发展着。

第五节　中唐的政治

中唐是许多矛盾爆发的时代。中央与地方间的内战，华族与外族间的侵夺，宦官与朝官间的排挤，朝官间的分党互争，唐朝在这些矛盾中——主要是中央与地方矛盾中衰落了。

（一）内战

安禄山——李隆基天宝时代，政治腐朽，君臣歌舞升平，以为中国无须有兵，禁止民间私藏兵器，子弟当武官，父兄认为可耻，宰相李林甫对隆基说，边将最好用胡人，胡人地位卑贱，感激朝廷待遇优厚，定能出死力报恩。隆基喜悦，诸道节度使多改用胡人。范阳（节度使驻河北大兴县）、平卢（驻河北昌黎县）、河东（驻山西太原县）节度使安禄山（父胡人，母突厥人），河西（驻甘肃武威县）、朔方（驻宁夏灵武县）节度使安思顺（胡人），陇右（驻青海乐都县）节度使哥舒翰（父突厥人母胡人），安西（驻新疆库车县）节度使高仙芝（高丽人），四人掌握北及西北边兵四十二万，安禄山一人独得十八万，兵力最强。

禄山见隆基淫昏，内地又不设武备，暗中布置叛变。孔目官（总管诸事）严庄，掌书记（管文书）高尚想做大官，悉心替禄山筹划，用番将三十二人代汉将。天宝十四年八月，禄山发所部兵及同罗、契丹、奚、室韦各部凡十五万号二十万据范阳反。禄山兵南下，所过州县，望风瓦解。官吏多开门迎降。十二月，禄山攻荥阳，郡守崔无诐率士卒守城，闻鼓角声，士卒自坠城下，纷纷如落叶。城陷。禄山进陷洛阳，隆基大惧，令哥舒翰守潼关。常山（河北正定县）太守颜杲卿、平原（山东德县）太守颜真卿、新任朔方节度使郭子仪起兵攻河北。子仪部下大将李光弼（契丹人）、仆固怀恩（铁勒仆固部人）、浑释之（浑部酋长）等勇敢善战，禄山闻河北有变，不敢急攻潼关。

次年(李亨至德元年)五月,哥舒翰大败,潼关陷。隆基率杨贵妃姊妹、杨国忠及皇子皇孙、亲近宦官宫女逃出长安。至马嵬驿(陕西兴平县),随从卫军杀杨国忠,又逼隆基杀贵妃,拥隆基入蜀。太子李亨逃出灵武(朔方节度使驻在地),即皇帝位,号召军民讨叛。

安禄山入长安,大掠财物,屠杀民众,各州郡人民起兵杀贼,援助唐兵,关中及黄河南北变成混战的地区。鲁炅守南阳(河南南阳县),城中食尽,一鼠值钱四百文,张巡、许远守睢阳(河南商邱县),杀妾侍食将士。战争中死伤惨重可见。至德二年,禄山被长子安庆绪杀死。天下兵马元帅李俶(即李豫)、副元帅郭子仪将朔方等军及回纥西域援兵共十五万攻长安,大破庆绪军。又进击洛阳,庆绪逃河北邺城。

史思明——安庆绪兵败,禄山旧将史思明(突厥人)降唐,封范阳节度使。乾元元年,史思明据魏州(河北大名县)反,与安庆绪遥为声援。郭子仪、李光弼等九节度使将步骑二十万围邺(河南临漳县),城中一鼠值钱四千文,淘墙土中碎麦秆及马粪喂马。九节度不设统帅,上下解体,攻城不能克。史思明引大军来援,唐兵大溃,逃归洛阳。思明杀庆绪,自称大燕皇帝。

李亨命李光弼代郭子仪为兵马元帅。光弼治军严整,队伍坚重,引兵退保河阳(河南孟县)。思明入洛阳,城空无所得,出屯白马寺南,筑月城(两头接河,形如半月)拒光弼。思明举全力攻河阳,光弼率诸将死战,大破思明军。光弼与思明相持久不决,李亨信观军容使宦官鱼朝恩及番将仆固怀恩的谗言,促光弼攻洛阳,唐兵大败。李亨恐慌,增兵守陕(河南陕县)。史思明长子史朝义杀思明自立，兵势稍弱。李亨急于收复失地，借回纥兵攻破洛阳。回纥洗劫洛阳、郑（河南郑县）、汴（河南开封县）、汝（河南临汝县）等地，人民死亡万计，衣服被剥，多用纸蔽体，火烧数旬不灭。回纥送赃物到河阳城，堆积如山丘。李豫广德元年，史朝义穷促自杀。

安史叛乱，起天宝十四年，迄广德元年，凡九年。唐朝经这次大乱，统治力量大为削弱，又加回纥、吐蕃乘虚入寇，更不敢激起内变，破坏危局。对拥兵悍将，李豫以下诸帝，一贯采取姑息政策，止求名义上还承认朝廷。占据土地，封赏官爵，厚给财物，都在所不计。广德二年，淄青节度使李正己（高丽人）、成德节度使李宝臣（奚人，安史旧将）、魏博节度使田承嗣（安史旧将）、相卫节度使薛嵩（安史旧将）、卢龙节度使李怀仙（柳城胡人，安史旧将）互相婚姻，遥为声援，收集安史余众，各拥劲卒数万，练兵修城，任命文武官吏，扣留赋税，不服朝廷命令，造成地方势力与中央对抗。

（一）魏博镇——占魏（河北大名县）、博（山东聊城县）、贝（河北清河县）、相（河南安阳县）、卫（河南汲县）、磁（河北磁县）、洺（河北永年县）七州。田承嗣开始割据。传田悦、田绪、田季安、田怀谏、田弘正。李纯元和十四年，弘正入朝，留居京师。

（二）镇冀镇——一名成德镇。占恒（河北正定县）、定（河北定县）、易（河北易县）、深（河北深县）、冀（河北冀县）、赵（河北赵县）六州。李宝臣开始割据。传子惟岳，部将王武俊（契丹人）杀惟岳自立。传王士真、王承宗。李纯起兵攻承宗，屡战不能胜，承宗死，弟承元降唐。

（三）卢龙镇——占幽（北平）、涿（河北涿县）、莫（河北清苑县）、瀛（河北河间县）、平（河北临榆县）、檀（河北密云县）、妫（察哈尔怀来县)、蓟(河北蓟县)、营(河北卢龙县)九州。李怀仙开始割据。李豫大历三年,部将朱泚、朱滔杀怀仙,朱泚入朝留京师,朱滔充节度使。李适建中三年,滔自称冀王,田悦称魏王,王武俊称赵王,李纳称齐王。四镇同盟互助,推滔为盟主。次年,四镇共推淮宁节度使李希烈为皇帝。李适发动全国大军征伐五镇。河东、泽潞、河阳、朔方四军攻魏县,神策、永平、宣武、淮南、浙西、荆南、江西、沔、鄂、湖南、黔中、剑南、岭南诸军包围淮宁[许(河南许昌县)蔡(河南汝南县)等州]。唐制,各路军队出境,粮饷由朝廷发给,李适想诸军出力,每出境,加给酒肉,又给将士家属粮食,一人得三份给养,因此各军一出境就停止,不再前进。建中四年,每月支出军费一百三十余万缗,李适私库虽然积储极富,却藉口库藏空虚,创行间架除陌两税,泾原兵利用民怨在长安叛变,李适逃走,叛军推朱泚做皇帝,自号汉元天皇。李希烈也自号大楚皇帝。兴元元年,李晟击杀朱泚,朱滔病死,军中推刘怦为节度使。怦传子济,济子总杀济自立,元和十三年降唐。

(四) 淄青镇——占淄(山东淄川县)、青(山东益都县)、齐(山东历城县)、海(江苏东海县)、登(山东蓬莱县)、莱(山东掖县)、沂(山东临沂县)、密(山东诸城县)、曹(山东曹县)、濮(山东濮县)、衮(山东滋阳县)、郓(山东东平县)十二州。李正己开始割据。传李纳、李师古、李师道。李纯与师道大战,元和十四年,部将刘悟杀师道降唐。

(五) 沧景镇——占沧(河北沧县)、景(河北景县)、德(山东德县)、棣(山东惠民县)四州。李适时,程日华开始割据。传程怀信、程权。元和十三年程权入朝。

（六）宣武镇——占汴（河南开封县）、宋（河南商邱县）、亳（安徽亳县）、颍（安徽阜阳县）四州。李适时，刘元佐开始割据。传子士宁。部将李万荣逐士宁。传子李迺（音乃）。部将邓惟恭逐迺。贞元十二年，李适乘宣武军内乱，命董晋为节度使。

（七）彭义镇——占申（河南信阳县）、光（河南潢川县）、蔡（河南汝南县）三州。陈仙奇杀李希烈，李适命仙奇为淮西节度使，吴少诚杀仙奇，适又命少诚为节度使。传吴少阳、吴元济。元和十二年李纯竭全力克淮西，擒吴元济，算是朝廷对藩镇最大的一次胜利。

（八）泽潞镇——占潞（山西长治县）、泽（山西晋城县）、邢（河北邢台县）、磁（河北磁县）、洺（河北永年县）五州。元和十四年，刘悟杀李师道，李纯授悟为义成节度使，驻邢州，李恒时改授昭义节度使。传刘从谏、刘稹。李炎会昌四年，唐灭泽潞镇。

以上诸镇占地广大，兵马强悍，对朝廷忽顺忽叛，诸镇间也离合不常，内部又自相杀夺，纷扰数十年，从没有安静的时候。李纯时代，政治比较良好，利用江淮财赋，官爵美号，离间诸镇，诱使互攻。平淮西后，弱小藩镇，畏威归顺，形式上获得全国的统一。可是藩镇的基础，并不曾拔除，李纯死后，诸镇节度使依然拥兵割据。

（二）外患

初唐国内统一，对外侵略，辟地极广。中唐国内分裂，外族乘机侵入，北西南三边沦陷，朝廷无力恢复，甚至借外兵从事内战，苟求胜利，在历史上留着可耻的污点。唐初外族得娶唐公主，看作莫大荣宠，不惜竭财力充聘礼。中唐时，中国内乱，希望边境不生事，多嫁公主给外国，号称和番公主。李纯因嫁公主到回鹘，需费五百万缗，遣使去请缓期。华夷势力升降，即此可见一般。

回纥——回纥在唐初属铁勒部，建牙独乐水上（图拉河），开元天宝间，回纥渐盛，联合十一部落，占突厥故地。安禄山叛变，回纥怀仁可汗发精兵四千余人入援。李亨与回纥约定克服京城，土地士民归唐有，金帛妇女给回纥。破洛阳后，回纥入府库收取金帛，大掠市井村坊，财物不可胜数。人民敛罗绵万匹赂回纥，才停止抢掠。李亨嫁幼女宁国公主给回纥，亲送到咸阳，公主辞别道，国家事重，死而无恨。李亨流涕回长安。宝应元年，亨又请回纥助攻史朝义，洛阳大遭杀掠。李豫永泰元年，仆固怀恩引回纥、吐蕃、吐谷浑、党项、奴剌（音辣）数十万人入寇，李豫惊慌，想弃长安逃走，赖郭子仪说服回纥，助唐击破吐蕃军。唐赠缯帛十万匹，并被虏去男女四千人。回纥人在长安骄横杀人，官吏容忍不敢惩治。每岁驱驽马数万匹卖给唐朝，一匹索价帛四十匹，死马也得照价给帛。大历三年，回纥摩尼僧（教主摩尼，波斯厄克巴达那城人，纪元后第三世纪间创教，大致与火袄教类似。周隋间传入中国）来长安，李豫替他造大云光明寺。六年，荆（湖北江陵县）、洪（江西南昌县）、越（浙江绍兴县）等州各造大云光明寺，处摩尼僧。李纯元和元年，回鹘（李适时回纥奏请改称回鹘）贡使偕摩尼僧来。大摩尼数年回本国一次，小摩尼每年往来，与商贾勾结作奸。十二年，遣摩尼僧归回鹘。李炎时黠戛斯大破回鹘，余众降唐三万余人，散居内地，回鹘自此衰微。

吐蕃——吐蕃是中唐时代西方的劲敌，夺唐地最多。开元二十五年，唐将贪功，诈袭吐蕃，斩首二千余级。此后吐蕃连年入寇。李豫广德元年，吐蕃率吐谷浑党项氐羌二十余万人攻入长安，李豫仓皇逃往陕州（河南陕县），长安焚掠一空。二年，仆固怀恩引吐蕃进逼奉天（陕西乾县），京师戒严。永泰元年，仆固怀恩又引吐蕃等数十万众至奉天，虏掠男女数万。吐蕃三次入寇，都被郭子仪战退。李适建中四年，朱泚据长安称帝，适请吐蕃出兵援助，允许成功后赠给伊（新疆哈密县）、西（新疆吐鲁番）、北庭（在吐鲁番境）。泚死，吐蕃来求地，适准备割让，宰相李泌力持异议，两镇幸免陷没。

维州（四川汶川县）据高山极顶，三面临江，形势险要，吐蕃密遣妇人嫁维州管门人，二十年后，儿子长大，偷开城门，引吐蕃兵入城。自此吐蕃得专力寇掠长安，不怕四川牵制。吐蕃野心很大，它知道唐朝大将止有李晟、马燧、浑瑊三人中用，又知道李适猜忌功臣，尤其对李晟嫌隙甚深。贞元三年，吐蕃夺盐（宁夏灵武县）、夏（陕西横山县）二州，遣使卑辞厚礼，向马燧求和，请结盟好，归还二州。李适、马燧主和，李晟主战，自然主和派胜利。吐蕃要求浑瑊到会主盟，说吐蕃将相二十一人都信服他。李适派瑊做会盟使。瑊到会，吐蕃伏兵骤起，瑊仓皇从幕后骑马逃走，吐蕃追逐到长安附近。会盟这一天，李适在朝欣然告群臣道，今天与吐蕃讲和是国家的福利。马燧说是。柳浑说，吐蕃没有信义，今天的事，臣很担忧。李晟说，柳浑说得是。李适怒道，柳浑书生，不懂边事，你也这样吗？晟、浑伏地叩头谢罪。当夜边将报到，李适大惊，想逃出长安，赖大臣们谏止。吐蕃原定计划，离间李晟，因马燧求和，执浑瑊害燧。晟、燧得罪，国内空虚，纵兵直取长安，可以得志。幸而浑瑊逃走，吐蕃计不得行。后来吐蕃、回纥争北庭。屡起战争，属国南诏（云南）又归附唐朝，势力渐衰，不能为大害。李昂时吐蕃达磨赞普荒淫残虐，国人怨怒，势益衰弱。

南诏——开元二十六年,封南诏酋长蒙归义(原名皮逻阁)为云南王。唐边将侵侮南诏,南诏叛唐,降附吐蕃。天宝时唐攻南诏,前后死伤二十余万人。云南王阁罗凤陷嶲州(四川西昌县)获西泸(西昌县西南)县官郑回。阁罗凤尊回,使子凤迦异、孙异牟寻、曾孙寻梦凑从回读书。异牟寻嗣位,用回做宰相。云南有众数十万,吐蕃寇唐,常令云南兵作前锋,赋敛严重,险要地都被吐蕃夺去。回劝异牟寻叛吐蕃归唐。李适时,异牟寻密遣使见西川节度使韦皋,请求内附。皋施离间计,使吐蕃南诏疑忌失和。皋遣使官崔佐时至云南,郑回密告云南国情,佐时促异牟寻斩吐蕃使者,正式受唐封号。唐得南诏,吐蕃不敢深入攻唐。李昂时,南诏攻破成都西郭,俘蜀中百工去,南诏益强。此后屡寇西川。李俨时南诏衰弱,与唐讲和。

(三)官员争权

宦官——李隆基宠任宦官,高力士又掌大权,四方表奏先呈力士,由他发遣。太子呼他为兄,诸王公呼他为翁,驸马辈呼他为爷,满朝贵官没有人不怕他。李亨时设宦官将军,又用鱼朝恩为观军容使。大将郭子仪、李光弼军事计划被朝恩牵制,屡遭失败,郭李被责贬官,鱼朝恩却始终受信任。李豫重用程元振,升鱼朝恩做天下观军容使,总管禁兵(神策军)。各路都派宦官监军,称为监军使。李适用白志贞掌禁兵,志贞贿卖军籍,泾原军兵变,适召禁兵,竟无一人来到。适用窦文场代志贞,平朱泚后,猜忌功臣,令窦文场充神策军左厢兵马使,王希迁充右厢兵马使,夺功臣的兵权给宦官，从此宦官掌握中央武力，在政治上造成巩固的势力。李纯用吐突承璀为左右神策、河中、河阳、浙西、宣歙等道行营兵马使、招讨、处置等使，宦官统制中外诸将，专命征伐，权势更盛。承璀率诸道兵攻王承宗，威令不振，费七百余万缗，无功回朝，李纯反封他做左卫上将军，充左军中尉。监军使监视诸道将帅行动，战时还派宦官监阵，行军进退，将帅不得自主。战胜宦官先报捷邀功，战败借朝廷威权凌辱将帅，军事失败和将帅叛变，很多由宦官酿成。李纯起大军九万攻淮西，久不成功。宰相裴度请罢去监阵，果然淮西很快就克服。翰林学士李绛对李纯极言宦官骄横，侵害政事，谗毁忠良，李纯不听。监察御史元稹停止贪官河南尹房式职务，宦官怒，召稹还长安，至敷水驿（在陕西华阴县），宦官破驿门辱骂，用马鞭击稹伤面。李纯治稹擅停房式职务罪，贬稹为江陵士曹（狱官）。李绛、崔群奏称元稹无罪，白居易奏称宦官凌辱朝士，不治宦官罪，反贬元稹，恐此后朝士不敢为朝廷出力。李纯又不听。李纯深信宦官是最可靠的家奴。元和十五年，李纯被宦官王守澄、陈弘志杀死。诸宦官共立太子李恒（穆宗）做皇帝。晚唐宦官专擅军政大权，从此开始。

朝官与朋党——安史叛乱，引起长期的内战，因之产生许多拥护皇室有功的大将。皇帝依靠他们，同时对他们的威名才能又深觉可怕。满朝文武官员，流品乱杂，分不出谁对皇室尽忠，总觉得都不可亲信。这样，宦官和奸诈佞人，成为最堪托付的忠臣了。李隆基用李林甫、杨国忠，李豫用元载、王缙，李适用卢杞、张延赏，这都是中唐著名的奸相，多数战祸，由这些人酿成。元载有故人从南方来，从载求官，载知道他不堪任事，给一封信，教他去河北见节度使。故人到幽州私拆信看，其中空无一言，止写元载二字。故人大怒,不得已私谒幕僚探问。判官听说有载信,大惊,立告节度使,遣将官捧箱接信,厚待故人,留宴数日,临行,赠绢一千匹。元载的威权,就是朝廷的威权,止因朝廷亲信奸人,滥行威权,终于丧失了威权。

李适死,子李诵嗣位。诵委任王伾、王叔文,蠲免民间各色负欠,正贡以外,罢免一切进奉钱,李适时代所有害民政令,悉数废除,大赦罪人,追回被李适窜斥的贤臣陆贽、郑馀庆、阳城,又用范希朝、韩泰统京西神策军,暗中夺宦官兵权。这些措施,在当时确是重要的政治革新。宦官和文武旧官僚,全力反对王伾、王叔文,说他们是朋党。李诵在位半年,病重传位给太子李纯。宦官俱文珍、刘光琦、薛盈珍竭力促成传位事,大得李纯的宠信,朝官恶王伾、王叔文出身卑微,骤擅政权,也跟着宦官指伾、叔文是朋党。李纯即位,贬王伾、王叔文,赐叔文死。助叔文改革政治的柳宗元、刘禹锡等八人,同日贬远州司马,号称八司马,朝官无人敢同他们亲近,当然更无人敢替他们说公正话,从此政治上投下了朋党的暗影。

李纯亲信宦官,常疑朝臣结成朋党,问宰相道,听说外间朋党大盛。李绛对:"从来人君最恶臣下有朋党,小人谗毁君子,往往藉口朋党,惑乱视听。因为朋党可恶,却无实在形迹可寻,容易使人君疑惑,以为真有。"某次李纯又问宰相,朝臣为什么结朋党。裴度对:"君子与君子,小人与小人志趣相同,势必结合,君子结合,叫做同德,小人结合,叫做朋党,外表相似,本质大异。希望圣主考察臣下实际行为,辨明邪正。"

李纯时代所谓朋党,就是宦官和朝臣的矛盾。八司马事件,是宦官旧官僚和一部分新官僚的矛盾。中央与地方斗争,中央胜利了,华族与外族斗争,华族胜利了,新官僚与宦官旧官僚斗争,宦官旧官僚胜利了,朝官与宦官斗争,宦官胜利了。中唐政治上最后胜利者是宦官,因此造成晚唐的宦官政权。

第六节　晚唐的经济状况

自李恒长庆元年至李柷(音祝)天祐四年凡八十七年。在这时期中,宦官独占政权,朝官分立朋党,争夺权位,藩镇重新割据,朝廷力弱,不能像中唐发动大规模征伐。统治阶级对人民剥削,有加无已。依附统治阶级的工商业,继续发展,农民普遍破产,不能生活下去,因而发生全国性的农民起义,迫使唐朝失去经济基础而趋于溃灭。

土地——天宝以后,土地兼并非常剧烈,初唐均田制度完全破坏。元稹长庆末年做同州(陕西大荔县)刺史,曾奏请均田,五代周世宗柴荣,据稹文画成均田图,准备均定天下租赋。中唐初到五代末,土地自由兼并,已成确定的制度。大土地所有者,自然是皇室宦官将帅大臣寺院,一般官僚士人,多属中小地主。崔群知贡举(考试官),妻李氏劝群置庄田,替子孙谋衣食。群笑道,我有三十所好庄,良田遍天下。李氏惊奇,群说,我前年取士三十人,就是我的良田。崔群清廉著名,不肯置庄田,算作例外。其他官僚多置庄园,江陵附近尤多。韦宙有庄园在江陵城东,积谷七十堆。唐人金石文中记庄田四至,常与邻田犬牙相错,田亩并不很大。土地所有权也经常移转着。唐五经(李忱时人)说当时官僚家不肖子弟有三变,第一变成蝗虫,靠卖田生活;第二变成蠹虫,靠卖书生活;第三变成大虫(虎),靠卖奴婢生活。足见富贵家田产,常在转换中。还有些地主,有田卖不出去。如诗人张祜(李忱时人)死后,有田数百亩,十年不耕,每岁缴租钱一万文,求免不得。大地主占有奴隶和部曲(农奴),不完全依赖佃户,中小地主没有佃户,势必田地荒废,变成破落户。

赋税——李忱时代,在晚唐算是盛世。大中七年,度支(掌财政)奏称朝廷岁入钱九百二十五万余缗,内租税五百五十万余缗,酒税八十二万余缗,盐利二百七十八万余缗。李昂时酒税已达一百五十六万缗,经二三十年,不应反减少一半。李适开始税茶,每岁得钱四十万贯,李恒增茶税,每百文加五十文,至少应有六十万贯。李昂李瀍都增茶税,李昂时长安里巷中开设茶肆,其他都市,当相类似,茶的消费量既广,茶税收入不会比酒税少,何以不列在岁入数内。《唐书》食货志说李忱即位,“茶盐税法益密”,盐利也不应比李豫大历末年减少一半。李瀍时有户约五百万,李忱时更当增加。安史乱后,从没有这样大的数字,依户口与税收(两税)的比率,李忱时代岁入总数,决不止九百余万缗,不是史书记载错误,就是官吏贪污中饱。

交通与运输工具——由于初唐对外侵略的成功,国内统一封建经济的发展,国内外水陆交通很发达。对外交通海路有南北二道:南道自广州出口,与波斯(李治龙朔二年立卑路斯为波斯王)、印度、阿拉伯、南洋群岛通航。广州入口商货,陆运越大庾岭,入江西,自赣江入长江至扬州,再由运河入汴(开封)入黄河入洛(洛阳）入渭（长安）。北道自明州（浙江鄞县）出海为南路，自登州（山东蓬莱县）出海为北路。南北二路与日本、高丽、新罗通航。陆路有五：（一）营州（河北昌黎县）入安东道。（二）夏州（陕西横山县）通大同云中道。（三）中受降城入回鹘道。（四）安西入西域道。（五）安南通天竺道。国内交通有四大干路：（一）自长安凤翔入成都（中唐以来改由鄠县经汉中入成都）。（二）自长安沿丹江汉水至江陵，南入长沙越广西达安南。（三）自长安经洛阳至山东。（四）自长安渡河入太原，出娘子关至范阳，或沿黄河东进转北，沿现在的平汉线达范阳。杜佑《通典》说，东至汴宋，西至岐州，夹路列店肆待客，酒肴丰美，每店有驴出赁，称为驿驴。南至荆襄，北至太原、范阳，西至蜀川凉州，夹路都有店肆供商旅食宿。

对外贸易北方主要是对突厥、回鹘、吐蕃等国，用丝织品茶叶交换马匹皮毛，南方对海外各国用现金交换香料象牙珍玩等奢侈品。广州为对外贸易第一港口，特设市舶司经理商务。国内主要都市是扬州、开封、洛阳、长安，其次当推江陵，朝官多在江陵置庄侨居，有住户三十万。

刘晏领度支时，改民运漕米为官运，用船二千艘，每船受米千石。十船为纲，每纲三百人，篙工五十人，自扬州运米达河阴（河南荥泽县），扬州设十所造船场，制造漕船。据阿拉伯人苏莱曼《东游笔记》说，李忱时中国海船特别巨大，波斯湾风浪险恶，止有中国船能航行无阻。阿拉伯东来货物，都装在中国船里。中唐李适时，李皋造战舰，用人力踏两轮，船像快马。轮船也许限在军事上使用，民间不得制造，所以没有流行。

商业——商业在唐朝，一直向上发展，据《唐会要》所记借贷官本的利息率，李渊、李世民时代年息百分之九十八，李隆基开元初年百分之八十四，开元末年，百分之六十，李恒、李瀍时代，百分之四十八。经济愈向上发展，利息率愈向下降落，这说明唐朝商业经济是在逐渐发展中。不过官本止是借给富商豪强，穷人受重利盘剥，并没有得到利率降低的好处。黄巢退出长安，李晔修葺残毁，有定州巨富俗号王酒胡，寓居长安，纳钱三十万贯，助修朱雀门。李晔又重修安国寺，工毕，晔亲到寺设斋，令大臣们扣新钟，打一槌舍钱一千贯。王酒胡半醉进来，直上钟楼，连打一百下，便运钱十万贯入寺。李晔避乱华州，商贾跟去做买卖，两年工夫，征得商税九百万缗。这都说明唐末商业依然发达。李俨想借富户及胡商财产的半数，盐铁转运使高骈说，天下盗贼蜂起，都是为了饥寒，止有富户和胡商还拥护朝廷，不要再激怒他们。这就是富人没有受害的原因。外国商人在中国经营商业，有胡商、蕃贾、波斯商等名目，其中波斯商最富，唐人俗话说不相称为穷波斯，足见波斯商没有穷的。长安人窦某开一旅店，专招待波斯商，每日获钱一缗。李亨时田神功大掠扬州，杀商胡数千人，搜索窖藏，城中地全被发掘。黄巢破广州，杀胡商十二万至二十万人，这虽是夸大的传说，外商在中国的人数却约略可想。

工业——工业有纺织、瓷器、制盐、坑冶、造纸、印刷、造船等。纺织业主要是农村副业。初唐行租庸调法，农民缴纳绢帛，称为户调。中唐改行两税制，农民仍赖绢帛变钱缴税。李恒时钱重物轻，农民负担无形中增加三倍，朝廷允令两税直输布帛。耕织是不可分的农民生产。贞观十三年滁州（安徽滁县）奏称野蚕食槲叶成茧，色绿，凡六千五百七十石。次年滁州收野蚕茧八千三百石。野蚕丝纺织，当从唐朝开始。晚唐定州富豪（定州是唐朝纺织中心，有许多富家)何明远家有绫机五百张,似乎已有手工工厂的萌芽。李昂时夏侯孜着桂管布衫入朝,昂也效孜着桂管布,满朝官员都仿效,桂管布价骤贵,桂管布即木棉布,木棉纺织晚唐时开始发展起来。瓷器是豫章郡特产,开元时充贡品,多制饮茶器具,供贵族使用。李忱时盐禁极严,盐池堤边偷土与卖咸贩私盐都处死刑。贩私盐人的邻居,连坐治罪。亭户私卖盐二石处死刑。盐业工人与统治阶级斗争非常激烈,唐末起义领袖王仙芝、黄巢都是出身私盐贩。与盐利同属重要税收的茶,唐朝还是草茶,没有加工制造。张守珪(开元时人)的仙君山茶园,采茶时雇工百余人,这当然不是制茶工人。坑冶业李纯时每岁采银一万二千两,铜二十六万六千斤,铁二百七万斤,锡五万斤,铅无常数。李忱时,每岁采银二万五千两,铜六十五万五千斤,铅十一万四千斤,锡一万七千斤,铁五十三万二千斤。坑冶业与货币流通额及佛教有密切关系,所以银铜出产都增加一倍以上。煤在初唐,晋州(山西临汾县)一带民间已用作燃料。李世民时云阳县(陕西泾阳县)有石着火,方一丈,白昼如灰,夜间有光,草木投石上就焚焦,一年才停止。这是煤在地下燃烧,当时传为怪异,可见煤还没有普遍使用。江西、四川、皖南、浙东,都产纸进贡,宣州纸尤精美。印刷业晚唐时开始,白居易、元稹诗刻板传诵,流行甚广。纥干泉作《刘弘传》,雕印数千本,寄给朝士。除了上述各种专门工业,各州郡还有数量颇大的手艺工匠。李昂大和三年,南诏破成都,掠出男女百工数万人。自此南诏工巧,与蜀地相等。大和五年,西川节度使李德裕派人去南诏索还所虏工匠,得放回四千余人。

宗教——李瀍会昌五年,毁官立佛寺四千六百余区,私立寺院四万余区，归俗僧尼二十六万五百人，没收良田数千（千字当是错字）万顷，解放奴婢十五万人。财货田产并入官，取寺屋材料修葺公廨驿舍，铜像钟磬改铸钱币。奴婢占僧尼半数以上，这是寺院特具的现象。江淮赋敛最重，寺院奴婢江淮人最多，显然为避重税求寺院庇荫。李湛时徐泗观察使王智兴在泗州（安徽盱眙县北，清初县城陷入洪泽湖）置戒坛，广度僧尼，智兴家赀，因此累巨万。有钱人买度牒作僧尼，极贫人投身作奴婢，供僧尼的剥削。李忱兴复佛教，大修寺院，进士孙樵奏称百姓男耕女织，不得温饱，僧尼安居大屋，美衣精食，大抵十户不能养一僧，请停止修寺度僧，使百姓略得休息。李瀍毁寺，李忱兴复，止隔一年，僧尼依旧占有田产和奴婢。佛教以外，大秦（天主教中聂斯脱里派，贞观时波斯僧阿罗本传入中国，称为景教）、祆（波斯拜火教，元魏时传入。贞观初有穆护河录自波斯传祆教入中国）教僧三千余人也被李瀍勒令还俗。贞观时，回教传入中国，李瀍独不禁止，当有原因，惜旧史未曾记载。

户口——晚唐前半期（李忱以前）战争较少，户口逐渐增殖。李恒时代户三百九十四万四千五百九十五，比李纯时代骤增一百四十七万户。衡州（湖南衡阳县）刺史吕温奏称："本州旧额户一万八千四百七，内堪差科户八千二百五十七。臣到州后，查出隐藏不输税户一万六千七百。以前都被官吏私自赋敛，不纳国税。"衡州如此，他州可知。李渤奏称："渭南县（陕西渭南县）长源乡旧四百户，今才百余户，阌乡县（河南阌乡县）旧三千户，今才千户。其他州县大概相似。考查原因，完全由于逃户税额摊给邻居，重税压迫，不得不相率逃走。"李纯连年用兵，官吏乘机作奸，所以隐户逃户数量极大。李恒时代逃隐户一部分清查出来，三、四年间，户增加半数以上，并不足怪。李昂时户四百九十九万六千七百五十二，李瀍时户四百九十五万五千一百五十一。李忱政治比较良好，户数当在五百万以上。李漼时内战大起，直到唐亡，史不载户数。宋太祖赵匡胤建隆元年，中原止有九十六万户。足见晚唐后期以及五代长期战争给予人民的灾祸，何等的惨酷。

中唐创行各种赋税，搜括民间财物，多数用作军费。晚唐赋税收入，多数供统治阶级奢侈浪费。浪费不会有止境，因之人民穷困也没有止境。最大浪费者当然是皇帝。

李恒、李湛、李瀍诸帝都是荒乱人。李瀍奢侈更甚。漼女同昌公主出嫁韦氏，赐钱五百万缗，第宅一所，门窗都装饰珍宝，井栏药臼槽箕柜筐全用金银制造。其他贵重物品，不可计数。公主死，大烧金银纸钱，韦家人争取纸灰，淘炼金银。殉葬衣物每件一百二十抬，仪仗用锦绣珠玉制成，首尾凡三十里。赐酒百斛，饼四十骆驼，给抬棺人吃。漼思念公主不止，乐工李可及作叹百年舞曲，舞女数百人，发内库珍宝做首饰，帛八百匹做地衣。舞罢，珠玉满地。李俨赏赐乐工伎儿，动辄巨万，库藏空竭。宦官田令孜教俨没收长安两市商贾宝货，输入内库，诉冤人付狱杖杀。

江淮岭南是财赋出产地区，官吏争往求富。工部尚书郑权家多妾婢，官俸不够用，贿宦官王守澄，得岭南节度使。名士薛保逊作文讥斥当时州县官道："我送客到灞桥，在旅店休息，见几个似乎像人的东西，试问来历，这些东西居然会说话，说是江淮岭南的州县官。我真想不到好好人民，为什么受这些东西的鞭挞。"

在整个统治阶级残酷剥削之下，人民生活陷入如下的惨境。

李俨时翰林学士卢携奏称去年关东旱灾，自虢州（河南灵宝县）东到海滨，麦才半收，秋稼毫无，冬菜极少，贫家磨蓬子做面，收槐叶做菜，老弱人连这些也得不到，往年遇灾，还能逃入邻境，现在到处饥荒，止好困守等死。州县官征收上供及三司钱（户部、转运、盐铁称三司）督催急迫，动加挞罚，人民拆屋斫树，嫁妻卖子，仅够所由（催租吏卒）酒食费，旧欠依然不了。而且租税以外，还有杂徭，朝廷如不设法，百姓实无生计。恳求暂时停征，等到深春有野菜木芽，桑树生椹，渐有食料，再征租税。卢携这些哀求，朝廷没有人理会他。

李俨时杨行密围攻广陵城（扬州），居民争出珠玉金帛买食物，犀角带一条，得米五升，锦被一条，得糠五升。城中粮竭，米一斗值钱五十缗。草根树皮都吃完，制黏土饼充饥。人民大半饿死。兵士虏人依屠宰猪羊法割卖，残骨鲜血满路。杨行密破城后，城中遗民止数百家。瘦得不像人形。第一富庶的扬州，在战乱中化为荒城。

社会经济遭受大破坏，唐不能不亡了。

第七节　晚唐的政治

中唐政治的中心问题是朝廷与藩镇对立，朝廷占优势，获得暂时的胜利，晚唐政治中心问题是朝廷政权分裂，皇帝废立，权在宦官。朝官起初交结宦官，各结朋党，互相排斥。继而南北二司（朝官称南司或南牙，宦官称北司或北牙）仇怨极深，如水火不能相容。

后来朝官交结藩镇，与宦官斗争，藩镇势力强大，消灭宦官政权，唐朝也从此灭亡。

（一）宦官

李适猜忌功臣，使宦官掌管神策军，兵是市井无赖，将是宦官私属，出战不足，内争有余。宦官成为中央政权的保护人。李纯末年，吐突承璀谋废嫡（太子李恒）立庶（沣王李恽），别一派宦官王守澄、陈弘志杀李纯、承璀、李恽，拥立李恒为帝。自此宦官成为中央政权的把持人。晚唐九帝，除最后的哀帝是朱全忠所立而外，其他八帝，全依宦官意志得位。宦官自称定策（立某人为帝）国老（元勋），皇帝算是门生（进士考试及格对考试官自称门生）。李俨甚至称田令孜为阿父。宦官政权覆灭，唐朝也就覆灭了。宦官拥立的八帝是：

李恒——王守澄拥立。

李湛——王守澄拥立。刘克明杀湛，谋立李悟，王守澄杀李悟、刘克明。

李昂——王守澄拥立。李昂与朝官李训、郑注密谋杀王守澄，又谋尽杀宦官，事败，仇士良率兵大杀朝官示威。这次变乱，旧史称为甘露之变。自此政权全归北司，皇帝与宰相仅存空名号。李昂忧愤病死。

李瀍——仇士良杀昂子成美，拥立李瀍。

李忱——马元贽等废瀍诸子，拥立李忱。忱与宰相令狐绹密谋尽杀宦官，事泄，南北司怨仇更深。

李漼——李忱密托宦官王归长立第三子李滋，别一派宦官王宗实杀王归长，拥立李漼。

李俨——李漼病死，宦官杀漼长子，拥立第五子李俨。俨年十二，专事游戏，政事全委田令孜。

李晔——杨复恭拥立。晔与宰相崔胤谋尽杀宦官，胤交结强藩朱全忠。刘季述、王仲先禁闭李晔，却不敢杀崔胤。胤收买神策军将杀王仲先、刘季述及其徒党，韩全诲鼓动神策军喧闹，逐崔胤，逼李晔投奔别一强藩李茂贞。崔胤召朱全忠入援，击败李茂贞，韩全诲以下宦官七八百人悉数诛灭，在外监军使及出使在路诸宦官，下诏随地捕获杀死。

李柷——灭宦官后二年，朱全忠杀李晔，立李柷。过了三年全忠杀李柷，唐亡。

（二）朋党

李恒长庆元年，翰林学士李德裕、元稹藉口科举不公，驱逐中书舍人李宗闵出朝。自此德裕、宗闵各立朋党，互相倾轧，凡四十年。

元稹交结宦官魏弘简求得相位。稹不久得罪宦官被逐。李逢吉交结王守澄得相位，出李德裕为浙西观察使。李桓用牛僧孺为相，李德裕疑李逢吉引牛僧孺排斥自己，因此又有牛李的党争。

李昂时裴度荐李德裕为相。李宗闵交结宦官夺取相位，驱出德裕，引武昌节度使牛僧孺入相。二人协力排斥德裕党人。李昂疑忌朝士三分之一结成朋党，又召李德裕入相，德裕同样驱斥宗闵及其徒党。王守澄恶德裕，引用李宗闵，斥逐德裕。李昂长叹道，去河北贼（河北藩镇）易，去朝廷朋党难。李昂与李训、郑注谋杀宦官，斥出李宗闵。李瀍召李德裕为相。这次德裕得召，多少依靠宦官的援引，虽然还不像李宗闵、李逢吉那样卑污，但也未免可讥了。德裕在相位，很有功绩，对敌党却手腕恶劣，用阴谋驱逐牛僧孺、李宗闵等五个旧相。

李忱斥逐李德裕。德裕党白敏中叛卖德裕，获得相位，尽逐德裕党人，又引令狐绹为相，李德裕党大败。晚唐最大诗人李商隐起初依令狐楚得官，李德裕党王茂元爱商隐文才，嫁女儿给他。牛党大怒，共排商隐，说他忘恩负义。茂元死，商隐依德裕党郑亚。亚贬官死，商隐穷极，求见令狐绹（楚第二子）谢罪，绹拒绝不见。商隐困穷不得志死。看这个例证，当时党争的严厉可想。

（三）南北司斗争

宦官横暴，有些皇帝也感觉到不快，想借朝官的助力夺回政权。甘露事变主谋人李训、郑注起初都是王守澄门下私人，不料他们登朝做大官，却与李昂密谋尽杀宦官，北司当然深恨南司。李忱曾与令狐绹谋杀宦官，密谋被发觉，南北司嫌忌更深。当时士大夫造成一种风气，凡与宦官小有往来，大家就认为耻辱，摈斥他不得齿士类。建州（福建建瓯县）进士叶京，曾参预宣武军宴会，识监军面，及第后在长安与同年出游，路遇监军，马上相揖，大遭同类谤议，叶京终身不得志。李漼时福建观察使杜宣猷清明节替宦官（唐时宦官多闽人）祭祖墓，宦官感激他，调升宣歙观察使，士大夫讥他为敕使(宦官)墓户。黄巢攻长安,田令孜挟李俨及宦官逃入蜀,唐宗室百官不及走避,大遭黄巢屠杀。李俨在成都专与宦官议事,待朝臣极疏薄。谏官孟昭图上表说:“去冬御驾入蜀,不告南司,因而宰相以下,悉遭屠杀,北司却安全无事。现在朝臣冒死远道来归,陛下看他们如路人,难道北司都可信,南司都无用。”令孜怒,杀昭图。李晔与崔胤谋去宦官,南北司各结藩镇作外援,韩全诲结李茂贞,崔胤结朱全忠,结果南北司都消灭。

(四)科举

李世民定科举制度。开元、天宝时代专重进士科,贞元、元和时代进士要得著名公卿替他揄扬,向知贡举(考试官)推荐,才能及第。进士受恩感激,师生情谊极重。后来风气愈坏,取舍全凭主试官私意。苏州人翁彦枢应进士举,有同乡老僧出入裴坦(李漼时人)家。坦知贡举,入贡院(考场),坦二子裴勋、裴质,日夜在家商议及第人名单,老僧偷听清楚,归寺问彦枢想考第几名。彦枢戏答考第八名也就够了。老僧往裴家,二子正在议事。老僧张目说道,你们在家私定名单,及第的全是贵家子弟,没有一个孤寒文士,你们与某某豪族有怨,想法不让及第,我都听明白了。二子大惊,隐情被老僧听去,急送金帛给老僧。老僧道,我不要金帛,要我的同乡翁彦枢及第。二子允许列三等,老僧道,非第八名不可,二子不得已许列第八名。其余仍照私议放榜。科举不公如此,因之士人奔走营求,无所不为。宇文翃有女年十四、五,号称国色,窦璠年过六十,有兄窦巨能助人登第,翃嫁女给璠,果得及第。李忱时谏官刘某受赂十万缗替人谋及第。皇甫镇应试二十三次，冯藻应试三十次，终不成功。卢延让应试三十五次，最后做些怪僻诗如"饿猫临鼠穴，馋犬舐鱼砧"、"栗暴烧毡破，猫跳触鼎翻"得达官赏识才及第。延让道，我一生请谒公卿，不料得猫儿狗子的力量。这是何等怨愤的话。李昌符有诗名，久不登第，最后出奇计，作婢仆诗五十首，如"不论秋菊与春花（婢女名），个个能嚏空肚茶，无事莫教频（常）入库，一见闲物要些些"，大受贵家婢仆怒骂，昌符却得成名及第。贫寒文人不得仕进，多投奔藩镇作谋士。朱全忠谋士李振屡举进士，竟不中第，教全忠屠杀朝官三十余人（多是科举出身），投尸黄河，说这些人平常自称清流，该投入黄河，使成浊流。农民起义首领黄巢，也是屡试不第的进士，后来改作私盐贩，起兵后最恨官吏（多科举出身），擒获杀戮不赦。

（五）藩镇

李纯削平藩镇，纯死后一年，李恒长庆元年，朱克融、王廷凑、史宪诚等又叛变割据。主要原因之一是朝廷认天下已经太平，令各军裁减兵额。这种招募来的职业兵，多是流氓及破产农民，无家可归，相率逃聚山泽做盗贼。朱克融、王廷凑起事。募集散兵，强悍敢战。朝廷发兵十五万人进攻，财竭力穷，毫无成就，不得已承认叛将的割据权，新的河北三镇成立。

魏博镇——史宪诚（奚人）逼杀节度使田布，复据魏博。何进滔、韩君雄、乐彦祯、罗弘信相继杀夺，唐末为朱全忠所灭。

镇冀镇——王廷凑（回纥人）杀节度使田弘正（归唐后镇此），

复据镇冀。唐亡后为李存勖所灭。

卢龙镇——朱克融复据卢龙。李载义、杨志诚、张仲武、张允伸、张公素、李茂勋(回鹘人)、李全忠、刘仁恭、刘守光等相继杀夺,唐亡后为李存勖所灭。

凤翔镇——李俨授李茂贞凤翔陇右节度使。茂贞侵夺邻镇,有地二十州,李晔时,崔胤借朱全忠兵杀宦官,韩全诲挟晔投茂贞。全忠率大军围凤翔城(陕西凤翔县),攻城人骂守城人是劫天子贼,守城人骂攻城人是夺天子贼。当时大雪,城中粮尽,人民冻饿,僵尸满路,人倒地还有呼吸,已被人拖去剐割。市上卖人肉每斤一百文,狗肉五百文。李晔出卖御衣及小皇子衣服充费用,买得猪肉狗肉佐餐。诸王每天饿死数人,皇子皇女一天吃粥,一天吃汤饼,后来连这些也没有了。茂贞无法,止得送李晔到朱全忠军营。茂贞败后,土地削小,五代时投降李存勖。

灵夏镇——李俨授拓跋思恭(党项羌人)夏(陕西横山县)、绥(陕西绥德县)节度使,赐姓李。传至北宋时元昊建立西夏国,为北宋西方劲敌。

以上诸镇,或唐末灭亡,或据地自保,不参加五代时混战。参加混战的新藩镇,都自立帝王名号,用独立国形式,猛烈战争。按性质说,五代十国止是唐朝藩镇进一步发展。

宣武——宣武节度使朱全忠据汴州(河南开封县),篡唐,建立后梁朝。

河东——河东节度使李克用据太原。子李存勖灭梁,建立后唐朝。

淮南——合肥人杨行密,先为盗,后当兵升队长,据卢州(安徽合肥县),攻取扬(江苏江都县)、宣(安徽宣城县)、润(江苏丹徒县）、滁（安徽滁县）、和（安徽和县）等州，尽有淮以南江以东州县。唐授行密淮南节度使。

西川——舞阳（河南舞阳县）人王建，少年时无赖，屠牛偷驴贩私盐为业，乡人称为贼王八。后当兵升队将。从李俨入蜀，逐西川节度使韦昭度。又攻破成都，杀陈敬瑄、田令孜。唐授建西川节度使。

广州——上蔡（河南上蔡县）人刘隐，祖父是商贾，父做广州军官。唐授隐广州节度使。

湖南——鄢陵（河南鄢陵县）人马殷初为孙儒偏将，据湖南，唐授殷武安军节度使。

吴越——临安（浙江临安县）人钱镠，贩私盐为业。起乡兵击黄巢有功，据有两浙地，唐授镠镇海镇东两军节度使。

福建——固始（河南固始县）人王审知，世为农，与兄王潮从寿州（安徽寿县）人王绪率众流入福建，潮杀绪。潮死，唐授审知武威军节度使。

南平——硖石（河南陕县）人高季兴，初为开封富人李让家奴，后事朱全忠。唐末，占有江陵，梁初，授季兴荆南节度使。

李隆基用番将，因此中唐藩镇多属异族人。唐末藩镇与农民起义同时发生，藩镇出身多属流氓无赖，其中贩私盐人占二人。中唐以来，盐禁极严，贩私盐人在反抗高压中，养成强悍的性格，唐以后人民起义军往往有贩私盐人参加。

中央政权因分裂而衰弱，财赋出产地区江淮蜀又被割据，这是晚唐与中唐不同处，中唐还能维持政权，晚唐必然灭亡，原因就在这里。

第八节　唐末农民大起义

李漼时谏官薛调奏称;“兵兴(李瀍攻灭泽潞镇,李忱与党项南蛮战争)以来,赋敛无度,所有群盗,半是逃户。”这就是说,人民受残酷的剥削,到逃无可逃的时候,不得不到处聚众反抗了,较大规模的起义,是在朝廷统治力薄弱的浙东开始。

李漼咸通元年,浙东起义军首领裘甫攻陷象山(浙江象山县),明州(浙江鄞县)城门昼闭。裘甫有众一百人,进攻剡县(浙江嵊县),唐军大败。甫破剡县,募壮士得数千人,浙东骚动。当时浙东文武官吏,贪污腐朽,兵不满三百,器械朽钝,每战必逃,贫民群盗,四面蜂起,甫众扩大到三万,分三十二队,大聚资粮,募工匠制造武器,威震中原。甫自称天下都知兵马使。朝廷起用前安南都护王式为浙东观察使。式对李漼说,如果带兵太少,不能破贼,迁延岁月,江淮群盗,纷纷起事,国家用度,全靠江淮,江淮一失,国用枯竭,危险不可言。李漼害怕,发忠武(陈、许等州)、义成(滑、卫等州)、淮南三路大军,命王式带去。裘甫分兵攻掠衢(浙江衢县)、婺(浙江金华县)、明、台(浙江临海县)、上虞(浙江上虞县)、余姚(浙江余姚县)等州县。王式智谋远在裘甫上,招募充配江淮的回鹘吐蕃当骑兵,令各县开仓赈济贫民,不置烽火,使懦弱人当斥堠兵。式屡败裘甫,集全军围剡县,甫守剡,三日中凡八十三战,城中妇女编成女军,上城用石块击唐军,勇猛不畏死伤。甫起初误听进士王辂等谋,不用部将刘暀(音旺)取越州(浙江绍兴县)进攻浙西,渡江攻扬州的计划。这时候甫军穷困，刘晔杀王辂等，怒骂道，害我军的都是这些绿虫（王辂等进士数人，都著绿衣）。

裘甫败死，起义军被王式消灭。式部将问式道，我等生长军中，没有见过这次用兵的神妙，请问大军初到浙东，粮食缺乏，为什么急令散放仓米，赈济贫民。式说，这是很明白的道理。贼聚谷号召饥民，我散仓米，贼众自然减少。而且各县没有守兵，贼来城破，积谷反被利用。诸将又问为什么不置烽火。式说，烽火是催救兵的，我们全军出战，城中并无援兵，居民望见烽火，惊慌溃乱，反而坏事。又问为什么选懦弱人当斥堠。式说，勇悍兵不自量力，遇敌便斗，斗死，贼来就不能预防了。王式确是破坏农民起义的能手。

唐朝虽然战胜裘甫，并不能阻止人民起义的勃兴，在统治力较强地区，起义也逐渐发展起来。

咸通四年，徐州民众攻破州城，杀官吏。朝廷怕徐人强悍作乱，选募军士三千人赴邕州（广西邕宁县）防南蛮，分八百人戍桂州（广西桂林县）。起初约定三年一代，过了六年，咸通九年，还不让归还乡里。戍桂军士怨怒，将校许佶、赵可立等原是徐州招安的大盗，率众叛变，推粮料判官（军需员）庞勋作首领，自动北归。叛兵攻陷宿（安徽宿县）、濠（安徽凤阳县）、泗（安徽盱眙县北）、和（安徽和县）、滁（安徽滁县）等州。唐起大军并令沙陀酋长朱邪赤心、吐谷浑、鞑靼、契苾等部酋长各率众攻庞勋。朱邪赤心率沙陀骑兵三千充前锋，立功最多，赐姓名为李国昌。

这次大战争，开始止是兵变，后来加入农民起义的成分，因此发展极快，几个月工夫，成为强大的力量。庞勋围徐州，人民助勋攻城，推草车塞城门，放火焚烧，城陷。庞勋和部将，日夜盼望朝廷封给他们节度使等官号，对民众抢掠迫胁，没有爱护的意思。他们虽然指唐兵是国贼，自己的军纪却并不比国贼好些。朝廷利用这个弱点，敕令诸军破贼，俘获农民一概释放。自此唐兵进攻，勋众先自溃散。勋势穷蹙，部将张玄稔叛降唐军，协力击勋。咸通十年，勋死。

咸通八年，怀州（河南沁阳县）农民告天旱成灾，刺史刘仁轨出示禁止告灾。农民怒，聚众逐仁轨。仁轨逃匿，民入宫舍。没收仁轨财产。

咸通十年，陕州（河南陕县）农民告旱灾，观察使崔荛指庭树怒道：树上有叶，那里会旱，罚杖驱出。农民怒逐崔荛。荛逃匿民家，口渴求饮，民取尿给他饮。

咸通十二年，光州（河南潢川县）民逐刺史李弱翁，弱翁逃走。谏官杨堪奏称："刺史无道，百姓受冤，理该申诉朝廷，依法罚办，那得聚众擅逐长官，犯上作乱，罪不可赦，藉惩未来。"依据这一套谬论上，许多人民被屠杀。

李俨乾符元年，商州（陕西商县）刺史王枢苛征暴敛，民众执木棍殴枢，又殴杀官吏二人。朝廷捕民李叔汶等三十余人斩首。

以上各个起义，规模大小不同，起义地点却逐渐扩大到离长安不远的陕州、商州，这说明唐朝统治力量愈益衰弱，大起义的时机成熟了。

乾符二年，冤句（山东菏泽县）人王仙芝、尚君长、尚让等聚众起义，攻陷濮州（山东濮县）、曹州（山东曹县）、郓州（山东东平县），众至数万。同县人黄巢，与仙芝都是贩私盐为业。巢家富，性豪侠，喜救济贫民，善击剑骑射，颇通书传，屡举进士不第，聚众数千人响应仙芝。仙芝巢合兵攻掠州县，横行山东，檄告天下，指斥官吏贪暴，赋敛苛重，刑罚不公，切中朝政的弊病。贫民争先归附，数月间，巢得众数万。

王仙芝黄巢起义，淮南、忠武（陈许等州）、宣武（宋亳颍等州）、义成（卫滑等州）、天平（郓曹濮等州）五节度辖地人民纷纷响应，大部千余人，小部数百人。李俨调发大军进攻，命平卢节度使宋威为招讨草贼使。

三年，王仙芝攻陷申、光、卢、寿、舒、通等州，又攻蕲州（湖北蕲春县）。仙芝受朝廷招抚，入蕲州城受官职。黄巢大怒，骂道，我们共立大誓，横行天下，今天你做官赴任，出卖我们。殴仙芝伤面。士兵喧噪不止，仙芝畏众怒，止得不受朝命，大掠蕲州。黄巢与王仙芝分兵，率众自去。

四年，王仙芝又受朝廷招抚，遣尚君长等往见招讨副都监杨复光，路中被宋威劫去斩首。五年，招讨使曾元裕大破仙芝军，杀五万余人，仙芝死。部将王重隐率余众破洪州（江西南昌县），转攻湖南，别将曹师雄攻宣润，转入两浙。

王仙芝起兵，凡攻破曹、濮、汝、郢、复、申、光、卢、寿、舒、鄂、安、随、荆等十余州。投降两次，终于被杀。

黄巢军自蕲州北上。仙芝死，尚让率仙芝余众归巢。众推巢为王，号冲天大将军。朝廷发大军守洛阳，兵力颇厚。巢引兵渡江攻陷虔（江西赣县）、吉（江西吉安县）、饶（江西鄱阳县）、信（江西上饶县）等州，引兵入浙东，开山路七百余里（自浙江衢县到福建建瓯县）入福建，破福州。六年，转入广东。巢想得广州整理军队，请唐官崔璆、李迢代求广州节度使官号。朝议广州是通商大都市，必不可许。巢大怒，当天攻破广州城。

黄巢军在岭南,遭疫死亡极众。定计北还,自桂州沿湘江历衡(湖南衡阳县)、永(湖南零陵县)到潭州(湖南长沙县)。尚让乘胜进逼江陵,众号五十万。唐守将刘汉宏大掠江陵,士民逃窜山谷,僵尸满野,汉宏率众北归,寇掠宋、兖等州。黄巢进攻襄阳大败,与尚让收兵渡江东走,攻鄂州(湖北武昌县),转攻饶、信、池(安徽贵池县)、宣(安徽宣城县)、歙(安徽歙县)、杭(浙江杭县)等十五州,众至二十万。

李俨广明元年,黄巢自采石渡江,围天长六合,进至泗州,大破唐守军,渡淮陷申州,攻颍、宋、徐、兖等州,转入汝州境。朝廷大惧。唐汝州守将齐克让奏称巢自称天补大将军,檄告诸军道:"你们各守本垒,勿犯我兵锋,我要入东都(洛阳),转往西京,替百姓伐罪魁,不干你们的事。"朝廷得信,君臣商议对策,相视涕泣,束手无计。黄巢众号六十万,破洛阳,唐留守刘允章率百官迎降,巢入城慰问居民,市井安靖如无事。

李俨命大将张承范选神策军弩手二千八百人守潼关,神策军士都是长安富家子弟,贿宦官买得军籍,领厚饷,依势讹诈财帛,听说要出征,父子聚哭,出钱雇街上小贩病坊乞丐代行。潼关左旁有谷可通行人,平时征税官禁人出入,称为禁谷。黄巢军到关下,唐军以为谷早经官禁,贼不能从禁谷来,无须设防。巢将尚让、林言率前锋由禁谷入关,夹击潼关,唐军大溃。统治阶级到临死的时候,还自信平时压迫人民的法律命令依旧神圣有效,这证明顽固的头脑,必然自归于灭亡。

唐溃兵入京城,宦官田令孜挟李俨逃往四川。溃兵及市民竞取府库中金帛。唐大将张直方率文武百官到灞桥迎黄巢,人民夹路聚观,尚让宣告民众道,黄王起兵,本为百姓,不像李家不爱你们。你们尽管放心安居。巢军士见路旁穷人，争投财物赠送。巢即皇帝位，国号大齐，年号金统，杀唐宗室及大官，三品以上官停职，四品以下官仍守旧位。李儇中和元年，有人在尚书省门上写嘲笑诗，尚让怒，杀城中能做诗人三千余人，罚识字人充贱役。唐将唐弘夫、程宗楚、王处存夜攻入京城，一部分市民欢呼出迎，或拾砖瓦击巢军，或拾箭供唐军，唐军大掠金帛妓妾，巢率军露宿灞上，引兵还袭，大战长安中，弘夫、宗楚死。唐军负赃物重不能走，十死八九。王处存收余众逃出，黄巢怒市民助唐，纵兵屠杀，称为洗城。

三品以上官、读书识字人、长安市民自然成了黄巢的敌人。唐勤王兵四面来会，巢势渐衰弱，巢大将朱温降唐，授同华节度使招讨副使，赐名全忠。唐又召沙陀李克用（李国昌子）入援，克用将胡兵四万渡河击巢。中和三年，克用大破巢军，诸军继进，巢力战不胜，率众由蓝田逃入商山。唐兵进城，烧杀掠夺，长安居民及房屋，所存无几。巢军沿路遗弃辎重珍宝，唐军争拾，不急追逐。巢出商山入河南境，攻破蔡州，节度使秦宗权大败请降。巢率兵攻陈州，刺史赵犨坚守不下，巢纵兵攻掠洛、许、汝、唐、邓、孟、郑、汴、曹、濮、徐、兖等数十州。四年，唐大将周岌、时溥、朱全忠屡败不能支，共遣使向李克用求救，克用将兵五万自河东来援。朱全忠退守大梁，尚让进逼，全忠向克用告急，克用追巢至中牟，大败巢军，杀万余人，巢军溃。尚让投降时溥，别将葛从周等降朱全忠。巢率余众千人逃兖州。克用追至冤句，粮尽回汴求粮。朱全忠固请入城，置酒灌克用大醉，发兵袭击克用，克用死战，跳南门出城。克用回许州。请周岌助粮，岌拒不给，克用率兵归河东。

时溥遣尚让等追黄巢至泰山狼虎谷，巢穷蹙对外甥林言说：

"我本想讨灭害国奸臣，革新朝政，现在无路可走了，你割我头去求功吧。"林言不敢，巢自杀。言割巢头并杀取巢兄弟妻子头出山往投时溥，路遇唐军，并斩林言头献给时溥。

黄巢起义凡十年败死，他从山东到河南，转入安徽，又转湖北，从湖北回到山东。从山东到河南，从河南到江西，转浙东入福建，从福建到广东，转广西湖南湖北，又转江西安徽浙江，转江苏入安徽渡淮入河南，克洛阳，攻破潼关，据有长安。又从长安入河南回到山东。这样伟大的行军，在历史上是空前的。他经过的地区，农民纷起响应，成立许多较小规模的起义军，使唐朝官吏，顾此失彼，手足无措。巢行军不虏掠，这在统治阶级的历史家，也不能否认这个事实。就是尽力污蔑黄巢的文人，如韦庄的《秦妇吟》说他抢劫官僚地主，也还得承认"黄巢过后犹残半"（抢去一半），而唐朝的官兵，却是"罄室倾囊如卷土"（抢个净光）。黄巢号召广大农民反抗统治者，要讨灭奸臣，革新政治，这就是他能胜利的原因。但是他当了皇帝建立政权以后，人民不得耕种他不管，人民饥寒他不管，士兵们吃树皮他也不管；他却模仿地主阶级的腐化生活，他的部下，也都去做官、夸功、享乐、淫乱，于是他们脱离了农民群众。黄巢被地主生活腐蚀了，可是他又大量屠杀读书识字人和投降的官吏，朱温叛变，旧官僚地主和由农民领袖新变成的官僚地主，都跟随朱温叛变走了。黄巢失去农民的拥护，而又被地主阶级抛弃，这就是他失败的原因。

黄巢失败了，统治三百年的唐朝，却被他摧毁。

四川是全国第二富庶地区。李俨初年，崔安潜做西川节度使，想出一种治盗新法。他出库钱一千五百缗，分置三市（成都城内有蚕市、药市、七宝市三市），钱旁揭示道："捕得一盗，赏钱五百缗，盗自相捕，受赏同平人。”果然有人捕盗来见安潜，被捕者不服道，他和我做盗十七年，我有罪，他也不得免。安潜道，你为什么不先捕他来。立赏捕盗人钱，杀盗一家人。因此群盗猜疑，不敢立足，散逃境外，安潜嫌蜀兵怯弱，募河南壮士杂蜀兵训练，得数千人，号黄头军。又教蜀兵用弩，选得千人，号神机弩营。崔安潜的统治力量加强了，同时也就造成大乱的根源。

田令孜畏惧起义军，早想逃入四川，使陈敬瑄（令孜第三兄）代崔安潜做西川节度使。黄巢入潼关，李俨、田令孜奔蜀。令孜重赏从驾诸军，蜀军每人止给钱三缗。黄头军将郭琪请求土客军待遇平等，令孜怒，取毒酒饮郭琪几死。琪率黄头军攻令孜。焚掠街市，郭琪兵败逃走。田令孜疑忌蜀人，压迫更甚。

陈敬瑄多遣密探巡行各县镇，称为寻事人。寻事人到处寻事，蜀人怕他们像虎狼。某次有两个寻事人路过资阳镇，镇将谢弘让邀请相见，二人不理，弘让自疑有罪，连夜逃避。第二天，二人去，捕盗使杨迁诱弘让出面，捕送节度府，说弘让为盗被擒。敬瑄不问实情，杖弘让脊背二十，钉西城上十四天，煎油泼身，用麻线掣破疮皮，备极惨酷，蜀人怨愤。又有邛州小吏阡能，因公事错误，避罪逃亡，杨迁诱能出首。能闻弘让冤死，大骂杨迁，聚众起义，一两月间，有众万人，横行邛雅二州。蜀人罗浑擎、句胡僧、罗夫子、韩求先后各聚众数千人响应阡能。陈敬瑄遣将杨行迁等往击大败。行迁恐无功获罪，俘虏农民及老弱妇女送节度府，每日数百人。敬瑄不问，悉数斩首示众，观众问受刑人何事得罪，同声答道，我们正在耕田纺织，官兵忽来捕捉，我们不知犯了什么罪。杨行迁出兵一年以上，起义军声势愈盛。陈敬瑄改任高仁厚为指挥使，代杨行迁。

仁厚扬言止杀阡能、罗浑擎、句胡僧、罗夫子、韩求五人，其余都是好百姓，赶快投降，决不杀一人。起义军被诱，叛卖阡能等五人。仁厚出军凡六日就压平了起义。

与阡能同时的别一起义军韩秀昇、屈行从起兵断峡江路（四川湖北交界处），陈敬瑄遣庄梦蝶出击屡败，江淮贡赋被阻，百官不得俸给。敬瑄令仁厚往攻，仁厚又用诱降计，杀秀昇和行从。

全国农民起义被镇压了，接着是军阀大混战，唐朝也就转到五代十国的新时代。

简短的结论

唐是汉以后一个伟大的朝代。它在全盛时期，开拓疆域，东北灭高丽，北逾大漠，西邻波斯，南有安南。朝贡国范围更广，商业上文化上与唐发生关系。

唐对异族人不甚歧视，迁居内地的人数很多，军事上许多将帅是异族人，胡商也得自由往来。

因疆域扩大，国内外贸易很发达。唐朝航海技术进步，船舶特别巨大，掌握东西海上交通的霸权。

工商业尤其是商业，三百年中一直向上发展。新工业制瓷、印刷都已开始，茶叶成为重要商品。

中唐土地自由兼并制，代替了初唐的均田制，因之租庸调必须改为两税制。又因商业发展，盐茶酒税在两税外占重要地位。

佛教在唐朝发展到最高点，道教也有相当地位，很多皇帝是吃道士长生药死的。回教、景教、祆教、摩尼教都先后传入中国。

初唐末年改府兵制为募兵制，当兵成为流氓破产农民的出路，统治阶级利用他们做争夺地位、压迫民众的工具，于是农民起义被镇压，唐朝政权被篡夺，继续着五代十国的军阀大混战。

附：隋唐年表

公元	朝代	姓名	年号
五八一年	隋	杨坚　（文帝）	开皇
六〇一年			仁寿
六〇五年		杨广　（炀帝）	大业
六一七年		（隋亡）	
六一八年	唐	李渊　（高祖）	武德
六二七年		李世民　（太宗）	贞观
六五〇年		李治　（高宗）	永徽
六五六年			显庆
六六一年			龙朔
六六四年			麟德
六六六年			乾封
六六八年			总章
六七〇年			咸亨
六七四年			上元
六七六年			仪凤
六七九年			调露
六八〇年			永隆
六八一年			开耀
六八二年			永淳
六八三年			弘道

续表

六八四年		李显 （中宗）	嗣圣
六八五年	周	武曌 （武后）	垂拱
六八九年			永昌
六九〇年			天授
六九二年			长寿
六九四年			延载
六九五年			证圣
六九六年			万岁登封
六九七年			万岁通天
六九八年			圣历
七〇〇年			久视
七〇一年			长安
七〇五年	唐	李显 （中宗）	神龙
七〇七年			景龙
七一〇年		李旦 （睿宗）	景云
七一二年		李隆基 （玄宗）	先天
七一三年			开元
七四二年			天宝
七五六年		李亨 （肃宗）	至德
七五八年			乾元
七六〇年			上元
七六二年		李豫 （代宗）	宝应
七六三年			广德
七六五年			永泰
七六六年			大历
七八〇年		李适 （德宗）	建中
七八四年			兴元
七八五年			贞元
八〇五年		李诵 （顺宗）	永贞
八〇六年		李纯 （宪宗）	元和
八二一年		李恒 （穆宗）	长庆
八二五年		李湛 （敬宗）	宝历

续表

八二七年		李昂　（文宗）	太和
八三六年			开成
八四一年		李炎（又名瀍）（武宗）	会昌
八四七年		李忱　（宣宗）	大中
八六〇年		李漼　（懿宗）	咸通
八七四年		李俨（又名儇）（僖宗）	乾符
八八〇年			广明
八八一年			中和
八八五年			光启
八八八年			文德
八八九年		李晔　（昭宗）	龙纪
八九〇年			大顺
八九二年			景福
八九四年			乾宁
八九八年			光化
九〇一年			天复
九〇四年		李柷　（哀帝）	天祐
九〇七年		（唐亡）	

第三章　大分裂时代——五代十国

九〇七年 — 九六〇年

第一节　五代十国的经济状况

五代十国是唐末藩镇割据互争的继续状态。

五代十国的成立,证明江淮地区,尤其是长江、珠江两流域,经济发展成若干个独立单位,每个单位有适当的人力财力供军阀们利用,因而造成许多小独立国对峙的形势。

唐末士民避难南奔,关中人多往四川,淮南人多往江南。南方战祸比较轻微,可能继续吸引北方流民的迁入。南方军阀除钱镠用乡兵,其余所部将士,几乎全是中原人,他们在割据地掌握政权,可能吸引大量宗族、乡邻,前去投靠。南方人口增加,生产力自然跟着上升。

盐是人民生活必需品,又是税收的重要来源。五代时南方小国,大抵占有产盐地区。柴荣夺南唐国江北诸州,划江为界,南唐王李景失去盐场,遣宰相冯延己献犒军银十万两,绢十万匹,钱十万贯,茶五十万斤,米麦二十万石,请求赐给海陵(江苏泰县)盐田。柴荣不肯,止许每岁支拨军用食盐三十万斛。李景藉此募集士卒,维持残局。足见盐是构成每个经济单位的主要条件。

茶是南方特产，又是人民生活必需品，五代时湖南产茶最多，所以也能成立一个小国。楚国王马殷令民大量采茶，卖给北客，每年收税甚巨。殷又在开封、襄（湖北襄阳县）、唐（河南唐河县）、郢（湖北钟祥县）、复（湖北沔阳县）等州设邸（栈行）卖茶，获利十倍。

南平国不产盐茶，它止靠南北交通中枢的江陵，勉强立国。它不仅对中原皇帝进贡称臣，不敢失礼，为了盐的供给（唐每岁给盐一万三千石，周指定泰州运盐给南平），就对南汉闽蜀等小国皇帝，也不惜屈身称臣，为了商业上不受禁阻。它没有特产，在诸国中最为弱小。

南方农村副业的纺织业，一般是绢绫麻布，与中原略同。有些落后地区，如楚国用茶交换中原的绢帛，贸易上处在不利地位，后来令农民缴纳绢帛代税钱，纺织业很快发展起来。唐时两广福建种植木棉，楚王马希范秋冬二季用木棉布作地衣，想见湖南也种棉当纺织原料。北方纺织用丝麻，南方丝麻以外，有木棉，这是一种新富源。

南方滨海国家，依旧进行国际贸易，广东的广州，福建的泉州，浙江的明州，蕃商往来不绝。猛火油（煤油）的输入（占城国出产），成为水战及攻城的利器。

南方诸小国的经济基础，大体是这样。

中原地区的统治者，他们的残虐政治，对经济起着怎样的破坏作用呢？

（一）生产力的摧残

军士黥面制度——人是生产力最重要的因素，五代统治者对人的残害,比前代更进一步。朱全忠,强迫农民当兵,面上雕刻文字,记明军号,军士逃归乡里,定遭擒杀,唯一生路,是群聚山谷为盗。刘仁恭(卢龙节度使)调发境内十五岁以上七十岁以下男子当兵,平民面上刻定霸都(军)三字,文士腕或臂上刻一心事主四字,共得二十万人。朱全忠以后,直到宋朝,军士黥面,成为定制,农民一入军籍,永远不能回复生产。前代兵士还可溃逃归乡,从事旧业,五代以后,军士不当兵就当盗,成为一个破坏社会的特殊阶层。

刑罚——五代君主,全是野蛮武夫,杀人看作娱乐,民命轻似草芥,各朝法律,即使略有出入,残暴大体类似。李嗣源被称为五代最仁慈的皇帝,某次他听巡检使浑公儿口奏,有百姓二人用竹竿练习战斗,他立刻命令石敬瑭去办理。敬瑭把二人杀了。第二天枢密使安重诲奏称二人是小儿,战斗是游戏。石敬瑭被称为五代最凶恶的皇帝。他制定法律,凡强盗捉获,不计赃物多少,一钱以上,一概处死。盗所居本家及四邻同保一概诛灭。男女不论强奸和奸,一概处死。官吏愈能杀人,得赏愈厚,郓州捕贼使者张令柔杀尽平阴县(山东平阴县)十七村居民。卫州刺史叶仁鲁率兵捕盗,恰巧十来个村民逐盗入山中,仁鲁后至,强指村民是盗,全数斩断脚筋,陈列山麓示众,宛转呼号,数日才死。中书侍郎苏逢吉奉敬瑭命清理狱囚,逢吉入狱不问轻重曲直,一起杀死,号称净狱,都指挥使史宏肇专喜杀戮,罪无大小,一概处死。当时太白星白昼出现,人民仰观,宏肇派兵捕捉,悉数腰斩。又作断舌、决口、斮(音琢,斩断)筋、挫胫等刑,天天杀人,备极惨毒。凡是犯人到官,狱吏请判,宏肇不问轻重,仅伸三指示吏,即时腰斩。以上止是举些例证，说明五代人民特别是农民大量在枉死。

（二）人工的天灾

李晔乾宁三年，朱全忠决滑州黄河堤，分为二河，东注曹、濮、郓等州，散漫千余里，阻李克用兵东进。自此黄河下游水灾特重。照朱熹《通鉴纲目》记载，河决十六次，五代竟占九次，照《旧五代史》五行志残缺不全的记载，李存勖同光二年，河水泛滥，流入郓州界。三年，河堤崩决，坏民田；巩县河决，坏廒仓。李嗣源长兴二年，四月，郓州奏称河水溢岸，阔三十里东流。十一月郓州又奏黄河暴涨，漂溺四千余户。石敬瑭天福四年，博平（山东博平县）黄河决口。六年，河决滑州，滑、兖、濮、澶、郓等州大遭漂溺。兖州奏河水东流，阔七十里。石重贵开运元年，黄河泛溢，郑州、原武、荥泽县界河决。郭威广顺二年，诸州奏称河渠到处泛溢。此外洛河、汉水决口及平地水涨数尺等记载，也数见不鲜。这当然由于连年战争，水利不修。人工造成耕地面积缩小，农作产量减少，人民流离失所，山东富庶地区，变为贫瘠的灾害。

（三）租税的苛暴

唐末朱全忠据宣武镇，租赋比别镇较轻，因此人民略得安生，兵力也就强大，战争多获胜利。他做皇帝以后，禁止额外差役。两税外不得妄有科派。朱全忠成就帝业，朱友贞与李存勖连年苦战，良民还不到流亡地步，原因就在轻赋一事。李存勖灭梁，用孔谦做租庸使，竭力搜括，民不聊生，存勖赐谦丰财赡军功臣名号。大抵五代租税，正供以外，附征农器钱（每亩一文半）、曲钱（每亩五文）、匹帛钱、鞋钱、地头钱，蚕盐钱及诸色折科。附征以外，又加征秆草每束一文，绢、绝、布、绫、罗每匹十二文，鞋每双一文，现钱每贯七文，丝、绵、绸、线、麻、皮每十两加耗半两，粮食每石加耗二斗。加征以外，省库（中央库）收纳上列钱物时，又别征现钱每贯二文，丝、绵等每百两加耗一两，秆草每二十束加耗一束。刘承祐时聚敛更暴，旧制田税每斛加征二斗，称为雀鼠耗，承祐又加二斗，称为省耗，旧制钱出入都用八十文为陌，承祐改为收入八十，支出七十七，称为省陌。郭威改定每田十顷税取牛皮一张，多余牛皮听民自用或买卖，但不得卖给邻国。郭威以前，禁民私藏牛皮，悉数收归国有。李嗣源时官给盐偿皮价，石敬瑭时并盐不给，刘知远更立民间私藏牛皮一寸处死刑的法律。郭威把牛皮均摊在田亩税中，在当时算是极大的仁政。

以上都还算是正式税收。此外地方官吏随意科派，各色名目，更难稽考。赵在礼做归德节度使，宋州人民苦极，在礼去职，人民喜乐相告道，眼中拔钉，何等痛快。不久在礼复职，征管内每人钱一千文，称为拔钉钱。南唐国张崇守卢州，想各种方法刮钱，人民非常痛苦。后来张崇入朝，人民互相庆贺道，渠伊（他）也许不回来了，不久崇回来，计口征渠伊钱。第二次崇又入朝，人民不敢再说渠伊，彼此捋（摸）须相视微笑。崇回来，增科捋须钱，还有直接管理人民的县官，五代轻视特甚。凡大官僚府佐最龌龊无用及昏老不堪驱使的人，才派充县官。这些人贪求刻剥，丑态万状，当时优伶打诨，多用县官做玩笑材料。自然，县官的可笑，就是人民的可悲。

统治阶级本身，也互相剥削，大小职官对皇帝要纳尚书省礼钱，太师太尉纳四十千，太傅太保纳三十千，司徒司空纳二十千，仆射尚书纳十五千，员外郎中纳十千。李从珂时有官九千五百九十三人，皇帝收入礼钱不少。礼钱以外，官吏还得自出办公费。宰相出光省钱（宰相纳光省礼钱三百千，藩镇带平章事官号纳五百千。别一记载说，宰相纳礼钱三千缗），御史出光台钱，下至国子监监生出束修钱二千，及第后出光学钱一千。官员对皇帝送礼，小官对大官送礼，学生对老师送礼，最后实际出钱的当然是人民大众。

（四）盐法的严厉

中唐以来，盐利占岁入最重要部分。李嗣源说："会计之重，咸鹾居先，况彼两池（安邑县、解县两池）实有厚利。"这就是五代制定盐法的基本原则。

因为会计之重，咸鹾居先，所以搜括方法，务求严密。官自煮自卖，立蚕盐食盐两种名目。裛（音邑。沾湿）茧用的称为蚕盐，每年二月内一度俵散，依夏税限纳钱，每石三千文。石敬瑭时，官卖末盐（海盐）钱，每年得十七万贯，他为增加收入，十七万贯摊派给民户，依户大小分五等，一等每户纳钱一贯，五等二百文。民间用盐，听商人自由贩运。这样，盐价降落了，每斤不过十文，较远州县每斤不过二十文。官立盐场没有美利可图，于是重征盐商，过路每斤抽税七文，坐卖每斤抽税十文，捐税奇重，盐商绝迹，官又得抬价出卖贵盐。五等摊派的盐钱，从此变成常赋，永不免除。

官卖必需依靠刑法，这种刑法自然是残酷的。李存勖定法，人民私自刮碱煎盐,不计斤两多少,一概处死。不论食盐蚕盐,不许一斤一两进城,藉免私盐混入,侵夺官利。犯盐禁一两以上至一斤,买卖人各杖六十,递增至十斤以上,不计多少,买卖人各杖脊二十处死刑,犯人家产庄田全数充公。所有搬运脚户,经过店主,如知情不报,与犯人同罪。沿途门关津口检查职官及诸色关连人等依失察办罪。石敬瑭以后,犯禁不论多少,一律处死。郭威时郑州有民买官盐过州城,门官指为私盐。杀民受赏。民妻讼冤,郭威改定带盐入城五斤以上,煎私盐一斤以上,重杖一顿打死。

因为两池实有厚利,因而有颗盐(池盐,人工大)、末盐(海盐,人工小)的冲突。末盐煎造比颗盐成本轻,可是安邑、解县两池是中原统治者财赋的源泉,绝不容末盐的侵入(当然许多海盐产地属敌国)。于是划分卖盐地界,严立禁条,颗末青白(青白二池在宁夏灵武县)等盐各有一定地界,犯禁私带入别界,不论一斤一两并处死刑。末盐止许近海各州食用,极大多数州县,强迫食用颗盐。

(五)商业的阻滞

军阀割据当然阻碍商业的发展,可是交易有无,在割据局面下,更显出它的重要性。尤其是疆土狭小,本地不产盐的国家,如果对外商业停止,就不能生存。所以五代商业虽不能像唐朝那样全国通畅,但也还受割据者的重视,得在相当限度内活动。

例如吴国王杨行密遣楚国王马殷弟马赍归楚国,临行对赍说,勉为我促进两国邦交,通商贾交易有无,就算报答我了。马殷为奖励商品输出,增加茶叶产量,铸铁钱,商贾出境不能用,尽购楚国土货回去。物产丰富的吴越国,却与楚不同。吴越王钱弘佐想铸铁钱，钱弘亿提出理由反对。他说，铁钱止能本国使用，不能流通到别国，这样，商贾不行，百货不通了。他又说，新钱（铁钱）行用，旧钱（铜钱）一定都流入邻国。恶币驱逐良币的规律，已被钱弘亿发见了。后蜀主孟知祥与董璋争盐利，璋令商人贩东川盐入西川出卖，知祥加重关税，岁得钱七万缗，商贾不敢再从东川贩盐。凤翔节度使王景崇叛汉，遣使求蜀主允许通商互市。南平王高从诲与汉失和，北方商旅不来，南平境内贫困，不得已遣使入朝谢罪。

五代时商业，一面捐税苛重，各种商货都有通过税，茶从湖南到开封洛阳，路上抽税六七次以上，税官私囊收入，一日抵得商贾几个月的经营。商人缴纳正税和贿赂，无法谋利。一面朝廷屡下优待商旅，不得留难的诏令，说明商税在国家收入中的重要。

统治中原的五代经济，大体是这样。

各个大小国家依政治军事的特殊性，呈现不同的经济状况。一般说来，北方破坏剧烈，南方比较轻微，整个北方与整个南方对比，北方自然不及南方。五代末期，北方受柴荣统治，形成强大统一的势力，与南方每个小国对比，北方却远胜过南方。看五代残缺不全的户口记录，可以证明这一点。

梁唐晋汉四朝户数，旧史失载，周郭威广顺三年定县邑等第，除赤县（京师县）畿县（京师附近县）次赤次畿外，其余三千户以上为望县，二千户以上为紧县，一千户以上为上县，五百户以上为中县，不满五百户为中下县。户部奏所管望县六十四，紧县七十，上县一百二十四，中县六十五，下县九十七。照数推算，当时州县户数不过五六十万，再加西京河南府（唐朝河南府领县二十）及东京开封府所属十五县，总户数最多不过七八十万。柴荣显德六年检得诸州租户二百三十万九千八百一十二。广顺三年到显德六年，仅六七年，虽然加入江北十四州二十二万六千五百七十四户，虽然河南六十州逃户隐户多被检出，也不容骤增一百万户。疑二百是一百的错字，柴荣时有户一百二三十万。似乎略近事实。

南方各国总户数在二百万以上，其中南唐最多，有户六十五万，楚最少，有户九万。南方每一个小国，都不及北方户数那样大。

五代工业中瓷器业、印刷业确比唐朝进步。隋何稠用绿瓷造琉璃，稠以前当已有瓷器。唐朝南北诸州，多设窑烧制。陆羽《茶经》评瓷器，说越窑最上，洪窑最下。开元时南方州郡贡轻货，豫章郡（洪）贡瓷器。陆羽生在开元后，也许越窑技术，羽时已超过洪窑。五代时越窑造秘色瓷进贡，臣民家不得使用。北方有柴窑，青如天，明如镜，薄如纸，声如罄，相传柴荣时造。民间瓷器应用尤广，唐朝和五代屡禁铜器，柴荣连佛像都销毁了，瓷器代铜器盛行，是工业上一大进步。

唐末吴蜀两地雕印杂书流行，字迹漫漶，不可尽辨。李嗣源长兴三年，依宰相冯道议，令国子监校定九经，召集雕字匠人，刻板印卖。郭威广顺三年九经板刻成，共一百三十册。刘承祐乾祐元年国子监奏称《周礼》、《仪礼》、《公羊》、《穀梁》四经未有印板，请准雕造。刘知远遣国子祭酒田敏到南平国，送高从诲印本五经（《周易》、《尚书》、《毛诗》、《礼记》、《左传》）一部。五经刻成费十六年，四经刻成费六年。后蜀孟昶广政十六年，镂印九经及《文选》（《文选》是进士科必读书，所谓文选烂，秀才半）。

印板工业先从吴蜀民间开始，印书多是阴阳杂记（谈迷信）、占梦（谈梦吉凶）、相宅（谈住宅吉凶）、九宫五纬（谈星命）、字书小学

（儿童读本），绝不印经典。经典文选是统治阶级的必需品，对民众是无用的。这里显示着两个阶级需要的不同，同时也显示民众在迷信昏惑中生活着。

第二节　统治中原的五个朝代

（一）梁朝

（九〇七年 — 九二三年）

从唐李漼咸通元年到梁朱全忠开平元年，在这四十八年中间，军阀混战给与人民极端痛苦的灾害。单举些吃人的例证，可以想见当时社会破坏到什么程度。秦宗权据蔡州（河南汝南县），四出侵掠，行军止带盐尸充食粮，屠杀焚荡，中原地区，一望千里，不见人烟。杨行密围广陵，城中官兵捉人卖给肉店，与羊豕同受屠宰。杨行密围宣州，城中人相食。孙儒焚毁扬州城，杀老弱人当军粮。李克用大破王镕军，斩首万余级，取尸体制成肉干。朱全忠围凤翔，城中人肉价比狗肉贱。刘守光攻沧州，城中乏食，军士食人，百姓食土，驴马相遇互食鬃尾，人在路上走，多被军士虏去屠宰。吃人算是平常事，人民身上的瘦肉，到必要时，也成了军阀剥削的对象。

在这个长期大混战中，最凶悍最险诈的朱全忠终于胜利了。全忠本名温，砀山县（江苏砀山县）人，父朱诚是乡塾教师，家极贫。诚死，温随母到萧县刘崇家当雇工，常被刘崇挞辱。黄巢起义，温投巢军当队长,积功至同州防御史。黄巢势衰,温叛变降唐,击巢甚力,赐名全忠,得宣武军节度使官号,全忠不仅勇猛善战,而且善于玩弄冷酷无情的阴谋。他被黄巢军困厄,求李克用援救,黄巢败退,招克用入城宴会,诱使大醉,伏兵袭击,克用几乎被杀。秦宗权来攻,全忠求朱宣、朱瑾援救,大败宗权。全忠感谢二朱,尊朱宣为长兄,暗使部下诈投宣,藉口宣招诱宣武军兵士,攻灭二朱。他一贯依靠阴谋,血战三十年,夺取朱宣、朱瑾、王师范的山东,秦宗权的蔡州,时溥的徐州,赵匡凝的荆南,又打败了太原的李克用,凤翔的李茂贞,招降了魏博的罗绍威,幽州的刘仁恭,成为最大的军阀。开平元年自立为皇帝,改名朱晃,建都开封(东京)、洛阳(西京),有地七十八州。

朱晃做皇帝六年,屡被李存勖战败,痛哭道:“我死,儿子们不是李存勖的敌手,我没有葬身地了。”晃又专事奸淫,儿媳妇都得照例侍寝,次子朱友珪大骂老贼碎尸万段,刺杀晃。第三子朱友贞杀友珪。友贞在位十一年,与李存勖对垒河上,连年苦战,存勖袭破开封,梁亡。

(二)唐朝

(九二三年 — 九三六年)

李克用据太原,怨朱全忠,连年战争。克用死,子存勖立。同光元年,存勖称帝灭梁,建都洛阳,有地一百二十三州。

李存勖灭幽州刘守光,梁朱友贞,蜀王衍,屡败北方强敌契丹,威震四邻。他志满心骄,模仿唐朝皇帝的惯例,重用宦官伶人,宦官教他采择民间美女不下三千人，又教他大造宫室，每天用工匠万人。租庸使孔谦替他重敛急征，库藏充盈，人民饿死满路，连亲军也缺乏粮食。功臣军士，怨恨思乱。天成元年，魏博兵变，占据邺城。存勖令嗣源率亲军攻邺，亲军叛变，拥嗣源与邺兵合，攻取开封。存勖亲率兵出战，兵又变，杀存勖。

李嗣源是李克用的养子，本名邈佶烈。李存勖时，立战功最多，官至蕃汉内外马步军总管。嗣源称帝八年，经常讽诵田家诗“二月卖新丝，五月粜新谷，医得眼下疮，剜却心头肉”（唐末进士聂夷中作。诗意是说农家蚕谷还没成熟，先借高利贷活命，蚕谷成熟，出卖止够还债）。对人民比较爱护些。他废除李存勖的苛敛法，回复朱梁的赋税制度，中原人民暂时获得休息。

李嗣源死，儿子李从厚、养子李从珂互争帝位，女婿河东节度使石敬瑭暗伺机会，也想夺取。从珂杀从厚自立。石敬瑭向契丹称臣称儿求援兵，许灭从珂后，割让幽云十六州，岁贡帛三十万匹。契丹主耶律德光入雁门关，助敬瑭大败唐兵。四十五岁的石敬瑭拜三十四岁的耶律德光做父亲，契丹封他做儿皇帝，国号晋。

石敬瑭叛变，从珂遣赵德钧、赵延寿父子率兵攻敬瑭。二赵早蓄异心，想乘乱取中原，拥兵不战，密请德光立自己做皇帝，约与契丹称兄弟国，德光不许。石敬瑭跟从耶律德光至潞州（山西长治县），二赵出城迎降，德光囚二赵送契丹。德光母萧太后问赵德钧，你为什么举兵往太原？德钧答，奉唐主命令。太后指天道，你从我儿求作天子，还敢说谎，像你这样卖主贪利的小人，还有面目活着。德钧忧惧病死。

石敬瑭进攻洛阳，李从珂登楼烧死，唐亡。

（三）晋朝

（九三六年 — 九四七年）

石敬瑭西夷人，父名臬捩鸡，为李克用部属，官至洺州刺史。敬瑭善战，娶李嗣源女为妻，益得嗣源宠任。他求得契丹的援助，夺取帝位，割让幽（北平）蓟（河北蓟县）瀛（河北河间县）莫（河北任邱县北）涿（河北涿县）檀（河北密云县）顺（河北顺义县）新（察哈尔涿鹿县）妫（察哈尔怀来县）儒（察哈尔延庆县）武（察哈尔宣化县）蔚（察哈尔蔚县）云（山西大同县）应（山西应县）寰（山西朔县东）朔（山西朔县）十六州给契丹。从此河北无险可守，后来塞外新兴种族（金元）相继占领，建都燕京（北平），乘机南侵，中国受外祸四百余年，到明朝才收回来。

敬瑭建都开封，有地一百九州。他称帝七年，用重刑刻剥百姓，去孝敬他的父皇帝。契丹骄慢，小不如意，就派人来责骂。敬瑭总是卑辞厚礼去谢罪，不敢违抗，连耶律德光也称他孝顺，免他称臣，用家人礼止称儿皇帝，他的臣下觉得耻辱太甚，成德节度使安重荣竟公然上书斥敬瑭父事契丹，竭中国民力向丑虏献媚。敬瑭因重荣握重兵，止好忍气挨骂。

石敬瑭死，侄石重贵立。重贵采宰相景延广议，对契丹称孙不称臣。耶律德光怒，赵延寿想代晋做中国皇帝，力劝契丹击晋。景延广捕契丹回图使（国际贸易机关称回图务）乔荣，杀契丹商人，没收货物，德光愈怒。晋平卢节度使杨光远劝契丹入寇，说中国穷困，一举可取。德光发山后（妫、檀、云、应）及卢龙（幽州）兵五万人，命赵延寿率领入寇。契丹用中国将官率中国兵攻中国，德光鼓舞延寿道，如果成功，立你为帝。延寿大喜，出死力谋取中国。重贵起大军拒战，德光望见晋兵，对左右说，杨光远报告晋兵饿死过半，看来还多着哩。两国交战，契丹兵败退去。

契丹入寇，沿河乡民自备兵械，团结成社，保卫地方，号乡社兵（民兵），击契丹夺回德州。十六州割让后，人民多聚众守险，不降契丹，这次战争中，在敌后攻击城寨，立功甚大。这证明抵御外患止有人民的力量是伟大的，心理是纯洁的。

晋朝君臣在战争中，却藉口抗战，加强剥削。第一，朝廷遣括率使三十六人，每人赐剑一把，得随意杀人。括率使带领大批吏役，携刑具刀仗闯入民家，小大惊慌，求死无地。官员因缘作弊，如河南府规定括钱二十万缗，宰相景延广企图增括十七万缗归己，州县官当然各括额外钱入私囊。第二，藩镇借国难名义，也括民自肥。泰宁（兖州）节度使安审信令人民出钱修城楼，余钱输入私库。括率使张仁愿到兖州，要括十万缗，值审信不在，仁愿进库，指取藏钱一囤，已足够十万的数目。当然，审信不会损失这一囤的，人民很快得给他补偿。第三，朝廷藉口征兵，强拉壮丁七万余人，号称武定军。军官百端虐待士兵，农民破产失业，怨苦无聊，后来契丹攻入开封，武定军全军溃散。第四，朝廷主张一面抵抗，一面和平，两次遣使臣见契丹主，请求投降，契丹主不许。第五，主和派得势，用桑维翰作宰相。朝廷一贯希望和平，止求契丹承认他们的政权。契丹愚弄晋人，不和不战，暂时退兵，让中国人自相残杀。

石重贵围青州杨光远，城中食尽，人民大半饿死，契丹援兵不来。光远窘急，遥拜契丹哀告道，皇帝皇帝，你害苦我了。儿子杨承勋等劝光远投降，光远道，人都说我有做皇帝的福命，且等契丹救兵来。

这是石重贵开运元年第一次战争。

契丹又起兵入寇，赵延寿攻祁州（河北安国县），刺史沈斌守城。延寿诱斌道，我们是老朋友，投降保你富贵。沈斌骂道，你父子想做皇帝，祸国殃民，甘心当俘虏，还有脸引犬羊（契丹）来蹂躏祖国，不识羞耻，反有骄色，真不是人类。我弓断箭尽，早拼一死。次日城陷，斌自杀。

契丹军八万余骑至阳城（河北安国县东南），晋将李守贞力斗，大败契丹军。耶律德光收残兵退幽州。桑维翰屡劝石重贵向契丹求和，重贵遣使奉表称臣，卑辞谢罪。契丹要景延广、桑维翰亲到并割献镇（河北正定县）、定（河北定县）两道土地。晋人因德光怒气正盛，和议暂停。石重贵自以为战胜契丹，天下无敌，骄侈益甚，河北大饥，民饿死无数，依旧强征苛税。

这是开运二年第二次战争。

契丹大举入寇，石重贵命杜威为大帅，李守贞为副帅，起全国兵力御敌。杜威遣密使见德光，要求重赏。德光道，赵延寿威望不高，怕不能服中国，杜威来降，当封威为帝。威大喜，伏兵劫诸将在降表上署名。诸将惊骇怕死，止好唯唯听命，威令全军到营外排阵，军士以为将战，踊跃听令。杜威、李守贞亲到阵前，告军士道，我们食尽计穷，止得别求生计。下令解甲缴械。军士痛哭，声动原野。契丹主命赵延寿着赭色袍（皇帝服色）到晋营宣慰，杜威等跪马前迎拜。契丹主又命杜威也着赭袍，让二人都觉得有希望。

赵延寿想得帝位，教私党契丹吏部尚书张砺试探德光说道，大辽(契丹国号)已得天下,中国将相应该用中国人,不可用北人及左右近习,如果政令失宜,人心不服,得了还是保不住的。德光不听。延寿止好静候机会。

德光命晋叛将张彦泽率骑兵二千攻开封,城中大扰,石重贵上降表,自称孙男臣重贵,发昏该死,今与母李氏、妻冯氏率全族人自缚待罪。李太后也上降表自称新妇李氏妾叩头请罪。晋大臣纷纷降服。监军傅住儿入城宣契丹主圣旨,重贵脱黄袍,换白衫,再拜受命。

张彦泽纵兵大杀掠,开封一空如洗。彦泽家中宝货山积,自谓有功契丹,骄暴无比,旗帜都题赤心为主四字。军士擒人至前,彦泽不问情由,但瞪眼竖三个指头,即时驱出斩头或腰斩。

契丹主使人告重贵,孙儿不必忧愁,我总教你有吃饭的地方。重贵听了略觉放心,上表谢恩。晋百官著素衣纱帽伏路侧迎契丹主请罪。契丹主宣旨免罪,百官呼跃退下。契丹主入开封城,百姓惊慌奔走,他即时登城楼,使翻译宣告道,我也是人,你们不要害怕,我要想法救你们。我本无心南来,是汉兵引我来的。降官们控告张彦泽抢他们的财产,契丹主也恨彦泽不让自己来抢,下令斩首。尸体被仇家碎割吞食,家里堆积的赃物全归契丹主所有。

这是开运三年最后一次战争。

耶律德光改服中国衣冠,受百官朝拜拥护,登皇帝位,赵延寿怨德光背约,大失所望。退一步请当皇太子。德光道,我的儿子才是皇太子,赵延寿是我的儿子么?杜威更没有面目见人,每出门,路旁人指着辱骂,止好装听不见。

德光纵胡骑四出抢掠,称为打草谷,开封周围数百里,民间财物牲畜全被掳去。又遣使者数十人括京城及诸州钱帛，百官也不得免。降官们怨恨，才知道契丹可恶，想驱逐它出去。节度使刺史等官，多换契丹人，中国无赖投靠门下，教他们横暴刻剥的方法，民不堪命。起义军到处蜂起，大部数万人，小部也不下千百人，攻陷州县，杀掠官吏。德光害怕，对左右说，我不知道中国人这样难治，赶快派中国节度使杜威、李守贞一类人回镇镇压，可是已经晚了。他自己托名避暑，虏晋官员数千人，宫女宦官数百人，满载财宝回契丹。路过相州（河南安阳县），屠杀极惨，积髑髅十余万具，全城止留七百人。经过城邑，悉数残破。德光对蕃汉众官说，中国遭这样大祸，都是赵延寿的罪过，转身指张砺道，你也罪过不小。德光路上叹道，我犯了三个错误，应该不能立足中国。第一，不该派人到诸州括钱。第二，不该放纵上国人（契丹）出去打草谷。第三，不该扣留中国节度使，他们是有本领镇压百姓的。德光后悔无及，走到栾城（河北栾城县）北杀胡林病死。

赵延寿见德光死，假称奉遗命，留中国做皇帝。契丹新主兀欲怒，囚延寿回国。

（四）汉朝

（九四七年 — 九五〇年）

正当耶律德光灭晋，自做中国皇帝的时候，晋河东节度使沙陀人刘知远与其他藩镇同奉降表称臣。德光在众降臣中，独允许他称儿子，这是莫大的荣幸，一般人都觉得他够皇帝资格了。知远见契丹势衰，据太原自称皇帝。契丹退去，他率兵入开封，百官照例投降，拥护他的帝位。知远改国号为汉，有地一百六州。

知远在位一年死，子刘承祐立。在位三年，大将郭威灭汉自立。

（五）周朝

（九五一年 — 九六〇年）

郭威篡汉，国号周，建都开封，在位三年死，养子柴荣继位。

柴荣是五代最英明的皇帝，他曾做茶商，往来京洛江陵间。他替郭威管家，筹措一家人费用。他亲见州县官贪污的罪恶，他懂得民间的痛苦，所以登位后，不像其他皇帝残虐奢侈，专门害民。

柴荣在位六年，击破北汉国主刘崇，夺取后蜀国陇西四州，南唐国淮南江北十四州，契丹国瀛莫二州，有地一百十八州。尤其是夺得江北淮南，在军事上建立了统一中国的基础。

在柴荣统治的六年中，政治上也有不少的革新，作为统一中国的准备。他严惩贪污官吏；裁减无用军士；限止私度僧尼，废寺院三万余所，销佛像铸铜钱；依唐元稹均田表意，制成均田图，颁布诸州，遣使官三十四人均定河南六十州租赋，连历朝优待免纳租税的曲阜孔家，也照平民纳租，取消特权；整顿地方组织，归并小乡小村，每百户为一团，团置首领三人，一户为盗，全村受罚，一户被盗，团长受罚，每遇盗劫，一村鸣鼓举火，各村壮丁持械云集。他又规定荒田开垦法。招徕逃户归乡耕种，增加户口不少。中原地区从晚唐以来，混乱一百年，柴荣时代开始显示澄清的现象，赵匡胤继承他的遗产，完成统一中国的事业。

第三节　环绕中原地区的十个国家

（一）吴国

（八九二年 — 九三七年）

杨行密占有江西、安徽、湖北及江苏等省的一部分，建都扬州，国号吴。他两次击败朱全忠，不仅巩固了自己的地位，而且南方诸国，有吴国做屏障，各得据地建立政权。所以吴国的兴亡，有决定其他国家兴亡的意义。

吴与吴越国边疆邻接，势力相等，意图吞并。行密做大钱索穿钱，称为穿钱眼；钱镠用大斧斩杨树，称为斫杨头。行密发兵围钱塘，钱镠危急，遣子钱元璙入吴求和，行密嫁女儿给元璙，从此两国和好。吴得专力守淮，吴越也得休息民力。

行密传至次子杨渭，自称皇帝，大权全被徐温夺去。石敬瑭天福二年，徐知诰篡吴。吴亡。

（二）南唐国

（九三七年 — 九七五年）

吴权臣徐温（私盐贩出身）的养子徐知诰继徐温执吴政，篡吴后，改姓名为李昪（音弁），国号唐。吴国旧制上等田每顷税足陌现钱二贯一百文，中等田一贯八百文，下等田一贯五百文。如现钱不足,依市价折金银。田租外,还有人口税,计丁口征现钱,知诰废除人口税,令农民直接缴纳谷帛绸绢。当时市价绢每匹五百文,绸六百文,绵每两十五文,知诰抬高绢价每匹一贯七百文,绸二贯四百文,绵四十文。这是奖励农民耕织,抑止豪富放高利贷的有效办法,不到十年,野无闲田,桑无空地,荒土尽辟,国力富强。昪在位七年,与吴越国订约和好,不相侵犯,对中原也止守淮防御,不想乘乱夺地。唐末残破的江淮流域,又回复了过去的繁荣景象。

昪死,子李景立。契丹主灭晋,遣使来说李景道,当今中原无主,我要封你做中原皇帝。李景正色拒绝,教契丹使人回去。景灭楚、闽两国,有地三十余州,在十国中最为强大。柴荣亲自率兵来攻,景战败,献纳江北十四州,划江为界。景迁都洪州(江西南昌县)忧惧病死。子李煜继立。煜是五代最大的文学家,善做词(文学中一种体裁),描写他的淫侈生活。他有宫女名窅(音杳)娘,轻丽善舞,用帛缠足,纤小弯曲像新月,著素袜在六尺高的金制莲花上跳舞,飘飘然有水仙乘波的姿态,中国妇女缠足从此开始。南唐失去产盐地区,降为中原的附属国,李煜又昏乱不理政事。赵匡胤开宝八年,宋灭南唐。

(三) 吴越国

(八九三年 — 九七八年)

钱镠占有浙江东西岸十三州土地,建都杭州,国号吴越。钱镠时常回到故乡临安县去游玩,他的父亲钱宽听说镠来,总是逃走不见。镠徒步寻宽，拜问缘故。宽说，我家世代种田，从没有人做过官，你现在做十三州主，三面受敌，与人争利，怕将来害我家，所以不忍见你。镠哭拜受教。这也许就是钱镠立国的宗旨，他对中原统治者，朝贡称臣，不敢失礼，对邻国也不很侵暴。他和他的子孙，止称吴越国王，不敢大胆称帝。他在杭州四十年，引用许多中原名士，如皮日休、罗隐、胡岳等人，对两浙文化，很有影响。他修筑钱塘江石堤（从六和塔到艮山门），凿平浙江中妨碍行舟的巨石，推广州城三十里，建筑壮丽宫室，从此杭州成为东南名胜地。他在领土内兴修水利，造龙山、浙江两闸，阻遏海潮入河，又自嘉兴、松江沿海滨到太仓、常熟、江阴、武进，凡一河一浦，都造堰闸，蓄泄有时，不畏旱潦。当时米价每石止值五十文，浙西农业显然有很大的发展。在五代十国中，吴越是最安静的地区。

钱镠死，子钱元瓘、孙钱弘佐相继嗣位。弘佐时仓库有十年的蓄积，免全国租税三年。传至钱俶，正当赵光义太平兴国三年，上表献纳国土，吴越亡。吴越立国凡八十六年，亡国又不经战争，没有军事破坏，北宋时代，开封人称“余杭百事繁庶，地上天宫”，杭州已成全国著名的大都市。

（四）前蜀国

（八九一年 — 九二五年）

王建占有东西川四十余州。梁篡唐，建自立为皇帝，国号蜀，建都成都。蜀地富庶，建留心政事，人民粗得休息。建优礼中原士人，唐朝名家世族，多奔蜀避乱。蜀与南唐在当时是文化最高的国家，做词的文人特别多。

建死，子王衍立。衍荒淫昏骏，喜欢踢球，四周设活动锦幛，一路踢去，从宫中踢到街市，他在锦幛中还不知道。他曾做诗道，有酒不醉是痴人，这就是他的人生观。李存勖遣李严使蜀，严见成都人物富盛，衍骄淫无能，劝存勖用兵。同光三年，存勖灭蜀。

（五）后蜀国

（九二五年 — 九六四年）

李存勖灭蜀，命孟知祥为西川节度使。李嗣源时，知祥并东川（节度使驻三台县），杀节度使董璋。李嗣源死，知祥自立为皇帝。知祥死，子孟昶立。昶君臣务为奢侈，甚至溺壶也用珍宝装饰。赵匡胤乾德三年，宋灭蜀。

（六）南汉国

（九〇五年 — 九七一年）

刘隐占有两广六十余州。唐末中原人士多避难广东，唐朝名臣贬窜岭外，子孙往往流寓不返，隐选择贤能，引入幕府，仿照唐朝制度建立南海国，都广州。隐死，弟龑（音俨）立，自称皇帝，国号汉。龑性惨酷，每见杀人，喜不自胜。颐（两颊）动涎流，作食肉形状。他的子孙都是暴君，赵匡胤开宝四年，宋灭南汉。

（七）楚国

（八九六年 — 九五一年）

马殷占有湖南十五州，建都长沙，称楚王。殷死，诸子争位，互相杀夺。郭威广顺元年，南唐李景遣大将边镐攻破楚国，发马氏仓米赈济饥民，楚人大悦。马氏族人重赂边镐，希望留居长沙，边镐笑道，我唐国同你马家，做了六十年仇敌，但也不想灭你们的国，现在你们兄弟自相残杀，困穷来降，我不能再放纵你们。马氏族被迁到金陵（南京），楚亡。

（八）闽国

（八九三年 — 九四五年）

王潮占有福建七州。死后弟王审知继位。审知生活节俭，减轻赋税，招纳中原名士，建立学校教闽人读书，开辟海港，奖励海外贸易。审知治闽二十八年，文化经济都落后的福建，开始发展起来。

审知死后，子王延钧立，自称皇帝，国号闽，建都福州。延钧淫暴，子孙争位互杀，石重贵开运三年，南唐李景灭闽。

（九）南平国

（九〇七年 — 九六三年）

朱全忠灭荆南赵匡凝，命高季兴为荆南节度使。李存勖封季兴为南平王，有地三州。季兴死，子高从诲立。荆南地狭民贫，是十国中最小弱的一国。五代时吴和南唐与中原统治者对立，封锁江淮大路，南方诸国进贡中原，或走海道，或走江陵，江陵成为内地南北交通的中枢。北方商人买茶，也必须到江陵，在五代它是最大的茶市。南平国没有独立的经济基础，所以从诲对南北称帝各国，都奉表称臣，企图得些赏赐，有时还抢劫些过路贡品，补助本国的费用。各国笑从诲是赖子（无赖），正因为它是不能自给的国家。

（十）北汉国

（九五一年 — 九七九年）

刘知远命兄弟刘崇做太原留守，郭威篡汉，崇据河东十州称帝，国号汉。崇遣使求契丹援助，契丹主兀欲要崇称儿子，崇止愿当侄子。兀欲急望中国内战，让步做了叔父，屡出兵助崇攻周。柴荣大破刘崇军，围太原，崇忧惧病死。子刘承钧奉表见契丹主述律，自称儿子，述律允许承钧嗣位。承钧不能像刘崇对契丹那样孝敬，契丹停止援助，可是每岁进贡仍不能免，北汉国愈益贫困。赵光义太平兴国四年，宋灭北汉。

正当中原混战大破坏的时候，南方诸国战争稀少，一般处在和平状态中，人口增加，文化和经济都向上发展。尤其是南唐吴越两国，占领长江中下游，战争最少，人民得从事开发，造成全中国最富庶的地区。唐朝军政费用，极大部分取给江淮财赋，到五代时却获得七八十年的休息。虽然这些休息是极有限度的，统治者一样剥削农民，奢侈浪费，可是比较唐朝到底减轻了不少。唐末农民大起义，从唐朝夺来江淮吴越，同时转被军阀夺去，农民所得，止是这几十年最低限度的休息。

中原在柴荣统治下，国力超过五代任何一个朝代。柴荣夺取江北十四州，南方诸国的屏藩摧毁了，赵匡胤和平继承柴荣的遗业，国力更向上升。南方诸国统治者，全是些淫昏腐朽人，都不是赵匡胤的敌手,诸国又互相猜忌,不知协力抵御,这样,割据称雄的十国,逐渐被宋朝吞灭。

十国以外,还有些小割据者,在五代中陆续消灭。止有夏州的李仁福,子孙相传到宋朝,成为西北方强大的西夏国。

简短的结论

唐末农民大起义,虽然摧毁了唐朝的旧统治,可是军阀们却代替唐朝的地位,建立许多新政权,一致进行对起义军的镇压。他们彼此间又进行着兼并性的混战,结果中国分割成十几个独立国家。这就是五代十国时代。

占据中原地区的军阀,土地人口都比别国多,政治上习惯上被认为正统皇帝。五十年中换了梁唐晋汉周五个朝代。几乎每年都起战争。

南方成立蜀(王氏孟氏)、吴(杨氏)、南唐(李氏)、吴越(钱氏)、楚(马氏)、南汉(刘氏)、闽(王氏)、南平(高氏)等国。这些国家的统治者间战争稀少,大体在和平状态中过着奢侈的生活。

南方广大地区,初唐时代,经济已经普遍发展起来,中唐以后,成为朝廷费用主要的来源,南方诸国的割据,对人民有减轻负担发展生产的意义。从此南方富庶、北方贫苦的局面确定了。

石敬瑭割幽云十六州给契丹,河北平原,无险可守,此后金据中原,元灭中国,四百余年严重的外患,这是一个起源。

柴荣夺得南唐的淮南江北,南方诸国失去屏藩,北宋初年,陆续消灭,中国除幽云十六州(瀛、莫二州已收复)外,又成统一的国家。

附:五代十国年表

公元	朝代	姓名	年号	前蜀		吴一南唐		吴越		南汉		闽		北汉	
				姓名	年号	姓名	年号	姓名	年号	姓名	年号	姓名	年号	姓名	年号
九〇七年	梁	朱全忠（太祖）	开平	王建	无	杨渭	无	钱镠	无	刘隐	无	王审知	无		
九〇八年					武成				天宝						
九一〇年						杨隆演									
九一一年			乾化		永平										
九一二年		朱友珪													
九一三年		朱友贞（末帝）													
九一五年			贞明												
九一六年					通正										
九一七年					天汉					刘龑	乾亨				
九一八年					光天										

续表

九一九年				王衍	乾德		武义								
九二一年			龙德			杨溥	顺义								
九二三年	唐	李存勖（庄宗）	同光												
九二四年									宝大						
九二五年				（前蜀亡）	咸康						白龙				
九二六年		李嗣源（明宗）	天成						宝正						
九二七年							乾贞								
九二八年											大有				
九二九年							大和								
九三〇年			长兴												
九三二年									无						
九三三年											王延钧	龙启			
九三四年		李从厚（闵帝） 李从珂（末帝）	应顺 清泰	后蜀 孟知祥	明德										

续表

九三五年				孟	昶			天祚						永和	
九三六年	晋	石敬瑭（高祖）	天福			吴亡为南唐						王昶	通文		
九三七年						徐知诰（李昪）		昪元							
九三八年					广政										
九三九年												王曦	永降		
九四二年										刘玢	光天				
九四三年		石重贵（出帝）				李璟	保大			刘晟	乾和	王延政	天德		
九四四年			开运												
九四五年												（亡于南唐）			
九四七年	汉	刘智①远（高祖）													
九四八年		刘承祐（隐帝）	乾祐												
九五一年	周	郭威（太祖）	广顺											刘崇	乾祐

① “智”应为“知”。——编者注

续表

九五四年			显德												
九五五年		柴荣（世宗）												刘钧	
九五七年															天会
九五八年							交泰			刘铱	大宝				
九六〇年		柴宗训（恭帝）													
		（亡于宋）		九六五年 亡于宋		九七五年 亡于宋		九七八年 亡于宋		九七一年 亡于宋				九七九年 亡于宋	

中华现代学术名著丛书

中国通史简编

下册

范文澜 著

商務印書館
创于1897 The Commercial Press

图书在版编目(CIP)数据

中国通史简编(上、下册)/范文澜著.—北京:商务印书馆,2010(2023.2重印)
(中华现代学术名著丛书)
ISBN 978-7-100-07462-9

Ⅰ.①中… Ⅱ.①范… Ⅲ.①中国-通史 Ⅳ.①K20

中国版本图书馆CIP数据核字(2010)第202470号

中华现代学术名著丛书
中国通史简编
(上、下册)
范文澜 著

商务印书馆出版
(北京王府井大街36号 邮政编码100710)
商务印书馆发行
北京通州皇家印刷厂印刷
ISBN 978-7-100-07462-9

2010年12月第1版 开本880×1240 1/32
2023年2月北京第3次印刷 印张28⅛ 插页1
定价:118.00元

第四章　国内统一封建制度进一步发展时代——北宋

九六〇年 — 一一二七年

第一节　北宋的政治制度

柴荣募全国壮士，选择武艺尤强的充禁军，称为殿前诸班。命大将赵匡胤统率，官号殿前都点检。显德六年六月，柴荣死，子宗训（年七岁）继位。第二年，周君臣正在朝贺元旦，忽然镇、定两州来了一个北汉、契丹合兵南下的急报，朝廷没有考察虚实，即刻派赵匡胤率领禁军出去抵御。匡胤早有野心，与禁军将领石守信等结拜兄弟，号称十兄弟，军行到陈桥驿（开封北），石守信等拥匡胤做皇帝。匡胤回军开封，篡周自立，国号宋。原来镇、定急报是假的，也许就是匡胤布置的阴谋。

赵匡胤来回五天的工夫，获得帝位，他知道自己成功太容易了，所以登位以后，专力巩固中央政权，一切设施，都含着对内严防的性质。这是他和他的后代坚执不变的国策，因而宋朝内政最腐朽，外患最强烈，成为历史上怯弱可耻的一个朝代。

（一）兵制

赵匡胤登位的第二年，定计解除石守信等兵权，某次他召守信等酣饮，乘醉说道："人都愿意富贵，无非想多积金钱，纵情享受。你们为什么不辞去军职，选繁华地区做节度使，买上等田宅，广置产业，多畜歌儿舞女，饮酒欢乐，君臣间两不猜疑，永保富贵，不很好么？"石守信等止得叩头从命，交出兵权，做有名无实的节度使去。

赵匡胤取得全部兵权，建立新兵制，分全国军队为禁兵、厢兵、乡兵、藩兵四种。禁兵是皇帝的卫士，挑选琵琶腿（大腿粗壮），车轴身（肩宽腰细），高度适中（五尺五寸至五尺八寸），体力强健的军民，充当禁军，犒赏特别优厚。禁兵驻守京城，轮流到外州县就食，号称就粮军。边防要地，派禁兵镇守，各镇守兵每年移动防地，浪费时间精力在道路上，名义是"习勤苦，均劳逸"，实际是要兵没有固定的将，将没有熟悉的兵，不容易联合叛变。厢兵是各州守军，止供官厅役使，从不训练武艺。乡兵是点抽壮丁充当地方守军，藩兵是招募归顺部落充当边境守军。乡兵、藩兵不常有，厢兵不训练，全国武力止有禁兵一种。

募兵的来源是无赖、罪犯、饥民、营伍子弟。黥面吃粮，骄惰无用，人民憎恶军士，称为赤老（军籍称赤籍）。募兵以外，朝廷时常藉口防边，下令籍民为兵（抽壮丁），或三丁抽一，或两丁抽一，五丁抽二，官吏到乡间按户搜索，照梅尧臣《田家诗·汝坟贫女诗》所说，连老翁小孩，也拉去黥面当兵，留下妇女跛盲残疾人，不能耕作，造成田地荒芜，人民饿死的惨灾。

据旧史记载，北宋兵额，赵匡胤有兵三十七万八千，内禁军十九万三千；赵光义有兵六十六万六千，内禁军三十五万八千；赵恒有兵九十一万二千，内禁军四十三万二千；赵祯（仁宗）有兵一百二十五万九千，内禁军八十二万六千。从赵匡胤到赵祯七八十年间，兵额增加三倍强，禁军对总兵额从百分之五十，增加到百分之六十六。中央政权显然更趋巩固，同时也就更趋腐败与空虚。

这样庞大的军队，坐费衣食，纪律废弛，当时已有“将骄兵惰，空耗赋税，竭天下之财，养无用之兵，兵愈多而国势愈弱”的定论。军官出钱收买人头，报功受赏，或用茶叶向敌国（西夏）购回人头，算作战功，已成军中公开的成例，朝廷并不禁止。赵恒时，四川夷人常来寇掠，边将不敢出战，送给夷酋米券一张，约定世世凭券领米，停止侵犯，别部酋长效尤骚扰，照例获得米券。酋长们争券数多少，见边将自陈某酋长止杀若干人，领得一券，我杀兵民比他多几倍，理该多给几券。边将不得已，按照酋长们凶暴程度发给米券，到赵顼时前后凡发四百余券。强迫人民出米奖励夷人来杀掠，止有极端腐败的军队才能这样做。

赵顼用王安石做宰相，行保甲法，想渐废募兵制，改用民兵。赵煦以后，募兵、民兵都成空名，巨大兵饷，供文武官员分肥中饱。金兵南侵，如入无人境地，朝廷下哀痛激切的诏书，促四方文武官起兵勤王，可是无兵可用，偶有些乌合队伍，在怯懦贪鄙的军官统率下，援河北就在河北溃散，援京师就在京师溃散，赵佶、赵桓父子屈膝降金，中原不战沦亡。这就是赵匡胤养兵防内的效果。

（二）官制

宋官制全部承袭唐和五代，有台、省、寺、监、院、部等名号。这些官并不管事，止依品级领受禄俸。此外又有阶有勋有爵，也都是领受禄俸的一种名义。实际管事的称为职或差遣。中央最高职员有三：宰相居中书省（后称尚书省），管理政务，正相称同平章事，副相称参知政事；枢密使居枢密院，管理军务，与宰相分主文武，并称二府；三司使（盐铁、度支、户部）管理财政，地位比二府低一等，号称计相或计省。

外官仍唐制，有节度使、防御使、团练使、刺史、观察使、节度、留后、大都督等名号，都不管事。实际管理地方军民的官员，算是朝廷临时差遣。全国分十五路（后增至二十六路），每路设经略安抚使（重要地区加经略名号，通常止称安抚）。路下分府、州、军、监，长官称判某府（州、军、监）或称知某府（州、军、监）事，副职称通判，最低级地方官称知县。安抚使下每路有转运使管财政，提点刑狱管刑法，提举常平茶盐管仓谷、茶、盐，其中转运使职权最广，几乎无事不管。

以上止是极简单的叙述，这一架官僚机关的重叠庞大，大致也就约略可见。它保存唐五代留下的无数官位，又设置事实上必需的职和差遣，可是恩荫出身的任子，科举出身的进士，逐年增加，官职固然多，做官的人数更多，因而有一官五六人共做的怪象。赵佶时，每一州郡添差归明官（降人做官）百余员，通判、钤辖多至十余员。真是重叠又重叠，庞大又庞大。

做官必食俸禄。俸禄的种类有官俸（最高月俸四百千，另给绫绢罗绵各有差），有禄粟（最高额每月一百石），有职钱（最高额每月一百千），有公用钱（最高额每年二万贯），有职田（最高额四十顷），有茶汤钱（无职田处给茶汤钱），有给券（文武官出差路费），有厨料（有些官每日给酒五升至一升，有些官加茶米面及羊肉），有薪炭诸物(最高额每月给薪一千二百束,炭每月二百秤,盐每月七石,喂马刍粟二十匹),有傔人(仆役)衣粮(大官用仆役最高额一百人。每人粮每斗折钱三十文,衣料绸绢每匹一贯,布每匹三百五十文,绵每两四十文)。不论官职大小,止要身入仕途,钱米杂物以及仆马费用,都得按时支取,一生丰衣足食,享受不尽[最廉洁的名臣范仲淹,做参知政事时,出恩例(例赏)俸赐买苏州近郊上等田一千亩,赡养同族人,号范氏义庄。其他官员田产广大可知]。

官员们领受俸禄,并不能满足他们的欲望,因此贪污成为极普遍的现象。有官缺出,部吏公然评价发卖。长官们自己也买过缺,不便禁阻,连赵光义也主张弊窦像鼠穴,不须堵塞,止要不妨害官利,一切可以不问。大小官员公开讨论某处有职田,某处供给丰厚,想法寻求好处去做。神泉县(四川安县)知县张某到任,标榜廉洁政治,某日张贴告示说,某月某日是本官生辰,诸色人等不得献送礼物,众吏到时各献财帛,知县表示感谢,悉数收下;并说,某月某日是夫人生辰,你们切莫再献,众吏到时献财帛,知县又悉数收下。全国吏人例不给禄食,准他们收受贿赂,往往致富。赵顼熙宁三年,始制吏禄,单是京师诸司,每岁支吏禄钱三千八百三十四贯,逐年增加,至熙宁八年,每岁支三十七万一千五百三十贯,受贿依然如故。官吏各式各样贪赃,不会有什么危险,因为宋朝定制,对待官员非常宽厚,无论如何不法(反叛除外),极少处死刑和籍没财产(赵匡胤立誓约,誓不杀大臣)。内官有罪失职,或贬出做外官,或提举宫观(管理供奉神仙的道宫、道观),罪大恶极的也止窜恶远军州安置。赵顼因对西夏用兵失利,御笔亲批令斩一转运使,被蔡确拦阻。又改令刺面窜远恶处,又被章惇拦阻。赵顼叹道,快意事更做不得一件。官员们互相庇护,无所畏惧,乐得纵情贪污,享受声色。例如中书舍人刘敚,好色不倦,晚年得恶疾,须眉脱落,鼻梁断坏,秽苦不可言。又某官年六十余,须发斑白,置幼妾数人。他教妻妾镊须,妻镊黑须妾镊白须,不久黑白俱空。大抵官员们多需要房中术,道士游客,向大官献秘方,有效时往往获得重赏。

官员的利益既是这样优厚,谋官和做官的方法,自然也特别讲求。饶州朱文锡因中神童科得官,乡里欣慕,小儿五六岁,置竹篮中,高悬树上,聘教师授五经,每教一经酬教师钱若干,昼夜不休。小儿多病死,学做神童的还是很多。军官彭孙替太尉李宪(宦官)洗足,赞美道,太尉的脚真香呀!李宪举足踏彭孙头顶道,奴才未免太谄了。彭孙得宠在许州造大宅,私招逃军三百人充奴役,无恶不作。这是为了谋官不爱子孙不要颜面的例证。赵恒时,宰相王旦,号称局量宽大,从不发怒。某次子弟们告诉厨子偷肉,旦问你们规定食肉多少。答,每天例肉一斤,可是止得半斤。旦说,此后每天给肉一斤半,让厨子得半斤。他对任何政事都避免招怨,当时称为著名贤相。赵煦时宰相吕公著口不谈是非。某次甲乙二客见公著,甲客说,某人家规欠好,公著不答。客惭愧告退。乙客说,相公度量大,刚才甲客说人坏话,实在可恶。公著又不答,乙客惭愧告退。公著归内宅,子弟请问甲乙两人是非,公著仍不答。章得象的做官法,是默默无所作为,遇排挤坚不引退,终于做到正宰相。王珪的做官法是上殿进呈公文说取圣旨,皇帝批示后,说领圣旨,下来谕众官,说已得圣旨,官员们称珪为三旨相公。田元均做三司使,权贵家子弟亲戚请托营求,元均每和颜强笑,好言应酬。他对人说,我做三司使几年,整天强笑,直笑得面似靴皮(皱纹)。宋朝用人，最重老成稳健，遇事镇静，止求维持现状，惟恐改革生事。何朝宗年十八应进士试，赵匡胤说此人还没有髭须，欠老成，且让回家读书。赵恒有意用寇准做相，却嫌他年纪轻些。寇准赶快吃药，须发全白，果然拜相。暮气沉沉，是宋朝政治的特色，像范仲淹、欧阳修、王安石那样想改革旧习，就被满朝攻击诬陷，不驱逐出朝，决不甘休。

朝廷大开仕途，尽可能让人有获得官职的机会。已经做官的照例得荫子孙亲属及有关系人（如门下客、医生）入仕。这种恩荫制度，意在维持旧门阀，骑着竹马玩的小孩，往往已经得官受俸。一个大官，可以荫数十人。别一仕途是科举。官员人数陆续增加，赵恒时官一万员，赵祯时官二万员，赵曙时官二万四千员。此后逐代增加。赵佶时也许又增加一倍。北宋土地比汉、唐小，官数却超过远甚。

这样多的官员，主要工作是什么？赵顼改定官制，尚书省（宰相府）分二十四曹（科），繁简极异。当时通行着一个谚语道："吏勋封考（吏部管官吏升调），笔头不倒（忙）；户度金库（户部管财政），日夜穷忙（富忙）；礼祠主膳（礼部管祭祀典礼），不识判砚（无事可判）；兵职驾库（兵部管军务），典了袯（音拨，穷人衣）裤；刑都比门（刑部管刑法），总是冤魂（贪赃枉法）；工屯虞水（工部管工程水利），白日见鬼。"可知所谓政务，无非做官、聚敛、刑罚三件大事。

皇帝养活大量文武官员，为的拥护自己的政权，可是他对他们并不放心，另养一种称为御史的官员，专做监察工作，寻找官员们的过误。准许御史据风闻（无实证）弹人，又限定御史到任一百天内必需奏事，否则罢黜做外官或罚钱充公，称为辱台（御史台）钱。

每月必须奏事一次，称为月课。王平做御史将满百日，还没有上奏弹人，同僚私议王端公（御史别号）等机会说话，一定关系什么大政事。果然王平上了一个奏章，是弹劾御膳中发现短发，厨官应该办罪。大家都笑他不弹大官弹小官。官员们畏惧御史，有“宁逢恶友，莫逢故人（指御史），故人相逢。不吉则凶”（凶多吉少）的谚语，略有良心的人，不肯做这个官。赵祯命余某做御史，余某不肯，人问缘故，余某说，做御史坏心术。因为做了御史，一定要弹人，生人无法说他坏，止好把相识人逐个思量。找别人的过失，充自己月课的材料，不是坏心术是什么。

金兵攻入开封，大捕宋宗室。宋官不遗余力替金人奔走搜索，婴儿妇女，都不得免。赵信的幼子赵捷，匿民间已近五十日，忽被宋官发见，捕送金营。官员受朝廷优厚待遇，一朝权势变动，反而陷害如有深仇，人民平日饱受统治阶级的压迫，却藏匿宗室多至七百人。

（三）科举

官员的来源是任子和科举。进士科在各科中最占重要地位。因为进士出身，容易致身通显，录取名额也比唐朝宽几十倍。唐进士及第每次不过二三十人，宋分进士为三等，一等称及第，二等称赐进士出身，三等称赐同进士出身，录取总数通常七八百人（应试人通常一万以上至二万人）。正式考试以外，还有特奏的制度：进士应考五次（后改六次），年过五十，诸科应考六次（后改九次），年过六十，得特奏求恩，经过皇帝亲试（殿试）的形式，赐出身资格，就有小官做。这样，士人为求一官，甘心消磨一生在场屋中。而且唐朝科举，被士族把持，寒门极难得第，宋朝改用糊名（弥封）、誊录（卷子由别人代写，试官不能认笔迹）等法，止要文章合格，任何家世的人都能录取，更觉前途有望，不死不休。因此宋朝科举制度的笼络作用，收效确比唐朝大，方法也比唐朝精，从宋到清一千年，这种制度大体沿用不变。

朝廷取士，务求宽泛，可是取舍标准，却很苛刻。赵光义亲试进士，每赐最先缴卷人第一名及第。孙何、李庶几同有文名，庶几敏捷，孙何迟钝，御史奏称李庶几曾在饼铺与人赌作赋快慢，人品轻薄。庶几最先缴卷，光义大怒叱出。擢孙何做状元。赵恒时有应试人名林虎，赵恒说，此人姓林名虎，一定好怪立异，教他回去罢。赵佶时又有人自称林虎，赵佶嫌他好怪，御笔虎上添竹。这是不见字典的新字，林虎无法，止好改称林篪。不许好怪立异，必需埋头诗赋，诸事无知（欧阳修充试官时，有一考生问尧、舜是什么典故，又有书生不知欧阳修是那一朝人），这就是科举取舍的格式。

（四）学校

统治者为要用一定的学术思想（儒经）来教育士人，不得不设立学校，同时生徒群聚，批评朝政，又深觉可厌。三国以来，止有初唐曾大规模设立学校，其余各朝所谓学校，都是若有若无，名存实亡。北宋学制承袭前朝旧制，中央设国子监，收七品以上京朝官子孙入学，又有太学，收八品官以下子弟及平民入学。这两个学校，仅设学官，并无听讲学生。入学限制也是虚文，生员捐光监钱二千余缗，即得监生名义，作为科举应试的资格。赵顼从宰相王安石议，颁布学令，太学置八十斋，每斋容三十人。学生名额，外舍生（低年级）二千人，内舍生三百人，上舍生一百人，总二千四百人。外舍生经月考年考，得升内舍，又经考试，得升上舍。上舍生考列优等，得直接做官，中等得免礼部试（省试）直接应殿试，下等免解（地方试）直接应礼部试。王安石想培养新政人才，定出这样优异的待遇，学生有官可得，争着入学听讲，太学确像一个学校了。旧学官多数反对新政，被御史弹劾，王安石怒，逐旧学官，改用自己亲信人去讲书（安石自注的经书）。学生虞蕃告发学官受贿，考试不公，又引起一场大狱。此后学规更严，条文多至四百一十条，严禁谤毁朝政，并禁止学生谒见教师，免有请托议政等弊端。

北宋末年，太学生陈东屡率学生及军民（最后一次多至数万人）集朝门，请杀蔡京、童贯等六贼，反对割让河北三镇（太原县、定县、河间县）向金人求和，强迫朝廷召用主战派首领李纲、种师道，坚守开封。声势盛大，给满朝昏君奸臣严正的教训。后来金兵撤退，朝廷想捕陈东等入狱，却怕激起众怒，赐东官职，东又力辞不受，接连上书请杀六贼。奸臣们恨极，正在设法迫害，金兵又来，开封失陷。学生干政，朝廷决不允许，陈东终于被赵构斩首。

州县学校，赵顼以前，也止存有虚名。州县官藉口兴学，搜敛民财，富家子弟为免本身徭役，出钱数百缗，买得名额，算作学生。朝廷防止士人谋乱，严禁本地学校收留非本地人入学。所谓州县学校，实际并不存在。赵顼令州县学用三舍法试士，赵佶怕学生群聚，罢州县学三舍法。

除了中央地方官立学校，民间还有私立的书院。北宋初有庐山白鹿洞书院，衡州石鼓书院，应天府（商邱县）书院，潭州岳麓书院，称为四大书院，聚徒讲授，目的自然为了科举。湖州州学教授胡瑗有学生数百人，分设经义、治事两斋，讲求实学，不专重词赋。他这种教授法，不合学生应举求官的需要，虽然曾被朝廷采用，在太学试验，到底谤议纷纷，不能通行。

无论国子监、太学、州县学、书院的学生，他们读书听讲，唯一希望止在得官，得官必需经过科举，所以学校和书院，仅仅是应科举的一种预备。

以上列举北宋几个重要政治制度，说明北宋的统一，完全依靠分裂的统治政策。第一，兵与将分裂，兵不识将，将不知兵。第二，官与职分裂，官不一定有职，职不一定常任。第三，科举专取文辞，使言语与行为分裂，朱熹（南宋人）说，今时（北宋也是一样）秀才，教他说廉，直是会说廉，教他说义，直是会说义，及到做来，只是不廉不义。第四，学生与学校分裂，学生不入学，学校是空名，后来行三舍法，学生与教师分裂，禁止教师学生会见谈论。依靠分裂政策的统一，遭遇外力压迫，统一即时解体，不战亡国，就是分裂政策的结果。

第二节　北宋的外患

宋朝专力防内，对外族一贯采取忍辱求和政策。初期受契丹侵侮，中期受西夏侵侮，最后金国突起，长驱直入，宋朝求和不成，君臣束手无策，甘心投降。忍辱求和就是甘心投降的初步，专力防内就是对外屈服的原因，这个明显事理，极确切的表现在宋朝外患史上。

（一）契丹

（辽·九一六年 — 一一二五年）

契丹本是东胡种，世居辽河流域。捕鱼猎兽，逐水草畜牧。起初族号大贺氏，后分八部，部各有大人，每三年，推选一大人为长，建旗鼓统率八部。唐末，耶律（姓）阿保机被选为八部长。中国人避乱，多逃入契丹，阿保机乘间寇边，攻陷城邑，俘虏大量男女，势力渐盛。阿保机为长九年，恃强不肯受代，七部大人合力责难，阿保机不得已交出旗鼓。请求诸部说，我在位九年，得汉人多，我想率本部落居古汉城（元魏时滑盐县，在热河承德县西南平泉县东北，辽称为上京），别自为一部，治理汉人。诸部许诺。

古汉城产盐铁，地宜农作，阿保机用幽州安次（河北安次县）人韩延徽做谋主，兴农垦，定配偶，通商贾，铸钱币，筑城郭街市。增减汉字，造契丹文字数千，代刻木符契。设南面官，用汉法治汉人。阿保机势力更盛。

阿保机使人告诸部大人道，我有盐池，供给你们，你们单知食盐，难道不知盐有主人。应该来谢我。诸部大人持牛酒来会，阿保机悉杀诸大人，起兵击灭七部，并为一国。又北攻室韦、女真，西取突厥旧地，力强土广，有兵三十万。梁朱友贞贞明二年，自称皇帝。

阿保机死，次子耶律德光继立。助石敬瑭，得幽云十六州。改幽州为燕京，改国号为大辽，开始入居中国。

阿保机获得汉人很多，私有财产激增，因而破坏氏族推选制，他接受中国封建社会的文化，他的根据地上京，所有工人、商贾、技术、教坊（音乐戏剧）、角觝（武艺）、秀才、僧尼、道士，都是中国人。

全国农业也普遍发展起来，耕作多赖中国农民。契丹贵族因军事上胜利，俘虏大量别国人民，其中一部分称为俘户或降户，大抵从事农工业，按时贡纳租赋；一部分称为生口（战场擒获人），大抵沦为奴隶。每一皇帝（某些皇后或贵臣也立宫或府）建立一宫，聚集所掠民户马牛、金帛及臣属所献生口或犯罪籍没人，设州县，置官吏，作为皇帝的私属。大贵族如诸王、国舅、公主、大臣及诸部酋长战争中掠获俘虏及生口，也得建立州城，称头下军州。州官由本主自己委派，农商租税归本主，酒税归皇帝。较低级贵族不得建立城郭，但得收俘户的租税。下层平民在战争中当然也有些虏获，其中富民献纳牛驼十头、马百匹，得裹头巾称舍利（小官名）。一般契丹民户屯垦公田，不输赋税，可是兵役繁重，又受官吏高利贷剥削，生活极苦。

契丹刑法残暴，贵族和平民犯罪，家属籍没入官，称为瓦里（官府名，宗室外戚大臣犯罪，家属没入瓦里）及著帐户（贵族及诸色人犯罪籍没，称著帐户）。凡宫帐部都有瓦里，与州县石烈（大乡）并称，当是从事生产的奴隶。著帐户包含承应小底（奴）、司藏（管库）、鹰坊（养鹰）、尚膳（厨夫）、裁造（裁缝）及皇宫亲王祗从（侍从）、伶官等人，这是专供高级贵族役使的奴隶。耶律隆绪时，王继忠有功，家无奴隶，赐宫户三十。耶律洪基嘉奖耶律玦做官清廉，赐宫户十。这些宫户，大概是从事生产的瓦里户。

契丹族从氏族社会飞跃到封建社会，在飞跃中同时经历着低度的不发展的局部的奴隶社会。耶律隆绪统和十三年，令诸道自耶律璟以来，被逼充当部曲（奴役）的民户，归还州县管理。这样，许多的奴隶被放免了。隆绪开泰元年，诏诸道饥民出卖男女，从明年正月起，每天算佣钱十文，佣钱满数，准由父母领回。耶律宗真重熙十年，放免籍没入官的博啰满达部，归哈斯罕户，准归旧业。这都说明契丹统治阶级更重视封建剥削的利益，自愿释放奴隶。汉人在政治上处劣势，经济力却远超契丹，重熙十五年，严刑禁阻契丹人出卖奴隶给汉人。这又说明契丹奴隶制度在封建经济压力下，已到不能支持的地步。

赵匡胤专力平定国内割据，对契丹纯取守势。赵光义灭北汉，想乘胜恢复燕云，两次兴兵北伐，都大败逃回。光义中箭受伤，医治无效。后来伤发身死，宋人更觉得契丹可怕。赵恒景德元年（耶律隆绪统和二十二年），契丹大举入寇，宋朝君臣大惊，赵恒束手无策，参知政事王钦若请逃金陵，陈尧叟请逃成都，幸得宰相寇准料知契丹并无攻宋决心，力劝赵恒御驾亲征。赵恒畏缩不敢前进，勉强渡河到达澶州（河北清丰县西南），契丹兵围澶州，宋兵小胜，赵恒君臣骇惧，藉口屈己安民，密请宋降契丹官王继忠出面讲和，愿每岁输银十万两，绢二十万匹，尊契丹太后为叔母，与契丹主称兄弟，契丹退兵，宋边镇沿路放行，不得邀击。和议成，宋君臣反以为胜利。

赵祯时，幽州士人刘六符对耶律宗真说，幽云等州本是中国土地，人民至今不愿降辽，除非设法大收民心，必不能久为辽有。宗真问计，六符说，减租赋十中四五，民心就归顺。请委我往宋朝求割地，宋怕用兵，一定求增岁币，我装作不得已接受，岁币自然到时送来。我用新增金帛减租赋一半，民心属我，土地也就无忧了。宗真用六符计，聚兵幽涿，声言入寇，派六符来求割地并求娶赵祯四岁的女儿。赵祯恐惧，遣富弼往辽，请增岁币银十万两，绢十万匹，辽要宋称贡献，富弼力争得用纳字。辽得增币，勒石纪功，擢刘六符为贵官。宋朝君臣幸免割地和嫁幼女，也自以为胜利。

契丹贵官杜防（涿州人）将死，教契丹对宋务取攻势，或辩争小事，或侵掠边境，使宋人经常畏惧，按时献纳金帛，不敢缺少。果然，宋朝被契丹故意侵侮，处处忍辱退让，自称中国崇尚礼义，犯不着和异类计较曲直。

（二）西夏

（一〇三八年 — 一二二七年）

唐末，拓跋思恭据夏州（陕西横山县），子孙相传至宋，赐姓赵，封大夏国王。赵祯明道元年，元昊继位。华州才士张、吴二人见边帅庸鄙偷安，不足与言，闻元昊有意窥伺中国，二人自号张元、吴昊，投奔西夏。元昊责二人不该犯我名讳。二人道，你连姓都不理会（激怒元昊姓赵不姓拓跋），却理会微小的名么？元昊惊异，重用二人，共谋伐宋。夏国有部落号山遇，奔延州（陕西延安县）告发元昊谋反，守将郭劝畏事，囚山遇还夏，元昊尽灭山遇族。从此西北部落怨恨宋朝，无人敢来归附。

赵祯宝元元年，元昊自称皇帝，宋朝认他是小寇，仅在边地揭榜，募人斩元昊首，赏做定难军节度使。后来两军接触，宋军每战必败。第一次败仗还杀敌千余，第二次败仗还伤敌数百，此后见敌，宋军束手受杀，不敢对抗。赵祯和宰相吕夷简才感到一战不及一战的可怕。当时朝臣纷纷献策，如修筑潼关，准备放弃关中，修关的材料和人工，却在关中征取，人民怨恨。又派使官请西北小族唃厮啰攻夏，费金帛数万，使官受辱回来。契丹知宋困疲，遣刘六符来求割地，宋却想借契丹威势，逼夏降宋称臣。契丹假称助宋，其实并无效力，宋君臣失望，最后止得自向元昊请和，约每岁赐银十万两，绢十万匹，茶六万大斤。元昊收受财物，侵掠并不停止。宋朝大窘，幸得韩琦、范仲淹镇守边境，比较有些办法，夏用兵久，民力也困乏厌倦。赵祯庆历四年，和议成功，元昊上书称父大宋皇帝，宋岁赐银、绢、茶。此后两国和战不常，赵煦元符二年，和议又成，直到宋亡不再用兵。

（三）女真

（金·一一一五年 — 一二三四年）

女真（又号女直）旧号勿吉，全族分七部，其中黑水部居地东滨海，南接高丽。五代时，南半部附属契丹，号熟女真，北半部不属契丹，号生女真。生女真地有混同江（黑龙江）、长白山，俗勇悍善射，穴居野处，迁徙不常，不知岁月晦朔，但记草青几次。食生肉，饮糜酒，酒醉死人，不辨父母。没有文字官吏大君长，也没有国号，散居山谷间，小部落千数百户，大部落数千户，自推豪强当酋长。高丽人函普投入生女真完颜部，因才智得众尊信，娶完颜部女为妻，生子女，正式为完颜部人，被推为首领。自此酋长世袭。函普传四代至绥可，兴农业，筑房屋，开始定居生活。绥可子石鲁，始稍立条教，部人渐听从。石鲁子乌古乃受辽封为生女直部族节度使，始买铁（本部不产铁）造兵甲，设官属，邻部畏服，势力渐盛。乌古乃子三人相继为节度使，最后传位至长孙阿骨打。自函普至阿骨打凡八代。酋长的宗族最贵，称为郎君，总管军政大权，贵官拜马前，恭顺听命如奴隶。官不分尊卑，都自己养马，饮食止有粟粥烧肉，上下无异。国有大事，聚众商议，位卑人先发言。战争有功，酋长举犒赏物示众，众认为少，得要求增益。凡是官吏取人民财物不算犯罪。

赵佶建中靖国元年，完颜阿骨打立。起先生女真每岁向契丹进贡北珠、貂皮、名马、良犬及海东青（小鹰，能擒天鹅）。契丹酷爱海东青，追索不止，耶律延禧责贡尤苛，女真诸部不胜厌苦，各有叛意。阿骨打联合诸部起兵，得二千五百人，大败契丹。赵佶政和五年，阿骨打用汉人杨朴策，自称皇帝，国号金。金兵益强，连战大捷，擒耶律延禧，辽亡（赵佶宣和七年，一一二五年）。

赵佶等听说金兵大胜，遣使官马政泛海见阿骨打，请求灭辽以后，五代时陷入契丹的汉地，送给宋国。阿骨打的回答是所请土地，愿与宋夹攻，谁攻得就归谁。赵佶又遣使官赵良嗣与金商议夹攻契丹，约定金取中京（热河平泉县东北），宋取燕京、西京（山西大同县），远输岁币五十万给金。

金兵攻破中京，延禧逃遁云中（绥远吐默特部），金追延禧。辽萧干立燕王耶律淳为帝。赵佶知道辽败，才命宦官童贯为河北、河东路宣抚使，蔡攸为副使，率诸将分路进攻，宋兵纷纷溃败，赵佶大惧，下令退兵。耶律淳死，赵佶又命童贯、蔡攸进兵，刘延庆为都统制，兵至芦沟河，望见辽军放火，不战大溃。宋兵自相践踏，尸体满路，长百余里，赵顼以来积储的军备，丧失几尽。

宋兵两次大败，燕京被金夺去。燕京四乡民众蜂起，日夜劫烧金兵营寨，阿骨打知道不容易统治，正在作难。赵佶遣赵良嗣、马扩见阿骨打，不仅索取燕云等州，还进一步索取五代初刘仁恭送契丹的营、平、滦三州。金允给还燕京六州（蓟、景、檀、顺、涿、易）二十四县。宋力争不休，往返辩论，阿骨打怒道，宋定要营、平、滦，我连燕京也不给了。我攻得燕京，每岁收租赋三百万，现在送给宋朝，该还我租赋一百万。宋自知理不能胜，力不能抗，止好定约每岁输金国银绢各二十万两匹，又别输燕京代税钱一百万缗。燕京财物人口，早被金人虏去，宋朝止获得空城一座。

上述三大敌国以外，赵祯时广源蛮酋侬智高也曾发动过一次叛变。起初赵祯允许邕州知州陈珙，任期内不生边警，升迁阁门使。珙一心图谋平安升官，智高请通商，珙不许，智高掠夺民财，珙又不问。广州进士黄玮、黄师宓助智高谋，攻破邕州，杀陈珙，进围广州，宋文武官望风溃逃。朝议想出重赏借交趾兵平乱，枢密副使狄青说，借外兵除内寇，将起后患，请给我蕃骑数百，前去击贼。狄青战胜回朝，威名益著，朝官们说青家狗生角，住宅夜中发光，青又在相国寺殿上行走，形迹可疑。朝廷罢青兵权，出知陈州。第二年生疽疮，皇帝赐他几个李吃（生疽疮吃李必死），青涕泣食李死。

第三节　发展中的经济

四朝元老文彦博反对赵顼、王安石变法，彦博道，祖宗法制完备，不要更张失人心。赵顼道，更张法制，士大夫自然不便，对百姓却有什么害处？彦博道，朝廷依靠士大夫治天下，还是依靠百姓治天下？文彦博这几句话，明白指出宋朝法制的真精神，就是官僚地主的利益尽量扩大，一般人民主要是农民的利益，尽量摧残，因为朝廷需要官僚地主的拥护，所谓人心，就是士大夫的心。不过事实上，在北宋中叶以前，一般的经济情况仍然在发展过程中。

（一）农业

农业经过唐末五代长期地严重地摧残，到北宋又向前发展。因为这时已经没有唐末藩镇间同五代列国间成年累月的战争，而是一个和平统一的时代。由于和平，全国农民都有机会去生产；人口逐渐增加，劳动力也慢慢充实起来，把过去荒芜的田园重新开辟。由于统一，农民被免除了以往繁重的负担：赵匡胤建隆年间，诏除沧、德、棣、淄、齐、郓等州三十九处渡口算钱；随后又陆续废除橘园、鱼池、水硙（水磨）、社酒、莲藕、鹅鸭、螺蚌、柴薪、地铺、枯牛骨、溉田水利等名目的苛捐杂税。赵光义太平兴国三年，罢去沿河州县民船载粟的算钱。赵恒大中祥符六年，废除诸路州军农业器具的税钱。减轻农民负担，是促进农业发展的主要原因。

北宋水利事业，也很发展。河北的陂塘（蓄水池塘），对农业帮助很大，从那里引水灌田，既节省人力，又增加收获。赵恒咸平年间，汝州导汝水灌溉垦地六百顷，一年收粮二万三千石；襄阳县修筑水堤，把淯河水截入陂渠，灌溉民田三千顷；宜城县用蛮河水灌田七百顷。赵祯嘉祐年间，赵尚宽在唐河县修复汉代陂渠，凡来种田的人，都借给耕牛、犁头、种子、食物，一年以后，不仅本地逃亡户都自动回家，并且从淮南、湖北各地还迁移来二十多户。赵顼熙宁元年，襄州宣城县官朱纮，修复旧日小渠，灌田六千顷。赵佶政和六年，平江府兴修围田二千余顷。从这几个实例中，可能看出大概情况。引水灌田面积达几万顷，不仅说明北宋农业较以前进步，也促成经济的发展。

江淮两浙一带，一遇天气稍旱，比较高仰的水田就容易枯竭，稻米产量因而减少。赵恒大中祥符四年，派遣使臣到福建取来“占城稻”种三万斛，分给人民。“占城稻”开始于福建，原是从占城传来的，比中国稻颗粒较小而穗较长；它可以在高仰处生长，成熟时间较早。这种早稻传布于中国各地，自然能增加农产数量。

赵匡胤即位以后，就下诏奖励“广植桑枣，垦辟荒田”的农民，和能招徕流民、减少旷地的县官。赵恒咸平初年，广南西路转运使陈尧叟课植桑、枣于岭外一带。直到赵佶崇宁年间，广南东路转运判官王觉还开辟荒地到一万顷上下。两广本是荒僻地带，从此农业日渐进步。

北宋的农业，在初期获得较大的发展。但是后来因为皇帝、官吏、豪绅、地主们剥削的增加，又使农民破产，流亡，农业发展遭受挫折。

（二）租税

（耕自己田称为税，耕他人田称为租，通称为田赋）

柴荣均定田租，历代享受免赋特权的曲阜孔氏，也同平民一样，缴纳租赋，其他世家大族，自然更不得隐避。赵匡胤登位第二年，藉口周末度（测量）田不实，特派使官再出度田，又下诏许民开垦，州县官无得检括（稽查），止据现田作赋额。这就是说，形势户（现任文武职官及州县豪强人户称形势户）、大地主可以托名开垦，隐避或减少（二十税一或三十税二）租赋，小农眼前耕种的田地，被官吏检出，永远作为田赋的定额。据旧史记载，赵匡胤末年，天下垦田二百九十五万余顷；赵光义末年，垦田三百一十二万余顷；赵恒末年，垦田五百二十四万余顷；赵祯末年，垦田二百二十八万余顷；赵曙末年，垦田四百四十余万顷；赵顼末年，垦田四百六十一万余顷。宋垦田数比过去任何统一朝代（西汉、隋、唐）少得多。尤其是赵祯在位四十余年，号称北宋全盛时代，垦田却耗减最甚。这说明当时对西夏连年用兵，农民被迫弃田逃亡，豪强乘机兼并，扩大免赋特权，异口同声称颂赵祯的仁政（赵祯号称仁宗）。赵曙时，垦田骤增一倍，照三司使的解释说："这个数字是据租赋数约略推算，民间隐逃的田亩，至少占十中七八，所以实际垦田当有三千余万顷。祖宗旧制，不愿扰民（官僚地主），从没有切实检查，因此莫知垦田实数。"免赋田占六分之五强，一切军费、徭役、租赋，都加在六分之一弱的田亩上，两个阶级负担的不公，即此可见。

赵顼创行方田法（东西南北各千步，约得田四十一顷六十六亩一百六十步，称为一方），想削夺官僚地主的利益，增加国家收入。官员们藉口"民以为不便"，纷纷反对，行施不久就停止，已方的界线，也被豪强毁坏。赵佶又行方田法，十年间完成了六路（全国分二十三路），贪官赃吏勾结地方土劣，任意妄为，弊端百出，有的二百余亩方为二十亩，有的二顷九十六亩方为七十亩，有的原租十三文增至二贯二百文，有的原租二十七文，增至一贯四百五十文。甚至方荒山，勒派农民出刍草钱，民户废业失所，不得不大量逃亡，赵佶无法，下令停止方田。

宋租赋仍行两税制，类别有五：（一）公田赋——包括官庄、屯田（兵士自耕）、营田（招民耕种）三种。公田减少，赵顼时仅六万余顷。（二）民田赋——人民私田。（三）城郭赋——包括宅税、地税。（四）杂变赋——缴纳各地物产，如兽皮、药物、油类、茶盐等。（五）丁口赋——按丁口出米或钱。租赋品物分谷、布帛、金铁、物产四大类。(甲)谷——分(1)粟,(2)稻,(3)麦,(4)黍,(5)穄,(6)菽子(豆类),(7)杂子(植物种子)七品。(乙)布帛——分(1)罗,(2)绫,(3)绢,(4)纱,(5)绝,(6)绸,(7)杂折,(8)丝线。(9)绵,(10)布葛十品。(丙)金铁——分(1)金,(2)银,(3)铁镴,(4)铜铁钱四品。(丁)物产——分(1)六畜,(2)齿革翎毛,(3)茶盐,(4)竹木、麻草、刍菜,(5)果药、油纸、薪炭、漆蜡,(6)杂物(瓦、麻、鞋、瓷器、颜料等)六品。农工生产品尤其是农产物,征取品类,无微不至,单举谷、钱、帛三项(其他物品不计),赵顼熙宁十年,夏秋两税岁收银六万余两,钱五百五十八万五千余贯,斛斗(谷)一千七百八十八万七千余石,布帛二百六十七万二千余匹。这样巨大的数字,最大部分归垦田总数六分之一的土地负担。

正赋以外,还有所谓折变、支移、宽剩三种苛法。折变是官府藉口需要某物,停收旧定的贡品,令农民改纳某物。如农民照例纳绢,官府说要折钱,折钱以后,官府又要折麦。折价不依市价,由官府自定,绢折钱,钱多数倍,钱折麦,麦又多数倍,辗转增加,农民无端多出十数倍至数十倍的钱物。支移是农民本该在本县缴租,官府却教他到几百里外州县去缴纳,说那里正等急用,实际是强迫农民出脚钱。脚钱原定每斗五十六文,官府又反覆折扣,增大若干倍,农民卖牛变产还不够赔累。宽剩是旧定赋额外增收若干,口称准备灾荒,其实农民饿死,从不得救济。

农民贫困不堪,或避私债,或逃公税,止有逃亡一法。有的兄弟故意分家,田赋由一人出名缴纳,过些时此人弃田藏匿,县官认作荒田后,兄弟顶冒别人名义耕种。不过这种方法,很难成功,乡官、债主遇有逃户,即时查封资财,所有室庐、用具、桑枣、材木估定价值，或输欠租，或偿欠债，逃户生计荡尽，无可留恋，索性绝意归耕，永远做浮荡人，或投靠地主当佃客，因为六分之五的免赋田，正需要他们去耕种。

地主的生活是非常愉快的。一首农家诗说："仕宦之人，南州北县；商贾之人，天涯海岸；争如农夫，六亲对面。夏挹新衣，秋米白饭，鹅鸭成群，猪羊满圈。官税早输，逍遥散诞（无忧无愁）；似此之人，值金千万。"这是中小地主的生活。官员大地主置庄田，如福州王氏庄有田千余顷，汜县（河南汜水县）李诚庄方圆十里，中贯河道，地极膏腴，有佃户百家，值钱一万五千贯。庄主李诚，只是宋初汜县酒务官。其他官员的庄田，规模未必都这样大，可是肥美土地，多数被形势户占去。田主募佃户耕种，生产物主客对分，用田主的耕牛，田主多得一分，称为牛米。佃户去留，绝对听命田主，不得私造房屋或仓库。佃户住屋极恶劣，某富家子弟到庄田监视获稻，命庄客生火取暖，庄客引他到山坡守禾小屋里，屋用竹编成，密不通气，庄客拾杉枝燃烧，熏得他泪流不止，大叫走出道：难受难受，好比吃了十五大棒（刑杖）。这样看来，佃户每天在吃大棒中过生活。

（三）官卖

宋朝盛行官卖制度，人民生活必需品，都归国家专利，提高价格，垄断居奇，成为岁入的重要部分，当时官卖物品，有下列几种：

盐——盐分颗盐、末盐、井盐、卤盐（河北卤地出产）四种。颗盐每年约产三十七万余席（每席一百十六斤半，大席二百二十斤）。末盐约产二百九十六万余石（每石一百一十斤）。井盐约产一千六百二十一万余斤。卤盐产量极少,约十余万石。官府强役民户或军士,给与最低的生产费,迫令制盐。如通泰盐(江苏南通县、泰县)每四石给钱五百文,岭南盐每石给钱二百文,后来改为淮南、福建盐每斤四文,两浙盐六文或四文,广南盐五文。井盐煎煮,官不给薪柴钱,盐户不能缴纳定额,往往破家流亡。朝廷收入低价的盐,再高价出卖,颗盐卖价每斤自四十四至三十四文,末盐每斤自四十七至八文。这还止是表面定价,实际贪官、奸商,勾结操纵,每斤贵至数百文。

宋朝盐法,开始完全归政府经营,官制官销,仅河北一路,允许商运。赵光义始行钞法,令商人就边郡纳钱四贯八百文,领盐一钞,凭钞到解池(山西解县)取颗盐二百斤,在限界内自由贩卖。此后钞法通行(官制商销)。赵祯时,京师设榷货务,令商人纳钱银,得至各产盐地领盐贩卖。赵顼增长盐价,例如福建路旧额卖盐收入二十七万余贯,元丰二年增至四十六万余贯,三年增至六十万余贯。全国盐课总数,大致增加二三倍。

茶——产茶地区设场十三处,场官先发本钱给园户(种茶户),采得茶叶,一部分输纳租税,多余的悉数交给场官。私藏私卖,依造私盐法论罪,想减少赔累,砍伐茶树也有罪。园户受害不堪,或逃亡求免,或寻死求免,本人死亡后,邻伍仍须代纳租税。当时四川园户有"不是种茶,实是种祸"的谚语。官出最低价收得全国茶叶,自定高价出卖。蜡茶每斤约价自四十七至四百二十文,片茶自十七至九百七十文,散茶自十五至一百二十一文。政府卖茶,起初自卖,后来也改钞引法。商人领长引,得往他路贩卖,有效期一年;短引限本路内贩卖,有效期一季。每年茶利平均收入,除官本及杂费外,禁榷时(官卖)净入钱一百九万余贯,内茶净利六十五万贯,茶租钱四十四万贯；通商（商卖）后净入钱一百十七万余贯，内茶租钱三十七万贯，茶税八十万贯。

酒曲、醋——各州县设酒务官酿酒，穷僻县镇乡村或许民酿，但仍输纳岁课。酿酒原料是农民缴纳的米、麦，酿成薄酒，高价出售。民间有婚葬大事，官府计算民户大小，强令买酒若干。有些地方，官不卖酒，专造酒曲，规定特价出卖。赵祯时，每岁收入酒曲钱多至一千四百九十八万贯。醋也官制官卖，收入数不详。

矾——产矾地区设官收矾，严刑禁止镬户（制矾户）私卖。官定买入价白矾一驮（一百四十斤）给钱六十文，绿矾一驮（一百十斤）给钱八百文。官定卖出价白矾每驮自二十一贯五百文至二十三贯，绿矾每驮自二十四贯五百文至二十九贯一百文，零售白矾每斤六十文至一百九十二文，绿矾每斤最低价七十文。赵佶时，每年收入矾利二十九万贯。

矿产——金、银、铜、铁、铅、锡、水银、朱砂产地设官，依茶盐法收归官有。赵祯时，每年得金一万五千九十五两，银二十一万九千余两，铜五百十万斤，铁七百二十四万余斤，铅九万八千余斤，锡三十三万余斤，水银二千二百余斤。赵曙时，矿业更盛，金减九千余两，银增九万五千余两，铜增一百八十七万斤，铁、锡各增百余万斤，铅增二百万斤，水银产量无增减，别得丹砂二千八百余斤。赵顼时，岁得金一万余两，银二十一万余两，铜一千四百六十万余斤，铁五百五十万余斤，铅九百十九万余斤，锡二百三十二万余斤，水银、丹砂各三千余斤。铜、铅、锡产量增加最多，正说明货币流通额的不断激增。赵佶时，又官卖石炭，凡设二十余场。全国木炭也归官卖，收入数不详。

（四）商业

统治阶级从皇帝到乡村中小地主，生活都非常富裕，他们需要各种消费品，来满足各人的欲望，因此商业在北宋，有高度的发展，商税也成为岁入的大宗。

商税——赵祯时，朝议减轻商税，范仲淹独以为不可。他说："国家费用既不能减，不取商贾，必取农夫，农夫将受更重的剥削。应该先省国用，次宽租赋，最后才宽商贾。"官员们的消费品，依靠商贾来供给，减轻商税，自然对官员有利。现在减税不成，他们止好私营商业，非正式享受免税的权利。例如江淮转运使李溥借进贡名义，自率大船多艘运东南名产入京，单是两浙笺纸就满载三大船，他物数量，可以类推。赵煦正式承认官员免税经商，名义是品官本家服用物免税。开封税官捉得冒苏轼官衔漏税人吴味道一名，苏轼当时出守杭州，税官押吴味道去见苏轼，轼替他改题封条，平安回到开封。赵佶因臣僚以宫观寺院经商大盛，影响税收，限止马牛驴驼骡不入服用例，后来又令税关搜查。这止能给税吏更多受贿的机会，并不能阻碍权贵的谋利行为。

一般商货抽税的规则，名义上是过税（过路税）值百抽二，住税（到市出卖）值百抽三，官府需要品值百抽十。事实上税率在百分之五十以上。吴味道在建阳（福建建阳县）买得纱二百端，价一百贯，路上经过场务（税卡）陆续抽税，到开封不存半数。货物如布帛、杂器、香药、宝货、羊猪，都得抽税，此外如农器、纸扇、草鞋、薪炭、谷菽、鹅鸭、鸡鱼、螺蚌、果蔬、磁器、瓦器，一切细碎交易，都不能免，甚至空船往返，也要纳税，称为力胜钱。税官私招一批专拦人（巡丁）沿路拘拦商旅到场纳税。起初每税钱百文提出十文给专拦人，称为事例钱。后来改为商人纳税百文，别纳事例钱十文。所收税钱不及十文，也纳事例钱十文。如苎麻一斤，收税五文，山豆根一斤，收税五文，却要问客人别要事例钱十文。这种苛税，给农民极大的苦痛，往往与专拦人互扭骂道：我官钱十文纳了，你却问我要什么事例钱？你拿出章程来，我才给钱。税官请皇帝下一道圣旨，改事例钱为市利钱。私行的事例从此变成法定的市利。

全国商税，赵光义时岁入四百万贯，赵恒时增加一倍，赵顼时京师商税五十五万余贯。全国总数超过一千万贯。

商市——国内市场首推东京（开封）、成都、兴元（陕西南郑县）三处，每年商税各在四十万贯以上。第二等市场（商税二十万贯以上）五处，都在四川境内。第三等市场（商税十万贯以上）多数也在四川。五代时最大市场扬州降在第四等（商税五万贯以上），江陵降在第六等（商税三万贯以下），这是国内市场很大的变动。海外贸易杭州居首位，明州（浙江鄞县）居次位，广州居三位，各置市舶司。蕃商进口，税率值百抽十，官买蕃货十分之三，其余听自由贸易。赵祯时，三处收税总数五十三万贯。泉州（福建晋江县）、密州（山东诸城县）两处有时也设市舶司。

商行——中唐已有商行，每行有行头一人。宋时凡商店必须入行，原因是官府为便利科税索物，需要有行的组织。不问出卖物品小大，但合官府用途，如医生、卜人、仵作（葬敛死人业）等业，都该立行听候呼唤。赵顼藉口体恤商人，免得官府急需某种物品时，商人枉费高价购求应命，因此改立新法，官府计算每年需用物品数目，令各行商共同出钱，官府用行商钱收买货物，一年中随时取用。

如年终不用,即令出卖,官收二分利息,特给免行(在一定时期内,免再供应官差)权利。赵顼的本意是想收免行钱,并非真要体恤商人,他下令凡不入行的商贩,不得在街市做买卖,必须报官投充行人纳免行钱,才准交易,不报官私自投行,查出处罚。令下十余日,京城街上提瓶卖茶人都投充茶行,挑水、担粥以至卖草鞋、头髲(音被,假发)人无敢不投行。同行商店又互相压迫,不依上、中、下三等分别出钱,却要平均负担,富商称幸,小商叫苦。当时有些朝臣反对这个新法,赵顼不得已改令每月纳免行钱不到一百文的小商贩,准免纳钱,凡放免八千六百五十四人。

(五)货币

北宋工商业发展,因之货币流通额也特别增大。唐铸钱每岁约数十万贯,宋每岁约五六百万贯,唐末渐用金银,宋时金银成为通行的货币,中唐始有飞钱,宋时交子(纸币)用途很广。宋人有一首破钱诗说:"半轮残月掩尘埃,依稀犹有开元字,想得清光未破时,买尽人间不平事。"钱是统治阶级剥削人民的工具,货币数量愈大,也就是阶级剥削愈益剧烈。

金银——唐末,威胜(浙东)节度使董昌每十天发一纲(一批)贡品,内黄金一万两,银五千铤。浙东不是最富地区,每月能输出金三万两,银一万五千铤,想见全国积存金银总数不少。宋初,赵匡胤、赵光义赐吴越国王金器六万四千七百余两,银器四十万八千八百余两,吴越国进贡金九万五千余两,银一百一十万余两。赵恒初年,银价每两八百文,金价每两五千文,后来用途愈广,十余年间金银价腾贵数倍，连赵恒也诧异起来。赵佶时，各路每年贡品（皇帝生辰进贡及南郊进贡）金银外，别有折银钱一万八千余贯，当时折价不可知，但外州县存银似已被朝廷逐年吸取，渐就枯竭，所以有折银的名目。赵桓亡国时，在围城中（金兵围开封）大括金银，金价每两涨至五十贯文，银三贯五百文，比赵恒时金价高十倍，银价高四倍。

铜铁钱——自西汉至隋通行五铢钱（西汉刘彻造），自唐至五代通行开元通宝钱（唐李渊造）。这两种钱的重量和质量最为适中，没有过重（如值百钱、值千钱）过轻（如榆荚钱、三铢钱）的弊病。宋铸钱务求得多，体质恶薄，远逊开元钱。有些地区，如四川及西北边郡用铁钱，价比铜钱更低。全国铸铜钱凡十七监，铸铁钱凡九监。铸铜钱用原料八十八两（铜六分余，铅锡三分余）得钱千文，除火耗净重八十两。铸铁钱用原料二百四十两，得钱千文，除火耗净重一百九十二两。宋初，每年铸钱七万贯，赵祯时增至三百万贯，赵顼以后，岁铸铜钱五百余万贯，铁钱八十八万余贯。

便钱——宋初，依唐飞钱旧制，京师置便钱务，令商人缴现钱入务，扣汇费八分之二，领券到各州县兑钱，当日给付，不得留难。赵光义时收商人便钱一百七十余万贯，赵恒时增至二百八十万贯。后来诸州钱悉输送京师，商人到当地不能领得现钱，官吏随意给予他物，便钱信用丧失，制度因而败坏。

交子钱引——四川通行铁钱，不便输运，商人私造钱券，称为交子（纸币），发行归富商十六户主持。朝廷见有利可图，禁商人私造，有四川、潞州、陕西等处，设交子务，官印交子。赵祯时交子分二十二界，备本钱三十六万贯，发交子一百二十五万六千三百四十贯。赵顼更造二十五界。交子始有前后两界。赵佶改交子为钱引,不备本钱,大量印发,钱引一贯,仅值现钱十余文。除福建、江浙、湖广免用钱引,其余各路普遍行用。

(六)工业

北宋工业发展,各地都有作坊制造器物。官办作坊规模较大,民间作坊大小不等。依据零碎偶存的记载看来,这些作坊多数是小手工业生产,有些已是近乎手工工场的组织。

军器——军器制造,京师有南北作坊院,又有弓弩院。诸州各置军器作坊。弓弩院岁造角弝弓等一千六百五十余万具,诸州岁造黑漆弓弩等六百二十余万具,产量可称巨大。赵顼设军器监,总管京师诸州军器的制造。招募军器专家,精究器械法式,成书一百一十卷。内分辨材、军器、什物、杂物、添修、制造、弓弩式等类。监中作坊有火药作、青窑作、猛火油作、金作、火作(火箭、火球、火蒺藜等)、大小木作、大小炉作(冶锻)、皮作、麻作、窑子作十部。各有制度用法,止许工师诵习,不许流传到外间。火药不知何时发明,赵恒时张存能放旋风炮,任并能烧猛火油,石炮止能抛远,火药能向上冲(金人南侵,有火炮名震天雷,也止能爆炸,不能射远),旋风得名的原因,当是宋初已用火药放炮。猛火油就是石油,边塞要地掘大池储油,能烧敌人营垒。北宋军备渐重火器,是一个大进步。

铸钱——蕲春铁钱监工作程序分三部,先是沙模作,次是磨钱作,最后是排整作。每日雇工人三百,十日可铸一万缗,一年工作九个月,得钱二十七万缗。大致本钱(包括原料工资)四文可铸十文，铁炭贵时，本钱六文可铸十文。旧制铸钱工人是招募（强迫）贫民，刺面隶属军籍，近乎奴隶的待遇。赵佶因军工工作效率低微，官得利不多，改募民间铸私钱人充铸钱工匠，官造房屋（称营屋），许工匠一家人在营屋居住，自由出入。官发给物料，让工匠一家人全力鼓铸，按产品多少给与工资。此后，军工与募工兼用。

制茶——唐人饮草茶，不知焙制法，北宋始有片茶散茶，片茶福建制最精洁，先蒸研，再编竹为格置焙室中。片茶分十二等，其中蜡面茶价比上等片茶较贱，最精制的龙凤团，一团值钱四十千。

矿业——全国置矿冶二三百处，有淘、采、烹、炼等工程。有些矿完全官办，有些矿听人民开采，出产物卖给官府。当时开矿技术幼稚，或开采不久就枯竭，或开采岁久，所得不够费用。赵煦时陕西开铜矿，募南方工人到陕西筹备，择地造冶，似乎南方技术比北方较胜。石炭矿山西开采最多。怀州（河南沁阳县）石炭多运往开封作燃料，徐州石炭多作冶铁用。石油在西汉时已用作燃料。班固注《汉书·地理志》高奴县（延安县东）说，有洧水（源出安塞县），水上浮肥膏，可烧火。西晋张华作《博物志》，北魏郦道元作《水经注》，都有石油的记载。北宋沈括作《梦溪笔谈》，记石油事较详。照沈括说，鄜州（陕西鄜县）、延州（延安县）居民采石油点灯，出烟极浓。采法是在河边沙石间，用雉尾挹取入瓦缶中，色如厚漆，因烟浓熏坏帐幕，所以很少人用它。

冶铁——徐州东北利国监是北宋最大的冶铁地，凡三十六冶，冶各有工人百余，冶主都是巨富。工人分采石炭和冶铁两部。用石炭冶铁，据苏轼《石炭诗》说，造兵器极精锐。磁州（河北磁县）锻坊炼钢最好，取精铁锻百余火，每锻一次轻一次，锻到斤两不减，就成纯钢，色青黑有光。

印刷——雕板印书起源隋朝(杨坚开皇十三年,诏废像遗经,悉令雕板)。唐、五代渐盛行,北宋印板书完全代替了手抄书。印刷技术杭州最好,四川较次,福建校勘不精,销路却最广,号称麻沙板。开封不亚杭州,但纸质差些。活字印书法唐末已有,敦煌千佛洞发现木刻畏兀儿文草书体活字,足见中亚细亚国家先已通行,渐次传入中国,可是没有被中国刻书家采用。直到赵祯时,毕昇始制中国活字板,用胶泥刻字,薄如钱沿,每字为一印,火烧令坚;先设一铁板,板上铺松脂蜡纸灰等物;要印书,用一铁范置铁板上,铁板中排好字印,铁板下缓火微温,待药稍溶解,用一平板按铁范面,字印平固,就可印书。一板正在印刷,别一板已排成可用。活字板的发明,是文化上一大贡献。清朝“天禄琳琅”有宋本《毛诗》,唐风内自字横置,可证活字板在印刷业上的通行。

指南针——利用指南针(罗盘)航海,最早的记载是朱彧写的《萍洲可谈》。他说舟师识地理,夜间观星,白昼观日,阴晦时观指南针。沈括《梦溪笔谈》说,方术家(道士一类人)用磁石磨针锋,就成指南或指北针。针腰缀芥子大的白蜡,用细丝悬无风处,一端系住白蜡,针常指南。磁石能制指南针,北宋已经发现了。

上述几种工业外,造纸业、造磁器业也有极大的发展。又如定州、单州、亳州纺织纱绢,备极轻巧。还有些日常用品如医生用刺针,女工用缝针、绣针,耒阳(湖南耒阳县)制造最精良,运销四方。又如火寸,用杉木条一头染硫黄,黑夜有急事,不及点灯,取火寸触火即燃烧发光,宋初已有人制火寸到市上贩卖。街上挑担卖小手艺工匠有钉校匠(铜匠)、补鞋匠、锢漏匠(修破器匠)等,想见当时小手工业的发达。

（七）户口

赵匡胤令诸州每岁奏报男丁人数，二十岁为丁，六十岁为老，女口不计，据宋朝户口记载，一户平均止一二人。这固由于人民逃避丁口税、衙前役等苛暴剥削，设法隐漏人口实数，或兄弟分居，或降低户等（户分九等，上四等应役，下五等免役），同时不计女口，也是重要的原因。赵匡胤时，全国户数在二三百万间。赵光义时，天下主客户四百一十三万。以后逐渐增加，赵佶时，达最高度，计有户二千一万九千五十，口四千三百八十二万七百六十九，平均一户有两口。有些地方如德州、霸州平均三户四口。当时朝臣都说检查不实。自然，隐漏的人口一定有很大的数目。沈括《梦溪笔谈》载阳翟县（河南禹县）人杜五郎隐居事。五郎与兄同居，有田五十亩，后兄子娶妻，耕地不够赡养，五郎让田给兄，自率妻子别居，垦田三十亩。杜家未分居前至少有四男二女，分居后一家有二男二女，一家有二男一女。如果这是民间户口一般的情况，每户平均应有三四人至四五人。通计妇女口数与男丁大体相等，一户平均两口，加上妇女实际当有四口。再加上逃户隐口，北宋末年人口，应该将近一万万。

第四节　王安石变法及新旧党争

赵匡胤制定国策，给与文武官吏、地主、大商人、高利贷者最大限度的权利，为的交换这些人的拥护，在他们交换中被牺牲的自然是劳苦人民。“恩施于百官者惟恐其不足,财取于万民者不留其有余”,宋朝的政治,确被这两句话说透了。统治阶级各阶层的生活状况,大致如下:

皇帝——皇帝是最大的浪费人。宫中每年用大烛十三万条,内酒坊醴祭祀用酒每年糯米八万石(赵恒时止八百石),嫁一公主赏钱七十万贯。买各行货物,经年不还钱,每行积欠多至一万贯。皇帝每三年到南郊祭天,赏赐大小官员及士兵钱一千二百万贯。

宗室——宗室是安坐享乐被朝官们憎恶的废物。他们无知无虑,领恩数(俸禄)度日。他们不知炭是黑色物,对饮食却讲求极精。发明烂、熟、少三字诀,说是烂容易咀嚼,熟不失香味,少不会烦厌。

文武官——官吏无不贪污害民。无名氏《咏功臣诗》说:“中原不可生强盗,强盗才生不可除,一盗既除群盗起,功臣都是盗根株。”海盗郑广归降后作诗道:“郑广有诗上众官,文武看来总一般,众官做官却做贼,郑广做贼却做官。”郑广南宋末年人,其实北宋官与贼也并无二样。

富人——地主、大商人积累钱财,或贪得无厌,或闭门淫乐。开封钱店业刘训铸铁作算子(筹码)称为长生铁,库中储许多青铜,称为不动尊。每天烧香祷祝天地,要钱生儿,绢生孙,金钱变出千百亿化身。蔡河一李姓富家,主人年二十余岁,愚痴不辨菽麦,畜美妾数十人,仆役数十人。偶宴客,有酒十余种,肴馔果品,备极珍贵,妖妓十余人,奏乐劝饮。饮毕入内,让客人自走,不知拱揖言谈,也不与士大夫来往,当时人称他是钱痴。这个钱痴不官不商,大概是大地主。

高利贷——富人借本钱给人放债。富人取利息的一半,承借人对富人卑恭类奴隶，俗称为行钱。富人偶到行钱家，必需殷勤招待，妻女出来劝酒，行钱立侍不敢坐，再三令坐才敢就位。高利贷利息通常是百分之一百。

被上述那些人剥削的人民怎样生活呢？大部分农民正像司马光所说：农民即使幸遇好年景，没有水旱霜雹蝗蝛等灾害，可是公私债主，巧取豪夺，谷未离场，帛未下机，已经归别人所有。自己糟糠吃不饱，短袄穿不上，终年劳苦，仅仅得过饥寒生活。他们世代务农，不知种田以外，还有什么谋生的道路，所以只好困守着田亩。一部分人民的妻女堕落到娼妓的惨境，全国各州县都有营妓（公娼），容纳穷苦的妇女（美妓身价七百贯）。宋初，开封妓女约一万户。甚至公然有男妓，傅脂粉，著艳衣，姿态称呼全学妇人，为头人称师巫行头，供官府的呼唤（南宋时男妓更盛行）。一部分人民流落为盗贼，或聚众反抗。其中规模较大的民变、兵变（兵受军官压迫极苦），从北宋开国时起，接连发生，从没有停止过，例如：

赵光义淳化四年，四川苛税奇重，人民无法生活，青城县民王小波聚众百人起义。小波告众道，我深恨贫富不均，今天我来替你们均平。贫民踊跃归附，众至数万。攻破郡县，杀彭山县令齐元振。齐元振是朝廷特诏褒奖的第一清官，勾结豪强，贪暴害民无所不为。王小波剖元振腹，装满铜钱，意思是教他贪个饱。小波战死，众推李顺为帅，攻破成都，顺自称大蜀王。

至道三年，四川戍兵刘旰聚众数千人叛变。

赵恒咸平三年，四川钤辖（军官）符昭寿贪暴，戍兵赵延顺等起事，推军官王均为主帅，国号大蜀。

景德四年，宜州（广西宜山县）知州刘永规残暴不法，军校陈进因众怨起事，拥判官卢成均为帅，号南平王。

赵祯庆历三年，京东沂州（山东临沂县）军士王伦起事，攻掠州县，如入无人的境地。地方官恐惧降附，献出衣甲器械，朝官欧阳修认为心腹大忧。

庆历七年，贝州（河北清河县）军士王则据州城起事，自号东平郡王。

同年崇政殿亲从官（卫士）颜秀、郭逵等夜半攻入宫中，直到赵祯寝殿下。幸得皇后出重赏督禁兵宦官抵御，颜秀等败死。

其余较小的叛变，史书记载连篇不绝，正如余靖所说："四方盗贼窃发，州郡不能制"，全国性骚动，确使某些统治者感觉到危险。

赵顼是北宋聪明的皇帝，他感觉到危机严重，完全依靠官僚地主的旧国策，不能解救自己的崩溃。赵祯养兵一百二十五万，防御西夏小国，到底仍是屈辱求和。这又使他感觉到军队并不能保护自己的地位。他知道整个统治阶级腐朽无能，人民怨恨骚动，大起义迫在目前，因之更加重对外族内侵的恐惧心。他即位初年，披金甲见祖母曹太后，问道，娘娘看我著这好么？曹太后笑道，很好。不过要你著这个，国家还得了么。这说明赵顼主张富强自卫，太后主张维持旧状。

赵顼最怕的是契丹和西夏，所以急需加强军备。养兵先得筹饷，他知道已负租赋重担的人民，不能满足他的要求，富裕的地主、商人高利贷者应该分担一部分军费。这是他变法的基本观念，也就是引起新旧两派官僚对立的基本原因。

王安石是笃信儒家经典《周礼》的政治家。他秉有倔强严肃的性格，他对社会有"贤者不得行道，不肖者得行无道，贱者不得行礼，贵者得行无礼"的理解，他又恰恰遭遇赵顼决心改革旧制度，需要一个非守旧派做助手的机会。熙宁二年，他终于在满朝大臣反对中，做了宰相，实行变法。

王安石以前，早有人主张改革积弊，赵祯时，参知政事范仲淹提出均田赋、修武备、减徭役、择长官等十条政见，被朝官反对罢去。欧阳修主张理财、练兵、立制度，讥斥朝廷"兵无制，用无节，国家无法度，一切苟且而已"，也被朝官攻击逐走。王安石实践并发展了范仲淹、欧阳修的主张，造成与旧官僚派（主保守旧制）对立的新官僚派（主改革旧制）。

王安石新法，内容广泛，大别可分理财、整军两类。其中最重要的几种，略述如下：

第一　理财类

青苗法——当青黄不接的时候，农民指田中青苗向富户借钱延续生命，收获后纳利息百分之一百。王安石谋夺取富户放债的利益，由官散放青苗钱。例如春季借给农民钱十千，半年内纳本利钱十二千，秋季再放十千，岁终又纳本利钱十二千。这是百分之四十的利息（农民实际缴纳百分之六十），似乎比民间利率要轻微些。可是州县官分民户为五等，不论人民是否需要，自上户十五千至下户一千，按户强派，到期仗官威迫令缴纳本利钱，不得用他物代替，青苗法是许多新法中最受猛烈反对的一个，这证明私人高利贷势力的强大。贫民既受政府高利贷的剥削，同时仍不能逃免私人高利贷的痛苦。

免役法——宋朝力役，名目繁多，有衙前（主管官府库藏及运送官物）、里正、户长、乡书手（三役主催收赋税）、耆长、弓手、壮丁（三役主捕盗贼）、承符、手力、人力、散从（四役主供官府杂差）等类。州县民分九等，上四等量轻重服役（第一等户充衙前、里正，第二等户充户长），下五等免役。诸役中衙前、里正两役害民最烈，往往破产死亡，累及邻保。例如某地衙前，行千余里输送金七钱到内藏库（皇帝内库），库官勒索不遂，扣留衙前一年以上，不让回去。后来偶然被赵顼查出，才得放归。人民惟恐被指为上等户，有的出嫁祖母及孀母，有的与孀母或兄弟分居，有的送田给豪家，有的出家当僧道，有的甚至寻死。如京东某民家有父子二丁，被派充当衙前。父对儿子说，我愿意死，免得你们将来冻饿遭横祸。说罢自己缢死。人民为了降低户等，减少人口，甘心嫁母寻死，充役的痛苦危险，可以想见了。

官户、形势户、僧道、学生都有免役权，下等户、单丁户、女户也得免役。富家子弟捐数百贯钱给州县学校，就取得学生名义。这样，应役的民户自然是少钱少势的某些小地主和富农。

王安石新法，凡当役人户，按等第出钱，免充诸役，名免役钱。原来免役的官户、女户、单丁户、寺观户、未成丁户也按贫富分等出钱，名助役钱。官用一小部分免役钱雇人充役（如利州路岁用雇役钱九万余贯，征取免役钱却多至三十三万贯，多征的钱，称宽剩钱），不再强派人民充当。赵顼元丰七年，岁收免役钱一千八百七十二万贯。免役法在原来免役人看来，是深恶痛绝的虐政，反对非常剧烈。

方田法——官员、地主占有无数逃田（隐漏租税），王安石创方田法，想清丈顷亩，增加租税。止方二百余万顷，就被反对停止。

市易法——市易法是侵夺商人利益的方法。它的业务分两类：（一）放款收息。就是听人赊贷官钱，用田宅或金帛作抵押，每年出息十分之二,过期不输利息,每月加罚钱百分之二。(二)统制商业。就是设立大商店,贱价强收商人的货物,抬高价出卖。开封市上连冰块、梳篦、脂、麻等细物,都被政府统制专利。

第二　整军类

保甲法——王安石想用农兵制逐渐代替募兵制,创行保甲法。乡村民户十家为一保,选主户(本地旧户)一人为保长。五十家为一大保,选一人为大保长。十大保为一都保,选一人为都保正。不论主户、客户,每户两丁抽一当保丁。每一大保每夜出五人巡逻防盗。一人有犯罪行为,同保人不先告发,连坐受罚。农隙保丁自备弓箭,集合练习武艺,十日一换班。平时警戒盗贼,战时可补充兵额。保甲法行施的结果,正如司马光所说:"农民二丁取一,编成保甲,官置都教场,无问四时,每五日教练一次。每一丁上教场,别一丁供送饭食,保正、保长借修棚除草为名,扣留保丁,必待贿赂满意,才放免回家。官府派员下乡检查,往来如织,勾结保正保长,勒索给养,小不如意,即施刑罚。中下户破家荡产,不够官长们的苛求,愁苦困弊,无处告诉,只好弃家逃亡。"保甲法是统治阶级压迫农民的良法,却因王安石想用来代替正兵,大遭守旧派的猛烈反对。

赵顼、王安石厉行新政的宗旨,显然止求扩大收入,整顿军队来保护自己临危的地位。他们并没有改革官僚政治的意思,反而增官俸,加吏禄,多置宫观官,优待昏老无用的官员,坐食厚禄。他们也没有改善人民生活的意思,反而更加重穷人的负担,既纳助役钱,又要当保丁。他们与旧官僚派政见分歧处,止在对原来享受免赋免役特权的各阶层是否应该受些限制这一点上。苏轼斥责王安石想均贫富,不合天理,其实安石仅仅要求富人也出些钱给国家罢了。

王安石一派新官僚,如吕惠卿、章惇、蔡确都因推行新政得高位。熙宁七年,安石罢官,吕惠卿继任做宰相。惠卿忌安石复用,出力排挤,同派内王、吕对立,给旧官僚派夺取朝政的机会。

赵顼死,子赵煦立,改元元祐。赵煦年十岁,祖母高太后临朝听政,用旧派首领司马光做宰相,起复旧人旧法,凡属新人新政,一概废除。旧派得政,内部分化,洛(首领程颐)、蜀(首领苏轼)、朔(首领刘挚、梁焘等)三党,互相攻击,纷纭不已。元祐八年,高太后死,煦亲主国政,复用新派章惇做宰相。恢复王、吕新法,改元绍圣(继续赵顼的圣政)。引蔡卞、曾布等人居要位,凡元祐政令,一概废除,驱逐旧派七八百人,大小官无一得免。

赵顼时,王安石、司马光二人止是政见上的争执,私人间还保持适当的友谊。赵煦元祐时,司马光对新派意气用事,压迫不留余地,绍圣时新派得势,报复仇怨,指司马光等为奸恶,请掘司马光、吕公著坟墓,破棺斩尸。这不是政争而是发泄兽性了。

赵煦死,弟赵佶立。向太后临朝听政,任旧派韩忠彦、新派曾布为左右相,改元建中靖国,表示大公至正、消释朋党、新旧并用的意思。向太后贬斥蔡卞、蔡京等,追复文彦博、司马光等三十三人官号,向太后临朝七月退位,赵佶亲政,又专用新派,改元崇宁(崇尚熙宁政治)。曾布起初排斥蔡卞、蔡京,后又排斥韩忠彦,引蔡京自助。蔡京想独掌大权、逐去曾布。京得权,一意排斥旧派,新派吕惠卿、蔡卞等也被抑退,京师及各州县树立元祐党籍碑,列司马光等三百九人为奸党,元祐旧臣,贬窜死亡略尽。

王安石行新政主要是想富国强兵,还不失为有主张的政治家。吕惠卿以下,止是专工聚敛,获取皇帝的信任。蔡京刻剥民财,更无微不至,竭全国物力,助长赵佶奢侈浪费的无限恶行,北宋不得不在民穷财尽外族侵入的困境中,完竭他的统治。

第五节　北宋的溃灭

赵佶任用六贼(陈东称蔡京等为六贼),搜索全国财物,供自己享受。蔡京、王黼做宰相,掌巧立法令,刻剥人民;阉人童贯做上将,掌虚夸军功,浪费犒赏;阉人梁师成掌代写御笔号令,出卖官爵;阉人李彦掌括公田,任意指民间良田为荒地,充作公田;朱勔掌花石纲,专搜东南(江浙)奇花异石,运送东京。六贼积累私有赃物,豪富惊人。朱勔有田三十万亩。王黼库中麻雀干装满三大屋。童贯库中有理中丸(补药)数千斤,蔡京厨房分工极细,包子厨中擘葱丝婢妾,不知整个包子怎样做。梁师成一身兼数十百职,广受贿赂,奴仆商贾,献钱七八千贯,即得进士及第,宣和六年殿试,一次出卖进士一百余名。李彦贪暴类朱勔,私产也不相上下。全国官吏,多数是六贼的徒党,他们榨取赃物,当然数量巨大,不可计算。

赵佶与六贼,知道统治阶级中某些人士,也不能容忍他们的恶行,必需严禁异论,才能满足自己的贪欲。蔡京借“元祐奸党”、“元祐学术”作排斥政敌的工具,凡是异己的人,指为元祐奸党,异己的言论,指为元祐学术。苏轼、黄庭坚等人文集印板,悉数烧毁,司马光《资治通鉴》幸有赵曙御制序文,得不毁。做诗(怕做诗讥刺)也算元祐学术，凡官员士人传习诗赋，杖一百。

人民遭受的痛苦更无待详述。宣和时，京西一带饥荒，人相食，炼人脑取油，假充其他油类，运销四方。李彦不顾饥荒，在京东西照旧括田，发民夫运奇物进贡，民夫多自缢车辕下。朝廷看民命像草芥那样微贱，人民也就对朝廷痛心疾首，像仇雠那样怨恨。

农民无法生活，不能不起义了。宣和二年十月，睦州青溪县（浙江淳安县）魔教教主方腊首先起义。

东汉末，张角依托天师张道陵为远祖，立祭酒治病，使人出米五斗，号称五斗米道或天师道。黄巾军败后，民间秘密传授（东晋贵族如王羲之、王凝之、殷仲堪都奉天师道，作迷惑部属的工具）。于北宋称为魔教或事魔吃菜人。赵佶封信州贵溪县（江西贵溪县）龙虎山道士张继元（张道陵三十代孙）为虚静先生，佶自称教主道君皇帝，大崇道教，对民间秘传的天师道，却防禁极严。魔教徒被查出，处死刑，家属不问知情与否，一律流窜远方，财产没收，半数赏告发人。卢州慎县（安徽合肥县东北）黄山，连接无为军（安徽无为县）、寿州（安徽寿县）、六安（安徽六安县）是魔教的根据地。黄山下居民千余户，掩护魔教徒，官兵追踪逐捕，数年不能获。魔教别一派自福建传入温州（浙江永嘉县），蔓延浙江东西各州县。

魔教戒食荤饮酒，不宴会宾客，不拜神佛祖先，止拜日月，说日月是真佛，人死裸葬，不用棺椁衣衾。教徒死，穿衣戴冠，两教士坐尸旁，一人问，来时戴冠么？一人答，没有。说罢，移去尸冠。逐一问答，衣履尽去。最后问，来时究带什么？答，有胞衣。取布袋盛尸埋土坎中。穷人初入教，教众赠送财物。教徒必立重誓，认张角为祖，被官府捕获，备受惨刑，终不肯说角字。拜必北向，纪念张角曾在北方起义。教徒出行至异地，同教人殷勤招待，供给器用无吝色，称为一家人。教主称魔王，下设魔翁、魔母。教徒每月初一月半出钱四十九文，到魔翁处烧香礼拜。魔母聚所得钱按时送给魔王。教义杂取佛经中语，如“是法平等，无有高下”，改读作“是法平等无，有高下。”意思是说阶级社会并无平等，止有高下。教义又说人生本苦，杀人就是救苦，也就是度人，度人多才能成佛。当然，他们要度的人，专指官吏、儒生、僧尼、豪富，凡遇见必杀无赦，官署、学官、寺院必烧不留。他们不杀好官（如鞠嗣复），更不杀一般平民。

北宋国用，大部分取给江浙，赵佶剥削更甚。再加朱勔花石纲的掠夺，人民怨痛不可忍。方腊告民众道：“国与家本同一理，比如子弟耕织，终岁勤苦，少有粟帛，父兄悉数取去浪费，略不如意，鞭笞杀戮，毫不怜惜。他们任性浪费不够，还奉送大量财物给仇敌（契丹、西夏），仇敌得财物更富实横暴，侵侮加甚。他们恐惧无策，驱迫子弟出去抵御。子弟力不能支，遭受责骂刑罚，无所不至。岁奉仇敌的财物，却不因侵侮而停止。这样的父兄，你们能容忍么？现在朝廷行事，与此何异。君臣们声色狗马营造祷祀甲兵花石等浪费以外，岁赂西（夏）北（辽）二虏银绢百万，这都是我们人民的膏血。二虏得赂，益轻中国，岁岁侵扰不止，朝廷忍辱纳币不敢废，宰相还说这是安边的上策。受苦的是我们百姓，一年到头劳动，妻子冻饿，求一顿饱饭不可得。这样的朝廷，你们能容忍么？”方腊这番言论，正是每个人民要说的话，人民推他为起义首领，号称圣公。

方腊初起义，有众千余人，不到十天，有众数万。攻破青溪县、睦州（浙江建德县）、歙州（安徽歙县）、衢州（浙江衢县），乘胜进破杭州。每破州县，捕获官吏，必碎割肢体，掏出肺肠，或投油锅煎熬，或乱箭聚射，备尽苦痛，报复旧怨。兰溪县（浙江兰溪县）灵山寨主朱言、吴邦，剡县（浙江嵊县）魔教主仇道人，仙居县（浙江仙居县）人吕师囊，方岩山寨主陈十四公，苏州人石生，归安县（浙江吴兴县）人陆行儿等起兵响应，东南震动。赵佶大惊，遣童贯将大军十五万击方腊，腊兵败被杀。童贯出兵凡四百五十日，杀起义军十五万人，杀平民二百万人以上。

宣和三年二月，宋江等三十六人攻掠淮阳、京东、河北、海州等十郡，官军数万，莫敢对抗。亳州知州侯蒙请招抚宋江，使助功方腊。海州知州张叔夜设计擒获宋江军副首领，江等全部投降。宋江事迹，宋、元以来民间流传甚广，当时他们也曾做些反抗贪污的义行；士大夫也赞美他们（如宋龚圣与作《宋江三十六赞》，元高文秀杂剧，多取材梁山泊故事，施耐庵《水浒传》，叙述更详），却因他们不称王称帝，有义气，能投降。此外京东起义军张万仙有众五万，山东起义军贾进有众十万，河北起义军高托天（投降后改名高胜）有众三十余万。这些起义军首领都被朝廷用官位诱惑，无耻地叛卖了农民大众。

农民起义暂时平息了，更大规模的起义必然要继续爆发起来。恰在这个时候，东北新起的金国破灭契丹，乘胜侵入中原，人民即时放弃对朝廷的怨恨，热诚援助朝廷，要求共同反抗侵略。北宋末、南宋初，农民自动组织的忠义军，人数当在二三百万以上。朝廷宁愿降金，始终憎恶忠义军，认为与盗贼同类，压迫不遗余力。

赵佶两次发大军取燕京，都溃败逃回，宋军腐朽无用，不堪一击,早被金人看透了。阿骨打对宋使赵良嗣说:“中国大将独数刘延庆,延庆提十五万众,不战自溃,你们中国算什么!敢向我求割地。”金人见宋朝君臣积累金玉宝物,富盛无比,更急谋进兵掠夺。宣和七年十二月,金主吴乞买任命完颜宗翰(粘罕)为左副元帅,进取太原,完颜宗望(斡离不)为南路都统,进取燕京,两路会师汴京。一面派人要求宋割让河东、河北,划黄河为界。童贯在太原,惊慌不知所为,决计逃归开封。太原知府张孝纯请贯集诸路兵将,坚守太原,贯不听逃走。孝纯叹道,平时止见童太师作威作福,一朝有事,抱头鼠窜,还有什么脸见人。宗望军至燕京,宋守将郭药师率军迎降,金令药师作向导,长驱南下,宋文武官或逃或降,无人对抗。宗翰军至太原,张孝纯率军民坚守,金军困居城下不得前进。赵佶得报大惊,下诏悔过,自责过去一切罪行,让位给儿子赵桓,自己准备出奔。朝官们有的想逃走,有的想降敌求利,极少数人主张守城御敌。

赵桓靖康元年正月,宗望军已到黄河北岸,赵佶带领蔡京、童贯、朱勔等率兵二万逃往南京(河南商邱县)。宰相以下众官劝赵桓弃城逃避,主守派首领李纲竭力阻止,赵桓不得已定策固守,军民们听到固守的命令,感泣流涕,拜伏呼万岁。赵桓为首的主逃派众官,全数转为主和派,预备议和条件,任李纲为行营使,让他单独去布置守城计划,众官们袖手旁观,不阻挠也不援助。金军用小船渡河,队伍散乱,相视笑道,南朝真没有人,如果出兵一二千守河,我辈那得到南岸。金军攻城,李纲亲率军民登城防守,奋勇杀敌,金军败退。赵桓派使官到金营乞和,约定:(一)献金百万两,银五千万两,帛一百万匹,牛马一万头;(二)尊金主为伯父;(三)割太原、中山(河北定县)、河间(河北河间县)三镇;(四)宋送亲王宰相到金营当押信。赵桓下令用军法搜括私家金银,得金二十万两,银四百万两,民间钱财,掠夺一空,官员家却并无损失。例如王黼被雍邱(河南杞县)民众杀死,朝廷才下诏籍没家产,市民进黼宅寻取余物,还有绢七千余匹、钱三十余万贯。

李纲反对和约,在朝力争道:“犒师金币太多,竭天下财力未必足数,何况都城。三镇国家屏障,万不可割让。如今既已议和,不妨往返迁延,等待四方勤王兵来会。金人虚张声势,兵数不过六万,又大半是奚、契丹、渤海等异族人,孤军深入内地,势不能久留,必求速归,过河时我出大兵袭击,胜利可保。”赵桓与宰相等不听纲计,大括珠玉金银,运送金营。

勤王军马忠率京西募兵来援,击败金兵。范琼率京东骑兵一万继至,宋军威稍振。金人渐知畏惧,不敢四出虏掠。老将种师道率姚平仲入援,沿路扬言种少保领西兵一百万来到。金人惧,敛兵增垒自卫。李纲对赵桓说,勤王兵渐集,兵法忌分,非统一指挥不能成事,请令师道平仲听臣节制。赵桓不听,命种师道为宣抚使,与行营使分统各军。种师道主坚壁清野,持重不战,李纲从姚平仲谋,夜袭金营。二月,平仲袭金营败还。种师道说,劫寨是不该的,不过兵法有出其不意的办法。今夜再遣兵分路进袭,也许会成功。如仍不胜,索性每夜出数千人攻袭,不要十天,敌人疲劳,自然退走。赵桓起初满想姚平仲一举成功。听说夜袭失利,惊慌丧气,不敢用种师道谋,即日罢斥李纲、种师道,表示对金人谢罪,任蔡懋为守御使代李纲守城。蔡懋下令守城人不得向金兵放箭投石,军民愤极。太学生陈东等率军民数万人集宫门外强求赵桓复用李纲、种师道,呼声动天地,赵桓不得已召还二人。

李纲复出守城，军民喜跃，争前杀敌。金军见勤王兵声势渐盛，宗翰围太原，不能来会，不等金银数足，引兵北去，京师解严。种师道请乘金人半渡，伏兵袭击，赵桓不许。李纲请发兵护送金人，赵桓允许。纲暗告将士分路尾追，乘机猛袭，将士受命，踊跃即行。宰相李邦彦责纲不该追敌，发诏书召还追兵，将士路上接到退军命令，无不愤怒。李纲见赵桓力争，再下令追袭，金兵早已走远了。吕好问告赵桓道，金人得志，更轻中国，秋冬必倾国再来，御敌设备，当速讲求。赵桓不听。

宗望北还，中山、河间两镇坚守不降，赵桓遣种师道、种师中、姚古往援，宗望退走。宋君臣们以为从此太平无事，依旧晏安淫乐，赵佶也回来享福，丝毫不悔前过。李纲深觉可忧，奏备边御敌八策，朝官们嫌他多事，教他出任河北、河东宣抚使，免得在朝说话。勤王诸名将也都借故斥退，如说种师道年老难用，种师中、姚古拥兵逗遛，其他直言敢谏、主张战守的官员，一律斥逐出京，又下诏解散勤王军。李纲奏称河北、河东，每天告急，朝廷不遣一人一骑往救，反解散各路义兵，日后再要号召，恐无敢响应的了。赵桓等不听。朝臣议李纲专主抗战，丧师费财，罪不可赦，赵恒罢李纲官，安置（充军）建昌军（江西南城县）。

宗翰攻太原久不下，闻宗望讲和，大获回国，也遣使来求赂，朝廷拘辱使人，藉示威武。宗翰怒，急攻太原，知府张孝纯、副都总管王禀率众坚守，城中粮绝，军士先食牛马，次食弓弩皮甲，百姓食糠粃草木，最后人相食。九月城破，王禀领饿兵巷战，败死。金既破太原，宗翰、宗望分两路大举南侵。真定府（河北正定县）知府李邈、守将刘翊上书告急，凡三十四次，朝廷搁置不理。唐恪、耿南仲等专主和议,发急檄停止各路勤王军,不得妄动前进,一面派使求和。金人口头许和,进攻并不停止。吕好问请召勤王军,唐恪、耿南仲恐妨和议,不许。赵桓震骇,下哀痛悔罪诏,集朝臣百余人,议割三镇事。吕好问、秦桧等三十六人言不可割,其余七十人坚主割让。十一月,宗翰军至黄河北岸,宋将折彦质领兵十二万、李回领骑兵一万防河。金军不敢轻渡,夜中击战鼓达旦,宋防河军全数溃散。金军渡河,长驱入郑州。宗望军攻大名,赵桓遣弟康王赵构往见宗望,许割三镇,仍尊金主为皇伯,上尊号称大金崇天继序昭德定功休仁惇信修文成武光圣皇帝。赵构出开封城,副使王云指城告赵构道,真定比京城高一倍,我亲见金人小攻即破,京城如何能守。赵构到长垣(河北长垣县)。百姓喧呼拦路,顶盆焚香,乞起兵抗敌,愿为国家效死。赵构不理,经滑州、相州至磁州。沿路百姓拦阻赵构勿再前进。磁州知州宗泽止构,百姓指王云大骂道,这真是卖国奸细,执王云即时割死。

宗望遣使来议割地,划黄河为国界,赵桓一切允许。命主和派首领耿南仲、聂昌出使金军,南仲说年老不能行,昌说有父母不能行。赵桓强命南仲出使宗望军,昌出使宗翰军。昌力辞道,两河(河北河东)人民忠义勇劲,万一被他们擒获,臣死不瞑目。赵桓不听,昌行至绛州(山西绛县),守将赵子清挥众杀昌,抉目碎尸,民心大悦。南仲行至卫州(河南汲县),民兵谋捕金使,金使逃走。南仲逃至相州,自称奉帝命促赵构起河北兵入卫京师,自己在募兵榜上署名,得不死,唐恪从赵桓巡城,也被守城人聚击,惶恐辞官。

赵桓等惊惧无策,兵部尚书孙傅访得妖人郭京,自言能施六甲法(妖术),只用七千七百七十九人,可生擒金国二帅。朝廷深信不疑，出金帛使京募神兵。其他妖人或称黄巾力士，或称北斗神兵，或称天阙将军，朝廷一律厚赏任用。金军至开封城下，朝廷屡命郭京出神兵退敌，京推辞再三，宣称不到最紧急的时候，神兵不出。等到大风雪天，郭京与张叔夜坐城上，令守城人全数退下，不得偷看破我神法。大开宣化门出攻金军，神兵败。京托言要自去作法，下城率残兵逃走。金军登城，宋百官军民溃乱。赵桓痛哭道，我不用种师道，追悔不及了！卫士长蒋宣率众数百愿拥赵桓突围出走，被大臣阻止，军民数万强入左掖门求见天子，赵桓登楼令众散去。军民聚众愿与金人巷战决死，金人宣言议和退兵，朝廷急禁止抗拒，遣开封府尹何栗使金军乞和。栗恐惧不敢行，李若水大骂道，国家危急如此，都是你们这群人误事，你们万死，岂能塞责。何栗被骂，不得已出去，两足发战，仆从抬栗上马，手中鞭落地三次，进金营面无人色。宗翰、宗望道，我们不想灭宋国，叫赵佶来商议割地，我们就退兵。栗唯唯听命回来。赵桓道，上皇（赵佶）惊忧成病，我止得自往讲和。栗自喜和议成功，会百官饮酒，谈笑终日。当时赵构留驻河北，称河北兵马大元帅，有兵万人。部下宗泽主急救京师，耿南仲、汪伯彦主观望形势，赵桓遣密使来说，金人登城不下，正议和好，兵不可轻动。这正合赵构、耿南仲、汪伯彦一群人的志愿，排斥宗泽，让他自去勤王。

赵桓出见宗翰、宗望，京师居民昼夜立泥雪中盼望他回来。赵桓被留数日放归，人民和太学生夹路迎接，赵桓掩面大哭道，宰相误我父子。路旁人无不流涕。金人索金一千万锭，银二千万锭，帛一千万匹。赵桓下令大括民间金银。又遣大臣二人往两河割地给金，并分遣欧阳珣等二十人持诏书伴金使到各州县令开城归降。

欧阳珣力言中国地不可尺寸送人，又言战败失地，将来取回理直，不战割地，将来取回理曲。宰相大怒要杀珣，赖众人救免。珣被迫奉诏往割深州（河北深县），至城下痛哭告城上人道，朝廷被奸臣欺误至此，我决心一死，你们勉为忠义救国。金使怒，执珣焚死。其他州县人民都坚守不奉诏，金人只得石州（山西离石县）一处。赵桓又下诏两河民开门出降，人民当然不理他那些昏话乱命。

靖康二年正月，金索金银益急，扬言要纵兵入城，令赵桓再往金营，等金银满数放回。人民各竭家中所有献给官府，甚至福田院（乞丐收容所）穷人，也集得金二两银七两。官员们却不捐一文。金军追索不已，赵桓被拘留，下诏增派大员二十四人根括（彻底搜括）金银，发掘宗室、国戚、内侍（宦官）、僧道、技术（医卜等人）、娼优家藏金，凡八日，得金二十万八千两，银六百万两，帛一百万匹。官员们窖藏仍多，金人怒，开封府再立赏格，大行根括，凡十八日，又得金七万两，银一百十四万两，帛四万匹。宗翰、宗望大怒，杀括银官梅执礼等四人，余官各杖数百。

金人索取金银绢帛外，还索取皇帝仪仗，各种珍宝、书籍、印板、浑天仪、铜人、刻漏、古器、天下州府图、百工、技艺、妇女、僧人、娼优、后妃、亲王、公主、驸马等人物。又聘请太学中儒生三十人，应募人多闽人及两河人，官府各给三百贯治装，三十人欣然应聘。二月，金主下令废赵佶、赵桓为庶人，所有赵氏亲属和宗族，不问男女老幼悉数虏去，赵氏全族只剩被民众留在河北的赵构一人。不附和议或未曾降金的官员也一并虏去。这些帝子、王孙、宦门、仕族的全家人口，被俘虏当奴婢，供应使役。每人一月支稗子五斗，令自舂为米得一斗八升，用作口粮。每年支麻五把，令自缉为衣。

此外更无一钱一帛的收入。男子不能缉麻，终岁裸体，偶遇主人怜悯，令就灶下烧火得暖气，如出外取柴，回来再坐火旁，皮肉即脱落，不久烂死。有手艺如医生、绣工，待遇较好，其余只团坐地上，用被席芦苇衬地。主人宴客，唤出能奏乐女人献技劝酒，客散，各回原地环坐。奴婢生死，主人视如草芥，绝不留意，恰恰像这些人在中国享福时对待人民的态度一样。

赵佶、赵桓被俘到燕京，金主封赵佶为昏德公，赵桓为重昏侯。

金人兵力有限，自知不能统治中国，必需扶植一个新的汉奸政权，来防止赵氏政权的复兴。三月，金立宋宰相张邦昌为大楚国皇帝，指定建都金陵（南京）。金人用意是在张邦昌带领大批降官，去南方镇压中国人民的反抗，自己再乘虚来占据中原。却不料拥护张邦昌的降官们，有些财产在开封，不愿南迁，有些看赵构存在，名义比较正大，不如改拥赵构有利，尤其是一般人民痛恨张邦昌卖国受封，罪大恶极，决不承认他的政权。忠义军到处发动，给张邦昌以及降官们一种最大的压力。四月，金兵退出开封，张邦昌即时成了赤手空拳的独夫，无法维持帝位，降官们也就顺风施帆，纷纷向赵构劝进，表示效忠旧君。张邦昌不得已退位，率百官上表拥戴赵构。表文里有“孔子从佛肸之召，意在尊周；纪信乘汉王之车，誓将诳楚”的语句，意思是说他降金志在保宋，卖国志在救国。

张邦昌称帝三十三天。退位让赵构称帝。

简短的结论

赵匡胤制造兵变，夺得帝位。为要巩固自己侥幸获取的政权，他深知必需提出最大代价去交换官僚、地主们的长期拥护，才能改变五代以来朝廷如传舍的旧习惯。他又深知任何人都不可信任，必需分化拥护自己的各种力量，使互相对立，才能防止国内发生强大势力与朝廷对立的危险。

因此，宋朝政治上的设施，完全采取分化政策。军制是兵与将分离，使野心将领不能拥兵倔强，官制是官与职分离，使功高震主的大臣，空拥大官号，不能获得实权。其余政制，都没有例外。

因此，宋朝财政经济上的设施，完全采取满足官僚、地主最大需要的政策。形势家仅纳田租二十分之一或三十分之二，全国垦田六分之一强是免纳租税的。人民生活必需品，从盐茶到木炭都归国家统制专卖，任意抬高价格，收入大量金钱，供给统治阶级的富裕享受和无限浪费。

因此，宋朝外交上的设施，完全采取屈辱忍耻、纳币求和的政策。朝廷清楚懂得，岁币有人民来负担，丝毫不妨害自己的利益。止要严密防内，保持政权，对外屈辱并不以为可耻。

赵顼感觉到国内虚弱外族侵入的危险，擢用新官僚派首领王安石改革旧制度，扩大征税范围，令形势户也负担一部分国家费用。旧官僚派代表形势户起来猛烈反对，两派互争地位，直到亡国才停止。

赵佶时代政治腐败达到顶点，南北农民到处起义。金人侵入，人民即时停止起义，请求合力御侮，朝廷却始终压迫人民，对金恐惧献媚，迫切求和以至求降。这里完全证明惧敌派一定转成议和派，议和派一定转成投降派。这里又完全证明甘心对外屈服，一定要加紧对内的压迫。

附:北宋年表

	北宋		辽		
公元	姓名	年号	姓名	年号	
九六〇年	赵匡胤（太祖）	建隆	耶律述律（穆宗）	应历	
九六三年		乾德			
九六八年		开宝			
九六九年			耶律贤（景宗）	保宁	
九七六年	赵光义（太宗）	太平兴国			
九七九年				乾亨	
九八三年			耶律隆绪（圣宗）	统和	
九八四年		雍熙			
九八八年		端拱			
九九〇年		淳化			
九九五年		至道			
九九八年	赵恒（真宗）	咸平			
一〇〇四年		景德			
一〇〇八年		大中祥符			
一〇一二年				开泰	
一〇一七年		天禧			
一〇二一年				太平	
一〇二二年		乾兴			

续表

一〇二三年	赵祯（仁宗）	天圣			
一〇三一年			耶律宗真（兴宗）	景福	
一〇三二年		明道		重熙	
一〇三四年		景祐			
一〇三八年		宝元			
一〇四〇年		康定			
一〇四一年		庆历			
一〇四九年		皇祐			
一〇五四年		至和			
一〇五五年			耶律洪基（道宗）	清宁	
一〇五六年		嘉祐			
一〇六四年	赵曙（英宗）	治平			
一〇六五年				咸雍	
一〇六八年	赵顼（神宗）	熙宁			
一〇七五年				太康	
一〇七八年		元丰			
一〇八五年				大安	
一〇八六年	赵煦（哲宗）	元祐			
一〇九四年		绍圣			
一〇九五年				寿昌	
一〇九八年		元符			
一一〇一年	赵佶（徽宗）	建中靖国	耶律延禧（天祚帝）	乾统	

续表

一一〇二年		崇宁				
一一〇七年		大观			金	
一一一一年		政和		天庆	姓名	年号
一一一五年					阿骨打（太祖）	收国
一一一七年						天辅
一一一八年		重和				
一一一九年		宣和				
一一二一年				保大		
一一二三年					完颜晟（太宗）	天会
一一二五年			（辽亡）			
一一二六年	赵桓（钦宗）	靖康				
一一二七年	（北宋亡）					

第五章　外族侵入北方　南北分裂时代——金与南宋

一一二七年 — 一二七九年

第一节　南宋建国与宋金间的和战

靖康二年四月，赵佶、赵桓随金军北去。藏匿在河北，号称兵马大元帅的康王赵构跑回南京（商邱县），五月初一日，做了宋皇帝，改元建炎。他是从头到脚满身污辱的皇帝。他建立怯懦昏虐的小朝廷，他极度发挥对内压迫对外屈辱的能事。他表现出统治阶级的彻底黑暗性。他永远重用投降派，止有在最危急的时候，才允许主战派暂时出力。他和他的子孙一贯畏惧金人，而且不许中国人不畏惧金人，凡是不畏惧金人的人，他们认作最可憎恶的仇敌，必需杀死他，消灭他才安心。南宋依靠投降政策，称臣称侄，偷安苟存了一百五十年。

忠义人士和全国人民有足够的力量驱逐金寇，恢复国土，这在当时称为战守派（主战派），同时赵构为首的腐朽统治阶级，专主逃窜、议和、投降三个步骤，称为降走派（主和派）。降走派的主张全部实现，金必灭宋，战守派的主张全部实现，宋必灭金，两派相互斗争、相互制约的结局，造成半独立半附庸的南宋国，这两派斗争的表现,大体可分四个时期。

第一期——赵构建炎元年至建炎四年。主战派支撑危局,主和派逃窜到后方,竭力破坏主战派的成功。

赵桓在危城中,怕阻碍和议,禁止四方勤王兵前进,等到赵桓虏走,勤王军和人民自动组织的忠义军才纷纷发动起来。赵构称帝,依靠主和派首领黄潜善、汪伯彦作左右手,第一道命令是诸路募兵勤王人,将所部士兵交付本州县文武官员统辖或遣散,首先确立信官不信民的大政策。第二道命令是派著名赃官翁彦国做江宁府(南京)知府,修理城池宫室,预备巡幸,确立放弃中原,逃窜东南的大政策。当初赵桓在军民公意和太学生伏阙运动的压力下,曾下诏召李纲从充军地回来,李纲还没赶到,主和派范宗尹三次上奏,说李纲名过其实,有震主的威望(得民心,立战功),不可为相。赵构、黄、汪也这样想,表面上却不能不让李纲暂时做宰相。

李纲到任,首先提出十条主张,第一条就是反对和议,其余九条也都是主和派不愿听的话。李纲又说当今急务,政治方面莫要于通达下情,广开言路,必使全国人士都得议论政事;军事方面莫要于组织民军,作为抗敌的主要力量。他说,河北、河东两路,是国家的屏障,今河北止失真定等四郡,河东止失太原等七郡,其余官员弃城逃走,人民自推豪杰为首领,坚守拒敌,大部数万人,小部不下万人,朝廷应给与名号,以及必要的军需械器,免得将来食尽援绝,被金人消灭或利用。李纲这些主张,赵构不便全置不理,在没有罢免前,重用黄、汪来牵制他。

李纲专力招抚义兵,建立新军。当时旧军积弊极深,大将如刘光世、张俊、杨沂中、范琼等人,畏怯贪暴,纪律荡尽,见敌首先窜逃，见民大肆虏掠，争取金帛，劫夺妇女，虚报战功，勒索厚赏。李纲深知旧军不可用，那些赵构、黄、汪指为群盗的民兵，却真能负担抗敌的重任，他制定新军制，五人为伍，置伍长一人，二十五人为甲，置甲正一人，百人为队，置正副队将各一人，五百人为部，置正副部将各一人，二千五百人为军，置统制官一人。各级官长用牌写所管人姓名（如伍长管四人，甲长管伍长五人），凭牌调遣使令。招置新军及御营司兵（旧军），并依新法组织，又颁布新军法，犯虏掠、抗令、临阵先奔、一军危急他军不救等罪，各处死刑。这种军制军法并不能改革旧军的腐劣，但后来纪律严肃、战胜攻克的有力军队，却从此开始。

靖康建炎间，全国勤王兵或从两河或从闽广，昼夜奔驰，冒犯雪霜，疾病死亡，不可胜数，来到南京（河南商邱）。赵构刚称帝，就下令各还本地，遣散，每人由地方官赏钱三十千文。在“赃吏甚众、害民比盗贼更凶”的当时，自然不会出钱给义兵，而且多数义兵也不愿领受赏钱，放弃抗金救国的志愿，他们往往屯聚不散，等机会出动杀敌。其中一部分不免有虏掠行为，正如宗泽所说：“忠义人士，争先勤王，朝廷不能爱护，反使他们饥饿困穷，老弱死填沟壑，少壮流为盗贼，这不是勤王人的罪过，应该说是朝廷措置乖谬的缘故。”李纲招安朝廷指为群盗的祝靖、薛广、党忠、阎瑾、王存等部十余万人，依新军制军法收编，无一人叛去。纲又请赵构任张所为河北招抚使，傅亮为河东经制使。靖康时张所在围城中，遣人携蜡书（秘密信）募河北义兵，人民见蜡书喜悦道，我们早被朝廷遗弃，幸有一张御史还记得我们，即时聚集十七万人听令。傅亮曾率勤王兵三万人，屡立战功。李纲察知二人智略，可以大用，荐给赵构，议定招募山寨民兵，俟张所部署完毕，渡河先收怀、卫、濬三州及真定府,再进兵解中山围。两河人民听说张所、傅亮任招抚职,踊跃响应,民军首领丁顺、王善、杨进各拥众数万至十余万,自投招抚使请求效力。张所派都统制王彦率偏将岳飞等七千人先渡河,驻新乡县,民兵首领傅选、孟德、刘泽、焦文通等率众归附,绵亘数百里,给金人极大的威胁。太行山民兵为表示对国家的血诚,面上自刻"赤心报国,誓杀金贼"八字,因此王彦部号称八字军。

主战派张悫对赵构说,河北人民抗金,自结巡社,请由朝廷定名为忠义巡社。每五人为甲,五甲为队,五队为部,五部为社,各设长一人。五社为一都社,设正副都社长,二都社设都副总首各一人。甲长以上免本身徭役,所结在五百人以上,借给官号,都总首任职满二年不犯过失,赏给真官。巡社统归本州县长官节制,依巡社增减数,作为官吏赏罚的标准。赵构允许张悫的请求,民兵组织逐渐严密,金守城兵多势孤退走。

当时河北境义兵八字军最著名,山西境义兵红巾军最著名(起初在晋城、长治一带,后来扩大到河北、陕西),红巾军声势浩大,组织极密,用建炎年号,但不求宋朝官号,见有不愿降敌,从金国逃回的官民,厚赠衣粮,护送出境,路上见宋官旗帜即引去,绝不杀害,遇敌即奋死进攻,绝不畏避。他们声称只等官兵过河,并不要多,我们凭藉声势,自有力量杀尽金虏。他们曾袭击金军大寨,宗翰几乎被擒。金人痛恨红巾,捕逐最急,妄杀平民泄愤,但不能获得真红巾。当时朝廷用人,按金人所喜所恶为进退,金人所喜,得做宰相大官,金人所恶,斥逐惟恐不速。黄潜善、汪伯彦见李纲专招金人不喜的民兵,妨碍和议,令私党张益谦奏称招抚使设立后,河北盗贼(义兵)更炽,应速罢废。李纲争辩道:"张所留京师招集将佐,还没有出发,不知益谦何以知他骚扰百姓?朝廷因河北民众无人统率,置司招抚,借民力保卫国土,并不是设司才有盗贼。现在京东、京西群盗公行,攻掠郡县,难道也是河北招抚司的罪过?”傅亮军出发才十余天,黄、汪责亮逗遛不进,令即日渡河。亮说,河东满布金兵,我军何处驻屯,何处筹粮,要先布置,冒险进兵,恐误大事。李纲替傅亮说话,黄、汪大不以为然,赵构下令免傅亮经制使职。赵构决计逃往东南,李纲力争不可。黄、汪私党张浚伪造李纲罪状十余条,说他是国贼。赵构加纲狂诞刚愎、计谋无效等罪名,流窜到外州县,废招抚、经制两司,张所、傅亮驱出不用。太学生首领陈东、进士欧阳澈上书说黄、汪不可用,李纲不可去,赵构怒,即日押赴市上斩首。李纲在相位七十五天,所有抗金设施,黄、汪在四五天内悉数废除。

李纲任职时,荐举宗泽做东京留守。宗泽到任二十余日,安辑军民,渐复旧观,奏请赵构回京,并反对向东南逃避,赵构当然不理,泽招募义兵守京城,沿河岸依鱼鳞形筑垒,结连两河山水寨及陕西义士。民军首领王善有兵数十万,车万乘;杨进号没角牛,有兵三十万;王再兴、李贵、王大郎、丁进等各有兵数万,都投宗泽愿听指挥。泽有兵百余万,粮支半年,金人畏惧,屯兵不敢图东京。

庆源(河北赵县)五马山寨首领赵邦杰、马扩奉信王赵榛(赵构的兄弟,京城破后,逃隐民间)为主将,总制诸山寨,两河人民望风响应。马扩渡河见宗泽,及去扬州见赵构,大遭赵构、黄、汪的疑忌。宗泽接连奏请赵构回开封,黄、汪笑泽发狂,从不答理。此时,忽有赵榛谋渡河入京城的谣传,赵构大惊,赶快下一道命令,严禁赵榛兵渡河,并说自己即日从扬州回京城。这当然是一句空话,真意在抵制赵榛,不许他回来。

李纲八月免官,赵构十月逃往扬州,金元帅宗翰闻赵构南窜,约诸军分路进攻。宗维自河阳(河南孟县)渡河攻河南,宗辅、宗弼(兀术)自沧州(河北沧县)渡河攻山东,洛索自同州(陕西大荔县)渡河攻陕西,宋守官或逃或降,战守全赖义兵。宗翰入西京(洛阳),义军首领王俊、翟进各率众上山守险,不久收复西京。宗弼至千乘县(山东广饶县)被义兵击败,金弃青、潍两州退去。洛索入陕西,王庶召募河南北豪杰共起义兵击敌,远近响应,十天内得孟迪、种潜、张勉、张渐、张宗、白保、李进、李彦仙、邵兴等各有兵数万,凤翔、长安先后为义兵收复。李彦仙一月中破敌五十余垒,收复陕州。沦陷了二百年的幽燕遗民也纷纷起义,燕京人刘立芸聚众攻破城邑,所过不杀掠,止令馈送食粮,契丹人归附甚众,汉人更不待言。易州(河北易县)人刘里忙,年十八岁,聚众据山,邀击金人。玉田(河北玉田县)人杨浩用与僧智和禅师,招集南北忠义将士至万余人,他们想集合到三万人,“横行虏中,决报大仇”。大名人王友直举义兵,旗上写“宋忠义将河北王九郎”九个大字。幽燕遗民的起义,给金人莫大的威胁。各地义兵,都自愿推崇宗泽,听候号令,金兵不敢长驱南下,三路大军无功自退。

宗泽部署诸军,想乘势大举渡河,恢复失地,奏称“近据诸路探报,敌势穷蹙,可以进兵,臣拟乘暑月(建炎二年五月)遣王彦等自滑州渡河取怀(河南沁阳县)、卫(汲县)、浚(浚县)、相(安阳县)等处,遣王再兴等自郑州西进保护西京,遣马扩等自大名取洺(河北永年县)、赵(赵县)、真定,杨进、王善、丁进、李贵等诸头领各率所部兵分路并进。大军过河,山寨忠义军民闻风接应,至少当有一百万人。驱逐金寇,在此一举,愿陛下早日回驻京师,镇定民心,臣得身先诸将,亲临战阵”。赵构正在扬州安居淫乐,自然不理。宗泽如果自动出兵，就算目无朝廷，违抗军令，如果坐守东京，眼见恢复无望。他是七十岁的老人，忧愤成疾，背上发疽，病势危急。诸将杨进等入见，泽勉强坐起说道，诸君能为我歼灭强敌，我死不恨了。诸将流涕道，愿尽死力，泽连呼渡河三声，气绝身死（七月）。赵构令主和派杜充继任东京留守。充猜忌残虐，尽反宗泽所为，诸将人人自危，多畏祸散去，攻城掠地，中原陷入大混乱。后来金人用诱降及扫荡政策，很多义兵被消灭。例如河北赵榛，结集忠义数十万人，宗泽死后三个月，金发大军围攻诸寨，断绝水道，寨众多渴死，金军攻陷诸寨，赵榛死乱兵中。

李纲、宗泽都主张组织义兵，作兴复中国的基本力量。赵构一类人却最仇视他们这个主张，多方阻挠，不使成功。义兵失去他们二人的领导，虽然始终据山水寨抗敌，虽然数量并不大减，可是势孤力散，仅能自保，本身发展成正式军队的可能消失了。

赵构、黄、汪斥逐李纲，实现了他们“弃河东、河西、河北、京东、京西、淮南、陕西七路生灵（人民）如粪壤草芥，略不顾惜”（宗泽语）的主旨，从南京逃到扬州，金兵南侵，宗泽号召义兵，击退强敌，他们却乘机在东南搜括甚至武力掠夺财物和妇女（吕颐浩说），一面派使向金乞和。当时宗室赵子砥从燕京逃回，奏称“金人口头讲和，实际用兵，我国敛兵拱手，坐等和议的成功。前时契丹主和议，女真主用兵，十余年间，竟灭契丹。现在中国又踏契丹的旧辙。譬如怕虎，割肉喂它，吃完肉一定连骨也吃去。止有设陷阱杀虎，才能保存自己的生命”。赵构听了装不听见，命赵子砥做外官去，免得在朝廷妨碍和议。宗泽死后，金人又决计南伐，赵构深信和议必成，对黄、汪说，潜善作左相，伯彦作右相，我还怕什么大事不济呢？

黄、汪二人叩头谢恩。赵构正在高兴，宗翰率兵长驱直攻扬州，沿路守将望风溃逃，赵构大惊，顾不得黄、汪左右二相，单骑狂奔渡长江到镇江。据宋人笔记，他那一天（建炎三年二月初三日）在宫中白昼行房事，突闻惊报，骑马就逃，因为惊慌过度，得了阳痿症，从此不会生儿女。他跑到镇江，百官卫士狼狈陆续赶来，扬州城里积储无数金帛财物，全被金军虏去，连东京运来的祖宗神主也失掉了。其实来袭的金军止有二三百人。

赵构一直逃奔，二月十三日到达杭州。御史张澄劾黄、汪二十大罪，二人罢相，改任朱胜非做宰相，王渊掌枢密院。将官苗傅、刘正彦因众怒起兵杀王渊及宦官康履等（宦官得赵构信任，监视臣民，无恶不作），又迫赵构传位给儿子赵旉（三岁），再不许他干预国事。吕颐浩、张浚、韩世忠、张俊等起兵击败苗傅、刘正彦，拥赵构复位。吕颐浩是主和派首领之一，张浚原是黄潜善私党，后来却倾向抗敌，赵构一向主和，自然用吕颐浩做宰相，并兼枢密使御营使，军政大权全部交给吕颐浩。

吕颐浩第一件大政事就是派人向宗翰求和。求和书这样写着：“宋康王构（不敢说自己做了皇帝）谨致书元帅阁下，愿奉大金正朔，比于藩臣。”又调东京留守杜充率大兵十余万守江宁，韩世忠守镇江，刘光世守太平及池州，放弃长江北岸广大的土地。金人大起燕山河北民兵，宗弼为统帅，分路渡长江，宋文武官或开城投降，或乘机虏掠（如张俊驻军明州，借清乡为名，环城三十里内，民家悉遭焚劫），金军蹂躏湖北、湖南、江西、江苏、浙江等地，无人抵御。赵构经越州奔明州，走入大海，金兵直追到明州海边。当时真能抗敌守土的，与中原一样，仍是人民的武力。如金人破无为军，守臣李知几带妻子财物渡江逃走，王之道率义兵据山泽坚守。又如金人招降建昌军，守臣方昭虑有降意，军民怒逐昭虑，推蔡延世守城，大败金兵。又如金兵追赵构到余姚县，知县李颖士募乡兵数千，抵御一昼夜，赵构因得登舟航海。又如金兵攻和州，军民共推宋昌祚守城，射中宗弼左臂，城破，军民保水寨继续击敌。龚棍率水寨民丁击破宗弼营，杀敌兵数百，救出被俘男女无数。这样的事迹，官军就没有一件。员外郎冯楫给刘光世的信里说："金人深入，犯兵家大忌，官军前不抗拒，后不袭逐，金人无所忌惮，如走入无人的旷野，试看乡村农民，连纸甲竹枪也没有，与敌对抗，胜负相半。岂有国家久练的军队，反不及乡农，止是望风畏避罢了。"

金军在广大民兵压力下，焚毁建康府（江宁）、临安府（杭州）、明州等大都市后，率兵退走。赵构又上岸到杭州做皇帝。人民看透了他是逃走、和议、投降派的最高领袖，决不能负担抗金的责任，同时受尽金人蹂躏、官吏赃污、军队虏掠、赋税繁重的痛苦，农民起义不得不发动起来。

钟相起义——北宋末年，鼎州（湖南常德县）人钟相自言有神灵与天通，能救人灾病。宣称旧法分贵贱贫富，不能算好法，我的新法讲齐贵贱均贫富。派遣信徒，四出传法，凡二十余年，周围数百里间，人民无不信从。钟相号称老爷，又称天大圣，信徒奉教称为入法，或称拜爷。当时湖湘群盗蜂起，相据武陵县唐封乡水连村置立寨棚，集众称忠义民兵，保护乡里，士大夫多来投避乱。靖康二年，钟相子钟子昂率勤王民兵三百人随统制官郑修武一行共五千人往南京。赵构即位，遣散诸路义兵，钟子昂回家，依旧将原募人团集成队伍，置备旗帜器甲。建炎二年，绅士王靖之向鼎、澧路兵马都钤辖唐悫告发，说钟相父子图谋不轨。唐悫查明钟相志在抗金，不加重罪。当年五月，唐悫迁荆南府知府，带鼎州兵马及钟子昂义兵赴任。当时盗军李孝忠、叛军辛泰接连攻扰荆南，后来得报盗军孔彦舟率众数十万将寇府境，唐悫逃走，军民溃散，钟子昂回到鼎州。建炎四年二月十七日，钟相起兵拒孔彦舟，鼎州官绅怕彦舟来攻，正在逃避，见钟相起兵，反商议多备金帛犒赏，设香花鼓乐，出北门迎接孔彦舟军马进城，恳求攻灭钟相。彦舟军在澧州（湖南澧县），被钟相部民兵袭击，大败溃逃，他怕再遭鼎州民兵袭击，入城三日，纵兵大杀掠，州城四周二十里内，烧杀一空。朝廷任命孔彦舟为荆湖南北路捉杀使，别遣统领官安和率步兵入益阳，统制官张崇领战舰入洞庭湖，张奇统水军入澧口，合兵击钟相。鼎、澧、荆南人民群起响应钟相军，有众四十万，有地十九县。钟相实行多年宣传的主张，焚烧官府、城市、寺观、神庙、豪富人家，杀官吏、儒生、僧道、巫医、卜祝，称国法为邪法，称杀人（统治阶级）为行法，称没收财产为均平。他焚官府杀官吏是要消灭贪污，焚城市是要消灭富商大贾，焚豪富人家是要消灭土地兼并，杀儒生是要消灭大小劣绅，杀僧道、巫医、卜祝，是要消灭宗教迷信。凡钟相的徒属，都自己耕耘，劳动得食。没收的土地，分配给农民，分配法可惜没有记载下来，不过，说入法的人，一定“田蚕兴旺，生计丰富”，当然土地问题是解决了。《三朝北盟会编》也不能不承认“人皆乐附而从之，以为天理当然”。孔彦舟密派人投钟相入法，相信任不疑，三月二十六日，宋军大举进入，内应突起，相及子昂兵败被杀。

钟相败后，信徒杨华、杨么（原名杨太）、杨钦、刘诜、周伦、全琮、杨广、夏诚、刘衡、黄佐、杨二胡、高癞子、田十八等十余人拥相次子子义据龙阳县（湖南汉寿县），沿洞庭湖分立寨栅继续抵抗，过了几年，声势更盛。

魔教起义——建炎四年四月，饶（江西鄱阳县）、信（江西上饶县)魔教徒王念经聚众数万,占据贵溪县。赵构命张俊率大军,会刘光世军进攻,获王念经,屠贵溪等两县,杀二十万人,连赵构也假装着说:“二十万人无罪就死,不胜痛伤。”

金人侵入中原,遭遇忠义民兵的顽抗,追捕赵构,又遭遇东南义兵的猛击。某地关羽庙有无名氏揭示《杀敌五易文》道:“金军连年战辛苦易杀,马倒便不起(马被铁甲)易杀,深入重地力孤易杀,多带金银易杀,作虚声吓人易杀。”赵构见到《五易杀文》,令兵部刻版散发诸路将士,这说明中国人民不怕敌兵。因此金主原有康王跑到那里追到那里的决心,在这样的阻力面前,不得不知难改计了。金人知道赵构易灭,中国人民不易灭,赵构愿降,中国人民不愿降,如果不借中国统治阶级的力量来镇压中国人民,如果不接受赵构的投降,赵氏政权被农民起义军推倒,对金将是极大的不利。建炎四年七月,金封宋叛将刘豫为皇帝,国号“大齐”,都大名府,对金主自称儿子。十月,放奸细秦桧归宋。秦桧对赵构说,要天下无事,必需南自南北自北,互不侵犯。赵构听了大喜,对朝臣说:“秦桧比什么人都忠实,我得了他,喜欢得夜里睡不着。”第二天就封秦桧为礼部尚书,送秦桧来的船夫孙静,也赏给承信郎的官位。赵构过去对金是一面守一面和,现在改为专与金人解仇讲好,也就是说决心彻底投降金国。

第二期——赵构绍兴元年至绍兴九年。主和派胜利,金、宋两国各自镇压国内反抗力量,巩固政权。

秦桧是北宋太学生,能做文章,又能奔走办事,同学们给他混号叫做秦长脚。靖康时,桧做御史中丞,反对割地求和,反对金人废赵氏立张邦昌,颇有忠义的声名。桧被虏入金,谄事金大将挞懒，很得信任。金人侵入中国，到处遭遇民兵的攻击，兵力消耗过甚，急谋改用以华制华的政策，因此叛将刘豫、奸细秦桧成为适合需要的人物。赵构在靖康时，曾劝赵桓弃城逃避，后来批评赵桓道："当时左右小人（指李纲等）妄谈用兵，不自量力，闹到国破家亡。"他始终主逃主降，认主战派是坏事的小人，恰恰来了奸细秦桧，自然喜欢得睡不着觉。绍兴元年二月，封秦桧做参知政事；八月，进位做正宰相，专力进行和议。

建炎以来，东南盗军遍地，最强悍的如李成据江淮湖湘十余州，张用据瑞昌，孔彦舟据鄂州，曹成据道、贺二州，刘忠据湖南白面山，范汝为据建安，其余如李允文、郭仲威、邵青、张珙、祝友、史康民等各拥众数万至十余万，攻掠州县。这些盗军首领，朝廷都给他们大官做，他们一面做官，一面做盗。当时民间流行着这样的谚语道："仕途捷径无过贼，上将奇谋止是招。"又道："要得官，杀人放火受招安；要得富，赶着行在（皇帝驻在地）卖酒醋。"（官员们消费品）监察御史韩璜奏报从江西到湖南亲见的情况说："不论州县与乡村，一望都是木炭坏瓦，到处残破，十室九空。臣访问原由，都缘金人未到，溃兵先到，金人已去，追兵继至，官兵盗贼，抢掠相同，城市乡村，搜索如洗，兵盗去了，官吏毫不宽恤，反更加刻剥，大将经过，纵兵劫杀，苛求供应，凶暴更甚。"人民遭受官军、官吏、盗贼无限的摧残，生计几乎完全断绝。

当时只有钟相余众占领的土地，确是全中国最和平的地区。可是宋朝君臣认为心腹大患，调发大军竭全力进攻，终于把这些地区毁灭了。绍兴初年，杨么等聚众二十万，领土北达公安，西及鼎、澧，东至岳阳，南抵长沙，占有沿洞庭湖岸各州县（城池多属宋有），宋人称他们为洞庭湖水寇。杨么军春夏耕田，秋冬战斗（因宋军在秋冬水落时进攻)，多食自己的劳力，建立没有剥削的制度。境内人民安乐，物产丰富，例如宋官鼎、澧路镇抚使程昌寓携带辎重、妻妾及军官们家属老小乘船多艘从监利县来常德上任，宋地荒凉残破，沿路找不到食用，一入龙阳县境，见乡村有酒坊，民家有猪羊鸡鸭等物，船上人争先上岸，依藉官威，口称和买，实行抢夺。水寨小首领谢保义率兵保护村民，乘势杀船上人。程昌寓多年括得的金银财帛以及美妾小心奴(开封名妓)都被夺获，昌寓狼狈窜走。谢保义将俘获的人财送交杨么，么把小心奴配给钟子义做夫人。从这一段记载，杨么军的政治和纪律，约略可见。

尤其值得赞美的是绍兴四年十一月，水寨首领周伦(周伦寨近岳州)遣使人去见宋岳州守官程千秋，声称“近有伪齐(刘豫)襄阳府李成太尉，差密使自安复州(江西安福县)取水路来大寨，送金帛文书，要求水寨诸首领多备人船战士，克日会合，水陆并进，攻取宋国沿长江州县，得州的做知州，得县的做知县，另外封赠官号，多给犒赏。诸首领都不从。一月后，李成又差密使前后三十五人来，内有郑武功、胡大夫二官员(宋军官)带伪齐官诰(做官凭证)、锦战袍、金腰带并羊羓(腌羊肉)等物，再三要约诸寨首领克日会合，配合金、齐大军灭宋。诸首领仍不从。恐日后又有人来相逼，别生患害，将来人尽行斩首。请宋官令边界稽察，不放奸细入境，并请转告宋朝罢免鼎州知州程昌寓。”(昌寓报私仇，残虐无人理，不可理喻)赵构听得这个消息，视为有机可乘，阴谋诱降水寨诸首领，允许赏给官号。结果被杨么等严正拒绝。这种光明伟大、坚定不移的行为，真是历史上大义凛然、光芒万丈的一页。

赵构等诱降不成，反诬称湖寇杨么勾结刘豫(绍兴四年，金、齐联合军五十万大举南侵)，企图夺取岳、鄂、汉阳、蕲、黄等州，派大将张浚、岳飞率军进攻。岳飞利用杨么军叛将黄佐、杨钦，引宋兵袭击大寨。绍兴五年六月，杨么兵败，么提钟子义入水，次提小心奴入水，自己也跳入水中。宋将牛皋擒么，押到岳飞面前，么还有余气，叫了几声老爷（钟相），才被斩首。

与杨么先后同死的首领，有钟子义、周伦、夏诚、刘衡、杨收、杨寿、石颙、李全功、裴宥、李合戎、陈寓信、英宣、陈钦、陈贵，这十几个首领都是慷慨杀身忠实执行钟相主张的农民起义军英雄。此外还有雷德进、皮真、刘三、吴麽郎、高老虎、谢保义、杨二胡、高癞子、田十八等生死不明，大概也没有降宋。岳飞屠杀杨么军非常惨酷，壮丁被俘五六万人，老弱十余万人。

同一时期中，金人在北方竭力镇压民众的反抗。各州县设地牢，牢外起夹城，城外掘深沟，牢深三丈，分三隔，下隔拘死罪人，中隔拘徒刑人，上隔拘杖罪人。又百姓有事出门，人数（不得全家同出）行李都有限制，经由本地保甲证明，得州官批准，发给行路证，凭证才得食宿，来回日期不得错过。又迁女真人散居汉地，筑坚固堡寨，监视汉人。又用扫荡及诱降计，消灭忠义军，如金将萧庆诱太行红巾首领齐实、武渊、贾敢等出降，送宗翰处斩首。太行忠义首领梁青，被金大军围攻，不能立足，率精骑百余人，突围投奔岳飞。又大虏两河男女人口，耳上刺“官”字，用铁索缚送云中（山西大同县），标价出卖。剩余人口驱至西夏国换马，或卖给蒙古、室韦、高丽等国。繁富的两河，顿成一片荒凉土地。

黄河南岸中原地区，名义上算是齐国，金驱使刘豫竭全力南侵，来削弱齐、宋两国兵力。绍兴四年九月，金将完颜昌、宗辅、宗弼调燕云诸路汉军五万，会合刘豫、刘麟、刘猊、李成兵五十万，渡淮攻金陵，赵构大惧，准备逃避，一面派人乞和，愿岁贡银、绢二十五万两、匹，得在江南立附庸国。幸宰相赵鼎（秦桧因主张河北人还金，中原人还刘豫，被众反对退位）力主抵抗，怕赵构留在后方惊慌逃走，破坏战局，挟持构亲征。十二月，金主吴乞买病重，金军急速退去、刘豫军也不战自退。

绍兴六年，金主完颜亶令刘豫发百姓六十以下、二十以上悉数当兵，集合李成、孔彦舟、关师古等军，号称七十万，实数三十万，分三路寇淮。宋大将刘光世、张俊弃城逃走，刘豫军都是中国人民，不愿击宋，许多兵士衣上写本人乡贯姓名，在树林中自缢死，表示宁死不杀宋兵的意思。宋将杨沂中遇刘豫军，豫军不战奔溃。

金人见刘豫无用，决计废豫。赵构两次被侵，惊骇失措，急求讲和。绍兴七年，又用秦桧做宰相。不久金人废刘豫，准赵构投降，赵构大喜。赵鼎为首的文武官员多说中原可以收复，不需屈辱求和，赵构却别有见地，他看出连年战争中已经锻炼出岳飞、韩世忠两部新的有力军队，尤其是岳飞部不但大遭赵构的畏忌，也被其他将帅如张浚、张俊一类人切齿仇视。赵构始终固执宁可添置大将，添置几项军马，不许军马集中在少数将领手中。韩世忠军最多不过三万人，岳飞军更少。他深怕"末大必折，尾大不掉"，宁愿投降仇敌，不愿大将成功。当时多数朝官，反对和议，赵构立意坚定，往往对朝官发怒，拒绝谏议。

金国将帅也分和战两派，宗磐、完颜昌、宗隽主和，割齐旧地与宋，令宋称臣贡岁币。宗干、宗宪、宗弼主战。宗磐官最大，主和派得势，定议割地与宋。金派张通古为江南诏谕使（不承认宋国号）令赵构跪拜接受诏书。宋文武官认为奇耻大辱，群起反对。张浚上奏五十次，王庶上奏十余次，韩世忠奏请拒绝和议，自己愿抵当金军最坚强处，岳飞奏称金人不可信，和议不可恃。晏敦复、李珍逊、梁汝嘉、张焘、楼昭、苏符、萧振、薛徽言联合奏称:“人君施政,从众必成,违众必败。现在屈辱和金,士大夫不以为可,庶民不以为可,军士不以为可,只有陛下一人以为可。这样求成功,臣等甚是疑惑。”最著名的胡铨《请斩秦桧奏文》,民间刻板传诵,流行甚广,连金人看见,也说中国有人。赵构怒,想杀胡铨。其余谏阻和议的官员,文官全被斥出,武官暂时不理。可是反和议派还是激昂议论,赵构怒极骂道:“士大夫止替自己打算,那时候我从明州逃入大海,就是拜一百拜,你们也管不了罢!”赵构、秦桧用各种欺骗镇压手段,终于如愿投降了。绍兴八年,赵构率百官跪拜接受大金皇帝恩赐河南诏书,宋愿每年进贡银二十五万两,绢二十五万匹,表示谢意。

赵构、秦桧投降成功,正在得意,金宗磐、宗隽、完颜昌等谋反被金主杀死,政权全归宗干、宗弼,决计大举南伐,收回河南土地。

第三期——绍兴十年至三十年。主战派暂时得势,主和派消灭主战派,取得完全胜利,南宋确定为大金的藩国。

宋叛将郦琼对宗弼等说:“江南将帅,多是庸材,每当出兵,必身居数百里外,称为持重;或调动军旅,进退将校,止派人持一纸文书前去,不问是否执行,称为军令。见敌奔逃,虚报战功,无功得赏,有罪不罚,这种国家,不亡何待。”郦琼所见是宋军腐朽的一方面。另一方面却长成新的坚强部队,金人也看到了。河北民间盛传赵构将北伐,人民暗中结合,密置军器,准备接应,沿黄河一带居民盼望尤切,每遇阴晦天气,群聚面对南方道,官军来了罢!太行义兵攻破怀州万善镇,金守将乌陵阿思谋每夜督军民守城,被衣坐等天明,悲叹道:我不知死在那里!金浚州守将韩常对判官宫芮说:“从前金强宋弱,现在换位了。现在宋军的勇锐,恰似从前的金军;现在金军的怯弱,恰似从前的宋军,幸而宋人还不知道这个内情。”郦琼、韩常的估计,都是正确的。宋军最大部分如张俊、刘光世、杨沂中那些赵构亲信的将帅,正是郦琼所指腐朽必败的宋军,战争中长成的新军如岳飞、韩世忠、刘锜、吴玠所部,正是韩常所指勇锐必胜的宋军。此外沦陷地区无数忠义民兵的勇敢反抗,和北方蒙古族的兴起(绍兴九年蒙古兵大败金将胡沙虎),牵制金国一部分兵力,都是宋军恢复中原的有利条件,赵构深怕大将北伐成功,危害自己的帝位,绝不愿利用各种力量,争取胜利。

绍兴十年五月,金主令都元帅宗弼率孔彦舟、郦琼、赵荣精兵十余万趋开封,镊哷贝勒出山东,完颜杲入陕西,李成入河南。宋守官多是金、齐旧官,纷纷迎降,不到一月,赐宋土地尽入金国。赵构、秦桧也觉无话可说,而且金兵大举侵入,不得不暂时对主战派略微让步。主战将领刘锜率八字军守顺昌府(安徽阜阳县),金兵屡攻不下。宗弼怒责诸将无功,诸将道,今天的南军,不比往昔,元帅亲到城下自见。宗弼率拐子马(马被铁甲)进攻,秦桧奏请赵构令刘锜弃城退兵,锜得诏不从,出兵死斗,宗弼大败逃遁。岳飞驻德安府(湖北安陆县)奏请进兵,赵构急命李若虚面谕岳飞兵不得轻动,应退守不进。飞不听。若虚道,我愿受错传圣旨的罪名,算作朝廷许你进兵。飞大喜,即日出发,大败韩常兵,收复颍昌(河南许昌县)、淮宁(河南淮阳县)两府。韩世忠军攻下海州(江苏东海县),王德军攻下亳州(安徽亳县)。开始交兵,宋军大占优势,宋官洪皓(先前被金拘留在燕京)遣密使来奏称金人顺昌败后,震惧丧魂，准备退走，请出兵直追，勿失机会。赵构、秦桧却怕刘锜追敌，严令退军。岳飞率轻骑驻郾城（河南郾城县），大军驻颍昌府，命诸将分路出战，兵势甚锐。金军屡战不胜，死伤奇重。宗弼自率拐子马一万五千骑逼郾城，飞令步兵持麻扎刀斫马足，全军奋击，大破金军。宗弼痛哭道，自从海上起兵，全靠这马取胜，现在完了！飞奏称金人锐气已挫，将弃辎重渡河北走，中原豪杰响应，本军将士用命，时不再来，机难轻失。秦桧正谋讲和，知飞意坚不肯轻退，急令张俊、杨沂中、刘锜退回，使飞军孤立失援。宗弼逃归开封，飞进驻朱仙镇，距开封四十五里。宗弼惊惧想逃河北，有书生扣马说道，岳飞快退兵了。宗弼问缘故，书生道："从来没有权奸在内，大将能在外而立功的，岳飞性命快不保，还能进攻么？"飞早先（绍兴五年）派遣将官梁兴渡河趋绛州（山西新绛县），号召太行两河豪杰人民秘密输送食粮助义军，此时配合飞军屡败金兵，中原大震。金国将士如韩常等密约归降，飞大喜，对部下说："直抵黄龙府（辽宁开原县）与诸君痛饮一场。"正准备渡河，赵构、秦桧藉口岳飞孤军不可久留，勒令退兵。飞一天接到十二道金字牌（朱漆木牌上写黄金字，日行五百余里，有极紧急军机，直接自御前发出）。飞愤惜流涕，向东（赵构在杭州）哭拜道，十年苦功，一朝废毁。下令退军。民众拦马哭告："我等顶香盆运粮草，迎接宋兵，金人都知道，我们还能活么？"飞悲泣道："我不得擅留。"军民号哭，声动天地。飞军退还武昌，颍昌、淮宁、蔡、郑等地，又被金人夺去，中原豪杰从此绝望。

金人收复河南地，还怕汉人不服，创立屯田军，迁女真、奚、契丹人五六万入居中原，计户口授田，与百姓杂居，春秋两季酌给衣料，出兵始给钱粮，杀敌（忠义军）立功，优赐官赏。燕以南、淮以北乡村间都筑屯田军堡寨，镇压汉人。

赵构、秦桧罢岳飞、韩世忠兵权，张俊深忌飞与刘锜善战立大功，屡言岳飞藉口缺粮，逗遛不进，刘锜作战不力。秦桧令御史万俟卨（音莫其契）、罗汝楫争先奏攻岳飞不忠，谋叛。宗弼给秦桧密书道："你朝日夜请和，不杀岳飞，我决不许和。"桧也知道岳飞不死，和议难成，自己的相位也难保，专力谋杀飞。令张俊逼飞部将王贵、王俊诬告张宪谋逆，桧捕岳飞及义子岳云入狱。桧想加飞违抗命令、拥兵逗留、图谋反叛等大罪，丝毫寻不出证据，索性用"莫须有"（也许有）的罪名硬指岳飞叛逆，令狱官在狱中杀飞。（绍兴十一年十二月）

岳飞死后，韩世忠闭门谢客，绝口不谈兵事，幸得保全生命。其余凡主战及同情岳飞的官员，或编管（囚禁）或暗杀（如牛皋、邵隆），不留一人。绍兴十二年正月和议成功，两国划定淮水中流为界。赵构进誓表道："臣构言：既蒙恩造，许备藩国，世世子孙，谨守臣节。每年皇帝（金主）生辰并正旦，遣使称贺不绝。岁贡银二十五万两，绢二十五万匹。"金主封赵构为宋国皇帝。赵构认秦桧有莫大的功绩，封他做宰相兼枢密使，总管军政大权。人民恨秦桧切骨，小军官施全路上谋杀秦桧，被捕审问，施全大骂道，全国人民与金为仇敌，你独卖国投降，我不杀你杀谁？桧怒，押全到市上凌迟处死，市人莫不流涕。

第四期——绍兴三十年至赵扩嘉定十年，凡六十二年。两国间发生三次儿戏战。

绍兴三十年，金主亮发女真、契丹、奚三部正副兵二十四万，中原汉儿(辽、金称汉人为汉儿)及渤海兵十五万,分二十七军大举伐宋。先派使官见赵构,当面厉声侮辱,构逃到屏风后掩面哭泣。群臣请用兵拒敌,构犹豫不能决,最后才不得已起用老将刘锜为江淮制置使,但仍不给他兵权。金兵渡淮,宋文武守官纷纷逃走,平时搜括的粮草,堆积如山,都被金兵取用。金军长驱直入,如走无人的境地。刘锜率军进战,赵构发金字牌令锜退兵守长江,锜不从,终因别路宋军溃散,势孤退至镇江。赵构决计遣散百官,浮海避敌,宰相陈康伯等力劝,暂留杭州观望形势。金主亮至和州(安徽和县),临江筑高台,督军渡江。宋将多弃军窜逃,兵士失主将,不能作战,又不愿溃散,幸得虞允文集合兵士守采石镇(安徽当涂县),金不能渡。山东、河南忠义军首领赵开、刘异(異)、李机、李仔、郑云、明椿、王世隆各举义旗聚众攻袭金军后方城邑,金国又起内乱,完颜亮在军中被杀,全军退去。金主完颜雍继位,两国复和。第一次儿戏战就此结束。

绍兴三十二年赵构传位给养子赵眘(慎,孝宗),改元隆兴。赵眘锐意恢复,隆兴元年五月,命张浚督李显忠、邵宏渊率师北伐,军至符离(安徽宿县)遇金兵,不战大溃。六月,张浚奏请辞官,并请遣使乞和。赵眘用主和派汤思退做宰相,次年,和议成,宋主称金主为叔父,岁币银、绢各减五万两、匹,疆界照旧(赵构时定界)。第二次儿戏战就此结束。

金、宋休兵三十年,赵扩(宁宗)时,外戚韩侂胄排斥宰相赵汝愚,独占政权。韩、赵两派徒党激起冲突,侂胄想乘蒙古攻金,金人衰弱的机会,北伐立功,保持相位。赵扩开禧元年出兵伐金。二年,金兵来侵,宋兵溃败。宋君臣大惧,斩侂胄头献金谢罪,议定宋主尊金主为伯父，岁币银、绢各三十万两、匹，又献犒军银三百万两，赎回失地。第三次儿戏战就此结束。

赵扩嘉定十年，宋与蒙古约定夹攻金国，重复赵佶约金攻辽的故事，金亡，宋也跟着灭亡。

第二节　南宋的腐朽政治与道学的提倡

赵构坚决违反众意，专力讲和，他经常申明讲和理由道："南、北（金）军民十余年间不得休息，我甘愿屈辱求和，救军民的痛苦。"又道："止要百姓得免战争的痛苦，我那怕忍受耻辱。"他口头上不仅爱南方军民，连北方军民他也爱了，可是实际行为，却大谬不然。

照他说，对金贡献岁币是人民的利益。贡献情形是每年先送银一百铤、绢五百匹，过淮见金官呈样。到期由献币官带将官一员、兵三百人，押民夫搬运银、绢到淮河北岸交割。金人需索作难，藉口绢质不良（规定红绢每匹重十两，浙绢每匹重九两），十退八九。宋国通常献纳贿银一千三百余两，金三十五两，木棉布三十六匹，白布六十二匹，酒三百四石（布、酒折银六百二十两），本色酒二千六百瓶，茶果杂物无数，又贴耗银二千四百余两（赵眘以后，逐年例增二百两）。往返数月，金国大小官吏索贿满意，才肯通融收受，但仍十退四五。民夫连夜搬回南岸，换取新绢。贡币以外，每年遣使臣贺金主正旦生辰，带去礼物金器一千两，银器一万两，彩段一千匹，其他香茶、药料、果子、钱、帛杂物无数。有时派遣泛使（特使）带去礼物加倍。两国互贺正旦生辰使每年往返八次，每一使官路上赐御筵四次,每次费钱一万八千五百余贯,总数五十九万贯。沿途供应,还不在内。金宗弼临死告将帅们说:“江南(宋)累岁贡献银币,那得不重敛百姓,敲骨剥髓,人心离怨,一定要灭亡,我们应该借它来警惕自己。”

宗弼也知道讲和就是害民,宋朝君臣却认定安民必须讲和,足见所谓安民,并不是安劳苦的人民,而是统治阶级借安民名义,向仇敌购买暂时苟安,好对人民进行刻剥来满足自己的贪欲。

南宋整个统治阶级从建国到亡国,始终过着淫侈腐朽的生活。因为它是北宋的继续,赵佶时代各种恶习,不仅丝毫没有改革,反而尽量发扬起来。所以南宋的政治,比北宋更加恶劣,人民的生活,比北宋更加惨痛。

从皇帝到僧道讼师,大体是这样生活着。

皇帝——赵构生性淫侈,不愧是赵佶的儿子。他在杭州大造宫殿,御花园多至四十余所。又特置御前甲库,搜集技艺精巧的百工,制造各种奢侈品。他年老退位,居德寿宫,养子赵昚借孝养名义,穷奢极侈,买他的喜欢,可是他并不满足,还要求新立异,任性浪费。他曾造大石池,用水银当水,池中满置金制鸭和金制鱼。即此一端,其余可想。赵构开端,子孙继承,奢侈成风,有增无减。例如皇帝生个儿女,要用罗二百匹、绢四千六百七十四匹、金二十四两八钱七分四厘、银四千四百四十两。皇子每日食单,有珍肴数十种。土步鱼止取两腮(像围棋子大),蝤蛑(海蟹)止取两螯,余悉抛弃,认为不堪食用。偶有人拾取,厨官笑骂道,你们真是狗儿,什么都能吃。皇帝出宫,有仪仗队一万二千二百二十人。某次赵构到张俊家游玩,张俊供奉精美食品数百种,进奉宝器古玩书画数百件，金器一千两，珍珠七万颗，犒赏下级随从用罗一千匹，钱三万贯，肉三千斤，酒二千瓶，烧饼二万个。宋末，高斯得说："当今两大财蠹，第一是军队，第二是皇室。"凡是后妃、阉宦、宗室、外戚等人，都靠着皇帝尽量浪费。

官吏——赵构、秦桧最喜任用贼官。官吏不献贿赂，不能得差遣。贡献合格，无论怎样贪污，被人控告，也决不惩罚。因此南宋大小官吏（中外文武官四万三千员），对上行贿，对下暴敛，成为定例，无需隐讳。陈自强做宰相，官员们上书，信封上必需写明"并献某某物"，否则搁置不阅。行贿以外，还得献媚。程松谋升官，买一美人取名松寿，献给韩侂胄。侂胄问，怎么与你同名。程松答，为要贱名常达尊听。侂胄欢喜，便给同知枢密院四川宣抚使的官职。许及之谋升官，跪在侂胄面前，哀求哭请，也得同知枢密使。侂胄做寿，许及之迟到一步，大门已闭，赶忙从门闸下爬进去，登寿堂行礼。某次侂胄带着一批官员游山庄，指竹篱茅舍说，这真是田野间气象，可惜没有鸡狗声。说话未了，忽闻草中有狗狂吠，仔细一看，原来是临安府尹赵侍郎伏在那里学狗叫。这止是举些例证，不堪的丑事还多着哩。当时回回国输入一种麻醉药，叫做押不芦，磨少许和酒饮下，即时死去，数日后另灌解药少许，即时复活。贪官污吏，赃秽太甚，被仇人追究，多饮这类麻醉药装死，称为服百日丹（药名）避难。

军队——赵构奖励军队腐败，专用庸驽贪污人做将帅。张俊、刘光世、杨沂中三大名将高爵厚禄，穷极富贵，安享淫乐，兵士从不训练，或使为工匠，或使为商贾，或使为奴仆，强令做不当做的事，又强夺应当得的粮饷。偶遇敌军，照例奔溃。如李显忠不战逃退，奏称获捷立功，官兵五千二百零五人，都该受奖。赵构不待查核，一律加赏。赵构称武臣中无人比得上张俊，韩世忠相差万万，岳飞更是叛逆该杀。刘光世沉迷酒色，听人谈恢复，立即动怒。杨沂中混号髯阉（有胡须的阉宦），善能奉迎，像个阉人。这样的大将，赵构才敢任用不疑。赵构以后，江、淮、荆、蜀等边镇，主帅私吞粮饷，兵额止存半数。朝廷贱视武人，武职当作儿戏。无赖吴某有房中术，献给贾似道，似道大喜，赏吴某勇爵，得做军官。刻字匠王用和替似道刻字帖，也得赏勇爵。国家最大的支出，就在这样的军队中消耗了。

太学生——靖康时太学生陈东率众数次伏阙上书，主持公论，大得人民的称道。赵构杀陈东、欧阳澈。伪齐刘豫称帝，首在归德府（河南商邱县，宋时称南京）建陈东、欧阳澈庙，封东为安义侯，澈为全节侯，企图收揽人心。赵构在杭州，也止得下悔过诏，封东、澈为朝奉郎，赐官田十顷，抵制刘豫的阴谋。他受了这个教训，对太学生采取利诱政策，不敢过度压迫。此后权奸多利用太学生作攻击政敌的工具，太学生也借议论朝政，制造虚名，做升官门径。贾似道善能收买学生，悬赏格（官和钱）征文，末等还得赏钱数百贯。学生们喜出望外，歌功颂德，说天下已经太平，贾相公功高无比，当时有这样一首讥刺诗："鼙鼓（战鼓）惊天动地来，九州（中国）赤子（人民）哭哀哀，庙堂（朝廷）不问平戎策，多把金钱媚（讨好）秀才。"后来元兵灭宋，元宣抚使尤某镇守临安，太学生穷困无聊，拥尤某轿前叫呼道：平章（尤某官号）今天饿杀我们秀才啦。卫兵乱打不散，尤某摸大袋里中统小钞（元朝纸币）撒地上，学生们得钱才散去。蒙古岱镇守江西，出钞、帛、酒、米收买士人，蒙古岱死后，士人作祭文道："公来何暮（晚），公去何速，呜呼哀哉，江西无福。"宋朝收买士人歌颂功德，救不了危亡，止是养成无耻贪利的学风罢了。

僧道——朝廷立价出卖僧尼道士度牒（每度牒一张，约卖钱七百贯至一千贯）。收容数十万（绍兴二十七年道士一万人，僧二十万人，无度牒僧不在内）安闲坐食的僧道在寺观里。例如明州僧寺大小二百七十六所，只鄞县一县，城内有寺二十六，城外八十。天童寺日饭千僧，育王寺日饭七八百人，行（无度牒僧称童行）、仆（僧寺仆役）数略相等。天童岁收谷三万五千斛，育王三万斛，又多开设长生库（当店），剥削穷民。富贵人家丧事，雇僧人唱【降黄龙】等曲，少年僧养长指爪，弄花鼓锤，专讨妇女的喜欢。理学家口称恨不打碎他的秃头，但仍斋僧诵经，追荐亡魂，说是采用半今（用僧道）半古（祭品用荤腥）的办法。

讼师——南宋讼师业特别发达。江西著名讼师多立讼学校，教授告讦（音揭，揭发阴私）法，学生常数百人。浙江有业嘴社，专学诡辩，颠到是非，欺压乡民。

从皇帝到讼师，都是过着害民的生活，可是一百五十年中，没有发生大规模的农民起义，这也许是行施了下列几种新统治术的成效：

激赏库——厉行保甲制度，十大保为一都保，凡二百五十家，选最强最富二人为正副都保正，专管火灾、盗贼，不管别事。各州郡设激赏库，存积钱帛，平时不得动用。一有盗起，立即开库出重赏募人逐捕，很快就擒获。凡犯强盗罪，处死刑。如罪轻免死，额上刺强盗二字，两颊又刺若干字，防止再犯。对待流氓小偷，却极宽纵。成都翦绺贼佩带钥匙数十个，公然师徒传授，成为专业。临安游手多至数万，首领家中妻妾罗列，屋宇华丽，与贵家子弟或太学生结交，机诈百变，骗取财物，官府不加罪责。

慈幼局——贫家子女无力抚养，许随时送局，有乳媪代为保育。无子女人家得到局认领当养子。

和剂惠民药局——朝廷岁费钱数十万贯，搜集灵验药方配成官药出售，价比市价减三分之一。局官作弊，用樟脑代冰片，用台附（台州产附子）代川附。药方错误，从不改正，如牛黄清心丸凡用药二十九味，其实本方止用药八味，其余二十一味是中山芋丸方，不知何故混入清心丸。贵重药制成，照例被朝官富家取去。当时人戏称惠民局为惠官局，和剂局为和吏局。

赵佶令州郡创立居养院（养老院）、安济坊（乞丐收容所）、漏泽园（掩埋穷人尸体），当时有"不养健儿（兵士），却养乞儿，不管活人，只管死人"的谚语。这种小惠政策，南宋继续行施，如雨雪过多，官府散放一些钱给极贫人，表示爱护贫民，的确起了欺骗的作用。

朝廷对士大夫，一面利诱，一面禁止正直言论。赵构、秦桧怕人诽谤和议，令各州郡所有刻板书籍，并用黄纸印一部，送秘书省查看。各郡试士文卷，赵构亲自批阅。朝臣做诗文或言谈，动被指为诽谤。如范彦挥因作夏日久阴诗，芮晔因作牡丹花诗，贾子展因醉后有嘲笑语言，李孟坚因父李光撰《野史》失实等罪，流窜恶远地方编管。江山（浙江江山县）人毛德祖喜大骂高谈，某次来临安应考，有友某在茶肆中遇见他，戏与作耳语道："你向称敢言，不知秦太师（桧）如何？"德祖大骇，掩耳狂走，连呼放气（屁）放气。南宋一代，言论限止极严，止许歌功颂德，说些庸庸碌碌的话，"熟烂委靡，人才凡劣"（陈亮语）是限制言论必有的结果。

赵构知道单靠言论限制，还不能促使全国人民的思想陷入麻痹状态，也就是自己的地位还不能看作巩固无虑。他认定北宋程颐一派的儒学（理学、道学）最适合麻痹人民思想的用途。建炎二年，他逃到扬州，用杨时做工部侍郎。杨时年七十五岁，是程颐的得意学生，赵佶时投蔡京门下，得秘书郎官职。他做官无声无臭，不讲时政是非，止讲些《大学》、《中庸》，天理性命，正心诚意，庸言庸行一类教人服从长上（不论长上怎样恶劣）、奴颜婢膝的学问。他初见赵构，就说："自古圣明的皇帝，无不首先讲求圣学。"所谓圣学，自然是指程颐学，很合赵构的志愿。秦桧作宰相，更助赵构提倡圣学。绍兴元年，追赠程颐为龙图阁直学士，下诏确定程颐是孔子的嫡传。绍兴五年，杨时老病死（八十三岁），献上生平最大著作，只是一部书叫做《三经义辨》。举国若狂讨论着的和战问题，杨时是一字不提的，赵构赏他银二百两、绢二百匹。宰相赵鼎尊程颐学，凡伊川（程颐）门人，不论真假，都赏官做，因此程学大兴，互相传授，成求仕捷径。赵构、秦桧用人，凡稍知是非，不肯随声附和的正人，无不斥逐废弃，凡龌龊顽钝，嗜利无耻的小人，无不欣赏擢用，偶有不合，叱责侮辱，视同奴隶。士人要适应这样的做官环境，非研习程颐、杨时学术不能成功。赵昚时别一派理学家陈亮奏称："今世儒士，自以为得正心诚意的圣学，其实都是风痹（麻木不仁）、不知痛痒的人。国家奇耻大仇，漠不关心，群众埋头拱手高谈性命天理，不知性命天理，究竟是什么。朝廷委任庸人，笼络小儒，敷衍度日，臣不胜愤慨之至。"

程颐学派传到朱熹，号称道学全盛时代。朱熹讲正心诚意的道学，被认为登峰造极。他本人的行为，并不与他口说符合，虽然他声名大，徒弟多，经长时期的修饰隐讳，似乎装成圣贤模样，可是不能掩尽的行迹，却依然流传。例如朱熹与陈亮友善，陈亮游台州狎官妓，求台州太守唐仲友代为脱籍。仲友轻视陈亮，不肯出力，亮怒，往见朱熹。熹问小唐说些什么？亮答，唐说你字都不认识，如何做得监司（大官）。熹怒，借查冤狱名义，巡按台州，立夺仲友官印，奏告他的罪状，仲友也上奏自辩。官妓严幼芳色艺冠一时，熹捕幼芳强令供与唐通奸，幼芳备受鞭杖，抵死不认。她说："我是贱妓，与太守通奸，止是杖罪，不过是非真假，岂可乱说，我宁死不能诬人。"熹再三痛杖，逼令认奸，幼芳受刑不屈。赵昚起初看朱、唐互告，只当是秀才争闲气（闹意气），后来看朱熹冤人过甚，令朱、唐二人都罢免才了事。其他如迷信风水，掘别人的墓地，葬自己的母亲；娶尼姑二人作宠妾；托名邹䜣注释《参同契》（炼丹书，东汉道士魏伯阳著）；标榜俭德，不让老母吃好米。这都是南宋人的记载，应该可信。

朱熹死后，他的门徒遍布朝野，他的道学大被朝廷推崇奖励，他的学说，成为一种定型的社会意识形态。曲解的片面的忠孝节义等等封建伦理，灌输到下层民众，立即起了物质的力量。起义反抗的精神削弱了，腐朽的统治阶级，得朱熹道学的助力，确实不小。

南宋四个大奸相秦桧、韩侂胄、史弥远、贾似道无不提倡程颐、朱熹的学说。韩侂胄因与赵汝愚争权，压迫朱熹（朱与赵同派）称为伪学，但仍尊信程颐。贾似道看透道学中人昏愦冬烘，高巾破履，貌似清高，行实卑污，空谈正心诚意、修身齐家、治国平天下，实际言行了不相顾，无一事能为。贾似道独掌朝政，怕人分他的权势，专引用道学中人做大官，知道他们不会别立主张，与自己对立。果然，贾似道淫乱妄为，使南宋灭亡，道学家从不表示一些相反的意见，宋亡后，相率投降元朝，依然还讲他们的道学。

第三节　继续发展中的南宋经济

南宋领土仅存浙东、浙西（江苏一部浙江全部）、淮南东、淮南西（江北淮南）、江东、江西（江苏安徽一部江西全部）、湖南（湖南）、湖北（湖北一部）、西蜀（四川）、福建、广东、广西、京西（湖北北部）等路。淮河以北，大散关（陕西宝鸡县）以东，尽陷入金国。领土不及北宋三分之二（北宋全国一千二百三十四县，南宋七百三县），国家岁入却与北宋全盛时代约略相等（赵祯皇祐元年，岁入一万二千万贯。赵曙治平二年，岁入一万一千万贯。南宋末年，岁入一万二千万贯）。这说明南宋剥削的严重，同时也说明南宋经济的发展。

（一）土地

经界——赵顼、赵佶曾行方田法，终因豪强形势家反对，停止推行。赵构逃到东南，竭力搜括财物，对田赋自不能轻易放松，他下了“派兵剿杀”的决心。绍兴十二年，任李椿年专办土地经界（清丈田亩，依亩数课税），先从浙西平江府（苏州）开始。淮东、淮西、湖北、京西四路因是边境，人少地荒，福建路漳、汀、泉三州在深山穷谷中，适有盗军何白旗起事，朝廷不敢得罪豪强，允许享受漏税权利，其余各路，绍兴十九年，经界大体完毕。北宋豪强田多税轻或免税，农民田少租税特重的恶制，经南宋清丈以后，贫民下户不合理的负担，多少有些改变。当然，新的不合理负担依然又加上了。

圩田水利——朝廷为增加岁入，奖励州县官修陂塘水利，如潭州修复五代时龟塘田一万顷，绍兴府疏浚会稽、山阴、诸暨三县旧湖，萧山县筑海塘防潮灌田，兴元府开山河堰，溉南郑褒城两县田九十三万亩，镇江府修复练湖，溉田百余万亩，临安府开拓西湖，禁止豪强侵占。其余较小灌溉事业，为数当也不少。江东路又有一种圩田，凡低洼水地，四周筑高堤，沿堤造水闸，闸下开港渠，引水溉田，每年丰收，不遭水旱。如建康府官产新丰圩有田九百五十余顷，租额每年三万石，宁国府（安徽宣城县）惠民、化成等圩周围四五十里，太平州（安徽当涂县）延福等五十四圩周围一百五十余里，芜湖县圩岸大小不等，周围总约二百九十余里，通计当涂县圩岸共约四百八十余里。堤岸高阔壮实，靠水一岸，种植榆、柳。其余民圩甚多，大抵是不碍水道的圩田，有利无害。官圩每图私利，横截水势，一遇泛涨，冲决民圩，如赵构赐秦桧永丰圩，有田一千顷，桧大动公款，修筑堤岸，从此宣、池、太平、建康四州府，常遭水灾。圩田起北宋末，至南宋始盛行，水乡泽国，变成丰饶耕地，确是农业上一种进步。

湖田、围田——浙东明、越两州地势，湖比田高，田比江海高，旱年放湖水溉田，涝年决田水入江海。从北宋时起，官府豪强侵夺湖面造田，称为湖田。绍兴府鉴湖周围三百里，阆州（四川阆中县）南池周围数百里，南宋时侵占几尽。浙西太湖四旁低地，多被文武官员占据，筑长堤防水，称为围田或坝田。湖田、围田都是权臣贵族的私产，不畏水旱，附近民田，旱年不得灌溉，涝年悉被水淹没，受害极大。朝廷因租课减损，屡下诏废罢湖田、围田，恢复各湖旧面积。诏令的效力,未必能废已成的田,止要豪强造田略受限制,对农民多少有些利益。

兼并——北宋官田极少,南宋相反,朝廷所有官田,包括圩田、湖田、围田以及没收犯罪官吏与女户、绝户田产。赵扩时每岁收入租米七十二万二千七百斛,租钱一百三十一万五千贯。权贵豪强,占田无限,有的岁收租米多至一百万石。农民耕种小块土地(少至一二亩)被官吏百端诛求,想卖田还债,找不到受主,想弃田逃走,舍不得妻子(保甲法极严,全家逃走不可能),唯一出路止有将田地无代价献给富贵人家,充当佃户,托庇主人权势,得免官税和官役。照叶适说:"有田的不自耕,能耕的没有田,对官府直接纳税和服役的农民,不及农民总数三分之一,三分之二以上是地主家的佃户。"照洪迈说,佃户耕豪富家田,对半分租,称为主客分。还有官吏恃势夺田,成为惯例。如溧阳县官陆子遹,取福贤乡围田六千余亩献宰相史弥远,弥远赏钱每亩十千文。子遹追田主索田契,激起反抗,派兵杀伤数十人,擒田主多人入狱,灌尿粪逼写献契,一钱不给,子遹立成巨富。

公田——土地兼并这样严重,某些统治阶级中人,也不得不注意到补救的办法。第一,朱熹的经界法,主张地主负担租税。朱熹做漳州知州,奏称:"绍兴时漳、泉、汀三州没有经界田地,小民往往产失税存,不胜冤苦。官吏豪强共同作奸,有田人家报称逃亡,租税令无田人均摊。止有进行经界法,才能公平。"朱熹因事革职,所请不得行。南宋末,贾似道行经界推排法,权贵僧道,仍多隐漏,人民尺寸土地,无不上税。第二,林勋的均田法。林勋写一部书叫做《本政书》献给赵构,他主张分农民为三等,占田五十亩以上为良农，不足五十亩为次农，无田为隶农。良农一人五十亩为正田，必需自耕，余田为羡田，必须分给次农、隶农耕种，依本地惯例收租。良农不许买田，止许出卖羡田。次农不许卖田，止许收买羡田，补足五十亩，升级为良农。隶农也止许买羡田至五十亩。如良农不愿出卖羡田，应等待他的子孙分家，官府不得苛夺。他这种空想，自然不会采用。第三，贾似道的公田法。南宋末年，国家岁出超过岁入一倍，滥发楮币（纸币），物价飞腾，无法收拾。农民大批破产，朝廷搜括所得，远不敷需求的数目。赵昀（理宗）、赵禥（度宗）任贾似道做宰相，决计夺官户势家逾限（依官品高下，定占田亩数，限外田卖给国家）的田亩，来补救亏空。公田法先从浙西路试行。预计可得一千万亩，岁入租米六七百万石。收买价规定每租一石，朝廷给田主楮币四十贯（实际田价每亩最高额一千贯）。每乡立官庄一所，派富家作庄官。每租一石，明减二斗，名义上不许多收，实际佃户仍受害不少。后来废庄官，改为召佃，或一二千，或数百亩，召人承佃（包租），减租二分，优待承佃户。公田法推行以后，大小地主怨入骨髓，元兵又已深入，朝廷议无偿还田给原主，不及行施，宋已灭亡。

（二）农业

南宋财赋所出，号称江、浙、川、闽，两浙尤居首要地位，大抵闽不及江，江不及川，川不及浙。这与当时各地农业技术的高下，恰相符合。浙人治田，深耕熟犁，土细如面，插秧坚密。大暑时节，决放田水，受太阳晒曝，使苗根坚固，称为靠田。苗根既固，再车水入田，称为还水。还水以后，遇旱不枯，多得丰熟，上田亩收五六石，谚语称“苏湖熟，天下足”。川人治田，春耕前村中父老约束子弟，禁止饮酒、赌博、辞讼、游嬉、争斗，专力耕种。四月草生，同村农夫通力合作，共耘田草。盛夏烈日如火，田水如汤，耘耨尤苦，父老掌漏刻（记时器）定工作休息时间，击鼓为号，怠惰有罚，勤劳有赏。川人用力甚勤，常得丰年。江东人治田，耕地不熟，地力不尽，稂莠杂生，不耨不耘，陂塘不修，圩埂不固，旱不知备，涝不知防，又好辞讼争斗，荒废农时，土地虽然膏腴，收获常得中平。福建地薄民惰，常年仅能自给，岁歉（荒年）多聚众为盗。其他地区，两淮、京西湖北，生产破坏，始终不能恢复。湖南止鼎、澧两州（杨么旧根据地）垦地还多，此外一望荒凉，开荒农民都是江南狭乡流来的贫户，无力发展生产。广西垦田不及可耕地百分之一，耕地仅破土地，不深不平，就田点种，不知移秧，种后旱不灌水，涝不疏泄，不加肥料，又不耘耨，全任自然。静江府（广西桂林县）农民先用踏犁（人力）耕地，再用牛平土（牛贵易死，不敢使耕），踏犁耕五天，止当牛犁耕一天，这在广西已算最进步的技术，广东较广西较好，但仍比不上福建。

（三）租税

田租——绍兴推行经界，农民负担丝毫没有减轻。因为朝廷本意在征取豪强隐匿的租税，原不曾为农民利益着想。正税以外，增课附税，税米一斛，附加到五六斛，税钱一贯，附加到十八贯。朝廷尽取州县所收租税，不留赢余，地方用费，州县官不得不别立名目，巧取附税。后来朝廷又尽取附税，州县官再设法附外加附，朝廷贪得无止境，人民负担加重也无止境。官户豪家止纳正税，比农民轻微得多。

杂税——建炎二年，赵构初到扬州，不敢公然加田赋，别创所谓经制钱，内包添酒钱、添卖糟钱、增收一分税钱、增添牙税钱、头子钱、楼店务增添三分房钱等等名目。绍兴五年，改称总制钱，名目更烦琐，收入更增大，赵昚时岁收一千七百万贯。赵扩时四川岁收九十万贯，其他诸州共收七百八十余万贯。经制钱以外，绍兴二年又创所谓月桩钱。就是朝廷不问钱从何处来，只问州县官每月要钱供用。其中名目有曲引钱、白纳醋钱、卖纸钱、户长甲帖钱、保正牌限钱折纳、牛皮筋角钱、两次诉讼不胜罚钱、胜诉欢喜钱等等。仅浙西一路，朝廷额收七十万贯，官吏额外又多取一半，人民负担在一百万贯以上。月桩以外，又有所谓板帐钱，取钱方法更卑劣。人民纳米要增收"耗剩"，交钱帛要多收"縻费"，陷害富人犯罪，得重科罚款，纵容胥吏妄为，得抽取赃物，诸如此类，不可遍举。月桩板帐每县定额数千贯至一万贯。赵昚时叶适说："中产人家以前还能耕织自给衣食，现在流落为盗贼、为饿尸了，如果经制等钱不停收，州县衰敝，生产破坏，是无法挽救的。"

差役——官户、寺观户、太学生、曾应科举士人、单丁户、女户（无夫无子的女人，死后称绝户，财产入官）、孤幼户得免差役，其余民户都得充役。充保正每岁要费钱数百贯，充保长费钱百余贯，充户长费钱数十贯，不幸遭遇意外事故，费钱更无限度，连赵构也知道人民充一次役，即便破家。可是南宋役法，备极苛虐，比北宋加重一倍以上。

（四）商业

公卖——卖盐收入最大。唐李豫大历末年，岁收盐利六百万贯，占全国总收入的半数。北宋赵煦元祐间，淮盐与解池盐岁收四百万贯，比唐全国盐利总数已达三分之二。赵构绍兴末年，仅泰州（江苏泰县）一处收钱六七百万贯，与唐盐利总数相等。南宋全年盐利收入约一千九百万贯。卖酒岁收约六百九十余万贯，卖矾岁收，仅昆山一处约四万贯，卖茶岁收约二百七十余万贯（每岁产茶一千五百九十余万斤）。香料公卖，南宋始盛，赵昚时每岁收入约二百余万贯。

国内商业——南宋都市人口集中率远超过北宋。北宋赵佶时开封府户数达二十六万，南宋临安府赵构时二十万户，赵禥（度宗）时三十九万户。上列数字，不必完全可信（马可波罗估计杭州居民当有一百六十万家，未免夸大过甚），都市在发展中却无庸置疑。照周密（宋末元初人）说，杭城除去有米人家，靠籴米过活的凡十六七万人，每人日食二升计算，非三四千石不可。南北二厢（郊）以及往来旅客还不在内。米市每天交易四五千石，其他商业略可类推。照《古杭梦游录》所记，杭城自五间楼北到官巷南到御街，两行多是上等金银钞引交易铺（钱店），凡百余家，门前陈列金银现钱，叫做看垛钱。融和坊北有珠子市，买卖用万贯计算。贯家富室多在珠子市居住。有大质库（当店）十余处，非万贯以上宝物不收当。又有大彩帛铺，出售上细疋段，锦绮缣素都选最高品。和宰门外新路南北有早市，买卖珠玉、珍异及花果、时新、海鲜、野味，清河坊、洋坝头、官巷口、众安桥一带，多是食物店铺。街上最拥挤热闹，夜市很多，中瓦前夜市最大，扑卖（竞卖）奇巧器皿、百色物件，与昼市无异。其余坊巷市街，多有酒楼歌馆，直到四更才静息，五更时趁卖早市的店铺又起来开张。不论四季昼夜，殷盛如一，单说一部分饮食店,如酒店、分宅子酒店、花园酒店、直卖店、散酒店、庵酒店、罗酒店等名目。庵酒店有伴宿娼妓,可以就欢。其他酒店,娼妓止伴坐客笑谑,不在店内卖淫。茶店分大茶坊(张挂名人字画,供客消遣)、人情茶坊(借饮茶为由,多出茶钱)、水茶坊(娼妓卖茶诱客,市头诸行雇觅工人及卖手艺人会聚的茶店),又有一种茶店,专为娼妓家父兄(俗所谓乌龟)聚会的场所。普通人家办酒筵,专有店铺承应。酒筵店包括四司(帐设司、厨司、茶酒司、台盘司)、六局(果子局、蜜煎局、茶蔬局、油烛局、香药局、排办局)伺候宾主,非常周到。

外州县城下至乡村市镇,商业也普遍发展。如明州鄞县辖一镇八市,建康府辖十四镇二十余市。这种市镇的商税额有的数千贯,有的一万贯。两浙坊场(乡村市镇)一千三百三十四处,岁收净利钱八十四万,平均一处抽税六七百贯。

国外贸易——金、宋间陆路贸易,主要是茶叶。海上交通自南洋群岛远达阿剌伯,中国输出品是丝织物、磁器、漆器、茶叶等,输入品是各种香料、犀角、象牙、玳瑁、珊瑚等。通商港口主要是广州、明州、泉州三处。明州有日本、高丽商船往来,广、泉二处专通南洋。管理通商的官府称市舶司,有时也任用外国人。宋末,做泉州市舶司三十七年,财产惊人的蒲寿庚,就是归化中国的大食(阿剌伯)人。

(五)工业

火器——南宋火器进步很快。绍兴二年,陈规守德安府,用火枪破敌。火枪制法,后来金、元战争中还保存着。法用敕黄纸十六层为筒，长二尺余，装柳炭、铁滓、磁末、硫黄、砒霜等药，用绳缚在枪头，军士各带小铁罐藏火，临阵燃放，火出枪前丈余，药尽筒不损坏。赵昀时，发明突火枪，用巨竹为筒，内安子窠（子弹）燃放炮（引火线），子窠发出如炮声，射远一百余步。同时，金国制造飞火枪，止射十余步。岳飞攻杨么水军，制造灰炮，用极脆薄瓦罐装毒药、石灰、铁蒺藜，临阵投敌船，灰飞如烟雾，敌兵不能张目。陈规守德安，制造泥炮破敌。绍兴三十一年，虞允文守长江，用霹雳炮破金水军。法用纸包硫黄、石灰等药，投敌船附近水上，硫黄得水发火，自水跳出，纸裂，石灰散为烟雾，这比灰炮进步了。赵禥时，仿制回回炮，制成后，远比原炮便巧。同时，金国抵御蒙古，用火炮名震天雷，用铁罐盛药，点火爆发，声大如雷，半亩内人物都烧毁。南宋炮能射远攻城，金国炮只能从城上投下。大抵火器南宋胜金，金胜蒙古，三国战斗力却正与火器相反。

南宋边镇多设火药库，雇技术工人制造火药。元灭宋，用北人代替扬州火药库南方工人，北人不谙药性，碾硫不慎，光焰忽起，迅速延烧房屋，透人炮房，诸炮并发，声大如山崩海啸，百里外屋瓦震动。火烧一昼夜，守兵百余人全成碎片，平地坑深丈余，库外四周居民凡二百余家，无不摧毁。看这个记载，当时火药爆炸力似已不小。

车船——宋兵攻杨么，木匠高宣献车船（轮船）图样，宋官依样打造八车船一只，船两边有护车板，人夫前后踏车，进退便捷，船行极快利。后来增广车数，有二十车二十三车大船，能载战士二三百人。杨么击败宋军，虏获高宣及造船工匠，水寨中大造车船，增车至二十四，船高两三层，能载千余人。杨么败后，南宋长江水军多用车船作战。海船桅杆有轮可自由转动，制法曾传给倭人。

纺织——浙东、西，江东、西四路，朝廷每岁征收绸三十九万匹，绢二百六十六万匹。虽说暴征苛敛，民间丝织业发达，却可想见。南方沿海地带棉织业也逐渐发展。两广、福建多种木棉，树身高七八尺，叶如柞叶，花有细茸，长半寸许，类似柳絮，有黑子数十粒，用铁棍碾去黑子，手工缉成棉线，不烦纺机，即可织布，称为木棉布或吉贝布。又有一种草棉，胡三省注《资治通鉴》，说木棉今江南多有，春季作畦下种，秋季结实，外皮四裂，中踊出白棉，土人用铁铤碾去子核，用竹制小弓长一尺四五寸，牵弦弹棉，使棉匀细，卷为小筒。就车纺线，状如缫丝。取线织布，细密厚暖。闽、广出产的棉布，尤为丽密。胡三省所说木棉，实是草棉，所指江南，当是江、浙沿海地带。周去非（浙江永嘉人）在南宋初年，写《岭外代答》（记广西事），还不知有草棉。胡三省（浙江天台人）在南宋末年，说木棉（草棉）江南多有，足见草棉先在闽、广种植，南宋中期传到江南，末年盛行起来（俞正燮《癸巳类稿》有《木棉考》一篇，征引甚详）。

印刷——南宋各州郡官多刻板印书，成为风气，印书业比北宋有极大的发展。唐朝始有邸报，手写纸条，记某日某人得某官，某日皇帝幸（往）某处，记事简单无首尾。北宋时，中书省枢密院每月录有关较大政事的诏令章奏，付进奏院誊报天下。又有朝报，每日由进奏院发行一次。所谓誊报，仍用手誊抄，未曾刻板印行，报上所载，首尾不贯串，只是略见大概。南宋邸报（或称报状），篇幅加增，凡朝廷政令，官员升降调动，各地进贡物品等事，当时或已用刻板，或已用活字。所以连贡品名目也详细报导。邸报以外，进奏院小吏及外官派人驻京师刺探消息（有内探、省探、衙探等名目），有所闻见，私写小纸条飞报四方，称为小报，又称新闻。木板以外，又有铜板，供印造大量楮币的用途。

矿业——官吏贪残,民间不敢开矿招祸,因此矿物产量低落,远不及北宋。信州(江西上饶县)铅山县,处州(浙江丽水县)铜廊两处,出产胆水(胆水熬煎即成胆矾),炼生铁成薄片,置胆水槽中,浸数日,铁片上生黄煤,刮取入炉,三炼成钢。大率用铁二斤四两,得钢一斤。这是前世未见的取钢新法。

杂物——各州郡多有手工业特产,如桂林造面具一副凡八百枚,老少美丑无一相似。长沙制茶具绝妙,最高价一副值黄金一千两。临安作坊尤盛,如篦刀作、腰带作、金银镀作、钑(音涩,饰金工)作等,凡日常用品都有作坊。手艺工匠各有行老(老师傅),行老每天坐茶店,工匠前去会聚,诸商行添雇工人,到茶店请行老介绍。照《马可波罗行纪》说:"杭州城有十二种职业,各业有一万二千户,每户至少有十人,中有若干户,多至二十人、四十人不等。这种职业主人(工厂长)自己都不操作,只是指使工人作工。生产品供给附近许多城市消费。"这似乎已是手工工场的组织了。

(六)货币

南宋每年铸钱不多,现钱又悉被朝廷及富室收藏,国内公私买卖支给全用楮币。楮币有会子、钞引、川引、淮交、湖会等名目。会子票面分一贯、五百文、三百文、二百文四种,代替现钱行使。钞引是商人取茶、盐、香货的凭证,川引、淮交、湖会是限在特定地区行用的楮币。楮币本钱有限,甚至不设本钱,任凭朝廷印发,无信用可言,如川引一贯曾跌价至一百文。南宋末年,国家岁入一万二千万贯,岁出二万五千万贯,朝廷全赖增发楮币,来填补亏空。物价飞腾，楮价益落，人民生活陷入无可拯救的惨境。

（七）户口

金人侵入中原，北方汉族大量向东南迁移。绍兴三十年，全国主客户一千一百三十七万五千七百三十三，口一千九百二十二万九千人。赵扩时，全国主客户一千二百六十七万八百一，口二千八百三十二万八十五。平均一户有两口。浙东西、江东西四路，有口一千一百三十七万，占全人口的半数。两浙户口率，十户有口十五，四川户口率，十户有口二十。两浙人口比四川繁盛，户口率却比四川小，显然隐漏甚大。宋制按户等课税，按户等派役，人民尽可能分家，改大户为小户，藉避税役。南宋税役更苛，隐口自然也更多。元朝括江南户口，平均一户得四口半，照此计算，南宋人口当在六千万左右。

第四节　金在黄河流域的统治与汉族的反抗斗争

（一一一五年 — 一二三四年）

北宋赵佶政和五年，生女真酋长完颜阿骨打称帝，国号金，阿骨打在位九年，尽夺辽地，辽主耶律延禧西奔夹山（绥远五原县西北）。阿骨打死，弟吴乞买立，擒获延禧，辽亡。金起兵灭辽凡十二年。吴乞买灭辽后，出兵伐宋，破开封，俘赵佶、赵桓，北宋亡。用兵凡十六个月。金本野蛮落后的小种族，依靠兵力摧毁腐朽不堪的辽、宋统治阶级，自然容易成功，可是广大的辽、宋人民，尤其是中国人民的顽强反抗，迫使金人深感统治中国的困难。吴乞买死，完颜亶立。他在汉族忠义民兵压力下，放弃武力吞并南宋的野心，承认南宋为藩属朝贡国，集中军队镇压中原汉族的反抗。自阿骨打至完颜亶凡三十四年，是金的创国时期。

完颜亮杀完颜亶自立，迁都燕京，又迁开封，大举伐宋，兵溃被杀。完颜雍立，还都燕京。雍在位二十九年，死。完颜璟立。自亮至璟凡六十年。这一时期中，南宋恢复中原的力量早已消灭，金得继续镇压汉族的反抗。同时女真族接受中国文化尤其是腐朽的一部分，贵族、官吏以及兵士（凡女真人都当兵）奢侈淫惰，纪纲败坏，犷悍善战的旧俗完全丧失。北方蒙古族兴起，金全力支吾，仅能自守，亡国危机，不可避免。

完颜璟死，完颜永济立。宗室争位内乱，永济被杀。完颜珣立。珣畏蒙古，迁都汴京。南宋、西夏合蒙古兵三面交攻，金北守黄河，西守潼关，东守邳州（江苏邳县），山东、河北、陕西尽被蒙古夺取。珣死，完颜守绪立。蒙古、宋联兵灭金。自永济至守绪凡二十六年，金亡（一二三四年）。

金朝兴亡，略如上述。少数女真人统治广大土地和广大异种族人民至一百二十年，赵构、秦桧替它消灭汉族抗战力量，自然是重要的原因。不过金人能利用赵构、秦桧求降机会，在北方建立适合时宜的各种制度，来巩固自己的地位，也确有它的统治能力和方法，这种方法，多数为后来侵入中国的异种族所采用。

（一）疆域

金国疆域东至海，东北与高丽为邻，西至积石（青海积石山）与生羌接壤，西北与西夏交界，北过阴山（内蒙古），南与宋划淮水中流及唐（河南唐河县）、邓（河南邓县）、大散关为界。地方万余里。置上京（辽宁开原县）、东京（辽宁辽阳县）、北京（热河平泉县）、西京（山西大同县）、中都（北平）、南京（河南开封县），又置咸平（辽宁铁岭县）、河北东（河北河间县）、河北西（河北正定县）、山东东（山东益都县）、山东西（山东东平县）、大名府（河北大名县）、河东北（山西太原县）、河东南（山西临汾县）、京兆府（陕西长安县）、凤翔（陕西凤翔县）、鄜延（陕西延安县）、庆源（甘肃庆阳县）、临洮（甘肃临洮县）等路，连五京一都凡十九路。

（二）政治

官制——完颜亶废女真旧官号，采辽（南面官）、宋旧制颁行新官制。完颜亮又稍改革，自此官制确定。中央官制最高是尚书省，置尚书令一人，总管国政（职权同宰相）。下分吏（掌内外文武官迁调）、户、（掌财政）、礼（掌祭祀学校科举医卜僧道）、兵（掌军政）、刑（掌刑法）、工（掌工程）六部。每部置尚书一人，侍郎一人或二人。又在重要地区设行台尚书省，代中央行施职权，简称行台或行省（地方大单位称行省始此）。完颜雍时有官一万九千七百员，完颜璟明昌四年，有官一万一千四百九十九员，内女真人四千七百五，汉人六千七百九十四，泰和七年，官数增至四万七千余员。内外官数，女真、契丹、汉人有一定的比例，某些专门技术官如翰林学士院（撰文辞）、司天台（天文台）等，汉人比女真、契丹人多。收买契丹族、汉族上层分子，共同分配官职，协力镇压人民，这就是统治法的重要部分。

高级官多金人自做，中下级官汉人最多，契丹人较少。为要更广泛的收买汉人，特创吏员（胥吏）也算正班官的制度。唐、宋以来，吏员与隶役同看作贱职，士大夫自命清贵，宁死不肯做吏。金制进士及终场举人（连考四次）补吏员缺，与官员同样有班次（官阶）、俸给、升迁、调补，俨成一种低级官员。金世吏员出身升迁至宰相、副相多至十余人，因此士大夫做吏并不视为可耻。完颜珣南渡（迁都汴京）以后，吏权更重，升迁更速，士人争着要当吏员，无形中仕途扩大数倍（吏缺远比官缺多）。历朝官职少，求官人多，容易引起怨恨叛乱的危机，被金人相当的解决了。

地方下层组织——户有数等。有物力（财产）称课役户，无物力称不课役户，女真人称本户，也称猛安、谋克户，汉人及契丹人称杂户。猛安谋克的奴隶得放免为良，仍隶属本部（称为驱丁）称正户，良人被没入官，隶属宫籍监（掌皇室土地和奴隶）称监户，奴婢没入官，隶属太府监（掌皇室财用）称官户，寺院奴隶称二税户，普通奴隶称奴隶户，每户推年长人充户主，五户为邻，五邻为保，使互相检察，一家藏匿奸细盗贼，全保连坐。京府州县城厢置坊正，村社（乡村）按住户多少置里正（乡长），村社三百户以上设主首四人，二百以上三人，五十以上二人，以下一人。主首佐里正检察居民平日行动，又抽壮丁若干人佐主首巡捕盗贼。猛安谋克部村寨五十户以上置寨使一人，职务同主首。寺观置纲首。凡坊正、里正由富民出钱雇强干可信人充当。户口调查三年一次，每户男女老幼姓名年龄生死，由里正、主首、寨使查实报官，转送户部。

军制——女真族人民平时佃渔射猎，有事当兵出战。部落长平时称勃极烈，行军时称猛安（千夫长）、谋克（百夫长）。阿骨打规定三百户为一谋克，十谋克为一猛安。猛安谋克本是女真族世袭的贵官，后来侵入辽、宋，自知人少力弱，对异族人也赏给猛安谋克名号，诱令出力。如辽人讹里野只有一百三十户，汉人王六儿止有六十五户，都赏做谋克，王伯龙、高从祐都赏做猛安。完颜亶皇统二年（绍兴十二年），赵构降服，五年，废除辽人、汉人、渤海人承袭猛安谋克的制度，兵权全归女真本族人掌握。

为镇压中国人民，吴乞买天会十一年（绍兴三年），征发女真土人散居汉地，完颜亶天眷三年（绍兴十年），创置屯田军，徙女真、契丹、奚五六万人，入居中原。此后猛安谋克陆续迁入内地，夺民间良田做产业，官给耕牛，使储粮食，习骑射，修武备，监视汉人。同时奖励猛安谋克户与汉人通婚姻，希望汉人对金仇恨逐渐消失。金兵侵入中国，肆意虏掠，生活富裕，完颜亶时已腐怯不可用。亶始创签发汉军的制度。每有征伐及边警，下令签军，不问民家（不课役户）丁壮老幼，悉被捉去当兵。签军制既可减少金兵的死伤，又免汉族乘机起义，动摇它不巩固的政权。又有家户军（课役户），依家产高下定应出丁数。皇统二年，云中家户军女户陈氏妇姑二人，持产业契券赴元帅府诉称父子早已阵亡，无人再可充军，愿尽纳产业入官，求免军役。元帅怒，加二人阻坏军法罪，即时斩首。

（三）经济

奴隶——奴隶的来源是俘虏、罪人及欠债的穷人。女真族军事胜利后，占有大量田地和奴隶，普通女真人（猛安谋克户）依田地牛具（牛三头称一具）、奴婢数目，作贫富标准。他们强夺民间田产，驱迫奴隶耕种（奴婢出力有功，主人赏给婚配，算作奖励），自己奢侈游荡，酗酒骄惰，并不许子弟务农，认为农耕是一种耻辱。后来索性出卖奴隶，任令田地荒废，或租给汉人，预借三二年租钱，供目前的浪费。朝廷定刑律，严禁女真人卖去奴隶，计口授田（每人三十亩），强令自耕。除非人力实在不足，禁止租给汉人。这当然不会发生什么效力，只会使田地更多的荒废。女真人在完颜亶时代，开始成为既不能耕作又不能战斗的废物。完颜雍大定二十三年，尚书省统计，猛安二百二，谋克一千八百七十八，户六十一万五千六百二十四，口六百十五万八千六百三十六，内正口四百八十一万二千六百六十九，奴婢口一百三十四万五千九百六十七。田一百六十九万三百八十顷，牛具三十八万四千七百七十一。平均一谋克有奴婢七百人以上。事实上谋克贫富不均（新谋克富，旧谋克贫），有些谋克里面，奴婢仅一二人，富谋克几乎拥有奴婢的全数。

金朝皇帝是最大的奴隶主，宫籍监、太府监所属奴婢数目，史无记载。完颜雍自称做公爵时，有奴隶一万，畜产数千，其他贵族，可以类推。高等贵族占田无限，次等贵族如参政纳合椿年占田八百顷，太师耨碗温敦思忠等亲属计七十余家，占田三千余顷，落兀者与婆萨争夺懿州（辽宁北镇县）地六万顷。山西良田多被权贵侵占，仅仅一口的小家，占田多至三十顷。大定二十三年，尚书省统计，在京宗室贵族户一百七十，口二万八千七百九十，内正口九百八十二，奴婢口二万七千八百，田三千六百八十三顷，牛具三百四。上列数字，绝不可信，金制女真人按财产纳物力钱、牛头税，高等贵族自然少报财产，减轻税钱。完颜亮南伐，完颜雍一万奴隶，数千畜产，不曾差一人一马从军，可见尚书省统计，比实际数目要小得多。

租税——官田称租，私田称税。女真户田税称牛头税或牛具税。牛头税每牛一具占四顷地，每年纳租一石，平均每亩纳租二合半。私田税每亩夏税纳三合，秋税纳五升，禾桔一束，重十五斤。这似乎是很轻的两税制，可是事实却大谬不然。民间所有良田，全被朝廷括为官田，残留土地，又被豪强侵占，《金史·食货志》所说："山西小民无田可耕，徙居阴山下恶地"，又说："贫民土瘠税重"，可见实际田税是很重的。田税以外，又有所谓物力钱，凡园圃、住宅、车辆、畜产、种植（桑枣等树木）、藏镪（银钱）无不照数定税，按税派役。人民破产失业，不得不流亡或投官田充佃户，佃户纳租每亩至少五斗，比私田税加重十倍。剥削佃户的利益，比奴隶优厚，因此朝廷屡次释奴为良，增加佃户的人数。

货币——金银、现钱被皇帝贵族官僚吸收储藏，公私支付，专用交钞。票面一贯至千贯称大钞，一百文至七百文称小钞。朝廷滥发大钞，币制紊乱，信用丧亡，物价腾涌，完颜璟时，一万贯钞止买烧饼一枚。

中原地区在不断括官田、括荒地、括牧地（荒地牧地都是民地）、括粟（夺人民粮食）以及各种苛重租税、公卖（盐、酒、曲、茶、醋、香、矾、丹、锡、铁）等剥削下，人民经常食野菜活命。完颜珣时，河南军民田总数一百九十七万顷，实际耕田数止九十六万顷，南京一路旧垦田三十九万八千五百余顷，内官田、民耕田数止九万九千顷。这说明极大部分土地荒废了。猛安谋克人散居乡村间，依势横行，或为盗贼抢掠财物，或放兽、畜啮毁民家桑、枣，或砍伐桑、枣、森林当作薪柴卖钱，几百万无业游手在贫苦的乡村中日常进行破坏工作，形势将是何等的严重。

总之，黄河流域在异族长期统治下，农业遭受空前的破坏（主要是括田)，工业商业也极端衰落。黄河以南，淮水、长江以北，广大肥沃地区，变成一望荒凉的边疆战场，真是不可计数的大损失。

(四) 文化

吴乞买时代，始制女真文字，翻译些中国书(经史)教女真人学习。南宋初，金兵到曲阜，指孔子像骂道："夷狄之有君，不如诸夏(中国)之无，是你说的么?"一把火把孔庙烧毁。金兵将发掘孔子墓，宗翰问高庆绪："孔子是什么人?"答："古代大圣人。"宗翰道："大圣人墓那可掘"，下令禁止。完颜亶开始知道统治中国，必需尊孔养士，天会十五年，上京立孔子庙。天眷三年，封孔璠为衍圣公，亶亲到孔庙，北面再拜。完颜雍立诸路女真学校，设译经所，翻译《易经》、《书经》、《论语》、《孟子》、《老子》、《杨子》、《文中子》、《刘子》及《新唐书》等书颁行女真学。完颜璟修复诸州县孔子庙，典章文物，完全模仿汉族。完颜雍立汉人学校十七处，养生员共一千人，后又据州府户口比例增立学校六十处，增养生员一千八百人。每一生员给民佃官田六十亩，岁收租三十石。完颜亶定官制，依汉法，令官员披朝服、戴冠、执笏。女真人头闷身痒，叫苦骂道："都被你们汉儿立法拘束杀我们了，受这样的苦!"不久，女真人加速汉化，连本族文字语言都忘了，骑射自然更荒疏。完颜雍屡次下诏保存旧俗，禁止汉化，丝毫不发生效力。

(五) 对汉族的压迫

汉族人民受了上面的各方面的压迫，还受特别的种族压迫(契丹族受压迫较轻)。就是投降金朝的汉官,生命依然危险。完颜亶令翰林学士张钧起草赦诏,文辞中有“顾(语助词)兹(此)寡(德薄)昧(才短)”及“眇(小)予小子(皇帝自谦称予小子)”两句。女真翻译官对亶说:“汉儿可恶,托文字骂我主上。”亶惊问骂什么?翻译官道,“寡是孤独无亲,昧是不懂人事,眇是瞎子,小子是小孩儿。”亶大怒,立刻捕张钧,亲手剁成肉酱。对降官尚如此,其他可想而知。

(六)汉族的反抗

赵构、秦桧降金以后,北方忠义民兵在长期孤军苦斗中逐渐溃散,他们对金人的仇恨,对祖国的怀念,却永远没有消失。南宋使官楼钥《北行日录》记载路上遇见的北方汉人,虽然他们已经是长久处在金人统治下的人民,并不曾亲身经历过金军侵入时的残暴行为,可是他们始终认定谁是敌人。他们对楼钥说:“我听父母讲,生计人口都被他(金人)坏了,我们只唤他是贼;所有河南、北钱物都被搬向里(内地,金称上京为内地)去,我们更存活不得。父母在世,时常嘱咐我们说:我是没望的了,你们总会再见快活世界。那知耽搁三四十年,还没有官军到来。”他们又说:“汉人被签发南伐,谁也不肯当真出力,一遇王师(宋军),假意呼喊,乘机溃散,如果真出力,南兵如何敌得?符离战役(赵昚北伐),东京(开封)守备空虚,我们天天盼望南兵来,好起兵接应,想不到南兵急遽退走。”楼钥所记的谈话,正代表了北方汉族人民普遍的心情。

从金建国到灭亡,统治阶级始终被汉族人民反抗着。史家称为“小尧舜”的完颜雍,算是金朝政治最好的皇帝,他在位二十九年,规模较大的汉人起义,写在《本纪》的有十余次。大定三年,东京僧法通起义。九年，冀州民张和等起义。十一年，归德府民臧安儿等起义。十二年，鄜州民李方等起义，同州民屈立等起义，冀州民王琼等起义。十三年，洛阳县民聚众攻卢氏县，杀县令李庭才，逃入宋境。大名府僧李智究等起义。十八年，献州民殷小二等起义。十九年，密州民许通等起义。二十一年，辽州民宋忠等准备起义，恩州民邹明等准备起义。二十三年，潞州涉县民陈圆等准备起义。这样前仆后继的起义，虽然都被镇压下去，最后胜利无疑是属于未来的大规模起义。据《金史》记载，完颜璟泰和七年，全国户七百六十八万四千四百三十八，口四千五百八十一万六千七十九，这是金朝户口最高的纪录，其中女真户口若干，未曾注明。完颜雍大定二十三年，女真户六十一万（包括奴隶户）。自大定至泰和凡二十五年，如果户口增加一倍，也止占户口总数七分之一，其余都是被剥削被虐待的异种族，汉族在各异种族中占极大多数，联合各族推倒女真族的统治，并不是难能的事。

起义规模正在逐渐扩大的过程中，北方新兴的蒙古族挟绝对优势的武力，把金击灭了。偷安东南的宋，接着也灭亡，中国人民恢复祖国的时机，又延迟了一百年。

第五节　蒙古（元）的兴起与金、宋的灭亡

（一）蒙古国

蒙古族，金人称为鞑靼，又称达达儿，有白鞑、黑鞑二部。白鞑居临潢（热河巴林旗）阴山以北，卢朐河（外蒙古克鲁伦河）以东，

分生、熟二部。熟鞑靼居近汉地，能耕种，金人称为乣族（古时奚族）。生鞑靼游牧为生，金人称为沙陀，或称阻轐。地不产铁，箭用骨镞，金初得中国铁钱，始制铁军器。吴乞买时代，白鞑酋长某自称大蒙古国，改元天兴，号太祖元明皇帝。这显然是汉人流入蒙古，带给他们一些中国的文化。完颜雍畏蒙古渐盛，每年出兵，向北剿杀，称为减丁（消灭丁壮）。蒙古残破，分十余部，逃窜沙漠，怨恨金人，连年入边寇掠。完颜璟费钱百万贯，筑长城数百里，令乣部二十七族戍守，白鞑凡七十二种，铁木真起兵南侵，白鞑诸部先后归附，充向导共伐燕京。

铁木真属黑鞑靼部，祖先出自突厥族，酋长姓孛儿只斤氏，突厥语意为灰色眼睛。因灰睛是贵种，衣服也贵灰暗色，黑鞑靼由此得名。最初迁居斡（音挖）难河（黑龙江上游鄂嫩河）源不儿罕山（肯特山）下的祖先，夫名孛儿帖赤那（译义为苍色狼），妻名豁埃马兰勒（译义为惨白色牝鹿），生子名巴塔赤罕。巴塔赤罕十代孙名朵奔蔑儿干，娶妻名阿兰豁阿，生二子，朵奔蔑儿干死，阿兰豁阿自称与神灵交通，又生三子。凡后生三子的子孙称尼而伦，译义是清洁人（神灵子孙），前生二子的子孙称塔立斤，译义为平常人。阿兰豁阿缚五箭成束，教五子道，你们兄弟五人，好比这五支箭，分开容易折断，合成一束，无人能折，你们如果五人一心，可以坚强莫敌。这个教训，他的子孙历代相传，成为团结族人的重要基础。

阿兰豁阿死，第五子勃端察儿分不到家产，骑一匹青白马出去流浪求食。统格黎河有游牧人数十家，勃端察儿回来告诸兄往攻，游牧人降服，自此始有部众。勃端察儿数传至海都始称汗（大酋长）。海都数传至合不勒，杀金国使人。合不勒死，堂弟俺巴孩继立为汗。俺巴孩被塔塔儿部（游牧地在呼伦贝尔）捕获献给金国，金主完颜亶制木驴，钉俺巴孩在驴木背上。俺巴孩将死，告随从人道，你回去告诉忽图剌（合不勒第五子）替我报仇，又使人告完颜亶道，你惨杀我，我的伯叔兄弟，一定要报仇。完颜亶笑答道，你们尽管来，我不怕。忽图剌纠合诸部，与塔塔儿部大战十三次，又大败金军，与金结成世仇。

忽图剌死，诸部酋长争汗位，各立部长，不相统属，尼而伦部推也速该（合不勒汗的孙儿）为部长，屡与金人及塔塔儿部战，声威颇振。也速该被塔塔儿人毒死，部众多叛去。后来长子铁木真长大，雄武善战，诸部渐来归附，完颜雍大定二十九年，众推铁木真为汗。完颜璟泰和六年，南宋赵扩开禧二年，铁木真在斡难河源大会部众，建九斿白旗，即皇帝位，国号大蒙古，群臣共上尊号称成吉思汗（成吉思译义为天赐，一说成是刚强，吉思是多数，意谓许多刚强者的大汗）。

（二）蒙古灭金

铁木真称帝六年，登克鲁伦山祭天，立誓替俺巴孩汗报仇。三月，率兵渡大漠南下攻金，大破金将纥石烈胡沙虎、纥石烈九斤等军四十万。金国精兵猛将，几乎全部消灭。蒙古军前锋哲伯乘胜入居庸关，游骑至中都（北平）城外。七年、八年连破金军，分兵抄掠两河、山东九十余城，数千里间烧杀一空。胡沙虎兵败畏罪，杀完颜永济，拥立完颜珣为金帝。九年，蒙古军攻中都，金人用火炮守城，久攻不能下，铁木真许金讲和，退兵出居庸关。完颜珣骇惧，贞祐二年，迁都南京（开封）。

金人南迁后，统治阶级依旧腐朽奢侈，丝毫不能改革。宫廷及东宫（太子宫）浪费与盛世无异，随朝官员及诸局（如尚衣局、尚食局、近侍局等）承应人（办事人）一个也不裁减，贵臣豪族军官互比奢华，衣服车马，斗新竞丽，京城止有金宝、珠玉、衣服、犀象卖买，最称利市。统兵将帅不是贵家出身的纨绔子弟，便是钻营无耻的卑贱驽才，平时意气自豪，克扣军资，纵士卒威逼人民贡献财物，一遇敌兵，惊骇逃遁。军队组织，二十五人置谋克一人，蒲辇（比谋克低一级）一人，旗鼓司、火头共五人，战士仅十八人。四谋克置千户一人，统率战士不满百人。千户上有万户、副统、都统、副提控等官。每一军官有俸给有券粮，一人兼兵士数十人的粮饷，士卒饥寒，从不过问。南迁时带来河北军户（多数是女真人）百余万口，官给衣食，每日领粟一升，岁费粟三百六十余万石，超过河南路全年租米一倍以上。朝廷大括民田，强指为荒地、牧地，分配给军户，每人三十亩。这些军户是既不能耕又不能战的废人，得田任令荒芜，仍仰口粮过活。沿黄河每三十里筑一堡寨，搜括居民充守兵。数寨置总领官一人，多是游手无赖，强令人民供应精美酒食，恣意诈财，敌至窜匿不出，敌去又出头骚扰。当时满朝君臣，对人民止知勒索钱物（括田、括粟、括钱、括衣），镇压反抗，对蒙古止知哀求讲和，希望苟活。朝会议政，辩论些琐碎细事，纷争不休，谈到军国大计，彼此互推责任，避嫌不发一言，偶或议定办法，例不执行。敌来危急，君臣相对涕泣，束手无策，敌去大设筵宴，庆贺太平，洋洋如无事。

金人完整的领土，只剩河南一路，完颜珣决计侵略南宋、西夏求些补偿。南宋赵扩也正想乘金国危困，出兵北伐。赵扩嘉定十年，完颜珣兴定元年，这两个怯懦贪鄙的国家，从大散关到两淮全边境，开始了儿戏式的战斗。两国连年用兵，直到金亡，没有停止过。人民供给浩繁的军费，又遭残酷的杀掠，受祸极重。金、夏战斗到完颜守绪正大二年，才讲和停止。正大四年，蒙古灭西夏，西夏亡（一二二七年）。

三个将亡的国家，在强敌重压下，还长期互斗，自耗国力。南宋因用兵财政愈益穷困，金因用兵失山东、两河、陕西，夏因用兵首先力竭亡国。铁木真用远交近攻策约宋攻金，自己提偏师出入边境，坐收虏掠的大利。金据河南一路，与三国交战，自然受损最大。

久苦种族压迫的中国人民，乘金统治力衰弱，纷纷起义。完颜珣贞祐二年，红袄军（著红衣）首领杨安儿据益都（山东益都县）起义，潍州（山东潍县）人李全、李福、刘庆福、国用安、郑衍德、田四子、洋子潭等起兵响应。杨安儿与金将仆散安贞战，部属徐汝贤有众十万，棘七有众四万，史泼立有众三十万，郭方三、耿格两人所率兵数不详，当不下数万。起义军由广大民众参加，即此可见。杨安儿战败被杀，部属刘二祖、强汝楫、李思温等拥众数万，拥安儿妹杨妙真为主，号姑姑。妙真勇悍善骑射，嫁给李全，全兵力益强。河北红袄军首领周元儿攻破深州、祁州及束鹿、安平、无极等县，山东红袄军首领郝定攻破滕、兖、单等州县。太康县民时温、刘全，东平府民李宁起义，河南南阳五朵山民鱼张二等数千人起义，平定州民阎得用起义，辉州民宋子玉起义，山东胶西黑旗军起义，陕西木波军起义，金义勇军（金朝廷组织的民兵）据砀山县起义，河北起义军进犯封邱、开封界。以上止是简略的举例，说明金国境内到处发生人民起义军，甚至开封附近也遭受攻击。散居民间的猛安谋克户，多数被起义军杀死。大抵起义军中红袄军声势最盛，首领中李全兵力最强。起义军首领多归附南宋，接受官号，同时怀抱野心，贪图富贵，并不坚持种族斗争的大义。南宋统治者全是些昏君奸臣，止能乱给官号，多发粮饷，收买暂时的顺从，终于纷纷叛去，投降蒙古。首领中仅彭义斌一人，率孤军经略河北，力抗蒙古军，赵昀宝庆元年，在内黄（河南内黄县）战死。

衰乱的金国，外与蒙古、宋、夏战，内与人民起义军战，应该很快就灭亡了，可是事实却并不这样，自完颜珣南迁到完颜守绪亡国，前后支持了二十一年，这不能说金国本身还有什么力量，原因是在南宋兵力比金更衰弱更怯懦，起义军首领互相猜忌吞并，不能团结统一，尤其重要的原因是蒙古对金战争，起初专主虏掠，各地不守，后来主力军西征，偏师侵入中国，自不能一举灭金。

完颜珣兴定元年（成吉思十二年），铁木真自率大军向西远征，命木华黎统蒙古、乣、汉诸军南伐。木华黎改变得地不守的旧习惯，凡夺得重要城邑，设立行省，派官吏率兵驻守，辽西、辽东、山东、河北、山西及陕西一部，全入蒙古国版图。成吉思十八年，木华黎死，战事停顿。成吉思二十二年，铁木真死，子窝阔台立。窝阔台二年，亲率蒙古主力军伐金，金集重兵守潼关，窝阔台军分南北两路，皇弟拖雷率南路军攻入宋境，经大散关、饶风岭（陕西洋县）渡汉水，大破金元帅合达、副枢密伊剌蒲阿军，取金邓州城。合达、蒲阿奏报大捷，金君臣欢喜，汴京解严，不设守备。窝阔台北路军破河中府（山西永济县），由河清县（河南孟津县）白坡渡河攻破洛阳。南北两路军在钧州（河南禹县）会合，大破金步骑军十五万人，擒合达、蒲阿，进围汴京。窝阔台得病北归，拖雷病死。蒙古大将速不台攻汴京，完颜守绪逃奔归德，又逃蔡州（河南汝南县）。蒙古遣使约宋出兵共灭金，许成功后给宋河南地。窝阔台五年，宋将孟珙带兵二万粮三十万石会蒙古兵围蔡州。次年，蔡州破，完颜守绪自杀，金亡（一二三四年）。

蒙古伐金，金求和凡六次。完颜珣贞祐二年，中都被围，珣献公主及金帛请和。贞祐三年，珣在汴京，遣使请和，铁木真令献河北地，去帝号，称河南王，珣不能从。兴定五年，珣遣使逾葱岭见铁木真请和，不许。元光元年，珣又遣使至回纥国见铁木真请和，不许。完颜守绪正大六年，遣使吊铁木真丧，并请和，窝阔台斥逐金使，不许和。天兴元年，守绪被围，献兄子完颜讹可作保证，令守城兵不得射蒙古兵，哀求请和，速不台不许。腐朽了的统治阶级，止会幻想着请和的利益，再不会想到其他自救的道路。

（三）元灭南宋

赵昀端平元年，孟珙会蒙古军灭金，蒙古划陈（河南淮阳县）、蔡两州东南地区给南宋。赵昀等自认获得莫大的胜利，骄矜不可一世，乘蒙古兵退归河北，令赵奚、全子才等率兵六万进夺三京（开封、洛阳、归德），速不台还军来救，宋军不战溃逃，死伤无数。窝阔台怒，决计伐宋，遣使责赵昀破坏盟约，赵昀遣使谢罪。蒙古、南宋四十六年的长期战争，从此开始。

蒙古攻宋可分为四个时期，自赵昀端平元年至淳祐元年（窝阔台六年至十三年）凡八年为第一期，这一期中蒙古军主力西征，偏师南侵，无意灭宋；自淳祐二年至宝祐四年（乃马真皇后元年至蒙哥六年）凡十五年为第二期，这一期中蒙古先因内乱，后来蒙哥登位，然专力西征，无意侵宋；自宝祐五年至开庆元年（蒙哥七年至九年）凡三年为第三期，这一期中蒙古主力伐宋，却因蒙哥病死，战事停顿；自景定元年至赵㬎祥兴二年（忽必烈中统元年至至元十六年）凡二十年为第四期，这一期中忽必烈决心灭宋，在摧枯拉朽的形势下，南宋灭亡。

第一期战争——自赵昀贪利败盟开始。端平二年，窝阔台命皇子曲出率张柔等伐宋，皇子阔端伐秦（甘肃天水县）、巩（甘肃陇西县）。端平三年，曲出攻破郢州（湖北钟祥县），阔端受金将汪世显等降，入蜀攻破成都。曲出病死，张柔破襄阳樊城，进攻江陵。赵昀嘉熙元年，蒙古别路军叩温不花等入淮西，略地至蕲（湖北蕲春县）、黄（湖北黄冈县）。嘉熙二年，宋惧请和，蒙古军北归，宋兵乘机取襄樊、成都，战事又起。嘉熙四年，张柔、按竺尔分路南侵，赵昀淳祐元年，汪世显取成都。窝阔台死，战事停顿。

第二期战争——乃马真、贵由时代，蒙古驻兵中原，巩固边境，张柔等曾深入至扬州，许宋请和退兵。蒙哥登位，命史权屯邓州，张柔屯亳州，准备攻宋。

第三期战争——蒙哥七年，下诏大举伐宋。八年，令张柔从忽必烈攻鄂州（湖北武昌县）、塔察儿攻荆山（安徽怀远县）分宋兵力，又令兀良合台引交（安南）、广（广四）[①]兵北还，会攻鄂州。蒙哥亲率御营军四万号称十万，自六盘山行宫（甘肃固原县）分三路攻四川。蒙哥由陇州（甘肃陇县）入散关，莫哥由洋州（陕西洋县）捣巴州（四川巴中县）米仓关，孛里察由渔关入沔州（陕西沔县），

① “广四”疑为“广西”之误。——校者注

明安答守关中。赵昀淳祐时，四川安抚使余玠相度形势，依山险筑青居（南充县）、大获（苍溪县）、钓鱼（合川县）、云顶（金掌县）等十余城，屯兵聚粮，准备坚守。余玠被谗自杀，他的防御布置却收得很大的成效。蒙哥攻蜀，宋守将或败或降，止有钓鱼山守将王坚誓死不降。蒙哥督全军猛攻不能破，九年七月，蒙哥因攻城受伤，死在钓鱼山下，蒙古兵退走。

忽必烈闻蒙哥死，仍进军渡江围鄂州，别路军破临江（江西清江县）入瑞州（江西高安县），南路军兀良合台破静江府（广西桂林县）进攻潭州（湖南长沙县）。宋君臣大惊，议迁都四明（浙江鄞县），逃窜海中避难。右丞相贾似道屯兵黄州，惊惧不知所为，遣密使见忽必烈求和，愿割江北地，纳岁币银绢各二十万两匹。忽必烈闻皇弟阿里不哥谋夺帝位，许宋和，退兵北还。

第四期战争——蒙古兵退去，贾似道自称各路大胜，鄂州围解，满朝不知议和纳币事，认为功业无比，政权全归贾似道。赵昀景定元年（忽必烈中统元年），忽必烈遣使郝经来征岁币，似道惧秘计败露，命真州（江苏仪征县）守将李庭芝拘捕郝经，不令入朝。

忽必烈与阿里不哥苦战四年，到至元元年（景定五年）阿里不哥败降。接着北方藩王海都等叛变，战争多年不能解决。忽必烈全力对付内乱，同时增强灭宋的决心。中统元年，蒙古君臣商定先取襄阳，直趋临安，覆灭宋国根本，江淮巴蜀不攻自平的计划。恰好宋潼川安抚副使刘整据泸州（四川泸县）叛降蒙古，教蒙古利诱襄阳守将吕文德，借通商名义。在樊城外筑堡垒，驻兵抄掠。至元五年（赵禥咸淳四年），蒙古征南都元帅阿术、都元帅刘整围襄阳樊城，造战舰五千艘，练水军七万人。襄阳守将吕文焕告急，贾似道阁置不理。某次赵禥问似道，襄阳被围三年，奈何！似道说，北兵早退，陛下从那里听来？赵禥道，刚听宫女说起。似道借他事杀宫女。凡朝臣谈及边事，全被窜斥到外州县去。至元十年，樊城破，元（至元八年，忽必烈改国号为元）兵用回回炮攻襄阳城，吕文焕降。元得襄阳，增兵十万，大举南伐。至元十一年，命伯颜都督诸军，率阿术、阿里海牙、吕文焕、刘整、塔出、董文炳、张宏范等分路并进。赵禥病死，贾似道拥立赵㬎（音显）继位。㬎年四岁。

至元十二年（赵㬎德祐元年），贾似道抽诸路精兵十三万出御元军。宋养兵七十余万，军官吞蚀粮饷，兵多空额，又因畏惧人民，不敢抽调过多，此时形势危急，才抽出十三万人去应战。似道督后军，驻鲁港，夏贵率战舰二千五百艘遍布江中，孙虎臣将七万余人作前锋，驻池州（安徽贵池县）丁家洲。元水陆军冲击宋军，孙虎臣、夏贵不战溃逃，似道大惊，弃军遁走扬州。元军追杀一百五十余里，俘获宋船二千余艘，军资器仗无数。元兵进逼临安，宋宰相陈宜中主持和议，由赵㬎出面，请求叛将吕文焕、陈奕、范文虎等向伯颜求和，叛将们正想灭宋立功，当然不理。朝廷多方探索讲和门径，忽传宗室女赵孟桂在伯颜处充次妻有宠。太皇太后谢氏（赵㬎的祖母）遣人送金帛给孟桂，请她帮助说话，孟桂回奏说和议将成，谢氏又送金帛去，夸奖她的功劳。原来孟桂并没有嫁伯颜，是奸官乘乱造谣，骗取财帛。

和议既无法进行，官员们纷纷逃遁。朝堂人迹稀少，谢氏急得痛哭流涕，揭一张榜示道：

我朝三百余年，待士大夫以礼（优待士人和官员），吾与嗣君(赵㬎)遭家(国)多难,尔大小臣未尝(不曾)有出一言以救国者。内而庶僚(朝官)叛官离次(弃职潜逃),外而守令(地方文武官)委(弃)印弃城,耳目之司(御史),既不能为吾纠击(弹劾),二三执政(宰相),又不能倡率群工(领导百官),方且表里(内外)合谋,接踵宵遁(相率夜逃),平日读圣贤书(经书),自许谓何(自称学圣贤)?乃于此时作此举措(行为),生何面目对人,死亦何以见先帝。

她虽然恳切挽留那些读圣贤书的士大夫,到底止不住士大夫的溃散,后来上朝的文官止剩六人,其余或逃或降。南宋是道学极盛时代,士大夫不说孔孟,即说程(程颐)、朱(朱熹),到这时候完全暴露了道学的虚伪。

德祐元年七月,张世杰、刘师勇、孙虎臣等大发战舰万余艘泊焦山(江苏镇江县)下抗元军。阿术用火箭烧宋船,张世杰等败走。元军分三路前进,阿剌罕率右军,自建康(南京)出广德(安徽广德县),趋独松关(浙江余杭县西北);董文炳率左军、范文虎充向导出长江,由海道趋澉浦(浙江海盐县)、华亭(江苏松江县);伯颜率中军、吕文焕充向导,趋常州(江苏武进县),约期会师临安。十一月,元军用人油炮(杀宋人煎膏取油作炮)烧城上杈牌,破常州,屠城,仅七人伏桥下得免,进破独松关。当时临安有勤王义兵三四万人,文天祥、张世杰议背城血战,令淮军(李庭芝、姜才坚守扬州)截元兵后路,万一战败,退守闽、广。宰相陈宜中力主和议,说王师应该持重,文天祥议不可行。伯颜驻军平江(江苏吴县),十二月,陈宜中遣陆秀夫等见伯颜,求尊大元皇帝为伯父,伯颜不许,又求尊为伯祖父,伯颜不许。次年正月,陈宜中请谢太后遣使奉表称臣,尊大元皇帝为仁明神武皇帝，岁贡银、绢各二十五万两、匹，求封小国，保存祭祀。伯颜不许。陈宜中计穷，请迁都避敌，谢太后不许。伯颜进驻皋亭山（临安附近），侦骑至临安北关。文天祥、张世杰请移三宫（赵㬎、谢太后、全太后）入海，自愿率众死战，陈宜中不许。宜中请谢太后遣使，奉降表献纳两浙、福建、江东、江西、湖南、两广、四川、两淮现存州郡，伯颜受降表，令宜中到军中商议降事，宜中当夜逃归温州（浙江永嘉县）。张世杰、刘师勇、苏刘义见朝廷不战降敌，各率所部退出临安，准备抗战。文天祥奉朝命去元军议事，被伯颜拘留不得归。从江西带来的义军万余人，也被朝廷解放。三月，元军入临安，俘赵㬎、谢、全两太后，宗室、官吏、三学（太学文学武学）学生及秘书监图书，天文、地理图籍，户口册、祭器、乐器、仪仗，北归大都（北平）。

赵禥还有两个幼子赵昰（音是）、赵昺，临安危急时，逃往温州。陆秀夫、张世杰、苏刘义等拥昰、昺二王入闽，据福州，尊赵昰为宋帝，改德祐二年为景炎元年（至元十三年）。文天祥从元军逃来，率义军进取江西。次年八月，天祥兵败。炎兴三年（至元十五年）四月，赵昰在硇州（广东吴川县南海岛）病死，年十一岁。陆秀夫、张世杰、文天祥拥赵昺为帝，改元祥兴。十二月，文天祥兵败被擒。祥兴二年（至元十六年）二月，元将张宏范、李恒进军至厓山（广东新会县），大破张世杰海军，陆秀夫负赵昺投海死，张世杰走海陵山（广东阳江县南海岛）自溺死。南宋亡（一二七九年）。张宏范在厓山石上刻“镇国上将军张宏范灭宋于此”，表示自己的奇功。明朝名儒陈献章在纪功石上刻诗道：“勒（刻）功奇石张宏范，不是胡儿是汉儿。”

南宋灭亡的原因，正如黄震对赵禥所说："当今时弊，一是民穷，二是兵弱，三是财匮（穷乏），归根是士大夫无耻。"整个统治阶级腐朽无耻，自然民穷兵弱财匮，敌兵长驱直入，沿路文武官员，望风投拜，连忽必烈也觉得惊异可耻。谢太后下诏书，谕令州郡官献地降元，扬州守将李庭芝、姜才射退谢太后使官，拒受劝降诏书，这真是超脱庸俗腐旧见解，赤心对种族尽忠，不作一姓家奴的大英雄大豪杰。其他如文天祥从容就义，张世杰、陆秀夫苦斗海上，民军首领李梓发、黄贤死守南安县城（江西大庾县），他们宁死不屈的精神同样照耀千古。

简短的结论

极度腐朽的北宋政权，在新兴的女真族蹂躏下，迅速摧毁了。中原人民自动组织忠义军，反抗异族的侵略，虽然仅仅在开始，却显出伟大无敌的力量。南宋统治阶级对忠义军的态度，分为两派：赵构、黄潜善、汪伯彦、秦桧一派认忠义军是盗贼，必需解散消灭；李纲、宗泽一派认为止有依靠忠义军，才能驱逐金寇，恢复失地。赵构一派胜利了，中原忠义军经过长期苦斗，终于被金人镇压下去。

赵构一贯主张对金议和（投降），起初金人军事上占绝对优势，决心吞并中国东南地区，自然不理赵构的哀求。在战争锻炼中，南宋出现了岳飞、韩世忠、刘锜等纪律严明，战斗力极强的新军队，从金强宋弱转成宋强金弱的局面。这使金人感到中原忠义军与岳飞北伐军的配合，将失去自己已得的战果，同时威信全失的赵构，也感到北伐成功，难免危及自己已得的地位。金、宋利用奸细秦桧，提出杀岳飞停止北伐作为议和条件，金允许赵构称臣献岁币，南北分裂，从此确定。

赵构无耻求降，当时军民一致不满。苗傅、刘正彦逼构退位，正是代表军士的公意，钟相、杨么据洞庭湖聚众自卫，正是代表人民的公意。尤其是杨么杀刘豫诱降使人，通知宋官纠察敌国奸细自由往来的光明行为，适合阶级利益服从种族利益的原理，这种原理，连岳飞也不能了解，赵构更不足道了。

南宋一代，朝廷竭力提倡程颐学说，赵构、秦桧利用孔、孟、程颐来麻痹人民的头脑，维持自己的政权。后来朱熹发展程学，完成道学（理学）的思想体系。南宋以后历代统治者，无不继承赵构、秦桧的法术，把程、朱道学作为统制人民思想的重要工具。

长江流域主要是两浙路，因水利工程的进步，农产（米、棉）非常丰饶。城市集中大量人口，工商业发展到高度。南宋国库岁入总数超过北宋，说明东南地区的富庶。

广大的北方地区，被野蛮落后的女真族统治一百年，生产力遭受极大的破坏。完颜珣南渡以后，全国人口财物集中在河南一路。战争中消耗不算，疾病死亡也大可惊异。完颜守绪天兴元年，汴京大疫，各城门抬出棺材九十余万具（穷人死亡还不在内），僧道、医生、棺材商获利极厚，朝廷对他们加倍征税。这个记载，未免夸大，河南损失惨重，却是事实。

蒙古族南侵，腐朽待毙的金、宋两国，不知合谋抵御，反互相攻夺，自耗国力，终于先后灭亡，分裂的中国，在蒙古族武力攻击下统一了。

附:南宋年表

南　宋			金		
公元	姓名	年号	姓名	年号	
一一二七年	赵构（高宗）	建炎	完颜晟（太宗）	天会五年	
一一三一年		绍兴			
一一三五年			完颜亶（熙宗）		
一一三八年				天眷	
一一四一年				皇统	
一一四九年			完颜亮（海陵王）	天德	
一一五三年				贞元	
一一五六年				正隆	
一一六一年			完颜雍（世宗）	大定	
一一六三年	赵昚（孝宗）	隆兴			
一一六五年		乾道			
一一七四年		淳熙			
一一九〇年	赵惇（光宗）	绍熙	完颜璟（章宗）	明昌	
一一九五年	赵扩（宁宗）	庆元			
一一九六年				承安	

续表

一二〇一年		嘉泰		泰和	蒙　　古	
一二〇五年		开禧			姓名	年号
一二〇六年					铁木真称成吉思汗	
一二〇八年		嘉定				
一二〇九年			完颜永济（卫绍王）	大安		
一二一二年				崇庆		
一二一三年			完颜珣（宣宗）	贞祐		
一二一七年				兴定		
一二二二年				元光		
一二二四年			完颜守绪（哀宗）	正大		
一二二五年	赵昀（理宗）	宝庆				
一二二八年		绍定				
一二二九年					窝阔台（太宗）	
一二三二年				天兴		
一二三四年		端平	（金亡）			
一二三七年		嘉熙				
一二四一年		淳祐				
一二四二年					乃马真皇后	
一二四六年					贵由（定宗）	
一二四八年					斡兀皇后	
一二五一年					蒙哥（宪宗）	
一二五三年		宝祐				
一二五九年		开庆				

续表

一二六〇年		景定			忽必烈（世祖）	中统
一二六四年						至元
一二六五年	赵禥（度宗）	咸淳				
一二七一年					蒙古建国号为元	
一二七五年	赵㬎（恭帝）	德祐				
一二七六年	赵昰（端宗）	景炎				
一二七八年	赵昺	祥兴				
一二七九年	（宋亡）					

第六章　外族侵占全国社会衰敝时代——元

一二六〇年 — 一三六八年

第一节　蒙古族的武功

过着游牧生活的蒙古族,起初散居在贝加尔湖以南,大戈壁以北广大地区,族众繁衍,崇奉共同祖先,依血缘关系,组成许多大小氏族。大氏族包含数百家,小氏族数十家,每一氏族中人分出贵族、自由民、奴隶(奴隶数量不大)三种不同的身份。氏族长照例由某一家贵族世袭,但须经过有选举资格者集会推举,才能获得族众的信服。氏族集合成部,由氏族长集会推举部长。部长主要的职务,是指挥部众对别部别氏族进行战斗掠夺,和公平分配掠获物(家畜人口)。

部及氏族各有一定的共有牧地,家畜奴隶归各家私有。与牧畜并重的事业是掠夺,家畜与人口是掠夺的对象。因为强大的团体经常取得胜利,这使团结的范围逐渐扩展,若干部联合推举合汗,进行更大规模的掠夺战争,当选做合汗的自然是部长中最强健的一人。

蒙古人饮马乳,食牛、羊及各种兽肉,擅长骑射,耐寒暑,习劳苦,视觉、听觉特别敏锐。行军带家畜一群,不需米粮。马从小教练，千马一群，进退严肃。马上放箭，不必执持缰绳，缓急全如人意。一人有马数匹，每日更换，马力常有余。军士各携一小帐，一革囊盛乳、一土锅，渡河时革囊系马尾，人坐囊上。武器主要是弓箭，望见敌人即放箭，避免接近作白刃战斗。善于伪败逃遁，乘追军不防，回身放箭，使受大损失，往往从败逃中获大胜利。

铁木真以前，蒙古人大体是这样生活着。

（一）铁木真时代

（甲）铁木真统一蒙古诸部（一一八九——一二〇五年）

尼而伦部长也速该死时，长子铁木真（蒙古太祖）年仅十三岁，部众不愿奉童子为主，逃奔最强大的泰赤乌部（游牧地在昔洛克河下游）。也速该妻诃额伦骑马往追，止邀少数人回来。泰赤乌部长塔儿忽台忌铁木真勇武，屡谋杀害，幸得不死。铁木真娶弘吉剌部（游牧地在塔塔儿部南，兴安岭西侧）女孛儿台为妻。蔑儿乞部（游牧地在昔洛克河上游）来攻，虏孛儿台。铁木真向克烈部（游牧地在斡儿汉河、土拉河地方）部长脱里汗（王汗）及札答剌部（游牧地在铁木真牧地附近）部长札木合乞援，二人合兵大败蔑儿乞部，夺还孛儿台。当时诸部部长贪虐自私，独铁木真对部属重信义，号令严肃，分配财物公平，诸部壮士相率归附，共推铁木真为汗。札木合与铁木真争马发怒，纠合泰赤乌、塔塔儿等十三部兵共三万人来攻，铁木真迎战失利，退保斡难河。泰赤乌等十一部推札木合为合汗。铁木真联合脱里汗大破札木合军，灭泰赤乌部。札木合投降脱里汗。脱里汗兄弟内讧，弟额儿克合剌引乃蛮部攻脱里汗，铁木真命四良将（木华黎、博尔术、博尔忽、赤老温，号称开国四杰）往救，大败乃蛮东部部长布鲁汗。脱里汗子亦剌合忌铁木真强盛，札木合、奕剌合劝脱里汗攻铁木真，脱里汗兵败，札木合投奔乃蛮部太阳汗，脱里汗父子走死，克烈部亡。克鲁伦河流域黑鞑两大部被铁木真吞并了。

乃蛮部（突厥族）世居也儿的石河（额尔齐斯河）上游阿尔泰山地方，部长太阳汗，受札木合降，共谋灭铁木真。铁木真正想向西侵略，自然不肯放过这个机会，他召集诸部兵大会喀尔喀河上（外蒙古车臣汗部东南境），颁布札萨克（法令），立千户、百户、十户（牌子头）、扯克必（侍从）、怯薛（直属亲军）等名号，汰去老弱，擢用新军官。大军沿克鲁伦河前进。大败乃蛮部杭爱山下，擒太阳汗，乃蛮部亡。太阳汗子屈出律率数千骑越阿尔泰山，逃奔西契丹（西辽）。铁木真回军驻和林（斡儿汉河上游右岸额尔德尼昭），出兵屠灭世仇塔塔儿部，又令长子术赤攻降岭北森林中部落，辟地至北海（贝加尔湖）。漠北广大地域，全被铁木真征服了。

（乙）铁木真南侵（一二〇六——一二一七年）

铁木真征服漠北游牧部落，所得不过人口家畜牧地，远不及南方腐朽奢侈的金国，能满足他的侵略欲望。漠北统一后，漠南白鞑诸部，相率归附。金爱王完颜大辩据辽东反，遣使来蒙古详告完颜璟虐杀亲族，荒淫不道等事，铁木真得知金国内情，定计伐金。因西夏与金亲善，决先用兵西夏。

成吉思二年，铁木真自率大军攻西夏，次年还军。五年，又攻西夏，西夏主献女请和。六年，伐金。七年，契丹族耶律留哥叛金，聚众十余万，归降蒙古。十二年，令木华黎总统攻金军，铁木真率主力军远征西域。

（丙）铁木真西征（一二一九——一二二七年）

北宋末，金灭辽，辽宗室耶律大石率众西奔，据葱岭东西地区，建西辽国（西契丹）。西都号寻思干城（塔什干城），国都号虎思斡耳朵(在伊犁西十余日路程)。属国东有畏兀儿国(回鹘),西有花剌子模国。畏兀儿建都交河(新疆吐鲁番),受西辽监治官侮虐,闻蒙古势盛,杀监治官来降。太阳汗子屈出律得西辽国主信任,与花剌子模国沙(国王)阿拉哀丁谟罕默德合谋灭西辽国,屈出律自立为国王,伐畏兀儿国。成吉思十四年,铁木真攻杀屈出律。

花剌子模灭西辽,分得土耳其斯坦地,国境东北至锡尔河,东南至印度河,南滨波斯湾,北至咸海、里海,西北至阿特耳佩占。阿拉哀丁与哈里发(回教教主,意谓代天治事)那昔尔有仇,起兵攻报达(哈里发都城,在波斯湾西北,跨体格力斯河)。哈里发想报复,遣使劝铁木真西伐。十四年,铁木真会师也儿的石河,众号六十万。阿拉哀丁恐惧,计无所出。蒙古军进至锡尔河,攻讹脱剌儿城(锡尔河东岸)。大军分为四路:察合台、窝阔台一军留攻讹脱剌儿城,术赤一军西北攻毡的城,阿拉黑、速客图、托海一军东南攻白纳克特城,铁木真、拖雷率大军渡锡尔河,进攻布哈尔城(阿母河东)。十五年,破布哈尔。铁木真入教堂,命取酒囊置教堂上(回教戒饮酒),取经典垫马足,使教士执马缰,示侮辱意。又登讲台谕众道:"上帝命我作牧人,有权鞭挞众人,如果你们不曾得罪上帝,天为什么生我?"铁木真进攻撒马尔干城(布哈尔东南),阿拉哀丁先已遁去,蒙古四路军会攻,五日城破,杀守城康里兵三万,取工匠分配各营,俘民丁三万充役夫,令余民五万献金钱二十万赎罪。铁木真驻军撒马尔干,命哲伯出北路,速不台出南路,各率万骑追阿拉哀丁,临行指示兵法道,遇敌军多切不可战,应等待援军;敌逃当穷追勿舍,降服的城堡不可杀掠,不降的攻下罚民为奴,不易攻的舍去勿攻,切忌顿兵坚城下。阿拉哀丁逃入里海小岛病死,子札剌勒丁继位,居嘎自尼,有众六七万。十六年,铁木真往攻,札剌勒丁逃入北印度。蒙古军凡攻破城邑，屠杀非常惨酷，如破你沙不儿城时，脱忽察尔妻率万人入城，遇人畜便杀死（因脱忽察尔攻城受伤死）。拖雷闻有人伏积尸中，下令斩断尸体头，分男女髑髅堆成两小山。城中止有工匠四百人免死。铁木真击平西域，置达鲁花赤（掌印官、断事官）等官，引大军东归。

十七年，北印度可弗义国算端（苏丹。回教国称国君为算端）袭据寻思干城，占有西契丹故地。铁木真闻报，挥军西返。算端弃城走铁门（撒马尔干南），屯兵大雪山。铁木真命郭宝玉追击，算端逃入印度，铁木真率军南出铁门，渡阿母河至大雪山，北印度诸部酋长畏威降服。将进攻中印度，至齐塔纳凌岭（雪山）因气候炎热，引军退还蒙古。

哲伯、速不台追阿拉哀丁至里海西岸，藉口钦察部（突厥族，地在黑海、里海间）收留蒙古叛人，十七年，逾太和岭（高加索山），渡阿速海峡，进攻钦察部。钦察酋长霍滩战败逃入俄罗斯境，向女婿哈力赤国主穆斯提斯拉夫求救。哈力赤国主遣使约计掖甫国主、扯耳尼哥国主等共御蒙古军。诸国主至计掖甫大会，推计掖甫国主迷思启斯拉夫为盟主，并请物拉的迷尔国主攸利二世出兵援助。俄罗斯联军八万二千人，自帖尼博尔河、特尼斯特河以至黑海东北，分南北两军迎击蒙古军。南军计掖甫、扯耳尼哥等部，北军哈力赤、钦察等部。哲伯、速不台先败北军，又败南军，俄罗斯兵士十死八九，全国大震。蒙古军西至帖尼博尔河，北至扯耳尼哥城，不再前进。十七年冬，经里海北部归国。

二十年，铁木真至和林行宫，分封四子，长子术赤得康里、钦察、花剌子模故地，次子察合台得锡尔河东、西契丹、畏兀儿故地，三子窝阔台得叶密尔河（伊犁河）流域乃蛮故地，四子拖雷得和林山脉、斡难河间蒙古本部地。蒙古惯例诸子成年,分家畜财物离父母自立门户,最后财产留给幼子,因此拖雷分得蒙古本部土地及最精锐将士十万一千人。后来合汗继承权转入拖雷的子孙,原因在此。

二十二年,铁木真率大军驻六盘山,准备灭金。十二月,发病死。归葬外蒙古肯特山南起辇谷。

铁木真是人类历史上少见的侵略者,他不仅具备着巨大的野心,同时也具备着巨大的武力来实现他的野心。原来蒙古游牧人习惯了极寒极热的大陆气候,生活朴野,不畏劳苦,幼年熟练骑射,把掠夺看作生活中极重要部分。信奉萨满教,认人死是往生别一世界,生活与现世无异,死并不可怕。这些条件,使蒙古人成为最能战斗的军士。

长城外游牧种族的勃兴,首先必须经过团结统一的程序。可是团结统一,在部落和氏族间极难实现,彼此相互杀掠,结成不解的深仇,已是团结的大障碍,再加中国统治者,一向采用离间愚弄及武力摧残政策,务求那些游牧部落永远过着愚昧原始生活,无力侵入中国。金对蒙古,起初也就是这样。由于完颜璟以后。全国内部腐朽不堪,统治力逐渐衰弱,这给铁木真最好的机会去统一蒙古诸部。铁木真不止依靠武力战胜强敌,主要的还在善于招诱别部人来归附,公平分配掠夺物,这是他完成统一事业的基本条件。在他指挥下,掠夺范围扩大了,掠夺兴趣增浓了,被征服部落大量加入掠夺队伍。仅仅拥有宿卫八十人,散班七十人,骟马七十二匹的铁木真部长,二十余年间,成为征服广大地域的成吉思大汗了。

铁木真的战术,首先是从多方面了解敌国的内情,不十分明了敌情,决不冒险进攻。他利用敌国投降分子,知悉对方的弱点,先送劝降书威胁，令纳贡降服。否则大军分路如狂风暴雨样进击，屠杀乡村人畜，使城市孤立，城外筑长垒，驱俘虏立前线，蒙古军在后督战。对守城人或甘言劝降，或伪败诱敌，施行各种诡计，必达大屠杀大掠夺目的，才满足贪欲。同时铁木真敢于攻击的国家，无不政治昏暗，内部散乱，充满败亡的因素。久受虐待的人民，仓猝被暴君驱迫与极度凶悍的蒙古军战争，无数生命在侵略者的马蹄下牺牲了。

（二）窝阔台时代

（甲）窝阔台灭金攻宋（一二三一——一二四一年）

铁木真在世时，指定窝阔台（蒙古太宗）为继位人。铁木真死后，拖雷监国一年，窝阔台自西域封地归蒙古，诸王百官大会克鲁伦河，推举窝阔台为合汗。窝阔台三年，亲率大军伐金，拖雷、蒙哥（拖雷长子）从军。六年，灭金。七年，命皇子阔端、曲出分路伐宋。

（乙）拔都西征（一二三五——一二四一年）

窝阔台七年，命拔都（术赤继位人）及大将速不台率阔列坚（窝阔台庶弟）、鄂尔达、昔班、唐古忒、伯勒克（四人术赤子）、贵由、合丹（二人窝阔台子）、海都（窝阔台孙）、贝达儿（察合台子）、不里（察合台孙）、蒙哥、不者克（二人拖雷子）等大举西征钦察、俄罗斯。这是蒙古族最大的一次出征，铁木真子孙以及诸王、驸马、万户、千户、百户或自行或派长子从行，人马众多，声势浩大。八年，各路兵会浮而嘎河布尔噶城。九年，入钦察，追擒强酋八赤蛮，里海及太和岭以北诸部悉平。大军进入俄罗斯，陷莫斯科城。十年春，破物拉的米尔城，杀攸利二世。拔都一军北进至那怀郭罗特城（俄罗斯北方大城），遇泥淖不利骑兵，转向西南。别一军攻破秃里思哥城,投城主瓦夕里入血渠中溺死。蒙哥、不里、合丹破阿速部都城蔑乞思。十一年春,各军东渡亦的勒河,直至乌拉岭西北。十二年冬,大军渡帖尼博尔河,破计掖甫城,又破哈力赤城,俄罗斯南部大致平定。拔都谋攻波兰及马札儿(匈牙利),分五路进兵。贝达儿统北路军入波兰境,十三年春,大破昔列西亚公亨利二世军三万人,杀亨利二世,进攻莫剌维亚,转入匈牙利与拔都大军会合。拔都大败匈牙利王贝拉军。合丹率军追贝拉,贝拉逃入海岛。合丹军取道塞尔维亚会合拔都军。当时罗马教皇格烈果儿九世与日耳曼皇帝菲烈德里二世争权互攻,欧洲各国恐怖万状,没有一个强大力量能够抵御蒙古军,幸而窝阔台病死,拔都率军东归,中欧、西欧诸国得免兵祸。

拔都与贵由(蒙古定宗)不睦,中途称病不进。贵由死后,拔都拥立蒙哥(蒙古宪宗)为合汗,自己驻军浮而嘎河下游萨莱地方,建斡耳朵(帐殿),号阿尔泰斡耳朵,译意为金顶帐,统治咸海、里海、太和岭以北土地,号钦察汗国,又称金帐汗国。拔都封锡尔河北岸地给长兄鄂尔达,斡耳朵白色,因称白帐汗国。拔都又封乌拉河西岸地给第五弟昔班,斡耳朵蓝色,因称青帐汗国。

(丙)唐古征高丽(一二三五——一二三八年)

窝阔台七年,命唐古率军侵入高丽,蹂躏全境。十年,高丽力屈,称臣降服。

(三)蒙哥时代

(甲)旭烈兀西征(一二五三——一二五九年)

蒙哥三年,命旭烈兀(拖雷第六子)西征木剌夷国。木剌夷在里海南，统治波斯大半部土地。国主筑秘密宫室，畜养刺客，宫中音乐、饮食、妇女备极侈丽。选择十二岁至二十岁强悍童子，先讲授天堂福地如何快乐，继使饮酒昏迷，送入秘宫，醒后任令纵情淫乐，为所欲为，又使昏醉出宫，依然贫苦。国主告这些人道，你那次到的地方，就是谟罕默德所说的天堂福地，你能往杀某人，事成得再享快乐，不成身死，灵魂升天，一样享福。因此，木剌夷在回教国中最凶悍无道。蒙哥命旭烈兀杀尽木剌夷人。旭烈兀进军攻下诸城堡。六年，国主兀克乃丁库沙计穷出降，献金玉宝货求免死。旭烈兀下令不分老少，一律诛灭。

旭烈兀击平木剌夷，七年，进攻报达。报达是回教主哈里发的都城，跨体格力斯河，分东、西两城，有骑兵十万，步兵数更多，守备极坚固。旭烈兀、怯的不花、布而嘎等军围东城，不花帖木耳、贝住等军屯体格力斯河上、下游，布置炮船，防哈里发遁走。八年正月，哈里发困极出降，蒙古军入城大杀掠七日，军民死八十万人。旭烈兀见哈里发储藏珍宝塔，大惊异，问哈里发道："你积聚财宝做什么用？你想不到你的敌人能夺取罢！你为什么不分给战士保护你的生命和城池？"哈里发无话可对。旭烈兀道，你既酷爱财宝，我让你尽量去吃财宝罢。哈里发囚禁塔中，四日饿死。

埃及属国西里亚，建都他木古斯。旭烈兀藉口西里亚国主不来朝见，九年，分三军攻破他木古斯城。旭烈兀闻蒙哥死，退兵，命怯的不花镇守西里亚。

忽必烈封旭烈兀为伊而汗国主，国境南界印度洋，东界阿母河，西界匈牙利，北界钦察汗国，统治波斯小亚西亚土地，与察合台、钦察并称三大藩国。窝阔台汗国衰弱，不能比三大藩。

（乙）忽必烈、兀良合台征云南、安南（一二五三——一二五八年）

蒙哥三年，命忽必烈率大将兀良合台（速不台子），自六盘山经西藏边界，绕长江上源，分兵三路，进攻大理国（云南）。大理本汉滇国，唐时蒙氏兼并六诏，号大理国。五代石晋时，段氏灭蒙氏。国分三蛮部。乌蛮在滇东，白蛮在滇西，鬼蛮在滇东北黔地（贵州）。蒙古兵攻入，十二月，国王段兴智败降。忽必烈回蒙古，留兀良合台经略土地，凡得五城、八府、四郡及乌白蛮三十七部，自此云南成为中国的一省。七年，兀良合台攻安南，国王陈日照请降。八年，蒙古军入广西，趋长沙，转鄂州，与忽必烈军会合。

（丙）蒙哥攻宋（一二五八——一二五九年）

蒙哥八年，自率大军攻宋四川，命忽必烈攻鄂州，命兀良合台引兵北还会攻。九年，蒙哥死合州钓鱼山下，蒙古全军退走。

（四）忽必烈时代

（甲）忽必烈灭宋（一二七三——一二七九年）

忽必烈至元十年，破宋襄阳城。十三年，破临安。十六年，宋主赵昺死，宋亡。

（乙）忽必烈征日本（一二八一年）

忽必烈在灭宋战争中，深感南方人民反抗力的坚强。至元十七年，命范文虎率南方军士十万人作主力，发动对日本侵略战。他知道，战胜自然有利，战败利益更大。诸将临行请训，他说，范文虎是降将，你们一定轻视他，将帅不和，未免可忧。范文虎请战马二千匹及回回炮匠，他说，战船上用不着这些。范文虎等弃军逃归，他并不重责,这都说明十余万人死在海外,正合他的心愿。

十八年五月,忻都、洪茶邱及高丽将金方庆、朴球、金周鼎等率蒙古、高丽、汉军四万人,战舰九百艘自高丽合浦出发,攻日本对马岛、壹岐岛。范文虎、李庭率蛮兵(南方军)十余万、战舰三千五百艘,至次能、志贺二岛,两军会合。七月,至平户岛,移屯五龙山。八月一日,飓风大作,战船破坏覆没,将士溺死无算。文虎等各择坚好船逃归合浦,士卒十余万留五龙山,悉被日本军杀死。逃归军士仅于阗、莫青、吴万五等三人。

(五)赛马尔汗国征服五印度

(一三九八 — 一七六五年)

铁木真以后,蒙古兵屡攻印度,常战败不得志。元末、明初,赛马尔汗国主铁木耳征服五印度,建立蒙古帝国。

元初,驸马不赛因受封阿母河北土地,建都寻思干城。传至赛马尔汗时,国势强盛,子孙因自称赛马尔汗国。元末,国主铁木耳战败土耳其军,恢复波斯地,又南并五印度,建都普加拉城。明朱厚熜嘉靖二年,赛马尔国入贡,有王二十七人;嘉靖十三年入贡,王增至五十三人。四分五裂,势力衰微。清弘历乾隆二十三年,英吉利将官克莱武大败蒙古兵,蒙古政权逐渐消灭。

蒙古族占领土地,忽必烈时代最为广大。东起朝鲜半岛,西至波斯小亚西亚及俄罗斯南部,南至印度支那半岛及南洋群岛一部(爪哇),北至贝加尔湖,造成世界史上空前的大帝国。其中中国满州、蒙古直属元皇帝,置行省治事;高丽、吐蕃(西藏)、东南亚、西亚诸国是朝贡国;西方钦察等汗国各自为政,名义上算藩属。

四汗国简表

国名	领地	建都地	始祖	灭亡
钦察汗	东自吉利吉斯荒原西至匈牙利，据有欧洲东北部土地	萨莱（浮而嘎河下游）	拔都（术赤子）	明朱见深成化十六年，为俄莫斯科大公伊凡三世所灭。
察合台汗	阿母河以东至天山一带土地	阿穆尔（新疆伊犁西）	察合台（铁木真子）	明朱元璋洪武三年，为赛马尔汗国主铁木耳所灭。
窝阔台汗	阿尔泰山一带及新疆北部土地	叶密尔（新疆塔城县境）	窝阔台（铁木真子）	国为元所灭，领地并入察合台汗国。
伊而汗	俄属中亚南部伊兰高原西及小亚西亚一带土地	玛拉固阿（波斯西北乌罗米亚湖附近）	旭烈兀（拖雷子）	元末，为铁木耳所灭。

第二节　元朝的制度和政治

（一）忽烈而台制的废除

蒙古旧俗，汗位传给诸子中的一人，不专传长子，更少传授弟侄。儿子被指定为继位人，仍待部众集会推举，公认他的地位。这种集会,称为忽烈而台(大会议)。开会时推一人主议,预会人都有发言权,但绝少别举非指定人。铁木真的母弟哈撒儿善战立功,妖巫说,上帝将命哈撒儿代位,哈撒儿几乎被杀。铁木真生四子,长子术赤被疑为蔑儿乞种(孛儿台怀孕时被虏),兄弟共推窝阔台继汗位。铁木真依惯例,财产精兵,分给幼子拖雷。铁木真死,诸王、驸马及诸大将召开忽烈而台,众议多拥戴拖雷,斡赤斤(铁木真幼弟)、察合台二人力主维持原议,经四十余日的犹豫,才决定窝阔台继位。窝阔台死。遗命传位皇孙失烈门(阔出子),皇后乃马真氏矫旨立长子贵由,拔都为首的诸王不肯附和,经三次忽烈而台,贵由勉强得立。贵由死,拔都用武力拥戴拖雷子蒙哥,窝阔台、贵由、察合台三系诸王多方反对,经三次忽烈而台,继位权终于转移到拖雷系。蒙哥死,皇弟忽必烈正率兵攻宋鄂州,忽烈而台推举皇弟和林留守阿里不哥,忽必烈急回军至开平府(察哈尔沽源县北)自立为皇帝(元世祖)。战争凡五年,阿里不哥败降,蒙古忽烈而台制从此废弃。

(二)帝位的争夺

忽必烈破坏忽烈而台,引起诸藩王的武力反抗。阿里不哥败后,窝阔台长孙海都(封地在和林北)联合窝阔台、察合台、钦察三汗国与忽必烈进行大规模的长期战争,至铁木耳时代,海都死,察合台汗笃哇降,窝阔台汗国灭亡,战争才暂时停止。忽必烈采汉制,生前立皇太子,希图确定帝位继承人,可是事实并不符合他的愿望。

忽必烈在位三十五年死。皇孙铁木耳立,在位十三年死。侄海山立,在位四年死。弟爱育黎拔力八达立,在位九年死。子硕德八剌立,在位三年被杀。叔也孙铁木耳(泰定帝)立,在位四年死。子阿速吉八立,在位一月余,海山第二子图铁木耳(文宗)起兵逐阿速吉八自立。同母兄和世㻋称帝,封图铁木耳为皇太子。和世㻋在位八月被杀,图铁木耳又立,在位五年死。子懿璘质班立,在位一月余死,和世㻋子托欢铁木耳立,在位三十七年,元亡。

自海山至懿璘质班凡八帝二十五年,一帝平均在位三年。当时皇后、皇族、大臣间行施各种阴谋暴力,互相杀夺,无暇顾及统治权的巩固,这是元朝不能较久存在的原因之一。

(三) 忽必烈创立制度

铁木真、窝阔台相继任用汉化的契丹人耶律楚材,草创了不少统治汉族的制度。忽必烈早年。就了解到统治中国,必需采用中国旧有的统治术,因此留心罗致儒生,如窦默、姚枢、许衡、刘秉忠一类人,都加优礼。这些儒生替他想了许多方法,元朝制度大体在忽必烈时代建立起来。

改国号——至元八年,依刘秉忠议,取《易经》"大哉乾元"的意义,改蒙古为大元。改国号诏书里说:"秦、汉、隋、唐原是一个小国的专名,作为全中国通称,未免不公。我现在做了万邦的共主,一切人民都是大元人民,并不强令充当蒙古国的人民。"

服装——蒙古侵入中原,依契丹、女真旧法,不强迫汉人改换衣冠,薙发打辫。庶民除不得服赭黄色衣,其余全存旧俗。儒生祭孔子,得用襕带唐巾行礼。

定都燕京——蒙古人筑城，从窝阔台开始。他选定和林作都会，筑四个城门的小土城。城内有两条大街，一名回回街，居住商贾，一名契丹街，居住工匠。东门买卖粮食，西门买卖山羊、绵羊，南门买卖牛及车，北门买卖马匹。规模简陋如此。忽必烈建都燕京，至元元年，改称中都（开平称上都），四年，中都东北筑新城宫殿。九年，定名大都。城周围六十里，城门十一座，比和林城大十倍，这就是现在的北平城。

制文字——蒙古本无文字，铁木真借用畏兀儿字，忽必烈始命吐蕃僧八思巴造蒙古新字。凡四十一字母，制成字一千余个，至元六年颁行全国，政府一切公文，限用新字作主体，各国文字作副体。新字只有平上去三声，没有入声，因入声轻呼便成平声。忽必烈定制，中原官吏限用蒙古语，江浙官吏得用汉语。各路设蒙古字学，汉官子弟多入学读蒙古文字，从此中国北部语音，受蒙古语影响，失去入声。

定官制——铁木真初起漠北，只有万户管军政，达鲁花赤（断事官或掌印官）管民事。窝阔台依耶律楚材议，始立十路征收课税使。忽必烈命刘秉忠、许衡定官制，内官最高有中书省管政事（宰相），统领吏、户、礼、兵、刑、工六部，枢密院管兵、马，御史台管纠察。次级内官有院（如蒙古翰林院、宣政院）、寺（如武备寺、太仆寺）、监（如司天监、回回司天监）、府（如大宗正府），外官有行省、行台、宣慰使、廉访使，亲民官有路、府、州、县四等。凡内外官长官必需用蒙古人或色目人（西方人），次官得用汉人、南人。元朝非蒙古人作宰相，只有史天泽（汉人，忽必烈时代）、哈散（回回人，爱育黎拔力八达时代）、太平（汉人，本名贺惟一，托欢铁木耳时代）三人。州县官元初多世袭，其中颇有中国降官，子孙相继袭职。忽必烈用廉希宪、姚枢、宋子贞等议，罢州县官世袭。五品以下官由行省自选，称为省选。图铁木耳时代，三品以下官也由行省监选官全权迁调。又元初百官，例不给俸，任令贪暴害民，后来虽然给俸禄，定职田，丝毫不能减少官吏赃秽的积习。

行省——忽必烈灭宋，统一中国，划分地方行政区，中书省直辖河北、山东、山西地，称为腹里。此外行中书省（简称行省）凡十一，岭北（治和林）、辽阳（治辽宁辽阳县）、河南、江北（治河南开封县）、陕西（治陕西乾县）、四川（治四川成都县）、甘肃（治甘肃张掖县）、云南（治云南昆明县）、江浙（治浙江杭县）、江西（治江西南昌县）、湖广（治湖北武昌县）、征东（治朝鲜京畿道）。行省制度，明、清以来相沿不改。

（四）宗教的利用

蒙古人向外侵略，与多种宗教接触，他们很快懂得保存被征服国的宗教，对自己非常有利，因此保护一切宗教，成为蒙古传统的政策。蒙哥每逢各教庆节日，令基督教士盛装替自己祝寿祝福，同样也令回教教士、佛教大师替自己祝寿祝福。教士们欣欣自喜，以为得大汗宠信。忽必烈认全世界崇奉的预言人有四，基督教徒说是耶稣基督，回教徒说是谟罕默德，犹太教徒说是摩西，佛教徒说是释迦牟尼。他相信对这四人并致敬礼，在天上居最高位的神自然会保佑。至元二十四年，忽必烈擒杀叛王乃颜，乃颜信奉基督教，旗帜上画十字架。异教人揶揄基督教徒道："乃颜崇拜十字架，你们天主的十字架援助乃颜，不过如此。"忽必烈听说，故意高声对基督教徒道："你们应该自慰，乃颜反叛不忠，十字架不援助他，这正证明十字架是好东西。”基督徒欢喜答言：“大汗说的是，我们的十字架决不援助罪人。”异教人因此不敢再讥笑基督教徒。

忽必烈征服吐蕃，利用当地盛行的喇嘛教来统治吐蕃人，尊大喇嘛八思巴为帝师、国师，号称大宝法王西方佛子，京师特置宣政院，专管佛教。铁木耳太子德寿死，不鲁罕皇后遣使问胆巴帝师道：“我夫妇虔诚拜佛，止有一子，为什么不能保护？”胆巴道：“佛法像灯笼，能抵御风雨，却不能救灯烛烧尽。德寿太子寿命已了，佛法那能强救。”胆巴这一说，当然被认为真理。此后喇嘛教更盛，每帝将立，必先谒见帝师，受戒七次，才登大位。人民殴西僧（喇嘛），罪至截手；骂西僧，罪至断舌。西僧任何罪行，不受通常法律制裁。

喇嘛教以外，各派僧、道，都规定特殊待遇的法律。但如私撰经文，犯上惑众，为首人处斩，附从人各按轻重论刑。这就是说，宗教的作用只在欺骗人民，如果违反朝廷利益，那就该坐犯上惑众的重罪。

铁木真出兵攻金，自率大军西征，遣使召栖霞（山东栖霞县）著名全真派道士邱处机往西域。铁木真见处机，大加优待，尊为神仙，全真派道教自此盛行，无形中援助了蒙古攻金军。至元十三年，忽必烈初平江南，召龙虎山道士张宗演（张道陵三十六代孙）至燕京，令朝官郊迎，客礼相待，赐真人名号，命总领江南道教。十八年，从佛教徒奏请，烧道教经典。二十五年，佛教徒又请烧尽道经。忽必烈道：“烧道经不能使道教徒心服，道教自说真人入火不焚，入水不溺，如果试验无效，那时烧毁不晚。”忽必烈令张宗演等推举一人入火试验，宗演等大窘，奏称道经实是荒唐骗人书，臣等入火一定烧死，乞恩免试，请烧去道教伪经，使臣等得保性命。张宗演病死，忽必烈仍令张氏子孙称真人，世袭掌管江南道教职。其他如道士刘德仁创真大道教，萧抱真创太一道教，忽必烈都赐号提倡，让这些教派在民间流传。

（五）儒学的崇尚

尊孔——蒙古人尊孔，用意与保护各宗教相同。法律上僧、道、儒并称三家。蒙古初侵中原，耶律楚材自称治天下匠，劝铁木真、窝阔台用周公、孔子的教义治中国。楚材推举儒生陈时可、赵昉等充十路征收课税使，陈时可等征得钱粮献上，窝阔台喜出望外，开始相信儒生可用。窝阔台围开封，索金衍圣公孔元措（孔子五十一代孙）并绣女、弓匠、养鹰人数十人。孔元措来见，即封为蒙古衍圣公，又敕修孔子庙，制备礼乐法器，赐洒扫户一百。忽必烈更知尊孔的利益，诏中外崇奉孔子，上都、大都诸路府州县各立孔庙，官吏岁时致祭，月朔释奠（祭祀），禁止军民侵扰孔庙。铁木耳给衍圣公官田五千顷，供孔子祭祀，特下诏褒崇道："孔子之道，垂宪（法）万世，有国家者（朝廷）所当崇奉。"

学校养士——窝阔台始立学校。忽必烈在大都立国子学，收学生一百人，蒙古人五十，诸色目、汉人五十。学生先读《孝经》、《小学》（朱熹著）、《论语》、《孟子》、《大学》、《中庸》，次读《诗》、《书》、《礼记》、《周礼》、《春秋》、《易》。学生饮食及一切用费，由学田开支。各路府州县设立学校。又别设官立、私立书院。学校、书院生徒免一身杂役，优等生或用为教官，或用为吏员。学校各有学田，岁入听学官支配，名义上用途是祭祀孔子、师生衣食、救济穷儒，实际止供学官和儒生们分肥。至元二十五年，全国学校二万四千四百余所，大抵有名无实，所谓学生，多是求免差役的富豪家子弟。

南宋遗民郑思肖说，元分人民为十级，一官、二吏、三僧、四道、五医、六工、七猎、八民、九儒、十丐，谢枋得又说七匠、八娼、九儒、十丐。这当是宋末儒生纷纷降元，无耻可贱，行同乞丐，因而民间有九儒十丐的传说。其实元人既知尊孔，崇奉孔子的儒生，自然不会列在庶民或娼妓的下面。

科举——科举是儒生贪官的主要途径，元朝官员多用蒙古及色目人，排斥汉人、南人分润做官的利益，虽然汉官屡请开科取士，总被蒙古人阻止不得行施。爱育黎拔力八达延祐二年，始举行科举，蒙古、色目人第一场经问五条，在朱熹注《大学》、《中庸》、《论语》、《孟子》四书内出题；第二场时务、策两道。汉人、南人第一场经问两道，朱注《四书》内出题；又经义一道；第二场试古赋、诏诰、章奏；第三场策一道。乡试（行省考试）八月举行，会试（省部考试）次年二月举行，御试（殿廷考试）三月举行。蒙古、色目人列一榜（称右榜），汉人、南人列一榜（左榜），录取名额两榜相等。蒙古进士授官比色目人高一级，色目又比汉人、南人高一级。自延祐至亡国，仅举行七次，每次取士两榜总数最多一百人，最少五十人。汉人、南人尤其是南人想从科举得官，非常困难，朝廷虽然尊孔尊经，虽然封死去数千百年的伯夷、叔齐、微子、箕子、屈原、杜甫做公爵，可是活着的儒生连小官也不易得到，因此对朝廷总不免失望怨恨。

（六）程、朱派道学的提倡

蒙古侵入中原，就有一些所谓名儒投奔蒙古主人，献上典章、礼乐、制度、三纲五常等统治中国的儒学。这些人多被搜罗在忽必烈左右，待遇颇优。刘秉忠教忽必烈尊孔养儒，说孔子为百王师表，为万世立法。窦默习伊洛（程颐）性理学，见忽必烈，首言治天下必需三纲五常，正心诚意。窝阔台攻宋，命杨惟中、姚枢从军到南方求儒、道、释、医卜等人。蒙古军攻破德安，屠洗全城，名儒赵复被俘，得姚枢救免死。赵复见家人尽殁，痛不欲生，夜中奔至水边，披发号哭，似乎想投水自杀；姚枢追到，劝赵复道，你读圣贤书多年，还没做过官，死了可惜，不如跟我到北方，可以传圣教，扬美名。赵复觉得有理，随姚枢至燕京，杨惟中、姚枢出钱建书院，聚书八千余卷，使讲授程、朱的道学，赵复俨然成了北方道学大师。他的弟子姚枢、许衡二人最著名，姚枢赞助忽必烈设计灭宋，立功不小，官至昭文馆大学士。许衡道学比姚枢更高，隐居河南（河南孟县），得忽必烈召命，即日入京，路上遇别一道学家刘因，因问你一招就去，不太快么？衡说，不如此，圣道不行。后来忽必烈又招刘因，因称病，有人问因，因说，不如此，圣道不尊。道学家无耻做作，都自称为了圣道。忽必烈命许衡入中书省议事，衡怕得罪大臣，称病固辞。忽必烈责衡道："窦默屡言王文统奸邪，你为什么不说？是孔子教你这样做，还是你不遵孔子教？既往不咎，以后不许。"衡谢罪道："圣道远大，臣读书所得甚浅。"衡定朝仪，造官制，率弟子十二人教蒙古学生有功，官至集贤大学士，兼国子祭酒。比许衡稍后，有南宋名儒吴澄，自称传孔、孟、程、朱道统，降元做国子监丞，教授程、朱学，被尊为一代最大的道学家。

忽必烈太子真金，幼年从姚枢、窦默读《孝经》，接受程、朱教育。海山时命中书省用蒙古文译《孝经》，刊印赐王公大臣，诏称这是孔子的大义，自王公下至庶人，都应该遵行。又节译《大学衍义》（南宋道学家真德秀著）刊布天下，说治天下单靠这本书就够用。

硕德八剌时翰林学士忽都鲁都儿译《大学衍义》，硕德八剌说，修身治国，再没有比这书好的了，赐译书人钞五十万贯。

道学得朝廷提倡，传习益盛。南宋末年，尊朱熹学，日夜诵读，止是一部朱注《四书》，正襟危坐，高谈性命天理，凡刑狱、簿书、钱谷、户口，都看作俗务，鄙弃不屑为。元儒继承南宋旧俗，大言欺人，说历史不必讲，因为汉以下都是霸道（三代算是王道）；文章不必讲，因为是玩物丧志；政治利弊不必讲，因为止要“节用而爱人”一句话就够。元朝开始用朱熹《四书集注》与科举结合，明、清两代承袭元制，益加周密，在昏迷人民思想这一点，确收了极大的效果。

（七）官吏的贪暴

蒙古征服中国，官吏多用蒙古、色目人，残杀贪污，无恶不作。忽必烈信用回回人阿合马，专事搜括、贿赂公行。阿合马子呼逊做浙江行省平章政事（省长），被发觉的赃钞八十一万锭。其余因献妻女姊妹给阿合马得官的一百三十三人，因献财货得官的五百八十一人，这七百十四人贪赃当与呼逊类似。阿合马专权二十年死，又用卢世荣敛钱，搜括比阿合马更凶。卢世荣死，又用畏兀儿人桑哥理财，公开出卖官职、刑狱，门庭如市。江南官价最高，江南受害也最惨，杭州、扬州两地尤甚，人民嫁妻卖女纳赋税，无妻女可卖，窘迫自杀的动辄千百人。

桑哥与江南释教总统杨琏真伽合谋，发掘南宋诸帝、后坟墓（在浙江绍兴县），理宗赵昀的头颅特别大，取作饮器（一说饮器即溺壶。朱元璋灭元，始取昀头归葬）。诸帝、后枯骨杂置牛马枯骨中筑白塔，用赵构所写九经石刻作塔基，号镇南塔。杨琏真伽凡发掘宋帝、后、大臣坟墓一百一所，得殉葬金宝无算。后因他事犯罪，被查出的赃物有黄金一千七百两，银六千八百两，钞十一万六千二百锭（金银、钞数定多隐匿），私庇逃赋平民二万三千户，佃户五十余万人。

忽必烈的贪暴政治，他的子孙相继发展，铁木耳大德七年，一次发觉赃污官吏一万八千四百七十三人，赃钞四万五千八百六十五锭，冤狱五千一百七十六件。这止是下级官吏，有势力的赃官当然不在数内。

元朝地方官制，与历朝不同，县有尹有令，府州有知府、知州，路有总管，又各设达鲁花赤一员监视。达鲁花赤必需是蒙古或色目人，县令等官得杂用汉人、南人。达鲁花赤无一人不贪暴，偶有清廉官吏，定被排斥，因之凡官吏无不贪暴。当时官吏向人讨钱，都有名目。属员首次参见称拜见钱，无事白要称撒花钱，贺节气称追节钱，贺生辰称生日钱，向属官分肥称常例钱，送旧迎新称人情钱，勒索犯人称赍发钱，诉讼索贿称公事钱，索得钱多称得手，得饶富州县称好地分。京外各道设有所谓肃政廉访使，掌纠察贪暴，救护冤苦，当时惯例送迎廉访使用二声鼓一声锣，起解强盗用一声鼓一声锣，有人作诗道："解贼一金并一鼓，迎官两鼓一声锣，金鼓看来都一样，官人与贼不争多（不差多少）。"图铁木儿时，特分遣朝官为诸道黜陟使，名义是考察官吏、救济贫民、褒奖善良、优礼耆老，实际专为搜括财物。人民大失望作歌道："九重（朝廷）丹诏颁恩至（诏称加恩小民），万两黄金奉使（黜陟使）回"，又道："官吏黑漆皮灯笼，奉使来时添一重。"官吏奸贪枉法，虐杀无辜（罪），在歌词、戏曲中表现得很清楚，这里略举些例，藉见一般的情况。

（八）民族的压迫

女真族侵入中原，因本族人少，不得不分给汉族士大夫颇大部分的权利，联合压迫汉族平民，维持自己的政权。蒙古族侵入中国以前，先已征服西域诸国，因此色目人（西域降人）被利用来压迫较后征服的汉族。为了分化汉族团结，故意造出汉人、南人的区别，政治上多少给北方汉族一些微小利益，使最后征服的南人怨恨北人，这样，蒙古族的统治地位，获得暂时的巩固。

当时各种族依贵贱分为四等。

蒙古族——有黑达达尼而伦派二十氏，塔立斤派九氏，白达达十五氏，野达达四氏。

色目人——有畏兀族（回鹘）、唐兀族（西夏）、康里族、乃蛮族、钦察族、阿速族、乌思藏族、回回族等。

汉人——腹里汉族及契丹、女真通称汉人。曾有汉人在窝阔台前演影戏，影中有各国人，其中有一老人被系在马尾。窝阔台问这是何等人。答道，是蒙古兵俘虏的回教徒。窝阔台即令停演，取波斯及汉地所产宝物示演戏人道：“你们汉人的宝物比不上回回，我国里回教富人至少各有汉地奴婢数人，你们汉地贵人并无一人置有回教奴婢。你们应该知道成吉思汗政令，杀一回教徒罚黄金四十巴里失，杀一汉人仅罚驴一头。你们怎配侮辱回教徒。”在蒙古统治者看来，色目人比汉人贵得多，汉人止当得一头驴。

南人——黄河以南及南宋遗民称南人，受压迫尤甚。南宋亡后，城乡编二十家为一甲，使北人为甲主，衣服饮食由甲人供给，童男少女任甲主凌辱。妇女往往寻死，有的自动当舟妓，因舟人不设甲主,舟妓例不卖身。举这一例,足见南人比汉人更贱。

此外对汉族压迫,还有许多新法。

官职——忽必烈定制,正官必需用蒙古人或色目人,次官才得用汉人、南人。次官如分左右,汉人不得居右(蒙古族贵右)。托欢铁木耳时,江淮农民纷纷起义,为收买人心,始许南人得入中书省、枢密院、御史台任微职,可是遇有兵机秘要,仍令汉人、南人退避,不得预闻。

法律——依种族贵贱,法律上待遇不平等:蒙古人犯死罪监禁,官司不得拷打;犯普通罪,官司不得拘系。审囚官如把蒙古犯人刺面,罚杖七十七,革官,并令平去犯人面上刺字。蒙古人殴打汉人,汉人不许还手,止许指出见证,告官申理。如还手,从重治罪。蒙古人因争及乘醉殴死汉人,止罚从军出征,并罚烧埋银。江南地方,每夜禁钟(一更三点,官署打钟,禁止路上人行)以前,街市点灯买卖,晓钟(五更三点)以后,人家点灯读书工作,不算犯禁,如集众祠祷,按律治罪。

驻防——蒙古人男丁十五岁以上,七十岁以下,悉数当兵,号蒙古军,非蒙古部族人当兵,号探马赤军,取中原后,佥发民兵号汉军。灭南宋后得宋降兵号新附军。忽必烈定制,蒙古军屯中原,探马赤军、汉军屯江淮以至南海,新附军杂屯其间。各路置万户府。各县置千户所,军官世袭,多与当地富户结党作奸,夺小民田宅财物,干与民政。镇守京师的宿卫军,汉人、南人不得冒名投充,查出官兵一同治罪。

禁藏武器——忽必烈禁民家藏兵器,诸路置局造器械,民间私造处死刑,私藏不缴给官府与私造同罪。神庙仪仗止准用土木纸彩,不得用真兵器。汉人不得田猎,不得学武艺,不得执持弓箭兵器(汉军不禁),不得藏铁尺、铁骨朵及含刀、铁拄杖。私藏铁甲全副处死刑,不成副按多少治罪,私藏弓箭至十副(一弓三十箭为一副)处死刑。

禁言论、集会、结社——凡妄撰词曲,意图犯上恶言,处死刑。凡乱制词曲,讥议他人处流刑。凡妄谈禁书处徒刑。凡写匿名文书,如所言重处死刑,所言轻处流刑。凡假借名义聚众结社或集众鸣铙作佛事,各按轻重治罪。

学蒙古文——元制凡诏令奏章及官府公文并用蒙古文字。法律规定蒙古字比各国字地位高。京师及各路立蒙古字学校,设汉人学生名额(上路三十名,下路二十五名),译儒家经典及《贞观政要》、《通鉴节要》、《大学衍义》等书作教科书。忽必烈时,江淮行省官员,竟无一人懂得汉文,直到亡国,元朝皇帝和大臣都不学汉文,汉人却非学蒙古文不可。托欢铁木耳至元三年,禁汉人、南人学蒙古、色目文字,企图对汉族保守机密,这自然丝毫不能挽救元朝的溃灭。

庶民不许取名——元制无职庶民不许取名,止许用排行及父母年龄合计为名。如明初功臣常遇春曾祖名四三,祖名重五,父名六六;汤和曾祖名五一,祖名六一,父名七一。小民没有取名的权利,是何等的轻视!

村社——忽必烈制定农村立社规条十五款,规定凡各县所属乡村,五十家为一社。择绅耆为社长,社内设义仓学校,一家遇疾病凶丧,他家合力助耕,一社遇灾病,他社合力助耕。社民游手好闲,不遵父兄教训,社长得报官罚充夫役。这种农村组织,似乎比保甲制度好些。可是蒙古、探马赤军人一体入社,显然立法原意在监视汉族农民。

元朝统治者尽力防止本族与汉族同化，由于汉族文化高出蒙古族，事实上各族渐趋融和，无法禁阻。元制，蒙古、色目人得任便散居内地，日久不再回返原籍。有些与汉族通婚，如伯颜不花的母亲鲜于氏，松江人俞俊娶也先普化的侄女。有些改称汉人姓名，如李庭瑞本名察罕帖木耳，丁鹤年本西域人。有些崇奉儒学，如西夏人高智耀，畏兀儿人廉希宪，康里人不忽木，伯牙吾人泰不花，哈剌鲁人伯颜师圣，西域人马祖常，回回人瞻思丁。有些擅长文学，如贯云石（蒙古人），马祖常、萨都剌（答失蛮人），丁鹤年、乃贤（葛逻禄人）。元朝统治者虽然曾迁徙内地蒙古人北还（忽必烈至元二十三年），虽然曾阻止蒙、汉人联姻（大德七年），虽然强令汉人学蒙古文，虽然奖励汉人改用蒙古名，压迫政策，到底不能长久维持自己的统治。

第三节　元朝的经济状况

窝阔台定中原，近臣别迭等献计道："汉人无用，不如悉数屠杀，空出田地来作牧场。"幸而耶律楚材竭力劝阻，教窝阔台征收地税、商税及酒、醋、盐、铁等税，每岁可得银五十万两，绢八万匹，粟四十余万石。窝阔台从楚材议，派官分十路收税，果得银绢，喜出望外，夸奖楚材道："你不曾离我左右，却能替我取来这样多的财物，天下还有比你贤能的人么？"即日命楚材做中书令（宰相）。蒙古人止懂得畜牧和杀掠，从没有想到收税的利益更大，等到懂得收税，又不会想到兼顾民力的必要。在蒙古人看来，收税与杀掠，止是名称不同，实质无异。因此贪暴政治，比任何时代严重得多，不仅中国北方地区衰敝的经济继续破坏，就是南方正在发展的经济，也遭遇强烈的摧毁，陷入停滞状态。蒙古族统治中国，给与中国社会无比的灾害。

（一）土地

金人括田养女真军，南宋贾似道括买公田，金、宋亡后，括得的田地连同皇室后妃、贵戚、大臣所有大量田产，都被元人没收，设官管理，号称官田。忽必烈赐郑温常州田三十顷，叶李平江田四顷，以后成为惯例，诸王、公主、驸马、大臣、宦官、寺观，照例得分江南官田，如海山赐雕阿不剌平江田一千五百顷，爱育黎拔力八达赐丑驴答剌罕平江田一百顷，硕德八剌赐拜珠平江田万亩，图铁木耳赐大龙翔集庆寺平江田五百顷。其他地区官田也分赐臣下，如安南降王陈益稷受汉阳田五百顷，李孟受孝感县地二十八顷，大承天护圣寺受益都、般阳、宁海等县田十六万二千九十顷。从最大的地主皇帝手中，分化出许多大地主，江南尤其是大地主集中地，他们任用土豪奸吏充当庄头，巧立名目，额外强取，摧租人员恃势横行，刻剥惨苦。张珪奏请变通收租法，令地方官府代收，转运大都各地主，免得农民受害流亡。足见地主收租比官府更贪暴。大抵地主受赐江南官田，每亩岁缴官粮一斗五升至二斗（元七斗当宋一石），余米称私租，归地主所有。依海山至大二年夺江南赐田一千二百三十顷，得租五十万石作例，每亩租多至四石。明初，苏州（平江）收秋粮二百七十四万石，其中民田粮仅十五万石，元时，官田未必这样多，民田远比官田少，却是事实。江南多数良田受蒙古地主残酷的剥削，农民生活痛苦，可以想见。

屯田——腹里及各行省散布蒙古军、探马赤军、汉军七十二万户，选择田地屯垦，称为屯田。史书记载的田数有枢密院所辖十三处，田一万五千顷；大司农所辖三处，田二万七千余顷；宣徽院所辖四处，田二万五千余顷；腹里所辖军、民（民屯招佃户耕种）屯田一万六千顷；辽阳等处行省所辖四处，田三千余顷；河南行省所辖军、民屯田四处，田六万九千顷；陕西行省所辖军、民屯田十六处，甘肃行省所辖军、民屯田六千余顷；江西行省所辖五百余顷，江浙等处所辖屯田五百顷，四川行省所辖军民屯田二十九处，云南行省所辖军民屯田十二处，湖广行省所辖数处，全国总计一百二十余处。实际占田，远比史书所载顷数多，例如安西牧地的马夫恃势，冒夺民田十万余顷，其他地方可知。

军户屯田遍布全国，散居乡村中，监视人民行动。蒙古、探马赤军得地最多。汉军每户也有三二十顷，设立庄园，用驱丁、贴户耕种，不必亲身劳动。这似乎替异族作鹰犬，虐杀本族人，获利很不小。忽必烈中统五年，改定新制，汉军每户免粮田限额四顷，余田照民田例同样纳粮，汉军出戍地区，经常移动，南至南海，北至和林，一切费用，本人自备，这样，汉军逐渐卖田破产，妻子流落为乞丐、娼妓，驱丁在法律限制下，多被释放作贴户（贫弱的良民）。做了异族的鹰犬，结果一无所得。

民田——民间土地兼并，非常剧烈。蒙古贵族随意侵夺民田，往往多至千顷，荒芜不耕，称为草场，专供畜牧狩猎。余下土地，汉族豪富人家，勾结官吏，恃势占据，驱役佃户千百家或一万家，许多江南豪富，每年收租在五万石以上，福建崇安县凡五十都，应纳官粮六千石，其中五千石官粮的土地，归五十余大家所有，一千石的土地,归庶民四百余家所有。五十大家应出的差徭,官府摊给四百余家担负,因此庶民继续破产,土地益向五十余家集中。崇安一县如此,他处可以类推。赵天麟曾奏请宗室王公限田数百顷,官员豪民限田数十顷,庶几贫民得免饿死。限额大至数百数十顷,实际占田数当然更大。

地主们霸占着"鸦飞不过的田产",开着油房、粉房、磨房、酒房、解典库。"旱路上有田,水路上有船,人头上有钱"。他们看见"别人的东西,恨不得擘手夺将来";若有问他要"一贯钞",就如"挑一条筋相似"。农民们"又无房舍又无田",受这些"悭吝苦克"的家伙压榨,弄到"吃了那早起的,无那晚夕的;每日烧地眠,炙地卧;衣不遮身,食不充口"。就是"与人家挑土筑墙、和泥、托坯、担水、运浆,做坌工生活",也因为饥寒交迫,"气力不加",做到半工还得歇下来。从这一些元曲中所反映出来的当时生活情况,我们知道地主残酷的剥削和农民极端的穷困,不仅是元朝经济衰微的主要原因,也是元朝九十一年间农民不断起义的主要原因。

(二)赋税

税法——腹里行丁税、地税法(仿唐租庸调制),江南行秋税、夏税法(仿唐、宋两税制)。丁税每一良丁岁纳粟三石,驱丁岁纳粟一石。地税每亩纳粟三升。一户如丁税多,纳丁税不纳地税;地税多,纳地税不纳丁税。秋税纳租米,夏税纳木棉布、绢、丝、绵等物(得用钱代替)。政府岁入粮数,总计一千二百一万余石,内腹里二百二十七万余石,行省九百八十四万余石。行省中江浙四百四十九万余石,占全国粮数三分之一,行省粮数二分之一。夏税钞数,图铁木耳天历元年，江南三省总计中统钞十四万九千余锭，内江浙省五万七千余锭，江西省五万二千余锭，湖广省一万九千余锭，江浙又居首位。

科差——分丝料、包银、俸钞三种。普通民户每岁纳丝一斤六两四钱，包银四两（州县征收，往往私加数倍至十倍），俸钞一两。僧道、儒生、军户免纳。江南豪家，宋亡后，失势衰落，多贿赂权贵，充当府县吏卒，藉庇门户，遇有差赋，摊派贫民，自己得免，因之贫民负担更重。

洞冶课——矿冶、硝矾、竹木等税据天历元年统计，江浙省课税最多，名目有金课、银课、铜课、铁课、铅锡课、矾课、硝矿课、竹木课等，共纳金一百八十锭十五两一钱，银一百二十五锭三十九两三钱，钞一万一千九百八十七锭。

盐、茶、酒、醋课——全国总收入，盐利居十之八，两淮盐又独当总盐利的半数，两淮岁产盐约一百万引，每引四百斤（南宋每引三百斤），中统二年，每引定价白银七两，以后继续增价，至铁木耳大德四年，每引值钞六十七两五钱。酒、醋课据天历三年统计，酒课凡四十六万余锭，内江浙占十九万余锭。（刘诜诗“举盏可尽官缗千”，普通饮酒贵至一千贯，不免夸大，价贵自是事实。）醋课凡二万二千余锭，内江浙占一万一千余锭。茶课忽必烈时岁收二万八千锭，以后递增课额，收入数不详。

常课、额外课——商税每年有定额，称为常课。常课以外，一切无定额的苛杂税，称额外课。额外课包括：（1）历日（大历每本卖钞一两，小历每本一钱，回回历每本钞一两），（2）契本（契纸每本价一两五钱），（3）河泊，（4）山场，（5）窑冶，（6）房地租，（7）门摊（按户摊派），（8）池塘，（9）蒲苇，（10）食羊，（11）荻苇，（12）煤炭，

(13)撞岸,(14)山查,(15)曲,(16)鱼,(17)漆,(18)酵,(19)山泽,(20)荡,(21)柳,(22)牙例,(23)乳牛,(24)抽分,(25)蒲,(26)鱼苗,(27)柴,(28)羊皮,(29)磁,(30)竹苇,(31)姜,(32)白药。名目繁冗,大体承袭宋、金旧制,其中官卖历日一项,却是元朝新创。天历二年,卖出三百十余万本。额外课总收入计中统钞四万五千九百八十锭。

(三) 商业

海外贸易——西域方面因海都等多年叛乱,陆路交通阻滞,商旅不行,对外贸易,主要依靠海上交通。忽必烈灭宋,首先设立泉州市舶司,又陆续添设上海、澉浦、杭州、庆元(宁波)、温州、广东等六处。此后归并废置不常,实际存在的商港,止有泉州、庆元、广东三处。税率按货物粗细,规定细货十分抽一,粗货十五分抽一。出口土货税称单抽,蕃货进口税加一倍称双抽。输入多是香料、珠翠、犀角、象牙等物,输出多是金银铜铁、男女人口。这显然由于国内工业衰落,制造品不能抵补,止好用金银甚至男女去交换贵族奢侈品。所谓男女,自然是奴婢和破产流亡的农民。南洋群岛有华侨,从元朝开始。

国内贸易——据《马可波罗行纪》所载,大城市尤其是南方大城市,商业一般在发展中。北方首推汗八里大城(北平),居民殷繁,城内多居王公贵官,附郭多居外国商客,货物云集,止是丝一项,每天进城不下一千车,织造金锦绸绢,供贵人享用。汗八里四周约有二百城市,各有商人前来买卖货物。涿州居民多业工商,织造金锦丝绢及最美的罗。中定府(当是济南)商人经营大规模的商业，产丝极多。太原府工商业颇盛，产葡萄酒及丝，有些商人往印度通商谋利。平阳府居住商人不少。京兆府（西安）工商繁盛，居民织造各种丝绢。南方首推行在城（杭州），城中有大市场十处，小市无数，每天食用胡椒多至四十四担（每担二百余磅），其他货物消费量可以类推。行在城以外，有成都盛产丝绢，商业发达；南京城丝织业极盛；福州城产糖，珠宝交易甚大；宝应、高邮、泰州、扬州、镇江、苏州等城，都说居民赖工商为业。马可波罗所记南北城市，无不出产丝织物，想见元朝匠户中织工最多，工业中丝织业比较兴盛。匠户生产品归皇帝及贵族所有，因之蒙古贵人多经营商业，出卖他们的剩余物。

商税——天历二年，全国商税收入七十六万余锭，江浙一省占二十六万九千余锭，这说明江浙是全国商业最发达的地区。

斡脱官钱——蒙古人起初不知经商，银钱交斡脱人（犹太人 Jude）、回回人经营高利贷业。一年本利相等，次年本利总数又加一倍，本银一锭，十年后得本息一千二十四锭，称为羊羔儿息。官民因借债破产出卖妻子，仍不能偿还。至元八年，忽必烈设立斡脱所，官营高利贷，称为斡脱官钱，名义上规定三分取息。皇帝为首，所有诸王、后妃、公主、贵臣、寺观、军官、犹太、回回、地主豪强，无不经营斡脱业，债户到期不偿本利，妻女牲畜多被拖走。扎木真妃子曾遣人索还斡脱钱，不说原借钱数，止说不鲁罕丁等三人借钱，恃势穷追，竟牵累一百四十余户。

（四）工业

烧酒——元朝始创制烧酒法，用浓酒和糟入甑，烧取蒸汽，冷却后成酒，清白如水，味极峻烈。酸坏了的酒，仍可蒸取烧酒，在酿酒业上这是一个大进步。

棉织——元朝江南种棉织布，比宋朝更发展，木棉布已成夏税缴纳物的一种。至元二十四年，设浙东、江东西、湖广、福建木棉提举司，每岁征收木棉布十万匹。照马可波罗所记，元初木棉布比丝绢价高，贫民还不能用它制衣服。至元二十四年，诸王薛彻都等所部灾，牛羊多死，朝廷买棉布救济，值钞一万四千六十七锭，足证市上已有大量棉布买卖。

火炮——南宋改造回回炮比原式精巧（明朝还有宋火炮）。看当时破炮法用许多大稻草绳悬城楼上，厚涂泥浆，防火箭、火炮，似乎已用火药抛射石弹。元末，有金属制筒式火炮，传入高丽，比宋炮进步。

官工业——皇帝拥有无数工业作坊，京内外各种工业，如梵像局（雕刻绘画各种佛像）、出蜡局（金属铸造）、鼓铸局（铸铜钱）、永利库（印造宝钞）、钞纸坊（制纸）、金银局（造金银器皿）、镔铁局（镂铁工）、刀子局、玛瑙玉局（雕磨工）、温犀玳瑁局、珠翠局、金丝子局、销金局、砑金局、石局、木局、大小雕木局、竹作局、蜡烛局、油漆局、毡局、染局、剪毛花毯腊布局、绳局、网局、帘纲局、绣局、纹锦总院、罗局、窑场（造白琉璃砖瓦）、琉璃局、泥瓦局、皮货所、鞋带斜皮局、熟皮局、牛皮局、软皮局、异样毛子局、貂鼠局，装订局、裱褙局、烧红局（制颜料）、浮梁磁局、杭州织染局、建康织染局、典饮局（酿酒）、鞍子局、铜局、筋局、锁儿局、成制提举司（裁缝工）。这止是皇室所有工业的一部分，已经看出其中包括种类的繁多，几乎是一切工业皇帝全设局经营了。诸王贵族也各利用所属匠户经营工业，规模不及皇室大，种类也许不比皇室少。集合全国工匠给少数蒙古贵族生产消费品,这将是社会何等巨大的损害!

皇帝又设武备寺,专制兵器,所属有寿武库制衣甲,利器库制兵械,胜广库掌外路各局,京外除江南地区不设兵器局,北方大城市如大同、平阳、太原、保定、真定、怀、孟、河南、汴梁、益都、济南、彰德、归德、大名等处,都设局制造兵器,这是皇帝独占的工业,任何人不得擅造。

（五）科学的应用

元朝重用色目人,传来天文学、数学、炮术、建筑术、工艺、医学等科学上的新知识,影响中国科学的发展(当然,中国也传给西方诸国罗盘针、木板铜板印刷术、算盘等新知识)。郭守敬是当时最大的科学家,擅长水利学、历数学、仪象制造学。忽必烈至元十三年,守敬创造简仪、仰仪等测天诸器,在大都设立司天台(天文台)。守敬利用他在数学上创见的垛积、招差、勾股、弧矢诸法,十七年,造授时历,推步极密,为古代最精确的历术。汉朝改历四次,魏迄隋改历十五次,唐迄五代改历十五次,宋改历十七次,金迄元改历五次,独守敬《授时历》,元、明(明改称大统历)两朝行用二百七十余年不改。日本据《授时历》作《贞亨历》,自贞亨二年至明治五年,行用几及二百年。二十八年,忽必烈从守敬议,开凿通惠河,自大都至通州高丽庄入白河,河长一百六十里,衔接白河(自通州至直沽)、御河(自临清至直沽)、会通河(自东昌须城县至临清)、扬州运河(自三汊口达会通河)、江南运河(自镇江至杭州),连成杭州直达大都的大运河。郭守敬以外,如李冶著《测圆海镜》十二卷、《益古演段》三卷,朱世杰著《四元玉鉴》三卷、《算学启蒙》三卷。

《算学启蒙》自加减乘除进至天元如积，凡二十门，学习较为便利，可以说是古代最适用的数学教科书。

（六）海运

忽必烈灭宋，搜括江南财物到大都享受，却因内河运输有限，不能满足忽必烈与蒙古贵人的贪欲。宋降臣王积翁献言道："亡宋都汴时，每年运江南粮六百万石，如今江南粮多，运到京城，可食贱米。"朝廷赞许他的建议，征集军民开掘几条河道，果然运输量增大了，但离蒙古贵人的贪欲还远得很。南宋海盗朱清、张瑄曾替伯颜从海道搬运亡宋库藏图书到直沽（天津），熟悉上海天津间海路，自称能海运粮米，至元十九年，命上海总管罗壁使朱清、张瑄造海船六十艘，募水手运江南粮四万六千石。从此海运逐年激增，二十七年，增至一百五十九万石；海山至大二年，增至二百四十六万石；爱育黎拔力八达延祐六年，增至三百余万石；图铁木耳天历二年，增至三百五十二万石。

自朱清、张瑄创行海运，江南三省（江浙、江西、湖广）农产物大量北运，朝廷止求粮数增加，不顾人民乏食死亡。再加官吏贪暴，刻扣水脚钱，船户贫困，海中遇风涛盗贼，船破人亡，每年平均损粮十余万石，水手溺死不可计数（忽必烈定制，船坏弃米，责押运官赔米，船坏人死，免赔）。幸而托欢铁木耳时代，南方农民纷纷起义，海运渐减。朝廷特派大官到江浙专力搜括，至元二年，官粮及拨赐诸贵族寺观田租悉数起运，仅得二百六十万石，十九年减至十一万石，二十三年以后，海运断绝。坐食浪费的蒙古贵人及靠官米生活的军民工匠，骤失米粮来源，更兼北方连年旱蝗，无处得食，京城竟至食人肉，乡村多取蝗虫当干粮。

（七）钞法

元朝公私收付，悉用楮币，民间不得私藏金银，必须赴官库倒换楮币，才能行用，楮币分交钞、中统元宝钞、至元宝钞三种，中统钞、至元钞直到亡国，沿用不变。

交钞——中统元年，始造交钞，指定丝料作本。交钞五十两换丝钞一千两，诸物价值，全依丝价作标准。

中统元宝钞——同年七月，又造中统元宝钞，分十文、二十文、五十文、一百文、二百文、五百文、一贯文、二贯文八等。每一贯同交钞一两，二贯同白银一两，赤金一钱。京城设燕京平准库，各路设平准行用库。至元三年，铸银锭，每锭五十两，称为元宝。钞一锭等于一百贯文。灭宋后，收宋会子，每五十贯准中统钞一贯。中统元年，发行钞额七万三千三百五十二锭；十二年，三十九万八千九百十四锭；十三年，骤增至一百四十一万九千六百六十五锭。这说明灭宋成功，江南金银财物大量流入忽必烈的库中。

至元宝钞——中统钞行使不久，信用降落，不能维持原定金银比价。宋降臣叶李献新钞样并条例十四项，得忽必烈采纳。至元二十四年，发行至元宝钞，与中统钞并用。至元钞分十一等（自五文至二贯文）。一贯当中统钞五贯，二贯当白银一两，赤金一钱。此后至元钞发行额每年一二百万锭不等，中统钞最高额不过十万锭。三十一年忽必烈命各路交钞库所贮银九十三万六千九百五十两，除存留十九万二千四百五十两为钞本，余银悉运京师。钞本亏损,钞价逐渐跌落。海山至大三年,改行至大银钞。自二两至二厘分十三等。每钞一两准至元钞五贯,白银一两,赤金一钱。至大银钞不设本钱,发行一次便停止。

至元钞价不断跌落,托欢铁木耳至正十年,铸至正通宝钱,一千文当交钞一贯,至元钞二贯。理由是交钞没有伪造,至元钞伪造太多,钱钞兼用,可挽救钞币。实际止是借铸钱欺人,印发民间少见的交钞,代替信用低落的至元钞。交钞行使不久,物价腾贵,又国内起义军兴,朝廷日夜印钞作军费,数目不可计算,京师米价钞十锭还不够买米一斗。民间用货物交易,钞成废纸。

(八)户口

窝阔台围汴京,城中有户一百七十万,后来疫死九十余万人,破城时屠灭完颜氏一族,残存户当仍不下数十万。灭金后二十八年,中统二年,户部奏上全国户数止有一百四十一万。由于对南宋土地的逐年吞并,至元十一年全国有户一百九十六万。这种统计数字,自然不可确信。中国北方人民在蒙古族长期屠杀虏掠下,或死亡逃匿,或被俘作奴驱,遭受极大的摧残,却从户数骤减这一事实明显的表现出来。

至元十三年,大举攻宋,《元史》记载新得户口如下:

江东路户八十三万一千八百五十二,口一百九十一万九千一百六(南宋赵扩嘉定十六年统计户一百四万)。

荆南、湖北路户八十万三千四百十五,口一百十四万三千八百六十(嘉定户三十七万)。

江西路户一百五万一千八百二十九,口二百七万六千四百(嘉定户二百二十六万）。

湖南路户五十六万一千一百十二，口一百五十三万七千七百四十（嘉定户一百二十五万）。

两浙路户二百九十八万三千六百七十，口五百六十九万二千六百五十（嘉定户二百二十二万）。

淮西路户五十一万三千八百二十七，口一百二万一千三百四十九（嘉定户二十一万）。

淮东路户五十四万二千六百二十四，口一百八万三千二百十七（嘉定户十二万）。

共得户七百二十八万八千三百二十九，口一千四百四十七万四千三百二十二。福建、两广户口不见记载，当有二三百万户（嘉定户福建一百六十万，两广九十六万），总户数当在一千万左右。

南宋与金接壤地区（湖北、淮东、淮西）户口极少，宋亡时反各增数倍，两浙也增加七十余万户，这是北方汉族乘蒙古侵入，金人衰弱的时机，大量逃回祖国，或居边地，或至京城（杭州）附近（两浙）。同样，元人侵宋，汉族逃奔福建、两广，人数定必不少。中国人民不愿受异族统治以及遭受侵略颠沛流亡的惨苦，比较两个户口数字，显然可见。

至元二十六年，括江南四川户口；二十八年，户部统计内郡（腹里）一百九十九万九千四百四十四户，江淮四川一千一百四十三万八百七十八户，口总数五千九百八十四万八千九百六十四，内无业游食人四十二万九千一百十八。这个数字，说明中国北方广大地区，依然萧条残破，四川在赵扩时有户二百五十九万，至元十九年仅存十二万户，何等可惊的残破！江淮地区户口似乎变动不大，由于恢复宋时七十余种差徭（至元二十八年），以及创立各种剥削新法，江南人口买卖，特别盛行，足见也在逐渐残破中。

图铁木耳至顺元年，户部钱粮户数一千三百四十万六百九十九。至元二十八年至至顺元年凡四十年，不容户数完全不变，这应该是实际户数损耗了，户部依照至元户额用门摊（摊派）等方法，迫使耗损了的人户，负担四十年前的钱粮。

（九）最被压迫的人户

元朝统治中国，分汉族为许多等级，庶民（有独立户籍的平民）以外，有下列各种名目：

奴隶——户婚律规定：凡蒙古、回回、契丹、女真、汉人在军前俘获人口，留养在家中供役使，称为奴婢；别居在外，另立户籍就算良民。奴已别居，如主人仍认作奴婢，官府没收主人的财产。法律上奴婢地位最低，主人奸奴妻无罪，奴奸主女处死刑。主人杀无罪奴婢，杖八十七，因醉误杀，减罪一等。奴骂主人，主人受骂杀奴，免罪。奴杀主人，凌迟处死。

驱户——驱在元朝数量极大。驱有两个来源：一是蒙古军侵入中国，虏掠人口（非军前俘获）作私户（俘户），称为撒花人口或投祥户，攻南宋时大掠人口号干讨虏，被掠人号干讨虏人。被掠人身体归虏掠人所有，称自由出卖或留家供使役。二是人口买卖，上都大都设马市、牛市、羊市、人市，人畜同样买卖。买人契券上打被卖男女左右食指纹理，如有逃走狱讼，依纹理疏密推知本人长短壮幼。这是最早的利用指纹学，足见人口买卖的盛行。江南人口贩卖更盛，北人爱南人聪慧，呼为巧儿，身价甚贵，尤重妇女，每一人值银二三百两，处处有人市，价分数等。童男童女，展转贩卖，有的换主人数十次。北人怕童奴婢逃走，或使饮哑药，或用火烙足，驱役同禽兽。忽必烈屡禁江南贩卖人口，既是屡禁，足见并未禁止。奴与驱法律上待遇同等，没有什么区别，例如凡背主潜逃，捕获后各杖七十七。习惯上在北方称买来人为驱口，在南方称买来人为奴婢（法令仍称为驱，如延祐二年，禁南人典质妻子，贩卖为驱）。实际区别在军前俘获称奴，掠卖人口称驱。奴不得自立门户，立户便算良人。驱得自立门户（但不得自由迁徙），对国家负丁税（每岁纳粟一石）的义务，对主人负耕田、供役、纳贡赋、代主从军出征的义务。无论出舍（别居）不出舍（居主家），驱本人及子孙身体永远属主人所有，止有主人提不出实证，驱又充当军站工匠等差役，才得免除隶属关系。

阿里海牙破湖南，没收降民三千八百户为奴，自置官吏收租税，被宣抚司张雄飞告发，忽必烈令放归民籍。至元十七年，检查阿里海牙所俘丁三万二千人并放还为民。十九年，御史台奏称阿里海牙强占降民为奴，假称军前俘获，忽必烈令降民归州县官，俘获赐功臣。东平将校强占民为部曲户，征收赋役，称为脚寨，凡四百处。攻宋诸将多强占民户为奴隶，湖北提刑按察使雷膺救出数千户令还民籍。这里所称奴隶、部曲，都是驱，与真奴隶性质不同。（奴隶生产物完全归主人，驱生产物分作三部分，国家、主人、自己各一部分。）

贴军户——军户二三户中出一人当正军，称正军户，余户出钱助正军，称贴军户（简称贴户）。驱户被释放从良，法律规定仍需津贴本主军役，也称贴军户。贴军户家富丁多，得升充正军。正军户、贴军户依财产丁口多少来区别，身份上没有隶属的关系。朝廷为增加自己的收入，设法夺驱为良当贴军户，汉军的驱户多被夺去。

投下户——蒙古皇族、贵戚、功臣都有封地，封地内民户称投下户，又称爱马，每年纳官赋以外，江北每户增纳丝六两四钱，江南纳钞二贯文给封主。又人民不堪差役的压迫带着土地产业投靠贵人门下，也称投下户。铁木耳大德二年，禁诸王、公主、驸马、贵官收受诸人呈献公私田地及招收投下户。因为投下户得免杂色差役，农民、军户、匠户以至富强人家，都愿意充投下，朝廷屡次禁止，并不发生实效。后来各封主贪欲更增，强令投下户贡金，例如拔都大王封地在平阳及真定、河间、管下、鼓城等五县，民间止产麻布，从布变成白银，不知空费若干匹布，从白银变成黄金，又受商人一次盘剥(银二两换金一钱)，囚拘拷打，人民痛苦已极。又封主细分民户给自己的子孙妻妾，一州一郡分成六七十个小封主，这些小封主或得一城或得数村，各派官索钱，投下户无可奈何，止有冒险逃走一条出路。

打捕户——专供皇帝及高级贵族打猎、捕鱼，每岁缴纳一定数量的物品。打捕户多取析居(兄弟分居)、放良(奴隶从良)、还俗僧道、游手无赖、亡宋旧役等人充当，除纳地税、商税、依例出军等负担外，免除一切差役。

匠户——蒙古兵攻城屠杀，独不杀工匠。工匠被俘，一部分分给各贵族，大部归皇帝所有，称为匠户。民间有良工或驱丁手艺精良，也归入匠户。皇帝和贵族各有匠户，生产多种物品供本主消费及出卖剩余。匠户分民匠、军匠两种：民匠制造普通用品，军匠专造武器。至元十六年，命囊嘉带括两淮造回回炮新附军匠六百人及蒙古、回回、汉人、新附人能造炮匠人送大都。军匠是皇帝所独有，炮匠又在军匠中最被重视。全国各种官营工业主要是用匠户工作。另一部分是奴隶（如至元十一年，括诸路无主逃奴二千人隶工部）和怯怜口（如中统五年，招集析居放良还俗僧道等户习诸色匠艺，称为怯怜口），不过数量远比匠户少。忽必烈至元二十一年，阿鲁忽奴奏称，前时江南民户中拨匠户三十万，其中多是非手艺人，现在选定诸色工匠，余下十九万九百余户请放免为民。元官工业集中在北方，全国军民匠户当不下数十万。（窝阔台为获得全国工匠，破例免屠开封城，工匠数当不少。）

匠户工作报酬，止是一些口粮。至元三十年，中书省奏称，上都工匠二千九百九十九户，岁费官粮一万五千二百余石。二十九年，招募海运梢公、水手，按每户五口计算，发给口粮。依据上面两例，匠户一年得口粮五石。在特别穷困时。还可以多发些粮食，如谦州织工一百四十二户穷极，出卖妻子，命官给粟并代赎人口，中山畋户（打捕户）饥，给六十日粮，丰润署田户饥，给六十日粮，蓟州、渔阳等处稻户饥，给三十日粮。工农户穷饥将死，多发一二月粮算作皇帝的特恩。

盗贼律：凡工匠领材料制成器物，余料不曾还官并偷窃出局，处杖刑，免刺面。又户婚律：匠户子女，使男习工事，女习针绣，不得拘使充他差役。工匠免刺面，免充他差役，算是法律赋与的优待。

佃户——大量土地被官田、屯田、寺观、豪富占有，农民想耕田谋生，不得不忍受地主的虐待，充当佃户。又有不少农民，为逃避差役，带田投靠权豪门下，藉得荫庇，也称佃户。农民一充佃户，对主人发生隶属关系。佃户生男，便供奴役，生女便为婢妾。佃户男女婚姻，主户（地主）得随意拦阻，勒索钱帛礼物才许成亲。地主在法律上规定的权利是户婚律："凡典卖佃户（典卖分两种，一种计口数出典或出卖，一类田地带同佃户出典或出卖，称为随田佃客）禁佃户嫁娶从其（佃户的）父母”；杀伤律：“凡地主殴死佃客，杖一百七，征烧埋银五十两，与良人因斗殴杀他人奴同罚。”自己的佃户等于别人的奴隶，这就是说，佃户的身份比奴隶较高一级。铁木耳大定三年，中书省奏称：江南诸寺佃户五十余万，原是编民（平民），被杨琏真伽冒入寺籍，应加纠正。编民对国家直接负担各种赋役，佃户附属在地主名下，对国家不负差役的义务，因此身份比编民卑微。

（十）财政的紊乱

蒙古族统治中国，止知掠夺，不知理财，忽必烈开国时代，每年收支已亏短甚巨。至元二十九年，岁入二百九十七万八千三百五锭，支出三百六十三万八千五百四十三锭，不敷六十六万余锭。中期以后，税收比忽必烈时增二十余倍，包银增十余倍，但亏短更巨。海山至大二年，岁入钞四百万锭，实际运到京库钞二百八十万锭，支出四百二十万锭，应支未给钞一百余万锭，不敷约二百五十万锭。爱育黎拔力八达时，常年应支六百余万锭，又土木营缮费数百万锭，皇帝特赏三百余万锭，北边军饷六七百万锭，支出总数约一千数百万锭。图铁木耳天历二年，岁入金三百二十七锭，银一千一百六十九锭，钞九百二十九万七千八百锭，币帛四十万七千五百匹，丝八十八万四千四百五十斤，绵七万六百四十五斤，粮一千九十六万五十三石。岁入比中期更增，支出自然也继续扩大。

支出中最大耗费是赏赐、作佛事、创立衙门、滥支冒领、增卫士鹰坊（养鹰处）五项，赏赐与作佛事耗费尤大。赏赐例如硕德八剌一次赏诸王百官金五千两，银七十八万两，钞一百二十一万一千贯，币（布）五万七千三百六十四匹，帛四万九千三百二十二匹，木棉布九万二千六百七十二匹，布二万三千三百九十八匹，衣八百五十九件。忽必烈定制，每年例赐诸王贵族银、帛，称为岁赐。皇帝随意恩赏，称为特赏。从中统元年至亡国，支出数目，不可计算。作佛事例如忽必烈写金字佛经一藏，用赤金三千二百余两，爱育黎拔力八达延祐四年，宫内供佛用面四十三万九千五百斤，油七万九千斤，酥二万一千八百七十斤，蜜二万七千三百斤。写金字佛经一藏用赤金三千九百两。至元二十八年，全国佛寺四万二千三百十八所，僧尼二十一万三千一百四十八人，依二十五年拨水陆地一百五十顷养寺五所作例，佛寺占田至少在一百万顷以上（如白云宗掌教沈明仁强夺民田二万顷，其他寺院多占夺官私田地，不在赐田数内）。延祐以前，作佛事每天杀羊一万头。至元二十四年，五台山作佛事设三十三会。二十五年，大护国仁王寺作佛事，设五十四会。假如三天一会，两次佛事共杀羊二百六十万头，这样惊人的浪费，在佛事中止是最小的一部分。

元人压迫汉人，尤其压迫南人，但对汉族地主，在共同压迫农民这一点却利害一致，因此汉族地主拥护蒙古统治者，并无二心，松江富民曹梦炎自愿每岁送米一万石给官府，请免其他徭役，朝廷允许，并赏浙东道宣慰副使官职。自然，曹梦炎藉势夺民田，收佃户，所得远比万石米要多些。江西张天师广置田园，为江南一大豪霸，也止依靠真人的封号。天历以后，朝廷公开卖官，陕西省纳米一千五百石以上授从七品官，依次递减至三十石，赏门上挂匾。河南并腹里纳米二千石以上，授从七品官，递减至一百石以上，授下等钱谷官。江南三省纳米一万石以上授正七品官，五千石以上授从七品官,递减至二百石以上,授下等钱谷官(陕西省米每石折钞八十两,河南并腹里折钞六十两,江南三省折钞四十两)。地主出米买官,所得利益很大。托欢铁木耳时,地主对朝廷不信任了,托欢铁木耳派专员带官诰到江南,募富人入米补官,授五品至七品官,竟不得一人应募。松江知府崔思诚招集属县富人列庭下,不问有米无米,用刑拷打,逼使做官,所得仍是有限。

富人为什么宁受拷打,不肯做官呢?由于当时农民起义军开始大发动,蒙古统治不稳,同时朝廷剥削过度急暴,做官利益减少,不如受拷打比较有利。

第四节　农民大起义

元朝政论家赵天麟说人民逃亡的五个原因:一天、二官、三军、四钱、五愚。天灾流行,饥饿乏食,不得不逃;官苛刻,赋敛繁重,富人纳赂得免,贫人负担独多,不得不逃;军费浩大,民不堪命,不得不逃;借钱救急,重利盘剥,不得不逃;愚笨无知,谋生困难,不得不逃。赵天麟列举五个原因,归根止是在异族统治下,剥削超度残酷一个原因。当时民间流传一首歌谣道:"天遣魔军杀不平(不公平人),不平人(因为不公平人)杀不平人(被压迫人),不平人(被压迫人)杀不平者(不公平人),杀尽不平(不公平人)方太平。"被压迫的不平人与不公平的不平人,并存在一个社会里,不是这个不平人杀那个不平人,就是那个不平人杀这个不平人。

从忽必烈开国起,蒙古贵族与汉族人民间继续进行着种族斗争和阶级斗争,终于汉族人民胜利了。九十年长期斗争是非常残酷的,压迫与反抗,始终在紧张状态中发展着。

(一)蒙古统治者的压迫

赵天麟说:“凡逃民都是没奈何的穷人,略能存活,谁愿逃亡?朝廷说人民取巧,避免差徭,我说这不是人民的罪过,实是官长的罪过。”赵天麟这些话是公正的。元朝不仅有大量的流民,而且还有更大量的饥民,因为官府禁止人民流亡,不得不困守乡土充当饥民,过着真正没奈何的生活。元史关于这类记载,比其他史书特别多,下面摘录几条有人户实数的记载(极大多数不载人户数)作例。

至元二十七年,平滦饥民一万五千四百六十五户,赈粟五千石,每户约得三斗;江阴、宁国等路大水,流民四十五万八千四百七十八户,赈粟五十八万二千八百八十九石,每户约得一石三斗。

大德二年,江西、江浙水灾,赈饥民二万四千九百余人,赈粟数不详。

四年,建康、常州、江陵饥民八十四万八千六十余人,赈粮二十二万九千三百九十余石,每人约得二斗七升。

至大元年,因北方流来贫民八十六万八千户,坐食官粮,不是久计,给钞一百五十万锭,币帛折钞五十万锭,停止发粮,每户得钞二锭余。江浙省大饥,流民一百三十三万九百五十户,赈米五十三万六千石,钞十八万七千锭,盐五千引,每户约得米四斗,钱十四贯,盐一斤余。假如按十四年前(元贞元年)京师平粜米价白粳米每石中统钞十五两,白米十四两,糙米六两五钱,十八年后(泰定二年)京师平粜米价每石十五贯作比例,江浙米价十四贯约得糙米一石。

泰定二年，雄州归信诸县水灾，饥民一万一千六百五十户，赈钞三万锭，每户约得三锭。

三年，锦州水灾，漂死一万人，每人给钞一锭。

天历二年，陕西诸路饥民一百二十三万四千余口，诸县流民又数十万，发粮八万石，及河南汉中所储官粮赈济，卫辉路饥民一万七千五百余户，赈数不详。池州、广德、宁国、太平、建康、镇江、常州、湖州、广元诸路及江阴州饥民六十万户，赈粮十四万三千余石，每户约得二斗余。大都、兴和、顺德、大名、彰德、怀庆、卫辉、汴梁、中兴诸路，泰安、高唐、曹、冠、徐、邳诸州饥民六十七万六千余户，赈钞九万锭，粮一万五千石，每户约得钱十三贯，粮二升余。凤翔府饥民十九万七千八百人，赈钞一万五千锭，每人约得钱七贯，益都莒、密二州水旱蝗灾，饥民三万一千四百户，赈粮一月。

至顺元年，泰安州饥民三千户，真定南乐县饥民七千七百户，松江府饥民一万八千三百户，东昌饥民三万三千六百户，赈数不详。中兴、峡州、归州、安陆、沔阳饥民三十万余户，赈粮四月。

二年，浙西诸路水旱，饥民八十五万余户，令官私儒学、寺观佃户向田主借贷钱谷，官不给赈粮，余户赈钞十万锭，僧道度牒一万道（托欢铁木耳元统元年，每道价五十贯）。檀、顺、昌平等处饥民九万余户，发通州官粮赈济。益都饥民三万余户，赈钞三千五百锭，每户约得十五贯。

元统元年，京畿大水，饥民四十余万人，赈钞四万锭，每人约得钱十贯。宁夏饥民五万三千人，赈粮一月。

二年，江浙大饥，饥民五十九万五百六十四户，赈米六万七千石，钞二千八百锭，每户约得米一斗，钱四百余文。

至正十二年，大名路开、滑、浚三州，元城等十一县水旱虫蝗，饥民七十一万六千九百八十口，赈钞十万锭，每人约得钱十四贯。

以上止是《元史》全部记录中极小的一部，已经看出人民饥饿流亡，何等严重。元制，流民必需押解还乡，并禁聚至千人，犯禁罚杖一百。饥民困坐待赈，数极微小，官吏经手赈粮，无疑要刻扣自肥（至顺元年，中兴等处饥民三十万户，按《地理志》所载，中兴、峡、归、安陆、沔阳总户数仅二十四万户，官吏能妄报，无疑能刻扣）。佃户不得受赈，限令向田主借贷，自然债累更深。小有田产的农民，不出卖土地，或流落充佃户，不能保持生命，这样，在无数灾祸中，田地大量向地主官吏集中了。

（二）人民的反抗

从忽必烈灭宋起，直到亡国，汉族的反抗，始终没有停止过。下面摘录几条忽必烈时代规模宏大的事件作例。

至元十三年（破临安当年），阿术攻扬州，使人持宋太皇太后谢氏亲手写的命令，谕守将李庭芝、姜才投降。庭芝登城告使人道："我奉命守城，不奉命降敌。"谢氏又发劝降命令道："我同皇帝，都已降服，你还给谁守地？"庭芝怒，射使人死。城中粮尽，食糟糠牛皮，有些兵士甚至食自己的幼子，誓死力战不屈。庭芝与姜才率饥兵七千往泰州，令副将朱焕留守，朱焕开城降元。阿术分路追击。围泰州城，驱庭芝妻子至城下招降，姜才患背疽不能战，城破，庭芝、姜才被执。二人大骂，要求速死。阿术杀李庭芝、姜才。

宋静江府守将马塈与阿里海牙前后百余战，坚守不肯降。阿里海牙许塈做广西大都督，塈不理。忽必烈亲写信招降，塈焚信斩使。外城破，塈退守内城，内城又破，塈率残兵巷战，臂伤被擒，头颈斩断，据说还握拳直立，好久才仆地。副将黄文政被擒，大骂不屈，先割舌，次割鼻及脚，文政喷血含胡痛骂，头颈断才停声。部将娄钤辖率二百五十人守月城，阿里海牙围攻十余日不下，娄钤辖饿极，立墙上叫道："我们困乏不能走路，请给些食物，我们就出降。"阿里海牙送牛数头米数石，娄钤辖取牛、米进城。元兵登高望城中，见军上炊米作饭，吞食生牛肉，忽闻鸣角击鼓，火炮一声，二百五十人全化灰尘（娄钤辖和部下决心殉国，吃饱了自己炸死）。元兵入城屠杀，有壮丁七百人逃入西山，阿里海牙派官招降，七百人悉数自杀，无一人投降。

李庭芝、姜才、马塈、黄文政、娄钤辖以及同他们一起苦斗的将吏士兵，为发扬种族气节，拒绝招降，慷慨杀身，与转战闽、广的文天祥、张世杰、陆秀夫辈同是光芒万丈、永世不朽的义士。此后无数忠勇人民继承诸义士伟大的遗志，不屈不挠地进行着反蒙古战争。

至元十四年，汀漳民军首领陈吊眼又畲族（蛮族，即汉朝的山越，也称社民，大概因保持原始公社生活得名）女酋许夫人起兵响应张世杰。陈吊眼聚众数万，攻汀漳。元将完者都（钦察人）用头陀队（民军的一部）叛变首领黄华充先锋，进攻陈吊眼，吊眼军增至十万，连五十余寨，据险固守。十八年，元将高兴（汉人）诱杀陈吊眼，起义军被屠极惨。

二十年，刑部尚书崔彧奏称江南人民起义凡二百余处。

二十一年，邕州宾州民黄大成等起义，桂州、韶州、衡州、漳州民众相继起义。

二十四年，婺州民柳分司，处州民詹老鹞，温州民林雄，徽州民汪千十，广东民邓太獠、刘太獠、阎太獠、萧太獠、严太獠、曾太獠、陈太獠（诸人当自有名，恶号疑元官所加）相继起义。

二十五年，贺州民七百余人，循州民万余人，泉州民二千余人，畲族民千余人，广东民董贤举率众万余人，自号大老，柳州民黄德清，潮州民蔡猛，处州民柳世英，大同民李伯祥等纷纷起义。

二十六年，畲族民邱大老集众千余人起义。台州民杨镇龙据王山起义，建号大兴国，聚众十二万，攻东阳、义乌、余姚、新昌、嵊、天台、永康，浙东大震。婺州民叶万五率众万余人攻武义县。

二十七年，建昌民邱元，号称大老，集众千余人攻南丰等县。江西民华大老、黄大老攻乐昌等县。太平县民叶大五集众攻宁国。婺州、处州民吕重二、杨元六，泉州民陈七师，兴化民朱三十五，处州民刘甲乙等起义。

二十九年，汀漳民欧狗起义。湖广辰州蛮民起义。

起义全在江南地区（北方止大同一处），起义首领全是贫苦人民，蒙古军联合汉族地主官吏，陆续把起义军扑灭了。蒙古军杀夺异常残酷，连御史台也说讨贼官肆意剽掠，捕捉生口（俘虏）充赠品。杨镇龙败后，经御史台拣放生口一千六百余人，被俘作奴驱的当然更多。

托欢铁木耳时代，政治的腐败，军队的衰朽，地主豪强的剥削，水旱饥荒的扩大，都达到最高点。虽然朝廷屡次严禁汉人南人私藏兵器，甚至伯颜建议尽杀张王刘李赵五姓人，这止是说明蒙古统治事实上不能支持了。

至元三年正月，广州增城县民朱光卿起义，建号大金国（朱光卿，汉人，迁居广东，知金不知宋)。四月，元将狗扎里擒朱光卿。

二月，河南汝宁信阳州民棒胡(本名胡闰儿)起义。棒胡烧香造预言，自称李老君太子，有弥勒佛像、紫金印、量天尺等器物，聚众攻破鹿邑县。

四月，四川合州大足县民韩法师起义，自称南朝赵王。广东惠州归善县民聂季卿(汉人)、谭景山等造兵器，拜戴甲为定光佛，响应朱光卿。

四年，江西袁州民周子旺烧香起义，自称周王。福建南胜县民李志甫起义，围漳州城，元将别不花率浙闽江西广东军救漳州。六年，叛贼陈君用袭杀李志甫，龙岩县尉黄佐才屠杀志甫余党郑子箕等。

五年，河南行省掾范孟端诈造诏书，杀行省平章政事月鲁铁木耳，右丞劫烈，廉访使完者不花等。

至正元年四月湖南道州民唐大二、蒋仁五等起义，攻破江华县。十一月，道州民何仁甫起义。十二月，山东燕南人民起义凡三百余处。

三年，元兵杀唐大二、蒋仁五，蒋丙率余众攻破连桂二州，自号顺天王。

四年，山东益都路盐民郭你赤起义。

六年，三月，山东起义军攻兖州，元中书参知政事锁南班驻东平，防起义军。五月，广西象州人民起义。六月，福建汀州民罗天麟等攻破长汀县。十二月，山东河南人民纷纷起义。

七年，山东河南起义军蔓延济宁、滕、邳、徐州等处。集庆(南京)路及沿江一带人民起义。集庆起义军仅三十六人，击走元兵万余人。通州(河北通县)人民起义，监察御史奏称通州在京城附近，人民叛变,形势严重,请派大军速往平乱。

八年,福建汀漳二州、山东沂州各立分元帅府防起义军。辽阳民董哈剌起义。海宁州人民起义。浙东台州民方国珍起义。

托欢铁木耳为首的蒙古统治阶级,并不畏惧这些人民起义,他们依然淫虐贪婪,有加无已。托欢铁木耳从西天僧(印度僧)学演揲儿法(淫术,意谓大喜乐),又得西蕃僧(西藏僧)伽璘真,尤工秘密法(淫术),托欢铁木耳大喜,封西天僧为司徒,西蕃僧为大元国师,搜括美妇人供僧徒淫乐,号称供养。自己日夜练习房中运气术,不论亲族臣民家,凡色美善淫的妇女,一律取入宫中。大臣受秘密戒,得入宫参预游戏。君臣男女僧俗裸体宣淫,称为皆即兀该,意谓诸事无碍。大小官员,相率仿效,丑声秽行,禽兽不如。这样腐朽的统治阶级,在全国性的人民起义打击下,似乎应该很快就崩溃了,可是起义军没有较强的组织,也没有较远的政见,此起彼仆,先后败灭,并不能获得起义的成效。直到至正十一年,刘福通红巾军起,才转上新的阶段。

刘福通——永年县(河北永年县)人韩山童,借白莲会(至大元年,曾禁白莲社,拆毁祠庙,令教徒归还民籍)烧香聚众,宣言天下当大乱,弥勒佛降生在河南淮、泗间。信徒颍州人刘福通与徒党罗文素、盛文郁、杜遵道、王显忠、韩咬住等称山童是宋徽宗(赵佶)八世孙,应当做中国君主。这是包含种族意义的有力号召,广大人民即时围绕在这个号召下,发生摧毁蒙古统治的力量。至正十一年五月,密谋发觉,山童被杀。刘福通等据颍州起事,攻破罗山、上蔡、真阳、确山等县,进攻叶、舞阳、汝宁、光息,众至十余万,元兵不能御。同时徐寿辉起蕲黄,布王三、孟海马起湘、汉,芝麻李、赵君用、彭二即起丰、沛,郭子兴起濠州,响应刘福通。

各军都头裹红巾为号，称红巾军（简称红军），又称香军。十五年，福通寻得山童子韩林儿，迎归亳州，称皇帝，又称小明王，国号宋，年号龙凤。

十七年，福通遣将分路略地，李武、崔德破商州，入武关图陕西，毛贵取山东，福通自取汴梁。又分军三路，一路关先生、破头潘、冯长舅、沙刘二、王士诚等攻晋、冀，一路白不信、大刀敖、李喜喜等攻陕西，一路毛贵由山东北攻，逼近大都。托欢铁木耳大惊，议迁都避难。毛贵军被元兵击败，退归济南。刘福通得汴梁，作为韩林儿的都城。自己进兵攻略河北。关先生、破头潘又分军两路，一路出绛州，一路出沁州，越太行山，攻保定，转攻大同，出塞破上都，毁元诸宫殿，转掠辽阳，入高丽国，十九年，破辽阳，杀懿州路总管吕震。李喜喜军分路攻破宁夏，略灵武等边地。

红巾军所至，元朝文武官吏闻风遁逃，但红巾军本身也由胜利转到溃败，因为韩林儿仅拥空名，刘福通号令不行，诸将各自行动，兵无纪律，攻下城邑，多被元兵收复，人民从实际经验中感到失望，逐渐离心，声势浩大的红巾军，终于被察罕铁木耳、李思齐、扩廓铁木耳三人所率领的地主武装击破了。察罕铁木耳是汉化的乃蛮人，改姓李氏。世居沈邱（河南沈邱县），至正十二年，起乡兵数百人，与罗山人李思齐（汉人）合攻红巾军。十八年，陕西白不信、李喜喜兵败逃入四川，改称青巾军，归降明玉珍。十九年，察罕铁木耳、李思齐率大军自陕西攻汴梁，刘福通兵败，与韩林儿突围走安丰（安徽寿县西南）。毛贵据山东，诸将争权，赵君用谋杀毛贵。二十一年，察罕铁木耳乘机击平山东。二十二年，察罕铁木耳被红巾降将田丰刺死，义子扩廓铁木耳（本名王保保）统兵扫清红巾余众，山东、河南、陕西又归元朝所有。张士诚遣将吕珍攻安丰，杀刘福通，韩林儿逃出城，朱元璋击败吕珍，救林儿归。二十五年，朱元璋杀韩林儿。

郭子兴——安徽定远县人。父郭翁，算命为业。至正十二年，子兴聚众数千人袭据濠州（安徽凤阳县），朱元璋（明太祖）投子兴军充十夫长，屡立战功，子兴嫁义女马氏为元璋妻，十五年，子兴死，元璋杀子兴子天爵。

徐寿辉——湖北罗田县人，贩缯布为业。至正十一年，寿辉聚众攻破蕲州、黄州，自称皇帝，国号天完。将士用红巾裹头，与刘福通同称红巾军。十二年，攻破武昌，分兵取江西、湖南地。十三年，自江西入浙西，破杭州。十六年，寿辉建都汉阳。十七年，部将明玉珍入四川。二十年，部将陈友谅杀徐寿辉。

陈友谅——湖北沔阳县人，父陈普才捕鱼为业。友谅幼年读书，略通文义，在徐寿辉军中，凶狡善阴谋，杀寿辉大将倪文俊、赵普胜，又杀寿辉，自称皇帝，国号大汉。友谅军用白旗，号称白军，朱元璋军用红旗，号称红军，两军日夜相攻，死伤无算。至正二十二年，友谅起兵六十万，朱元璋兵二十万，大战鄱阳湖中，友谅大败，死。子陈理走回武昌。二十四年，朱元璋破武昌，陈理降。

明玉珍——沔阳县人，父祖相传业农，玉珍始为该村中土豪。至正十一年，聚众降徐寿辉。十七年，入蜀攻取重庆，十八年取成都，占有四川全境。二十二年，自称皇帝，国号大夏，建都重庆，玉珍略知政治，禁军士劫掠，废僧道（止奉弥勒佛一神），赋税十分取一，免征力役，颇得四川人民的拥护。二十五年，玉珍病死，子明升继立。朱元璋洪武四年，明将汤和攻破重庆，明升降。

张士诚——江北泰州人，贩私盐为业。至正十三年，士诚聚盐丁万余人，攻泰州。受知府李齐招降，不久又叛去，破兴化、高邮。十四年，士诚自称诚王，国号大周，旗帜用赤色。十五年，攻下苏州城，得钱谷器械无数。朱元璋取集庆，又取镇江，与士诚湖、常二州接境。十六年，朱元璋攻破常州，士诚兵败降元。二十三年，取杭州，改称吴王。士诚占地南至绍兴，北至济宁，西接汝、颍、濠、泗，东临大海，在同时割据群雄中，最称富强。二十五年，朱元璋命大将徐达、常遇春督诸军二十万攻苏州。二十六年城破。张士诚死。

方国珍——浙东黄岩县人，贩私盐为业。至正八年，入海为盗，十一年，降元，十三年，据台、温、庆元三路地。助元攻张士诚，士诚战败降元。二十七年，汤和破庆元，方国珍降。

托欢铁木耳时代，农民起义的时机完全成熟了，上述几个首领，止是乘势利用，满足个人的野心，人民利益，种族大义，在他们心目中，是不甚重视的。由于这些首领们据地称雄，互相残杀，不能协力同心，驱逐蒙古，竟使垂亡的蒙古统治者，又一度大规模摧残中国人民的生计。据元人自己说："将帅无不贪暴怯懦。纪律丧尽，战败报功，军溃求赏，经过地方，虏掠人财，鸡犬一空。探闻民军在南，急引兵向北，民军到西，急引兵向东，不幸遭遇民军，急飞奔溃逃。收复城邑，悉成荒墟，河南全省三千余里，仅存封邱、延津、登封、偃师等三四县。两淮南北，大河内（北）外（南），燕、赵、齐、鲁旧境，一望荒凉，人烟断绝。关、陕地区，保全无几。"黄河、淮水两大流域，遭受蒙古军这样巨大的残破，野心首领们与蒙古统治者应负同等罪恶的责任。

简短的结论

一向过着游牧掠夺生活的蒙古部落，在铁木真强大武力下获得统一了。统一发生巨大的力量，这使铁木真有可能向外侵略。

侵略的对象是金国，为了侵金，先扫除威胁根据地的西邻乃蛮部，征服金属国西夏。因灭乃蛮，引起一直向西侵略的新野心，从此铁木真主要的是向西用兵，可是他并不忽视南侵，分出一部兵力，派遣大将木华黎攻击山东、河北、山西，削弱金国，作一举灭金的准备。

“从多方面了解敌国内情，不十分明了敌情，决不冒险进攻”，这是铁木真战必胜攻必克的秘术。

铁木真死后，蒙古族向外侵略继续扩展着。窝阔台灭金，拔都、旭烈兀西征建立汗国，到忽必烈时，蒙古内部分裂，忽必烈专力南侵，吞灭了全中国。

蒙古族武力统治中国，压迫汉人、南人非常残酷，尤其是南人，政治上处在最下层地位，一切都被蒙古人贱视，止有朱熹、真德秀的道学，大受尊重和提倡。

政治极度腐败，残酷的剥削，使极大多数的农民失去土地，投靠地主充当佃户。工匠被编为匠户，每年约得官粮五石，本身及子孙永远替皇帝贵族服劳役。对外贸易不振，国内商业江浙比较繁盛，其他地域一般在衰疲状态中。

中国北部人口稀疏，田地荒废，显示惊人的残破。富庶的四川，元初仅存十二万户，尤堪惊人，江浙仍是全国财富集中地，同时也是一切剥削集中地。朝廷岁入，主要依靠江浙。单是漕米每年输出二三百万石，人民负担奇重，可以类推。

汉族反蒙古斗争，从忽必烈开国时起，始终没有停止过，到托欢铁木耳时代，农民起义的时机成熟了，刘福通红巾军起，全国响应，摧毁了蒙古的统治。朱元璋北伐，中国又回到中国人手中。

附：元代年表

公元	姓名	年号
一二六〇年	忽必烈（世祖）	中统
一二九五年	铁木耳（成宗）	元贞
一二九七年		大德
一三〇八年	海山（武宗）	至大
一三一二年	爱育黎拔力八达（仁宗）	皇庆
一三一四年		延祐
一三二一年	硕德八剌（英宗）	至治
一三二四年	也孙铁木耳（泰定帝）	泰定
一三二八年	图铁木耳（文宗）	天历
一三三〇年		至顺
一三三三年	托欢铁木耳（顺帝）	元统
一三三五年		至元
一三四一年		至正
一三六八年	（元亡）	

第七章　封建制度更高发展时代——明

一三六九年 — 一六四四年

第一节　朱元璋怎样建立明朝

(一)朱元璋起兵统一江南

朱元璋(明太祖),濠州人,祖与父都是贫农。至正四年,元璋年十七,父母兄弟相继疫死,孤贫不能生活,入皇觉寺当游方僧,乞食河南、安徽等州县凡三年。至正十二年,土豪郭子兴据濠州起事,元璋投子兴军充亲兵。十三年,归本乡募兵得七百人。十四年,率壮士徐达、汤和等二十四人攻定远县(安徽定远县),招降驴牌寨民兵三千人,土豪秦把头所部八百人,缪大亨所部二万人,进军克滁州(安徽滁县)。郭子兴率部属万人来滁,自称滁阳王,十五年,克和州(安徽和县)。子兴死,元璋代统余众,兵益强。巢湖水寨首领俞通海、廖永忠等降,得船千艘。十六年,渡江击破元大将蛮子海牙军,克集庆路(南京),改称应天府。元璋自称吴国公,名义上奉韩林儿为宗主,实际已成立江南一个独立的强国。

当时刘福通红巾军纵横中原,声势正盛,徐寿辉据汉阳,张士诚据苏州,方国珍据庆元。朱元璋占领东南形胜的应天府,藉四周新起势力作屏障，不受元兵直接的迫害，这使他有机会进行整顿军队，建立纪纲，招聘谋士，改革弊政，扩大土地，筹备钱粮等必要准备，逐步实现削平东南群雄的计划。

朱元璋不断与张士诚、徐寿辉争地战斗，颇获胜利，但主要兵力是用在夺取防御力衰弱的元朝州县。十六年，遣徐达取镇江，邓愈取广德（安徽广德县）。十七年，元璋亲督徐达、常遇春攻宁国（安徽宁国县），大破元守将别不花，收降猛将朱亮祖，得军士十余万，马二千匹。邓愈、胡大海攻克徽州（安徽歙县），缪大亨攻克扬州，收得长枪军数万。十八年，李文忠（元璋甥）、邓愈、胡大海分路进攻建德路（浙江建德县），元兵望风奔溃，元璋自率常遇春等兵十万攻婺州（浙江金华县），擒守将帖木烈思等，留胡大海守城，命与常遇春协力取浙东。十九年，遇春破衢州（浙江衢县），大海破处州（浙江丽水县）。三四年间，吴成江南大国。

二十年，陈友谅据江州（江西九江县）大举攻破太平（安徽当涂县），杀守将朱文逊（元璋义子）、花云，约张士诚合攻应天，吴国君臣惊骇，元璋用刘基策，命胡大海攻信州（江西上饶县），牵制友谅后路，命康茂才诈降，诱友谅孤军速进。元璋集中所有兵力，袭击友谅军，友谅大败逃回江州，元璋乘胜收复太平，又进取安庆。二十一年，元璋率水军攻江州，胡大海自信州来会，友谅奔归武昌，这是吴、汉决定兴亡的第一次大战，朱元璋胜利了。

元璋两大敌国，张士诚地近国富，陈友谅地远兵强，应该先灭那一国呢？刘基的估量是友谅轻骄喜欢生事，士诚狡懦没有远志，先攻友谅，士诚不会出兵援救，先攻士诚，友谅一定起大军来袭，元璋从刘基议，决计先灭陈友谅。

二十三年，陈友谅军号称六十万，攻南昌。朱元璋亲督徐达、常遇春诸将率师二十万往救。两军会战鄱阳湖中康郎山下水面，元璋兵力不敌，赖将士死战，胜负约略相当。最后友谅军败，收余众自保不敢出战，杀吴军俘虏泄愤。元璋得报，却给汉俘虏医治伤病，释放回去，又下命捕获敌军，不得杀害。友谅军心懈散，相持十五日，冒死突围，元璋追击，友谅中流矢死，余众大溃。友谅子陈理遁归武昌称帝。诸将多劝元璋乘胜直取武昌，元璋不从，回应天布置防御，留徐达等屯军要害备张士诚，自率诸将攻陈理，围城凡六月，二十四年，陈理降。江西、湖南、湖北地尽归元璋所有。

正当朱元璋攻陈友谅的时候，张士诚在苏州大造宫室，自称吴王，荒淫不理政事。二十五年，士诚起马步舟三军二十万人围诸全州（浙江诸暨县），明守将胡德济会合李文忠、朱亮祖援兵，大破士诚军，元璋定计先取士诚两淮地，再专力攻浙西。二十六年，两淮平，命徐达、常遇春率大军二十万攻士诚，徐达破湖州，李文忠破杭州，华云龙破嘉兴，士诚势孤。二十七年，大军合围苏州，擒张士诚。

张士诚败灭，元璋遣汤和攻庆元，方国珍降，江南平定。次年正月，元璋称皇帝，国号明，年号洪武。

（二）驱逐蒙古统一中国

朱元璋武力统一江南的时候，北方红巾军全部消灭了，地主武装首领察罕铁木耳刺死了，扩廓铁木耳据太原，李思齐据关中，彼此猜忌，结仇互攻，兵力分散了，托欢铁木耳众叛亲离、号令不行，无力维持统治了。朱元璋召诸将商议，决定先取山东，转取河南，堵塞潼关，北上取大都，最后取山西、陕西。二十七年十月，命徐达为征虏大将军，常遇春为副将军，率兵二十五万，攻山东。十一月，克沂州（山东临沂县）、峄州（峄县）、滕州（滕县）、益都路（益都县），十二月，克般阳路（淄川县）济南府及东平路（东平县）。洪武元年二月克东昌（聊城县），山东平。三月，别路军邓愈克南阳路（河南南阳县），大军克汴梁路（开封县），西进至洛水北，大破元兵，围河南（洛阳县），元守将梁王阿鲁温降。四月，冯宗异入潼关，元将李思齐、张思道败走。闰七月，大军渡河克卫辉路（汲县）、彰德路（安阳县）、广平路（河北永年县）。徐达转入山东临清（临清县），大会诸将兵。常遇春克德州（德县），长驱北进，克直沽（河北天津县），又克通州（通县）。托欢铁木耳率后妃皇子夜开建德门（大都北门）逃走上都。八月，徐达率大军入大都（改称北平府），元亡。

朱元璋命孙兴祖守北平，徐达、常遇春取山西。九月克保定中山（河北定县）、真定（正定县）。十月，克怀庆（河南沁阳县）、泽州（山西晋城县）、潞州（长治县）。十二月，大破扩廓铁木耳军，克太原，扩廓铁木耳逃甘肃。洪武二年，攻陕西，三月克奉元（陕西西安县），进攻凤翔，李思齐逃临洮（甘肃临洮县），四月，进攻临洮，李思齐降。

洪武三年，常遇春克上都。四年，徐达、李文忠、汤和分三路出塞击蒙古。托欢铁木耳死，子爱猷识理达腊立。明兵深入。爱猷识理达腊率数十骑逃往和林，招扩廓铁木耳入卫。五年，徐达率大军十五万，分二路出塞攻和林，扩廓铁木耳迎战，徐达中路军大败（左路军李文忠，右路军冯胜、傅友德，各获小胜），死数万人，达逃还。

至正二十七年，朱元璋遣徐达北伐，同时遣胡廷美、何文辉率陆军，汤和、廖永忠率海军取福建，杨环由湖南取广西，廖永忠由福建取广东。洪武元年正月，明兵杀元福建守将陈友定，福建平。四月，廖永忠兵至广州，元守将何真降，广东平。七月廖永忠克象州（广西象县），广西平。四年，遣汤和伐四川，明升降。十四年，遣傅友德、蓝玉、沐英率军攻云南，击败元梁王匝剌瓦尔密。十五年，云南平。二十五年，沐英死，子沐春袭封西平侯，子孙相继镇守云南。

明初中国疆域，东起朝鲜，西至土番（西藏），南包安南，北距沙漠，东西一万一千七百五十里，南北一万零九百四里。南京、北京直隶朝廷，别设山东、山西、河南、陕西、四川、湖广、浙江、江西、福建、广东、广西、云南、贵州十三布政使司。

（三）完成统一事业的原因

朱元璋出身孤贫，一无凭藉，不到二十年，居然完成统一中国的大事业。看他成功的原因，主要是在了解敌我，紧握时机，不放过每一有利的机会。他的成功，自然止是他个人的成功，但确不是偶然侥幸的成功。

用兵次第——分四个阶段：（1）依附阶段，（2）立国阶段，（3）统一江南阶段，（4）北伐阶段。

（1）郭子兴是濠州一带起义军首领，朱元璋初起事，依附子兴，表示似乎极大的忠诚，因而取得信任。子兴死，杀子兴子，余部尽归元璋。韩林儿称帝，声势正盛，元璋用龙凤年号，接受平章政事官位，设皇帝御座，率官属朝拜行礼。这止是利用韩林儿的名义，与依附郭子兴时完全不同了。

（2）渡江取得集庆后，建立吴国，对韩林儿仍保持臣属关系。这一时期专力夺取元朝州县，充实国力，遣使与张士诚通好，愿意睦邻守境,不生边衅。张士诚来攻,止取守势,避免大冲突。

(3) 元璋国力已充,决先灭陈友谅,再灭张士诚。当时士诚攻安丰,元璋亲率诸将救韩林儿,刘基力谏,不听。友谅攻南昌,元璋已破士诚军,还至鄱阳湖大破陈友谅。战后元璋对刘基说,我不该往救安丰,如果友谅乘我出兵,顺流直取空虚的应天府,我进无所成,退无所归,那就大事去了。友谅出下策,攻南昌。不能不说是我的幸运。他在这一次冒险行动中,获得曾经号召起广大人民的宋皇帝韩林儿,政治上自有颇大的意义。

(4) 元璋破陈友谅,急还军布置防御,再起夺取武昌。灭张士诚,先攻取湖杭,后攻苏州。北伐元朝,却先攻大都,后攻晋陕。他料定张天骐(湖州守将)、潘原明(杭州守将)一定并力攻张士诚,扩廓铁木耳、李思齐互相猜忌,决不援救托欢铁木耳。事后完全证明这种估量的正确。

种族号召——至正二十七年,朱元璋准备北伐,开始提出种族的号召。他宣布一道告中原人民的檄文,大意说,自古以来,中国居内,制服夷狄,夷狄居外,尊奉中国,从没有夷狄居中国治天下的道理。古人说过,夷狄不能有百年的命运,今天看来,确乎不错。上天定当降生圣人来驱逐胡虏,恢复中华,建立纪纲,救济人民。我北伐军纪律严明,秋毫无犯,你们不要疑惧,携家逃走。洪武元年,衣冠改用唐朝旧制,这一改革,当然发生很好的影响。同时对仕元汉人,给榜招安,对蒙古贵族,一律优待,不加杀戮。蒙古人依仗义兵(汉族民兵)作战,在种族号召下,大量义兵或望风溃散,或开城归附,明兵收复中原,几乎止有行军,没有战斗。

建立纪纲——元军纪律败坏,专事杀掠,反元群雄,志在子女财帛,纪律并不比元军好。朱元璋初起兵就申明军纪,严禁抄掠。

破和州城时，郭子兴部将纵兵杀掠，元璋召集诸将说道："我军从滁州来，多掠民间妻女，军中无纪律，那能成事。所有虏获妇女悉数放还，不得私藏。"克集庆城，召官吏士绅说道："我是救人民来的，你们各守旧业，不需疑惧。"城中军民喜悦，得民兵五十余万人，克集庆后，开始遣将略地，命徐达为大将，率诸将出征，临行训谕道："我起兵以来，不曾妄杀一人，你们出征，务必约束士卒，攻克城池，不许焚掠杀戮，谁敢犯令，一律军法处置。"徐达等叩头受命。攻克婺州，元璋集诸将训谕道："我听说诸将克城不妄杀人，非常喜欢，武将能知不杀人，自然民心归附，愿意弃敌来归，你们牢记我这些话，自然大功可成了。"至正二十四年，群臣推戴元璋做吴王，他登位时训谕群臣，首先提出纪纲问题，他说："建立国家，最要是整肃纪纲，元朝昏乱，法令不行，人心涣散，天下骚动，你们应该改变旧习，协力同心，听我的号令。"二十五年，命邓愈做湖广平章政事，训愈道："王保保（扩廓铁木耳）据中原，他那种压迫军民的办法，正像筑堤壅水，日夜担心，惟恐渗漏。你这次前去，务必爱军爱民，招揽民心，正像穿破对方的堤防，使水奔溃。止要人心归我，自然用力少成功多。"后来破苏州、破武昌、破大都，始终确保严格的纪律，将帅不敢纵兵杀掠。

善用人力——朱元璋幼年失学，目不知书。初起事，就留心招聘文人谋士，破定远，得李善长，破滁州，得范常，破太平，得陶安、李习，破集庆，得夏煜、孙炎、杨宪等十余人，破镇江，得秦从龙，破婺州、处州，得刘基、宋濂、章溢、叶琛，称为四先生。每得城邑，定要采访当地名士，酌量录用。才能尤高的留置左右，待遇优厚，共商机密，很得这些人的助力。大抵元璋对文人采和善态度，对武人却非常严肃。灭张士诚后，赏诸将官爵金帛，第二天入朝谢恩。元璋问你们昨夜饮酒了么？诸将认错。元璋道："我何尝不想同你们饮酒作乐，当今中原未平，不是作乐的时候。你们不见张士诚么？以后当严禁饮酒。"胡大海镇守浙东，儿子在京犯酒禁，元璋杀大海子道："宁使大海叛我，不可使我法不行。"赵仲中守安庆，陈友谅来攻，仲中逃归，常遇春替仲中求恩。元璋道："法不行那能惩后。"斩仲中示众。元璋还能利用怀二心的人，汉赣州守将熊天瑞力穷投降，元璋令从徐达等攻张士诚，假称直捣苏州，使天瑞闻知。天瑞果叛投士诚，恰中元璋的反间计。元璋曾说；"我没有一件事不经心，还不免被人欺骗，张九四（士诚原名）整年不出门治事，那有不亡的道理。"善于用人，善于了解每一个人的特性，是元璋能成大事的重要原因。

（四）创立制度巩固政权

朱元璋初起兵，就留心采访书籍，与儒臣讲论经史，尤熟悉汉朝政事，又亲见元朝腐败亡国，力求矫正恶俗。统一中国以后，一切制度设施，无不斟酌利弊，集历朝统治术的大成。在他看来，确是尽善尽美，足够保持子孙帝王万世的基业了。

屠杀功臣——朱元璋依靠诸功臣出力，取得天下，等到天下大定，自己年已五六十岁，皇太子朱标性情柔和，朱标死，皇太孙朱允炆更孱弱无能，元璋深怕将来功臣跋扈叛逆，决计兴大狱，一网打尽。洪武十三年，加左丞相胡惟庸谋逆私通日本蒙古等罪，凌迟处死，家属僚友坐奸党罪，无一得免。士人有仇怨互相报复，止要告发某人是胡党，立即捕杀。太师李善长年七十七岁，也算胡党，全家诛灭。宋濂年七十一岁，致仕家居，因孙儿宋慎名挂胡党，发茂州（四川茂县）充军死。株连牵引的广泛，即此可见。二十三年，御制昭示《奸党录》，布告天下。胡狱凡杀三万余人。元璋还嫌屠杀未尽，二十六年，又兴蓝党大狱，指大将军蓝玉谋为不轨，凌迟处死，凡宗族文武大员下至旧部士卒，坐蓝党罪被杀约二万人。御制《逆臣录》布告天下。经两次大狱，文武功臣全数冤死，得善终的仅汤和一人。

杀戮文人——朱元璋出身微贱，怕文人傲慢不服，凡文字中略有嫌疑，即指为故意讥笑，断然杀戮示威。如浙江府学教授林元亮替某官作谢增俸表，用“作则（法）垂宪”语，北平府学训导赵伯宁替某官作万寿贺表，用“垂子孙而作则”语，桂林府学训导替某官作正旦贺表，用“建中作则”语，澧州学正孟清替某官作贺冬表，用“圣德作则”语，全被杀，罪名是元璋疑这些人借“作则”骂他作贼。常州府学训导蒋镇替某官作正旦贺表，用“睿（聪明）性生知”语被杀，罪名是疑借“生”骂他做僧。怀庆府学训导吕睿替某官作谢赐马表，用“遥瞻帝扉（门）”语被杀，罪名是借“帝扉”骂他帝非（非帝）。祥符县学教谕贾翥替某官作正旦贺表，用“取法象魏”语被杀，罪名是借“取法”骂他去（剃）发。亳州训导李云替某官作谢东宫赐宴笺，用“式君父以班爵禄”语被杀，罪名是教皇太子弑君父。尉氏县教谕许元替某官作万寿贺表，用“体乾（天）法坤（地），藻饰太平”语被杀，罪名是借“法坤”骂他发髡（剃发），“藻饰太平”骂他早失太平。德安府学训导吴宪替某官作贺立皇太孙表，用“天下有道”语被杀，罪名是骂他天下有盗。杭州教授徐一夔作贺表用“光天之下，天生圣人，为世作则”等语，元璋大怒道，“生”骂我做僧，“光”骂我光头，“作则”骂我作贼，捕一夔斩首。僧人来复献谢恩诗，有“殊域及自惭，无德颂陶唐”句，元璋大怒道，“殊”骂我歹朱，“无德颂陶唐”骂我无德，不配称颂。捕来复斩首。

这种无故惨杀，确使某些略知自爱的文士，不敢冒险做官。如诗人杨维桢年七十五岁，被召至京，留百余日，坚乞放免归家。文人王逢年六十四岁，被召，子王掖叩头哭求得免。不过这止是偶见的例外，一般士人绝不许逃避做官，如诗人高启辞官被腰斩，贵溪儒生夏伯启叔侄自断手指誓不入仕，苏州文人姚润、王谟被征不来，都被斩首抄家。洪武十八年，颁布大诰十条，作为学校私塾必读的课本，其中一条是寰中（国内）士大夫不为君用，罪该抄（抄家）劄（杀头）。州县官奉令搜罗当地士人，催迫上路，如捕重囚，到京按照各人品貌赏给大小官职，忽又指为犯罪，不是杀戮或戴斩罪任职，就是罚屯田或筑城等苦役。文人学士，一经做官，无异入狱，求进不敢，求退不能，结果养成一种风气，认昏庸无名誉，品行欠佳不合录取资格算是幸福，相率习为卑污，不复顾及羞耻。士大夫间本极微薄希罕的道德气节，被朱元璋摧残尽了。

严惩贪污——朱元璋亲见元朝官吏士绅贪污无耻，想用严刑来禁阻。命刑部编辑官绅犯罪事状，制成大诰三篇，其中罗列凌迟、枭示（枭首示众）、灭族等罪千百条，斩首以下罪万余条。洪武十八年户部侍郎郭桓贪赃罪发觉，穷究作弊徒党，六部左右侍郎以下内外官吏被杀数万人，追赃款七百万两。民间中等人家因寄赃借贼（当是借贪官高利贷钱）的罪名，破产无数。元璋允许人民赴京控告贪官污吏，赃满六十两，枭首示众，并剥皮装草。府州县卫公署旁特立一庙，称为皮场庙（剥皮处），官府公座旁各悬一剥皮装草的死官，使活官触目惊心。元璋用这样残酷的刑法惩戒贪污，事实上贪官污吏依然遍布内外。洪武二十五年定制，正一品官月俸米止有八十七石，递减至从九品月俸五石，未入流三石（每石值钱一千文，或钞一贯），俸薄如此，求官人数却并不减少，足见俸禄以外，仍有额外的收入。

以上所说杀功臣、杀文士、杀贪污，在什么动机下，朱元璋必需这样做呢，某次太子朱标从容说道，陛下执法过严，未免有伤天地的和气。第二天元璋叫朱标来，指地上一条棘杖说，你拿起来，朱标有难色。元璋道，凡是我杀的全是坏人，好比这棘杖上的刺，我替你削光，不好吗？原来他杀人的目的，止是为了自己的儿子。

官制——洪武十三年杀左丞相胡惟庸，从此废除丞相制度。政权军权分割成许多部分，由皇帝一人总掌全权。文官废中书省，不设丞相，武官废大都督府，分为中军、左军、右军、前军、后军五都督府。政府由五府、六部、都察院、通政司、大理寺等衙门组成，所有军政大权，统归皇帝直接行施。这是秦汉以来中央集权制度更进一步的发展，也是政治上一个大的改革。政府组成的主要各衙门，职掌简列如下：

五都督府分掌兵籍（如左军都督府辖在京八卫，在外浙江、辽东、山东三都司），但无调发权。

六部每部设尚书一人，左右侍郎各一人。吏部掌选授文武官吏，户部掌全国田赋财政，礼部掌科举礼仪祭祀，兵部掌军官选授，军队调遣和训练，刑部掌刑狱，工部掌营造和水利。

都察院掌纠劾内外百官，分京外为十三道，各置监察御史，监视地方官吏的行动。

通政司掌收受内外臣民的奏章。无论何人有陈情建言申诉冤屈或告不法等事。得经由通政司直接奏达御前。

大理寺掌审核刑狱。凡刑部都察院推问狱讼定罪，连同案卷罪犯送大理寺覆审，覆审后，始由刑部具奏行刑。

以上各官职，吏、户、兵三部权最重，吏部掌用人大权，地位尤在各部上。皇帝自总庶政，特置殿阁大学士（如华盖殿大学士、文渊阁大学士）侍左右备顾问。大学士官仅五品，无权处理政事。

封建诸王——元璋采前朝成法，定封建制。凡皇子到达一定年龄，必需分封京外各地，免有留京夺嫡的祸乱。帝位规定由嫡长子孙继承，其他皇子封亲王，亲王诸子封郡王，王位都由嫡长子孙世袭。郡王诸子授镇国将军，诸孙授辅国将军，曾孙授奉国将军，四世孙授镇国中尉，五世孙授辅国中尉，六世以下，一律授奉国中尉。亲王岁禄一万石，另有庄田牧地，又有卫兵三千人至一万九千人。郡王以下，岁禄依次递减，统归朝廷拨给。诸王无事能做，止能专力繁衍子孙，如朱济炫（元璋孙）生子一百人，长子袭爵，余九十九人并封镇国将军，每会集，彼此多不相识。济炫曾孙朱奇溴又生子七十人。又如楚王朱英检无子，密取他人子二人作己子，闹起削爵大狱。所谓藩王，止有生子算是唯一事业，朱姓子孙蔓延全国，既不做官吏，又不做农工，法定做游手坐食的寄生虫。

兵制——天子亲兵称上十二卫，驻京城。自京城至外省府县各立卫所。一府设所，数府设卫。一千一百二十人称千户所，一百十二人称百户所，百户所设总旗二（五十人一总旗）、小旗十（十人一小旗），五千六百人称卫。大小联比，合成一军，归五军都督府统率。每省设都指挥使司（简称都司）统率本省各卫所，分隶各都督府。全国共有都司二十一，内外卫四百九十三，千户所三百五十九。兵卒来源有三种，一从征（诸将攻取土地，留兵戍守），二归附（降兵），三谪发（罪人充军），兵卒子孙永远称军户，不得冒入民籍。此外又有民壮(民兵)、士兵(土司兵)、乡兵(地方特种兵,如后来河南嵩县的毛葫芦兵,善走山,井陉县的蚂螂手,善投石),额数不定。国家有战事,兵部调发卫所兵,皇帝任命将军为总兵官,率军出征。事毕,将军奏还官印,兵各回卫所。

刑法——朱元璋自称用重典(法)治乱世,断狱不按法律,官吏略有触犯,立被诛戮。当时京官每天入朝,必与妻子诀别。日暮无事,互相庆贺说,又得多活一天。有些犯官不及送狱治罪,就在朝廷上杖死,称为廷杖。有些犯官怕刑部按律治罪,不够严刻,特交锦衣卫用恶刑拷打(锦衣卫附设镇抚司,专管诏狱,有权直接奏请皇帝裁决),称为下诏狱。这些严刑,主要是对付官吏豪绅的,至于一朝典制的大明律,却斟酌轻重,历三十年才制定。元璋曾对太孙朱允炆说,我治乱世,不能不用重典,你将来治平世,应该用轻典。又下令永远废除黥刺(面刺黑字)、剕(割脚)、劓(割鼻)、阉割等刑,后世臣下如敢请复肉刑,务必置重典示惩。从上古传来的野蛮肉刑,到朱元璋才决心废除。

压迫异族——杂居内地的蒙古、色目人,不仅受朱元璋的压迫和侮辱,而且强迫与汉族同化。大明律规定,凡蒙古、色目人,止准与中国人通婚姻,不许本类自相嫁娶。违禁的两家主婚人各杖八十,嫁娶的男女没入官,男为奴,女为婢。律文注解说,胡元入主中国,族类散居天下,不易灭绝,所以禁止蒙古、色目人自相嫁娶,免得人口繁衍。

八股取士——朱元璋定学制,学校中置卧碑,揭示禁规,内有禁生员议时事律,犯者罚杖除名。又与刘基定八股文程式,规定在朱熹注四子书(《大学》、《中庸》、《论语》、《孟子》)及宋元人注五经(《易经》、《书经》、《诗经》、《春秋》、《礼记》)中出题,依题义揣摩古人语气,代替说话,绝对不许发挥自己的意见。这是禁止文人自由思想,迫使在一定的程式下说话,思想完全脱离现实社会的新方法,比唐宋诗赋取士,确是更巧妙也更恶毒了。元璋因孟子说过"民为贵,君为轻","君之视臣如土芥,则臣视君如寇仇"一类不中听的话,撤去孟子在孔庙中的神位,命刘昆孙等删节孟子文句,书名《孟子节文》。洪武六年,又因孟子辟邪说,辨异端,发明圣人的大道,神位仍搬进孔庙去。大概元璋详细考察以后,知道孟子偶发几句怨恨话,在全书中止占极少数,经朱熹注释,并没有什么危险事了,仍然值得与《大学》、《中庸》、《论语》并用做八股文章的原料。应考的士人,借八股谋官职,止求录取,不顾任何羞耻,科场中弊端百出,有贿买,钻营、怀挟、枪替、割卷、传递、顶名、冒籍等名目,其中通关节一弊,尤为严重。八股取士,等于凭作弊取士。

防女祸——朱元璋严防后妃干预政事。他曾说如果人不是母亲生的,天下女人都可以杀掉。洪武元年,命儒臣编一本书叫做《女诫》。三年,制定宫内禁令,皇后止准治内事,宫门外事不得预闻,后妃概从民间探选,不许臣下献进美女。五年,令工部造红牌,上刻训戒后妃条例,悬挂宫中。嫡庶身分,辨别非常严格,防妃妾恃宠干政。更残忍的是皇帝死,妃妾照例从死殉葬。这种惨制到朱祁镇(英宗)时才废除。

防阉宦——朱元璋又严防阉宦干政。洪武元年,禁宦官预政领兵。六年,定内官(阉宦)不许识字的禁令。十七年,铸铁牌置宫门中,上刻"内臣不得干预政事,犯者斩"。

许士民上书——朱元璋定制,天下臣民论政事,得密封交通政司直达御前。洪武十年,命曾秉正为通政使,训谕道,政治好比水,经常流通,使下情容易上达,天下才得太平。人民有机会直接向皇帝说话,这是朱元璋创立各种制度中最好的一种。

朱元璋采取历朝兴亡的教训,杀了许多人命,立了许多制度,替子孙谋帝王万世不失的基业,用心确是很苦(他临死时自称忧危积心,日勤不怠),却不料刚死几个月,子孙开始破坏他的制度。

第二节 明朝的政治

朱元璋苦心编订各种制度,洪武二十八年,他把各种制度制成一部大典叫做《皇明祖训条章》。颁布全国,严重训谕:"后世谁敢创议变更祖训,按奸臣治罪。"可是他刚身死,夺嫡的惨祸就发生了。后世继续破坏祖训,止保存些不妨害作弊的规条。

元璋在位三十一年死,嫡长孙朱允炆(建文帝)继立。允炆用齐泰、黄子澄、方孝孺等为辅佐。这些人都是经朱元璋选拔,留给允炆使用的。他们密谋削诸王藩封,先废朱棣(音肃)等五王为庶人。建文元年七月,燕王朱棣据北平起兵反,号称靖难。在朝谋士武将,早被元璋杀完,朱棣率兵来攻,没有人能抵御。三年六月,南京城陷,允炆生死不明,朱棣自称皇帝(成祖)。

朱允炆旧臣齐泰等数十人不肯降服。朱棣怒,灭方孝孺十族(朋友学生算一族),凡杀八百七十三人,油煎铁铉,活剥景清皮装草。其余如陈迪、齐泰、黄子澄等凌迟处死。朱棣指朱允炆忠臣为奸党,本人和同族男子一律惨杀,如邹瑾名下杀四百四十人,练子宁名下杀一百五十人,共灭族数十,杀人数万。妻女发浣(洗)衣局、教坊司（官妓），亲友发配到边地充军。罪人转相攀连，称为瓜蔓抄，无数人因此破家。至朱翊钧时已一百七八十年，建文奸党案才逐渐停止。

朱元璋屠杀功臣，罚功臣家妇女充乐户（官妓），当时儒臣解缙谏称这是坏人伦非人道的暴行，元璋认为迂话，不听。现在暴行加到自己留给孙儿的忠臣身上了。据南京法司偶存的记录，有下列几条：

永乐二年十二月十二日，教坊司题（奏），卓敬女杨奴，牛景先妻刘氏合无（应否）照依谢升妻韩氏例，送淇国公（邱福，做中军都督府左都督）处转营奸宿。

永乐十一年正月十一日，教坊司于右顺门口奏，齐泰姊及外甥媳妇又黄子澄妹四个妇人，每一日一夜二十余条汉子看守着，年少的都有身孕，除生子令做小龟子，又有三岁女子，奏请圣旨。奉钦依：由他，不的（等）到长大，便是个淫贱材儿。

又奏，当初黄子澄妻生一个小厮，如今十岁也。奉钦依：都由他。

铁铉妻杨氏年三十五，茅大芳妻张氏年五十六，并送教坊司，张氏病故，教坊司于奉天门奏。奉圣旨，吩咐上元县抬出门去，著狗吃了。钦此。

这是何等残忍的圣旨。

朱棣起兵时，收买朱允炆左右阉官做间谍，认为他们对自己忠实。称帝后，大加信任。洪武二十六年已经禁止刑讯罪犯的锦衣卫，首先恢复并加重它的职权，任无赖纪纲为锦衣卫提督。又设立东厂，令亲信阉人管理。厂卫各畜员役，专门缉访所谓谋逆妖言

（诽谤）大奸恶等罪，陷害忠良，无恶不作。厂卫罪行，从朱棣起直到亡国，充分发挥了统治阶级的残酷性。

朱棣知道人心不服，厂卫止能镇压一时，不能维持久远，即位不久，就发动对外侵略，来提高自己的威望。永乐三年，派阉官郑和率舟师二万人出使西洋（南洋群岛）诸国，前后出使凡六次，用意在：（1）探寻朱允炆踪迹，（2）消灭华侨对他不义行为的反抗，（3）压迫和招诱番人来中国朝贡。四年，遣张辅率兵八十万，灭安南国，改置郡县（安南人民猛烈反抗，朱瞻基时明兵败退，安南得复国）。七年，发大军攻蒙古，前后亲征凡五次，军民死伤极众，所得止是几个蒙古王归降，受朱棣的封号（如封瓦剌为贤义王，太平为安东王，也先土干为忠勇王）。军事上胜利的结果，武人因军功受赏赐，文官因国土扩大，仕途宽广，对朱棣早已歌功不止，谁还替朱允炆抱不平？永乐元年，改北平为北京，十八年迁都北京，改京师为南京，北京为京师，南京除了五都督府不设，其余衙门自六部至钦天监太医院，与北京同样设置。这就是给官员们有加倍升迁的机会，文武众官哪得不加倍喜欢。这样，朱棣的统治，完全巩固了。

朱棣在位二十二年死，子高炽立，一年死，子瞻基立。瞻基以后凡传祁镇、祁钰、见深、祐樘、厚照、厚熜、载垕、翊钧、常洛、由校、由检十一个皇帝。从祁镇起，明朝的政治愈演愈腐败。这种腐败政治，造成了无数的内乱和外患。

皇帝不见朝臣——皇帝居深宫，往往一二十年不见朝臣。朱见深在位二十三年，仅成化七年召见大学士万安、彭时、商辂一次，说了几句话，万安就叩头呼万岁退朝。朱祐樘在位十八年，仅弘治十年召见大学士徐溥、刘健、谢迁，每人赏饮茶一杯，满朝认为盛事。弘治十五、六两年间，召见刘健等数次，祐樘因此被称为勤政爱民唯一难得的皇帝。朱厚照在位十六年，游荡南北各地，大概一辈子没有召见过大臣。朱厚熜在位四十五年，仅嘉靖二十九年因俺答（鞑靼酋长）逼近京城，朝臣固请面奏军情，厚熜不得已，出坐奉天殿，不发一言，令礼部尚书徐阶捧圣旨到午门，召集群臣责骂一顿。朱翊钧在位四十八年，仅见大臣数次。朱由校昏愚最甚，在位七年，未曾召见过大臣一次，从成化到天启（由校年号）凡一百六十七年，君臣见面次数，约略可算，皇帝独裁权，由阉官代理，内阁六部形同虚设。

阉官——阉官是皇帝的代理人，是实际掌握政权人，他们有庞大的组织，分十二监四司八局，称为二十四衙门。此外还有提督东厂、提督西厂等衙门，又镇守边地，统率京营，经理仓场。提督营造，采珠开矿，市舶织造，凡有权有利的职事，无不归阉官掌管。群阉中司礼监权最大，设提督太监一人，掌印太监一人，秉笔太监无定额。提督管理皇城内一切礼仪等事，掌印管理内外奏章，秉笔管理批朱（皇帝用朱笔批示臣下）。司礼监掌印，名义上地位等于内阁的元辅（首相），提督东厂等于都察院，秉笔等于内阁次相。在外各省设镇守太监，军队出征设监军太监，地位等于总督、巡抚、将军等官。实际权力却远在任何官员的上面。这就是说，司礼监掌印太监执行了皇帝的职权。

厂卫——阉官权力的表现，主要在掌握厂卫，用惨刑镇压异己的官民。朱元璋设锦衣卫（用武官主管）掌缉访叛逆。朱棣时又设东厂（用阉官主管），和锦衣卫同为特务机关。朱见深添设西厂，缇（音题）骑（特务人员）比东厂加倍。两厂员役布满全国，到处侦事,冤死官民无数。朱厚照时,阉官刘瑾总管东西两厂,作恶尤甚。南康(江西星子县)人吴登显等戏竞渡龙舟,被指为叛逆,斩首抄家。州县人民见有着美衣骑好马说官话人来到,如见猛虎,纷纷逃匿。官吏赶快献重赂,尽力招待,才免惨祸。刘瑾又创立办事厂及内办事厂,权力更大,连东西厂也被侦察。凡罪人入厂,不论罪名轻重,一概受杖带枷,枷重一百五十斤,不几天就压死。判罪最轻是发边地永远充军,稍重是凌迟处死。

朱由校时,魏忠贤当权,厂卫罪恶,发展到顶点。刑具有大枷,又有械、镣、棍、拶(音侧)、夹棍五种,同时施用,称为受全刑。刑类有断脊、堕指、刺心、红绣鞋(著烧红的铁鞋)、铜喇叭(用滚油灌入肛门)、壁挺(杀死)等。朱祁镇时锦衣卫创脑箍、烙铁、灌鼻、钉指及一封书、鼠弹筝、拦马棍、燕儿飞等名目,后来被普通司法衙门(刑部下至州县)全部采用,厂卫不得不别标新异,表示自己的进步。

东厂组织,司礼监太监称宗主,掌厂太监称督主,下设掌刑千户、理刑百户各一人,番子(侦事人)无定额,挑选锦衣卫中最凶狡人充当。番子头领称档头,戴尖帽,著皮靴,专管侦察。番子称干事,每一档头领番子若干人,每一番子又各有地方痞棍若干人当爪牙,痞棍探得一事,番子密报档头,按事件大小先给赏钱,称事件为起数,赏钱为买起数。档头得报后,率番子至犯事家附近坐守,称为打桩。番子突入犯职家搜索,得贿满意,即退去,少不如意,用刑拷打,痛苦十倍官刑,称为干榨酒,又称搬罾(鱼网)儿。逼令犯事人诬攀有钱人家,有钱人赶快送厚赂,得免株连,否则奏请下镇抚司狱,一定惨死。番子到刑部都察院镇抚司监视审案,称为听记,到各官府各城门访缉,称为坐记,某官作某事,某城门获某奸,报告到厂，称为打事件。督主连夜转报皇帝，甚至民间夫妇口角也报进宫去，供皇帝太监们作笑谈资料。锦衣卫办案与东厂同，不过要缮写正式奏本，没有东厂报告那样迅速，所以卫不及厂得宠，成为厂的附属机关。京师曾有四人在密室中夜饮，一人酒醉大骂魏忠贤，三人恐惧不敢出声，忽有番子进来捉四人去见魏忠贤，忠贤碎割醉骂人，赏其余三人钱，三人几乎骇死。魏忠贤死后，朱由检依旧重用厂卫，侦察官民，到亡国才停止。

搜括钱财——阉官手握大权，自然要搜括钱财。偶被抄家，发现赃物多得骇人。朱祁钰抄王振家产，得金银六十余库，玉盘一百面，六七尺高珊瑚二十余株，其他珍玩无算。朱祐樘抄李广家产，得收贿簿，内载某某文武大官送黄白米几千几百石，祐樘惊问道，李广多大食量，要这许多米。左右人说，黄米是金，白米是银。朱厚照抄刘瑾家产，得大玉带八十束，金二十四万锭，又五万七千八百两，元宝五百万锭，银八百万两，又一百五十八万三千六百两，共金一千二百五万七千八百两，银二万五千九百五十八万三千六百两。厚照又抄钱宁（太监钱能家奴）家产，得玉带二千五百束，黄金十余万两，银三千箱，胡椒数千石。朱厚熜抄江彬（总督厂卫，但非阉人）家产，得黄金七十柜，每柜一千五百两，银二千二百柜，每柜二千两。魏忠贤家产，史书不载，他弄权远过任何阉官，他的财产可以想见。

阉官借收税名义，残害人民，朱翊钧时最甚。矿监（管开矿）、税监（管收税）布满全国，两淮又有盐监，广东又有珠监（采珠），大小阉官，极意敲剥，吸髓饮血，人民受害无穷。例如陈增开采山东矿产兼收东昌税，自称奉密旨搜金宝，募人告密，诬大商富家藏违禁物,杀人极多。马堂作天津税监,养无赖小偷数百人,白昼夺人财物,远近罢市,民众万余,放火烧马堂税署,杀税役三十七人。朱翊钧怒,命捕民众重办,许多人被杀。陈奉收荆州税兼采兴国州矿砂,率恶党鞭笞官吏,抢劫商旅,奸淫妇女,虏人勒赎,激起人民公愤,聚众万余人,愿与陈奉同死,幸地方大官力救得免。陈奉作恶更无忌惮,汉口、黄州、襄阳、宝庆、德安、湘潭等处民变凡十起,武昌民怨恨切齿,誓必杀奉,奉逃匿楚王府,众擒恶党十六人投长江,烧税署辕门,巡抚支可大尽力镇压民众,陈奉得不死。梁永监陕西税,发掘历朝帝王坟墓,率无赖横行,随意杀人抢掠。人民愤怒谋杀永,永逃走。杨荣监云南税,百姓恨荣入骨,焚税厂,荣怒,杖杀百姓数千人,抽樊高明筋示众。冤民万人烧荣住宅,杀荣投火中,并杀恶党二百余人。朱翊钧得报,哀悼杨荣,几天不吃饭。当时民不聊生,到处激起叛变,朝廷都用最残暴的屠杀镇压下去。

明朝北京正宫正殿被烧凡八次,每次火灾后,派阉官到湖广采运木材,全国加赋税,大兴土木工程;朱厚照时工部郎赵经督乾清宫(皇帝所居宫)工程,得赃数十万两。工部郎止是五品小官,其他大官获利可想。宫殿迭次火灾,也许是阉官们有意放火。

内阁——朱元璋废丞相制,别设殿阁大学士备顾问。朱高炽、朱瞻基两代,大学士杨士奇等权渐重。朱厚熜信任严嵩,大学士权同真宰相。因避宰相名号,改称内阁。皇帝口说政令,司礼监秉笔太监用朱笔记录,称为批红,交给内阁首辅(首相)依批红拟成诏谕,称为拟票或票拟,再经皇帝核准颁布。内阁首辅必须仰承阉官的意旨,否则定被斥逐。明朝著名阉官极多,有权的首辅仅严嵩、张居正二人。

严嵩相朱厚熜二十年，专贪贿赂，抄家时，原籍（江西分宜县）家产金银珠宝书画器物田宅共估银二百三十万六两，在京家产不减原籍。南京、扬州等地，置良田美宅数十所，秘密寄存亲戚家约当总财产十分之三四。抄出的财物，止是一部分，估价又极低，例如皮衣共一万七千四十一件，估价六千二百五两，每件不到银四钱，帐幔被褥二万二千四百二十七件，估价二千二百四十八两，每件约值银一钱。即此作例，赃款巨大约略可见。嵩子世蕃，得赃也不少，据说，世蕃夫妻窖藏金银每百万两为一窖，凡十数窖，连严嵩看了也害怕起来。

朱翊钧时宰相张居正，曾生病四个月，翊钧赏金帛作医药费。六部大臣九卿五府公侯，外省巡抚藩臬，纷纷给他设醮（请道士上天表）祝祷，各级官吏甚至杂职小官，无不重价请文士作天表，招集道士上表天庭，求玉皇上帝保佑。一次不够，接连几次，故意在猛烈日光下烧香长跪勿起。一姓朱御史头顶香炉从家里走到醮坛，表示至诚，果然，朱御史得放外任，同僚们照例送酒席，朱御史大怒骂道，你们不知道我替相公吃斋（素食）么？这样胡涂，送我酒肉。居正某次奉旨回原籍（湖北江陵县）葬亲，沿路地方长官跪接跪送，监察御史在轿前奔走开路，供给酒菜每次一百样，居正还说没有下箸（筷）处。真定知府钱普特造大轿，前轩（亭）后室（可坐卧）旁有两廊，各立一聪秀儿童听使唤，用三十二壮丁抬着张居正走。钱普能制苏州菜，居正喜欢道，我到此地才得一饱。别处官员听说，急募苏州厨子伺候。张居正是明朝唯一名相，也确有些识见和功业，但仍不免接受官员们的献媚，何况别人呢。

严嵩奸邪，张居正刚直，二人正邪不同，擅权独断，却略相似。

止有继严嵩作首辅的徐阶，可称专制时代难得的政治家，他主张"以威福还主上，以政务还诸司(各该管衙门)，以用舍(斥革)刑赏还公论"。又主张"事同众则公，公则百美基，专则私，私则百弊生"。因为有这些主张，所以在他当首辅时，朝士得谈论政事，严嵩的余毒，洗去了不少。

官僚——官吏贪污，并不因朱元璋的惨杀有所惩儆。朱棣时邹缉奏称"贪官污吏，遍布天下，朝廷每遣使人出去考察，此人就得发财机会。使官所到，地方官公行贿赂，惟恐不足"。梁廷栋也奏称"巡按御史号称盘查访缉，每到一处，官员赠送多至二三万两，国家增一巡按御史，人民负担加重百万"。朱棣时代已经如此，后世更无待说了。诗人王季重作一首《无不可买》童歌道："上好(顶好)黄钱，童生买起到状元；绝大元宝，童生买起到阁老(宰相)。"买卖官职，是明朝普遍的惯例。

朱见深时万安作首相，与徽州无赖倪进贤研究房中术，令进贤应试，得中进士。安患阳痿症，进贤自称善医，煎汤药亲手熏洗，得升御史，大家叫他为洗鸟御史。万安收集各种房中术，密封一小箱，进呈朱见深。见深遣太监往内阁问安道，这是大臣该做的事么？安惶恐伏地叩头不敢出声。革职后回到成都，专门请托狱讼。有人问安为什么不回原籍(眉山县)享老福？答道，我在内阁止有银十八万两，等凑足二十万便回家了。朱厚熜讲求房中术，无锡人顾可学炼秋石(用童便熬成药块)入京贡献，三四年间，骤升至工礼两部尚书。可学不做别事，专和严嵩及道士顾仲文等论究房中秘诀。每出门，路人聚观。叫他顾尝屎(音近尚书)。略举这些例证，官僚丑恶无耻，几乎使人不敢相信。

乡绅——明朝不止是地方官私派横征，民不堪命，在乡绅士，倚势恃强，与官府狼狈作奸，上下相护，害民也极凶暴。例如大学士杨士奇子杨稷在家杀人夺产，横行不法，被人告发罪状凡数十款。梁储子梁次摅与富户杨端争民田，端杀田主，次摅灭端家二百余人，次摅最喜用绳紧缚人臂股或阴茎，使血液蓄积，铁针突然刺入，血射出高数尺，次摅大叫称痛快。焦芳造第宅，拘数郡人民充工役。大学士周延儒、翰林陈于泰都是宜兴人，两家子弟残暴作恶，宜兴冤民聚众掘延儒祖墓，又焚于泰于鼎兄弟第宅。大学士王应态弟应照在乡横行，乡人到京控诉，列罪状凡四百八十余条，赃一百七十余万两。大学士温体仁、都御史唐世济都是乌程人，两家勾结太湖强盗，均分赃物。嘉定人周星卿性豪侠，邻间一寡妇抚养幼子，薄有田产，侄某私献寡妇田产给势家，势家坐大船奏着音乐来接收，星卿不平，纠合壮士突前殴击，势家逃走。任意夺产，受贫弱人献田并令充当佃户，受无赖所献别人的产，都是乡绅应有的权利。

科第——明朝用八股取士，进士称甲科，举人称乙科或乙榜。举人会试（考进士）三次不取，得赴吏部候选官职。凡好官要职非进士出身不能得，举人出身止能到广西云贵等地任职，升迁极难，革职极易。长官考察属员政绩，同一说宽，进士出身的算是爱民，举人出身的算是姑息；同一说严，进士出身的算是精明，举人出身的算是苛暴。中期以后，乙榜做到尚书仅二人，巡抚仅三人，仕途全被甲科把持了。后来李自成起义，用举人牛金星掌军师，凡举人都给官做，很得这些人的助力。

秀才一中乡举（举人），就有权包揽亲戚门生故旧邻居的田亩，归入本人名下。如包揽田二千亩，收钱粮三百两，实际缴给官府八九成，凭空得一二成的利益。进士乡绅（退职官）权力更大，包揽田亩更多，本家子侄及内亲（妻族）也恃势包揽，通常乡绅一人，每年有一二千两的收入。

封建——藩王遍布全国，夺民间田产妇女，随意杀人，庇护盗贼，无恶不作，朝廷从不究问。防止藩王谋叛，却异常严密。如不得入京朝见。出城扫墓，必需奏请。二王不许相见。不许干预朝政等，一犯禁令，立即削爵贬为庶人，送凤阳府高墙（牢狱）永远禁锢。朱由检时满洲入寇，京师戒严，唐王聿（音曰）键倡议勤王，反被由检斥责，贬为庶人，送凤阳禁锢。朝廷对藩王猜忌极深，所以勤王救国，也算大罪。

朱翊钧时有亲王四五十人（每人岁禄一万石），郡王二百五十一人（每人岁禄二千石），镇国（岁禄一千石）、辅国（岁禄八百石）、奉国（岁禄六百石）将军七千一百人，镇国（岁禄四百石）、辅国（岁禄三百石）、奉国（岁禄二百石）中尉八千九百五十一人，郡主（亲王女，岁禄八百石，婿称仪宾，岁禄数同）、县主（与仪宾岁禄各六百石）、郡君（与仪宾岁禄各四百石）、县君（与仪宾岁禄各三百石）七千七十三人。庶人（庶人及妻女每月各给米六石）六百二十人，共二万三千余人。朱厚熜时全国每年供京师米四百万石，宗藩岁禄多至八百五十三万石，山西河南存留米二百三十六万石，两省支给宗室禄米五百四万石，政府及各省每岁收入粮米，不够宗室岁禄的半数。

亲王禄厚产大，袭爵子孙，世世骄淫，不愁贫乏。郡王以下，不得分财产，生活全靠岁禄，又不许别营生计，大抵勾结盗贼无赖，当窝主分赃。宗室男女婚嫁，照例要奏请朝廷核准，生子也要朝廷赐名。自万历至崇祯,礼部积压不办,有的发白还是独身,有的人死还没有名字。何如宠做礼部尚书,特为奏请,男女六百余人得准许婚配。

腐朽的政治机构——明朝腐朽政治到朱翊钧末年已达顶点。例如朝廷大臣得任意弃官归家,皇帝既不挽留,也不罪责,让他们自来自去。官缺多不调补。照旧制给事中(谏官)五十余员,御史百余员,这时候给事中止剩四人,十三道监察御史止剩五人,六部堂官(尚书侍郎)止剩四五人,都御史八年不补人。外省总督巡抚等大员,一样缺人不补。文武候选官数千人久困京城旅舍,因吏兵两部无人用印画押,不能领凭赴任,往往攀宰相轿子哭泣哀求。囚犯无人审问,任令在狱中自生自死。内阁止方从哲一人,从哲请增阁员,朱翊钧认为天下太平,宰相一人够用,不必添设。南京九卿止剩二人,尚书止剩一人,都御史十年不补。本来政权全在阉官手中,朝官多少有无,皇帝并不看作重要事。当时京城人士谈话,有十可笑的谑语:"光禄寺(办酒席)茶汤,太医院药方,神乐观(道士)祈禳(祝祷),武库司刀枪,营缮司(掌工程)作场,养济院(养老院)衣粮,教坊司婆娘,都察院宪纲(纠弹不法官吏),国子监学堂,翰林院文章。"这就是说,组成政府的各部分,都已名存实亡了。

别一例证也说明政治的极度腐朽。司牲所(供祭祀用牲畜)养羊三百六十头,用牧羊人一百二十名,官吏二名,五年内支黑豆(喂羊用)二千八百余石,每石价四钱二分,该银一千二百余两,草二万四千余束,每束价二分,该银五百余两,米(牧人用)八千八百余石,布花银(衣料钱)七百余两。又如乾明门养猫十二只,刺猬五只,羊二百四十七只,西华门养狗五十三只。御马监养狗二百十二只,虎三只,狐狸三只,文豹一只,土豹七只,鸽子房养鸽子若干只,每年共支喂鸟兽用猪羊肉三万五千九百余斤，绿豆谷粟等四千四百八十余石。又西苑豹房养文豹一只，用饲养人二百四十名，地十顷，每年支食粮二千八百余石，地租七百两。这种巨大糜费，止供小阉官作弊侵蚀，大阉官及京内外文武官员的作弊侵蚀，可以类推。

几件著名的大事——朱元璋制定《皇明祖训》，后世君臣止要形式上遵行祖训，就算尽职，无需谈什么兴革。那么，官员们做些什么事呢？朱见深时一御史奏请顺适物情道："近来京城地方，车辆骡驴，街上杂走，骡性快力强，驴性缓力小，一处奔驰，物情不便，乞要分别改正。"朱祐樘时一给事中建议处置军国大事道："京中士人喜著马尾衬裙，因此官马被人偷拔鬃尾，有误军国大计，乞要禁革。"朱厚熜时一员外郎奏请崇节俭以变风俗道："各处茶食铺店所造看桌（陈列装样）糖饼，大件省工却费料，小件省料却费工，乞要制定式样，务省工料，使风俗归厚。"极小事体，生扭在极大题目上，固属可笑，就是朱厚照时代的谏南巡，朱厚熜时代的议大礼，在当时认为莫大事件，实际也止是一场空闹。

朱厚照要到南方去游玩，朝臣纷纷谏阻，厚照大怒，令夏良胜等一百七人罚跪午门外五天，又一批朝臣继起谏阻，厚照更怒，捕朝臣下诏狱，白天牵出跪午门，晚间牵入囚狱。罚跪期满，一百七人各杖三十，六人各杖五十，三十人各杖四十，一人杖八十，不少人因此丧命。厚照不久到南方去了。这就是著名的谏南巡事件。

朱厚照死，从弟朱厚熜继位。厚熜要尊本生父祐杬为皇考（父），朝官们主张尊祐杬为皇叔父，群跪左顺门外哭争。双方相持，大闹不休。厚熜怒，捕马理等一百三十四人入锦衣卫狱，令何孟春等二百二十人在家待罪，四品以上官罚夺俸，五品以下官罚杖，翰林王相等一百八十余人受杖，死十九人。这就是著名的议大礼事件。

上列两大事件以外，又有所谓三大案。

梃击案——朱翊钧生子常洛，又生子常洵（宠妾郑贵妃所生，封福王）。朝臣请立常洛为皇太子，促常洵出京就藩（封地在洛阳）。常询出京后一年（万历四十三年），忽有人执枣木棍打伤慈庆宫（太子宫）守门人，直入至前殿，被阉官捕获。追究主使人，郑贵妃弟郑国泰似有嫌疑。翊钧杀阉官庞保、刘成二人了事。

红丸案——常洛刚登位几天，患痢疾，不能起床，鸿胪寺官李可灼自称有仙丹，常洛吃第一丸，觉得好些，连呼可灼为忠臣，吃第二丸身死。首辅方从哲拟票赏可灼银五十两，御史王安舜等劾从哲应坐弑逆罪。

移宫案——常洛死，子由校立，年十六岁，与常洛宠妾李选侍同居乾清宫，朝臣杨涟、左光斗等坚请李选侍移居他宫。

从由校时代起，这三大案成为朝臣阉官正人奸臣争斗互杀的工具，各聚徒党，血战不止。亡国后小朝廷中仍继续纷斗，到小朝廷被清朝消灭，才告结束。

第三节　农民土地问题与赋税制度

经过元末二十余年大乱以后，山东、河南、河北以及朱元璋起事的根据地淮河流域，变成草木畅茂、人烟罕见的荒地。洪武前一年，朱元璋率长子朱标亲到乡间，指示朱标道：“你知道农民的劳苦么？农民一辈子困在地上，手执耒耜，一年到头，不得休息，住的不过茅屋草户，穿的不过破衣烂裳，吃的不过菜羹粗饭，可是国家经费，全靠他们来负担，我教你牢记他们的难处，不要过分聚敛，务使农民免受饥寒的痛苦。”朱元璋知道国家经费全靠农民，现在面对着无限荒地怎样办呢？

（一）农民与土地

（甲）农业逐渐恢复

洪武元年，召集全国府州县官来朝，元璋问谕道：“天下初定，百姓财力困乏，好比小鸟不可拔羽，新树不可摇根，当今要政，在于安养生息（繁殖），你们务必痛戒不廉的弊病。”他用剥皮惨刑，惩戒贪污，同时允许人民直接向皇帝告发官吏的罪恶，消极方面，多少发生一些效力，积极方面，行施了下列几种办法：

开垦荒田——洪武元年，令州县人民开垦荒田，不论有无原主，都归垦荒人所有，作为永业。三年，责成地方官召诱未登户籍的流民，给耕牛种籽，按垦田多少，定官吏赏罚条例。五年，令四方流民，各归田里，丁多田少的，官给附近荒田，按丁拨付。十三年，诏陕西、河南、山东、北平及凤阳、淮安、扬州、卢州田许民尽量开垦，官府毋（不）得起科（租）。这些法令以外，又特设司农司，专掌中原垦荒事，派官到广东买耕牛，分给农户，迁山西泽潞等地无田农民垦河南河北田，又迁苏松嘉湖杭温台等地无田农民往凤阳滁和一带耕田，官给牛种，耕地作为世业。北方近城地多荒废，召民耕种，每人给田十五亩，菜地二亩，免租三年。各州县每年新垦亩数少或数千，多或二十余万。洪武二十六年，全国田亩总数达八百五十万顷，荒地大体垦成熟田了，同时贵族官僚豪强对土地的侵夺也就加剧了。

军民屯田——分军屯、民屯两种（明初有商屯，募盐商到边地开垦，弘治中废坏）。军中归卫所长官管理，每一军人受田五十亩，称为一分，官给耕牛农具。边地军人三分守城，七分屯种，内地二分守城，八分屯种。明初屯田总额二十九万三千五百八十二顷，约占田亩总数二十九分之一。民屯归地方官管理，狭乡的贫户，无户籍的流人，犯罪的官民（犯官多罚徙凤阳屯田），被指定往某地垦荒，称为屯民。明朝沿袭元村社制，土著称为社民，社民先占的田亩宽广，屯民新占的田亩狭小，因此屯地称为小亩，社地称为广亩。田亩面积，照定制五尺为步，二百四十步为亩，实际广狭不均，北方尤甚，洪武时军民屯田总数八十九万三千余顷，约占田亩总数十分之一强。

兴修水利——朱元璋初建国，就设立营田司，命元帅康茂才为都水营田使，管理全国水利，修筑各处堤防。并令地方长官，凡人民条陈水利，即时奏上。洪武元年，修铜城堰闸周围二百余里，就是采取和州人民的建议。二十七年，特谕工部修治陂塘湖堰，遣国子监学生分路督修全国水利。二十八年冬，凡开塘堰四万九百八十七处。自朱元璋至朱祁镇正统年间，史书关于兴修水利的记载，为数颇多，这对农业的恢复和发展，起着很大的作用。

防止兼并——朱元璋出身农村，亲见元朝的豪强侵侮贫弱，兼并土地，激起农民大骚动。建国以后，徙江南富户十四万户到中都（凤阳）垦荒，又徙浙江等九省及应天十八府富民一万四千三百余户充实京师。大量富户远离乡土，虽然原有田产仍得保存，对贫弱农民的刻剥，多少要减轻些。朱棣选浙江应天富民三千户到北京，充宛平、大兴两县厢长，户籍附在京师，原籍应出徭役仍不得免，日久贫乏逃亡，续选原籍殷实户来京补充逃户。这种办法，与元璋徙富户同一意义。

（乙）最大地主的产生

朱元璋驱逐元朝大地主，留下的土地，换了一批新的主人。他们土地占有的规模，比元朝更大了。明朝土田制分官田民田两类。官田包括宋元相传入官田地及还官田（缴还赐田）、没官田（没收罪人田产）、断入官田、学田、皇庄、牧马草场、城壖（音软。城边田地）、苜蓿地、牲地、园陵坟地、公占隙地、诸王公主勋戚大巨内监寺观赐（赏给）乞（请求）庄田、百官职田、边臣养廉田、军民商屯田，这些通称为官田，其余称民田。官田中最重要的有下列几种：

官田——苏州松江一带田地，南宋时多括为公田，张士诚时数量更扩大，朱元璋灭士诚，凡士诚部下文武亲戚及富民所有田产，一律没收作为官田，据《宣德实录》所载苏州知府况钟的奏章说："苏田如按十六分计算，十五分是官田，一分是民田。"据弘治十五年统计，全国土田总数中官田占七分之一，这种官田或因豪强勾结官府侵占归私，或因种官田佃户，把官田冒充私田，卖给富户，大量田亩，逐渐归富贵人家分有。崇祯时，大学士钱士升说："江南富家有百亩的十之六七，有千亩的十之三四，有万亩的千百中一二。"江南如此，其他地区可以推见。

皇庄——朱祁镇天顺八年拨太监曹吉祥抄没地一处（在河北顺义县安乐里柏桥村）作为宫中庄田，数年间，侵占民田超过原额十倍。朱见深正式成立皇庄名目。朱祐樘时单是畿内皇庄就有五处，共地一万二千八百余顷，后来逐渐扩大，多至三万七千五百九十五顷四十六亩。皇庄有管庄太监,有旗校(武官)每处约三四十人,招集土豪流氓,或称庄头,或称伴当,互相作恶。庄中起盖房屋,搭架桥梁,擅立关口,私刻印信,凡人民撑驾舟车,牧放牛马,采捕鱼虾,无不勒索钱财,又邻近地土任意划界,按亩征银,民间妇女任意奸淫,略与分辨,即被诬指罪名,捆送庄官拷打严办。人民惊慌不安,怨恨入骨。朱厚照登位刚一月,就建皇庄七处,后增至三百余处。不言可知,这些庄田都从人民手中夺来。

藩王庄田——朱元璋定制,亲王庄田一千顷,实际顷数远在定制上。洪武初年,禁止"诸人不得向诸王驸马功勋大臣及各衙门妄献田地山场窑冶,违者治罪",足见元朝献田恶习,明初相承不改。朱高炽以后,诸王贵臣多乞请庄田,朱祁镇查核诸王刍牧侵地,归还原主,朱祐樘禁宗室奏请田土及受人投献。这都说明藩王恃势兼并的剧烈。朱祁镇子见潾(德王)就藩德州,赐东昌兖州田及白云、景阳、广平三湖地。朱厚熜子载圳(景王)就藩德安,赐庄田湖陂数万顷,朱翊钧弟翊镠(潞王)就封卫辉,赐田四万顷,翊钧子常洵(福王)就藩洛阳,赐田四万顷,中原腴地不足,取山东、湖广良田凑足数目。朱由校时桂、瑞、惠三王及遂平、宁国二公主各有庄田一万顷。诸王府官及阉官丈量土地,征收租税。畜养奴仆无赖多至数千或万人,四出奔驰,勒索钱物,殴杀佃户,连朝廷某些官员,也说"惨毒不忍闻"。

权贵庄田——勋臣外戚阉官强占官私田地,或反诬民私占官田,断令还官,实归己有。朱祐樘时勋戚阉官有庄田三百三十二处,共地三万三千余顷,朱厚熜遣御史查核勋臣隐冒庄田,得一万六千余顷,朱载垕定勋戚限田制,勋臣五世内限田二百顷,外戚限田七十顷至七百顷。这止是一纸空文，并未实行。阉官庄田，比勋戚更多，魏忠贤所占尤不可数计。至于一般官员和绅士，各依自己势力的强弱，吞占与势力相当的土地。《明史·食货志》说："明自中期以后，庄田侵夺民业，直到亡国才停止。"

（丙）民间土地的兼并

明初奖励人民开垦，许民尽量垦荒，官府不得起科；又许有余力人家，不限顷亩，永不起科。在这两个特许下，民间产生不少中小地主及自耕农可想见。地主富豪用下列几种方法，兼并农民的田地：

逃避田赋——有势力人家，贿通书吏，将本户米粮分散成合勺细数，转加在小户粮上，称为飞洒。积合勺成升，积升成斗，积斗成石，官府不短收，势家不纳粮，被洒小农户，却不知合勺从何处飞来，年年如数代赔。此外还有虚悬、挪移、影射等法，富人占田万亩，不纳一粒米，官府从不追究，贫户田早失去，粮仍保留，当时民间一般的现象是没有田的却要纳粮出丁，称为"产去粮存"，除了逃亡，永远不得免除。

逃避差役——富家田多，如并成一户，自然因粮多，差役跟着加重。两浙有所谓"花诡"或"铁脚诡寄"法，分散租额，或诡寄亲邻，或诡寄佃户，或诡寄他庄，彼此推委，藉免重役。凡官绅士人法律上有免丁（一二丁至十六丁）、免田（多至二三千亩）的优待，他们利用特权，收受富家诡寄田地，富家应出差役，转加在农民身上，农民役愈重，田产愈流入富家。

高利贷——农民负担苛重的赋役，不得不向富家借债。姚夔说高利贷的罪恶道：收获刚完毕，农民一家人已饥荒，所以小民凶年挨饿，丰年也一样挨饿。

豪强掌握乡村政权——朱元璋令全国州县乡村设立老人,职掌劝民为善,判断争讼。后来老人多由势家的隶仆或地痞土豪充当,凭藉地位侮虐贫弱。朱元璋又令大户充当粮长,职掌催收本乡钱粮,后来粮长勾结书吏,倍收粮米,包揽词讼,共分赃钱。粮长买田造屋置妾等费,统归小民负担。

(丁)兼并的结果

农民在各种兼并势力的压迫下,怎样生活呢?

饥饿——明史称朱棣时,天下富庶,岁收丰足,外省府县仓米堆积,至红腐不可食。这自然算是明朝全盛时代了。贫民能不能食红腐的米呢?太子朱高炽路过山东邹县,见男女持筐在路旁掘草根,高炽驻马问草根的用处,民跪对道,饥饿靠它活命。高炽下马入民家,所见无不烂衣百结,灶锅倾仆。这并不是邹县偶见的现象,照邹缉的奏章说:"山东河南山西陕西水旱连年,民多剥树皮掘草根活命。"朱棣以后,贫民生活更不堪问了。马驯有一篇请减赋的奏章说:"山居人靠吃树叶,水居人靠捕鱼虾,田园如扫,室家如枯,百姓面色都灰黑像死人。"明朝止有增赋,没有减赋,那末,百姓面色永远像死人。

破产——顾炎武(明末清初人)《日知录》说:吴中(苏州松江)人民有田的占十分之一,替人佃作的占十分之九。其他地方,大致相类。佃户的生活,在王弼(成化时人)《永丰谣》里,这样描写着:"永丰地接永宁乡,一亩官田八斗粮。人家种田无厚薄,了得官租身即乐。前年大水平斗门(水闸),圩底禾苗没半分;里胥告灾县官怒,至今追租如追魂。有田追租未足怪,尽将官田作民卖(官田卖给富家);富家得田贫纳租,年年旧租接新债。旧租了,新债促,更向城中卖黄犊。一犊千文任时占,债家算息不算母。呜呼。有犊可卖君莫悲，东邻卖犊兼卖儿。但愿有儿在我边，明年还得种官田。”佃户痛苦如此，因之对土地的要求，表示无比的迫切。例如南浔（浙江吴兴县）人名士朱国桢曾向巡抚建议均田，巡抚令国桢从巡按使马起莘往吴兴查勘，农民群起欢迎，各写“均田便民”四大字粘揭路旁，巡按使船自平望（江苏吴江县）至吴兴一百二十里，见沿路满贴均田便民纸条，愈近城愈多，一望不见边际。农民立两岸大声呼号，有如发狂，多失足跌入水中。巡按使登岸上轿，农民攀轿杠高呼，捕数人，轿才得行。本地富豪愤怒，使秀才出面与官员集孔庙商议，农民无数聚庙外请愿。会议十余日，巡抚巡按使联名奏请顺民均田，户部驳斥不准。富豪某甲率奴仆千人到南浔烧朱国桢房屋，幸得农民援救，半路上击退某甲。朱国桢好久不敢回家去。

卖妻子——农民希望儿子不卖掉，第二年还有人力去种田。可是事实并不允许这样。朱见深弘治元年，巡按御史娄芳奏称徐州、河南等处，人民鬻卖男女，沿路成群，价值极贱，甚至番僧夷人也来收买。二十二年，诏陕西、山西、湖广等处军民先因饥荒逃移，将妻妾子女典卖给别人，许向官府首告，给原价赎取。这种假仁慈的空话，止显示农民破产的深刻和普遍。

卖身——妻子卖了，自身也就不得保全。豪富人家或因公债准折（折价）人丁，或藉威力强夺人丁，令改换姓名，听主人奴使（《大明律》：庶人不得养奴婢，功臣家得养奴婢。官绅家养奴婢，法律上没有明文规定。万历时定制，官民人家得雇用工人，不得养奴婢。价卖人口，十六岁以上必须婚配，当作本家的子孙。改换奴婢姓名，意在避免法律的禁限）。豪家奴婢日增，纳税农民日减，江南地狭，豪富家畜奴尤众。此外还有一种投靠的习俗，士人一登甲科得官职，就有多人来投，订立身契，子孙永远充当家人（奴仆）。官绅门下奴仆多至一二千人，其中一部分是农民，依靠主人庇荫，得免书吏横派赋役的痛苦；一部分是流氓，替主人四出寻事，或强夺房产，或勒写卖身契据，或百计千方诈人钱财。说事讲银，逼令送家爷（主人）若干两，送门干（门房）若干两，送书房（亲近管事人）若干两，自己另要后手银若干两，非被讹人家洗荡一空，不肯罢手，偶或受人控告，主人出头庇护，县官看奴主情面，轻轻了事。弘治三年，曾禁军民人等敢有投托势家权门，充当家人，发觉后，流边地永远充军。自然，这止是一纸空文，不会发生什么效力。

流亡——投靠势家，止能容纳破产人民的一部分，其余或到两京冒充匠户，或走远方经营小贩，或弃陆入水，泛舟为家，但仍不能容纳过多的人口，结果最大部分的破产人民，不得不离乡流亡。从朱瞻基宣德时代起，流民问题开始严重起来。松江知府赵豫在安辑流民的奏章里说：人民欠了公赋，又欠私债，田地荒芜，房屋毁撤，无法安身，止好流亡。朱瞻基、朱祁镇两代，朝廷也空谈些抚治的办法，后来连办法也不谈了。王夫之（明末清初人）《噩梦》里说，元朝政治败坏，富人骄横，贫民饥寒，官府漠不关心，没有流以前，不加抚恤，已流以后，不与安辑。相沿至成化（朱见深）时代，形势愈转恶劣，初为流民，继为流寇，蔓延全国，不可收拾。这就是说，农民大量流亡，促成了明朝统治的崩溃。

（戊）垦田和户口

洪武二十四年，全国郡县赋役黄册造成，计户一千零六十八万四千四百三十五，丁五千六百七十七万四千五百六十一。朱元璋造黄册，本意在查明供赋役的男丁数目，女口也许不在册内（两宋户籍不计女口）可是一户平均有男丁五六人，似乎也不合实情。据洪武二十六年，户部统计，全国土田总数八百五十万七千六百二十三顷，户总数一千六百五万二千八百六十（永乐时约计民户一千万，军户二百万），口总数六千五十四万五千八百十二。改丁为口，当是包括男女总数。二十四年统计，一户平均五丁稍强，二十六年统计，一户平均四口稍弱，二三年间，不容有这样大的变动，按常例说，似乎二十六年统计数字，比较可信，朱祐樘弘治四年（距洪武二十六年凡九十九年）全国户总数九百十一万三千四百四十六，口总数五千三百二十八万一千一百五十八。弘治十五年，全国土田总数四百二十二万八千五十八顷。一百年间，田减一半，户损七百，充分说明土地兼并人口流亡及投靠权门的盛行。朱翊钧万历六年（距弘治四年凡八十八年）大学士张居正用开方法丈量全国田亩，得田七百一万三千九百七十六顷，比弘治增三百万顷。《明史》说，当时官府争用小弓（一弓五尺）量田求多，或指现田充新垦。不言可知，被小弓丈量的自然是没势力人家的田，被指为新垦的决不是权豪人家的田，田亩增加，贫弱人反而愈苦。万历六年，全国户总数一千六十二万一千四百三十六，口总数六千六十九万二千八百五十六。户口数与一百九十年前的数目相同，显然由官吏据旧户籍捏造。

（二）赋役制度

户籍——洪武十四年，编全国赋役黄册（户籍册，用黄纸作封面），乡村一百一十户为一里，推丁粮较多人家十户为里长，余百户分十甲，每甲推出十人。官府按年役里长一人甲首一人，管一里一甲的公事。十年轮役一遍，称为排年。城内称坊，近城称厢，乡村称里。户分民、军、匠三等。民户分儒、医、阴阳等，军户分校尉、力士、弓、铺兵等，匠户分厨役、裁缝、马、船等，又海边有盐灶，寺有僧，观有道士等名目，按各人职业编籍，每十年重造黄册一次。大抵洪武时代曾经编造，以后仅存空文（祭天地时，祭坛下陈列黄册，祭毕收藏），官府征税派役，另有底本，称为白册（白册在书吏手中，营私舞弊，无可查究）。

田籍——洪武二十年丈量全国田亩，按字号编排，写明田主姓名及地形土质面积四至，形似鱼鳞，称为鱼鳞册。

田赋——明初定赋税制，号称十分取一，实际参差不齐，轻重悬殊。大抵官田每亩收租五升三合五勺，民田减二升，重租田八升五合五勺，没官田一斗二升。元末，苏松嘉湖四府官绅豪民曾助张士诚坚守不降，元璋怒，按私人租簿作租额，每亩收粮最高额竟至二三石，表示惩罚的意思。因此全国田赋苏松最重，嘉湖较次，杭州又较次。洪武十三年，命户部酌量减轻江南租额，苏州一府秋粮仍多至二百七十四万六千余石，其中民粮仅十五万石。朱元璋所谓惩罚官绅豪富，显然止是刻剥佃户的一种藉口，明朝江南农民逃亡现象特别严重，这是主要的原因。

洪武时田赋分夏税、秋粮两等，夏税包括米麦、钱钞、绢三种，秋粮包括米、钱钞、绢三种。弘治时夏税名目增至二十余种，秋粮增至十余种。万历时又有增减，大体米麦为主，钱钞丝绢为辅。明初两税每岁收入麦四百七十余万石，米二千四百七十余万石，钞四万五千五百余锭，绢二十八万八千五百余匹，朱祐樘时麦米绢比洪武原额略有亏短，独银钞增至七万八千三百余锭。

差役——丁分成丁、未成丁两等。男子十六岁以前称未成丁，十六岁至六十岁称成丁——服官役。六十以外免役。役分里甲、均徭、杂泛三等，按户服役称甲役（里甲），按丁服役称徭役（均徭），临时应官府呼唤服役称杂役（杂泛）。以上三役各有力役（出人）、雇役（出银）的分别。经常差役除里甲外，有粮长、解户、马船头、馆夫、祗候、弓兵、皂隶、门禁、厨、斗等，又有斫薪、抬柴、修河、修仓、运料、接递、站铺、闸浅夫等，名目繁杂，凭官府任意增添，不可计数。其中粮役有收户、解户，驿递有马户，供应有行户，起初指定专派大户（富户）充当，后来大户行贿得免，转派中户代替，后来中户又设法得免，大户役全由下户贫民来负担。例如松江府华亭县粮役，起初每年设库子四名，称为支应大户。本县衙门杂费及县官迎送上司等费，例归库子供给，每名一年费银一千两以上。后来议革库子，改用长收，华亭县十二粮柜，每柜每月轮值长收一名。四个库子化为十二个长收。理由是“共同负担，众擎易举”，其实是中户代替大户。凡上官来县，长收照例办迎风饭，下马饭、阅操酒、送风饭，又本县知县，长收照例贡献常例钱、火耗钱、交际钱、馈仪钱，同府各衙门书吏皂隶快班（马快步快），长收照例得送钱应酬，每一名长收，每年所费在二千两以上。后来又议革长收，改用总催一百名。理由仍是“共同负担，众擎易举”，其实是较下一级的中户代替较高的中户。总催职务同长收，支应上司酒席，通常每席用荤素四十味，糖食四十味，果品四十味，攒盒暖盏等物无数，一席约费一百两以上。某年，按院（巡按御史）、学院（主考）同时到华亭县，两院有交请席，府县有公宴两院席，由监生顾正心、陈大廷、宋启明三人承办。三人各争奇斗新，求媚长官，其时正当五月，竟搜得一斤重的肥紫蟹，五六斤重的鲜鲥鱼，其他水陆珍品百余种，细果如松子、杏仁、莲心、瓜仁等，装缀如鱼鳞，高一尺以上，器皿杯盘，全用古窑金玉。知府詹某、知县项某，都是按院的同年进士，按院连声赞叹道："两位年兄到此地做官，真是大福气。"他们那里想到当差人民的大痛苦呢？后来又议革总催改用里排（里甲），职掌催征钱粮。理由还是"共同负担，众擎易举"，其实是下户代替中户。里排多是乡村贫弱人，富家拖欠钱粮，里排畏势不敢紧催。官府不追富户，止追里排，皂快经常下乡拘提，勒索酒食和路费，书吏借端恐吓，不送贿赂不能活命。官定每图（乡村划分若干小区域，称一图）每十日限纳白银二十两，里排按期到衙门缴纳，称为赴比，县官不分缴银多少，止要短缴一二两，就与其他短缴十余两的人，一概笞臀鞭背，漫无差别，称为比较。每一里排照例每月受三次鞭笞刑。结果止有卖田宅、卖妻子、离乡流亡的一法。举华亭一县粮役一项作例，全国人民受差役的祸害，可以想见。

一条鞭法——明朝第一清官海瑞，一生主张"要天下治安，必需行井田制，其次应行限田制，再其次也应行均税制"。他做过一任浙江淳安县知县，又做过半年应天十府巡抚。做巡抚时，抑制豪强，替贫民夺还许多田地，官绅大怒，给事中戴凤翔弹劾海瑞，说他"庇护奸民（贫民），侵犯绅士，沽名（钓名）乱政"。瑞因此失官。瑞本着均税的主张，在知县巡抚任上，创行一条鞭法。所谓一条鞭，就是清丈地亩，按亩征银，令田主缴纳一定数量的银，所有田赋差役各种杂费包括在内，官募人充役，不再摊派。这种办法，对无田贫民确有利益。朱翊钧万历九年，朝廷采用一条鞭法，作为全国通行的制度。可是地方官吏勾结富豪，仍旧苛役农民，从中取利。

加赋——明朝前半期户部当年岁入银二百万两，照旧制七分作经费，三分作存积。朱厚熜时，边境军费、建筑宫殿费、祷祀求仙费（招道士求长生药）骤增不止，嘉靖三十年，岁出银五百九十五万两，为弥补亏短，增江南浙江等州县田赋银一百二十万两，称为加派。朱翊钧万历四十六年，辽东用兵，军饷激增至三百万两，宫内藏银无数，翊钧不肯动用，户部援嘉靖加派例，全国（除京畿八府及贵州一省）田赋每亩加征银三厘五毫，得银二百万两。次年又加三厘五毫，次年又加二厘，前后共增九厘，从此作为定额，每岁得银五百二十万两。朱由校天启二年，又增田赋，银数不详。朱由检崇祯三年，又增田赋三厘，得银一百六十五万两。十年，又增赋，得银二百八十万两，旧额田租外每亩增收六合，每石折银八钱。又每亩加征一分四厘九丝，称为剿饷（剿农民起义军）。十二年，每亩又加征一分，得银七百三十万两，称为练饷（练兵）。大学士蒋德璟对由检说："现在既有旧饷五百余万，新饷九百余万，又增练饷七百三十万，兵马并不练，止是害苦人民。"朱由检新增田赋一千六百七十余万两，超过旧赋三倍以上，结果地主无利可图，田价大落。北方农业天启时已大破坏，董应举用公帑六千两，买顺天永平河间保定田十二万余亩，每亩约值银五分。江南良田，中期每亩价五十两至一百两，崇祯时最上肥田每亩止值一二两，较次田亩，白送也没人敢承受。地主政权失去地主的支持，崩溃成为不可免的命运了。

第四节　工商业

明朝工商业的进步，超越过去任何一个朝代。原因是南宋工商业本已向上发展，不幸遭受蒙古族的大摧残，工匠被拘充匠户，过着类似奴隶的生活，创造力完全消失了。朱元璋驱逐蒙古，匠户获得部分的解放。当时全国工匠凡二十余万户，元璋定制，凡匠户子孙永远充当工匠，分住坐、输班两等，匠人每月服役十日，称为住坐，不上班服役，罚银每月六钱，称为输班。这种制度对收入较多的高手匠人，多少给了些工作上的自由，这些自由，也就成为工业发展的重要原因。随着工业的发展，商业自然也发展起来。

（一）工业

棉织——朱元璋初立国，即下令凡民有田五亩至十亩，必需栽种桑麻木棉（草棉）各半亩。十亩以上倍种。麻每亩征半斤，木棉每亩征四两，栽桑，四年后起科。不种桑，罚出绢一匹，不种麻及木棉，罚出麻布棉布各一匹。洪武三十年，户部规定各地土贡折收米、绢、棉花、金、银比价表，棉布一匹，值米一石，棉花一斤，值米二斗。弘治时定两税细目，有棉花折布、课租棉布、地亩棉花绒、棉布四种。江北中原广大地区，普遍种植木棉，棉布代替丝麻，成为人民主要的衣料。随着棉布生产的加增，弹花纺线等技术也就日益讲究，用铁杆木杆各一枝，转动去棉子，用弦弹碎，板赶成条，铁锭插草梗，踏车轮纺棉条成线。松江、徽、池、台、九江等处有的能纺双线，有的一手能勾三线，有的用天车（制法未详），技术比元朝进步。

印刷——士大夫富贵以后，多喜刊刻古书，表示自己的风雅，因此刻书业在明朝很发达。又科场盛行怀挟（私带小本书进考场），书塾盛行闱墨（本科取中的文章，士人传诵供揣摩），这种书本，随科场风尚，临时大量发行，书店谋利在出书迅速，不贵精美，活字板最适合这种需要。嘉靖时毘陵（江苏丹徒县）人开始用铅铸活字印书，用力省，出书快，比木版巧便得多。铅字质软，容易模糊，后来苏州人改用木刻活字印书。崇祯十一年，邸报用活字排印，邸报本用木刻，改用活字，自是一种进步。

炼铁——遵化炼铁炉用石砌造，深一丈二尺，广，前二尺五寸，后二尺七寸，左右各一尺六寸。炉前阔数丈。用二韛（风箱）鼓风烧石炭，一天出生铁四次。生铁五六炼成熟铁，又九炼成钢铁。山西交城产云子铁，每年额定十万斤，专制兵器，炼钢术也许比别处更好些。

利用自然力——福建水碓最多，顺昌县人用水碓造纸，产量丰富。又有一种水碓，置舟急水滩中，舟旁设双轮，转动如飞，舂杆在舟中。

玻璃——朱棣时，郑和出使西洋，带回烧玻璃工人，中国始能自制。明末山东益都县颜神镇烧制玻璃（料器），采几种石料，缓火三日不熄，紧火五日不熄，煮石成浆。滤净凝结，即成玻璃。

建筑——明朝盛行建筑，南北两京造宗庙、宫殿、阙门、王府、公主府，外省州县筑城修河，各种工役，连年不息。洪武二十六年，征发全国工匠二十余万人集南京营造宫殿。朱棣建筑北京，比南京更壮丽，至朱瞻基时还没有完工。朱祁镇以后，三殿、两宫、南内、离宫次第兴修。朱厚照造乾清宫，用银至两千余万两。朱厚熜营建尤繁，嘉靖十五年以前，号称节省，建筑费多至七百万两，此后骤增十数倍，工场凡二三十处，常年拘役工匠军士十万人。朱翊钧建筑费又增数倍。朱由校时魏忠贤生祠遍全国，营造人各出巧思，务求新丽，讨魏阉喜欢。明朝巨大的建筑物，很多现在还保存着。

起重机——因建筑上的需要，发明几种起重法。一法，用钢铁作蠡(螺)丝旋,旋入铁方基中,二物牝牡相合,要缩向左旋,要伸向右旋。置机重物下,向右旋转,牡物渐向上起,机下依次垫高,重物自然上举。又法,用圆木纳筒中,涂滑油,绳卷筒上,转筒引重物,省力一倍。又运重石法,先立称杆,用木作架,架立衡轮下,再用轮转动,把重石放到要放的位置。

漆器磁器——明朝漆工业发达,漆器有髹漆、屈轮、堆朱、存星、沉金、螺钿、乾漆、戗金、钻漆诸作法,次第盛行。磁器首推永乐、宣德两朝制品。永乐磁器用针刻细纹,装填黑漆。宣德磁器用刀刻纹,装填金屑,这都是宋元两代所未有。磁业中心地景德镇,面积十方公里,人口近百万,官窑民窑约三千所,昼间白烟蔽空,夜间红焰薰天。正统元年,景德镇民进贡磁器五万余件;弘治十五年至正德末年,烧造未完工磁器三十余万件;嘉靖三十年造醮坛用磁器三万件;隆庆时造磁器十万余件;万历十九年造磁器十五万九千件,后又增造八万件。万历三十八年以后,官窑制造渐少。明朝与南洋群岛通商,磁器是主要输出品,沿海各省,当有不少制磁工场。

火器——朱棣平交阯,得神机枪炮法,特设神机营操练火器。枪炮制法或用生熟赤铜合制,或用铁制,大小不等。大火器用车载,小火器用架用桩用托。小火器宜于战,大火器宜于守。沿北边山顶,各置炮五架。永乐以后,火器益被重视,新制式样凡数百种,重要的约有下列几类。

战车有雷火车(成化十三年造),车中立枢轴,能旋转发炮。又有全胜车(弘治十五年造),车上有铳手二人,车下有车夫及铳手各二人,车重不过二石,遇险路,四人可肩抬。嘉靖十五年,改善车制,车上载熟铁小佛郎机一具,流星炮或一窝蜂一具,钢铁神枪一具，三眼品字铁铳、飞火枪筒各一具，车上又插倒马长枪、开山巨斧各二具，斩马刀、挠钩各一具，并火药、铅子、锨、镢、鹿角等器，全重不过一百五十余斤。每车用五人，二人推车，一人挽车，二人护车作战。万历末年，造双轮战车，每车装火炮二具，步兵十八，各持火枪护车。

水战火器有佛郎机炮，重一千斤或六七百斤，装在蜈蚣船上，威力极大。又有喷筒火药桶，喷筒能烧一百五十步外敌船，火药桶抛入附近敌船，发火燃烧，无法扑灭。又有火船、火龙出水、水底龙王炮、飞空滑水神油罐等器。

大炮有佛郎机（葡萄牙国，正德末年，佛郎机船到广东白沙，中国学得制法），长五六尺，大者重一千斤，小者重一百五十斤，大腹长颈，腹有长筒，用子铳五枚，轮流贮火药安入腹中，射远可百余丈，水战最便利。又中国原有一种大炮，用木架装炮，可高低左右放射，每架约重二百斤，用提铳三个，每个约重三十斤，用铅子一个，约重十两。机件活动，最利守城。崇祯时大学士徐光启奏请令西洋人制造红夷（荷兰人）巨炮，长二丈余，重至三千斤，号大将军炮。

小炮有永乐时制品，重三十四斤，内装石子一个。景泰时改制小钢铳，重八斤，内装大铁弹子十三个或小铁弹子二十个。

枪有快枪、鸟嘴铳等名目，鸟嘴铳自倭国传来，制法用钢铁作管，管下安木托，管中安铅弹，管背有雌雄二臬，二臬对准射击人物，成一直线，点放火绳，两手握管不动，发无不中。瞄准比快枪正确，运用比佛郎机灵便，算是枪中最猛烈的一种。又有百出先锋炮，式如佛郎机，纳入小炮（炮子）十枚，火绳出筒外，连放连纳，炮口有六寸长戈形刺刀，一人持放，马上也可用。

手铳有夹靶铁手枪、无敌手铳、千里铳等名目。千里铳可藏腰带下，猝然遇敌，举手可放。

毒气炮有毒火飞炮，用熟铁制造，装火药十余两，内藏生铁制飞炮，飞炮内装砒硫毒药五两，发大炮将飞炮打二百步外爆炸，毒气散发伤人。

火球有引火球、烧贼迷目神火球、烟球、毒药烟球等。火球制法，用厚纸糊成硬壳，中含小铁刺菱二三十枚，地火鼠一二十枚，又装入火药若干，紧糊纸壳口，设窍眼四处，各穿药线，敌近城或攻敌阵，燃球投去，刺菱破球散布，火鼠飞烧敌身，敌奔避刺菱伤足不能走动，乘势攻击，往往取胜。

地伏火器（埋地下火器）有地雷连炮、地雷炸营自犯炮、万弹地雷炮等。

空中火器有火禽、雀杏神火飞鸦等。

陆上火器有木大兽、冲阵火牛等。

造船——随着工商业、漕运、海外贸易及海防的需要，明朝造船业成为工业中重要部门，江南漕米每年由运河运至北京通州两仓，计三百二十四万石，每船一艘载米三百石以上，分三段递运，一船在本段中每年往返四次，约略推算，全运河当有漕船八九千艘。朱元璋时，倭寇已侵扰东南海岸，此后侵扰益甚，明人讲求海船制造，也随防倭的需要渐趋进步。战船中有蜈蚣船，底尖面阔，船上装大佛郎机炮，船两旁列楫数十，无风时也能行动。又有鹰船，两头尖锐，进退迅速，船旁钉大茅竹，竹间设窗，可发铳箭。海军采各省商船式样制战舰，福建船有六式，头号福船高大如楼，用松杉木制造，不畏风涛，船上可容百人，底尖面阔，首尾昂高，舵楼三层，帆桅两旁设护板，中安大炮。船中部楼高四层，最下层安土石，次层作寝室，三层左右开六门，设淡水柜及厨房，最上层是平台，可俯攻敌船。广东船比福船更大，用铁力木制造，敌船被冲必碎。江苏崇明等地有沙船，能在斗风（逆风）中行驶。其余各种战船式样甚多，可以推知当时商船式样的众多。

作坊——民间工业除了家内工业及独立的手艺匠人，在全国范围内普遍地存在着手工作坊。据课税名目有油房、磨房、砖瓦窑、木植场、糖坊、面坊、粉坊、茶食铺等。作坊雇佣工人多少不等，例如糖坊制糖先削去蔗皮，次锉块如钱大，两人削供一人锉。削锉工约一二十人。

科学研究——与工业发展有关的科学研究，明末颇有专门著作出现。徐光启著《农政全书》，宋应星著《天工开物》，方以智著《通雅》、《物理小识》，王征著《奇器图说》、《诸器图说》，项子京著《陶磁图说》等最为著名。西洋教士传来天文、地理、历算、火器、水利、物理、哲学，明末士大夫如徐光启、李之藻、孙兰、王征辈，竭力介绍，译著甚多，遗老如黄宗羲、王锡阐、刘廷献、张尔歧辈，都精究西洋科学。足见当时统治阶级中至少有一部分是敢于接受外来文化。因此可以这样设想，如果中国不是又一次的被落后种族所统治，也许资本主义生产方式，可能在中国正常地发展起来，不须经过近百年那样痛苦的历程。

（二）商业

商品——洪武元年，免书籍农具税。永乐元年，免军民常用杂物等税，凡嫁娶丧祭，时节礼物，染练自织布帛，农器，车船运载非贩卖货物，各处小民挑担蔬菜，溪河货卖杂鱼，竹木蒲草器物，并常用器物，铜锡器物，日用食物，一律免税。宣德时改定凡纱罗绫锦绢布及皮货磁器草席雨伞鲜果野味等一切货物，依时价估定课税。看免税课税物品的种类，可推知商品范围的广泛。西北一带居民不事纺织，从豫鄂输入棉布，穷人不能买布，冬季多在草窝里裸卧。人民生活对市场依赖的密切，即此可见。

市场——在全国中，大商业都市有三十三处。北京、南京以外，江苏有苏州、松江、镇江、淮安、常州、扬州、仪真，浙江有杭州、嘉兴、湖州，福建有福州、建宁，湖广有武昌、荆州，江西有南昌、吉安、临江、清江，广东有广州，河南有开封，山东有济南、济宁、德州、临清，广西有桂林，山西有太原、平阳、蒲州，四川有成都、重庆、泸州。三十三处贸易中心地，止有四分之一在北方，江浙两省却占三分之一。运河为南北交通的大动脉，沿河城市如漷县（河北通县南四十五里，后移至河西务）、德州、临清、东昌、济宁、徐州、淮安、扬州、上新河等处，都是著名大商埠。因工商业的发展，大量人口逐渐集中到都市，顾炎武说："人聚在乡村，才能太平，聚在城市，定招大乱。"他认为明朝的乱亡，由于人口集中在城市。

物价——洪武二十八年，户部规定各地土贡，得改折米、绢、棉花及金银等物缴纳。米一石折钞二贯五百文、金五分（一两折米二十石）、银二钱五分（一两折米四石），棉布一匹。米一石二斗折绢一匹。米七斗折苎布一匹。米二斗折棉花一斤。这是户部定价，比实际市价要高些。朱棣迁都北京，百官俸米仍令到南京关支，百官领得米票，卖给商人，每十石止值银一二两，有时七八石值银一两。朱见深时，官俸每二十石折布一匹，布一匹折钞二百元，钞每贯值钱二三文，当时市上米价一石值钞十五贯至二十五贯。明中期以前，苏州、松江、常州、镇江四府米常年四石、丰年八九石值银一两。榆林（陕西榆林县），米价最高额每石值银八钱至一两。四川米二石五斗值银一两。此后逐渐高涨，至朱由检崇祯四年，米一石值银四两。崇祯末年，山东米一石值银二十四两，海南米一石值银一百五十两。

盐——朱元璋立盐法，置局设官，令商人贩卖，抽税二十分之一。通常每年收入盐税一百万三千余两。大产盐地六处（两淮、两浙、长卢、山东、福建、河东），小产盐地七处（广东、海北、四川、云南等地），又陕西云州一处。各处产盐，朝廷指定行销地界，出界贩卖，依私盐论罪。永乐时立户口食盐法，令官吏军民照定制计口纳钞、米，自向官府领取，例如浙江军民每月纳米三升，领盐一斤。正统时令民自向商人买盐，官府仍收盐钞。万历以后，盐钞编入一条鞭中作为正赋。官吏按旧章计口领盐，官通常冒领至二千余斤，吏冒领至五百余斤。景泰时改制，用盐折给官吏俸粮，一石抵盐一百四十斤，比军民食盐便宜四五倍。

商税——明朝商税，起初三十取一。凡桥梁道路关津各置收税官。万历时改税率，派阉官监税，遍满全国，名义上十分取一，实际并无定章，土豪无赖，贿阉官得指挥、千户等名号，各据水陆通路，每隔数十里，立旗设厂（税卡），搜索旅客行李，任意掠夺。又穷乡僻村，米盐鸡豕等小贸易，称为土商，一律课税，民变到处发生，朱翊钧庇护阉官，派兵镇压，绝不宽免。甚至浙江税监刘成因本地灾荒，奏请暂免商税，翊钧仍令进银四万两。商税收入，万历时崇文门河西务等八钞关每年额定银四十万七千两。崇祯初年，关税每两增收一钱，八关共得银五万两。三年，又增二钱。十三年，又增二十万两。八关增税如此，其他地方可以类推。

对外贸易——宁波、泉州、广州是对外贸易的港口。宁波通日本，泉州通琉球，广州通南洋西洋诸国。明世倭寇不断侵扰，两国间没有正常的商务，泉州也比不上宋元时代那样繁盛。止有广州一港，贸易额最大，抽分（商税）成为政府重要的收入。嘉靖时有人主张停止国外贸易，广东巡抚林富奏论通商利益，举出供国库、充军饷、协济广西、便利华商四点，足见对外贸易的重要性，已不容中国闭关自大了。当时从南洋输入鸦片烟，在上层社会中，开始起着腐毒的作用。

唐人译《毗耶那杂事律》，内载释迦佛教病人吸鸦片法。用两碗相合，碗底上穿孔，碗烧药烟（鸦片）。用长十二指的铁管就孔吸烟，吸了，置碗小袋中，再用时烧铁管使净，不许用竹管，不许用水洗。印度人吸鸦片治病，释迦以前，当已进行，吸法也许僧俗有些差异（俗人当是用竹管用水洗）。中国人用鸦片作药物，从明朝开始。明四夷馆同文堂外国来文八册，有译出暹罗国进贡方物单，内称进皇帝苏木二千斤，树香二千斤，马前二百斤，鸦片二百斤，进皇后苏木一千斤，树香一千斤，马前一百斤，鸦片一百斤。进贡单不记年月，不知何年进贡。《大明会典》载各国贡物，暹罗、爪哇、榜葛剌三国都有乌香，乌香就是鸦片的别名。明人称鸦片，有乌香、乌烟、亚荣、阿芙蓉条、合浦融等名目。徐伯龄《蟫精隽》载："成化癸卯年（朱见深成化十九年）令中贵（阉官）收买鸦片，价与黄金相等。外国名合浦融。"看这个记载，似乎北京市上已有鸦片商人。朱见深专讲房中秘术，搜罗淫僧妖道，各赐官号，如僧继晓，擅长秘术，封通玄翊教广善国师。他这收买鸦片，无疑是配制淫药，照李时珍《本草纲目》谷部阿芙蓉所说，鸦片在嘉靖、万历时代，不仅已被医方普遍使用(治泄痢,涩精),而且南方某些地区(大概是厦门一带)已自行种植。李时珍说:"俗人房中用此药。"又说:北京市上出售一粒金丹(鸦片一块,和入粳米饭,捣细成丸),据说能通治百病,其实就是售卖淫药。

鸦片价贵,一般平民当然无力试用,旱烟却广泛流行起来。万历末年,海商从吕宋带来烟草(一说,烟草种自高丽传播外国),有淡巴菰、淡肉果、金丝薰、相思草等名目。福建人马姓制造烟草名淡肉果,贩运至九边(北方边境九大镇),军士多衔长管吸食,说能止悲忘忧,朱由检严禁不能止。大抵鸦片专供社会上层人求乐,烟草价贱,一般军民用作止悲忘忧的麻醉品。

(三)矿业

金银矿——明朝矿业概归官办,诸矿中尤重金银矿。洪武末年,开福建尤溪县、浙江丽水、平阳等七县银矿,两省各课银二千余两。永乐时开陕西商县、福建浦城县、云南大理县等地银矿,贵州太平溪,交阯宜光镇金矿。矿课累增至朱瞻基时,福建每岁银四万余两,浙江九万余两。朱祁镇停止开矿,仍令各地照定额进课银。此后时停时开,祁镇天顺四年,派阉官往浙江,云南、福建、四川开矿,定福建岁课银二万余两,浙江四万余两,四川一万三千两,云南十万余两,总十八万三千两。朱见深开湖南武陵等十二县金矿,拘民夫五十五万人充矿工,劳苦疾病,死亡无数,采得金五十三两。朱厚熜令大臣督促属员,到处寻访矿苗,强迫民夫充工役,全国骚动。朱翊钧更藉开矿搜括民财,派阉官多人至各省监收矿税。阉官恃势凶横，招集无赖，设立税局，诬指富户盗（私开）矿，良田美宅，硬说地下有矿脉，必待索贿满足，才得无事。各地有矿必开，不问产量多少，任意规定产额，勒令人民包赔亏短，自万历二十五年至三十三年，诸阉共进矿税三百万两，民间损失，不止数倍。河南巡抚姚思仁说："开矿有矿盗啸聚作乱，矿头赔累不堪，矿夫被虐死亡，雇民（民夫）饥饿呼号，矿洞随地乱开、矿砂勒民包买、农民充役失业、矿官强横惨杀八害。八害的结果，矿头因赔累死，平民因逼勒死，矿夫因洞倒压死，因争矿斗死，如不停止，亡国可恃。"

铁矿铜矿——洪武初年，开江西、湖南、山东、广东、陕西、山西铁矿十三处，每岁得铁七百四十六万余斤，末年，广开各地铁矿，令民得自行采炼，每三十分取二分。永乐以后，官办铁矿。朱厚照时依私盐法禁私铁。明初铜矿止江西、四川、山西、陕西、云南数处，朱见深时封闭云南铜矿。朱厚熜因铸钱，开云南诸处铜矿，日久产量渐少，停止开采。

（四）货币

铜钱——元朝用钞不用钱。朱元璋初立国，京城设宝源局，铸大中通宝钱。称帝后，各省设宝泉局，铸洪武通宝钱，分当十、当五、当三、当二、当一凡五等。当十钱重一两，递减至当一钱重一钱，洪武四年，改铸大中洪武两种通宝钱为小钱。洪武二十六年各省宝泉局每岁铸钱数如下：

北平铸炉二十一座，每岁铸钱一千二百八十三万四百文。

广西十五座半,铸钱九百三万九千六百文。

陕西三十九座半,铸钱二千三百三万六千四百文。

广东十九座半,铸钱一千一百三十七万二千四百文。

四川十座,铸钱五百八十三万二千文。

山东二十二座半,铸钱一千二百十二万二千文。

山西四十座,铸钱二千三百三十二万八千文。

河南二十二座半,铸钱一千三百十二万二千文。

浙江二十一座,铸钱一千一百六十六万四千文。

江西一百十五座,铸钱六千七百六万八千文。

江西、陕西、山西产铜,铸钱较多,其余各省止是强迫人民毁坏铜器,当作废铜,缴给官府充铸钱原料,民间极感痛苦。元璋以后,朱棣永乐九年铸永乐钱,朱瞻基宣德九年铸宣德钱,当时朝廷滥发钞币搜括民财,并不重视铸钱,洪武、永乐、宣德钱多积储不用。朱祐樘弘治十六年开局铸弘治钱,收旧钱(前朝钱)作原料,旧钱二文当制钱(明朝钱)一文,获利优厚,可以想见。朱厚熜开始大规模铸钱,嘉靖六年,铸嘉靖钱,每文重一钱三分。三十二年补铸洪武至正德九朝钱,每朝一百万锭(一锭五千文),铸嘉靖钱一千万锭,又发内库积藏新旧钱八千一百万文,不论新旧好坏,规定七文当银一分(市价滥恶钱三四十文当银一分,最坏钱六七十文当银一分),官府购买物品,按定价抑勒商民,民间骚动,穷人饿死无数。

朝廷铸钱谋获大利,却因铜价飞涨,利息逐渐减少。给事中殷正茂奏称采云南铜运至岳州鼓铸,计工本银三十九万两,可得钱六万五千万文,值银九十三万余两,这样优厚的利息,朱厚熜还嫌微薄,令云南巡抚就矿山鼓铸。钱质愈益滥恶,商民拒绝行用。后来朱厚熜不得不停铸铜钱,改用白银收付公私各费。朱翊钧万历四年,又依嘉靖钱样铸万历钱,规定四五文值银一分,南北京宝源局大量增铸,旧钱绝迹,物价腾踊。朱由校天启元年铸泰昌钱,铸局遍全国,重课利息,钱质更劣,民不堪命。朱由检崇祯元年,南京宝源局铸本七万九千余两,获息银三万九千余两,北京户部铸钱获息银二万六千余两,朝廷规定五十五文当银一钱,不顾工匠赔累,商民折阅,止要获得最大的利息,钱中尽量混入铅砂,一百钱高不满一寸,落地即破碎。崇祯末年,朱由检还想铸当五钱,不及开工,身死灭亡,人民幸免当五钱的灾害。

钞——明初商贾沿元朝旧习,多用钞不用钱。洪武七年,朱元璋设宝钞提举司。八年,造大明宝钞,分一贯文、五百文、四百文、三百文、二百文、一百文六等。每钞一贯当钱千文或银一两,四贯当黄金一两。禁民间不得用现金银物货交易。一百文以下限用铜钱。商税兼收钱钞,钱三钞七。十八年,官吏禄米改给钞,二贯五百文折俸米一石。二十二年,造小钞,自十文至五十文。二十六年,钞价大跌,两浙、江西、闽广民重钱轻钞,钱一百六十文抵折钞一贯,物价翔贵,钞法益坏。三十年,严申交易用金银的禁令。朱棣加重刑罚,下令民间敢用金银,按奸恶治罪。钞轻原因在朝廷贪利滥发,重刑并不能提高钞价。朱棣从群臣议,行户口食盐法,令军民计口纳钞,大口每月纳钞一贯,领盐一斤,小口减半。每年收回巨额钞币(据立法时预计,可收回五千万锭),但滥发数远比收回数大,钞价跌至洪武初年定价的十分之一。朱瞻基时米一石值钞五十贯,瞻基严禁民间用金银交易,敢用银一钱,罚钞千贯,赃吏受贿银一两,罚钞万贯,另罚免罪钞万贯。这种禁令,丝毫不能阻止钞价的降落。朱见深时，钞一贯，值钱不到一文，官府令民纳钞，每贯折收银二分五厘，人民大困。朱祐樘时公私收付全改用银（小交易用钱），钞废不行。此后朝廷鼓铸铜钱，代替滥发钞币的利益。

银——明初交易已多用银，朝廷发钞铸钱，都按银价作标准。朱祁镇正统时，田赋米麦一石，折收银二钱五分，南畿（浙苏）、浙江、江西、湖广、福建、广东、广西米麦共四百余万石，折银一百余万两，称为金花银，从此田赋改征白银。唐朝李适（德宗）创行两税制，用钱代米绢，明朝朱祁镇用银代米麦，这是租税制度两个大变革。当时公私收付用银，民间小交易用钱，止有官俸仍用钞，实际上钞已不能通行，朱见深时田赋一石改征银一两，比朱祁镇赋额骤加四倍。朱祐樘时京城税课及顺天、山东、河南户口食盐全改折白银。朱厚照时发放官俸，十分中钱一银九。朱厚熜时税课征银不征钱，国家收付一律用银。

钱钞银三种货币，钞法先坏，钱用不广，止有银是最重要的货币。银与金钱比价，大体如下：

金银比价——金一两，洪武八年定价换银四两。洪武十八年以后，换银五两。永乐十一年，换银七两五钱，万历时约换银七八两。崇祯时换银十两。

银钱比价——银一钱，洪武八年定价当钱一百文，弘治时当钱七十文。嘉靖时定价当上等钱七十文，下等钱二百一十文，又定价不论新旧好坏钱七十文当银一钱。又定价嘉靖钱七十文，洪武等钱一百文，前朝古钱三百文当银一钱，实际市价滥恶钱三四百文，尤滥恶钱六七百文当银一钱，崇祯时定价五十五文当银一钱。

第五节　对外侵略与边患

居住明朝边境外的种族，东北有女真，北有蒙古，西有藏番，西南有诸蛮。朱元璋统一中国，就开始对外侵略，朱棣发动大军，连年攻战，军事上获得巨大的胜利，中国人民却因此困疲不堪。朱瞻基以后，兵力渐趋衰弱，明初侵略的成果，不仅陆续失去，而且招致严重的边患，人力财力，大量耗损，造成亡国的一个重要原因。

（一）蒙古

（甲）鞑靼

朱元璋洪武五年，大将军徐达率大军出塞攻和林，被元将王保保战败，明军死数万人。元璋认定蒙古残部，必为边患，非扫平漠北，不能安心。自洪武六年至二十三年，出兵凡十余次。二十年，大将军冯胜率兵二十万，二十一年，大将军蓝玉率兵十五万，先后击破元主力军。元人被明军继续压迫，部落溃散，明收得降人二十万以上，牲畜十万。元璋自喜侵略成功，封燕王朱棣、晋王朱㭎为镇边大藩，督边兵屯田防守。每年派大将出塞，烧草数百里，使敌骑不能走近边地。

洪武十一年，元主爱犹识理达腊死，后嗣互相杀夺，二十余年间，称元帝的凡六人。最后一人名坤帖木儿，被鬼力赤（非元主后裔）杀死。鬼力赤索性去国号，改称鞑靼，去帝号，改称可汗。

朱棣永乐初年，东部大酋阿鲁台杀鬼力赤，迎立元后裔本雅失里为可汗。朱棣招阿鲁台归降，阿鲁台不从。永乐七年，命大将军邱福率骑兵十万攻阿鲁台，邱福轻敌深入，全军败没。朱棣怒，八年二月，自将大军五十万出张家口，渡大漠西北进至克鲁伦河，鞑靼惊骇不敢战，本雅失里西奔，想投瓦剌部，阿鲁台东走，想回到自己的根据地呼伦贝尔。朱棣追本雅失里至斡难河（鄂嫩河），本雅失里大败，率七骑投奔瓦剌部。朱棣东进至兴安岭大破阿鲁台军。七月，明军入独石口归北京。十年，瓦剌部长马哈木杀本雅失里，阿鲁台自称为故主复仇，率部属降明。

瓦剌是蒙古西方强部，永乐七年，明封酋长麻哈木为顺宁王，太平为贤义王，把秃孛罗为安乐王，鼓励麻哈木等攻鞑靼部。鞑靼败后，瓦剌势力增长，朱棣扶植阿鲁台，使与瓦剌对抗。十一年，封阿鲁台为和宁王。瓦剌攻占和林，渡克鲁伦河渐逼近漠南。十二年五月，朱棣自率大军出张家口，进至忽兰忽失温（克鲁伦土拉两河分水岭），用火器大破瓦剌部。八月，朱棣归北京。

朱棣与瓦剌大战，阿鲁台驻军数百里外，观望形势。瓦剌败走，阿鲁台势力增长。永乐十四年，阿鲁台大破瓦剌，强酋麻哈木死，瓦剌益衰弱。十七年，阿鲁台又大破瓦剌。朱棣感到阿鲁台对边塞的威胁，比僻处西北方的瓦剌更加严重了。二十年三月，自率大军出独石口，经阔栾海（呼伦泊）北岸进达杀胡原，阿鲁台北走，明军无所得，转向东南至兴安岭东屈裂儿河岸，大败阿鲁台属部兀良哈（乌梁海），九月，朱棣归北京。

永乐二十一年四月，瓦剌部顺宁王脱欢（麻哈木嗣子）击败阿鲁台。七月，朱棣自率大军巡独石口张家口一带边境，十月，阿鲁台部下也先土干来降。也先土干止是贺兰山后一个部落长，朱棣正苦师出无功，偶得这个降人，赐姓名为金忠，封忠勇王，借端夸称鞑靼著名王子归附，班师回北京。

永乐二十二年，大同守将报称阿鲁台将侵边。四月，朱棣又自率大军进至答兰纳木儿河（外蒙古喀尔喀河旁源，在黑龙江西境），阿鲁台早率众逃匿。明军搜索山谷（室韦山），周围三百余里，不见一人一骑。军中粮缺，人马疲困，朱棣怕天寒风雪，遭敌人袭击，匆匆班师。七月，朱棣行至榆木川（地当在察哈尔乌珠穆沁部东南境）病死。

朱棣五次亲征，每次用兵数十万，征发民夫至少与军士同数。例如第三次（永乐二十年）出兵，用驴三十四万匹，车十七万七千五百七十三辆，挽车民夫二十三万五千一百四十六人，驴夫当在二十万人左右，共运粮三十七万石。五次出兵，耗损民力不可数计，不仅军民怨苦，就是朝廷大臣如户部尚书夏原吉也不得不说"连年出兵无功，军储丧失十之八九，天灾民变（如永乐十九年，山东蒲台县女英雄唐赛儿起义），内外交困"，请求朱棣息兵安民了。朱棣到死不肯放弃侵略野心，认定"此辈（鞑靼）分则易制，合则难图"，扶瓦剌攻阿鲁台，又扶阿鲁台攻瓦剌，最后又扶瓦剌攻阿鲁台，自以为"如立高冈，无远不见"，其实止能激成鞑靼、瓦剌对明朝的仇怨，相继侵扰边境。

（乙）瓦剌

瓦剌也称斡亦剌惕部，元初游牧贝加尔湖西南方面，后南徙居住蒙古西北部，元末兵力渐强，与东方的鞑靼部仇杀不休。朱棣利用瓦剌制鞑靼，封大酋麻哈木等三人为王。十一年，瓦剌占据和林。十四年，麻哈木死，子脱欢嗣位，仍受明顺宁王爵号，吞并诸部，逐渐统一内外蒙古，脱欢死，子也先继位，正当明朱祁镇正统时代，也先攻掠四方，有地西起中央亚细亚，东抵朝鲜（明属国），北接西伯利亚南端，南邻明边境，造成元朝以后最大的蒙古国。正统十四年，也先大举分四路侵边，也先攻大同，脱脱不花汗攻辽东，阿剌攻宣府，别一军攻甘州。朱祁镇宠任阉官王振，政治败坏，得边报，束手无策，王振劝祁镇亲征，以为皇帝的威望，可以吓退敌寇。祁镇昏愚自大，七月十七日，率大军出发。八月二日到大同，觉得形势不好，退回北京。十五日，到土木堡（察哈尔怀来县西）也先轻骑追袭，明全军溃灭，将士死数十万人，随行大臣张辅以下死数百人，丧失骡马二十余万头，衣甲器械辎重无数。朱祁镇被掳获北去，这次大败，明史称为“土木之变”。

败报传到北京，举朝大震，皇太后命郕王朱祁钰监国。九月即皇帝位（景泰帝）。当时群臣分和战两派，主和派太监马顺（王振同党）、侍讲徐珵、大同参将许贵等为首；主战派兵部尚书于谦、大同总兵官郭登等为首。皇太后与朱祁钰动摇在两派间，皇太后主张搜括大量财宝，向也先赎取朱祁镇；朱祁钰为保持帝位，相当信任于谦，但对敌始终表示畏惧，缺乏坚决抗战的信心。十月，也先挟朱祁镇破紫荆关（河北易县西），将进攻北京，朝臣汹汹，各谋逃避。徐珵声称：“我考验天象，知道大命已去，请皇帝驾往南京。”于谦上书抗言：“京师是天下的根本，宗庙、社稷、陵寝、百官、万姓、库藏、仓储全在京师，御驾一动，大势尽去，南宋的故事，可作鉴戒。”朱祁钰听从于谦的建议，下令道：“要死君臣同死，谁敢妄言迁都，立即斩首。”于谦为首的主战派得势，急整军备，调援兵，严阵待敌，也先长驱至北京西北关外，于谦亲督大军二十二万出战，也先兵败，死万余人，逃出居庸关。

也先挟朱祁镇诱和，同时寇掠边境，促成明朝主和派的抬头，独于谦力排众议，令各边坚守要塞，寇来即击，不许谈和议。也先计穷，景泰元年八月，送朱祁镇还北京。景泰八年（祁镇改为天顺元年）正月，祁钰病，祁镇入宫夺去帝位，即日废祁钰为郕王，捕兵部尚书于谦下锦衣卫狱，按谋逆罪拷问。谦笑道："要我死就是了，还问什么？"下狱后第六天杀于谦。抄谦家，寒素如书生，妻子发边地充军。列举于谦罪状及奸党（主战派）姓名，镂板示天下，大赏主和派及夺门（拥祁镇复位，当时称为夺门之变）功臣三千余人。遂溪县教谕吾豫上书言谦罪当灭族，谦所荐举文武大臣并该斩首，凡谋升赏的官员，纷纷上书害于谦，朱祁镇认为对自己的效忠，都给好官做。

（丙）套寇

河套三面环黄河，土地肥沃，东至山西偏头关，西至宁夏镇，东西约二千里，南至边墙，北至黄河，离河远处八九百里，近处二三百里。朱祁镇复位，主和派得势，君臣昏乱，边防废弛，天顺六年，鞑靼部开始侵入河套，杀掠连续八九十年，明史称为套寇。

也先土木堡大胜后，杀脱脱不花汗自立，阿剌又杀也先汗（景泰五年），瓦剌内讧，势力分散，东方鞑靼部乘机复兴。鞑靼酋长中哈剌真（喀喇沁）部的孛来，翁牛特部的毛里孩，武力最大，毛里孩是铁木真幼弟斡赤斤大王的嫡系后裔。孛来起兵替也先报仇击灭阿剌，毛里孩求得脱脱不花汗的儿子马可古儿吉斯继承汗位，号乌珂克图汗，孛来、毛里孩并封太师。乌珂克图年幼，明人称为小王子，此后鞑靼可汗，习惯上都被称为小王子。毛里孩攻杀孛来，独擅大权，与阿罗出、孛罗忽等部占据河套，侵掠边境。朱见深成化时代,侵掠更甚,每岁深入中国内地掳杀人畜,多至数千百万,边将拥兵自保,任敌横行,敌退后,虚张声势,偶获敌军少数老弱人,甚或斩平民首级,冒报战功骗升赏。防套兵八万,坐糜巨饷,从不出战,朱见深三次派大将(朱永,赵辅、刘聚)督师,与边将同样怯懦无用。朱厚熜嘉靖二十五年,套寇三万骑犯延安府,进至三原泾阳,杀掠人畜无数。大学士夏言、总督曾铣力主收复河套。二十六年,铣亲率精兵出击,斩敌二十六人,生擒一人,算是获得数十年来未曾有的大胜利。严嵩谋夺夏言首辅地位,奏称"曾铣开边衅,误国家大计,夏言附和曾铣,败坏国事"。朱厚熜怒,杀曾铣。俺答寇宣府,扬言曾铣、夏言收河套,特来报仇。朱厚熜急杀夏言,禁群臣不得再议收复河套事。

(丁)达延汗与顺义王俺答汗

朱祐樘弘治时代,鞑靼部出了一个强大的可汗,号称达延汗。达延汗牧地在今察哈尔锡林郭勒盟,武力统一内蒙古(绥远、察哈尔、热河),建立左右两翼六万户的制度,分封自己的子弟。左翼三万户(1)察哈尔万户(锡林郭勒盟)(2)乌梁海万户(昭乌达盟)(3)喀尔喀万户(呼伦贝尔)。右翼三万户(1)鄂尔多斯万户(伊克昭盟)(2)土默特万户(乌兰察布盟)(3)永谢布万户(张家口外)。可汗驻察哈尔,统率左翼三万户,吉囊(一译济农,意谓副王)驻鄂尔多斯,统率右翼三万户。达延汗一生事业,着重整理内部,巩固政权,因此他的子孙永远得居住蒙古地方。

嘉靖初年,达延汗死,嫡裔世世继承汗位。右翼吉囊巴尔斯博罗特(达延汗第三子)死,长子兖必里克墨尔根继位,诸子阿勒坦(《明史》译作俺答)、巴雅思哈勒(《明史》译作老把都儿)勇健善战，俺答尤著名。嘉靖中期，俺答大举内犯，不仅蹂躏河北、山西、陕西各边境，并经常深入内地甚至围攻北京（二十九年）。明朝君臣畏惧，希望议和。偶因一件小事发生，居然促成了两国的和议。

俺答的外孙女三娘子，是他孙儿把汉那吉的未婚妇，俺答见他艳丽，夺来给自己当小妻。把汉那吉大怒降明，俺答恐惧，积极求降，朱载垕隆庆四年，和议成。五年，俺答受封为顺义王，所居城改称归化城。后来三娘子继续做了三世顺义王（俺答及子黄台吉孙扯力克）的夫人，掌握兵权，主张与明保持和平，明封她为忠义夫人。

（戊）喇嘛教传入蒙古

嘉靖三十一年，俺答开始对外蒙用兵，明初陷入瓦剌部的和林，又夺归鞑靼部。三十六年，攻破瓦剌部。三十八九年，攻取西海（青海），使次子丙兔留守，自此青海有蒙古人居住。

青海本是西藏人的居地，西藏人笃信喇嘛教，蒙古人统治青海，喇嘛教大规模传到蒙古民间来了。俺答迎达赖喇嘛来蒙古，供奉极诚敬。朱翊钧乘机奖励，蒙古人信仰益深，强悍的习性，逐渐委靡，万历以后，明朝北方西北方，几乎没有重大的边患。

（二）回回及藏番

明西方边境有回藏（番）蒙三族居住。回在新疆，藏在青海西藏，是原来的住民，元朝蒙古族统治西域，明朝中期蒙古族先有亦不剌部（正德四年，被达延汗驱逐，逃入青海）后有俺答部相继侵入青海，三族斗争不休，明朝从中操纵，常占优势。

（甲）回回

元朝末年封肃王纳忽里镇守哈密。朱元璋时，纳忽里死，弟安克帖木耳嗣位，降明受封为忠顺王。安克帖木耳死，朱棣封脱脱（安克帖木耳的侄子）为忠顺王。别遣周安为王府长史，刘行为纪善（官名），监视脱脱，掌握实权，授当地头目十九人为都指挥等官，分散忠顺王势力。脱脱幼年被俘入中国当奴隶，朱棣提拔他做哈密王，自然感恩不敢反叛。哈密地当东西交通要道，永乐二年，设嘉峪关至哈密七卫，驻兵防守，遮断蒙古与西域的联络。哈密一带许多种族杂居，主要的有回回、畏兀儿、哈剌灰三族。各族头目，不相统属，忠顺王无力节制，也就无力反抗明朝。

土鲁番在哈密西一千五百里，朱见深成化九年，土鲁番酋长速檀阿力（畏兀儿族）攻占哈密，明兵不敢救。朱祐樘弘治元年，土鲁番酋长阿黑麻（速檀阿力嗣子）杀忠顺王罕慎。五年，明立陕巴为忠顺王。六年，阿黑麻又占哈密，虏陕巴。明绝土鲁番互市。十年，阿黑麻穷困，上书愿悔过，送还陕巴及忠顺王印。十一年，明又封陕巴为哈密忠顺王，别令写亦虎赤为回回族都督，奄克孛剌为畏兀儿族都督，拜迭力迷失为哈剌灰族都督，共辅陕巴主持国事，实际是让三族各分得一部分政权。又许逃入甘肃境内的三族人每家分一半居肃州，一半回哈密，往来听自便。明朝行施这个分化政策，各族间斗争暂时和缓起来。朱厚照时，哈密又被土鲁番攻陷。土鲁番进攻肃州，回民谋内应，肃州城几乎失守。朱厚熜嘉靖八年，詹事（官名）霍韬建议立回回强酋为哈密王，不必固执蒙古族袭封王位。兵部尚书胡世宁建议放弃哈密，专守河西。朝臣纷议不决，土鲁番占据哈密的既成事实，明朝止好默认，不再究问哈密城及忠顺王的下落。

（乙）西番

西番就是古代的西羌，种族繁多，散居陕西、四川、云南西境外，根据地在河湟洮岷间（甘肃、青海）。番人分生熟两种，生番性犷野，熟番颇有文化，与中国通商贸易。朱元璋洪武二年，遣使招降诸番，设洮州卫（甘肃岷县西），筑城屯守。番人信喇嘛教，西宁番僧三剌在碾伯县（青海乐都县）建寺，元璋赐寺额，命三剌为西宁都僧纲司（僧官）。又命番僧为河州（甘肃永靖县）番汉二僧纲司。凡僧徒建寺，无不赐美名，发给圣旨保护寺产，番僧来京城朝贡受特别优礼。朱棣更崇奖喇嘛，有势力的僧徒，各赐禅师、灌顶国师、大国师、西天佛子等名号，许师徒世袭。诸僧及土官（酋长）每年来北京朝贡一次。其他种族如西宁十三族，岷州十八族，洮州十八族（大族有人数千，小族数百）也允许他们入贡受赏。从此西番部落益分散，势力益衰弱，西边很少起边患。

（丙）乌斯藏（西藏）

乌斯藏是喇嘛教的根据地，元初，忽必烈尊八思巴为大宝法王大元帝师。八思巴死后，徒弟世袭帝师名号，朱元璋封帝师喃加巴藏卜为炽盛佛宝国师，使招降未归附的诸番部。其他大喇嘛各赐大乘法王、大慈法王、阐化王、赞善王、护教王、辅教王等名号。明朝凭这些名号，换得边境的和平。

（三）西南诸蛮族

西南诸蛮，种类繁杂，各有大姓（酋长）统率部众。大姓与中国统治者交相利用，中国赏给大姓官号，令蛮人应差徭听调遣，大姓得官号,恃势残虐部众,更有保障。朱元璋承元制,凡西南蛮酋降附,即授原来官号(元时所授),有宣慰司、宣抚司、招讨司、安抚司、长官司、知府、知州、知县等名目,子孙世袭,总称土司或土官。湖广、四川、云南、贵州、广西等省土司最多。土司被流官(地方官)刻剥过甚,往往叛变,在武力压迫下,又往往降服。

以上边境诸族,蒙古最强,回回较弱,番与诸蛮最弱。

明建都北京,三面近塞。朱祁镇正统以后,蒙古侵扰渐多,历朝特重边防,增设重镇,东起鸭绿江,西抵嘉峪关,绵亘万里。初设辽东、宣府、大同、延绥四镇,继设宁夏、甘肃、蓟州三镇,又太原总兵驻偏头关,三边制府(总督)驻固原,总称九边。屯大军防守,岁费巨款,但不能阻止蒙古的侵入。

西方西南方边境,明军占优势,经常纵兵残杀,镇压反抗。兵部定四等首功(斩敌人首级):第一等迤北(蒙古),第二等辽东(女真),第三等西番蛮苗,第四等内地反寇。这说明蒙古首级最难得,杀内地人民最容易。据《明史》所记,如山云破广西蛮,斩首二万二百六十,方瑛破贵州苗,俘斩四万余人。其他斩获数千级,次数不可胜计。对北用兵,却适相反。王越红盐池一役,擒斩三百五十,威宁海一役,斩首四百三十,石彪、杨信等击鬼力赤,生擒四十余人,斩五百余级,当时认为西北战功第一。石彪击把秃王,斩一百二十级,追至三山墩,又斩七十二级,论功得封定远伯。刘聚击阿罗出,斩首一百六十级,朱永败敌,斩首一百六级,郭登栲栳山胜敌,斩首二百余级,姜奭昔水铺胜敌,斩首百余级,姜应熊破套寇,斩首一百四十级,安国偏头关胜敌,斩首八十余级,甚至仇钺斩敌首三级,朱晖斩套寇三级,追至庆阳又斩十二级,也算作战功,受赏升官。

所谓斩获若干级，又大都假冒不可信。左都督刘聚镇陕西，蒙古入寇，杀掠数千里，聚与王越待敌退时尾追，斩得十九级，报首功一百五十级，虚增八倍，十九级中又未必全是蒙古人。洪钟击川东起义军，不敢出战，斩平民冒首功，被巡按王纶、纪功御史（随军考核官）汪景芳奏劾。这个例证，充分说明了明朝武人的残暴与卑怯。

第六节　倭寇

中国边患，历代来自北方和西北方，元朝以后，才有海上侵扰。原因在于中外各国航海工具较前代进步，国际间贸易关系益趋密切，自给自足的社会，开始感到部分的不能自给，必需依赖海外贸易，来补充缺乏。为排除进行贸易的障碍，势必引起军事上的冲突。在明朝，日本与中国冲突最剧烈，《明史》称为倭寇之乱。

（一）因通商引起战争

忽必烈东征日本失败后，日本禁止本国人与中国交通。可是私人经商，依然进行。日本商船往来中国及朝鲜海岸，兼做海盗事业，大肆杀掠。日本南北朝时代（一三三三——一三九二年）私商渐盛，等到南朝衰亡，南朝的遗民武士结合那些商人海盗，组成一个强大的力量，向大陆沿海侵扰。他们起先多在朝鲜海岸活动，后来转入中国海面，占据小岛屿居住。

方国珍、张士诚被朱元璋击灭，一部分部属亡命海外，勾结岛人（居小岛中倭人）进犯山东沿海州县，并转扰浙江、福建。朱元璋大造战船，出海追捕，陆上，自山东至福建，依地势筑七十余城，置卫所防守。由于明初社会内部暂时的安定，以及军备的相当整饬，倭寇不敢深入为害。

朱元璋允许日本国王正式入贡（通商），设宁波市舶提举司，管理贡务。日本出产硫磺（火药原料）、苏木（妇科用药）、倭刀、倭扇、漆器，中国出产布帛，成为两国必不可缺的交易品。明承历代旧制，设市舶司管理国际通商，统制却更加严密。朝廷想独占贸易的全部利益，令外国用朝贡名义，定期带来额定的货物，由市舶司评价给银钱或布帛。朱棣限日本十年进贡一次，每次贡船两艘，朱瞻基许增贡船一艘。朱祁钰时日本贡使带私物十倍贡物，估价应给银二十二万七千两，祁钰止给银三万四千七百两。贡使力求增价，得补给钱一万贯，又补给布帛一千五百匹。贡使怨怒回去。此后日本屡请增加贡船，明朝坚执贡船不得超过三艘，两国合法商业受到颇大的阻碍。

明朝为了日本贡使礼貌不恭，想停止贸易，迫令恭顺。朱厚熜撤废市舶司，嘉靖二十六年，因沿海日本商船出没无常，命朱纨巡抚浙江，兼管福建军务。朱纨严申禁令，不许商民通番下海，不许造两桅以上大船，凡私自交通倭人，不问权贵，一律斩首。浙闽大姓豪绅向来靠私通倭商获厚利，恨朱纨刺骨，福建人巡按御史周亮奏攻朱纨，在朝同党合力陷害，朱纨得罪自杀，海禁废弛。大姓豪绅藉口严禁通番，夺取中国商人私下交易的利益，并欺压倭商，欠货价不偿，追索过急，就教地方官派兵驱逐。倭商破产流落，不能归国，与中国失业奸商汪直、徐海、陈东、麻叶等据海岛，聚众攻掠内地。

（二）第一次战争

朱瞻基以后，国力渐就衰落，蒙古内侵，使明朝君臣专重陆路边防，沿海军备，无人留意。卫所空虚，战船破败，一遇寇来，临时招募渔船，纠合民丁，号称防守，实际止是儿戏。嘉靖三十二年，汪直等勾引各岛倭人，大举入寇，战船数百艘，分路并进，浙东西，江南北，沿海数千里，同时告警。倭据川沙洼、拓林为巢穴，中国失职官吏、不得志儒生多投倭作谋士或向导，号召无赖流氓，著倭服，挂倭旗四出杀掠，纵横往来，如入无人之境。大抵真倭不过十中三四，中国奸人却占大多数。乡民被掳，迫充先锋，严刑驱使向前冲击，官军懦怯，望风崩溃。倭寇见物即取，尤重绢帛棉布，烧杀奸淫，行同禽兽。朱厚熜遣严嵩私党赵文华督察军情，文华颠倒功罪，忌主剿派总督张经击倭有功，诬奏经"养寇失机"，下狱处死。厚熜改用严嵩私党杨宜为总督，胡宗宪为巡抚，官军益解体，倭势更蔓延，江浙州县无不遭蹂躏。各岛倭人见有利，纷纷来中国，登岸劫掠，毒焰愈张。

三十四年，倭寇一部六十七人自上虞登陆，经绍兴至杭州北新关西进攻掠于潜、昌化、淳安、歙县、绩溪、旌德、泾县，达芜湖南岸，转奔太平府，东犯江宁镇，攻南京大安德门及夹冈，经秣陵关，掠溧水、溧阳、宜兴，驻军无锡惠山，一昼夜走一百八十余里，至浒墅关遭明兵袭击，逃至杨林桥，被围歼灭。凡奔窜数千里，杀伤军民四五千人，历时八十余日。又一部倭寇不满二百人，自乐清登岸，攻掠黄岩、仙居、奉化、余姚、上虞，杀人民无数，窜至嵊县才被歼灭，历时凡五十日。又一部倭寇数十人，自山东日照登陆，攻掠东安卫及淮安、赣榆、沭阳、桃源，至清河遇大雨，被围歼灭，其他倭寇联合汪直、徐海、陈东、麻叶等贼首，盘据海岛（主要是舟山群岛）及沿海城镇如柘林、乍浦、乌镇、皂林、陶宅、周浦、川沙、高桥等地，有利出来掳掠，无利守险自保，明军坐视，不敢进攻。

三十四年，赵文华大集浙直（南直隶）兵，又约应天巡抚曹邦辅合剿，分路并进，军至松江砖桥镇，倭寇冲来，文华大败，奏称水陆大胜，寇已平靖，请求还朝。三十五年，胡宗宪升任总督。宗宪力主讲和，派使人至日本商议，不得要领，使人路遇汪直，汪直说："日本内乱，各岛主不相统属，止要明朝允许通贡开市，战祸即可停止。"宗宪奏闻，朱厚熜不许。宗宪设计离间徐海等，海杀陈东、麻叶，宗宪又杀徐海，江南浙西诸寇略平。日本山口岛主源义长，丰后岛主源义镇各遣使入朝谢罪，送还被掠人口，并称前后侵犯，都是中国奸商引诱岛夷，义镇等实不知情，朱厚熜令擒倡乱渠魁及中国贼首才许通贡。三十六年，源义镇遣汪直等载巨船来贡市，巡按御史王本固杀汪直，和议破裂。三十七年，新倭大至，攻掠浙东诸郡，转入福建，自福宁至漳泉千余里，尽成贼巢，蔓延至广东潮州一带。四十年，胡宗宪因罪被逮。四十二年，主剿派谭纶巡抚福建，与名将戚继光、俞大猷、刘显合力痛击。四十四年，福建、广东倭寇悉数歼灭。

剿灭倭寇，主要依靠民兵的力量。剿倭第一名将戚继光，见卫所官军不堪作战，自募金华、义乌民兵三千人，纪律极严，训练特精，戚家军名闻天下。又松江曹泾盐民，击倭至岛上，焚毁敌船，后来见民家有盐袋，摇手相戒不敢犯，又少林、伏牛、五台有僧兵，少林僧四十余人应募击倭,每战必胜。其余各地人民自立队伍,到处截击倭寇,使流动奔窜的寇军,不敢远离巢穴。

倭寇蹂躏山东、江南北、浙东西、福建、广东,破府州县卫所百余处,掠夺人口财物不可数计,军民死伤不下十余万,全国财富地区,大遭破毁。这一次战祸的远因由于明朝阻止两国间正在发展的商业,近因由于大姓豪绅犯禁贪利,恃势欺压中倭商人。战祸既经开始,朝廷先用赵文华,枉杀剿倭有功的总督张经,继用谄附赵文华、严嵩力主讲和的胡宗宪。朝廷措置乖谬,人民受害无穷。如果战前朝廷允许倭人正式通商,战时任用主剿派,如朱纨、张经诸人,整顿海防,肃清内奸,专力痛剿,何至造成绵延十余年,残破五六省的大战祸。所以直接残杀人民的是倭寇和汉奸,间接残杀人民的是明朝的统治阶级。

(三)第二次战争

嘉靖时代的倭寇,明朝应负激成祸乱的主要责任,朱翊钧万历二十年到二十六年的朝鲜战役,明朝完全是正义的,却因主和派在朝得势,正义战争竟得到可耻的失败。

久经内乱的日本国,当织田信长任关白(最贵官)时开始统一了,到丰臣秀吉继任时完成了统一事业,因而商业资本的发展,也要求向国外侵略了。丰臣秀吉威胁琉球、吕宋等国,使向日本人朝奉贡,大治兵甲,造战船,谋攻灭明朝。他的计划是一路攻北京,用朝鲜人做向导,一路攻浙闽海岸,用汪直余党做向导。同安人陈甲在琉球经商,听得秀吉的阴谋,急请琉球贡使向明朝告密,陈甲亲归福建,见巡抚赵参鲁陈述所闻。朱翊钧得报,转告朝鲜王李昖。

李昖荒淫酒色，自辩并不知情，明朝也就不作戒备。万历二十年（一五九二）四月，丰臣秀吉发兵十三万七千人，战船数百艘，令加藤清正、小西行长充先锋，由对马岛渡海，攻入朝鲜。秀吉训诸将士道："我要先平朝鲜，令朝鲜作前驱，一举灭明，那时候我要多割土地，封给你们。"五月，渡临津，朝鲜兵望风溃败，李昖弃王京（京城）逃义州，寇军渡大同江，绕出平壤界，朝鲜全国陷没。李昖率群臣奔爱州，遣使向明朝告急。

七月，明游击（军官）史儒率兵至平壤，兵败战死。副总兵祖承训率兵三千渡鸭绿江援救，又战败逃还。败报传来，举朝震动，兵部尚书石星无计可施，募无赖嘉兴人沈惟敬往寇军探消息。惟敬贪和成得赏，力助寇军胜利。石星信任惟敬，赏给游击官号，使往来两军间谈和议。

当时朝臣公议"朝鲜是中国的藩篱，势在必争"，主张派大军出援，石星却一意主和，朱翊钧动摇不定，大体偏重主战。十二月，经略宋应昌、征东提督李如松率兵四万分三路趋辽阳。副将李如柏将左路，张世爵将右路，杨元将中路。沈惟敬自寇军归来，说行长愿退至平壤以西，划大同江为界。如松大会将士，叱责惟敬卖国当斩。二十五日，誓师东渡鸭绿江。二十一年正月，进攻平壤，大破日本守军。行长提败兵渡大同江遁还龙山。明军收复黄海、平安、京畿、江源四道，进军距王京七十里。如松误听朝鲜间谍报告，说寇已弃王京逃走，急率轻骑追至碧蹄馆，中伏大战，寇军战败入城，明军精锐丧失极重，退驻开城。三月，如松走间道烧寇龙山积粮，寇乏食，四月十八日，寇弃王京逃遁，宋应昌、李如松整军入城。分路追袭，收复汉江以南千余里。寇军穷促，退保釜山浦，如松调海军分布釜山海口，断寇交通。

主和派兵科给事中侯庆远奏称“我与倭何仇，我为朝鲜出力已多，应速撤回援军，令朝鲜自守国境”。宋应昌奏称“日本图朝鲜，意实在中国，我救朝鲜，不止为属国谋利益，朝鲜安，蓟辽自然无患，京师也就巩固了”。朱翊钧从石星议，留兵三千暂驻朝鲜，余军撤退归国。

六月，沈惟敬与寇使小西飞等自釜山来议和，石星急求和议成功，待寇使礼极隆重。石星用同党顾养谦为辽左总督。十月，顾养谦奏请撤兵，朱翊钧令明军尽撤归国。朝臣群起抗争，朱翊钧、石星悉置不顾。二十二年和议成。据《明史》说和约凡三条：（一）勒倭尽归巢，（二）既封（封秀吉为日本王）不与贡（不通朝贡），（三）誓不犯朝鲜。据日本史所载和约是：（一）明嫁公主给日本王，（二）两国通商，（三）朝鲜王子大臣到日本当人质，（四）朝鲜誓不反日，（五）日军退出占领地。两方记载悬殊。当时辽东都御史李化龙奏称，“倭不识汉字，恐中间两相欺蒙，请停沈惟敬职”，工部郎中岳元声奏参石星力主和议，有三辱四耻五恨五难。足见石星、沈惟敬利用朱翊钧昏愚，从中欺蒙，三条和约，实不可信。

原来秀吉借讲和诱明军撤退，乘机准备新的进攻，明朝屈辱的条款，他并不满意。朱翊钧却深信秀吉降服，命李宗城、杨方亨为册封正副使，同沈惟敬往日本授秀吉日本王金印。秀吉不受，和议破裂。二十五年二月，石星、沈惟敬通倭卖国阴谋败露，朱翊钧大怒，命兵部尚书邢玠为蓟辽总督，麻贵为备倭大将军，杨镐驻天津警备海路，第二次战争复起。五月，麻贵率军一万七千人渡鸭绿江，刘綎督川汉兵六千七百人继进。沈惟敬率兵二百出入釜山，给寇军通消息。邢玠命南原守将杨元捕获惟敬，因此寇军失耳目，不知明军实情。

邢玠受朱翊钧“阳（表面）战阴（暗中）和，阳剿阴抚”八字密命，督军至朝鲜，进攻不力，各路溃败，无法收拾。二十六年七月，丰臣秀吉死，寇军退走，明军自称大胜，收兵归国。

第七节　南洋诸国与华侨

（一）明以前中国与南洋诸国的通商

中国与南洋诸国通商，西汉时代开始有简略的记载。当时番禺（广州）是国际贸易的都会，从海外输入犀角、象牙、玳瑁、珠（圆）玑（不圆）、银铜、果品、细布等货物，中国商贾运到内地，往往致富。刘彻（西汉武帝）令译使多带黄金、缯帛自日南（交阯）、徐闻、合浦出海，至都元国、夫甘都卢国、黄支国（即康迦法拉母，在印度境内马德拉斯西南）买明珠、璧、琉璃、奇石、异物回来。王莽时自黄支国航行八个月至皮宗国（即蒲牢皮散岛，在马来半岛西南沿岸）。黄支国南有已程不国，是汉译使航程的终点。东汉刘志（桓帝）延熹二年（一五九）、四年，天竺国（印度）从日南边境外来献，延熹九年，大秦国（罗马）王安敦遣使自日南边境外来献象牙、犀角、玳瑁。两汉时代南方海上交通规模已经不小，远在西方的罗马帝国，大概借印度作基石，也曾一度与中国发生海上交通。

孙吴、东晋、宋、齐、梁立国南方，人力财力都不能抗衡中原，势必发展海外贸易来补充本国经济的缺陷。孙权遣朱应、康泰通南海诸国,所经历及传闻凡百数十国。至萧衍(梁武帝)时,交通尤盛。李延寿《南史》夷貊传立专条的有十五国:(一)林邑国(即占婆,今安南中圻);(二)扶南国(柬埔寨);(三)诃罗陀国;(四)诃罗单国(在苏门答腊岛);(五)婆皇国(在马来半岛);(六)婆达国;(七)阇婆达国;(八)槃盘国;(九)丹丹国;(一〇)干陀利国(在苏门答腊岛);(一一)狼牙修国(在马来半岛);(一二)婆利国(爪哇东婆利岛);(一三)中天竺国(印度);(一四)天竺迦毗黎国(印度);(一五)师子国(锡兰岛)。南朝海外贸易,远超两汉,《南齐书》所谓"舟船继路(接连不绝),商使(使官)交属(往来频繁)",可以想见当时的盛况了。

隋唐南方海上交通继续发展,自广州至波斯湾中国商船独占运输业的霸权。南洋群岛土人称中国为唐人,明朝时候,真腊国还行着"番人杀唐人,处死刑,唐人杀番人,罚金"的法律,想见唐朝威望的广大。因国际贸易的发展,特设市舶司(最早的记载见开元二年)管理商务。波斯、师子、昆仑船舶,屯聚广州城下。外国商人及传教师多至十余万人。外国人居住地称蕃坊,立蕃长管理蕃人,有小罪各依本国法处断。大概蕃法比唐法重。允许依本国法,用意在禁止蕃人轻犯法令,如犯重罪,自然仍按中国法裁决。蕃船入口,有舶脚、进奉、收市等名目。舶脚是进口税,进奉是贡品,收市是宫廷收买所需货物。收市以后,才准一般商人自由买卖。

到了宋朝,朝廷独占大部分国际贸易的利益,在广州、明州、杭州、泉州置市舶司,掌管征收关税及处理一切商务。蕃商带来香药、犀角、象牙、真珠、龙脑等贵货,由政府全部收买,称为和买。和买的货物送京师榷易院,高价卖出。禁止民间私贩,犯禁罪至死刑。禁榷以外的货物，抽分（抽税）以后，经舶牙（货主购主间评定货价的中间人）评定货价，由商人购入，得在市上发卖。

元朝承宋旧制，在广州、上海、庆元、澉浦、泉州置市舶司。官府自备海船，选取商人往海外贸易，所得利益商人得三分，官府得七分。忽必烈至元三十年制定市舶则例，禁止官吏人等出资经商以及偷运货物等事，止准商人从事贸易。商人有舶商和海商的分别，舶商经营海外贸易，海商专通南洋。外国船到中国，携带金银珠玉，止许卖给皇帝，皇帝特置舶牙十二人专任评价的职务。这种舶牙，大概就是后世洋行的滥觞。

（二）朱元璋招谕南洋诸国进贡

朱元璋统一中国后，派使官招谕四邻各国，要求它们向明朝进贡。招谕的用意，主要是在宣告自己做了中华大皇帝，四夷应该来修臣职（朝贡），通商利益，并不重视。他给爪哇国诏书里说："朕仿前代帝王，治理天下，惟欲（止想）中外人民，各安其所。又虑（想）诸藩僻在远方，未悉（不知道）朕意，故遣使者往谕，咸使闻知。"又给拂菻（罗马）国诏书里说："朕虽未及古先哲（圣）王，俾（使）万方怀德（感念恩德），然不可不使天下知朕平定四海之意。"这种傲然自大的态度，在招谕蒙古和日本时，都获得不愉快的答覆，独南洋诸国应招入贡的不少。

朱元璋招得的诸藩有安南、琉球、吕宋、占城（即占婆）、真腊（柬埔寨）、暹罗、爪哇、三佛齐（即干陀利）、悖泥（在婆罗洲）、西洋琐里（在南印度）等国。他照例各赐《大统历》（明历，即元郭守敬的授时历）若干本，算作“奉正朔”的属国。朝廷对来朝的贡使，待遇特别优厚，对贡献的物品，报酬特别加等（如用陶器七万件，铁器一千件换得琉球贡马四十匹），表示天朝的富庶和恩惠。同时却因赏赐过多，供应甚巨，对贡期（一般规定是三年一贡）、贡船、贡使、贡物，严立禁限，不许违反，藉省劳费。本来诸国入贡，绝非所谓“慕义而来”，在这种禁限下，通商的利益极小，不得不多带私物，暗中与中国商人交易。中外商船（私商），往来海上，朱元璋怕中国人勾结诸藩，漏泄国情，索性实行严厉的闭关政策，停止朝贡。

洪武初年，设广州、泉州、宁波三处市舶司，专管贡船，认贡船为合法的贸易。洪武七年，因防倭寇，撤废市舶司，止许琉球、真腊、暹罗少数恭顺小国进贡。商船贸易绝对禁止，人民通藩下海，私行交易，罪至斩首。朝廷与少数藩国用朝贡（卖）赏赐（买）形式独占全部国际贸易，进出口货物数量微小，远不合社会实际的需要。例如暹罗进贡苏木最多不过一万斤，占城国没收海商张汝厚、林福私运苏木多至七万斤，这说明商船贸易比贡船占着极大的优势。而且重利所在，沿海各省文武官吏大姓豪绅，或自己经营商船，或保护中外商人，从中取利，朱元璋“寸板不许下海”的禁令。事实上成了空文，不能发生什么效力。

（三）朱棣时代的国营贸易

朱棣夺得朱允炆的帝位，想在政治上增高威望，来巩固自己的地位，外国朝贡自然也是增高威望的一种方法。同时中国社会经洪武时代长期休息以后，也需要扩大合法的对外贸易，来交易有无。所谓“夷中百货,都是中国必不可缺的,夷一定要卖出,中国一定要购入”,“中国物产,可以自给,外国却必需中国的物产”,足见朱元璋闭关政策,显然违反社会的要求了。朱棣登帝位,当年(永乐元年)恢复三处市舶司。定抽分制,凡贡船附来番货(私物),官抽买六分,余物免征关税。番商(不用朝贡名义的私商)运来货物,船到口岸,抽税十二分,听自由贸易。这样高的税率,含有压抑私人商业的意义,闭关政策,却因此废除,不能不说是对商人的让步。

朱棣废除了闭关政策,新创一种国营对外贸易政策,夺取商人的利益。他利用政府的力量,自备船只武器货物,派遣强大武装舰队到南海诸国去诏谕和贸易。统率这个大舰队的首领,就是历史上著名的探险家郑和。

郑和是云南回教徒,本姓马,朱元璋平云南,郑和被阉入宫,当太监。他有军事的外交的才能,率舰队前后远航凡七次。现代人所称的南洋,明朝称为东西洋。西洋指印度支那、马来半岛、苏门答腊、爪哇及婆罗洲西南海岸诸国,东洋指菲律宾群岛、摩鹿加群岛及婆罗洲北岸文莱国(文莱国是东西洋交界处)。郑和七次航行都在西洋海面,民间流传三保太监下西洋的故事,确是中国古代史上一件动人的壮举。

第一次——永乐三年六月,郑和率军士二万七千八百余人,分乘宝船(大船长四十四丈,宽十八丈,中船长三十七丈,宽十五丈)六十二艘,自上海西北刘家港出发,经占城(即占婆,印度支那东南海岸)南下至东爪哇,又经旧港(旧称三佛齐)、满剌加(麻六甲)海峡出印度洋至锡兰山,沿印度西海岸至古里(印度加里喀达)。五年九月归国。

第二次——六年九月,率宝船四十八艘出发,经占城、爪哇、旧港、满剌加、苏门答腊、锡兰至柯枝、古里。归途经星加坡北上。九年六月归国。锡兰王亚烈苦奈儿攻和，和出奇兵击破锡兰国都，生擒亚烈苦奈儿，朱棣大喜，行过献俘仪式后，释放回国。

第三次——十年十一月出航至古里，更进至忽鲁谟斯（在伊兰国阿曼湾）。十三年七月归国。和在苏门答腊击败酋长苏干剌，还朝献俘，朱棣大喜，厚赏诸将士。别一舰队奉和命自苏门答腊经溜山，远至非洲海岸（今意属索马利兰）招谕木骨都束、不剌哇、麻林等国入贡。归途经阿丹（亚丁）、祖法儿、忽鲁谟斯，历访印度诸港，十四年归国。

第四次——十四年冬，出航至忽鲁谟斯，十七年七月归国。别一舰队历溜山、阿非利加、阿剌伯、俾路支湾，十八年归国。

第五次——十九年秋出航，二十年八月归国。别一舰队历溜山、阿非利加、俾路支湾，二十一年九月归国。

第六次——二十二年七月奉命至旧港，封旧港宣慰司施进卿的儿子施济孙继承宣慰司名号。八月归国。

第七次——朱瞻基宣德五年，因海外藩国朝贡不来，命和率大舰队载军十二万七千五百五十人出去招谕。闰十二月自刘家港出发，次年十二月，出闽江口，经历占城、爪哇、旧港、满剌加、苏门答腊、锡兰山、古里、忽鲁谟斯。自古里分出一队入红海至天方（阿剌伯麦加）历访阿丹、祖法儿。八年六月归国。

郑和七次出使，招谕三十余国，航路取刘家港作起点，首达占城，航暹罗湾，循马来半岛南下至星加坡，绕苏门答腊及爪哇各一周，航孟加拉湾，北至恒河口，南至锡兰岛，再航阿剌伯海，入波斯湾，沿东岸北行，至底格里斯河口，再循西岸南行，至亚丁。越亚丁湾，入红海，北至麦加，循非洲东岸南行，至莫三鼻给海峡，掠马达加斯加岛的南端向东回航。郑和末次航行正当公元一四三〇—三三年，其时，葡萄牙人也正开始作海上活动，继续试航数十年，终于开辟欧亚交通的大航路。欧洲人航海是适应了当时商业资本发展的需要，含有进步意义，郑和航海，主要是求满足皇帝"万国朝贡"的侈心，所得奇货重宝，如二钱重的大块猫睛石，二尺高的珊瑚树，麒麟、狮子、花福鹿、金钱豹、驼蹄鸡、白鸠等类，仅供朝廷一时的赏玩，去交换的物品如黄金、锦绮、纱罗、绫绢、纻丝、磁器，哪些不是中国人民的脂膏血汗？所以欧洲因航海通商，收得社会向上发展的效果，中国航海通商，反招致民穷财尽的怨声。朱见深成化九年，命兵部尚书检查郑和出使水程，车驾郎中刘大夏藏匿旧案不缴，抗言道："三保下西洋，费钱粮数十万，军民死万余人，就算得奇宝回来，对国家有什么利益？这是一件敝政，现在还想再做么？"成化国力已远不及永乐时代，经刘大夏等反对，朱见深止好放弃"万国朝贡"的妄想。

（四）宣德以后的南洋通商

朝贡必需查验一定格式的贡表和一定数量的方物（规定的物品），贡使必须从广州到北京朝见皇帝，沿途货物的折耗，内外官吏的勒索，虽然得些赏赐，未必能补偿损失。郑和死后，朝贡逐渐减少，私人贸易逐渐增长，到朱厚照正德时代，顾不得讲什么贡期贡制。止要商船来到，官府抽取货物献给朝廷，余物听自由交易，成"番舶不绝于海澨（音誓，海边），蛮人杂遝（音沓，人多）于州城（广州城）"的现象，私营商业完全取得优势了。此后互市税收，更被朝廷和广东地方政府重视（广东文武官吏月俸发给番货代银米），当作岁入的重要部分，商民贩卖番货，也有不少人因此致富。

（五）南洋群岛的华侨

中国与南洋的通商，是适应着本国经济力的发展而产生的。朱元璋行施闭关政策，朱棣行施国营贸易政策，虽然起了些阻止私人商业的作用，终究敌不过社会发展中的经济力量。宣德八年六月严禁私通番国。八月，令漳州卫指挥同知石宣等严禁通番。朱祁镇正统十四年六月，从福建巡海佥事董应轸奏请，下令道："旧例濒海居民，犯私通外国，贸易番货，泄漏事情，及引海贼劫掠罪，正犯处极刑（死刑），家人发边远充军。知情故纵，与正犯同罪。近年商民往往嗜利违禁，应重申禁令。"朱祁钰景泰三年，命刑部出榜，禁止福建沿海居民，不得收贩中国货物，置备军器，驾海船交接琉球国，招引入寇。这一类禁令，不论怎样严厉，收效仍是有限，一部分统治者，也止好承认"私通滥（偷）出，断不能绝，大利所在，民不畏死"了。

南海诸国文化落后，需要中国的工业品。如琉球国出产乳香、胡椒、琉黄，交换中国磁器、铁器，永乐二年，琉球王遣人携带白银，私到处州收买磁器。沙瑶国，物产贫乏，华商去交易，止带磁器铁锅，最多不过布匹，贵重品不能出售。文郎马神国初用蕉叶作食器，后与华商交易，渐用磁器。苏禄国不产米麦，用珠与华商交易，商船将返，必挽留数人作质（抵押），要求商船再来。柔佛国王用金银作食器，臣民用磁器。大抵中国输出多是丝织物、布匹、磁器，输入多是香料、药物、珠宝。

因为朝廷严禁“奸民下海，犯者必诛”，华商冒死出洋，多留居不敢回国。欧洲人没有侵入以前，南洋群岛的华侨，不仅在商业上占绝对优势，政治上也取得不可侮的地位，人口总数约略计算，当在十万以上。等到欧洲人侵入南洋，华侨不得祖国的援助，情况渐趋恶劣，止凭自己的力量，在海外作坚强的奋斗。下面摘录《明史·外国传》的记载，可以推想当时一般的状况。

吕宋——福建商贩数万人，往往久居不返，生长子孙。佛郎机（西班牙）夺得吕宋，驱逐华人归国，留居的大受侵侮。万历三十一年下令屠杀华侨，凡杀二万五千人。华侨先被欺骗，卖出铁器，后来赤手与西班牙人战斗，无一人生存。不久华侨人数又增，崇祯十二年，再下令屠杀，三四万人生存不到七千人。

美洛居——佛郎机（葡萄牙）与红毛番（荷兰）争美洛居，连年战斗，民不堪命，华侨游说两国，令各罢兵，分国中万老高山为界，北属红毛番，南属佛郎机。

鸡笼山——鸡笼山（台湾）曾被倭寇及海盗林道乾占据。林道乾怕戚继光追击，逃往浡泥国，开辟道乾港安顿部众。倭寇焚掠后也散去。中国渔船从魈港漂到台湾，从此商贩往来，华人渐多，成立大市。

麻叶瓮——元将文弼高兴攻爪畦，病兵百余人留麻叶瓮，子孙繁衍，因此华人甚多。

婆罗——又名文莱国。先翊钧时国王是福建人。佛郎机来攻，国王率人民走入山谷，放毒药水中，佛郎机人退走。

爪哇——人分三等，华人最富贵。中国商贾往来甚众。国中第一大商市号称新村，村主是广东人。

旧港——爪哇攻破三佛齐，改名旧港。华人多起兵割据，广东南海人梁道明势力最大，从闽粤泛海来投的军民多至数千家。其他割据称雄的有广东人陈祖义、施进卿等。陈祖义被郑和击杀，施进卿受封为旧港宣慰司。

浡泥——初属爪哇，后属暹罗。嘉靖末年，有华侨二千余人。

满剌加——后改名麻六甲，土人色黑，偶有洁白人，说是华种。

苏门答腊——华商多往贸易，获利甚厚。

中国与南洋通商，输入大量奢侈品，供统治阶级浪费享用，结果是现金外流，人民负担加重。华侨流寓海外，积累财富，不能运回祖国，后来受佛郎机、荷兰压迫，便失去发展的机会。中国海商被朝廷抑阻，官吏勒索，蓄积起来的货币，不能转化成原始积蓄，作发展资本主义的前导。在这几个原因下，中国社会，渐渐落在欧洲的后面了。

第八节　西洋人东来

（一）中国罗马间的交通

罗马帝国全盛时代，海外贸易及殖民事业都有飞跃的发展，曾几次派人到中国来。第一次在东汉刘志延熹九年，第二次在吴孙权黄武五年，第三次在西晋司马炎太康时代。三次都是从海道来的,详细情形中西史书没有记载。由于罗马帝国的灭亡,欧洲封建社会的确立,欧亚交通暂归沉寂了。

(二)元朝交通复活

蒙古人西侵欧洲,使中西陆路交通重新恢复,再加上意大利等地商业资本的开始发展,天主教徒想借宗教力量来感化犷悍的蒙古大可汗,东来的欧洲人士渐渐增多起来。这些欧洲人中最著名的是威尼斯人马可波罗。

马可波罗居留中国十七年,颇得忽必烈的信任,曾出使云南、缅甸、占城、印度等地,熟悉东方尤其是中国的情形。归国后叙述见闻,成游记一部。他竭力夸张中国及东方各国的繁华富庶,称日本为黄金国,南洋群岛为香料岛,至于忽必烈大汗的威武,汗八里城(北平)、蛮子城(杭州)的壮丽,简直描写成天宫天神了。他这部名著,鼓舞着欧洲人东游的勇气,可是元朝衰亡了,回教国土耳其灭东罗马帝国(一四五三),雄据中央亚细亚,掌握了中西陆路交通的孔道,那些渴想东游致富的人们被阻止了。向来欧亚交通有三条大路(1)取道埃及出红海,(2)由地中海东岸登陆,至幼发拉底河,顺流出波斯湾,(3)由黑海取道美索波达米亚出波斯湾。三路全被土耳其封锁。因此,寻觅东方新航路,便成为欧洲人迫切的要求。

(三)欧亚航路的寻得

欧洲自从蒙古军西侵以及前后七次十字军东征以后,传入了不少的东方新事物。这些新事物中,最有重要意义的是印刷术、纸、火药和罗盘四物。有了纸同印刷术,才能摧毁教会的专制,提高人民的文化,有了火药,才能破坏封建制度的堡垒,有了罗盘,才能寻求海上新航路。

十五世纪时,欧洲诸国奖励航海事业,葡萄牙国尤为热心。朱见深成化二十三年葡萄牙人地亚士发见好望角。朱祐樘弘治十年,葡萄牙人华士噶德伽马远航东方,绕好望角至印度加里喀达(《明史》称古里),这就复兴了欧亚的交通。朱厚照正德十一年,葡萄牙人裴斯特罗到中国。欧洲与中国海上交通从此开始。

(四) 佛郎机(葡萄牙)据澳门

明朝称葡萄牙为佛郎机(《明史·外国·满剌加传》),万历时代,西班牙人占据吕宋,杀害华侨,明朝也称为佛郎机(《明史·外国·吕宋传》)。大概止看他们"长身、高鼻、猫睛、鹰嘴、拳(卷)发、赤须"形状相似,就认作同一个国家,不再查问。明朝的昏聩外交一直到清朝,依然保持着、发展着,造成鸦片战争以下无数次的大失败。

正德时代,葡萄牙人占据满剌加。正德十三年,遣使人加必丹末进贡(明人称为进贡)。贡使留居广州,贿赂广东镇守太监,得派使人火者亚三入京见朱厚照,甚得宠幸。火者亚三是葡萄牙化的华人,替葡萄牙人当间谍,朱厚照死后,亚三才下狱杀死。朱厚熜嘉靖二年,葡人寇新会县西草湾,明兵接战,夺得大炮,因称大炮为佛郎机。葡人据壕镜(澳门)为商场,筑城造房,明朝并不干涉。嘉靖十四年,指挥官黄庆受葡人巨贿,代请上官准许,移电白县商场(暹罗、占城、爪哇、浡泥诸国互市处)到壕镜,每岁缴租银二万两。这是中国最早的租界地,几个贪官污吏,轻轻地把国土送掉了。

(五) 佛郎机(西班牙)带来墨西哥银圆

西班牙继葡萄牙称雄海上,弘治五年科伦布奉西班牙王命从海道寻求中国,无意中发现了美洲。正德十三年西班牙人麦哲伦决心航行地球一周,十六年发见菲律宾群岛。嘉靖四十四年西班牙人占据菲律宾,继续侵略吕宋岛。万历二年海寇(海寇多含有华侨武装的性质)首领林凤攻袭吕宋,与西班牙人大战,林军败退。林军有战舰六十二艘,水手二千人,兵二千人,妇女一千五百人,如果华侨的各股海上武装能结合统一,共同抵御欧洲侵略者,那将是何等巨大的力量。万历四年,明军追海寇林道乾至吕宋,吕宋助战有功,明允吕宋朝贡,不久西班牙灭吕宋,仍用吕宋名号,与中国通商,这样,海澄港(厦门)便成了两国通商的口岸,墨西哥和西班牙银币也就开始流入中国。

(六) 荷兰占据台湾

在西欧继葡、西称霸海上的国家是荷兰。明朝依他们的形状(深目、长鼻、发眉须全是赤色),称为红毛番。万历天启时代,屡来广州要求通商,都被葡萄牙人阻止。万历四十七年荷人在爪哇建立巴达维亚首府。又侵夺台湾,筑室耕田久留不去。荷兰巨船大炮远胜葡西两国。船长三十丈,宽六丈,厚二尺余,有五桅,船后有三层楼。楼旁设小窗,置铜炮,桅下置二丈大铁炮,能击破石城,明人称为红夷炮。

(七)英吉利最后到中国

最后兴起与葡西荷争海上霸权的是英国。英国战败西班牙,驱逐葡萄牙在印度的势力,为了要求通商曾炮击虎门,正当明朝将亡的时候,没有引起大交涉。

(八)葡西两国与中国通商的情况

据葡萄牙人的记载,当时欧洲与东方的贸易,全归葡人独占。每年用大帆船与圆形船结成舰队,航行至里斯本,满载毛织物、玻璃精制品、英国及佛兰德出产的钟表以及葡萄牙的葡萄酒,到其他各地海港上换取多种物品。船从哥亚航行至爱琴,得到香料与宝石。自爱琴至麻剌甲更得到香料与白檀。带这些物品到澳门换取丝织品,转往日本换取金银块,可获二三倍的利润。回到澳门滞留几个月,满载金、银、麝香、珍珠、象牙精制品、细工木器、漆器、磁器回到欧洲。澳门一地,葡人每年收得丝织物五万三千箱,重十二盎司的金条三千二百条。转贩到日本的中国丝织物(明与日本不通商),每年可获银二百三十五万两。

西班牙人对中国的贸易,是用毛织物交换丝织物,不平衡时用银来填补。他们运中国丝织物到美洲及欧洲,获利极厚。明朝中期以后,正闹着银荒,因此异常欢迎墨西哥银圆的输入。

（九）天主教士来华传教

万历九年意大利人利玛窦到广东传天主教。二十九年，入京师，走阉官马堂的门路，献上圣经，天主像、圣母图、自鸣钟、万国图。利玛窦自称大西洋人，礼部查《会典》（记载各种制度书），止有西洋（南洋）琐里，没有大西洋，疑利玛窦来历不明，奏请斥逐。朱翊钧不听，优给费用食物，使留居京师。利玛窦通中国文字，译四书寄回本国。中国士大夫与利玛窦交接，得闻教理和科学，极为尊信，游甚广，徐光启、李之藻等先后入教，天主教从此流传起来。

利玛窦传教成功，欧洲教士接连来中国，明末清初，著名的有依西把尼亚国（西班牙）人庞迪我，意大利国人龙华民、毕方济、艾儒略、熊三拔、罗雅谷、王丰肃，波而都瓦尔国（葡萄牙）人阳玛诺，热而玛尼国（日耳曼）人邓玉函、汤若望等九十余人。王丰肃、阳玛诺等在南京传教，信徒多至一万人。

（十）传教士介绍西学来中国

利玛窦东来，正值明朝的末年，一方面倭寇势盛，一方面满洲兴起，辽东的边患竟成为明朝的致命伤。那时候军队腐朽，器械破烂，国家财政又极困难。怎样能够开发财源，怎样能够改善兵器，这都是统治阶级愿意考求的。利玛窦诸人到中国来传教，看清楚了这一点。万历二十八年，利玛窦上表陈情，就提出西洋的奇器、天文、舆地学有益实用的意见。朱翊钧对他很优待，召入便殿，询问外国民风国政等事，大概也希望从他得些致富强的方法。利玛窦通知本国教士们多多的输入绘画、玻璃、器皿、麻布、钟表、地图、火器等物。王丰肃所领教士，看不起中国，每自称本国风土人物，远胜中华，礼部郎中徐如珂等奏请驱逐，朝廷令丰肃还广东，丰肃改姓名，仍在南京传教，朝廷不再追究。这都说明明朝文化经济落在欧洲的后面，在危急期中，更显出了欧洲文化的优越地位。

熊三拔继利玛窦在北京掌教，著《泰西水法》一书，说明几种水利器具的原理，意在兴水利，救中国的贫乏。徐光启著《农政全书》，其中"水法"一卷，全采熊三拔所说。王征从邓玉函学西法，译《奇器图说》四卷，讲水利器具，远比"水法"进步。崇祯十二年，毕方济奏上富国强兵四大策：（一）改历法（二）辨矿脉（三）通西商（四）购西铳。其中开矿一条，崇祯十六年前后，曾命汤若望试办，不久明亡，未见成效。购西铳一条，明朝早就实行。天启时代，东北边患紧急，兵部到澳门征求擅长火炮的西洋人，得陆若汉、公沙的西劳等二十四人，大炮四尊助战，屡立奇功。崇祯更命毕方济、龙华民招劝外商，捐助火器，又命汤若望监铸大炮，传授用法。天启以来，关于火器的著作，如《海外火攻神器说》、《祝融佐理》、《则克录》（一名《火攻絜要》，汤若望讲，焦勖笔录）等书。专门讲求西洋炮法。改历法一条，利玛窦、庞迪我、熊三拔等人早有著作多种，介绍西洋天文学。崇祯立西洋历局，令徐光启、李之藻、邓玉函、汤若望等修改历法，成《崇祯新法算书》一百卷。通西商一条，澳门租借以后，事实上对西洋人早就没有海禁。这样说来，毕方济富国强兵四大策，明朝完全采用了。

利玛窦诸人传来西洋历法以外，同时传来新科学多种。

数学——利玛窦著《乾坤体义》，下卷专论数学。到北京后，与徐光启、李之藻诸人讲习，先译数学书建立西学的根本。第一部译书便是《几何原本》六卷（利徐二人合译）。其余如李之藻译《圜容较义》，徐光启译《测量法义》，罗雅谷译《测量全义》，都是阐明几何学的名著。李之藻译《同文算指》，是西洋算术传入中国的第一部书。

物理学——王征译《奇器图说》讲重心、比重、杠杆、滑车、轮轴斜面，以及起重、引重、转重、取水、用水力代人力诸器械。汤若望著《远镜说》，是西洋光学传入中国的第一部书。

地理学——利玛窦绘《万国舆图》，中国始知有五大洲。庞迪我、艾儒略奉命翻译外国地志，成《职方外纪》五卷。

哲学——艾儒略著《西学凡》，分西洋学问为文、理、医、法、教、道六科。理科就是哲学，分论理学、物理学、形而上学、数学、伦理学五类。李之藻与傅泛济（葡萄牙人）合译《名理探》十卷，是希腊哲学家亚理斯多德的论理学传入中国的第一部书。

西洋传教士来中国，输入宗教与科学，译著甚多，讲科学的书籍，并不比宗教书少。这因为明朝人需要科学智识，传教士如果专谈宗教，必不能取得士大夫的尊信，传教也就困难了。清初传教士的著作，极少讲到科学（止讲些天文历法），这因为汉人在满人高压下，在禁海闭关政策影响下，不敢接近西洋人，怕因此得祸。传教士失去士大夫的支持，宗教也就遭受满族统治者的压迫，不能像明末那样顺利的发展。

第九节　东林党与阉党

朱翊钧万历时代，明朝腐败政治已经发展到最高点。朱翊钧、朱由校、朱由检三朝，统治阶级内部发生大混乱，起初士大夫分邪正两派，互相攻击，朱翊钧概不理会，任令自胜自败；后来朱由校重任大阉魏忠贤，邪派结成阉党，正派大败，惨被杀逐；最后朱由检斥退阉党，起用正人，阉党改换面目，用阴谋诈术，取得由检的信任，正人全被排去，明朝也就灭亡。

（一）朱翊钧时代邪正两派互斗

明朝皇帝照例一二十年不见朝臣，一切政令，由司礼太监批朱，交内阁首辅拟票，次辅数人止能共同商议，无权拟票，必须首辅退位，次辅才得依次递补。凡内阁大学士，一定是老进士，他们周围各有一群同年（同科考取的进士）、门生（本人考取的进士）、同乡等关系的官员，希望首辅权位巩固或次辅升充首辅。入阁资格，是六部尚书或品级相等的大官，经过廷推（朝臣共同推举）的程序，皇帝选定其中一人，就算入阁拜相。同年、门生、同乡在廷推中起着很大的作用，所以阁臣要酬谢他们，使他们升官致富。大学士多数是贪污腐朽的老官僚，其中自然也偶有公正清廉人，这样，拥护人中同年、门生、同乡关系外，又加上邪正的分类。邪派人数多，正派人数少，邪派政治上有地位，正派清议（舆论）上占优势，两派各立门户，各拥徒属，互相攻击，主要目标是夺取内阁的大学士。

两派互攻的题目，大致有下列几个。

争国本——朱翊钧万历十年生子朱常洛，十四年生子朱常洵。常洛母王恭妃无宠，常洵母郑贵妃谋夺常洛长子继位权。内阁大学士申时行、王锡爵、王家屏请早立常洛为皇太子，朱翊钧意在常洵，再三推延不肯立常洛。一部分正派朝臣疑内阁顺从朱翊钧，不敢力争，群起责难，大学士间又意见不一，王家屏赞助正派朝臣，被斥出阁，沈一贯（浙江宁波人）有才能，善于迎合朱翊钧，得入内阁。一贯纠集浙江京官，号称浙党，与正派首领顾宪成等为敌。宪成革官回家（江苏无锡县），在东林书院讲学，组成东林党，对抗浙党。当时皇帝、内阁、朝臣、浙党、东林党互相间大起纷扰，朱翊钧想立常洵，朝臣公意想立常洛，内阁一派朝臣主缓争，东林一派朝臣主急争。主急争一派自称争国本，主缓争一派认为多事，有意压抑，两派怨仇愈结愈深，政见的争斗转成私人意气的争斗。二十九年，常洛封太子，常洵封福王，沈一贯出力不小，争论应该解决了，可是东林党主张促福王出京就藩国（河南洛阳县），朱翊钧不肯，纷扰又起。四十二年，福王就藩。四十三年，发生梃击案，纷扰又起。常洛登位，发生移宫、红丸两案，并梃击称三案，争论直到亡国才停止。

首辅王锡爵被政敌攻走，万历三十六年，朱翊钧召令还朝，锡爵密奏称"皇上对臣下奏章，当作禽鸟鸣叫，留中（搁置）不省（不理），这止能激起更多的喧闹。臣请皇上尽除关税，召还内官（监税监矿的阉官），散多余的库藏，补军饷的不足，臣民自然欢呼踊跃，歌颂圣德。奏章按照事情缓急，或留中，或发表，不可一概不理"。这些话本不算错，政敌都御史李三才探得密奏中有禽鸟鸣叫语，激怒众官道，王锡爵骂我们是禽兽。众官大怒，引起一场争闹。

李三才——万历二十七年，漕运总督、凤阳诸府巡抚李三才奏陈矿税的弊害道："陛下知爱珠玉，百姓也知求温饱，陛下知爱子孙，百姓也知恋妻儿，为什么陛下要厚聚财宝，却不让小民有升斗的享受，陛下要富贵万年，却不让小民得暂时的乐趣。从古没有政治败坏如此，还能免祸乱的。现在弊政太多，归根由于陛下贪财嗜利。臣请陛下大发德音，罢除天下矿税，贪心一去，才能谈到政治的改善。"朱翊钧得奏不理。三才又奏称："陛下每有征求，总说内库(宫内库藏)匮乏。其实内库如果真匮乏,那是国家莫大的福利,一人瘦,天下肥,岂不很好。可惜陛下所谓匮乏,止是黄金还没铺遍地,珠玉还没碰到天罢了。小民糟糠不饱,仍被暴敛,牢狱人满,无处求命,一朝变乱发生,小民都成敌国,陛下独坐宫中,即使黄金满库,明珠塞屋,谁替陛下守护。”朱翊钧得奏仍不理。顾宪成深信三才是正人,东林党想推三才入内阁,邪党群起攻击,伪造三才大奸大诈罪状,三才愤怒自辩,请求派官查勘,朱翊钧不理。邪正两方辩驳剧烈,三才怒极,辞官归家。邪党怕他再起,接连猛攻。天启三年,三才死,邪党请魏忠贤革去三才官号。

东林党——东林与邪党争论国本和李三才问题,同时东林这个名号,也成了争论的问题。东林的起原是顾宪成力争国本,大学士王锡爵对宪成说:“朝廷的是非,天下人一定要反对,真是怪事。”宪成说:“我止见天下人的是非,朝廷一定要反对。”锡爵怒。万历二十二年宪成革官回无锡,修南宋杨时讲道的东林书院,聚会失官归隐的正人高攀龙、钱一本、薛敷教等人讲程朱派道学。一时政治上不得志的士大夫争着进书院听讲,多至宿舍不能容。宪成标示讲学宗旨道:“当京官不忠心事主,当地方官不留心民生,隐居乡里不讲求正义,不配称君子。”因此书院诵习古书以外,兼议论时政,批评人物,成全国舆论的中心地。在朝一部分正派官员,与东林通声气,依舆论力量对抗邪党。当时邪党分齐楚浙三党。齐党亓(音其)诗教等为首,楚党官应震等为首,浙党刘廷元等为首,合力攻正派。凡主持正义爱惜名誉的士大夫,不论在野在朝,一概指为东林党人,斥责不遗余力,在邪派看来,东林二字就是犯罪的代名词,给政敌加上东林名号,就可借题攻击。虽然有些人不承认自己是东林党,有些人却求挂名东林党,自以为荣幸,讲学议政的东林,事实上确成为有力的政党了。东林党人多重名轻利，往往被人诬陷，发怒辞官，邪党中人酷爱官位，宁死不退。万历末年，邪党得势，吏治边防全不过问，专着重禁道学（东林）一事。

（二）朱由校时代，邪党转成阉党，大杀东林党人

朱常洛死，子朱由校继位。由校异常昏愚，政权全委阉官魏忠贤管理，忠贤结合由校的乳母客氏，玩弄由校同婴儿一样。邪党顾秉谦、魏广微、崔呈秀等见忠贤掌权，相率投靠门下，得入内阁或掌部院要职。东林党副都御史杨涟奏劾忠贤二十四大罪，忠贤恐惧，秉谦、广微等教忠贤尽杀诸正人，造《缙绅便览》一册，正人如叶向高、赵南星、高攀龙、杨涟、左光斗、魏大中等一百余人称为邪党，邪党霍维华、阮大铖等六十余人称为正人，请忠贤按名赏罚。又造《三朝要典》一部，定红丸、梃击、移宫三案是非，颠倒黑白，钳制公论，士大夫敢违《要典》发议论，依大逆治罪。忠贤门下大奸徒有五虎、五彪、十狗、十孩儿、四十孙，各大奸徒门下又有无数小奸徒，除了少数正人，其余内外文武官员，几乎全部加入阉党。五虎首领崔呈秀起初见东林名大，求入党，东林人恶呈秀贪污无耻，拒绝不纳。呈秀赃罪被吏部尚书赵南星揭发，大窘，夜见魏忠贤叩头涕泣，哀求充当义儿。忠贤正想招收朝臣合力杀逐在朝东林正人，得呈秀大喜，令与霍维华同为谋主，参与机密。呈秀造《天鉴录》，内列邪党一百三人姓名，分真心为国、不附东林、横被排斥、久抑林野（被东林革逐）、冷局外转（被东林斥逐出朝当外官）等名目。又造《同志录》，内列东林二百四十五人姓名。别一阉党王绍徽造《点将录》，仿《水浒传》天罡地煞星数，分配东林诸人姓名，如天罡星托塔

天王李三才、及时雨叶向高、浪子钱谦益、圣手书生文震孟、大刀杨涟、智多星缪昌期等三十六人，地煞星神机军师顾大章、鼓上蚤汪文言等七十二人。又一阉党阮大铖造《百官图》，详叙某人该杀，某人该逐，先后次序，布置分明。魏忠贤依据这些名册，杀害东林，无一人得免。

五彪首领田尔耕掌锦衣卫，又一首领许显纯掌镇抚司，广布侦卒（特务），毒刑锻炼冤狱，惨杀东林党杨涟、左光斗、周顺昌、黄尊素等十余人，每一人死，剔取喉骨装小匣献给忠贤，表示功绩。十狗之一曹钦程，在阉党中尤龌龊，连魏忠贤也觉得可厌，革钦程官职。钦程临走在忠贤前叩头道："儿子去了，永远忘不了爷的恩义。"说罢涕泣退下。十孩儿中有李蕃、李鲁生。二李卑污奸险，先谄事魏广微，后改事冯铨，又改事崔呈秀，最后得充魏忠贤义儿，时人号二李为四姓奴。其他官员媚阉丑行，如浙江巡抚潘汝祯首先建魏太监生祠，各地效尤，多至数百所。蓟辽总督阎鸣泰建生祠七所，督饷尚书黄运泰建生祠两所。运泰对忠贤像正拜三叩头，率文武将吏排班在阶下行礼，礼毕，进至像前口称某事赖九千岁（阉党称忠贤为九千岁，比皇帝少一千岁）栽培，叩头谢恩，又称某月蒙九千岁提拔，叩头谢恩，谢毕，跑回阶下归班，又率众官行五拜三叩头礼。各地生祠竞巧斗丽，一祠建筑费多至数十万两。像用沈香木雕刻，手足能转动如活人，腹中肺肠用金玉珠宝制造，衣服冠履全装珠宝。头髻上穿一孔，插四时香花。每祠设游击一员守卫。国子监生陆万龄别出新计，说孔子作《春秋》，厂臣（魏忠贤掌东厂）作《要典》，孔子诛少正卯，厂臣诛东林党，请国子司业（近似副校长）朱之俊代奏，请建厂臣祠与孔子庙并列。之俊又在大路上立木牌，上书"魏上公的功德，比禹小一些，比孟子大得多"。一姓张监生又出新计，倡议奏请奉厂臣像入孔子庙与孔子并坐。朱之俊正要代奏，不料朱由校死，魏忠贤倒败，之俊赶快劾奏陆万龄媚阉罪状，万龄下狱，之俊得漏网，不入逆案。

朱由校时，满清兵力已极强盛，明朝边防军腐朽不堪，每战必败。辽东经略熊廷弼坚主守边屯田，整顿军纪，再议出击，阉党姚宗文想冒边功升官，托廷弼保荐，廷弼不从，宗文怒，约同党攻击廷弼。廷弼得罪革职回籍，清兵乘机攻破辽阳，京师大震。朱由校不得已，急起用廷弼，又用阉党王化贞为巡抚，领兵十四万，廷弼拥经略空号，止有兵数千。化贞恃魏忠贤威势，任用汉奸孙得功作大将，虚报战功，冒受重赏，不服廷弼调度。清军攻来，化贞不战逃入山海关，委罪廷弼，阉党群起攻击，廷弼被杀，传首九边示众。阉党诬廷弼侵吞军费十七万两，并诬东林杨涟、魏大中、左光斗、顾大章等受熊廷弼贿赂，下狱追赃，用惨刑打死。

（三）朱由检时代阉党改换面目，用阴谋排斥东林

朱由校死，弟朱由检继位。由检杀魏忠贤及客氏，定逆案，布告天下。逆案分七等定罪：一等，首逆，魏忠贤客氏二人，凌迟处死；二等，首逆同谋，崔呈秀等六人，即时斩决；三等，交结近侍（阉官），刘志选等十九人，秋后斩决；四等，交结近侍，情迹较轻，魏广微等十一人，充军；五等，交结近侍又较轻，顾兼铨等一百二十九人，徒刑三年，徒满赎身为民；六等，交结近侍，情迹颇轻，黄立极等四十四人，从宽革职闲住；七等，忠贤亲属及内官附逆五十余人。逆案宣布后，阉党力谋翻案，由检坚持不动，阉党无法，群推不在逆案中的周延儒、温体仁为首领，先用柔伪顺从的面目，取得朱由检

信任。二人相继入阁，陆续排斥东林，准备起用逆案中人。

朱由检杀逐阉党，召用东林党人。由检性急躁多疑，自恃聪明，大小事统归一人独断，不喜听逆耳的话，更不喜臣下说相同的话，认说相同话是结党营私。周温及一群邪党看清由检这个弱点，大家止顺着说话，理由是“皇上神圣，臣下不宜异同（相反）”。凡荐举奸邪，先令一人发言探试，别一人从旁赞助，排陷正人，先设法激由检发怒，自动杀逐，邪党不出面攻击。由检自以为进退群臣，全出独断，其实早落邪党的计谋中。东林党人喜直言，喜替受屈正人说公道话，邪党指证这是结党，由检也疑忌这是结党，正人自然不能在朝立足了。由检在位十七年，内阁换五十余人，在内阁最久的周延儒、温体仁，由检认为是无党的正人，等到发觉二人有党，国事败坏已经不可收拾。黄道周奏论危亡的原因说：“皇上禁止私交结党，邪人却因诬告陷害得升官；皇上奖励清廉气节，邪人却因假装谨慎得宠信；皇上讲励精振作，邪人揣摩奉迎，表示恭顺；皇上讲考核实效，邪人琐碎苛刻，表示能干。邪人处处自称替皇上真心办事，其实处处替自己打算身家利禄。皇上误信这些人，聚天下奸邪在朝廷，如何救得危亡？”道周又说：“皇上下诏求直言，直言的却遭斥逐，皇上下诏慎刑狱，正人却纷纷下狱。臣愿皇上训练军士，防守边疆，选举贤能，管理民政，尤其重要的是容许刚直敢言人立朝议论，这样，国家才会有转机。”黄道周屡次直言，不畏奸人，几乎被由检杀死。

东林党人经多年杀逐，得生存的寥寥无几。太仓人张溥集本郡文人标榜复兴古学，号称复社，继东林驰名全国。奸党群起诬攻，指张溥结党议政。朱由检将兴大狱，幸张溥病死，得免杀戮。此后东南名士，多是复社中人，邪党概指为东林，合力对他们攻击。

（四）南京小朝廷，邪党继续杀逐正人

阉党阮大铖曾造《百官图》献给魏忠贤，杀杨涟、左光斗，出力最多。大铖在阉党中尤狡诈，每谒见魏忠贤，厚赂阉人退还名片，藉免后患。忠贤死，大铖在乡（安徽怀宁县）起草两个奏章，一个专攻崔（呈秀）魏（忠贤），一个东林崔魏并攻，密嘱杨维垣（阉党）看形势奏上。御史毛羽健揭发大铖奸谋，被列入逆案第三等，废斥为民，失意凡十七年。崇祯末年，流寇逼安徽，大铖避居南京，招集无赖谈论兵机，想借将才名义召用。复社名士黄宗羲等发表《留都（南京）防乱揭》，严厉斥责，大铖惧，闭门不敢动，密与别一奸人马士英结交，共谋起用。崇祯十七年，李自成攻破北京，朱由检自杀，福王朱由崧（常洵子）、潞王常淓避乱至淮安，南京诸大臣谋立新帝，恐福王追怨争国本梃击等案，引起纠纷，议立潞王为明帝。凤阳总督马士英联合总兵官高杰、刘泽清、黄得功、刘良佐拥福王入南京称帝，在朝正人，一概指为东林余党，与阮大铖合力排斥。二人共据内阁，引用奸邪，无恶不作，小朝廷内讧大起。清军乘虚攻破南京，马士英被俘，阮大铖降清军充向导，攻福建唐王朱聿键。清军用不着他们，在路上把二人杀死。

夏允彝《幸存录》评论东林党与阉党，有些话说得还公平。他说："两党对国事都不能说无罪，但平心说来，东林党领袖最初为顾宪成、邹元标，继为杨涟、左光斗，又继为文震孟、姚希孟，最后为张溥、马世奇，这些人学问气节，确有不可及的地方。攻东林的首领最初为沈一贯（浙党），继为亓诗教（齐党），继为魏忠贤、崔呈秀，

继为周延儒、温体仁，最后为马士英、阮大铖，全是天下共弃的奸邪。东林中也有不少败类，攻东林的也偶有清廉，两党领袖却相差太远了。东林人好发高论，但对筹边防寇，颇求实效，攻东林的止知争夺权位，从不想到防御外患。东林中败类还知畏惧清议，不敢公然行贿，攻东林的酷爱财帛，明目张胆，不以为耻，反以为荣。东林人绝少交结阉官，攻东林的竟拜魏忠贤为父为祖为九千岁，不知人间有羞耻事。至于东林嫉恶太甚，双方怨仇愈结愈深，造成亡国破家的惨祸，东林也不能说全没有责任。”

第十节　农民大起义

（一）权贵富家兼并土地，农民继续失业破产

遭受元朝尤其元末大破坏的中国社会，在朱元璋统治的三十年中，确呈现了欣欣向荣的气象。朱棣时代连年发动侵略战争，人民负担逐渐加重。永乐十八年，山东蒲台县民妇唐赛儿自称能役使鬼神，聚众数千，攻破益都、莒、即墨等县，明军击败起义军，杀六千余人。赛儿起事首尾止六十天，归附民众多至数万，足见明朝初期，农民起义，已经不是少数人的要求了。

地主兼并土地，官吏暴征苛敛，是农民起义的主要原因。朱瞻基以后，土地依下列各种形式，集中到富贵人手里：

奏乞——例如朱祁钰景泰三年，林聪奏称：“武清侯石亨、指挥郑伦，身享厚禄，仍多奏求田地；百户唐兴有田一千二百余顷，宜与限制。”朱见深成化四年，邱弘奏称：“洪武永乐间，畿辅山东地旷人

稀,朝廷劝民开垦,永不起科。近来权豪恃势,指民田为闲田,含胡奏乞,如嘉善长公主求文安诸县地,西天佛子劄实巴求静海县地,多至数十百顷。”京师附近民田,多被权贵占据。

投献——朱祁镇曾禁诸皇亲不得强占军民田,小民不得投献田产。这个禁令,正说明强占和投献的盛行。

赐田——赐诸王勋戚阉官田地。如朱翊钧封次子常洵为福王,赐田四万顷。

庄田——皇庄占地最多,朱厚照时皇庄多至三百余处。如按朱厚熜分九千二百顷为十二庄,每庄约七百六十顷计算,皇庄当有田二十余万顷。

强占——公侯大臣下至富商豪家依自己势力大小,得强占军民田地,如武定侯郭玹夺河间民田房屋,又夺天津屯田一千亩。蓬州(四川蓬安县)有江洲八十二顷,被豪强霸占,知州田铎悉取还原主。边塞肥田多被势豪侵据,大学士商辂请查明归还军屯。

官吏绅士得享优免、飞洒、诡寄等特权,朝廷所需租役,全由小民负担。小民为供应租役,出卖土地,富贵人家嫌田亩零碎,拒绝收受。止有种官田的佃户,假指官田为民田,讲定买主得田,佃户纳粮,田价比民田价小十倍,富户才愿收买。农民失去土地,并不能免去苛重的租役,困守乡里,饥寒不得生活,流亡他乡,同样不得衣食,饥民与流民,永远在残酷的统治下大量丧失生命。

(二)明中期的农民起义

朱祁镇时代,到处发生农民起义,其中规模较大的有如下列:

铲平王邓茂七——福建多矿盗（私开银矿），朱祁镇命御史柳华捕捉。华令村庄筑瞭望楼，编保甲，选土豪为甲长，自备器械，督民巡逻。沙县佃农邓茂七被选充甲长。沙县惯俗，佃户送租外，照例另送田主物品，茂七倡议田主自来取租，租外不另送物品。田主怒，告县官拘茂七。茂七杀捕役数人。知府派兵三百往捕，茂七杀知县，聚众数万人，自号铲平王，攻破二十余州县。福建左布政使宋新（交阯人）贪污暴虐，民不堪命，相率归茂七，闽浙震动。正统十三年，茂七围延平。朱祁镇命丁瑄率大军往击。十四年，丁瑄杀茂七及首领陈阿岩、郑永祖等。

叶宗留、陈鉴胡——浙江宁波人叶宗留、丽水人陈鉴胡私开福建银矿，被官吏迫害，聚众起义。正统九年，福建参议竺渊率兵往捕，战败死。宗留依附邓茂七，攻掠浙江、江西、福建境上，杀明文武大官七八人。遂昌县起义军苏牙、俞伯通攻兰溪，响应宗留。朱祁镇命浙江巡抚张骥集大军进攻，陈鉴胡杀宗留，自称大王，国号太平，分兵攻处州、武义、松阳、龙泉、永康、义乌、东阳、浦江等县。邓茂七死，鉴胡势孤，投降张骥。别部首领陶得二杀招降使，率众入山继续反抗。

李添保——朱祁镇天顺时，湖北麻城人李添保因欠租逃入苗山，自称唐太宗后裔，聚苗汉人万余，攻掠州县。明总兵官李震大破添保军。添保逃入贵州，率苗兵出战，被李震杀死。

黄萧养——正统末年，广东黄萧养起义，围广州。朱祁镇命都督董兴率江西两广兵攻萧养，景泰元年，萧养战死。

朱见深成化时代，起义的规模扩大了。

刘千斤石和尚——河南西华人刘通，号刘千斤，石龙号石和尚，煽动荆（湖北江陵县）襄（襄阳县）间流民起义，得精兵四万。刘通自称汉王。朱见深命工部尚书白圭提督军务，新宁伯朱永为总兵官，都督喜信、鲍政为左右参将，阉官唐慎、林贵奉为监军，发京营及各路军大规模出征。两军大战，最后明军获胜，杀刘通，石龙逃入四川，攻破巫山、大昌等县，明军追击，杀石龙。

平王李胡子——白圭平刘千斤，荆襄间流民仍屯聚不散，千斤余党李胡子自称平王，与小王洪、王彪等号召流民，众至一百万，攻南漳（湖北南漳县）、房（湖北房县）、内乡（河南内乡县）。朱见深命总督项忠率大军进击，擒王彪，招降流民四十万。起义军保山寨拒敌，忠又擒获小王洪、李胡子，招降流民五十余万。项忠战胜，纵兵滥杀，流民尸骸满山谷，一部分被俘，发湖广贵州充军，路上倒毙无数，尸弃江边，任令腐烂。项忠立平荆襄碑，自颂功绩，人民呼为坠泪碑，表示哀痛。

朱厚照正德时代，起义规模更扩大，明史也承认“流寇蔓延，几危宗社”了。

刘六、刘七、齐彦名、赵疯子——文安（河北文安县）人刘六、刘七有勇力，县官令捕盗有功，豪家索贿不得，诬二人为盗。刘六、刘七结大盗张茂起义，自畿辅（北京附近）攻入山东、河南，转攻湖广（湖北湖南）江西，又率军北上，攻霸州（河北霸县）。别军首领杨虎入山西，还军文安与刘六等会合。起义军纵横数千里，明军望风溃败，不敢抵御。朱厚照命侍郎陆完督边防军出战，刘六、刘七转入山东，攻破二十余州县。杨虎北攻威县新河，刘六等南攻宿迁永城。明军追击杨虎至小黄河渡口，杨虎溺死，余众入河南，推刘惠为首领。

刘惠自称奉天征讨大元帅，赵疯子为副帅。赵疯子是文安县诸生(秀才),起义军推为谋主。疯子约束军士,不得奸淫杀掠,檄告官吏儒生,决不侵害身家财产,无需逃避。因此刘惠军横行中原,声势大振,连破鹿邑、上蔡、西平、遂平、舞阳、叶县。攻破泌阳,烧阉党(刘瑾党)焦芳家,缚草像芳形,当众斩首。朱厚照命彭泽提督军务,专剿河南起义军。彭泽战屡胜,起义军走六安、舒城、合肥、定远,与杨虎别部数千人会合,攻破凤阳、泗、宿、睢宁。明军追击至应山,杀赵疯子,刘惠自缢死。大首领贾勉儿、邢本恕、刘资、杨寡妇等先后被捕杀,河南平。

刘六、刘七、齐彦名攻破山东畿辅数十州县,朱厚照命陆完专剿山东起义军。起义军入登莱,沿海岸北上,击败巡抚宁杲军,又南走湖广,由水路进至夏口(汉口),明军追击,刘六溺水死。刘七、齐彦名顺流攻镇江,击败操江伯(统率长江水师)赵安靖。陆完至镇江,会合彭泽河南军,水陆并进。起义军走保狼山,明军围攻,杀刘七、齐彦名,余众被屠灭。

江西起义军——与刘六等同时起义,江西抚州有王钰五、徐抑三、傅杰一、杨端三等,南昌有汪澄二、王浩八、殷勇十、洪瑞七等,占据姚源;瑞州有罗光权、陈福一等,占据华林,赣州有何积钦等,占据大帽山。朱厚照命陈金往攻,陈金调广西土官岑猛率土兵助战,半年间,起义军大部削平。王浩八率余众突围走至贵溪,据裴源山,声势又振。朱厚照命俞谏代陈金督师,谏率大军苦战,杀王浩八。部将胡浩三率余众守险继续反抗,拘明招降使吴廷举。廷举留山中三月,探知浩三军情,设计诱浩三杀兄浩二,明军乘乱攻入,杀浩三。东乡农民王垂七、胡愈二等又起义,杀官吏,烧公署,俞谏发兵攻杀二人。江西平。

四川起义军——与江西同时,四川起义军保宁有蓝廷瑞,自称顺天王，鄢本恕自称刮地王，廖惠自称扫地王，聚众十万，置四十八总管，蔓延陕西、湖广两省境上。四川巡抚调罗罗兵、回回兵及石柱土兵击败起义军，擒廖惠，余众转入陕西。明总制洪钟调陕西、河南、湖北兵分路追击，蓝廷瑞走汉中，又走回四川，洪钟分兵七路合围，擒蓝廷瑞、鄢本恕。部将廖麻子、曹甫率余众攻营山蓬州，洪钟诱曹甫归降，廖麻子袭杀曹甫，转攻川东。朱厚照命彭泽代洪钟，击杀廖麻子、喻思俸等。四川平。明兵土兵残暴杀掠，民间作歌道，“贼兵梳，官兵篦，土兵剃。”又作歌道：“土贼犹可，土兵杀我。”

（三）明末期的农民生活

朱厚熜嘉靖初年，废除朱厚照时代弊政不少，农民起义得到暂时的和缓。过了一二十年，朱厚熜崇信道教，大造宫殿，北边俺答历年侵入抄掠，东南倭寇残破沿海各省，国内民变兵变接连发生。当时外患严重，朝廷征调全部兵力，警戒各重要地区，多数人民也不愿在外患危急时期，参加大起义，因此小变乱旋起旋灭，没有大的发展。朱厚熜死后，经朱载垕至朱翊钧，对人民剥削益趋残酷。万历二十七年，因筹备皇子婚礼，取户部银二千四百万两，这是何等巨大的浪费。由于税监、矿盐的毒流天下，以及田赋的加派，民变到处发动。朱由检时田赋加派数次，不仅农民生计断绝，一部分富室大户也被“搜括助饷”（崇祯八年），相继破产，再加官吏的贪污，更加甚政治的黑暗。户科给事中韩一心说：“当今世界，那个地方不用钱，那个官员不贪钱？官员们出钱买官，自然要贪赃偿还本钱。”朱由检时代，明朝的统治，已到穷绝的境地，无法再维持下去。

农民普遍破产了，西北陕甘等省，破败尤甚。天启时高推陈报辽饷苦累难支，奏章里说："臣在路上见民众伏地拦轿哀告道，辽饷苦，辽饷苦，再不减，民众都要饿死。臣问饿死的原因。答称，山地荒薄，三分不抵平地一分，好年景一亩所得不过五斗，没有辽饷时，一半纳粮，一半糊口，有了辽饷，一半纳粮，一半充饷，人民止好空腹等死。臣问你们既没粮食，何以还能生活。民众哭告道，夏秋间树叶水草可以充饥，冬春水冻草枯，存储的野菜，吃完就无法活命。臣至巩昌，见附郭乡村，门塞窗闭，人民散走，一望荒凉。臣至狄道金城，百里内人烟断绝，官府就现存民户，催逼粮饷，富户变成穷户，也弃家逃亡。"

崇祯二年，给事中马懋才奏陈陕西饥荒情状说："臣是陕西安塞人。臣见诸臣说各省人民穷苦有父母弃子、丈夫卖妻、食草木根或白石粉等情事，比臣故乡延安府，却还不算最苦。延安府已一年不下雨，八九月间，人民食山中蓬草，到十月，改食树皮，年底树皮剥尽，改食石粉，几天后，腹胀下坠，必不能活。安塞城西一带，每天有弃儿数人，呼唤父母，饿极拾粪吞咽，第二天弃儿失踪，被饥民抱去煮食了。城中人不敢单身出城，一出城门，便被捕食。饥民食人，不出数日，面目红肿，发烧病死。各县城外掘大土坑，每坑埋葬数百人。总之，庆阳延安以北，饥荒十分严重，盗贼抢掠，反成小事，西安汉中以南，盗贼十分严重，饥荒比陕北轻些。"

天启二年，山东白莲教首领徐鸿儒起义，众至数万，巡抚赵彦招练民兵扼守要地，鸿儒败死。所谓民兵，就是地主率领的武装，最能镇压农民起义。这在农村大破坏的陕北，土地全部荒废，地主武装无法组织了。此外还有几个力量，助成农民大起义在陕北发动起来。

叛兵——欠饷的饥军。崇祯元年，陕西守边军欠饷一百三十八万两，兵士穷困，相率叛变。

逃兵——犯法潜逃，投奔起义军。

驿夫——驿夫多山陕穷民，崇祯二年，裁驿夫，责令人民充当驿站夫役。驿夫失业，群聚为盗。

天启七年，陕西大旱，澄城知县张耀采贪污残暴，催科极急。饥民王二聚众数百，用墨涂面，王二大声问，谁敢杀张知县。众齐声应道，我敢杀。问答三次，王二率众闯入城，杀耀采，退聚山中不散。这说明大起义条件完全成熟，止待有人倡导。第二年（崇祯元年）陕北农民大起义果然爆发了。

（四）农民大起义的开始

天启末年，阉党乔应甲为陕西巡抚，朱童蒙为延绥巡抚，搜括财物，民不堪命。崇祯元年，固原兵变劫夺库银，白水（陕西白水县）民王二、府谷民王嘉胤、宜川民王左挂、飞山虎、大红狼等同时并起，安塞响马高迎祥与饥民王大梁聚众响应。迎祥自称闯王，大梁自称大梁王。二年，朱由检命杨鹤为三边总督，攻剿起义军。参政刘应遇击斩王二、王大梁，参议洪承畴击破王左挂。十一月，满清军入寇，京师戒严，山西巡抚耿如杞率兵五千勤王，饥兵索饷不得，溃归山西，延绥甘肃勤王兵相继哗变，与起义军联合，声势大振。三年，陕西起义军神一元、不沾泥、可天飞、郝临庵、红军友、点灯子、李老柴、混天猴、独行狼、八大王（张献忠）等到处发动。四年，明将曹文诏击杀王嘉胤，余众推紫金梁（王自用）为首领。自用结合老回回（马守应）、曹操（罗汝才）、八金刚、扫地王、射塌天、阎正虎、满天星、破甲锥、邢红狼、上天龙、蝎子块、过天星、混世王及高迎祥、张献忠共三十六营、众二十余万攻掠山西。总督洪承畴等击败山西境内起义军，余众流入河南河北境，遭明军阻遏，自河南流入湖北境，自湖北又转入四川。

七年，朱由检命洪承畴为山陕河南湖广四川总督，集大军围剿起义军。八年，起义军首领集河南荥阳县大会，老回回、曹操、革里眼、左金王、改世王、射塌天、横天王、混十万、过天星、九条龙、顺天王及高迎祥、张献忠共十三家七十二营。高迎祥部将李自成倡议分兵与明军力战，宁败不投降。众首领从李自成议，推定革里眼、左金王敌川湖兵，横天王、混十万、射塌天、改世王敌陕西兵，曹操、过天星过黄河，迎祥、献忠及自成攻东方，老回回、九条龙往来策应。迎祥献忠军东进，攻破凤阳，焚毁明帝祖坟。自成求善鼓吹小阉，献忠不肯给，自成怒，与高迎祥率兵归陕西。洪承畴驻军汝州（河南临汝县），命诸将左良玉等分守湖广河南郧阳各关隘，老回回、张献忠、曹操、蝎子块、过天星乘洪承畴出关，先后走归陕西，攻掠西安、平凉、凤翔等地。承畴急入关救西安，起义军分十三营又东出攻掠河南州县。迎祥、自成留陕西，迎祥攻武功扶风以西，自成攻富平固州以东。九年，陕西巡抚孙传庭擒高迎祥，余众共推李自成为闯王。

起义军东西奔流，不立统帅，有利争进，各自战斗，战败分路逃散，伏大山谷中，不相救顾，或分或合，避实击虚，陕西、河南、两湖、四川、江北数千里，到处奔突，确使明军无法应付。崇祯十二年，大学士杨嗣昌创四正六隅法，指定陕西、河南、湖广、江北为四正，四巡抚率重兵防守，有利时出战，延绥、山西、山东、江南、江西、四川为六隅，六巡抚协助防守，声援四正。总督总理两大臣，率精锐尾追起义军，专力攻战。嗣昌以前，陈奇瑜击四川起义军（崇祯七年），张凤翼击卢氏内乡淅川大山中起义军（崇祯九年），都曾用四面堵截，精兵尾追法获胜。嗣昌十面张网，布置周密，起义军遭受巨大的损害，可是广大农民，群起反抗，杀不胜杀，到后来，四正六隅不仅不能围困起义军，杨嗣昌却被起义军围困了。他在重庆督战，悬赏斩张献忠头，赏黄金一万两，第二天督署中自大堂至厨房厕所，遍题"斩杨嗣昌头，赏白银三两"标语，嗣昌大惊，知左右全是贼党。终于惊悸成病，战败俱罪，绝食自杀。

（五）李自成推翻明朝

米脂县人李自成，幼年在本县大户艾家当牧童，年长善骑射，充银川驿夫，犯法逃匿，作屠夫谋生。舅父高迎祥起义，自成投军，号称闯将。崇祯七年，自成与侄李过结合李双喜、顾君恩、高杰等部自立一军，李过、高杰善战，顾君恩善谋，李自成声名渐著。八年，十三家首领大会荥阳，自成提出坚决抵抗和分路攻战的建议，得众家同意，此后自成地位得与张献忠并列。九年，高迎祥败死，自成被推为闯王，率众入四川，攻成都，七日不能克，还军至梓潼，与洪承畴、孙传庭战大败。自成率刘宗敏（蓝田县铁匠）、田见秀等十八骑突围逃伏商洛（陕西商县、洛南县）山中。十一年，张献忠在湖广战败，投降明总理熊文灿，自成伏山中，势益孤。十二年，张献忠据谷城（湖北谷城县）叛明，自成出山收兵，与陕西总督郑崇俭战，大败，走投张献忠，献忠暗图吞并，自成逃走。十三年，明军围自成，自成穷困将自杀，义子李双喜劝阻。部将多出降，刘宗敏独杀两妻，誓死从自成，军中壮士也杀妻子愿决死战，自成焚辎重，轻骑由郧均（湖北郧县、均县）走河南，收饥民数万人，自南阳进破偃师县。

杞县举人李岩（阉党尚书李精白子）、卢氏举人牛金星投自成，自成大喜。李岩说："取天下首先要得民心，请勿杀人，收天下心。"又劝自成散所掠财物救济饥民。岩又造童谣道"迎闯王，不纳粮"。自成军以"均田"为号召，纪律又极严肃，提出"杀一人如杀我父，淫一妇如淫我母"的口号，人民闻自成军来，相率出城远迎，称为"仁义之师"。十四年，攻破洛阳，杀福王常洵，发王府金银散给贫民。转攻开封，大败明各路援军。巡抚高名衡固守开封，开朱家寨口黄河灌自成军，自成也开马家口河灌城。九月，两口并决，城中人得生存的不满二万，自成军也淹死万余人。曹操（罗汝才）、老回回（马守应）、革里眼（贺一龙）、左金王（贺锦）、争世王（刘希尧）、乱世王（蔺养成）先后来附，自成兵力益盛。

自成军连营五百里，由河南入襄阳，攻取湖北州县多处。自成自号奉天倡义大元帅，号罗汝才为代天抚民大将军。罗汝才善战，自成善攻，两人相依如左右手。汝才拥兵数十万，奢侈淫乱，妻妾多至数十人，用山西举人吉珪为谋主，暗中与自成对立。自成不喜酒色，布衣粗食，生活不异兵卒。严禁军士不得私藏金银，过城邑不得居住民房，宿营用单布帐幕，妻子得随营，但不得携其他妇女。诸营所得战利品，按等给赏，马骡受上赏，弓箭铅铳受次赏，布帛受三赏，珠玉珍宝受下赏，自成恶汝才跋扈立异，袭杀汝才并杀贺一龙、蔺养成，夺马守应兵权。最初起义十三家七十二营，这时候败灭略尽，止剩李自成、张献忠两人。

自成据襄阳，献忠据武昌，自成自称新顺王，称襄阳为襄京，禹州（河南禹县）为均平府。从牛金星议，立标营及先后左右共五大营，二十二将军，又置上相、左辅、右弼、六政府（六部）侍郎等官，重要地方设防御使，知府、知州、知县改称尹、牧、令。献忠畏自成，南走长沙。河南、湖广、江北各起义军悉听自成号令。

崇祯十六年，自成大会文武官议用兵方向。牛金星请先取河北，直攻北京。杨永裕请先取南京，顾君恩请先取关中，自山西攻取北京。自成从顾君恩议。率大军入河南，大破孙传庭军。十月，陷潼关，长驱入西安，分兵取宁夏、甘肃。十七年正月，自成自称大顺王，改元永昌，任牛金星为天佑殿大学士，增设六政府尚书，定军制，有步兵四十万，马兵六十万。开科取士，废八股，改用策论。二月，自成渡河攻下太原、大同，入居庸关。三月十三日，破昌平，先锋至北京平则门。十七日，城中发觉自成军到，朱由检急召群臣问计，君臣相对涕泣，束手无策，城外明军三大营兵变，守城军放空铳炮，不肯接战。十八日，守军开城门迎自成。十九日，朱由检登煤山自缢死。明亡（一六四四）。

自成入北京，首先释放刑部锦衣卫囚人。明成国公朱纯臣、大学士魏藻德、陈演率文武百官著素衣入朝庆贺，自成不出见。守卫军士戏弄降官，或推背脱帽，或举足踏头，百官骇惧伏地不敢动。陈演等上表颂功德，请自成登帝位，自成不理。自成召诸降官听命，按次呼名，分三等处分：四品以下官仍任原职，四品以上官止用侯恂一人，其余勋戚文武大官周奎、朱纯臣、陈演、魏藻德等八百余人，送刘宗敏等营中拷打追赃，查究过去罪恶处刑。

明山海关守将吴三桂闻北京陷，正犹豫不定，自成令三桂父吴襄去信招降，三桂决计降顺。回至滦州，闻爱妾陈圆圆被刘宗敏劫去，大怒，奔回山海关，引满清兵入关，报夺妾大仇。自成率兵二十万往击，四月二十二日，与清兵对阵。三桂兵在右翼末端，死斗许久，清兵从阵右突出冲击，万马奔腾，箭如雨下，天大风，砂石飞走，自成军目迷不能战，大溃奔退四十里，死伤无数。自成回北京，熔化降官所缴赃金及宫中库藏，铸成金银饼每饼千两，约数万饼，骡车载归西安。二十九日，自成登帝位，当晚焚宫殿及九门城楼，次日出北京西走。五月二日，三佳引清兵入北京，又引清兵追击。清顺治二年（一六四五），清兵攻破潼关，自成弃西安由龙驹寨走襄阳，又走武昌，清兵两路进击，自成兵败，逃至通城九宫山，自缢死。李过改名李锦，与诸将领奉自成妻高氏联合明总督何腾蛟，继续与清兵战斗，至死不肯屈辱。朱聿键赐锦名赤心，封高氏为忠义夫人，号李赤心营为忠贞营。朱由榔时封赤心为兴国侯。李过营中将士，仍称自成为先帝，称高氏为太后。

（六）张献忠占据四川

延安县柳树涧人张献忠，起初在延绥镇当兵，犯法将斩，得军官陈洪范救免，逃走为民。崇祯三年，陕西起义军大发动，献忠据米脂十八寨，自号八大王。四年，献忠罗汝才军战败，降明总督洪承畴。不久，叛走山西，转掠河北，渡河入河南境。八年，十三家大会荥阳，议定献忠与高迎祥、李自成东进。破凤阳府，迎祥、自成归陕西，献忠攻取江北各地。九年，献忠入湖广。当时河南湖广起义军凡十五家，献忠一家最称强大。十一年，献忠战败，据谷城降明总理熊文灿，闯塌天、曹操、射塌天、混十万、过天星、关索、王光恩等十三家相继降明,起义军势大衰。十二年,献忠叛,十三家除王光恩一家,同时并叛。十三年,明将左良玉大破献忠军,献忠率千余骑逃入兴归(湖北兴山县、秭归县)山中,联合罗汝才攻四川。十四年,还军攻破樊城,转入河南,与左良玉战,大败,率数十骑投奔李自成。自成谋杀献忠,罗汝才劝阻,给五百骑使扰湖北,分明军兵力。十六年,献忠据武昌称王,发明楚王府藏金赈饥民,蕲黄等二十一州县悉降附。李自成据襄阳称王,献忠畏惧,走入湖南,破岳州、长沙、衡州,又破江西吉安等州县,广东大震。十七年,献忠率军入四川,破成都。自称大西国王。

献忠在四川,大杀官吏儒生富商豪绅。曾一日杀属官二百余人,或言太甚,献忠道:"文官怕没有人做么?"百官入朝拜伏行礼,献忠嗾猛犬数十下殿,被犬嗅的,即时绑出斩首,称为天杀。又假称开科取士,儒生群来应考,忽纵兵围杀,笔砚成堆。出劣马使武生骑射,大炮突发,全营狂喊,马惊人坠,践成肉泥,献忠拍掌欢喜。又在锦江底掘数丈深穴,埋藏金宝无数,称为水藏。献忠说,省得后世人再争夺金宝。当时地主豪绅如曾英、李占春、于大海、王祥、杨展、曹勋等纷纷起兵反抗,献忠派兵镇压,据《明史》说,献忠共杀蜀中男女六万万余人,又说,杀军籍九十八万人,这样夸大的记载,足证史传称献忠惨杀事大不可信。顺治三年,献忠焚成都宫殿,率众出川北,所部川军将领刘进忠叛降清军,引清军自汉中进袭献忠,献忠受伤死。义子孙可望、艾能奇、刘文秀、李定国等率余众奔川南,杀曾英、李乾德等,归降明朱由榔。李定国发扬高度的民族气节,力抗清兵,战败后保护朱由榔,走入缅甸,朱由榔被缅甸人缚献清军,定国忧愤病死。

简短的结论

朱元璋综合历朝的统治经验,创立新制度。废中书省,朝政由六部尚书分任,废枢密院,军卫归五府都督分统,皇帝一人总揽大权,不容有第二人偷窃权柄。君主专制政体,到明朝,确已最高度的完成了。

朱元璋禁止内阉识字读书,不许干预政事。朱棣时开始重用阉官,朱瞻基设文书房,命大学士陈山专教阉官读书做八股,与士大夫受同样的教育。此后司礼监掌印大监成为皇帝的第一代理人。朱元璋设殿阁大学士,仅备顾问,不预闻政事,朱瞻基时,三杨(杨士奇、杨荣、杨溥)久在内阁,获得起草诏令权。此后内阁首辅成为皇帝的第二代理人。阉官擅权,造成魏忠贤屠杀东林的祸乱;内阁争位,造成邪正两派官员的互斗。明朝政治上最大事件,不外阉官擅权和内阁争位,同时也是亡国的重要原因。

洪武时代,元末大破坏的农业,因奖励垦荒,减轻租役,逐渐呈现荣繁的盛况。朱棣以后,上地兼并,继续加甚,农民破产流亡,到处起义,最后产生全国性的大起义,推倒明朝的统治。

全国总田数中,皇帝所有的官田,占七分之一,全国最肥美的江南农业地区,官田竟占十六分之十五。江南官田,在富户买作私田,佃户代纳官粮的方式下,渐成半官半私性质。明亡后,完全成为私田。

明朝工商业进步,超越以前任何时代。日本急需中国的棉布丝绸,要求通商,激成倭寇残破沿海各省的战祸。南洋群岛磁器布帛与香料珍宝的交换，引起闽广工商业者大规模向海外移殖。如果不是朝廷严禁下海，华侨在南洋，可能建立更大的事业。西洋教士东来，士大夫热心接受新的科学知识，工业农业矿业军火业都开始采用新法，如果没有野蛮的满族侵入中国，明工业可能有巨大的发展，也许同欧洲一样，产生资本主义的社会。

朱棣发动对外侵略，企图消灭蒙古，确保中国的安宁，虽然取得暂时的胜利，却加深了蒙汉两族的仇恨。后来彼此寻衅报复，进行长期的广泛的战争，双方困疲不堪，居住东北的满族，乘机兴起，先灭蒙古，进入中国，两族都成了满族的奴役。

第八章　外族统治，严格闭关，社会停滞，西洋资本主义侵入时代——鸦片战争以前的清朝

一六四四年 — 一八四〇年

第一节　入关以前的满族

（一六四四年以前）

（一）打牲（渔猎）部落时代

女真部落散居在长白山、黑龙江一带地方，明朝分为建州、海西、野人三大部，使互相仇杀，势力消散，不能侵扰边境。建州诸部中有斡朵里部。据清朝人记载，吉林宁古塔西南三百余里斡朵里城，有三姓人争酋长位，忽来一男子，自称天女佛古伦吞朱果所生，姓爱新觉罗氏，名布库里雍顺，受天命来作酋长。三姓人惊异，推雍顺为贝勒。满洲语称金为爱新，族为觉罗，大概雍顺夸称自己是金朝（完颜族国号）的后裔，天女的儿子，欺骗土人，取得酋长地位。雍顺死后，部众内乱，杀雍顺子孙。幼子范察，逃匿荒野。下传数世，有猛哥帖木耳居赫图阿拉（兴京。辽宁新宾县），受明朱棣官职，称建州左卫指挥。朱瞻基时，猛哥帖木耳被野人女真攻杀，弟

凡察携卫印逃入朝鲜。猛哥帖木耳子董山继承左卫指挥官职,与凡察争卫印。朱祁镇封凡察为右卫指挥,令二人分管本部户口。凡察约有三百余户,董山所有也许多些。后来董山势盛,兼领建州及右卫,屡寇明边,成东北一强酋。朱见深成化三年,董山入朝,骄慢不恭,归至广宁(辽宁北镇县)驿舍,明杀董山,令董山子妥罗袭职。妥罗死,侄福满袭职。福满传子叫场,叫场生子塔失。朱翊钧万历十一年,明将李成梁攻建州右卫指挥王杲(凡察后裔),命叫场、塔失充向导,成梁杀王杲,恐叫场父子强盛,并杀二人。塔失长子努儿哈赤收拾余众,立誓报仇,建立金国,清朝称他为开国创业的太祖。

自布库里雍顺至努儿哈赤,据传说约有十世。

清朝人记载宁古塔附近诸部落的生活状况说,宁古塔东三百里有依朗哈喇土城,是金五国城旧地。又东北五六百里,有虎尔哈部,又六百里有黑斤部,又六百里有费雅哈部。三部总称乌稽达子又称鱼皮达子。乌稽(窝集)汉语老林,意谓长白山绵亘混同江、宁古塔、兴京境上,老森林数千里,出产人参、貂皮、鹿茸等珍品,三部人依靠老林谋生活。混同江出产鱼皮,可制衣服,所以又号鱼皮。三部人不牧牛羊,不种五谷,专打野牲,不设官吏和法律,风俗敦朴,重信义,向外来商人赊物,约定偿黑貂皮,到期交货,绝不失信。富人用雕翎盖屋,貂皮、玄狐皮做帐幕,狐皮做被褥。虎尔哈部地近宁古塔,服饰与满洲相似。

吉林、黑龙江地方,所谓城郭,止是环植木栅二三重,并无砖石。宁古塔居民路不拾遗,百里往返不需带粮,不买刍秣,不行银钱,货物交易,用粟布当货币。牛踏损他人田,按轻重赔偿损失。五谷中不产稻米,市上米价比内地贵十倍,仅供官商食用。水边生乌腊草，制鞋行冰雪中，足不知寒，与人参、貂皮称宁古塔三宝。四季出猎打围，朝出暮归，或二三日回来，称为打小围，秋季打野鸡围，冬季打大围，打大围时，八旗列队布阵，一二十日才回来，猎获物有虎、豹、熊、豕、獐、鹿、狐、兔、雉、雕，车载驼负，不可计数。

女真诸部在明朝中期以后，正由渔猎生活渐向农业定居生活转变，农具衣料盐米用器全赖中国输出。明朝自恃经济的武力的优势，对女真侮辱残虐，不当人类看待。例如女真人来辽东市上见明官，照例三步一叩头，跪呈夷文禀一封，才许互市交易。女真人势散力弱，止得忍受下列各种痛苦：

马市——永乐三年，辽东开源城南四十里设马市，专与女真诸部交易。以后陆续增设。万历时有广顺关（一名南关，在开原南）、镇北关（一名北关，在开原东北）、抚顺关（在抚顺城东二十里）、清河城（在太子河上游）、叆阳宽甸等互市场所。市有官私的区别，官市指官府收买外货，主要是买马，私市指商贾私人交换各种物品。女真产物有马、牛、骡、驴、羊、木耳、马尾、獭皮、貂皮、豹皮、狐皮、熊虎皮、人参、松子、蜂蜜、蜡等，明朝产物有米、盐、布、缎子、袄子、靴、袜、铁锅、铧子等。永乐三年规定官私贸易马价，上上马每匹换绢八匹、布十二匹，十五年改为米五石，绢布各五匹。交易各货物照例抽税，最高额如骟马一匹，税银六钱，儿马一匹，税银五钱，最低额如缎子一匹税银一分，绢一匹税银一分，铁锅一口，税银二分，这种税率显然对女真不利，法定物价，自然也不会公平。

明官贪污——明守边文武官吏通同作弊，侮弄女真，乾没货价，额外勒索税银与贿赂，时常激起边祸。例如辽东总兵张凤、巡抚於敖，纵使中军都指挥陈守节克减例赏盐物，女真不服，张凤捕杀七人，女真怨愤，聚众三千余骑攻破防守台，杀十六人烧死六人，又攻破岐山东两个防守台，大杀掠后退去，明官不敢抵御。明官受贿，默许女真人私买兵器、火药，探听朝政军情，虏掠中国人口及货物，公然在市上出卖，明官反赠送酒食、米、盐，藉广招徕。朝廷颁布了许多禁令，更给边官藉口作弊的便利。

人参——人参是女真地方特有的产物，也是明朝贵族们必需的补品。明官每年派军民强入太子河上流苏子河流域采办人参，一部分充贡品，一部分饱私囊，女真保护利源，时常发生战斗。明官贪利自大，不顾女真人怨愤，依旧恃强夺取，造成无数次的边祸。万历三十七年，熊廷弼停女真互市，两年间人参坏烂十余万斤（当是夸大的数字）。参价每两约值银九两，想见平时每年人参交易额多至银数十万或数百万两。女真从中国换得大量铁器，因此农业与武力，发展到成立国家的地步。

（二）努儿哈赤开始统一女真诸部建立金国

塔失长子努儿哈赤十岁丧母，十九岁因继母暴虐，与同母弟二人离父母自立谋生。努儿哈赤上山采人参、松子等物，到抚顺市出卖。抚顺商业繁盛，有直隶、山东、江南各地商人，努儿哈赤往来市上，交结汉人，通中国文字，爱读《三国演义》、《水浒传》，学得用兵知识。万历十一年，努儿哈赤年二十五，祖叫场、父塔失被明将李成梁冤杀，努儿哈赤得塔失遗甲十三副，招集少数归附人，祭天立誓，要替父祖报仇。先起兵击败仇人尼堪外兰（尼堪助明杀叫场、塔失），获甲三十副，兵一百人。十二年，攻克兆嘉城、马尔墩城，部下步骑增至五百人。十四年，又击败尼堪外兰，尼堪逃抚顺，求明保护，明人畏事不纳，努儿哈赤捕杀尼堪，威名渐盛。十六年，苏完部、董鄂部相继归降。董鄂部有众万余，努儿哈赤兵力始大。十七年，明封努儿哈赤为建州都督佥事，又给龙虎将军印，希望用虚名消除旧怨。十八年、二十一年、三十六年努儿哈赤曾三次向明朝贡，和缓明朝的疑忌，同时用兵攻略附近诸部，十二年攻董鄂部，十三年攻浑河部，十四年攻苏克素护河部，十五年攻哲陈部，十六年攻完颜部，建州境内五大部悉数降服。十七年，攻取鸭绿江部（属长白部）。二十一年扈伦四大部（叶赫、哈达、辉发、乌拉）、蒙古三大部（科尔沁、锡伯、卦勒察）、长白二大部（珠舍里、纳殷）九部兵三万来侵，努儿哈赤迎战大胜，斩首四千，获马三千，甲胄一千，军威大振。二十七年，扈伦四部来降，建州竟成东北新兴的强国。

万历三十六年以后，努儿哈赤停止向明朝进贡，熊廷弼封闭互市场两年，女真损失人参十余万斤。后来努儿哈赤创用晒干法，不急出售，得价增倍，女真愈益富强。四十四年（一六一六）努儿哈赤登可汗位，国号金，建元天命，建都兴京。天命三年（万历四十六年）四月，率步骑二万人伐明。临行列举七大恨告天誓众，乘明不备，攻取抚顺城，明总兵官张承胤全军败没，游击李永芳薙发投降，助金谋伐明，努儿哈赤捕市上山东、山西、河东、河西、苏州、杭州等地商人，给路费，令携七大恨誓文归中国。朱翊钧下诏征奴（努儿哈赤），令杨镐为辽东经略，李如柏、马林、杜松、刘綎四人为大将。当时兵饷两缺，边防军仅存空名，止好南自福建、浙江，西自四川、甘肃，勉强调集八万八千一百九十余人，号称四十万，第二年二月，陆续出关。刘綎临行祭旗，屠牛三刀才杀死，刀钝可知，又令军士试马，武器纷纷坠地，平时无训练可知，杨镐率乌合军进驻沈阳，李如柏等分四路进攻。努儿哈赤得报说，凭你几路来，我止一路去，集中八旗（一旗七千五百人）兵六万人先击破萨尔浒山（抚顺关外约七八十里）明主力杜松军三万，杀杜松。再破尚间崖马林军，急归兴京，迎击南路从宽甸来的刘綎军，杀刘綎。经略杨镐在沈阳闻三路大败，急令清河路李如柏军退回。努儿哈赤乘胜取开原、铁岭，又破蒙古喀尔喀部，灭叶赫部，明边外藩属全部消灭。

明金两国赌兴亡的萨尔浒大战，前后五天，明全军溃败，将领阵亡三百十余名，兵士阵亡四万五千八百九十余名，金军止受伤数百人。正闹党争的明朝臣，也感到国势危急，群跪文华门外请求朱翊钧增兵发饷，朱翊钧照例不答，朝臣又跪求出见群臣议事，朱翊钧又照例不答。

萨尔浒败后，朱翊钧命熊廷弼为辽东经略，驻辽阳安抚军民。廷弼整饬军纪，诛逃将三人，筹备火器、战车、弓箭、被服等军资，守御渐固。努儿哈赤知廷弼难侮，不敢进攻。朱常洛泰昌元年十月（常洛已死，朱由校继位）廷弼被阉党攻击，革官回家，袁应泰代为经略。朱由校天启元年，努儿哈赤破辽阳，杀袁应泰。明朝得报大惊，急起用熊廷弼为经略，又用阉党王化贞为巡抚，各赐尚方宝剑，有专断大权（对不听命将官，得先斩后奏）。王化贞自恃得魏忠贤庇护，轻侮熊廷弼，事事与廷弼为难。廷弼创三方布置策：广宁设巡抚一员，统率陆军，辽河沿岸筑坚垒，派兵流动防守；天津及山东登莱各设巡抚一员，统率海军，乘虚捣敌后路，经略驻山海关，节制三方。化贞主张沿辽河分设六大营，巡抚驻广宁。化贞称四方援辽军为平辽军，辽人多不悦，廷弼说，辽人并未反叛，应称平辽为征东。化贞怨廷弼与己立异，更发大言惑乱朝官听闻，声称有皮岛（在鸭绿江口东部，朝鲜称为椵岛，椵读皮）毛文龙在，不必设登莱水师；有蒙古插汉（察哈尔）助兵四十万在，不必筹士马甲仗；有辽人犒军牛酒在,不必筹刍秣粮饷;有降将李永芳内应在,不必别寻向导;有敌人新筑辽(辽阳)、沈(沈阳)诸城在,不必别修守备。廷弼极言辽人不可用,蒙古不可恃,永芳不可信,广宁多间谍,不可轻忽,营垒城壕不可不严备。朝廷信化贞大言,令不必受廷弼节制,化贞拥兵十余万,廷弼止有兵士数千,身无片甲,手无寸械,随营领饷,装死扮活,不肯应战,廷弼情急吐血,朝臣反憎廷弼狂妄怯懦。化贞五次出兵,无功退还,廷弼请朱由校令化贞慎重,不可轻举妄动。化贞奏称愿得精兵六万,一举荡平金虏。朱由校令群臣议两人去留,议论未决,天启二年(天命七年)努儿哈赤渡辽河,明防河兵逃散,王化贞不战兵溃,弃广宁逃入山海关,熊廷弼不能立足,护难民入关,魏忠贤怒,杀熊廷弼。

广宁失守后,明朝大震动,君臣不知为计。天启三年,兵部尚书孙承宗出镇山海关,用袁崇焕议,筑宁远城(辽宁兴城县),掩护山海关。崇焕率大将满桂等坚守。又置水师觉华岛上(宁远城西南海中)积屯粮食,与山东、朝鲜通声气。孙承宗被阉党攻击去职,高第代承宗督师。高第力主放弃关外土地,撤锦州、右屯、大小凌河、杏山、松山、塔山守备,驱屯民入关。袁崇焕誓死不从命,独守宁远孤城。努儿哈赤见高第张皇退走,天启六年,率大军十余万号称三十万进攻宁远。袁崇焕发红夷大炮,努儿哈赤受重伤,退至沈阳(天启五年金迁都沈阳)病死。

(三)皇太极建立大清国

天启六年(天命十一年)努儿哈赤第四子皇太极继承金国汗位。次年改元天聪(一六二七)。皇太极立志灭明,却因朝鲜助明牵制后路，明将毛文龙（魏忠贤义儿）据皮岛，对金威胁更甚。朝鲜供给毛文龙粮食，互为声援，金兵畏惧，不敢长驱侵明内地。天聪元年正月，皇太极起八旗兵攻朝鲜，朝鲜大败求和，约定尊金国为兄，开中江、会宁两处互市场，岁贡金、银、衣、粮等必需品，不再助明仇金。毛文龙贪虐跋扈，专营私利，坐视朝鲜败降不救，皇太极知道文龙不能为害，五月，亲率两黄旗、两白旗军攻宁远。袁崇焕发红夷大炮，金军死伤甚重。十年来明兵不敢与金军合马交锋，经袁崇焕整顿武备，鼓舞士气，这次战争中，居然一刀一枪，敢下城拼命，金军大败退去。

崇祯二年（天聪三年）袁崇焕宣示毛文龙十二大罪，杀文龙，改定皮岛军制，使与登州、莱州、天津三镇协力攻守。十月，皇太极用蒙古哈喇沁部降人充向导，自龙井关、大安口、洪山口入长城，会兵遵化，进攻通州。朱由检急起用孙承宗为兵部尚书，守通州，征调各镇勤王兵。袁崇焕率锦州总兵官祖大寿等自山海关入援。金军围北京，崇焕督战广渠门外。皇太极利用朱由检猜忌轻躁，行反间计，说崇焕与金有密约，由检怒，缚崇焕下狱，凌迟处死。祖大寿逃出关，满桂战死，金军攻北京不克，大掠退去。明失袁崇焕，败亡益不可幸免。

皇太极设计杀袁崇焕，知明不足畏，转兵西向攻蒙古。天聪九年（崇祯八年），内蒙古喀尔喀、哈喇沁、插汉诸部，陆续降附金国。天聪十年，皇太极自称皇帝，改国号为大清，改天聪十年为崇德元年。

努儿哈赤自称是金朝的后裔，建立金国，借复兴完颜金为名，来统一女真诸部。随着侵明事业的发展，皇太极开始否认自己是完颜金子孙，并禁用女真称号，别创满洲二字为族号。女真、蒙古崇信佛教,文殊(文殊师利)菩萨最为一般人所尊仰,文殊音转为曼珠或满住,明初建州名酋有李满住,努儿哈赤也有满住的尊号。满字,取满住第一字,洲字取建州第二字,州旁加水成洲字。满洲清三字都有水,意谓明朝姓朱,朱明二字有火义,用水灭火,符合五行相克的学理。金清音近字异,皇太极改金为清,不仅有隐避汉族对完颜金旧恨的作用,同时也免火克金的嫌忌,在迷信时代,这是被认为不可疏忽的重大事件,汉奸秀才范文程甚被宠信,自然会思考到这一点。皇太极改金为清,显示灭明野心更进了一步。

皇太极既称皇帝,要求朝鲜变更兄弟名义,改结君臣新关系。朝鲜不从,清兵十万大举侵入朝鲜。崇德二年,朝鲜王李倧战败请降,承认清国的宗主权,与明朝完全绝交。皇太极还军,命朝鲜水军攻破皮岛,屠杀守将沈世魁以下四五万人。崇德三年,清将多尔衮(皇太极弟)、岳托分两路攻入直隶、河南、山东,虏获人口六十四万,金银百余万两。崇德六年,皇太极大举进攻山海关,朱由检命蓟辽总督洪承畴率吴三桂等八总兵官领步兵十三万骑兵四万往援。承畴军至松山(锦州西南一里余)遇清军不战溃败,明兵死五万余人,清兵仅昏夜中误伤十余人。承畴守松山,崇德七年,城破被擒,薙发投降,锦州、塔山、杏山相继陷落,明山海关外止存宁远等五城。朱由检大惧,令兵部尚书陈新甲派密使至沈阳求和,清国汉官祖可法、张存仁等力劝皇太极拒绝明使,皇太极深知明驻重兵守山海关,一时不易攻破,不如让明专力对内,耗尽最后一滴力量,去镇压正在发展的农民起义,等待时机到来,一举灭明,因此提出并不苛刻的条件,允许和议。陈新甲不慎,和约在邸报上泄露,明朝臣大哗,朱由检羞怒,杀新甲,不再谈和议。皇太极见计谋不成,十月，令贝勒阿巴泰等率兵侵入内地，破直隶山东州县，虏获人口三十六万，牲畜五十五万。皇太极原意在逼明请和，迁延至次年（崇祯十六年）明朝不和不战，任清军纵横杀掠，四月，清军满载虏获人物归国，经过芦沟桥，十余昼夜不绝。明大学士周延儒督兵屯通州，不敢出击。

清军归国后数月，皇太极病死。子福临继位，睿亲王多尔衮（努儿哈赤第九子）摄政。号称摄政王。

（四）努儿哈赤皇太极时代的政治设施

军制——满洲旧俗，凡出兵或狩猎，不论人数多寡，各按家族村寨组成队伍，每人出箭一支，十人中择一人为首领，号牛录章京。天命元年前二年（万历四十三年）努儿哈赤创立八旗军制（正黄、正白、正红、正蓝、镶黄、镶白、镶红、镶蓝），每三百人编一佐领（牛录章京），五佐领设一参领（甲喇章京）领一千五百人。五参领设一都统（固山章京），领七千五百人。每一都统下设左右副都统（梅勒章京）。努儿哈赤时代，有满洲佐领三百零八，蒙古佐领七十六，汉军佐领十六，共四百佐领，凡六万人（每一佐领编壮丁一百五十人），天聪九年，另立蒙古八旗，兵数一万六千八百四十人。崇德七年，又立汉军八旗，兵数二万四千五十人。

满蒙汉八旗官员平时管民政，战时任将领。凡旗民子孙永远领饷当兵。

农业——满洲人生活主要依靠狩猎和采参，努儿哈赤时代商业开始发展，抚顺市上有中国南北商人，收买人参、貂皮等特产，中国米、盐、布、帛、铁器大量输入满洲。天命三年，攻取抚顺，两国停止互市，满洲商业渐趋衰落。皇太极奖励农业，力求粮食自给。天聪五年，定纵畜入田罚例，凡豕入他人田，每次罚银五钱，过三次，许禀告牛录章京，没收豕给田主。羊入他人田，每只罚银三钱；牛马驴骡入他人田，每头匹罚银一两，另赔禾稼损失。崇德二年，令各镇守官劝农民力耕，不得因天寒耽误播种。又令王贝勒大臣不得纵容家奴践民田禾，敢犯禁，按律处罚。汉人是从事农业的，这些法令，有禁止旗人恃势作践汉族农民的意义。满人俗尚骑射，不事耕种，崇德七年，定狩猎罚例，凡行猎处，禁擅入围中，犯禁，贝勒罚良马一匹，甲喇章京罚银十五两，旗长罚银十两，闲杂人罚银九两，离队退后，与擅入围同罚。狩猎罚例含有军事训练的意义。满人当兵，汉人业农，汉人户口远超满人，因此农业成为清国主要的经济基础。

工业——起初女真工业品，全靠中国供给，努儿哈赤俘获汉人渐多，始有煮盐陶冶等工业。天聪五年，命中国铸工王天相、窦守位，铁匠刘计平等制造红夷大将军炮。天聪七年毛文龙部将孔有德、耿仲明、尚可喜降金，带来明新制葡萄牙炮，皇太极大喜，与孔耿两降将行抱见礼（最亲爱的礼节）。女真工业赖汉人助力很快赶上明朝，军事上更占优势了。

奴隶——努儿哈赤俘获汉人，每壮丁十三名，编为一庄，按满官品级，分赐作奴隶。皇太极天聪四年，籍没贝勒阿敏家产，有庄四所，园三所，乳母等二十人，羊五百，乳牛及食用牛二十头，满洲、蒙古、汉人共计二十名。庄园奴隶不在籍没数中，当不下六七十人。此后战事继续胜利，俘获汉人更多，皇太极始定满官占有奴隶法令，禁止无限扩大。普通俘虏编为民户，设汉官管理。如果说努儿哈赤时代金国奴隶制度正待发展，皇太极时代，清国已经急速转入封建制度的阶段了。

文化——女真人没有文字，偶用文书，必需翻成蒙古字。万历二十七年，努儿哈赤命额尔德尼巴克什创制女真字，用蒙古字母拼女真语言。皇太极命达海改造，在十二个字头（字母）旁添加圈点，使同形异言的文字有所区别，满洲文字自此确定。达海奉命翻译《资治通鉴》、《六韬》、四书、五经、《三国志》、《三国演义》、辽金元三史和佛经。至福临顺治初年，各书陆续告成，就中《三国演义》对满洲人影响最大，桃园结义式的团结，诸葛孔明式的智谋，关羽张飞式的忠勇，最适合当时政治上军事上的需要。入关以后，满洲武将仍读《三国演义》学习兵法。演义中的忠义人尤其是关羽特别受崇高的敬礼。顺治元年，封羽为忠义神武大帝，乾隆三十三年，加封为忠义神武灵佑关圣大帝。凡清朝统治的地区，关帝庙普遍建立起来。

利用汉奸——努儿哈赤最恨中国官绅儒生，认为世间种种罪恶，全由这些人造成，凡有捕获，必杀不赦。当时境内儒生藏匿约三百余人，不敢显露形迹。皇太极解除禁令，举行科举，凡贵族及普通满蒙人所蓄家奴，如果儒生出身，得应考试，各家主不准阻挠或隐藏。被俘作奴的儒生，忽得应考仕进，自然称颂恩德，愿充汉奸，满洲官员贱视汉官，任意鞭打辱骂，汉奸们奴颜婢膝，不敢计较。

明朝科举取士，弊端百出，失意文人多投奔满洲，图谋官职。明沈阳秀才范文程自称宋名臣范仲淹后裔，最先投努儿哈赤献灭明计策，与降将李永芳同参军政机密，成为清史汉大臣的第一人（第一大汉奸）。皇太极加强汉奸的利用，当时文武大小汉奸在档案中留下不少奏折，如孔有德、耿仲明、尚可喜、范文程、洪承畴、宁完我以及刑部承政高鸿中、新服生员孙应时、秀才高士俊、厢红旗相公胡贡明、书房相公王文奎、厢白旗副将孙得功、书房秀才李栖凤、正白旗下隐士扈应元、永平府新人徐明远、生员沈佩瑞、新顺生员杨名显、俘臣仇震等数十百人，纷纷献灭明计谋，丧尽羞耻心，与猪狗无异。皇太极虐待汉族人民，信任汉族士大夫，因为他知道人民爱护中国，士大夫可以用利禄豢养。

第二节　满族侵入与汉族反抗

崇祯十七年三月十九日，李自成破北京，朱由检自缢死。明山海关守将吴三桂降自成，行至滦州，闻宠妾陈圆圆被刘宗敏夺去，三桂大怒，奔归山海关，降清乞援。四月二十三日，清摄政王多尔衮率兵至关下，三桂开关迎入，合力击败李自成军，乘胜追击，五月初一日，清军抵北京，明文武百官出城五里拜降，多尔衮进朝阳门，居民老幼焚香跪迎。十月初一日福临（年六岁）入北京，在大批汉大臣（汉奸）拥护下，数量极少的满族，居然做了统治中国的皇帝。

满族入关，合满蒙汉八旗兵不过二十万，如果满八旗占半数，兵数不过十万，依常例三丁抽一，满族男丁不过三十万，再加老幼妇女一倍，满族全人口最大限度不能超过六十万（嘉庆时户部统计八旗丁口，满洲丁口二十二万余人，顺治至嘉庆一百五十余年，满族男丁止二十余万，可见入关时六十万人口是最大的估计，实际不能有这个数目），绝无统治中国的力量。可是努儿哈赤、皇太极一贯利用汉奸，尤其在皇太极时代，范文程、孔有德、洪承畴以及其他大小汉奸，都得到宠任，给关内明官一种很好的暗示。李自成拷打明降官追究赃款，士大夫大失望，极愿产生一个新政权，来保护自己的地位和财产，满族入关，正符合他们的渴望。多尔衮用汉奸的献计，颁布下列各种政令，收买士大夫：

（一）葬朱由检夫妇，令臣民戴孝三天，追谥为怀宗端皇帝，墓号思陵。

（二）降附官吏，各升级任用。明朝革职官吏及山林隐士（不曾取得官职的失意士人）一概录用。

（三）定乡会试年份，会试（进士考试）定在辰戌丑未年，各直（直隶）省（行省）乡试（举人考试）定在子午卯酉年，凡被黜革的举人，仍准会试。

（四）文臣衣冠，暂用明制，薙发命令，暂缓实行。

（五）地亩钱粮，按照明朝会计录（万历初年张居正所定租税簿）租税额，从顺治元年五月一日起按亩征收。清兵经过地方，减收一半，未经过地方，免去三分之一。正额以外，一切加派如辽饷、练饷、剿饷概行蠲免（范文程建议）。

以上各条，都对官吏地主士人有利，因此明朝统治阶级全部投顺新主人（不投的止是少数例外）。普通平民，止在大赦罪囚及鳏寡孤独乞丐酌给粮食两条命令下，也许极少一部分人得些微利。汉奸金之俊（官至大学士）造十不从的谬论，欺骗民众。所谓十不从是“男从女不从（男薙发胡服，女仍缠足），生从死不从，阳从阴不从，官从隶不从，老从少不从，儒从而释道不从，娼从而优伶不从，仕宦从而婚姻不从（满汉不通婚），国号从而官号不从，役税从而言语文字不从”。满人不想改或不能改的汉人习俗制度，竟指为十不从，藉以减轻人民反抗的情绪。汉奸洪承畴又建议汉人养活旗人，凡旗人得领世禄口粮，止许做官做兵，不许做工商。表面似乎阻止旗人夺取工商利益，实际旗人享受政治军事大权，本不屑从事这些"贱"业。洪承畴献媚满族，取得宠信，对汉族却假意保护，藉以掩饰自己的丑行。汉奸吴三桂引满军入关，侵略中国，也自称为先帝（朱由检）报仇，剿灭闯贼（李自成）。所有大小文武汉奸，对人民虐杀与欺骗兼施，替满族效力，陆续破坏汉族的反抗。在汉族方面，反抗力量此仆彼起，各立宗派，不知团结，不知统一，甚至许多奸人，假称忠义，藉口抗满，争夺权位，迫害贤良，使不得有所作为，等到清军来攻，纷纷出降，屠杀抗满士民，作为效忠新主的功绩。所以满族战胜汉族、统治中国的原因，主要由于汉族人民不能齐心协力，联合反抗敌人；其次由于汉族文武官吏、大小地主、八股儒生贪得私利，甘心当汉奸。至于满族首领多尔衮，善能驱使汉奸，借汉人力灭汉人，不能不说是他的极大成功。

（一）史可法的反抗

明福王朱由崧、潞王朱常淓避农民起义军，逃至淮安，由崧著名昏淫，常淓比较通达。朱由检死，南京（陪都，设六部衙门）诸大臣会议立君，兵部尚书史可法一派正人主立常淓，凤阳总督马士英、阉党阮大铖一派邪人主立由崧。马士英私结总兵官刘泽清、高杰、黄得功、刘良佐武力拥由崧入南京，五月，即皇帝位。定明年为弘光元年（顺治二年）。士英、大铖主持内阁，排斥史可法，令出驻扬州督师。

士英、大铖指在朝正人为东林党，竭力杀逐，排斥惟恐不尽。藉口筹饷，搜括民财，卖官开捐，不问人品，当时有"扫尽江南钱，填塞马家口”及“职方(兵部掌地图官)贱如狗,都督满街走”等谣谚,政治腐败,即此可见。马士英酬谢刘泽清等四总兵拥立由崧功,分江北为四镇,刘泽清驻淮北,管辖淮海区,高杰驻泗水,管辖徐泗区,刘良佐驻临淮,管辖凤寿区,黄得功驻庐州,管辖滁和区。每镇额兵三万人,银米听任就地自筹,所得城池,即归本镇统辖。四镇互相攻夺,仇怨极深,史可法委曲调停,仅能维持外表的和平。可法虽然出行不张伞盖,吃饭不备两菜,睡眠不解衣带,日夜想报国仇雪国耻,每上奏论事,再三读草稿,涕泪满面,感动左右,可是马士英、阮大铖擅权内哄,江北四镇暴悍交争,所有计划,百不一就,南京小朝廷的覆灭,绝对不可幸免。

多尔衮知道史可法号召汉族忠义人民,影响极大,令汉奸李雯写了一封著名的诱降书,可法严辞拒绝。顺治元年十一月,清军已定山东,进攻宿迁,史可法督部将刘肇基、李栖凤力战,清军战败退走,马士英反诬可法假造战报,企图冒功得赏。武昌守将左良玉痛恨马、阮祸国,弘光元年四月,良玉起兵东下,讨伐马士英,士英急调黄得功、刘泽清、刘良佐三镇兵抵御。当时高杰战死,清军已取归德,进逼淮南,可法迭奏告急,大意说:“左良玉并不敢与朝廷为难,清兵一来,国必灭亡。”朝臣如姚思孝等都请急备淮扬,停止内争,连昏淫无比的由崧,也对士英说:“良玉虽不该逼南京,我看他奏章,原不曾反叛,如今还该守淮南。”士英大声反对道:“这都是东林党的谬谈,不可听。清兵来,还好商量和议,左良玉来,他们做大官,我君臣还得活么!谁敢说守备淮扬,斩首不赦。”左良玉至九江病死。黄得功击败良玉子左梦庚,梦庚及总兵金声桓率兵十万降清。清英亲王阿济格不战取得江西。

弘光元年三月,清豫亲王多铎率兵至归德,四月十五日,围扬州。可法调各镇来援，无一人听命。多铎五次写信劝降，可法不理。二十五日城破，可法被执。多铎宾礼相待，口呼先生，说："我再三拜请，都被叱回，今天先生对旧朝忠义已尽，敢烦替我大清收拾江南，不愁没有厚报。"可法大怒道："我是中国男儿，岂肯苟且偷活，作万世罪人！头可断，身不可屈，劈尸万段，我极愿意。"可法被杀。部将刘肇基率残兵巷战，全军战死，无一人投降。清兵屠扬州十日，据焚尸簿所载，尸数在八十万以上。全国最富庶的扬州城，顿时化为骨山血海（城中屠杀惨状，王秀楚《扬州十日记》记载甚详）。

清军克扬州，渡江攻南京，士英还大言："长江天堑（壕沟），敌不足虑。"由崧正在夜宴（由崧自写一联道："万事不如杯在手，一年几见月当头。"昏谬如此）。败报忽至，急率宦官妃妾奔投芜湖黄得功军，士英率黔兵（士英贵州人）奔浙江。南京文武大臣如王铎、钱谦益等相率出城跪迎，各献重礼求降。其中钱谦益自夸廉洁名士（曾挂名东林党），送礼最薄。礼单上恭楷写"太子太保礼部尚书翰林院学士臣钱谦益谨献流金金银器、珐琅银壶各一具，蟠龙玉杯、宋制玉杯、天鹿犀杯、葵花犀杯、芙蓉犀杯、珐琅鼎杯各一套，珐琅鹤杯、银镶鹤杯各一对，宣德宫扇、真金川扇、弋阳金扇、戈奇金扇、百子宫扇、真金杭扇各十柄，真金苏扇四十柄，银镶象箸（筷）十双"。薄礼如此，余人厚礼可知。刘良佐降清，引清兵攻黄得功，得功战死。总兵田雄缚由崧降清，江南平。

（二）民兵的反抗

顺治二年，清朝占有长江流域，西自湖北，东至东海，南至浙西。黄河流域山西、陕西、河北、山东、河南等省，早归清有。多铎奏改南京为江宁府，任命江宁安庆巡抚以下降官三百七十三人。七月，多铎北还，留大学士洪承畴总督军务，招抚南方，分遣八旗兵驻防顺德、济南、德州、临清、徐州、潞安、平阳、蒲州八城，每城各一旗，监视汉奸，镇压汉族人民，南北大体平定。

清军初入北京，允许汉官上朝自为一班，衣冠仍保明制。顺治二年，清政权已渐强固，多尔衮将厉行薙发令，正犹豫中，山东进士孙之獬窥见时机，自动薙发换满服入朝。汉官说他满装，不该立汉班，把他推出，孙之獬走归满班，满官说他是汉人，不该立满班，又把他推出，孙之獬无班可归，彷徨两班间。福临登朝，孙之獬奏陈原因，多尔衮大称赏，说他是汉人中惟一有天良的好人，立即升官奖励。接着下薙发令道："现在中外一家，君好比父，民好比子，父子一体，岂容各异。全国奉到命令十天内一律薙发，敢违令，杀毋赦。"令薙头匠挑担子巡游街市，见蓄发人即强令薙去，如不从命，即斩头悬担子木竿上示众。大批文武汉奸官吏如王国宝、吴兆胜、李成栋一类人，借薙发令大肆杀虐，民怨更深。"留头不留发，留发不留头"，人民愿意留头呢，还是留发，人民认定蓄发是汉族的标帜，薙发无异灭汉族，因此随着薙发命令的严厉执行，发生广泛勇敢的反薙发斗争。乡村农民反抗尤激烈，城市人薙发不敢下乡，乡村人也不上城市。农民为防止奸细混入，戒备极森严。汉奸偷至乡间，被擒获必杀不赦。昼夜守望，每当黄昏以后，农民各执木棍，四处搜寻，如闻某家已薙发，或某家暗藏薙发人，千百人持械奔赴，必待杀尽才气平散去。城市与乡村闭塞不通，儒生、地主、商人为了科举、收租、做买卖，憎恶农民"顽梗"，都投到满族方面，助清官吏进行破坏与屠杀，求得自己私利的满足。

在全国尤其是江浙一带人民反薙发大斗争中，悲壮义烈的事迹是写不胜写的，下面略记江阴、嘉定两个最著名的惨史。

江阴人民，当薙发令宣布的时候，先用请愿的方式向新任汉奸知县方亨要求留发。方亨自以为我是大清知县，命令谁敢异议，便向群众大骂。群众发怒，反口骂道："你是明朝进士，头戴乌纱，身穿圆领，来做清朝知县，羞也不羞，丑也不丑。"方亨被捕入狱，人民公推明典史阎应元与陈明遇、许用等为首领，共议守城抗清。四乡农民军，纷纷入城来援，作战非常英勇。江阴一个弹丸小城，竟打死清朝三个王、十八个将领，汉奸刘良佐、李成栋等军队，屡攻屡败。良佐至城下劝降，被阎应元厉声叱退，无计可施。江阴坚守三个月，终于兵尽粮绝，被清军攻破，阎应元率人民巷战杀敌，妇女赴火跳水，自刎自缢，男女老幼无一人投降。清兵屠杀数日，城内约杀九万七千余人，城外约杀七万五千人，城内藏匿得活仅五十三人（韩炎《江阴守城记》记载甚详）。

嘉定斗争也坚持了三个月，斗争也是非常残酷与激烈，完全打破了多铎"江南民风柔软，发一道告示，就得降服，不烦用兵"的梦想。嘉定民众守城，从五月起至八月才被攻破。八月初四日五更大雨，城上民兵露立已三昼夜，两眼肿烂，饥疲昏晕，适遇大雨，遍体沾湿，不能支持。领队诸士绅仗剑立雨中，分头劝慰守兵，继续抵抗。清军乘势登城，斩开东关，纵兵大入。城主侯峒曾坐城楼指挥战斗，声色不变。二子侍旁呼问道："事坏了，怎么办？"峒曾答："死就是了，慌什么？可恨一城百姓枉死在暴敌手中，不能救他们。"清兵屠城，按户搜寻，逢人便砍，呼痛声嘈杂如闹市。自缢的，投井的，断肢的，血面的，被砍未死、手足还抽动的，血肉狼藉，遍地都是。投河死的不下数千人，三日后自西关至葛隆镇，浮尸满河，脂膏漂水面，高起数分。老丑妇女一见即杀，活捉美貌妇女，白昼在街坊当众奸淫，或用长钉钉两手在宽板上，轮流奸淫，当作戏乐。嘉定人被杀二万人以上（朱子素《嘉定屠城记略》记载甚详）。

（三）黄道周的反抗

顺治二年闰六月，黄道周、张肯堂、郑芝龙、苏观生等拥唐王朱聿键据福州称帝，建元隆武。郑芝龙是福建大海盗，无意反抗满清，止图假借名号，独掌军政大权，搜括财物（芝龙田园遍布闽广两省，又增置庄仓五百余处），暗中与清使议降款，排斥黄道周等，使不得有所作为。道周知情势危急，困守必败，七月，率学生（道周是理学大师，学生甚多）义民数十百人，带一月粮，徒手至浙江衢州转至安徽婺源，号召义兵。沿途人民响应，得义兵九千余人。十二月与清军战，大败被擒。道周夫人蔡氏闻败讯，急写信给道周说："忠臣有国无家，切勿顾虑家事。"自然，忠义奋发、视死如归的黄道周，不会有家无国的。他被囚送到江宁，洪承畴想用同乡同年旧谊，诱道周降清，深夜独自去访问。道周一见大呼道："见鬼！见鬼！洪承畴早在松山战死了，先帝（朱由检）曾哭祭过，你是那个无耻小人，敢冒充洪承畴来讲话。"洪承畴受斥，止得退走。清军百端诱降，道周总是痛骂求死，第二年春，从容坐（不跪）南京东华门前受刑。

（四）李自成余部及何腾蛟、杨廷麟的反抗

李自成在通城败死后，部将郝摇旗等率众四五万人归附明湖广总督何腾蛟，李锦（李过）又率众二三十万来归，腾蛟军威大振。腾蛟受朱聿键官职，部署新旧军，立张光壁、黄朝选、刘承胤、曹志建、董英（五人腾蛟旧部）、马进忠、王允成（二人左良玉旧部）、李锦、郝永忠（摇旗）、袁宗第、王进才、马士秀、卢鼎（六人自成部将）为十三镇，分守湖南北，与清武昌、荆州军对抗。

杨廷麟守赣州，有民兵二万，蛮兵四万，广东兵数千，屡击败南昌清军，克复吉安府。腾蛟、廷麟并拥戴朱聿键，聿键领土有福建、两广、云南、贵州五省及湖南、江西、湖北的一部。聿键受郑芝龙挟制，顺治三年二月，谋往湖南依腾蛟，郑芝龙不许。清兵渡钱塘江，定浙东，大举攻福建，郑芝龙与洪承畴订密约，敛兵不战。聿键逃汀州，清兵追七昼夜获聿键。芝龙降清，被软禁解送北京。十月，汉奸金声桓攻破赣州，屠杀数十万人，虏妇女数万人，城内房屋全部烧毁。守将万元吉叹道："赣州失守，一城生命死灭，我还忍心逃命么？"自投城东江水中死。杨廷麟见城破，慷慨自杀。何腾蛟闻朱聿键被杀，大恸，督率将士保湖南境，谋兴复。

（五）浙东义士的反抗

顺治二年六月，钱肃乐、张肯堂、张国维、张煌言、黄宗羲等号召民兵数万人，拥立鲁王朱以海为监国，建都绍兴，守钱塘江东岸抗清兵。闰六月，朱聿键在福州称帝，遣使来约以海称臣，以海不

从，诸臣意见纷杂，终于拒绝朱聿键来使，浙闽为争皇帝名号，势成水火。三年二月，以海遣使人陈谦往见聿键，称聿键为皇叔父，不称陛下，聿键怒，杀陈谦。陈谦与郑芝龙有私交，芝龙怒聿键擅杀，更怀反意。聿键遣使输银十万两犒劳浙东军士，马士英、阮大铖匿迹严州，鼓动总兵方国安掠夺犒银，并宣布聿键罪状。浙闽仇怨更深，给洪承畴顺利进攻的机会。

张国维督师规复浙西，屡立战功。方国安夺兵饷归己，民兵乏食，大将王之仁与方国安争饷不和。顺治三年三月，清贝勒博洛、都统图赖、贝子屯齐率大兵至钱塘江西岸，王之仁统水师奋击，张国维渡江围杭州，清军败退。四月，博洛用大炮击坏南岸方国安营厨灶，国安道："这是天不让我吃饭了。"拥兵数万退绍兴，挟朱以海南走。守江诸营惊乱溃散，王之仁请张国维追护以海，自率一军守江，清军不得渡。六月，钱塘江水涸沙涨，海潮不来，清军渡江击败之仁军，擒之仁至南京。洪承畴令薙发归顺，之仁道："我是明朝大帅，不愿投江寻死，我今天来，为要死得明白。"承畴诱降无效，杀之仁。方国安谋执以海献清军，以海逃至台州航海居南澳岛。张国维阻止方国安追袭，国安降清，国维势蹙投水自杀。

石浦守将张名振拥以海走南澳，旧臣钱肃乐、张肯堂、阮骏等十余人渡海来归。张名振军登陆收复建宁、邵武、兴化、福宁三府一州及漳浦、海澄、连江、长乐等二十七县，军势颇振。汉奸、清闽浙总督陈锦调集大军三路进攻，明各城守将力战不屈，陆续败死，福建又被清军夺去。顺治六年九月，张名振、张肯堂、阮骏等奉以海攻取舟山岛（浙江定海县），与陆上温、台、宁、绍等地山寨义兵相策应，交通闽粤江南各地义民，清军认为东南大患。当时山寨到处成立，四明（浙江鄞县）大兰山王翊军，上虞东山李长祥军，上虞平冈张煌言军最著名。八年秋，张名振留兵六千使张肯堂守舟山，自率大军攻吴淞，陈锦调集金砺、刘之源、田雄等军，先攻破四明各山寨，乘大雾渡海，突击舟山，张肯堂、张名扬守城苦斗十一日，全军歼灭，无一人投降。张名振回军来救，舟山已破，不得登陆，与张煌言共奉以海走厦门依郑成功。名振病死，张煌言代统余众。顺治十年，以海自去监国名号，不久病死。

（六）瞿式耜、何腾蛟的反抗

清军攻下福建和赣州，分兵两路攻广东。顺治三年十一月，广西巡抚瞿式耜、两广总督丁魁楚、兵部尚书吕大器等拥桂王朱由榔称帝，建都肇庆，改元永历（顺治四年）。何腾蛟守湖南北，与云贵督师堵胤锡联名拥护。朱聿键旧臣、大学士苏观生在广州，与丁魁楚、吕大器争相位不得，苏观生别拥立聿键弟聿𨮁称帝，据广州，招海盗郑、马、石、徐四姓，对抗肇庆。十二月清两广总督佟养甲率总兵李成栋袭破广州，苏观生、朱聿𨮁死。李成栋进攻肇庆，四年正月，成栋克肇庆，二月克平乐，丁魁楚弃由榔，载财物四十船降成栋。三月，成栋攻桂林，瞿式耜誓死坚守，成栋猛攻不能破。义士陈邦彦起兵高州，陈子壮起兵端州，张家玉起兵东莞，合力攻袭广州，成栋撤兵还救，式耜乘机收复广西失地。

何腾蛟在湖南，清认为南方大敌，顺治四年春，令孔有德、尚可喜、耿仲明大举进攻。腾蛟军十三镇将士跋扈，不受节制，腾蛟本人没有亲信兵可用。清军破长沙，腾蛟军溃散，腾蛟展转流入桂林，与式耜合力守广西。十一月，清军攻全州。腾蛟率焦琏、郝永忠等五将分路拒战，清军败退。五年清军攻桂林，腾蛟督诸将死斗，清军引退。清将金声桓、李成栋忽弃清来降，江西、广东又归明有，形势一变。

金声桓本左良玉部将，降清后自请攻取江西。江西平，清命入关前旧汉奸章天宇为江西巡抚，声桓怨恨。声桓妻子力劝降明，痛陈辫发胡服的可丑。声桓意决，顺治五年正月，杀清官吏，降朱由榔。李成栋在两广，也因不得两广总督官职，心怀不平。成栋眷属留松江，仅携爱妾一人往闽粤，爱妾知成栋怨清，日夜劝成栋归明，成栋不理。金声桓叛清，爱妾乘机又进言，成栋拍桌说："可怜那些松江家里人呵！"爱妾道："我敢独享富贵么！请先死，完成丈夫的志愿。"取刀自刎死。成栋惊，抱尸哭道："可怜人啊！我羞死了！"急取演戏用的袍裳腰带进贤冠，行四拜礼敛尸，令部下将士集校场捕清两广总督佟养甲，至肇庆，降朱由榔。清失江西、广东，又失两大将，湖南守军恐慌，何腾蛟乘机攻取全州，遣将焦琏取永州，王进宝取宝庆，马进忠取常德，李锦取衡州，进围长沙。湖南大部又归明有。四川明旧将李占春、谭文、谭洪、谭谊及义兵首领杨展、于大海、袁韬等各起兵夺取川南川东，归附由榔。由榔有广东、广西、云南、贵州、江西、湖南、四川七省地，声势大振。

同时天津义妇张氏自称天启（朱由校）后，与义民王礼、张天保等密谋起兵；清大同总兵姜瓖号召山西、陕西人民反清起义。甘肃回民米剌印、丁国栋杀清巡抚张文衡及大批文武官吏，起兵攻下凉州、兰州、临洮、渭源、河州、洮州、岷州、巩昌等城市，与米剌印、丁国栋前后相呼应的义军，如武大定起兵固原，贺洪器占领宁州庆阳，赵荣贵占领文县，马德、李国豪起兵豫旺，清军一时感到无法收拾。顺治五年米剌印战败被杀，六年丁国栋又败死。米丁二人虽然战败，回族援助汉族反抗满清的义侠行为，回汉两族子孙，永远不该忘记。

在南北各地反满大潮流中，明朝应该有恢复的机会了。可是肇庆小朝廷，官员分楚吴两党，互相攻击。楚党首领号五虎，袁彭年为虎头，丁时魁为虎尾，蒙至发为虎脚，金堡为虎牙，刘湘客为虎皮，朝政被五虎把持，与吴党朱天麟、张孝起、吴贞毓、堵胤锡等争权位，军国大事，并不在这些人意中。清廷自觉情势危急，在政治上宣布允许满汉官民联姻令（顺治五年八月。并未实行），企图和缓汉族的仇恨；在军事上发动全部武力，命都统谭泰及和洛辉自江宁赴九江，会合耿仲明、尚可喜兵攻江西、广东，郑亲王济尔哈朗、顺承郡王勒克德浑会合孔有德兵攻湖南、广西，端重郡王博洛、敬谨郡王尼堪率兵攻大同姜瓖，固山贝子屯齐、固山章京韩岱攻兰州米剌印，吴三桂、李国翰攻陕西、四川，洪承畴坐镇江宁，防御沿海一带。这样严整的阵容，对付内讧剧烈的肇庆小朝廷，不待战争，胜败早已决定了。

谭泰、和洛辉引水陆兵二十万攻破南昌，杀金声桓。李成栋驰援又败死，江西失陷。济尔哈朗、孔有德破湘潭，杀何腾蛟。顺治七年十一月，尚可喜破广州，孔有德破桂林。瞿式耜知道国事不可挽救，与大将张同敞安坐待死。清兵擒二人见孔有德，有德劝降，式耜道："我中国男子，岂有失身？"有德道："我是先圣（孔子）后裔，也还从顺，先生何得固执？"同敞厉声骂道："你不过毛文龙家奴才，不要丢先圣的脸！"有德怒，式耜道："这是张同敞先生，特来和我同死，不可凌辱。”有德请薙发，不许，又请当和尚，式耜道：“当和尚就是薙发，我发决不薙。”囚禁四十余日，式耜同敞直立（不跪）受斩刑死。

顺治六年，清军击平山西、陕西、甘肃，七年，平两广，八年，吴三桂乘川中诸将内讧，进兵夺取四川北部地。

（七）李定国的反抗

顺治三年，清军入四川，杀张献忠。献忠部将孙可望、李定国、刘文秀、艾能奇、白文选、冯双礼各拥众数万，据川南，推孙可望为首领。可望占有重庆、贵州、云南，凶狡暴戾，部将多怨怒不服。六年，可望遣使见朱由榔求封王，由榔不许。八年，由榔失两广，败走南宁，不得已封可望为秦王，定国为西宁王，文秀为南康王。可望驻贵阳。九年，可望迁由榔居安隆所（广西西隆县），每年给银八千两，米一百石，不别给百官俸食，由榔穷极。清将孔有德率大军驻柳州，将攻贵州，可望令李定国、冯双礼由黎平出靖州，马进忠由镇远出沅州，两军至武冈会合，进取桂林。刘文秀、张光璧由永宁出叙州，白文选由遵义出重庆，两军至嘉定会合，进取成都。李定国军大破湖南清军，追击至桂林，杀孔有德。刘文秀、白文选两军入四川，大败吴三桂军。各地义民纷起响应，广西、湖南及川南、川东、川西又归由榔所有。

顺治九年，清廷命定远大将军尼堪、贝勒屯齐率大军进攻楚粤，命洪承畴自江宁移驻长沙，经略湖贵两广，命都统卓布泰驻防江宁，命靖寇大将军辰泰镇守荆州。十一月，李定国击杀尼堪，军威大振。孙可望忌定国立大功，谋杀定国。定国受屯齐、尚可喜、孙可望两面攻击，失桂林、梧州，退保柳州。可望袭击定国，军至宝庆，被清军袭击，败归贵州，痛恨定国，大杀明宗室大臣示威。由榔危惧，封定国为晋王，密令入卫。十三年，定国奉由榔走云南，可望大怒。十四年，起兵十余万击李定国、刘文秀。诸将士僧恶可望，临战，解甲欢呼迎晋王。可望大败，领私党千余人走长沙，归降洪承畴。

清军得孙可望，尽知云贵内部虚实，洪承畴、吴三桂大喜，奏请乘机进取。顺治十五年，清军分三路向贵州进发。十六年清军入云南，李定国、白文选力战不胜。由榔逃入缅甸，缅王杀由榔从臣，拘由榔待清兵来献纳。文选屯兵木邦，定国屯兵孟良，与缅人战，救由榔。十八年，吴三桂率大兵十万入缅甸，击走白文选，进逼阿瓦，缅王执由榔至军前献纳。玄烨（圣祖）康熙元年三桂绞杀由榔，焚尸取灰，分赐诸将。文选被擒降清。定国愤懑吐血，在猛腊病死。

李定国早年在张献忠军中，有四川人金公趾讲《三国演义》，每斥孙可望为董卓、曹操，希望定国做诸葛孔明。定国大感动，说道："孔明不敢望，关（羽）张（飞）姜伯约（姜维），不敢不勉。"后来定国的义烈行为，确实发挥了诸葛亮"鞠躬尽瘁，死而后已"的坚卓精神。人贵乎立志，任何历史上伟大事业，止有立志强固的人才能创造出来。

（八）郑成功、张煌言的反抗

顺治三年，郑芝龙降清。芝龙子郑成功（母日本平户士族田川氏女）率部属九十余人乘两舰入海，据南澳岛招兵，得数千人。四年，成功泊舟鼓浪屿，设高皇帝（朱元璋）神位，集将士定盟谋恢复。自后每年出兵击清军，与鲁监国（朱以海）旧臣张名振、张煌言协力互助，称雄海上。清军三路攻贵州，江南空虚，十六年五月，成功起大军由崇明入长江，破瓜州、镇江、直逼南京。张煌言率浙军由芜湖进取徽宁诸路，义民踊跃归附，不战得四府三州二十四县，长江下游扬州、常州、苏州都准备反正，东南大震。清帝福临无大将可派，议亲自出战。成功误信清两江总督郎廷佐伪降，防御稍怠，被清崇明总兵梁化凤袭击，成功军溃，退守厦门。张煌言军势孤，清贵州凯旋军来攻，煌言仓卒出钱塘江口逃入海岛，将士多散去。康熙三年，煌言隐居悬山岙，清将张杰捕获煌言，送杭州，直立受斩刑死。

福临畏郑成功，顺治十三年，用汉奸方星焕议，派满大臣四人分赴沿海各省，勒令离海五十里内居民迁徙内地，不许商船渔船一艘下海。州县城郭，乡村堡垒，悉数拆毁。居民限期迁徙，违令按军法处死。所有房屋以及不能运走的器物，全部焚烧。人民误入禁界，不论远近，立斩不赦，广东、福建、浙江三省人民冤死无数。可是这个残酷的禁令，并不能阻止成功的横行。因为成功开辟台湾作根据地，并利用海滨荒凉，统制疏忽，获得内地义民粮食火药的秘密接济。直到康熙二十年，才开放禁界，允许人民垦荒居住；二十三年，允许人民下海捕鱼经商。

郑成功因清廷厉行迁海政策，谋夺取荷兰人占据的台湾岛作抗满根据地。顺治十八年，成功由厦门、金门两岛发战舰数百艘，战士二万五千人，攻入台湾，华侨自各地奔来援助成功军，荷兰人战败退去。成功占领台湾，奖励农业，整顿政治，训练士卒，招徕义民，令长子郑经驻厦门，又置大将守澎湖岛，三方互相策应。康熙二年，成功病死，年三十九岁。

以上止是略举规模较大的事件，其他义军到处发动，可以说，除出一部分汉奸，凡是中国人民，没有不热烈参加了抗满斗争。最大汉奸洪承畴在北京做大学士，他母亲从福建走到北京，痛骂承畴一顿，骂罢连饭也不吃，即刻出京回福建。金声桓、李成栋的妻妾儿子，都日夜劝他们反正，终于感动了两个最凶恶的坏人。这证明汉奸不止在社会上，就是在家庭里，也是极孤立的、极少数的。张煌言被捕从宁波解送杭州，夜半听有人在船篷下低声唱《苏武牧羊曲》，煌言起立扣船舷和歌，并说："我心早定，你不必过虑。"唱曲的是看守兵史丙。煌言渡钱塘江，船上忽飞来了一个小纸团，里面写着："此行莫作黄冠想（出家当道士），静听先生《正气歌》（文天祥作）。"煌言看罢，笑道："请放心。"这证明广大人民爱护义士们的终身名节。朱由榔被吴三桂捕回云南，沿路百姓见了无不流涕哭泣。连满洲八旗将士，也有人认由榔是真天子，想拥戴他起兵谋兴复。三挂大惊，杀四十余人，并杀由榔父子，消灭后患，这证明汉奸穷凶极恶的行为，甚至敌人也看得痛心，激发出超民族成见的伟大正义感。满族人口少，文化低，不能灭亡中国，加上汉奸的助力，也还不能灭亡中国，可是中国竟被灭亡了，最主要的原因，显然由于抗满力量不能统一团结。敌人没有来，在朝小人排斥正人，争夺权利，破坏抗清力量的增长，敌人一来，这些小人纷纷投降，向敌人献媚效力，留下的正人，在溃乱的残局下，止好非败即死。朱元璋创行八股取士制，惟恐士大夫不贪恋利禄，不替他充当庸奴，不替他压迫人民；从朱元璋开始设立锦衣卫，而后又设东厂西厂，明朝形成以特务为中心的统治机构。官吏们都为特务所指挥，所监视，彼此不相统属，没有正常联系，而特务们却横行非为，无恶不作。

等到风气养成，就失去了抵抗外敌的力量，明朝被自己所养的小人，所立的特务制度断送了，广大的国土和忠义的人民，也被出卖了。

第三节　清朝的制度与政治

满清入关，获得明朝统治阶级的拥护，同时也继承了明朝的全部制度。它是少数的落后的外来民族，对人口众多文化程度较高的汉族（包括汉族统治阶级和广大民众）始终怀着疑忌歧视的心情，不能不在旧制度上增加怀柔（欺骗）镇压的新成分，建立阶级的民族的双重压迫的制度。其中最重要的略述在下面。

（一）中央官制

内阁——内阁大学士满汉各二人。胤禛雍正时，添设协办大学士，满汉各一人。胤禛以前，内阁外又有议政王大臣数人（满洲贵族），军国大事，悉交议政大臣会议具奏，内阁并无实权。胤禛别立军机处，选大学士及尚书侍郎有才干人充军机大臣，参预机密重务，从此中央实权全归军机处，内阁止存空名。这个制度直到清末承用不改。

六部——吏、户、礼、兵、刑、工六部。每部设尚书，满汉各一人，左右侍郎满汉各一人。

院寺——都察院（御史、掌谏议纠劾）、大理寺（掌审核判案。

都察院大理寺与刑部合称三法司）、理藩院（掌外藩事）、翰林院（储备人才）、太仆寺（掌养马）在各院寺中职掌较重，官员大致满汉平分。理藩院专用满蒙人，无汉员。

（二）地方官制

行省——普通行政区分四级，最高一级称省。省下分道、府、县三级。（与府并行有直隶厅、直隶州，与县并行有厅、州）省数凡十八（直隶、山东、山西、河南、江苏、安徽、江西、浙江、福建、湖北、湖南、陕西、甘肃、四川、广东、广西、云南、贵州），每省设总督、巡抚（或有巡抚无总督，或有总督无巡抚）、布政（掌财政民政）、按察（掌狱讼）、提督学政（掌学校、科举）、道员（有督粮道、盐法道、河工道等）等官。

特别行政区——分顺天府（长官称府尹，掌京师及近畿地方行政），盛京（陪都）、吉林、黑龙江（满清发祥地，光绪时改为行省），藩部（新疆、蒙古、西藩。新疆天山北路称准部，南路称回部，光绪时改省。蒙古分内蒙古、外蒙古，西藩分青海、西藏），土司（苗人居住区）四类。

清朝标榜“满汉一体，满汉不歧视”，企图掩饰“满厚汉薄，满汉歧视”的实质，可是事实上表现，止能证明满汉两族政治地位的悬殊。汉人不得在本省内做官，称为回避。某些官职，指定为专缺，区别极严。专缺分满缺、蒙古缺、汉军缺、汉缺四等。例如各衙门掌银钱的官员，大多数是满缺，尤其是国家金库性质的户部所属银库、缎匹库、颜料库三库（掌银币物料解纳收支）及工部所属火药局，全部属满缺，汉人不得染指。大抵满族专缺，蒙古人或一部分汉军，还可偶然通融补授，汉人却绝对不许。京外地方官，蒙古人得补满缺，满蒙人得补汉缺，汉人却绝对不许补满蒙缺。汉员自知卑微，不敢出头招辱。顺治十年正月上谕说："朕自亲政以来，各衙门奏事，止见满臣，不见汉臣。"康熙四十八年正月上谕说："汉大臣凡不干自己的事，从不发言，汉官议事，不管是非，止依前人（满官在前）所说，随声附和。"五月上谕又说："今看汉大臣，凡事不发言，止撺拨满大臣说话，自己从中取利。"汉官唯唯诺诺，仰满官鼻息，仍不免皇帝的斥责，如果冒昧直言，得罪将更大，（如王掞自恃老臣有宠，密劝玄烨立皇太子，几乎被杀）所以汉官最好是默默不说话。

（三）军制

满蒙汉八旗——满洲入关，八旗兵额约二十万人。弘历乾隆时京师满洲佐领六百八十一，蒙古佐领二百零四，汉军佐领二百六十六，驻防佐领八百四十，共合二千佐领。每佐领佥兵（抽丁）至多不过八九十名，其余男子都充当文武官员。

八旗分隶八都统。都统所辖有骁骑营马甲（满洲、蒙古每佐领下二十人，汉军每佐领下四十二人）、领催（从马甲中挑选，每佐领下五人）、匠役（每佐领下有弓箭鞍铁等匠）三种。又有前锋营（每佐领下二人，共一千七百七十人，内满洲一千三百六十二人，蒙古四百零八人）、亲军营（兵额同前锋营）、护军营（每佐领下十七人。满洲一万一千五百七十七人，蒙古三千四百六十八人）、火器营（鸟枪护军每佐领下六人，满蒙共五千三百十人，炮甲每佐领下一人，满蒙共八百八十五人）四营不隶都统，别设总统管理，汉军旗人不得充四营兵士。汉军骁骑营内有炮甲（每旗四十人，共三百廿人）、藤牌兵（每旗百人，共八百人）、抬鹿角兵（每佐领下八人，共二千一百廿八人）三种，为满洲、蒙古骁骑营所无。步军隶属提督九门步军统领，满蒙每佐领下步军领催二人，步军十八人，汉军每佐领下步军领催一人，步军十二人。旗兵是清朝统治中国的基本力量，满蒙汉旗兵数武器的分配，满汉歧视，显然可见。

八旗驻防地分北京、近畿、外省三种。北京城内镶黄旗住安定门内，正白旗住东直门内，镶白旗住朝阳门内，正蓝旗住崇文门内，正黄旗住德胜门内，正红旗住西直门内，镶红旗住阜成门内，镶蓝旗住宣武门内。所有城内汉族住民，悉数被多尔衮驱逐出城（限三日内迁出），北京成为全国最大的兵营。近畿驻防沿长城线有山海关、冷口、喜峰口、罗文峪、古北口、密云、千家店、独石口、张家口、热河、哈喇河屯等处，拱护北京有永平、玉田、宝坻、三河、顺义、昌平、采育、良乡、东安、固安、霸州、雄县、保定、沧州等处（共二十五处）。外省驻防有盛京（辽宁）、吉林、黑龙江、绥远、江宁、杭州、福州、广州、荆州、成都、西安、宁夏、新疆等处（共七十二处。次要驻防地区，不复列举）。据嘉庆十七年户部统计，京师八旗及各省驻防满洲兵丁人数二十二万二千九百六十八名，八旗蒙古兵丁人数五万五千六百三十九名，汉军并内务府及五旗包衣（世仆）十四万三千五百五十四名，满洲蒙古家人（奴）五万零一百六十三名。合其他人口，共计约五十万人。外省各地驻防兵少或一二百人，多或四五千人，江浙人民反满思想特盛，驻防兵额也最多。

八旗兵饷，前锋、亲军、护军、领催、弓匠长每人月支银四两，骁骑、铜匠、弓匠每人月支银三两，每年各支米四十八石。步军领催，每人月支银二两，步军每人月支银一两五钱，每年各支米二十四石。炮手每人月支银二两，年支米三十六石。

绿营——汉兵用绿旗，号称绿旗营，又称绿营。兵种分马兵、步兵。步兵有战兵、守兵，马兵有额外、外委。绿营组织有督标（总督）、抚标（巡抚）、提标（提督）、镇标（总兵）四种。标下有营。本标（督、抚、提、镇直辖部队）最多不过四营，少或两营（另外有城守营、分防营）。中下级队官有副将、参将、游击、都司、守备、千总、把总等名目，统归总督、巡抚、提督节制。又有河标、漕标、受河道总督、漕运总督节制。

绿营驻屯最多地方，直隶四万二千余人，江苏五万余人，福建六万三千余人，浙江三万九千人，陕西四万三千人，甘肃、新疆共五万五千余人，四川三万四千余人，广东六万九千余人，云南四万二千余人，贵州四万八千余人，全国共有绿营兵六十六万一千六百五十六人。

绿营军官满汉并用，直隶山西边境驻军，满缺副将四人，参将六人，游击六人，都司二十一人，守备三十三人。内地驻军满汉官数比率，副将、参将，汉人五人，满人一人；游击、都司、守备，汉人十人，满人一人。陕西、甘肃及四川松潘镇副将参将汉人七人，满人一人，游击都司汉人六人，满人一人，守备汉人五人，满人一人。

绿营兵饷马兵月饷银二两，步兵（战兵）一两五钱，守兵一两，每月各支米三斗。大抵满兵一人，粮饷比绿营兵高三倍。

从兵士升武职，满汉相差悬殊。绿营兵士先补坐粮，服役若干年进补步粮，再进补马粮，再进补外委，再进补经制，再进补把总，兵士升军官，困难如此。八旗人六岁以下称半口，减半给粮，七岁以上，即食全饷。经服役后得升领催，渐次升任武职，不怕没有大官做。

清朝奖励绿营腐败，定制准许军官扣克军饷，称为亲丁名粮（虚粮）。提督扣八十分，总兵六十分，副将三十分，参将二十分，一律马步各半。游击十五分，都司十分，守备八分，千总五分，把总四分，一律马一步四。公开虚粮以外，军官赴任，召募家丁，随营开粮，军牢、伴当、吹手、轿夫，都算正兵，地方商民挂名军营，藉免徭役，粮饷归军官私吞。马兵关支草料，照例克扣短少，马瘦骨露，加鞭不走。器械如弓箭、刀枪、盔甲、火器等件，钝敝朽坏，帐房、窝铺、雨衣、弓箭罩从不设备。春秋两操，视同儿戏，将不知阵势分合奇正，兵不知战斗坐立进退。从顺治时代起，绿营永远是这样一个军队。

（四）刑法

顺治三年颁布《大清律》。乾隆时重修律例，制成《大清律例》，内分律目、图、服制、名例、吏律、户律、礼律、兵律、刑律、工律、总例、比引条例，凡四十七卷，四百二十六门。名例律中所载五刑（笞、杖、徒、流、死）、十恶（谋反、谋大逆、谋叛、恶逆、不道、大不敬、不孝、不睦、不义、内乱）、八议（议亲、议故、议功、议贤、议能、议勤、议贵、议宾）是维持封建统治，保障贵族特权的重要部分。犯十恶罪，任何赦令不得宽免。满洲亲贵止要不犯十恶，在八议范围内，法律的约束力也就微细不足道了。

旗汉人在法律上地位不平等，旗人狱讼，不论在京在外，各有特定的审判机关。在京普通旗人，归步军统领衙门审判，内务府所管旗人，归内务府慎刑司审判。外省旗人，归将军及副都统审判。

汉人审判机关，不得受理旗人案件，反之，步军统领衙门得审判汉人。

京城旗汉人交涉事件，旗人向该管佐领，汉人向该管衙门起诉。各该管官取具原告口供证据，转详户部，户部转行被告所属官厅，取具口供证据。户部凭双方提出的材料，查明断结。外省旗汉人间小事件，经州县官审理，如认为曲在汉人，依常例处分，如认为曲在旗人，取具口供并附添审拟意见，送致理事厅（旗人审判衙门）听候处分。至于旗汉间审判不公平，更无待说明。

旗人犯罪不入普通监狱，宗人府、内务府、理事同知衙门各有特设监狱，犯人待遇比普通监狱良好。旗人又有一种特权，称为换刑，笞杖刑可换鞭责，徒流刑可换枷号（徒一年换枷号二十日，徒三年换枷号四十日，流二千里换枷号五十日，三千里换枷号六十日，附近充军换枷号七十日，极边充军换枷号九十日）。死刑不得换刑，但得减等，斩立决改斩监候，斩监候改绞。又犯人刺字，汉人刺在面上，旗人偶然刺字，止在臂部。

旗人在法律上享受许多特权，凭藉权势和地位，攘夺汉人的土地房屋，霸占汉人的妻妾子女，蹂躏汉人的坟墓，鞭打汉人的官长，种种横暴行为，《东华录》、《十朝圣训》里层见叠出。汉人在异族高压下，止好忍辱受屈，免得招致更大的屈辱。

（五）科举

明朝用八股（制义）取士，三年大比（考试），各县诸生（秀才）赴本省省城应考，称为乡试，中式（考取）后称举人。次年各省举人赴北京礼部应考，称为会试。中式后赴宫中太和殿对答皇帝策问，称为廷试或殿试。殿试榜分一、二、三甲，一甲止三人（状元、榜眼、探花），二甲若干人，赐进士出身（翰林），三甲若干人，赐同进士出身（进士）。子午卯酉年乡试，辰戌丑未年会试。顺治二年，开科取士，一切按照明朝旧制。告病假观望形势的秀才们，悉数报名应考。有人作诗讥刺道："圣朝特旨试贤良，一队夷齐（伯夷叔齐）下首阳，家里安排新雀顶，腹中打点旧文章。当年深自惭周粟，今日翻思吃国粮，非是一朝忽改节，西山薇蕨已精光。"

科举是士人入仕正途，竞争非常剧烈，主考纳贿、士人作弊，与明朝同一风气，不同的是明朝皇帝放任不管，清朝皇帝如发觉弊端，认为有害收买寒士政策，往往重办主考，藉示公平。福临时，苏州某人做某省主考，得贿很多，巡抚想分肥，预畜一奇鸟，等主考来见，挂鸟笼在檐前。一人问："这鸟从何处得来，大老爷这般珍爱？"巡抚道："这鸟从京师得来，一飞冲天，可以直达天听（巡抚自比）。你看秀才头上一丢丢儿锡的（帽顶），也值三百两，难道我这里不该五六万？"主考大惊失色，托亲友送巡抚巨金，得安全无事。玄烨时徐乾学做礼部尚书，荐表亲杨某充顺天乡试正主考。乾学开名单数十人，交杨某录取。榜发，落第士人大哗。玄烨怒，定期亲讯，乾学贿托贵臣面奏道："国初悬高官厚禄，收买汉儿，有些人还拒绝不受，现在小小一个举人，竟至纳金钱通关节，营求惟恐不得，可见汉儿们已经归诚我朝，天下从此太平了。"玄烨听说，不再追究。其他科场舞弊案，所在多有，如康熙三十八年顺天乡试正主考李蟠、副主考姜宸英公开受贿，收王某、李某银各三千两，熊某、蒋某、年某银各一万两。失意考生，责主考"绝灭天理，全昧人心"，御史鹿祐据情奏参，玄烨怒，治李姜二人罪。又如康熙五十年，江南副主考赵晋私通关节，士人抬财神入文庙（孔庙），玄烨杀赵晋及房考王曰俞。康熙时代算是清朝盛世，科场腐败如此，别的时代更可想见。

八股试题本似儿戏，有些主考竟因善于儿戏，传为“美谈”。例如彭元瑞做江苏主考，适值弘历万寿（皇帝生辰），出八个题目考诸生，（1.臣事君以忠，2.彭更问曰，3.恭则不侮，4.祝鮀治宗庙，5.天子一位，6.子服尧之服，7.万乘之国，8.年已七十矣）八题第一字连成“臣彭恭祝天子万年”一句。又试场中有提调官王某，外号王二麻子，元瑞出四个题目考诸生（1.王何必曰利，2.二吾犹不足，3.麻缕丝絮，4.子男同一位），四题第一字连成“王二麻子”一句。考生作试文，也各造怪僻语，求主考的赏拔，例如某生文中用“九貂九骚”对“三薰三栗”，榜发，名列高等。友人叩问出典，某生道：“我在街上曾见乞丐抢熏肉三块，物主打乞丐栗子拳三下。至于九貂九骚，俗语所谓十个胡子九个骚，十个鬍鬍九个刁，这就是出典。”主考和诸生止读朱熹注四书，此外一无所知，甚至连朱注也并不懂得。常熟（江苏常熟县）生员沈廷辉，年三十余，试场面貌册上填“微须”二字，主考胡希吕说微是无的意思，凡面貌册填微须的有须人，一概不准入场。沈廷辉急到剃头铺将微须刮去，奔往辕门听点名，不料友人某已代廷辉改册上微字为有字，廷辉大受胡希吕斥责，狼狈退走。别一生员也因微须被斥，在主考前声辩。胡希吕大怒道：“你读书连朱注‘微无也’还不懂么？”生员笑问道：“如果这样，‘孔子微服而过宋’，脱得赤膊精光。成什么体统？”胡希吕瞪目不能答。清朝中期全国生员约五十余万名，都想在昏愚贪污的主考手中获隽（音俊，考取），富家出钱贿买，贫士止好迷信求神。无锡（江苏无锡县）风俗、亲友送人进考场，例赠笔及定胜糕、米粽，表示必定高中的预兆。又考生进场前一天，多到关帝庙祝祷，神前置笔、锭、戳子三物，取必定一等的意思。口中低诵祝文道："伏愿瞌睡瞭高（监试人），犯规矩而不捉，糊涂学道（主考），屁文章而乱圈。"生员顽钝无耻，直到这样可惊的程度！

旗人乡会试在清初另立一榜，止考翻译（用满文译汉文一篇），称为翻译科举。雍正以后，旗汉人一体考试，形式上似乎很公平，可是事实却大不然。试取一甲作例，从顺治三年至光绪二十年，状元、榜眼、探花凡三百二十四人，其中宗室、满洲、蒙古、汉军、盛京共得状元一人（蒙古人），探花二人（汉军旗人），汉人共得三百二十一人（江苏最多，计一百一十六人，浙江较少，七十四人）。旗汉人中式名额，相差极远。再看京官名额，内阁及六部自大学士、尚书、侍郎、员外郎、主事，旗人专缺约四百名，汉人约一百六十余名，五六百名官员中，旗人极少数从科举出身，汉人极大多数是进士。弘历在位六十年，用大学士凡六十人，其中汉人二十五人，全数是进士出身，旗人三十五人，仅进士四人，举人三人。满人利用科举，限止汉人仕进，汉族士大夫在满族统治下也止有专力学习八股，才能满足仕进的欲望。

上述几种重要制度，充分说明满族对汉族统治的严密，虽然汉族士大夫卑躬屈节，向满洲主人献媚乞怜，但仍止能取得极有限度的信任。鸦片战争以前清朝的政治，大体就是满族对汉族的斗争，清朝统治阶级对汉族人民的斗争，满洲统治阶级对汉族统治阶级的斗争，满洲统治阶级内部的斗争，这样复杂的斗争，表现在历朝皇帝的政治策略上。因为皇帝是统治阶级唯一的首领，他们都很有才干，确能把握斗争而且从斗争中取得胜利。

福临

（一六四四 — 一六六一年）

努儿哈赤生十六子，第八子皇太极继位。皇太极死，第三子福临继位①，年六岁。两次继位，都经过诸王猛烈的争夺，由于情势的不利，努儿哈赤指定自己的继位人多尔衮止好又一次让步，拥立皇太极的儿子福临，自己与郑亲王济尔哈朗（努儿哈赤同母弟舒尔哈齐第二子）同做摄政王，多尔衮入关后，功高权大，福临尊他为皇叔父摄政王，又加尊号为皇父摄政王。相传太后博尔济吉特氏（福临母）曾降尊屈身，下嫁多尔衮，这当然不是简单地为了淫乱，主要还是为了保护福临的帝位。

顺治七年，多尔衮死。福临籍没多尔衮家产，追削爵号，凡谄附多尔衮的文武大臣，各处重刑。福临亲政以后，陆续杀戮明降臣谭泰（吏部尚书）、王国保（江苏巡抚）、陈名夏（大学士）等，向骄横恃功（投诚功）的汉奸们示威。又从汉奸杨雍建奏请，严禁士子不得“妄立社名，纠众盟会，凡投刺（名片）往来，不许用同社同盟字样，违者治罪”。当时明末义士遗民，有复社、几社等秘密组织，在这道命令下，自然又丧失了无数忠义人生命。

顺治十八年福临死。一说，因宠妃董鄂氏死，福临郁郁不乐，弃位出家，到五台山清凉寺当和尚。

---

① 据《清史稿》卷四《世祖本纪一》，福临为皇太极第九子，而非第三子。——原校者注。

玄烨

(一六六二 — 一七二二年)

福临死,第三子玄烨继位,年八岁。大臣索尼、苏克萨哈、遏必隆、鳌拜同受遗命辅政。鳌拜擅权骄横,玄烨选满洲强健小儿多人,经常作布库(扑打)游戏,鳌拜认为童稚玩弄,并不介意。康熙八年鳌拜入朝,玄烨命小儿捕鳌拜,下狱治罪。

玄烨是清朝第一个英明的皇帝,他在位六十一年,完成了统一中国的事业,侵夺了许多邻族的土地,武功与汉唐两朝比盛。内政方面,充分发挥了统治术,士大夫歌颂功德,全入牢笼(少数义士除外),汉族反满运动呈现退潮的形势,因之康熙成为清朝的全盛时代。他的设施有:

博学弘儒科——乡会试止能罗致凡庸或年龄较小的儒生,高才或自命遗老的文士,不屑进场屋(考场)与陋儒比较八股技能,索性标榜孤忠,写些诗文发泄牢骚,多少对满清不利。康熙十七年,特开博学弘儒科,令在京三品以上及科道官员,在外督、抚、布、按及学政,各就所知学行兼优、文词卓越的文人,不论已仕未仕,举荐送部,户部赏给月俸,听候考试。次年,搜得全国名士一百四十三人,齐集体仁阁考诗赋(不考八股),取中一等彭遹孙、朱彝尊、汤斌等二十人,二等李来泰、毛奇龄等三十名,各授翰林院官职。取中的五十人,自然感激皇恩,荣幸无比,被斥的九十三人,已经失节丧名,无面目再自命遗老孤忠,讥刺朝政。止有黄宗羲,李颙、顾炎武、吕留良、傅山、魏禧、万斯同、应抝谦等誓死不受荐举,确保名节，永远受后世的崇敬。

程朱派理学——南宋赵构、秦桧提倡程（颐）学，经朱熹继续发扬，程朱学大受元明两代统治阶级的尊信。玄烨认定程朱派理学的作用，表章不遗余力。他说："朱子注释群经，阐发道理，没有一句一字不明白精确，归于大中至正"，真所谓"集大成而继千百年绝传之学，开愚蒙而立亿万世一定之归"。他又说："日常行事，无非这个道理，自从有了理学名目，因而彼此辩论。朕见理学家言行不相符的很多，整天讲理学，所做的事，全与所言背谬，这不能称为理学。如果口头不讲，行事却与道理符合，这就是真理学。"他自称八岁以后，精心研究朱注《大学》、《中庸》，甚觉愉快。康熙五十一年，尊朱熹为十哲（孔子神位前十个大儒）之一。又命李光地等编纂《性理精义》、《朱子大全》等书颁布天下。玄烨自己的行为呢？却曾纳姑母当妃妾，最宠任的理学儒臣李光地、汤斌，正是两个最阴恶的大汉奸。李光地是福建安溪县大地主，与叔父李日爆纠合家奴和无赖百人，攻击抗满山砦，大小百余战，山砦被攻破。康熙九年，成进士，授翰林院编修。十二年请假归家。十三年，郑经（郑成功嗣子）联合清叛藩耿精忠攻福建，光地遣使带蜡丸密奏走北京献行军计谋。十七年，郑经遣将刘国轩、吴淑、何祐等分路攻福建，破海澄，杀清都统穆赫林以下三万余人，收复漳平、长泰、同安等城，国轩围漳州，分兵围泉州，清兵战败。李光地率乡兵百余人引清军自安溪山中小路突出攻击，郑经军败走入海。光地屡立功，大得宠幸，积官至文渊阁大学士。玄烨对群臣说："了解光地的止有朕，了解朕的止有光地。"二人关系，密切如此。光地擅长中庸的道理，在争夺剧烈的官场中，永能保持胜利。例如康熙四十七年，玄烨因废皇太子胤礽狂病渐愈，想再立为太子，命诸大臣集议保奏。内大臣阿灵阿、尚书王鸿绪等保奏皇八子胤禩（同祀字），玄烨怒，责光地道："你为什么一言不发？"光地奏道："先前皇上问臣废太子病该如何医治，臣曾奏慢慢调理，是天下的福气，臣未曾对别人泄漏过这句话。"这是何等圆活，各方面不得罪的回答！汤斌一生著名大事业是禁五通淫祠。相传朱元璋命江南人家立一尺五寸高的小庙，祭战死的兵士，俗称五圣祠。苏州一带五圣神迷信尤盛。汤斌做江宁巡抚，烧毁庙屋偶像，奏称："从前有官长毁五通庙，不久遇祟身死，臣毁庙后数月，并无他异。"毁淫祠不算什么大事，他这一奏陈，无非表示自己学有根柢，邪不侵正，同时表示自己效忠满族，连明朝的鬼兵，也要澈底剿灭。

天主教——西洋教士汤若望替朱由检铸造火炮，曾给清军很大的威胁。多尔衮占领北京，城内汉人限三日内一律迁出，独许汤若望留居宣武门内圣堂。顺治二年颁布西法时宪历书，任命汤若望掌管钦天监。福临厚待西洋教士，当然不是尊信教义，也不是尊信科学，主要是和明人争夺外援。拥护朱由榔起兵的瞿式耜、丁魁楚，以及由榔一家如王太后（教名玛利亚）、马太后、王皇后（教名亚纳）、太子慈烜（教名当定）都是基督信徒。永历四年（顺治七年），由榔遣西教士卜弥格至罗马谒见教皇，请求援助。福临厚待西教士用意在对抗朱由榔。福临死后，朱由榔败灭，清朝不再畏惧西教士，反觉西洋人在中国，传教收徒，不免妨碍自己独占中国的权利。康熙初年借革职钦天监监员杨光先诬告，各省耶稣会教士与汤若望（年七十五岁）密谋不轨（反叛）作藉口，严禁传教，焚毁经典，破坏圣堂，拘禁教士，革斥信教官吏，宣告汤若望、南怀仁（比利时人）

死刑（幸遇地震。二人得免死），钦天监学习西法的官员三十余人，或斩首，或充军，或免职。杨光先因功得为钦天监监正，废西法，复用大统历。

康熙八年考验天象，证明大统历舛错，玄烨斥退杨光先等，复令南怀仁掌管钦天监。十二年，吴三桂叛变，南怀仁等替清朝铸大小铁炮一百二十门，大得玄烨宠信。此后命教士进讲西学（主要是算学），又命测绘全国地图（《皇舆全览图》），允许自由传教，广东有教堂七所，江南有百余所，教徒十余万人，天主教盛行一时。

明末利玛窦来中国，起初著和尚衣，后改道士装，最后改儒生装，才得与士大夫交接。在教义方面，务求融合中国人固有的信仰习惯，如拜孔子拜祖先，都在许可范围以内（不得拜其他偶像）。这样的宗教，迎合了用作统治工具的儒教精神，可免皇帝的禁止。康熙末年，罗马教皇严禁中国教徒崇拜祖先，玄烨怒，认为教皇干涉中国内政，有意破坏中国相传的圣道（君父一体，不拜祖先，就会不拜君父，犯十恶大罪）。四十六年，禁止各地天主堂传教，勒令教士退还澳门。五十六年，禁止一切外人留住内地，玄烨以后诸帝，对天主教或宽或严，但传教禁令始终不肯撤销，严格保持一贯的海禁闭关政策。教民因不拜祖先，被社会看作化外人，民教争端，也就从此开始。

玄烨生三十五子，立嫡长子胤礽为皇太子。诸子结党猛争，朝臣分成数派，胤礽情急，行动类疯狂，康熙四十七年，废胤礽，幽禁咸安宫。诸子争位更烈，玄烨无法安排，四十八年，复立胤礽为太子。五十一年，又废胤礽。六十一年，玄烨死，第四子胤禛继立。

胤禛

（一七二三 — 一七三五年）

胤禛在诸子中最凶狡，得立后，囚禁第八弟胤禩，改名阿其那（满语狗），第九弟胤禟，改名塞思黑（满语猪）。其他兄弟及其子孙亲戚，陆续被胤禛杀害，止胤祥等少数人得免祸。清初，八旗中镶黄、正黄、正白称上三旗，直属皇帝，正红、镶红、镶白、正蓝、镶蓝称下五旗，归诸王分统。胤禛收回下五旗统率权，此后诸王不能藉实力对抗皇帝。

康熙五十年给辰沅巡抚潘宗洛上谕说："今天下太平无事，以不生事为责，兴一利即生一弊，古人云，多事不如少事。"这是玄烨晚年的政治方针，感戴皇仁的自然是那些官吏士绅。康熙时代著名清官仅有于成龙、汤斌、陈鹏年、陆陇其、彭鹏等等寥寥数人，其余贪污盛行，积弊极深。胤禛登位，力求整顿吏治，任用田文镜、鄂尔泰等严刻小人。厉行特务政治。胤禛豢养特务多人，四出侦察，探访官吏动静。例如按察使王士俊将赴任，大学士张廷玉荐仆役一人。后来士俊任满，准备回京朝见，仆忽告辞，士俊怪问原因，仆说："你做官几年，还不错，我要先回京面圣，替你说些好话。"原来仆是胤禛派来的暗探。某次胤禛秘密取下刑部大门上匾额，第二天召刑部官员来，问刑部有无匾额，都对说有。胤禛令人抬出匾额，责骂道："匾额早在这里，你们还不知道，疏忽糊涂到这样。"田文镜做河南巡抚，胤禛称他是巡抚中第一人。文镜用绍兴人邬某作幕客，一切听邬某布置，原来邬某是胤禛派来监视田文镜的暗探。皇帝豢养特务，各级官员也豢养特务，层层监视，贪污官吏，似乎略知敛迹，不敢过度妄为了。可是胤禛终于在特务手中暴死。“搬石头打自己的脚”，就是豢养特务应得的果报。

弘历

（一七三六 — 一七九五年）

胤禛暴死，第四子弘历继位。弘历在位六十年，玄烨、胤禛两朝长期积累的财富，被他尽量消耗，在侵略战争中，造成所谓十全武功（平准噶尔二功，定回部一功，扫金川二功，靖台湾二功，降缅甸、安南各一功，降廓尔喀二功），在政治上，造成贪污横行，官逼民反的普遍现象。下面举出一个例证，可以推见当时政治的腐败，人民的痛苦。

乾隆五十一年，任用和珅（音申）为文华殿大学士，颙琰嘉庆四年和珅得罪赐死，查抄家产，据查抄官进呈清单所载，略录如下：

器物类——金碗碟三十二桌，共四千二百八十八件，银碗碟四千二百八十八件，白玉唾壶二百余个，金唾壶一百二十个，银唾壶六百余个，金面盆五十三个又六十四个，银面盆一百五十个又八十三个，金银翠宝首饰大小共计二万八千件。

金银类——金元宝一千个（每个重一百两，计银一百五十万两），银元宝一千个（每个重一百两），赤金五百八十万两（估银一千七百万两），生沙金二百万余两（估银一千八百万两），元宝银九百四十万两，洋钱五万八千圆（估银四万零六百两），制钱一千五十五串（估银一千五百两）。

店铺类——当铺七十五座（资本银三千万两），银号四十二座（资本银四千万两），古玩铺十三座（资本银二十万两），玉器库两间（估银七十万两），绸缎库两间（估银八十万两），洋货库两间（五色大呢八百板，鸳鸯一百十板，五色羽缎六百余板，五色哔叽二百余板），皮张库一间（玄狐十二张，各色狐一千五百张，貂皮八百余张，杂皮五万六千张），玻璃器皿库一间（八百余件）。

皮衣类——貂皮女衣六百十一件，貂皮男衣八百零六件，杂皮男衣八百零六件，杂皮女衣四百三十七件，貂帽五十四顶，貂蟒袍三十七件，貂褂四十八件，貂靴一百二十双。

田地类——地亩八千余顷（估银八百万两）。

嘉庆四年正月十七日上谕说，和珅家产共一百零九号，内有八十三号还没估价，已估二十六号，合算共计银二万二千三百八十九万五千一百六十两。和珅得宠不过二十年，积赃竟至数万万两，其他大小官吏贪赃总数也一定不小，人民遭受这样残酷的剥削，不得不发动嘉庆时代的大起义。

颙琰
（一七九六 — 一八二〇年）

弘历在位六十年，传位给第十五子颙琰。嘉庆四年，弘历死。颙琰杀和珅，没收大量财物，一部分赏给满洲贵族，如庆郡王永璘得和珅住宅，成亲王永瑆得和珅花园，亲贵们各得分肥，自然满意。一般满洲官员，都想乘机收拾些残余，如副都统萨彬图奏请准令本人提讯和珅家掌管金银内帐使女，发掘和珅宅中窖埋金银，被颙琰斥责不准。又如四月二十六日上谕说："本案已经定案，断不许再起纠纷，朕不是贪利的人主，想来诸臣也不忍这样做。"当时民间有"和珅跌倒，嘉庆吃饱"的谣谚，想见不得分肥的官员，对颙琰大不满意，造流言表示抗议。在君臣争利，上下效尤的情况下，贪风大盛，政治极度败坏，翰林院编修洪亮吉"平邪教奏"中说："今天州县官的罪恶，比十年二十年前加增百倍，上敢毁天子的法令，下敢竭百姓的资财。凡朝廷赈款，全被官吏中饱，军营粮饷，全被官吏冒蚀，从州县官到督抚大员，通同作弊，止蒙蔽皇上一人。"洪亮吉大胆直言，因此得罪下狱，刑部议照大不敬律判斩刑，颙琰改为从宽免死，解到新疆充军。

官吏贪污到怎样的程度呢？下面举些例证，可以推知大概。

嘉庆十四年，淮安府报灾办赈，江南总督铁保派候补知县李毓昌往查。山阳县（淮安府首县）知县王伸汉捏报户口，浮冒赈款三万两。毓昌查得实情，伸汉赂巨金，毓昌不受，知府王毂代说情，又不听。伸汉令仆人包祥与毓昌仆人李祥、顾祥、马连升合谋，置砒霜茶汤中给毓昌饮，毓昌夜中腹痛起来，李祥等用腰带缢杀毓昌。王伸汉烧毁毓昌查赈文件，送王毂银一千两，报称李毓昌发疯自缢，草率了事。

著名学者兼名臣毕沅任两湖总督，旗人福宁任巡抚，陈淮任藩司（布政使），三人朋比作奸，毕假装高尚，福广收贿赂，陈专寻属员赃私，讹诈财物。官员们称三人为"毕不管，福死要，陈倒包"。又称"毕像蝙蝠，身不动摇，专吸过往虫蚁；福像虎狼，不顾人畜，一概吞噬；陈像老鼠，钻穴蚀物，使人不防"。

旻宁

(一八二一 — 一八五〇年)

颙琰死,第二子旻宁继位。

满清入关,继承明末全部弊政,藉以换取明士大夫的拥护。福临亲政,杀陈名夏、谭泰、陈之遴、刘正宗等贪暴大臣,官吏略知畏惧。玄烨晚年,贪风盛行,胤禛严刑杀戮,官吏又略知畏惧。弘历奢侈嗜利,夸张升平,晚年贪风大盛,危机成熟,不可收拾。颙琰时代民变到处发生,清朝政权呈现糜烂的局面。旻宁时代整个统治阶级不仅全部腐化,而且几乎大部毒化,因此爆发了破坏中国数千年旧社会的鸦片战争,又因此爆发了咸丰元年(一八五一年)的太平天国革命,前一战争使中国社会开始改变为半封建半殖民地的社会,后一革命使中国历史上无数次封建社会的农民起义,开始萌芽了资产阶级民主主义革命的性质。旻宁时代真是中国历史上最险恶的同时也是最伟大的一个转变时代。

旻宁时代的政治,是山穷水尽不得不变的政治。

八旗——清朝维持政权,惟一可靠的力量是八旗兵。玄烨禁汉族妇女缠足,企图把汉族全部满化(男子辫发胡服,已经满化),可是遭遇抵抗不得成功。反之,皇太极以下诸帝谆谆告戒满人勿忘"国语骑射"的热望,终于失望了。胤禛时代八旗兵丁已成赌博、进戏园酒馆、斗鸡、斗鹌鹑蟋蟀、雇人当差、放印子银两、典卖钱粮田地房产的游荡子破落户,既不能自谋生计,又不能骑射当兵,颙琰时满蒙汉八旗人口约一百五十万,完全依靠口粮,苟且生活,不仅不能支持清朝的统治,反使清朝付出巨额粮饷,财政上感到大困难。

绿营——绿营开始就是腐朽的军队,但仍不失为清朝第二个可靠的力量。颙琰时用兵镇压川楚民变,军中将领生活奢侈,骇人听闻。粮饷多被官员侵蚀,兵士所得极微。例如建昌道石作瑞侵蚀兵饷五十万两,作应酬诸将帅的费用,入私囊款并不在内。作瑞在荒山中办诸将筵宴,值银五六两一品的肴馔,一次多至三四十品。总督福康安初到军中,作瑞赠献珍珠三斗,蜀锦一万匹。将帅每当出战,令雇佣兵乡勇充先锋,绿营兵在后,八旗兵在最后。战费支出,弘历侵略回疆,用银三千万两,侵略金川,用银七千万两,颙琰镇压川楚民变,用银一万万两以上,战费按倍数增加着,说明军队也按倍数腐朽着。

河工——乾隆三十九年,黄河决老坝口,决口宽一百二十五丈,深五丈。南河总督吴嗣爵怕弘历罪责,恳求先前被嗣爵驱逐的老河工郭大昌堵塞决口,愿出银五十万两,完工限期五十日。郭大昌道:“要我办工程,限期不得过二十日,工银不得过十万两。不许有官员来共事,止让我一人全权办去,否则我不敢承认。”吴嗣爵答应,果然到期合龙,费银十万二千两。河官们恨大昌节省工费,又把他驱逐出去。嘉庆初年,黄河出险工,官员们估工价一百二十万两,河督议减一半,询问郭大昌。大昌道:“再减半,满够了。”河督觉得为难,大昌道:“十五万办工,十五万做人情,还不够么?”河督怒,永远不用大昌。河工捏造帐簿,滥用虚靡,妄兴工程,浮冒侵蚀,成为军费以外一宗巨大支出。嘉庆十六年上谕:“南河工费统计各项银数不下四千余万两,说没有弊窦,谁能相信。”颙琰派大员去查,结果查无实据,敷衍了事。

弘历、颙琰两朝,军队与政治的腐败,似乎已经不可救药了,旻宁时代,腐败更甚。旻宁重用大学士曹振镛,振镛专能迎合意旨,探知旻宁怠惰,不愿管理国事,又憎恶言官谏诤,却无法拒绝。振镛献计道:“现在天下太平,朝臣喜发危言高论,指陈得失,藉获名誉。如果加罪言官,皇上不免受拒谏的恶名,最好摘出奏章中可疑字句,交部从严议处。臣下仰见皇上圣明,察及秋毫,自然恐惧不敢说话了。”旻宁喜欢,派人专寻奏章中可疑字句,指出办罪。少数敢言的官员,从此不敢再议论政治,极大多数贪恶的官员,更放胆进行祸国殃民的罪行,促成清朝统治的加速度溃败。

第四节 削平三藩与对外用兵

(一)削平三藩

吴三桂杀朱由榔,云、贵、两广归入清朝版图。当时满洲兵力有限,不能直接统治这样偏远的广大地区,最好的办法是暂时封给得力汉奸,替满洲残杀汉族义士,等到满洲势力强固,消灭汉奸,正像屠夫宰猪,叫嚎奔突一阵以后,胜利当然在屠夫方面。

福临封吴三桂为平西王,经略四川、云南,孔有德为定南王,经略广西,尚可喜为平南王,耿仲明为靖南王,经略广东。朱由榔死,玄烨令吴三桂王云南,尚可喜王广东,耿继茂(仲明嗣子)王福建(孔有德先在桂林败死,无子爵除),号称三藩。吴三桂部下有四镇十营，兵约十万，在三藩中最强悍，清朝对他也特别宽容。

康熙十二年，玄烨令尚可喜撤藩北还，吴三桂恐惧自危，明义士查如龙写血书劝三桂起兵恢复中原，血书被清官吏搜得，玄烨三桂间疑惧更甚。十一月，三桂拒绝撤藩令，据云贵叛清，自称总统天下水陆大元帅，兴明讨虏大将军，说是拥护朱三太子（并无其人），北伐胡虏，恢复明朝。吴三桂是穷凶极恶猪狗不如的奸贼，汉族人民谁也不去理会他这个号召，止有一些汉奸乘机响应，贪求更大的权利。三桂遣大将王家屏攻四川，大将马宝攻湖南。十三年，广西将军孙延龄（孔有德女婿，镇广西）、四川巡抚罗森、靖南王耿精忠（继茂嗣子）相继叛清，数月中清失云南、贵州、湖南、广西、福建、四川六省。三桂亲至湖南督师，令诸将不得北进，希望清朝割地议和，划长江为国界。玄烨决心用兵，命安亲王岳乐进兵江西，简亲王喇布镇守江南，贝勒洞鄂与大学士莫洛由陕西攻四川，康亲王杰书、贝子傅喇塔由浙江攻福建，平南王尚可喜、两广总督金光祖由广东攻广西。主力军是岳乐一路，企图由袁州直取长沙，长沙破后，叛军动摇，荆州大军乘势进攻，在湖南消灭吴三桂。

十二月，陕西提督王辅臣（三桂义子）举兵反，陕甘震动，三桂留兵守湖南，自率大军谋取道川陕，合辅臣军进攻北京。十五年，尚可喜子尚之信降三桂。十六年，大学士图海击王辅臣，辅臣降。岳乐军攻长沙，三桂回军来援，玄烨令荆州军乘虚进攻，荆州军怯弱，不敢深入。耿精忠、尚之信叛三桂降清，三佳失势，穷困无聊，十七年三月，在衡州自称皇帝。八月，三桂死。部将迎三桂孙吴世璠，自云南来衡州继承帝位。十月，世璠迎柩归云南，清军各路进击，二十年，攻破昆明，吴世璠自杀。十九年，玄烨杀尚之信，二十一年杀耿精忠，三藩平。

这一次战争是满族与汉奸间举行大决斗，汉奸失败了，满族却并非战胜者，支持清朝政权削平叛乱的，是一批新起的汉奸。

吴三桂起兵，玄烨令顺承郡王勒尔锦率满汉精兵驻荆州。勒尔锦安坐城中，止向督、抚、司、道索取贡献，听说三桂进兵消息，胆战心惊，急将南怀仁新制大炮埋藏土穴，准备溃退。贝勒尚善奉命攻岳州，藉口风涛险恶，不敢出击。简亲王喇布逗留江西，贝子洞鄂失机关中。玄烨派遣的满族将帅，终因怯懦无用，不得不撤回议罪。幸而叛军内部，猜忌纷乱，各不相顾，三桂屯兵不进，妄想议和，给玄烨提拔新汉奸，布置新阵容一个好机会。玄烨激励绿营将士道："从古汉人叛乱，止用汉兵剿平，何曾有满兵助战。"因此陕西有张勇、赵良栋、王进宝、孙思克，湖北有蔡毓荣、徐治都、万正色，福建有杨捷、施琅、姚启圣、吴兴祚，浙江有李之芳，广东有傅宏烈，都出死力替清朝平乱，清朝传统的利用汉奸政策，又一次取得成效。

（二）对外用兵

康熙二十二年，福建水师提督施琅攻台湾，郑克塽（郑成功孙）降。满族入关四十年，这时候，才完成统一的事业。玄烨为要巩固国内的统治，消除华夷的成见，发动武力，对外发展。胤禛雍正七年上谕说："我朝入主中土，君临天下，连蒙古极边诸部落，都归入版图，这样说来，中国的疆土开拓广远，应该是中国臣民的大幸，那得再存华夷中外的成见？"玄烨、胤禛、弘历三朝用兵不息，杀人无数，夺取边境外土地，用意是要汉族承认"这是中国臣民的大幸，还说什么华夷中外的分别?”

（甲）外蒙古及新疆天山北路（准部）

清初西域分准部回部两大部。

外蒙古以西,天山以北一带地方,有厄鲁特蒙古人(明朝称为瓦拉)居住游牧。厄鲁特分四部:(1)和硕特部(居乌鲁木齐附近,明末侵入青海),(2)准噶尔部(居伊犁),(3)杜尔伯特部(居额尔齐斯河流域),(4)土尔扈特部(居塔尔巴哈台)。康熙十六年,准噶尔汗噶尔丹统一厄鲁特四部。十七年,噶尔丹征服天山南路回部,势力渐盛。

元亡后,蒙古分三大部。漠南蒙古(内蒙古)、漠北喀尔喀蒙古(外蒙古)两部酋长,都是成吉思汗的后裔。居西域的厄鲁特蒙古,酋长系出脱欢太师及也先可汗,与内外蒙古不同祖。噶尔丹攻喀尔喀土谢图汗(土谢图部居土拉河流域,东有车臣汗,居克鲁伦河流域,西有札萨克图汗,居杭爱山西麓),又攻车臣、札萨克图两汗,并劫掠大喇嘛哲卜尊丹巴胡图克图(外蒙古活佛)的财产。喀尔喀三部数十万人,分路投漠南请降。康熙二十八年,玄烨令噶尔丹罢兵,归还喀尔喀侵地。二十九年,噶尔丹侵入内蒙古乌珠穆沁境。玄烨藉口调停战祸,亲率大军出古北口、喜峰口,大败噶尔丹军,噶尔丹逃回科布多,损失人马数万。三十年,玄烨出张家口,至多伦诺尔,受喀尔喀诸酋朝拜,分喀尔喀为左、右、中三路,共三十旗,废济农(副王)、诺颜(长官)等旧名号,改授王、贝勒以下爵位。从此外蒙古三十旗,与内蒙古四十九旗同为清朝的藩属。

康熙三十四年,噶尔丹声称借俄罗斯鸟枪兵六万,将大举报仇。三十五年,玄烨亲率大军进至克鲁伦河,噶尔丹不战遁走。清西路军费扬古、孙思克至昭莫多（东库伦）大破噶尔丹，斩首数千级，生擒数百人，获驼马牛羊帐械无算。

噶尔丹与清军久战，侄子策妄阿拉布坦据伊犁，遣使至北京，订约夹攻噶尔丹。康熙三十六年，噶尔丹穷困自杀。策妄侵略附近诸部。五十六年，攻入西藏拉萨，杀拉藏汗（西藏政治首领），拘囚达赖喇嘛（西藏宗教首领），西藏大乱。五十九年，玄烨令部统延信自青海，都统噶尔弼自打箭炉两路入藏，策妄军败归伊犁。雍正五年，策妄死，子噶尔丹策零继位。

雍正七年，胤禛命大将军傅尔丹率八旗兵屯阿尔泰山，自北路进，大将军岳钟琪率绿营兵屯巴里坤（新疆镇西县），自西路进，定明年会攻伊犁。策零攻清西路军，胜败不决。九年，傅尔丹进驻科布多城。策零击傅尔丹，清北路军大败，满兵生还仅二千人。策零追击清军至三音诺颜（土谢图汗属部），郡王策凌大破策零军。胤禛奖策凌战功，令三音诺颜与土谢图、车臣、札萨克图并列为外蒙古四部。十年，策零别路军击岳钟琪，胜败约略相当。清朝忌岳钟琪威名盛大，大学士鄂尔泰劾钟琪“拥兵数万，坐失机会，既不能料敌于事先，又不能歼敌于败（策零军在哈密战败逃走）后”。胤禛依据鄂尔泰的奏劾，召钟琪还朝，革职闲住，令副将军张广泗代掌大将军印。

雍正十年七月，噶尔丹策零亲率大军至厄得尔河源（外蒙古乌里雅苏台东北境），三音诺颜王策凌调蒙古兵三万人，大破策零军，满洲兵不敢邀击败军归路，策零得收残兵遁去。

八旗兵在战争中，完全暴露了不堪一击的丑形，三音诺颜王策凌每战必胜，更使清朝引为北方未来的隐忧。自康熙五十六年与策妄构兵，十余年来，靡饷七千余万两，国库渐感艰难，雍正十二年，许策零议和。

乾隆十年，策零死，准部内乱。弘历用降酋阿睦尔撒纳为向导，二十年，清兵分北西两路出击，杀准部大酋达瓦齐。二十一年，阿睦尔撒纳据准部叛。二十二年，清将军成衮札布从北路（乌里雅苏台）、将军兆惠从西路（巴里坤），乘准部内乱，诸部离散，长驱进占伊犁，阿睦尔撒纳逃入俄罗斯境，病死。清军屠杀准部人，深山荒野，无地不搜，小部落数十百户，也不让一人生存。准部盛时有户二十余万，人口六十余万，战败后，清军屠杀约十之五，疫死约十之二，逃入俄境约十之三。

（乙）新疆天山南路（回部）

天山南路居民信奉回教，因称为回部。清军占领准部，将军兆惠遣使招降诸回酋。回民数十万户拥酋长博罗尼都（大和卓木）、霍集占（小和卓木）抗清，止有库车、拜城、阿克苏三城的阿奇木伯克（官名）鄂对等走伊犁降兆惠。乾隆二十三年，兆惠率鄂对等攻回部。二十五年，兆惠军由乌什向喀什噶尔，富德军由和阗向叶尔羌，大小和卓木弃两城越葱岭西走，死。清尽有天山南北两路，称为新疆。设伊犁、塔尔巴哈台、乌鲁木齐、喀什噶尔四镇，将军驻伊犁。

清朝承认回民的宗教风俗，征收租税，依准噶尔旧额取二十分之一。更巧妙的统治术是禁止辫发，止有四品以上回官，才允许薙头，作为一种恩典。

（丙）西藏

西藏在唐朝称为吐蕃。李世民贞观时代，赞普（王）弄赞笃信佛教,自印度迎僧侣入国都拉萨传教,用印度字制国文,全藏化成佛教国。僧侣称喇嘛,吐蕃语无上的意思。元世祖忽必烈尊吐蕃僧八思巴为国师,封大宝法王,掌全藏政教大权。法王得娶妻(普通喇嘛不得娶妻),后嗣称萨迦(释迦)胡图克图(转生、再世)。衣帽本印度旧式,色赤。明初,西宁僧宗喀巴创新教,禁娶妻,衣帽用黄色。因此喇嘛有红教、黄教两派。黄教在前藏盛行。红教据后藏与黄教对抗。朱见深成化十五年(一四七九年),宗喀巴死,有两大弟子并居拉萨,一名达赖喇嘛(自称观音化身),一名班禅喇嘛(自称金刚化身),继嗣宗喀巴教法,为黄教徒宗主,黄教禁娶妻生子,别创一嗣续法,声称达赖、班禅两喇嘛永远不死,示寂(死)后仍呼毕尔罕(转世、化身),住世济度众生。达赖三世名锁南嘉穆错,渐得蒙古诸部尊信,俺答汗迎锁南嘉穆错至青海,黄教大行。漠北诸部,奉宗喀巴第三弟子哲卜尊丹巴的后身为大胡图克图,居库伦,总管蒙古教务,地位比班禅低一等。

清初,达赖五世用亲信人桑结为第巴(代达赖管政治),招青海和硕特部固始汗击杀后藏红教护法酋长藏巴汗,红教徒逃往不丹及尼泊尔,班禅喇嘛自拉萨徙居札什伦布,统治后藏,自此达赖、班禅分主两藏。桑结又密约准噶尔部噶尔丹汗,攻入青海,和硕特驻军退出西藏,桑结得握全藏政权。康熙二十一年,达赖五世死,桑结权力更大,助喀尔丹反抗清朝的进攻。康熙五十九年,清兵入藏,立噶尔藏嘉穆错为第六世达赖。雍正三年,派驻藏大臣带四川陕西兵二千镇压藏民。乾隆十二年,废西藏贵族汗、王、贝子等称号,设四个噶布伦,分管政事,又增加驻防兵一千五百名。五十六年,又增驻防兵四千。驻藏大臣掌握西藏政权,与达赖、班禅立在对等的地位,凡任免噶布伦及土官,审查财政收支,春秋二季巡阅国境，都要驻藏大臣会同办理。

据乾隆二年理藩院统计，达赖所辖寺院三千零五十余所，喇嘛三十万二千五百余人，百姓十二万一千四百三十八户。班禅所辖寺院三百二十七所，喇嘛一万三千七百余人，百姓六千七百五十二户。

（丁）青海

明末，和硕特部固始汗自乌鲁木齐侵占青海。顺治十三年，固始汗死，子孙分两支，一支驻西藏，称拉藏汗，一支驻青海及河套西部，称鄂齐图汗及阿拉善王。噶尔丹破青海及套西，阿拉善王和罗理降清。康熙三十七年，封达什巴图尔（固始汗第十子）为亲王，余酋各授贝勒贝子公等爵号，青海成清外藩。达什巴图尔死，子罗卜藏丹津继位，雍正元年纠合各部反清，与准部策妄阿拉布坦联盟，攻西宁城。胤禛命川陕总督年羹尧、四川提督岳钟琪驻西宁，伺机进击。二年，岳钟琪率精兵五千，马一万，袭罗卜藏丹津，大破丹津军，杀八万余人，俘数万人，丹津著妇女衣装，逃归准噶尔。清军平青海，分厄鲁特蒙古降人为二十九旗，令喀尔喀、土尔扈特、辉特各自为部，不得与厄鲁特合并。又有西宁番人（吐蕃），凡二三百部，不相统属，清采土司制，设番目，令受地方官管辖。从此青海成为清朝的领土。

（戊）苗疆

贵州东南境，有苗族居住的一大地区，周围约三千余里，称为苗疆。雍正四年，云贵总督鄂尔泰奏请改土归流。所谓改土归流，就是废除世袭的土司，苗民归清朝地方官（流官）管理，也就是取消苗族的“自治权”，要苗民完全同化在满族里。胤禛自然准奏，令鄂尔泰做云贵广西三省总督，全权办理侵苗事宜。鄂尔泰令游击哈元生经略乌蒙（云南昭通县）、镇雄（云南镇雄县）一带，令总兵石礼哈收复贵州东西南三面边境生苗二千余寨，令知府张广泗诱胁古州（贵州榕江县）苗民，自四年至九年，凡开苗疆二三千里，约当贵州全省的一半。

开苗疆诸功臣，都升大官调走，继任官吏，贪虐更甚。雍正十三年，台拱（贵州台拱县）苗寨群起抗清，攻破黄平（贵州黄平县境）、清平（贵州麻江县境）等州县。副将冯茂诱杀降苗六百余人，头目三十余人，苗族反抗愈烈，甚至出战前自杀妻女，宁死不反顾。胤禛发云南、四川、两湖、两粤六省大兵进击，屡败无功。乾隆元年，任张广泗为七省经略。广泗奏称："我军分战兵、守兵为二，苗人合生苗、熟苗（汉化的苗人）为一，我军因分力单，苗人因合力强。当今急务，在于暂时诱降熟苗，令缴出凶首、器械，使生苗势孤。集中大兵分三路直捣生苗巢穴，我力专，彼力分，我军整，彼军散，一战可灭。回来再重惩从逆各熟苗，免得留后患。"张广泗的计划实行了，熟苗被诱停止战斗，清军分兵八路。入深山搜杀生苗，斩首万余级，饿死跌死的无数。广泗乘胜袭击熟苗，烧毁一千二百二十四寨，斩首数万级。战后，贵州苗疆切实被清朝占领。

（己）大小金川

乾隆十二年，弘历命张广泗侵夺四川西边大金川地，大金川土司（吐蕃族）莎罗奔坚守战碉，广泗军失利。十三年，弘历起用革职将军岳钟琪，逮张广泗至京斩首。十四年，岳钟琪率兵深入大金川境，莎罗奔不战降服。

乾隆三十一年，弘历令四川总督阿尔泰召集小金川等九土司兵攻大金川，三十六年，两金川合兵击败清军。弘历怒杀阿尔泰，命温福、阿桂领兵进攻。三十七年，温福战死，全军歼灭。阿桂军攻破小金川，分兵三路击大金川。四十一年，金川全境平。大小金川，户不满三万，地不过千里，清朝不惜用兵七八万人，费银七千万两，求得区区的胜利，究竟为了什么呢？止是为了满足弘历一人侵略的野心。

（庚）缅甸、安南

乾隆三十二年，弘历命明瑞为云贵总督兼征缅将军，调满洲兵三千，云贵兵二三万侵略缅甸。明瑞将兵一万七千，都统额尔景额将兵九千，分两路进攻国都阿瓦。三十三年，明瑞深入无援，大败自杀。弘历怒，命大学士傅恒为经略，阿里衮、阿桂为副将军，大举侵缅。缅王奏请息兵朝贡，弘历不许。三十四年，傅恒调集满汉精兵五六万，随带四川善念毒咒的喇嘛，分水陆三路进军。主力由戛鸠江（一名兰鸠江，又名槟榔江）出河西，经孟拱、孟养两土司地，先破旧国都木疏。再攻取新国都阿瓦。偏军由戛鸠江东岸经孟密夹江前进，策应军由水路顺流南进，声援陆路两军。清军三路大胜，渡伊腊瓦底河，攻老官屯，缅兵坚守不屈，清军疫死无数，不能久留，与缅王孟驳订和约退军。

弘历侵缅失利，定要报复，乾隆四十一年，金川平，命阿桂往云南，筹备攻具。当时缅甸王室争位内乱，国势渐衰，土产象牙、苏木、翡翠及海口洋货、波龙铜矿，都被云南拒绝交易，财力大困。邻敌暹罗又朝贡中国，受封为王，缅甸益惧。五十三年，遣使入朝谢罪请和。五十五年，缅王孟云受清敕封，缅甸成为清朝的朝贡国。

乾隆五十三年，安南国内乱，国王黎维祁失位，窜匿民间。弘历藉口百余年来，黎氏朝贡不绝，应受天朝保护，出兵三路攻安南篡夺人阮文惠。清军主力出广西镇南关，经谅山州达北宁，一军由广东钦州泛海；过乌雷山至广南州万宁府，陆行达广安府，一军由云南蒙自县经莲花滩至宣光州宣光府，至洮江地方。广西巡抚孙士毅、提督许世亨率两广兵一万长驱直入，大破安南军，攻克国都河内（东京），黎维祁及黎氏宗族遗民出迎路旁，弘历封黎维祁为安南国王。

阮文惠逃归富春城，假称求降，孙士毅骄满不设备。乾隆五十四年元旦，军中饮酒演戏，阮文惠忽驱象载大炮夜间冲营，清军仓猝应战，自相践踏，许世亨战死，孙士毅逃归镇南关，将士生还仅数千人，黎维祁又弃位窜匿。阮文惠得东京，畏清军报复，改名阮光平，遣使朝贡谢罪。弘历废黎维祁。五十五年，阮光平亲到北京受封，安南成为清朝的朝贡国。

与阮光平对立的广南王阮福映，失国逃往暹罗，请法国传教士百多禄悲柔求法兰西王路易十六出兵援救，愿给法国许多特权。乾隆五十九年，悲柔与法国军官等助阮福映攻阮光平。嘉庆七年（一八〇二）陷河内，阮福映统一安南全境。九年，遣使至北京求封，颙琰封为越南王。

乾隆三十六年，缅甸王孟驳乘暹罗内乱，攻陷国都犹地亚。华侨郑昭起兵逐缅甸守军，四十三年，收复犹地亚，迁都盘谷，众推为暹罗王。郑昭遣使来北京朝贡，愿充外藩。四十五年，昭被仇家谋杀，养子郑华平乱继位，号称索由提耶王，五十一年入贡中国，得封为暹罗国王。

（辛）廓尔喀

乾隆三十二年，原居克什米尔的廓尔喀族酋长布剌苏伊那拉因侵入尼泊尔国，自称国王。尼泊尔在后藏极西边境，居民业农商，与西藏印度通商贸易。五十三年，廓尔喀侵后藏，驻藏大臣保泰仓皇遁走，廓尔喀大掠札什伦布。弘历命福康安为将军，海兰察为参赞。五十七年，福康安率军由青海入后藏，大举追击，深入尼泊尔国境七百余里，距国都加德满都止一天路程。福康安气浮意骄，俨然自命为诸葛孔明复生，挥军轻进，被袭击大败。清军恐冬季大雪封路，不敢久留，许尼泊尔请和，急退军归西藏。此后尼泊尔成为清朝的朝贡国。

玄烨、胤禛、弘历三朝侵略胜利的结果，统治阶级更养成目空一切，惟我独尊，中国以外，不再有同等国家的昏谬思想（这种思想的养成，还有历史传统的原因）。又适当欧洲各国，竞遣使臣来华商议通商，准备侵略中国，清朝却指为外国朝贡使，布告全国，向人民夸示满族的强盛，证明皇帝确是万国的共主。边疆官吏照例在外国使官赠送清皇帝的礼物上，揭着“某国王奉献中国皇帝之贡物”等标帜，自边境送达北京，使沿途人民目睹贡物，相信西洋诸国真是大清的藩属。外国使官来的愈多，清朝君臣认为远方慕义，骄傲愈甚，强并定期朝贡国（缅甸、安南等国朝贡有定期）与欧洲通商国（英、法等国贡期无定）为同类，使官见皇帝必需依朝贡国例，行三跪九叩首大礼，引起许多次外交上无意义的纠纷事件，后来又成为激起战争的原因之一种。

第五节　反满运动的继续发展

康熙二十年，玄烨从李光地议，遣福建水师提督施琅（本是郑成功部将，犯罪逃降清）攻台湾，二十二年，郑成功嗣孙郑克塽降。

清设台湾府，澎湖、淡水、诸罗、台湾、凤山、彰化等厅县，属福建布政使管辖。总兵领水陆兵八千驻台湾，副将领水师二千驻澎湖厅。后增兵额至一万四千名，俨然成海东重镇。

汉族反满最后一块海外根据地被玄烨击平了。大陆上早被严密的统治着，汉族义民虽然不断起事（如顺治十七年山东于七起义。康熙二年，福建王铁佛起义。十二年，杨起隆谋袭北京，事败逃走。十九年，起隆又在陕西起义。二十七年，武昌兵变，推夏逢龙为首领。四十六年，云南李天枢、朱六非起义攻昆明），无疑是奔向虎口送死。某些义士感到敌我形势的悬殊，必须转换新方式，蓄积力量，才能继续与满族斗争，因此成立了许多秘密的革命团体。

（一）三合会

康熙十三年（甲寅）三合会成立。三合会或称天地会，或称三点会。支派有清水会、匕首（小刀）会、双刀会等名目。相传创始人是福建莆田县九连山少林寺和尚（明末义士多削发为僧）蔡忠德、方尤洪、马超兴、胡德帝、李式开五人，称为前五祖。湖广义士吴天成、洪太岁、姚必达、李式地，林永超继续入会，称为后五祖。入会誓词有："如天之长，如地之久，历千万年，必复（报）此仇。"所以又名天地会。某代教祖郑君达夫人郭秀英、妹郑玉兰被清兵困逼，在三合河（贵州三合县）殉难，所以又名三合会。会众自称洪门（隐洪武字及朱姓），共同宗旨是反氵月（隐清字）复氵日（隐明字）。各人默诵诗句道："三点暗藏革命宗，入我洪门莫通风，养成锐气复仇日，誓灭清朝一扫空。"各地设立支部名称多用水旁字，如江彪部、洪蔚部等，所以又名三点会。会内组织设公所，公所第一头目称总理、大元帅或大哥，第二头目称香主或二哥，第三头目称白扇、先生或三哥，第四头目称先锋，第五头目称红棍，普通会员称草鞋。凡富贵人、学问家、官吏、农夫、商人、兵士、流氓、盗贼、乞丐，不论身份，止要志存忠义，愿意反清复明，都得立誓入会为洪家兄弟。誓文有“吾人同生同死，仿桃园结为兄弟，姓洪名金兰，结为一家。天为父，地为母，日为兄弟，月为姊妹。吾人生在甲寅年七月二十五日丑刻。两京十三省同心一体，讨灭仇敌，恢复明朝”等语。会章有三十六誓（诈骗、背盟、卖友为最大罪过）、二十一则（规则）、十禁、十刑，团结力很强。会员遍布海内外，成为清朝的大敌，清末民族革命运动中，洪门义士尤其是海外洪门表现了极大的功绩。

（二）哥老会

哥老会又称哥弟会，成立约在乾隆年间。当时满洲统治中国已久，茫茫神州（中国），何处找一片土地作恢复的根据？某些义士假托大海，虚设一个理想国家，表示不食清朝的米饭，不住清朝的土地（封建社会认土地粮食是皇帝所有，人民生活，称为“食毛践土”，算是皇帝的恩典），不当清朝的顺民。这个理想国家的组织，会员通称洪家兄弟，秘密名册称海底，机关部称码头，首领称掌柁或正龙头，下设副龙头，次为坐堂、陪堂、刑堂、理堂、执堂称为五堂，又有盟证及香长，共称内八堂。排行都算老大。次为心腹及圣贤，行二；次为当家，行三；次为管事，行五；次为福禄，行六；次为巡查，行八；次为大九、小九，行九；次为大么、小么（通称老么），行十。共称外八堂。会中不设老四老七两位，相传最先两位曾叛变，因此废弃不再设。每一码头，照例由老大充当掌柁，总管码头事务，每有命令，众兄弟无不遵办。老三经理内部事务，老五经理外部事务，老六以下，算是普通会员。会中人员不分身分（阶级与阶层），凡有志反满复明的中国人，不论士、农、工、商、贫、富、文、武各色人等，都得拜师傅充会员。止有身家不清白（血族不纯粹）以及剃头匠、轿夫、伶人不得入会。全会分仁义礼智信五级，称为五门，每门各有传统的家法，初入门时辈分低微，逐渐升至最高辈（仁字辈最高，信字辈最低）。当初立会宗旨，在团结中国人民，反满复明，因此最重"兄弟义气"，对龙头严格服从命令，对同会尽力互相扶助。在满清压迫汉族的时代，这种组织，确有它存在的意义，到清末，也曾有大部会员参加了辛亥革命。

明末义士组织秘密会党，主旨在反满复明，忽略了阶级反抗的提倡，因此满汉两族相处日久，汉族人民反满意识逐渐模糊，秘密会党也就逐渐无力，不能独立发动大起义。乾隆以后，统治阶级本身愈益腐朽，对人民剥削愈益猛烈，阶级反抗随着压迫的加重而发展起来。下面所述几个规模较大的起义，是用"官逼民反"作口号，与"反满复明"旧口号结合起来，起义规模渐趋扩大了。

（三）台湾起义

台湾孤悬福建海外，是清朝统治力量比较薄弱的地方。康熙六十年四月，朱一贵、黄殿、李勇、吴外聚众数百人，据冈山（离台湾府城三十里）起义。一贵本福建长泰县人，家贫，喜交结朋友，被乡人排斥，流寓台湾，畜鸭为业。一贵编鸭成队，朝晚出入，像部勒兵士，远近居民大敬异。黄殿等因一贵姓朱，共推为首领，称大元帅朱，用农具当兵器，击破清军，前后七天，占领台湾全部，清官员军队纷纷逃归福建。一贵有兵三十万，自称中兴王，年号永和，大封功臣。留台汉奸造谣威胁民众道："头戴明朝冠，身穿清朝衣，五月称永和，六月还康熙。"诸生（秀才）林皋、刘化锂等密结俘虏清游击刘得紫谋内变，响应福建清军。朱一贵严禁军士淫掠，部将杜君英不服命令，率众数万，抢夺妇女财物，与一贵军战。清水师提督施世骠、总督觉罗满保乘台湾内乱，六月，攻杀朱一贵。台湾人民被清军压平，小的战斗却始终起伏不曾停止。乾隆五十一年，彰化县天地会首领林爽文起义，攻破彰化、诸罗两县，庄大田攻陷凤山县，合兵攻府城。清总兵官柴大纪聚乡兵攻取诸罗城。庄大田留攻府城，林爽文攻诸罗，共有众十余万人。柴大纪酌酒拜部下将士道："大纪受天子付托，誓与城共存亡，诸君能坚守最好，否则斩大纪头献敌求降，也很好。"将士感激，助大纪守城，爽文猛攻半年不能破。弘历命福康安、海兰察率大军救台湾，破灭起义军。柴大纪自恃忠义功大，迎福康安不行拜伏路旁礼。福康安怒，密奏大纪奸诈难信，前后奏报不实。弘历逮大纪至京讯问，按纪律不明罪斩首。

台湾居民多从福建泉漳二州及广东迁来，官吏利用居民间乡土姓族的成见，任令械斗互杀，结成深仇，藉以削弱汉族团结的力量。清朝又制定法令，禁止台湾地方开设小典，质押零星衣物，重利盘剥贫民，藉以和缓穷人反抗的仇恨。这些办法，自然也收些功效，可是从康熙二十二年起，至光绪十四年止，大小起义仍多至二十二次。这说明明末闽粤义民响应郑成功号召，迁居台湾，父子相传，始终保持反满反压迫的精神。光绪二十一年，台湾割让给日本，自然，人民反抗强暴的传统精神，决不因新统治者的高压和诱骗趋于消沉。历史将要证明，反抗力超过压迫力的那一天，台湾人民必然悲喜交集地归还祖国来。

（四）白莲教起义

道教教义丝毫不含反抗统治阶级的意义，道教的神话和妖术却常被反抗者利用，达到组织下层民众，发动武装起义的预期。元朝民间有白莲社（白莲是佛教的惯用名词），元末，白莲教徒刘福通起红巾军（朱元璋最初也属红巾军），摧毁蒙古的统治。明末，白莲会蔓延山东、直隶、山西、河南、陕西、四川等省，教主蓟州（河北蓟县）人王森自称闻香教主（据说得妖狐异香），被捕死狱中。子王好贤、教徒钜野（山东钜野县）徐鸿儒继续传教，二十年中聚徒二百万，天启五年徐鸿儒起兵，自号中兴福烈帝，兵败磔（音摘。分尸）死。清朝白莲教仍传授不绝，教徒供奉“真空家乡，无生父母”八字真言。意思当是说家乡是空的，人是靠天地生长的。农民留恋乡土家庭的心情，被八字真言攻破了。乾隆四十年，教主安徽人刘松被捕流甘肃充军。教徒刘之协、宋之清等秘密传教，陕西、四川、湖南等省徒党甚众。刘之协等宣言劫运到来，清朝将灭，共推鹿邑（河南鹿邑县）人王发生为主，冒称朱明后代，号召民众。五十六年，事露，刘之协等遁匿。弘历命地方官严密搜索，河南、安徽、湖北三省官吏借端侵害人民，例如武昌府同知常丹葵搜查荆州宜昌一带，株连罗织，富人破产，贫民狱死，凡数千家，无故受祸。当时川鄂黔粤等省，因攻伐苗族，捐税苛重，又禁贩私盐，人民生计穷困，无不仇恨官吏，等待机会起事。

嘉庆元年正月，白莲教徒揭出“官逼民反”口号，聂杰人、张正谟、姚之富、齐王氏（齐林妻）等起兵荆州襄阳，孙士凤、徐天德、王三槐、冷天禄等起兵四川，张士龙、张汉潮、张天伦等起兵陕西。各路行军，大抵不整队，不迎战，不走平原，数百人一群，忽分忽合，忽南忽北，避实攻虚，使清军疲于奔命。

清军将帅有总统（最高指挥官）、总督、将军、巡抚、总兵多人，无不畏缩观望（如总统永保止尾追不迎击，河南巡抚景安诨号迎送伯），残杀冒功（如四川总督福宁诱降人二千入城领衣粮，悉数杀死，奏报战功；襄阳道员胡齐仑杀难民二百，冒功领赏），克扣军饷（如倭什布检查胡齐仑支放军需簿，发觉湖广总督毕沅、总统永保吞赃尤多）。颙琰逮总统勒保治罪上谕说，军营保奏，大半亲随私人，兵勇钱粮，并不按期发给，至令兵士饥饿赤足，形同乞丐。"纵兵殃民"（洪亮吉平邪教奏），"军纪废弛，地方受害，甚于盗贼"（四川合州知州龚景瀚奏）。颙琰见"贼愈剿而愈炽（盛），饷愈靡而罔（无）益"，大怒治诸大帅罪，下诏道："永保（总统）纵（放）贼湖北，景安（巡抚）纵贼河南，宜绵（总统）秦承恩（巡抚）纵贼陕西，英善（总督）、勒保（总督）纵贼四川，惠龄（巡抚）纵贼渡汉江，除景安、永保处死刑外，其余各按轻重治罪。"

大批满洲将帅斥逐以后，清军形势渐有转机。颙琰兼用绿营将领杨遇春、杨芳一类人，才能远在满洲大帅上，白莲军首领多被捕杀，军力渐趋衰弱。颙琰又利用乡勇（地主武装）罗思举（大盗出身）、桂涵（流氓出身）一类人，熟悉地势敌情，凶悍远在官兵上。白莲军屡遭猛击，军力益趋危境。颙琰又采用襄阳绅士梁有谷等筑堡（碉堡）团守（民团）法，令各省广筑碉堡，厉行驱民入堡，坚壁清野，绅士督率民团守堡防堵，官兵乡勇追敌猛击，白莲军流动地区逐渐缩小，衣食匮乏，军力更不能支。颙琰又宣布"但治从逆，不治从教”诱降策，白莲军最后不得不战败溃灭。

嘉庆元年正月白莲军起事，五年六月，教主刘之协被捕。九年九月，白莲军败灭。清军杀白莲教徒及平民数十万人，用军费二万万两。

乡勇建立了大功，却招清朝的畏忌。陕西总督长麟奏称：“团练（乡勇）在今天有用，在将来有大害。因为民气从此强悍，不免聚众斗争，抗官拒捕，不可不及早遏止。请速派委员，稽查兵器，拆毁堡寨。”颙琰从长麟议，收回民间兵器，又设立寨首，仿保甲法，约束民户，防御寇盗，有些堡寨得暂留不毁。

（五）天理教起义

天理教是白莲教的一个支派。白莲教支派有虎尾鞭、义和拳、红砖社、八卦、荣华、红阳、白易等名目，其中八卦教又名天理会，教徒最众，遍布直隶、河南、山东、山西等省。教众奉“真空家乡，无生父母”为八字真诀，日夜拜神念诵。入教日例纳钱财，称为种福钱，又称根基钱。嘉庆中期，八卦教每卦教首是：乾卦张廷举，山东定陶县人；坤卦邱玉，山西岳阳县（安泽）人；震卦李文成，河南滑县人；巽卦程百岳，山东武城县人；艮卦郭泗湖，河南虞城县人，兑卦侯国龙，山西岳阳县人；坎卦林清，顺天府大兴县（河北大兴县）人；离卦张景文，山东城武县人。震卦最贵，七卦都听震卦教首命令。李文成统管八卦，兼掌九宫（八卦分为八方，加中央成九宫），有徒众数万人。

李文成世居滑县谢家庄，幼年学木工，人呼为李四木匠。文成羞怒，弃业投书塾习书算，善能发疑问，与塾师辩难，塾师怒驱文成出塾。文成专心研究算学，并习占验（看天象吉凶）星命（推算祸福）术，颇得民众尊信。当时河南流行“若要红花开，须待严霜来”的谣谚，文成收聚无赖亡命，自号严霜十八子（李字隐语为十八子），入震卦教，受推为教首。文成聚根基钱买战马，练士兵，造甲仗，定旗号，约期举事。

林清大兴县黄村宋家庄人，幼年当药店学徒，性无赖并生恶疮，被店主斥逐。清贫困投充衙役，善能谈说收贿，得钱结交朋友，毫不吝惜。后来犯罪逃匿，入天理会坎卦，受推为教首。清宣称教众纳根基钱，日后事成，十倍偿还，凡纳一百钱，得分地一顷。远近农民踊跃纳钱，清悉数救济贫困，养活万余家。李文成见林清口才出众，大喜，共推林清为天皇，冯克善（有勇力）为地皇，李文成为人皇。约定成功后，清得直隶，文成得河南，克善得山东，会众各依志愿得分割土地。

嘉庆十七年正月，天理会教徒集道口镇（河南滑县）大会。李文成在滑县设人皇府，立大旗，上书“大明天顺李真主”七字。军师牛亮臣（滑县犯罪书吏）、大元帅宋元成佐理军务，部属不得军师令，不敢入府议事，文成也很少召见众人。李文成推算天命，定酉年（十八年癸酉）戌月（九月）寅日（十五日戊寅）午时起事。称九月以后为白洋劫，山西为洋头，河南为洋腹，山东为洋尾，依次序用兵攻取。教首发给徒众白布小旗各一幅，起事日插门上，可免杀戮，不插旗的人家，屠杀不赦，免杀徒众又分三等待遇。造口诀道：“位列上中下，才分天地人，五行生父子，八卦定君臣。”经卷（白莲教及各支派都杂采佛道两教神话，造经卷画像）中有“专等北水归汉帝，大地乾坤只一传”语，意思是说坎卦林清（坎是水卦。林清自称姓刘）在北方起事，乾隆的天下只一传嘉庆就完了。

林清结交内监刘金、刘得才、杨进忠、阎进喜等，定计乘颙琰巡游木兰（热河围场县），袭据北京。九月十五日，密令内监分路引徒党二百人进攻皇宫，林清留黄村，等待李文成大军来援。二百人攻皇宫，无疑是失败的。颙琰闻警，自热河驰回，捕林清等磔死。

李文成在滑县大造器械，被巡检（近乎区长那样的小官，从九品）刘斌、知县强克捷发觉，捕文成击断足胫。教徒知密谋败露，九月七日，聚众三千人攻破滑县，救出文成。直隶省长垣、东明，山东省曹、定陶、金乡等县教徒同时响应。李文成据滑县及道口镇，出兵围浚县。颙琰急调固原（甘肃固原县）提督杨遇春、总兵杨芳平乱。遇春破道口，烧杀万余人。进围滑县，城中人死守，无一人肯作内应，李文成率四千人逃入辉县（河南辉县）山中，兵败自焚死。十二月十日，杨芳用火药轰毁城西南角，巷战一昼夜，屠杀二万余人。李文成妻张氏道："城亡我同亡，不死不是英雄"，挥刀巷战，杀清兵数人，归家自缢死，滑县平。

（六）新疆回民起义

清文武官吏在新疆虐待回民，比虐待内地汉民尤甚。嘉庆二十五年，回民拥酋长张格尔起兵攻喀什噶尔（新疆疏勒县）边境。道光六年，张格尔攻破喀什噶尔城，杀守兵六千人，附近回民群起响应，杀官吏，毁城堡，助张格尔反清。七年旻宁命将军长龄、提督杨遇春、杨芳率兵三万攻喀什噶尔。张格尔率回军列阵二十里迎战。杨遇春猛冲敌阵，回军大溃，二杨追击，擒获张格尔，囚送北京。旻宁登午门行受俘礼。大臣怕张格尔陈说新疆吏治的弊恶，先灌毒药，使不能发言。受俘那一天，张格尔口角吐沫，情状极苦，旻宁问话，全不回答。旻宁怒，令寸裂饲狗，百官称颂为“圣朝盛事”。

张格尔败后，回民反抗并不停止。新疆在清朝总是骚动着，不断演出满汉回三族互相残杀的惨剧，受痛苦最大的自然是回民。

第六节　清朝的文化政策

文化政策的极端重视和大规模地多样运用，在康、雍、乾三朝是超越过去任何时代的。因为满族本身没有文化，对拥有高度文化的被征服民族，企图用八旗武力镇压民气，事实上证明成绩有限了，企图用程朱道学昏塞民心，事实上又证明收效甚微了，补救八旗武力的逐步朽腐，不得不逐步加强对汉族文化的摧残，代替程朱道学的虚伪寡用，不得不出力奖励考据学派（古文学派，或称西汉学派，或称朴学）的发达。弘历利用考据学作闭塞思想工具，承认考据学派统制文化界，乾嘉两朝，专家繁多，训诂名物而外，别无思想可言，文化政策，确收颇大的成功。虽然含有思想革命意义的今文学派，当古文学派极盛时代，开始自立旗帜，与古文学派对立，可是撼摇封建制度的作用，却在鸦片战争以后，才表现出来。

（一）康熙时代

满洲入关，竭力收买汉族士大夫，对一般读书人，采取宽大态度。福临时常宣称“明臣不想念明朝，一定不是忠臣”。这不仅给降官们遮盖羞耻，而且在忠臣名义下，可以招诱许多新的降官。康熙初年，满洲统治已渐巩固，凶残面目，也就暴露出来。

归安（浙江吴兴县）富人庄廷铣撰《明史》，中多指斥清人语。革职归安县知县吴之荣谋起复官职。康熙二年，之荣到刑部告发。其时廷铣已死，清朝令剖棺戮尸，廷铣弟廷钺及作序人、参校人、买书人、卖书人、刻字人、地方官（止有将军松魁一人免死）一律处斩，家属男子十六岁以上同死，妻女发极边作奴，先后凡杀七十余人。

这一次惨杀，当是辅政大臣鳌拜等所为（玄烨仅九岁），玄烨亲政以后，知道残杀的功效，不如诱骗那样大，因此创立了不少文化上的怀柔政策。

玄烨为要提高自己的智力，学习历代地主的统治经验，求学非常勤勉。五岁读书，到老不休，上自天象、地理、历算、诗文、音乐、法律、战术，下至骑射、书法、医药，蒙古、西域、拉丁文书字母，无不精熟，他是统治者中从古少见的博学者，掌握了丰富的统治法术，足够取得群臣们的敬服。他的文化政策是：

优礼文士——康熙十七年，借修《明史》为名，举行博学弘儒科，取录五十名，各授翰林院官职。二十一年，召内阁翰林等文官九十三名，入乾清宫饮酒赋诗，又令诸臣陪游钓鱼，诸臣认为稀有的荣幸。玄烨五十岁生辰，不许臣下献珍物，下谕道："朕专好文学，诸臣能献诗文，朕当收受阅览。"他这样优礼文士，主要是做给全国文士看，诱令专心学习八股和诗文。

提倡理学——玄烨自称八岁就爱读《大学》、《中庸》，一字不肯放过。竭力推崇朱熹，认为儒学的正宗。令李光地等编篡《性理精义》、《朱子大全》等书，颁布全国，企图用理学消灭反满思想。当时程朱派理学家李光地、汤斌、陆陇其等人都大受宠幸。这些人也确表现了正心诚意、竭忠事主等等美德，可是正像别一程朱派理学家吕留良所说："孔子为什么赞美遗弃原来的主人公子纠，投降仇敌齐桓公的管仲，甚至称为仁者（孔子自己不敢当仁者的名称）呢？这实在是一部《春秋》（《春秋》包含尊王攘夷两大宗旨）的大道理。因为君臣名分固然重大，但还有比君臣名分更重大的，就是攘（驱逐）夷狄救中国这个大道理。"难道吕留良说得不对吗？那么，凡是降满做官言必孔子的理学家，无非是丧尽廉耻的汉奸罢了。

编书——玄烨招集大批文士，编修《明史》，允许撰稿人报答先朝旧恩，在一定限度内替明朝皇帝说些好话。此外各依学术类别，编纂许多大部书籍，如《康熙字典》（四十二卷）、《历象考成》（四十二卷。天文历算学）、《数理精蕴》（五十三卷，高等算学）、《渊鉴类函》（四百五十卷，类书）、《佩文韵府》（四百四十三卷。作诗典故）、《全唐诗》（九百卷）、《词谱》（四十卷）、《曲谱》（十四卷）、《律吕正义》（五卷。乐理），都是有用的著述。规模尤其巨大的书叫做《古今图书集成》，凡一万卷，明朱棣编《永乐大典》（二万二千九百余卷，书已大部散亡）以后，这是最大的一部类书。

禁毁淫书——康熙五十三年上谕："治天下必先正人心，厚风俗，要正人心，厚风俗，必需崇尚经学，所有小说淫词，应严禁销毁。"朝臣遵谕拟定办法道："凡书坊一切小说淫词，严查禁绝，着将板片书籍，一并尽令销毁。违者治罪，印刻者杖、流（充军），市卖者杖、徒（徒刑）。"印刻人处流刑，著书人自然治罪更重。大概正人心厚风俗以外，主要用意还在防禁汉族义士借小说鼓吹反满。

玄烨的怀柔政策，并不能掩蔽他的残酷性。康熙五十年，发觉翰林院编修戴名世《南山集》记载明末桂王由榔事。刑部奏上判决文：戴名世凌迟处死，方孝标（著《滇黔纪闻》，戴名世采入《南山集》）开棺锉尸，戴、方两族男女及作序印刻人，处死刑流刑凡数百人。玄烨假意表示宽大，改判戴名世从宽处斩，免凌迟，方氏族人发黑龙江充军。

（二）雍正时代

胤禛时旗人生活益趋腐化，绿营成为维护政权的实际力量，满汉华夷这类名词，更使满洲统治者心惊魄动，掩耳不愿闻，文字狱也就连年发生了。

汪景祺狱——雍正三年，景祺作西征随笔，中有讥刺玄烨诗，又作功臣不可为论，同情年羹尧（辽宁北镇县人，立战功，遭胤禛忌灭族）的功高冤死。胤禛认为大逆不道，判处死刑，亲属发黑龙江充军。

钱名世狱——四年，名世曾作诗称颂大将军年羹尧平西藏功德。发觉革职，发回原籍管束，并书"名教罪人"匾额，令地方官张挂名世居宅大门上。

查嗣庭狱——五年，江西正考官查嗣庭出"维民所止"试题，被人告发，说维止二字是取雍正斩首的意思。嗣庭死监中，胤禛令锉尸枭首示众。又因汪景祺、查嗣庭都是浙江人，停止浙江乡会试。

谢济世狱——五年，济世注《大学》，讥议程朱，坐斩刑，后免死罚充当苦差。

陆生柟狱——生柟（音南）著《通鉴论》十七篇，有反对君主专制的议论，胤禛认为罪大恶极，处斩刑。

徐骏狱——八年，翰林徐骏上奏章误写陛下为狴（狱）下，又诗中有“清风不识字，何得乱翻书”句，胤禛认为讥刺满人不识字，大怒，斩徐骏。某次胤禛微服游书市翻阅书籍，微风吹来，书叶上下翻飘不止。一士人忽吟“清风不识字，何得乱翻书”诗句，胤禛怒，杀士人。

以上都是较小的文字狱，死的人虽然冤苦，牵连却还不大。独雍正七年吕留良、曾静一狱，政治意义特别重大，杀戮也特别惨酷。

程朱派理学家浙江人吕留良，康熙时被荐应博学弘儒科，留良誓死拒绝，薙发为僧，著书阐述攘夷大义，不遗余力。康熙二十二年留良死，湖南人曾静读留良书（留良利用八股文评语作宣传），遣弟子张熙至浙访求全书，自此曾静与留良弟子严鸿逵、沈在宽深相结纳。当时川陕总督岳钟琪多立战功，号称名将，曾静写信使张熙往见岳钟琪，陈说华夷区别不可不严，岳飞（钟琪的祖先）被金人（清金同属女真族）害死，子孙应报世仇，劝岳钟琪举兵反满。钟琪召集巡抚西琳，臬司硕色（满人）会审张熙，熙抵死不供。后来钟琪假称愿意起事，立誓表示诚意，张熙才说出主谋人曾静。胤禛得钟琪奏报，大惊，急捕曾静与留良家族、学徒，至京严讯。胤禛发见反满学说的广泛和深入，想出一种巧妙的处置法。对吕留良采厉严态度，剖吕留良、吕葆中（留良子）、严鸿逵棺戮尸枭示，灭吕氏、严氏、沈氏（沈在宽）全族，斩尊信吕氏学说的黄补庵、车鼎丰等若干人，发宁古塔作奴的二十三家。对曾静、张熙采宽大态度，替曾静假造悔罪书，编辑曾静的口供“归仁说”（悔罪书）和胤禛迭次颁布的上谕（驳吕留良学说并竭力说明天下一统，满汉一家，不得妄分中外华夷的道理）成《大义觉迷录》一书，发给全国学校阅览。曾静、张熙免罪释放。

胤禛这种严惩首谋，劝诱悔过的方法，并不见实效。弘历登位，收回《大义觉迷录》，作为禁书，曾静及徒属仍处死刑。

（三）乾隆时代

乾隆是清朝武功全盛时代，造成所谓十全武功的兵力，主要依靠汉族的绿营，如果反满思想渗入绿营将士，满洲统治就有倾覆的危险。因此弘历对文化政策的重视，远超玄烨、胤禛两代。

文字狱——弘历吹求文字过失，愈益苛细，如胡中藻督学广西，试题有"乾三爻不象龙说"，弘历指为讥乾隆不象皇帝，中藻凌迟处死。满人鄂昌（鄂尔泰子）作诗，称蒙古为胡儿，弘历指为沾染汉人习气，勒令自杀。彭家屏家藏明末野史数种，段昌绪圈点吴三桂叛清檄文，并处死刑。齐赤若私刻吕留良遗书，事发寸磔死。徐述夔作诗有"大明天子重相见，且把壶儿搁半边"句，弘历指为壶儿即胡儿，剖述夔父子棺戮尸。沈德潜作诗有"夺朱非正色，异种也称王"句，剖棺锉尸。全祖望作文有"为我讨贼清乾坤"句，贼字放在清字上，下狱治罪，幸得大学士某解释免死。诸如此类，多不胜举，说明满洲统治者对汉人民族思想的恐怖。

纂修书籍——弘历招集文士经生，大规模纂修各种书籍，如《通鉴辑览》（一百十六卷）、《续通志》（六百四十卷）、《续文献通考》（二百五十卷）、《续通典》（一百四十四卷）、《皇朝通志》（一百二十六卷）、《皇朝文献通考》（三百卷）、《皇朝通典》（一百卷）、《大清会典》（一百卷）、《大清律例》（四十八卷）、《大清一统志》（五百卷）、《医宗金鉴》（九十卷）以及弘历自撰诗文集杂著，约在百种以上，连同玄烨、胤禛所纂诸书，颁示全国，藉收思想统一的功效。可是这些官书，多数无人过问，胤禛令各省布政司刊刻木板，准士子呈请刷印，请印的却寥寥极少。弘历改令招募商人，任令印卖，以广流传，除《康熙字典》、《通鉴辑览》、《医宗金鉴》一类常用书外，许多书仍是少人过问。

禁毁书籍——弘历严令地方官吏借购求遗书名义，广搜有关忌讳的野史诗文集，悉数销毁（刊板）查禁。自乾隆三十九年至四十七年，据兵部奏报，共毁书二十四次，五百三十八种，一万三千八百六十二部。弘历还不放心，五十七年，仍严谕遵行，尤著重搜查江西、江苏、浙江等省民间藏书，认为督抚视作等闲事，所以不能禁绝。诸臣怕得罪，连不关重要的书也随意焚毁。

修《四库全书》——乾隆时代考据学派已达全盛的境界，朝廷从来崇尚的理学，渐次失去收服人心的效用。所谓考据学派自然有它学术上的贡献，但脱离现实社会极远，专力论证上古三代的训诂名物，在文字狱盛行时代，确是士大夫明哲保身、避嫌免祸的良法。弘历利用这种学术界新潮流，索性设立四库（经史子集）全书馆，收罗海内著名考据专家，如纪昀、陆锡熊、庄存与、任大椿、邵晋涵、周永年、戴震、朱筠、翁方纲、金榜、王念孙等人，参与校纂，纪昀（总纂官）、戴震（编校经部）、邵晋涵（编校史部）出力尤多。总计存书（合格著作正式入库）三千四百五十七部，七万九千七十卷，存目（认为不合格的著作仅附见书名）六千七百六十六部，九万三千五百五十六卷。

《四库全书》编成后，储藏文渊阁（宫中文华殿后）、文源阁（圆明园）、文津阁（热河行宫）、文溯阁（辽宁沈阳）四处，又在扬州文汇阁、镇江文宗阁、杭州文澜阁各藏一部，供士人阅览誊录。江浙是文化发达的地方，也是反满思想浓厚的地方，弘历特立江浙三阁，并谕地方官吏订立阅览章程，奖励领出抄录，广为流传，弘历本意在提倡考据学（供给大量考据材料），无意中却创立了公共图书馆制度。

弘历自述修四库宗旨道："为天地立心，为生民立命，为往圣（大圣）继绝学，为万世开太平，胥（都）于是乎系（依靠）。"为了适合这个宗旨，第一，审查明末遗书，凡不利满洲统治的一律焚毁；第二，全书中有一部分违碍满洲的，删去数卷或数篇或改定字句；第三，古书中如南宋人斥金，明初人斥元，或删去或改定；第四，凡有碍"世道人心"的诗文，不得列入"四库"；第五，改古书中忌讳字如夷字改彝字，狄字改敌字，虏字改卤字（弘历特谕令不必改字，免得夷狄虏等字义更明显）。

弘历编《四库全书》，指示任事诸臣，备极周详，迭次颁谕说明编纂方法，凡有关君臣名分，华夷大义处，一字一句也不放过，像他那样精力卓绝，思虑细密，确是文化史上罕有的苦心人，同时反而也显示汉族民族意识的强固，无法可以消灭。

考据学派盛行，给满族在民族斗争中一个喘息的机会。弘历知道这止是暂时的机会，防范仍不敢宽纵。《四库》总纂官纪昀曾从容说到江南财力困疲，应该想些救济的办法。弘历大怒叱骂道："朕看你文学还好，叫你管四库书馆，不过养一个戏子罢了，你怎敢大胆妄谈国事？"

用各样方法，迫令读书人不谈国事，这是清朝文化政策的一贯精神。

第七节　海禁与华侨

明朝因倭寇侵扰，海禁极严，中国商民出洋贸易，朝廷当做可疑可憎的通藩奸细，制定各种防范禁阻的法令，压抑商业的发展。由于南洋群岛诸国需要中国的商品，以及一向遵行朝贡礼，不像倭寇那样凶悍内犯，这使明朝对南洋一路海禁，事实上不得不放松些。由于沿海各省的人民（主要是闽粤两省），在暴政苛敛下不能生活，认下海经商，流寓蕃国，不啻是唯一的活路，宁冒死罪，逃出海口，这使明朝对南洋一路海禁，事实上无法严密封锁。由于嘉靖以来，欧洲货物，流行中国，朝廷财政困难，关税成为重要收入，中国商人依商业的发展，下海的要求更加迫切，这使明朝对南洋一路海禁，事实上不得不非正式开放。由于万历以后，东北边祸益趋危急，朝廷需要西洋新知识的输入，海禁失去意义，事实上明朝末年，已经是开关的国家了。

满族入主中国，重新把海关严密封闭起来，也就是严格执行海禁政策。主要的原因是：

（一）郑成功为首的明朝义民，据台湾作抗满根据地，与内地义民暗通声气。清朝恐慌无措，严厉内徙近海岸地方居民，荒弃广大土地，企图断绝内地给与台湾的接济。这是最愚拙的方法，康熙二十三年，清朝承认禁海政策的失败，准许人民入海捕鱼经商。依着台湾人民的不断起义，畏惧海寇的心理（满人擅长骑射，不惯海战），始终不敢松懈。

（二）明末义士流亡海外，组织南洋一带洪门会，势力巨大，在满洲统治者看来，华侨是可怕的敌人。

（三）道光以前，每年地丁收入，足够支付军政费用，海关商税并不重视。

（四）道光以前岁入全靠地丁，汉人弃耕地出洋谋生，无异逃避朝廷的剥削。

（五）玄烨以后，一贯排斥欧洲人来中国传教经商，汉人出洋，难免与欧洲人有商业上宗教上各种接触，这使朝廷感觉到华侨至少有奸细的嫌疑。

依据上列原因，汉人出洋，清朝称为“自弃王化”，华侨在南洋遭受欧人屠杀，称为“事属可伤。实则孽由自作”（雍正六年福建总督策楞奏）。因为海禁政策不允许汉人出洋，所以华侨成为无国籍的流浪人，给欧洲诸国在南洋经营殖民地一个意外的机会。

清朝怎样来厉行海禁政策呢？

顺治十三年，严禁商民下海交易，犯禁的不论官民，一律处斩，货物入官。犯人家产，全部赏给告发人，地方文武官一律革职，从重治罪。地方保甲不先告发，一律处死。康熙二十三年因沿海居民怨恨，势难抑制，不得已开放海禁，停止贸易处斩例。

康熙二十三年，定浙江沿海贸易收税例，准百姓装载五百石以下船只往海上贸易（商船许用双桅，梁头不得过一丈八尺）捕鱼（渔船用单桅，梁头不得过一丈），预先取具连环保结，禀明州县，领取详细执照，船只出入，收税处查验，按货物贵贱定抽税轻重。又定开海征税则例，福建广东海禁，继续开放。

出口商船渔船，不许携带枪炮等器械，如有夹带硝磺、铜铁、军火、器械、樟板等物，查出照例治罪。

出贩东洋、南洋商船，准携带军器，每船炮不得过二位，鸟枪不得过八杆，腰刀不得过十把，弓箭不得过十副，火药不得过三十斤。

渔船不许装载货物，接渡人口。

商船、渔船各按海路远近，人数多少，每人每日止准带食米二升，多带按偷运治罪。

康熙五十六年，因噶喇巴（爪哇首府巴达维亚）口岸多聚汉人，恐成海盗，禁止南洋往来，在外人民不许归还中国。乾隆元年，闽督郝玉麟奏准“自康熙五十六年例禁后私自出洋的，久远不准归国，例禁前出去的，愿归国听便（归国后不能再出去）”。

海岛不准民人渔户居住，草屋瓦房，一律派兵巡查烧毁。已编保甲，输纳粮税的免烧，但不准添盖房屋。

内地民人眷属，得领凭照往台湾，其他地方，不得带眷口前往，并不得带外国人口回国。

沿海官兵拿获偷渡外洋人口，十名以上，官记功一次，兵赏银二两，疏纵在十名以上，官罚俸一年，兵责二十板，赏罚各依次递增。

在这些禁例中，充分说明清朝对华侨的憎恶态度，与葡萄牙、西班牙、荷兰、英吉利诸国倾国力推行殖民政策，恰像南北两极的正正相反。“没有华侨，就没有南洋群岛的开发”，开发的果实，却给欧洲人享受。

华侨被清朝看作化外顽民，自然更受居留地政府的轻侮和虐待，政治权利完全被剥夺了。但这不能说华侨缺乏政治的才能，而是应该说中国传统的最高政治思想，即天下为公思想（直到今天，所谓天下为公还止是某些人口头上玩弄的名词），在一百六十年前，却由华侨罗芳伯建立兰芳民主共和国，切实付诸实践了。

罗芳伯，广东嘉应州（广东梅县）石扇堡人，应科举不成，乾隆三十七年（一七七二年）泛海至坤甸（荷属西婆罗洲）东万律山（华侨称为金山），采金兼教书为业。芳伯结合华侨，助坤甸土酋平内乱，部下有众三四万人，降附的土人二十余万，土酋知力不敌，自愿让国。芳伯受让，建立政府，定国号为兰芳大总制，东万律为首府。部下请芳伯称王，芳伯道："赖众人功力，侥幸得海外一片地，我如果称王自尊，是为私不为公了，这不是我的志愿。"众人公议尊芳伯为大唐总长，又称大唐客长，建元兰芳（兰芳元年，乾隆四十二年，一七七七年）。

兰芳大总制创立各种制度：

地方行政区——首府东万律，设大厅，为大唐总长发号令处。地方行政区分省、府、县三级，如沙拉蛮省茅恩府昆日县。又有副厅，如新埠头副厅。又有裁判厅，如万那、高诸居、淡水港、八角亭等裁判厅。

属国——芳伯封勇将吴元盛（嘉应州人）为戴燕国主，辖戴燕、上候、新董等地，受大唐总长指挥。

官制——大唐总长是最高首领，受公推为总长后，居大厅接任视事，总长下有副总长，又称参谋，又称军师，驻扎沙拉蛮省。大唐总长因故去位，新任未曾推定以前，由副总长代理国务，又有玛腰（Mayor）驻茅恩府。又有甲大（Captian）驻昆日县，或喃吧哇、邦戛等各县城，或各裁判厅。又有老大，或称尾哥，职掌稽查赋税，及人口出入。

政制——高级官吏多由众公推。法律有死刑（处置抢掠奸淫犯）、体罚或游街示辱。军备有军械厂，造枪炮武器，人民平时各习拳棒，有事抽调入伍。财政设老大督察税收。经济方面振兴农业，扩充市场，又设兰芳公司，开采金沙。教育方面，聘请中国儒生，立学校教授。立法方面，凡国内应兴应革诸事，概由众议取决。

礼制——国旗用纯黄色长方形旗，总长用三角形黄旗，上写帅字，其余各官，用各色三角形旗，上写各官姓氏。国门悬牌匾，大书“兰芳大总制”五字。大厅规模壮丽，堂上悬金匾，写“雄镇华夷”四字，每字大四尺，中国人来归，必登堂瞻拜。高级官员服装多用长袍马褂或洋服，兵勇服装仍用中国绿营号褂式。

兰芳十九年（乾隆六十年，一七九五年）罗芳伯死。临死时众问继位事，芳伯说：“我们飘泊海外，共同出力，得有今天，我怎敢存私心？请众兄弟推贤继任。”众问谁贤，芳伯荐举江戊伯。戊伯受公推继任。

兰芳二十四年（一八〇〇年），江戊伯告假归中国省亲，阙四伯摄位。坤甸土人闻戊伯去国，相率反叛，四伯屡战不胜。二十八年，戊伯归国，土人见戊伯来，不战求降。三十六年，戊伯死，众推宋插伯继位。四十五年（道光元年，一八二一年），插伯死，众推刘台二继位。荷兰向西部婆罗洲拓殖，兰芳大总制属地多被侵夺。四十八年，荷兰巴达维亚政府委任刘台二为甲大，两国订约，划加巴士河为界，河西属荷，河东仍属兰芳大总制，条约用汉、荷、巫来由三国文字。依条约兰芳大总制本不是荷兰属国，刘台二受荷人利诱，妄用荷兰三色旗代替兰芳大总制长方形黄旗，自愿当附庸。

兰芳六十一年，刘台二死，众推古六伯继位。六十六年，万那土人叛，六伯战败，众迫六伯辞职。六十七年，公推谢桂芳继位，桂芳本嘉应州武生，颇有才识，刘台二曾介绍继位。民众不肯接收。六伯解职，才推举桂芳，任职八月，病死。六十八年，众推叶腾辉继位。腾辉业商，受推后仍居店中，不到大厅办事，兰芳大总制国土益削，政事多废，形势比刘台二时更坏。

兰芳七十年，众推刘鼎为大唐总长。刘鼎又名刘乾兴，继位后擅改七十年为乾兴元年（道光二十六年，一八四六年）。刘鼎不住大厅，国事败坏不堪。乾兴二年，荷人放逐刘鼎，夺取刘台二所订条约，委刘鼎为甲大。五年，鹿邑大港公司发动义军与荷人战大捷，克复邦戛（刘鼎放逐所在地）。七年，刘鼎率兵助荷人击败大港公司，擒义军首领献荷兰，刘鼎与婿叶汀凡都是汉奸，击败大港公司后，知本国民众不能再起反抗，竟与荷兰订密约，割让全国土地（密约订定刘鼎生前保有东万律大厅地界，死后让给荷兰），收受贿银，悉入私囊。兰芳大总制国民，不知道已被刘鼎出卖，仍让刘鼎任总长职。

刘鼎为履行割地密约，乾兴二十八年，假意退位，设法使子刘亮官继任。三十三年，刘亮官死，刘鼎复职。国民怨亮官任内丧失河东土地，不知刘鼎有卖国密约的订立。三十九年（光绪十年，一八八四年），刘鼎死，荷官加挞据密约夺取东万律，折断大厅前桅杆，撕破兰芳大总制国旗，迫刘鼎家属交出兰芳大总制历代印信，下令不得再举总长。当时民心大愤，义士梁路义率众与荷军战，连年获胜，杀荷人无数。荷人贿买汉奸刘恩官（刘鼎子）、叶汀凡、郑正官、吴桂三等破坏义军，光绪十二年（一八八六年），梁路义因军火不继，众寡不敌，战败逃往吉隆坡，兰芳大总制亡。

加挞进兵夺东万律，遭遇华人猛烈的反抗，荷兰驻巴达维亚总督怕中国政府出面交涉，故意革加挞官职，作委过准备。后见中国政府全不过问，才将兰芳大总制旧属各地，划归坤甸土酋版图。中华民国元年（一九一二年），荷兰正式宣布归并为荷兰属地。

兰芳大总制立国凡一百零八年。

罗芳伯建立民主共和国，正与北美反英民众建立亚美利加合众国同时,这真是人类历史上光荣的一年。由于资本主义已经发展到一定的程度,才产生北美合众国,资本主义在兰芳大总制,止是微弱的萌芽,封建主义却占了统治的地位。所谓"贤",不出嘉应州同乡人的范围,所谓众议,并没有国会的制度,政治重人不重法,凭道德不凭责任,刘台二、刘鼎相继卖国,民众蒙昧不知,更无法制止。所以资本主义社会产生的北美合众国,在那时候,一定有它发展的前途;原始公社制度的残余(《尧典》),混合封建思想产生的兰芳大总制,一定趋向衰落的末路。同时产生的两个民主共和国,一兴一亡,原因就在这里。

第八节　清朝的经济状况

少数的满洲人统治广大的汉族,战战兢兢,止怕汉人有机可乘,起来推翻自己的政权。因此"兴一利即生一弊","多一事不如少一事"(玄烨说),成为朝廷至高无上的政治思想。这就是说,清朝采取消极的,保守的,防御性的,反对进步的维持现状政策,一切可能撼动封建制度的新趋势,不惜竭全力与以阻止。在经济方面,着重地主利益的巩固(永不加赋),若干年来发育起的资本主义的幼芽,被闭关政策所摧残,以致奄奄无生气了。

(一) 土地

全国田地分民田、官庄、官田、屯田四大类。

民田——占耕种地面积大部分,种类约有二十余项。最多的是民赋田（民间私产，准许自由买卖转移的赋税地），次多的是更名田（明朝藩王所领田地，清朝给与原承佃人，作为世业，称更名田或更名地）以及明朝江南省苏州、松江两府，浙江省嘉兴、湖州两府的官田（事实上明季已转成民田，清朝承认业主所有权作为民田，赋税仍照旧额征收）。民田中产物丰富，首推海边斥卤地（沙地），如果气候适时，种稻每亩可收五六石或四五石。玄烨、胤禛、弘历三朝，注意江浙沿海堤塘的修筑，开发海边农利，超越前代。从来号称最膏腴的江南水田，农夫终年劳苦，每亩收稻多或二三石，少或一二石，不如海稻功半利倍。这是清朝新发展的富源。江南田价，顺治初年良田每亩不过银二二两，康熙年间涨至四五两。雍正年间回跌至顺治初年旧价。乾隆初期田价渐涨，每亩七八两至十余两、二十余两，嘉庆时代涨至五十余两。江南（苏、松、常、镇四府）米价康熙时代通常每升七文。康熙四十六年大旱，每升涨至二十四文。雍正及乾隆初年，每升十余文。乾隆二十年虫灾，每升涨至三十五六文，穷民饿死无数。后来米价落至十四五文。五十年以后至嘉庆时代，常价总在二十七八至三十四五文间。人口增殖是田价米价上升的重要原因。别一原因是顺治雍正两朝追粮极严，秦松龄（顺治时翰林）欠田赋银三分，叶方蔼（探花）欠田赋银丝毫，都被革官。顺治十八年江南大小绅士因欠粮革退一万四千余人，地主失去非法利益，田价跌落。乾嘉时代江南绅士侵占田赋几达赋额的半数，利益既大，田价上升，土地兼并也随着剧烈起来（乾隆时江苏进士郑燮说，希望得田一百亩，又说，世上大富人有田数百顷，足见江南大地主占田比元明两朝要小些）。

官庄——满人入关，自皇帝下至八旗兵丁，各圈占土地，总称官庄,依性质可分四类:(1)皇室庄田,又称内务府官庄,(2)宗室庄田,(3)八旗庄田(驻京畿旗兵所占田地,多在近畿各州县),(4)驻防庄田(各地驻防旗兵所占田地)。旗人不论贵贱,都不耕种田地,招汉人代佃,收取租息。

官田——有牧地、学田、籍田(皇帝亲耕地)、祭田(赐圣贤后裔,供祭祀用)等名目。

屯田——新疆入版图后,裁绿营兵屯田,每二兵给牛一头,农具一副。乾隆三十年,新疆屯田凡三十余万亩,乌鲁木齐(迪化县)一处多至十万三千余亩。

(二)田地总数

(1)民田

顺治二年	四〇五六九〇五顷
顺治十八年	五四九三五七六顷
康熙二十四年	六〇七八四三〇顷
雍正二年	六八三七九一四顷
乾隆十八年	七〇八一一四二顷
乾隆三十一年	七四一四四九五顷
嘉庆十七年	七九一五二五一顷
道光十三年	七三七五一二九顷

依据这些数字,推想田地增减一般的情况,可以说明清朝最重要的农业生产,并没有超过明朝(崇祯时代有田七八三七五二四顷,比嘉庆止少七八万顷,疆域却远比清朝狭小),封建经济在停滞状态中,显然可见了。

（2）满人所占田地

皇室庄田——一三二七二顷（共五四五庄）

宗室庄田——二三三三八顷

八旗庄田——一三一九一七顷

驻防庄田——多在东三省境。

满人占地不多，却都做了大小地主，东三省本是禁地，不许汉人开垦，由于满人不善耕种或需要佃户代耕，乾隆以后，开始默认汉人出关开垦的权利。

（三）农民生活

由于清朝采用“丁随地派”制度，地主的利益不像明以前那样优厚，因之土地兼并也不像明以前那样剧烈，大地主减少（皇帝及贵族庄田比明朝小得多，可以例推其余），中小地主以及小土地所有者极大的增加（子孙分产，也是一个原因）了。清朝赋税比较轻微，人民又免差徭烦扰，这使占人口最大部分的小农民，得保守一小块耕地，安心过着自给自足的生活。

顺治十年辽东招募垦民，每户给牛一只（牛价不详。按乾隆四十六年新疆屯田每二兵给牛一只，价银十两五钱三厘七毫），犁等农具一副价银五两，雇觅人工银二两。内地农具价与雇工价比辽东荒远地方，当更低廉，这也是维持小农生产的一个原因。

道光末年，英人米特切尔调查中国农村生活，写了下列几段报告：

中国人的生活如此俭朴，如此守旧，以致他们穿着他们祖先穿过的衣服，就是说他们所用的止是必不可少的东西，其余概不需要，无论向他们出卖的某种商品多么便宜。每个中国劳动者的衣服至少要穿三年，不上三年不换新衣，而且这套衣服，虽做极粗糙的工作也能经穿三年。因此，这种衣服所需的棉花，比我们输到中国去的最重的棉织品所需要的棉花，至少要重两倍。换句话说，这种材料要比我们可以运到中国去赚钱的最重的厚布还要重两倍。

收获完结的时候，各农家的一切工作人，小的老的都去梳理棉花，纺纱织布。这种家庭制造的，重笨而结实的，能够经受两三年内粗糙穿用的土布，中国人就用来缝制自己的衣服，而把剩余的土布拿到附近城市去出卖，城市商贩就购买这种剩余土布去供给城市居民及内河船夫底需要。世界各国中，也许止是在中国可以看到每个富裕的农家都有一架织车，这是值得注意的。止有富裕的中国人，才一定要把一切纺织程序做到底。中国人不仅要梳理棉花和纺成棉纱，而且还与自己的妻女以及家庭女工一起织成布匹。

例如福建的农民不仅仅是一个农民，他又是种田人，又是小手工业者。他生产布匹简直是不费分文的（如果原料底价值不算在内），他在自己农庄屋子里面用自己的妻女和女工的手织成布匹。这种土布底织成，不费特别的劳动，也不费特别的时间。在田苗未熟的时候，在收获完结以后，在天雨不能出外操作的时候，他就使农庄的工人纺纱织布。总之，一年当中止要有一些空闲的时候，这个家庭勤劳底模范人物便从事生产什么有益的东西。

英人额尔金爵士周游扬子江上流地方，所看到的居民状况，他写道：

我所看到的情形使我不得不这样推想，即一般讲来，中国乡村居民是过着足衣足食的生活，满意于自己的命运。我曾用各种方法想从他们那里得到一些关于他们田地面积、拥有性质、纳税多寡以及诸如此类的可靠材料。我得出了一个结论：他们往往拥有一块极小的，完全私有的（不受皇上支配的）土地，他们每年不得不负担一些不很繁重的负担，这些优点再加上他们的勤俭，就完全满足他们那种俭朴的衣食上的需要。

这种小农业和家庭工业结合的农民生活，按本质说，自然是落后的，非文明人方式的穷苦生活，可是由于中国统治阶级的昏愚贪暴，鸦片战争以来，引导中国走向半殖民地甚至殖民地道路上去。在特殊条件下，这种落后的非文明的穷苦生活，固然起着顽强抵抗资本主义商品侵略的巨大作用，但中国人民在统治阶级压迫下，永远不能改善自己的生活，到底非沦为殖民地奴隶不可，因而止有摆脱统治阶级的压迫，才能真正改善生活，得到人类应得的待遇。

（四）地丁

田赋与差徭是人民两个重大负担，差徭害民尤甚。多尔衮入关，首采范文程建议，照万历定额征收钱粮，尽废天启崇祯各种加派。又采用一条鞭法（人民纳一定赋税后，所有运输募役等费由官自办，民不预闻），免去杂徭。这些措置，对明末穷困劳倦的人民确是一种宽政。康熙五十年，规定“以后滋生人口，永不加赋”。从此丁银（人头税）有定额（用康熙五十年丁口税作为定额），广东开始将丁银随地亩摊征，每地银一两，摊丁银一钱六厘四毫不等。雍正时推行各省，每地银一两，摊丁银通常在一二钱间。历代相沿的田赋（土地税）和丁税（人头税）归并为“地丁”一种赋税，无田人民得免纳丁税，有田人民，摊派并不过分苛重，清朝赋税制度比前代优良，是不容否认的。

地丁是国家岁收的大宗，顺治时代约在二千万两左右，康雍时代增至二千五六百万两，乾隆至清末，约在三千万两左右。乾嘉以后，岁收总数约四千三四百万两，地丁占三千万两，有土地人负担国用四分之三稍弱，兼并比较和缓的原因在此。

（五）人口

丁税摊入田赋，人民免徭役的烦扰，无须隐匿户口，官府对新增人丁无利可图，也就不再追究户口实数，清朝纸面上的户口数，因此超越了过去任何时代。

康熙五十年全国人丁二千四百六十二万一千三百二十四口，比顺治十八年止增三百五十五万余口。玄烨知道地方官编查不实，特下谕声明永不加征丁银，令具报人丁实数。六十年，全国人丁二千五百三十八万六千二百零九口。十年间仅增四十六万余口。雍正元年以后，各省丁银摊入地粮内征收，又令各省贱民如山西等省乐户、浙江惰民、安徽伴挡、世仆、江苏丐户、广东蜑户，一律编入保甲，作为良民，可是户口增加依然极微，雍正八年，仅二千五百四十八万八十口。人民和官府都不愿朝廷确知户口实数，免遭加征钱粮的危险，足见玄烨、胤禛号称清朝最好的皇帝，对人民甚至对官吏并没有什么信用（玄烨斥责官吏不肯实报）。乾隆五年户部奏称："每岁造报民数，未免烦扰，请按保甲（官府每岁发给每户门牌一张，上写家长姓名职业，附注丁男名数，不记妇女。十户为牌，立牌长，十牌为甲，立甲长，十甲为保，立保长）册籍申报。"从此官吏得任意报数，户口激增，列简表如下：

乾隆六年	一四三四一〇五五九名口
乾隆二十七年	二〇〇四七二四六一名口
乾隆五十五年	三〇一四八七一一五名口
乾隆六十年	二九六九六八九六八名口
嘉庆八年	三〇二二五〇六七二名口
道光元年	三五五五四〇二五八名口
道光十五年	四〇一七六七〇五三名口
道光二十一年	四一三四五七三一一名口

康雍至道光一百年间,人口增至十余倍,夸张虚报,实不能免,所谓四万万止是一个概况罢了。

(六)商业

清朝皇帝自福临至旻宁,除弘历性喜奢靡,浪费无度,其他大抵生活素朴,不甚铺张。玄烨自称皇宫费用,三十六年支出总数,不及明朝宫中一年所用的数目,旻宁时内务府(掌宫内经费)每岁支出不过二十余万两。历史上皇帝多半是最大消费者,在清朝旻宁以前,奢风还不算严重。

清帝以外,整个统治阶级无不生活腐化,旗人上自贵族(如《红楼梦》描写),下至兵丁(不事生产,领饷银供浪费),全是社会的蠹虫。文武官吏贪污成风,止有雍正时代似乎略知畏惧,其余各朝,吏治从没有澄清过。出征的武官,治河的员工,尤其豪侈,挥金如土。地主如怀柔(河北怀柔县)郝氏,弘历曾到他家里暂驻,供应膳食,一天费用十余万两。地主是封建政权的基石,广布在各地,他们平时生活,可以推想。富商如北京祝氏(米商)、查氏、盛氏，屋宇多至千余间，园亭壮丽，游观十天还不能完毕。绅士如泰兴（江苏泰兴县）季沧苇，住宅雇守卫六十人，月粮以外，每夕赏高邮酒十瓮，烧肉三十盘。婢女每人装饰值银千两，早晨要饮人参龙眼等汤。某次晒毛衣，紫貂、青狐、银鼠、金豹、猞猁狲一类贵重皮货，遭霉气脱毛积地，厚三四寸，季沧苇毫不爱惜。这许多特殊地位的人物，他们都需要充分的消费品，促成城市商业的发展。

占人口极大多数的乡村农民，他们需要生活最低限度的必需品，如农具、盐油、粮食、布匹、箕帚、薪炭、鱼虾、蔬果等物，在乡村市集，互相交换。各村镇，多有常设的商店，可是主要商品交易仍在市集中进行。农村的生产物经市集输入都市，都市的商品经市集散入农村，市集商业从个别看，是零星的杂货小买卖，从整体看，却在商业上占着重要的地位。

清朝商税非常轻微。顺治元年，定买入牲畜，每银一两，收税三分。四年，定买田地房屋，每两收税三分。康熙三年，定当铺每年收税银五两，大兴宛平（京师）大行店铺税同当铺。十五年，定京城行铺税例，上等每年五两，中等二两五钱，十六年，定各省契税，大县最高额六百两，小县三十两。乾隆时太平关（在广东）税额，珍珠每斤仅收课银二钱，玉器收课银四分，玉每斤收课银一分七厘，哆啰、哔叽、蜜蜡、琥珀每百斤各收课银一二两，香楠、黄杨每百斤收课银一分至五分。商税中最大宗的关税，道光时代，每年收入不过四五百万两（比较地丁，约得六分之一），清朝关税率，不到十分取一，如果按百分之七点五计算，每年过关商货，约当值银六七千万两。“会馆”、“公所”、“行”、“帮”等商人基尔特组织，在社会经济方面，占有很大的势力。

鸦片战争以前，海关止江海、闽海、浙海、粤海四处，其余全是内地常关，看下表，可知国际贸易止占国内贸易的极小部分。

京师——崇文门、左翼、右翼、通州　一三四八一五两

直隶——天津、张家口、山海关、龙泉关、紫荆关、独石关、蟠桃口、古北口　一四三六八八两

盛京——奉天关、湖纳湖河、辉发莫钦、白都纳、中江关　二四一一九两

山东——临清关、东海关　四三二〇五两

山西——杀虎口、归化城　一六九一九两

江苏——江海关、浒墅关、淮安关、扬州关、西新关　一二二九七二一两

安徽——凤阳关、芜湖关　六〇四七四五两

江西——九江关、赣关　四四四九一六两

福建——闽海关　三三七八一三两

浙江——浙海关、北新关　三〇四二一六两

湖北——武昌关、荆紫关　九五五八四两

湖南——辰关　一六四二二两

四川——夔关、打箭炉　一八二七八九两

广东——粤海关、太平关、北海关　六五二四八五两

广西——梧厂、寻厂　一〇八八二九两

合计四百三十二万四千九百七十七两（乾隆时代据雍正十三年征收数规定各关正额）。

广东是唯一的国际贸易口岸，连海关常关在内，税收止得江苏的半数。道光时代粤海关定额已增至八十九万九千零六十四两，道光二十五年（鸦片战争后）激增至二百三十六万二千一百六十四

两,几乎占全国关税(五百二十三万两)的半数了。

闭关时代最富的商人,首推扬州盐商和山西票号。

盐商——清朝销售官盐,通行官督商销制。官给商人引票(贩盐特许证。引盐出卖有特定地区,票盐得通行各地),商人据引买盐,运到引地(专卖区域)出卖。盐商与官吏勾结,通同作弊,剥削人民,获取额外的大利。乾隆时代,淮商(扬州盐商)报效(献给皇帝)动辄数百万两,弘历赏给官衔,当作报酬,凡较大盐商无一不是朝廷命官,盐商实际就是卖盐的官吏。

票号——山西人善于经商,足迹遍全国,凡驻有大官的地方,山西票号也随着设立。票号办理汇兑、存款、放款、代官府解钱粮、收捐税等业务。营业的主要主顾,就是官员。满汉官员或候补或升调,需要运动费、路费、上任费等由票号借垫,到任后,票号派人监督财政(所谓账房师爷),归还欠款本利,多余的赃款,票号代为汇兑或存放生息。吏治愈腐败,票号营业愈发达,清朝灭亡,票号也就破产。

商业资本家最豪富的盐商和票号都是依靠政府才能获利,所以止能起维持封建统治的作用。

(七) 工业

与小农业结合的家庭手工业以及乡村中单独经营的手工业者,在全国范围内是普遍地存在着。他们不需要较大的市场,也就不可能达到手工工场的分工。他们生产结构的简单,使中国社会长期保持旧面貌,不发生变化。

在大都市的工业,尤其是某些官营工业,分工却相当细密,规模也相当宏大了。

窑业——窑业中心地的景德镇，明末曾遭破坏，康熙时代逐渐修复。康熙十七年，派遣内务府官员，驻御器厂督造各式磁器，非常精美。新创一种“素三彩”磁器，尤称名贵。传至同治时代，制品名目还有五十余种。每一磁器造成的程序中，要经过许多劳力的协作，通常经过五人以至十人的手，才造成一件器物。

铸钱业——京师有宝泉局，每一卯（期）用滇铜五万一千四百二十八斤九两一钱四分，用白铅四万二千六百八十五斤十一两四钱二分，用黑铅六千六百八十五斤十一两四钱二分，用点锡二千五十七斤二两二钱八分，铸钱一万二千四百九十八串（一千），除工价外得钱一万一千三百二十四串二百文。每炉设炉头一人，所需工匠有八行（专门技术）：(1)看火匠(2)翻沙匠(3)刷灰匠(4)杂作匠(5)锉边匠(6)滚边匠(7)磨钱匠(8)洗眼匠。各匠工资按月支给。

印刷业——玄烨编纂《古今图书集成》，刻铜字为活版，排印成书。乾隆初年毁铜字铸钱。弘历修《四库全书》成，刻木字二十五万个，改称活字版为聚珍版，印全书中“应刻”的书籍。

私家经营工程最大的要算四川自流井的制盐业。盐井深度约在二三千英尺左右。凿井工作，往往费时三年、六年甚至十年不等，最高纪录，竟有七十年才完成的。一井开凿费用，说不定要数十万两。这样巨大的投资，当然不是手工业小的经营所能办到。一井作业活动，通常需要四五个劳动者，和大约同数的牲畜（牲畜多是水牛），在这种作业活动中，进行下列各种分工；即赶牲畜的，汲盐水的，煎盐的。煎盐场内有锅数十口或百口以上，一二十以上的劳动者在场昼夜工作，煮盐多用火井的天然煤气，不足时用石炭补充。

纺织业在长江流域最发达，四川的蜀锦，江苏浙江的绸缎，销行全国。纺织业较次的广东地方，道光时代，广州附近有二千五百纺织工场，工人约五万，平均一工场约二十人；又一制茶场，有男女工童工五百人。这种工场部分的使用机械，并且进行不完全的分业，可以说，工业资本主义的萌芽至少在广东地方已经发生了。

（八）矿业

明朝矿税害民，清矫明弊，一切禁止开采，臣下进言矿利，多被朝廷斥责。可是利源所在，事实上不能遏止，康熙十八年，定开采铜铅税例，官取十之二，其余八分听矿商发卖。嗣后矿业渐兴，据《大清会典》所载，广西、云南、贵州有黄金、银、铜、锡、铅、铁、水银、丹砂、雄黄等矿，山西、四川、广东有铜、锡、铅、铁等矿，湖南有铜、锡、铅、铁、水银、丹砂、雄黄等矿。各矿税例或官抽税二分，官买四分，矿商得四分，或官抽税一分，官买九分，或官抽税三成，余听商自卖，或官发工本，招商承办，或完全官办。金银矿抽税较重，大抵官得四分，商得六分。

开矿必须官府查明无碍民田房屋坟墓，才得开采。坟墓有关风水，好风水的坟墓，一定是士大夫人家所有，因此开矿以及鸦片战后各种生利新事业，凡有碍风水的，士大夫反对不遗余力，顽强阻止资本主义的发展。

官府管理矿场，非常严格。每天所采矿砂，挨次堆积，填入流水簿，如某日煎炼某堆某日矿砂若干斤，炉头报明官商，督同煎炼，分别铜铅金银，分记块数斤两，驻册登填串票。所有矿山，止限连山处许一商兼采,隔远不相连的矿山,每山止许一商承办,藉便管束工丁,免生纠纷。资本较小商人,得合股经营。矿商请求开采,先得缴出银二千或三千两,存矿山所在州县官库,陆续支领。矿脉微薄,不容商人包采的小矿,准附近民人呈请开采,照例纳税。

广西矿山最多,商人寻寸草不生的童山,探找砂路(矿脉),砂路有"石夹"、"夹石"两种。石夹矿砂,石少砂多,称为石夹,又称正引(正脉)。矿砂夹石,砂少石多,称为夹石,不是正引。砂路必需广五六寸至一尺,才有旺盛的希望,如止寸许或不及一寸,便是不中开的小矿。砂白色是银垅(脉),绿色是铜垅,黑色是铅垅。虽然垅名各异,其实一矿所产,五金都有,要煎炼后分别贵贱。大抵金占千分之一,银百分之一,铜十分之一,其余是铅铁锡。广西共有数十厂,每一厂有凿工、挖工、捶工、洗工、炼工、搬运工、管事人、帮闲人,不下万人,合数十厂便有数十万人。

云南产铜,有矿厂四五十处。炼铜的炉罩(罩是炉的别名)有各种各色,煎紫板用美人炉,蟹壳用纱帽炉,哑铜用太极炉,铜夹银用推炉,铅夹银用蜈蚣罩,黑铜用虾蟆罩。工人大致分锤手、砂丁两种,看炉罩名目如此繁多,分工似乎也不止两种。

(九)货币

明朝中期白银正式作为货币。清朝钱银兼用,铜钱行用尤广。京师设宝泉、宝源二局,外省各设铸局,制造制钱。顺治钱每文重一钱,每十钱准银一分,二年改定每文重一钱二分,按七文准银一分计算。四年,改定十文准银一分,八年,改定每文重一钱二分五厘,仍照旧例每百文准银一钱。十四年,改定每文重一钱四分。玄烨以后，各朝制钱重量不外一钱、一钱二分、一钱四分三种，随时增减，保持一千文准银一两的价格。乾隆五年，铸青铜钱（红铜、白铅、黑铅加点锡成青铜）。青铜熔化后，不能再造器物，奸商无法私毁求利，二三千年来沿用的黄钱从此改为青钱。

银两通行纹银。各地用银名色不一，有元丝（江浙通用）、盐撒（两湖江西）、西镨、水丝（山西）、土镨、柳镨、茴香（四川）、元镨（陕甘）、北流（广西）、石镨、茶花（云贵）、青丝、白丝、单倾、双倾、方镨、长镨等名目，成色高低，分两轻重各不相同。福建、广东通行洋钱（有花边银、番银等名目），大受中国官商喜爱。嘉庆时江西江苏浙江也盛行洋钱，据道光十九年上谕，黄河以南各省无不通用，完纳钱粮，市场交易，全用洋钱。洋商用低色银圆换取中国十足纹银，成为政府焦虑的问题。

金银钱三种比价，康熙初年，黄金一两换银十余两，乾隆中年，金贵至二十余换，嘉庆时代总在十八九至二十换间。银价乾隆初年，每白银一两换大钱七百文，晚年增至八九百文，嘉庆初年银价骤贵，每两可换钱一千三四百文。道光末年，每两换钱二千文。洋钱盛行以后，银价跌落，钱价跌落尤甚（嘉庆元年白银每钱换一百三十文，洋钱每个换钱一千一百三十余文，洋钱重七钱二分，却换纯银约八钱五分）。

（十）国家收支

嘉道以前，历朝每岁收支总数，变动不大。收入数大致如下：

（1）地丁　约三千万两

（2）耗羡　约四百六十万两（正赋外额外征取）

(3) 漕粮 约四百万石(分正粮、杂粮两种,正粮征米,杂粮征豆、麦、荞、麻等)

(4) 漕项 约二百万两(漕粮外加征)

(5) 租课 约二十六万两

(6) 盐课 约七百五十万两

(7) 关税 约四百万两

(8) 茶课 约七万两

上总数(除漕粮)共约四千八百余万两。

支出数大致如下:

中央经费

(1) 王公百官俸 约九十三万两

(2) 兵饷 约六百万两

(3) 盛京、热河官兵俸饷 约一百四十万两

(4) 其他政费 约一百十余万两

上总数共约九百五十四万余两。

地方经费

(1) 官俸 约四百二十万两

(2) 公费 约二十万两

(3) 红白事例 约四十万两(庆典丧祭)

(4) 兵饷 约一千五百万两

(5) 修缮 约四百万两

(6) 其余杂项 约一百万两

上总数共约二千五百万两。

中央地方合计约三千五百万两。

道光以前,历朝收支每年都有盈余,这说明清朝统治,基础确

甚巩固。它唯一愿望是维持现状,欧洲资本主义的侵入,却使巩固的基础发生动摇。强烈要求闭关与强烈要求开关两大力量的冲突,万无避免的可能了。

第九节　鸦片战争前的国际贸易

清朝皇帝要在汉人面前保持自己至高无上的威严,不愿意承认中国以外还有同等的国家,皇帝以外还有同样的帝王。清人修《明史》,斥利玛窦《万国全图》说天下有五大洲为“荒渺莫考”。《万国全图》、《职方外纪》(艾如略著)等书,在清朝都成为冷书,不为士大夫所称述。一般人心目中以为天下止有一个大清天朝和一个大清皇帝,其余都卑微不足道。

陆上邻国俄罗斯(帝俄)经三次订定条约(康熙二十八年《尼布楚条约》、雍正五年《恰克图条约》、乾隆五十七年《恰克图市约》),彼此还算相安无事。清朝最厌恶的是海路来的西洋邪教和西洋商船。

《钦定刑部处分则例》西洋邪教有下列的规定:

西洋人刊刻经卷,倡立讲会,诱惑内地民人,转相传习,诵经开讲。如州县官能拿获首犯并过半数教徒,免罪。如不查拿,州县官降两级调用,府州官降一级留任,道员罚俸一年,两司(布政司按察司)罚俸九个月,督抚罚俸六个月。如州县讳匿不报,照讳盗例革职,该管上司均(都)照属员讳盗例分别处罚。

州县官失察西洋人在境潜住,但并未传布邪教,降一级调用,府州罚俸一年,道员罚俸六个月。

州县官失察西洋人过境,但并未逗留,降一级留任,府州官罚俸六个月。

一个地方发现西洋人,全省官员受处分,西洋教士在这样严厉的防御下,传教几乎是不可能了。

西洋商船的限制也同样严厉,明朝人唐顺之说,市舶(外国商船)的利害,好比开矿,上策是封闭矿洞,驱逐矿徒;中策是国家管理矿山,独擅利益;下策是不闭不开,让奸人擅利。清朝对外国贸易,主观上是采取唐顺之的上策,事实上却做了唐顺之的下策。奸官们勾结洋商,暗开海关,老朽的中国,好比紧密封闭在棺材内的"木乃伊",一朝与外界新鲜空气接触,不可避免的要腐烂,腐烂的媒介物,正是这些原已腐烂不堪的奸官们。

清朝限制洋商的办法,略举如下。

西洋人附居广东澳门,大小船不准超过二十五只,由地方官编列号数,刊刻印烙,各给验票一张,将船户舵工水手及船主姓名逐一填注票内。如旧船朽坏不堪修补,必须添置,应报明地方官查验明白,申报总督巡抚,准其补造,仍用原编字号。船只出入海口,不许偷载中国人出去,也不许夹带西洋人进来。文武官如徇情疏纵,查出革职。

洋船出口,除煮饭锅外,不许载铁锅出洋。查出照捆载废铁出洋例治罪。

外夷商船通市贸易定有界限,如越界在内地起卸货物,该省督抚及该关监督准令起卸并开船回国,查出降二级留任。

外夷船只遭风漂至内洋,该管督抚如不奏闻并不派专员前往管束,罚俸九个月。

以上所举,只是严格限制外商的一些例证,实际行施的(包括合法的和非法的）各种办法，还非常苛杂。原来清朝是异民族统治中国，它深怕外国人会助长很大部分中国人不满意满洲人奴役他们的情绪，因此禁止外国人经由其他一切交通道路与中国人发生来往，止让他们经过与北京及与产茶区域相隔很远的一个城市——广州。外国人的商业止限于与澳门商人发生往来，政府给澳门商人专门与外国人通商的特权，以便用这种方法来使其余的人民不与可恨的外国人发生任何来往。这是清朝主观的愿望，事实上并不能阻止西洋商品暴风雨般的侵袭，也不能阻止奸官们贪饱私囊，暗中通融勾结。紧闭的关门，鸦片战前早成半开的破门了。

（一）比英吉利先到中国通商的欧洲国家

葡萄牙——明正德十一年葡萄牙人来中国。次年，葡萄牙东印度总督（驻马刺加）派使到北京，谒见明帝。嘉靖三十六年，明官纳贿，准葡人借住澳门。土地所有权仍属中国。地租原定每年一千两，到香山县完纳，康熙三十年至乾隆五年，减至六百两，后再减一百两。中国商人与澳商交易，止许肩挑，后许小船运载。收税官吏讹诈勒索，获利极巨，官员们认是最优的肥缺，钻营异常剧烈。

葡萄牙认澳门是殖民地，屡向中国政府要求澳门管辖权，中国政府认澳门止是暂准各外国商人居住的地方，土地所有权并不放弃（光绪十三年才正式承认葡人在澳门永久居住权）。葡人东方商业渐就衰微，澳门因是各外国对中国通商的唯一根据地，商业却益趋繁盛。

西班牙——明万历三年西班牙人自马尼拉（菲律滨首府）来中国。中国商人（多福州、泉州、厦门人）与菲律滨往来通商，万历三十一年西班牙人屠杀华侨二万余人，崇祯十二年，又屠杀华侨三万数千人。这样残暴无人性的西班牙人，明清两朝从不留意分辨，仍与居住澳门的葡萄牙人同称佛郎机人，照常贸易。中国政府仇视华侨，连最小的同情心也是没有的，更说不得所谓保护了。

嘉庆八年西班牙人传来种牛痘法，这算是西班牙对华通商的一种功绩。

荷兰——万历三十四年荷兰商船自爪哇来澳门，被阻退去。天启二年荷船十五艘攻澳门不克，转攻澎湖岛又不克，次年，占领台湾。顺治十年，谋到广东通商，被葡人阻止。十二年，派大使到北京进贡，向清帝行三跪九叩礼，尊中国为天朝，自认为藩属，清帝许荷兰通商。十五年，郑成功入台湾，驱荷兰人归爪哇。

（二）清英间通商交涉

崇祯十年英船到澳门，被葡人及地方官阻止，不许通商。康熙二十四年，英商得东印度公司的助力，在广州设一商馆，正式向中国通商。

乾隆五十八年英王乔治二世派特使马戛尔尼①到热河行宫谒见弘历。清朝定要英使行跪拜礼，自认藩属国的地位。马戛尔尼止允行英国式屈一膝吻皇帝手礼，清朝要求免吻手，加屈一膝。往返交涉的结果，据马戛尔尼的记载，说屈了一膝，据清朝的记载，说屈了两膝，屈膝成为这次交涉的主要事件。英国提出的：(1)许英国商人在

① “马戛尔尼”，原作“马加特尼”，今用通用译名校改。下文英国官员译名，也依此例改订。——原校者注

舟山、宁波、天津诸港通商;(2)舟山附近设一租界;(3)派公使驻北京:(4)澳门广州间废止通行税等条件,止获得弘历傲慢的答复:

咨(告)尔国王,远在重洋,倾心向化,特遣使恭赍(音济。携带)表章(奏章),航海来庭(朝),叩祝万寿。朕披阅表文,辞意诚恳,具见国王恭顺之诚,深为嘉许。尔国王表内恳请派一尔国人居住天朝(北京)照管尔国买卖一节,与天朝体制(制度)不合,断不可行。……特此敕谕。

向来西洋各国,及尔国夷商,赴天朝贸易,悉在澳门互市,历久相沿,已非一日。天朝物产丰盈,无所不有,原不藉外夷货物,以通有无。特因天朝所产茶叶、瓷器、丝斤为西洋各国及尔国必需之物,是以(所以)加恩体恤,在澳门开设洋行,俾(使)得日用有资(物),并沾余润。……特此再谕。

马戛尔尼在半欢送半驱逐状态下,毫无所得回国去了。

(三)外国商人在广州的待遇

康熙五十四年英国东印度公司与广东官吏订立合同,英商得在广州自由通商,并得若干商业上的便利。五十九年广东商人组织一种机关,称为公行,业务是规定出口货的价格,保证卖货人的利益。经外商提出抗议,公行暂时停止。

清朝指定广州是唯一的外国通商口岸,其他口岸偶来商船,抽税极重,驱使归向广州。广州官(上自总督,下至税吏)抽各种合法与不合法的商税以后,又勒索贿赂,毫无限止,外商屡求减轻,甚至提出停市作要挟,清官吏有恃无恐,全不理会,外商止好忍受贪官的虐待。

乾隆二十五年公行又正式成立。三十六年,公行大半破产,政府下令解散，并令偿还欠东印度公司债务银约十万两。当时广东借债利率，通常月利五分，暂借二分或三分，有确实担保品的借款，月利一分。英商由印度运来大量银钱，贷与广东商人，积累至四十七年，华商欠英商三百八十万先令。政府认为事态重大，令华商从速清偿债务，禁止再借外债，并设立一种介在官府与英商中间的经理机关，名称仍是公行。

公行数凡十三，有约束外国商人、传达官府命令、代官吏勒索贿赂等权利。公行设有商馆，外国商人在广州必需居住馆中，凡雇用司账员、仆役、厨夫、船夫等，全由公行经手绍介，不得自由行动。

广州苛待外国商人，可看下列几条规定：

(1)外国妇人不得居住商馆；(2)不得用中国仆妇；(3)不准坐轿，必需步行；(4)不得乘船游行江上，更不得游行街市，每月止许初八、十八、二十八天三天，入花园游玩，但必带同翻译，翻译负责监视雇主的行为；(5)不得直接向官府进禀，凡各种请愿，必需由公行代禀；(6)所有住商馆外人，必需受公行管束，不得随意出入，购买货物，由公行代办；(7)通商时期已过，禁止在广州居住，应载货归国或往澳门。

外国商人忍受中国官吏无情的榨取和无理的待遇，百折不回，定要开辟中国市场。乾隆十六年停泊黄埔（公行商馆所在地，外商止许到黄埔，不准入广州城）的商船，计英船九艘，荷船四艘，法船二艘，丹麦船一艘，瑞典船二艘，共十八艘。乾隆五十四年，英船六十一艘，美船十五艘，荷船五艘，法船一艘，丹麦船一艘，葡船三艘，共八十六艘。英国对华输入品，二分之一以上是鸦片，四分之一是印度棉花，中国对英输出品，茶叶占五分之三，丝占五分之一，棉织物也输出不少，促成广州附近棉织工场的发达。

（四）英国与广东地方官的交涉

道光十四年，英国废止东印度公司对华商业特权，决计与中国直接通商，先一年，英王派遣律劳卑为驻华商务监督，德庇时为副监督，罗宾臣为第三监督，来中国管理并发展英国商务。十四年七月，律劳卑等到澳门，改乘商船到广州，送公函给广东总督卢坤，说明自己受英王命令，来华办理英国商务，要求与总督会面。总督不认律劳卑有平等地位，拒收公函，令照旧例具禀由公行代呈。

律劳卑与卢坤间，因公文程式大起纠纷，公行被官府逼令设法驱夷酋（律劳卑）离广州，公行无法应付，倡议停止商务。凡英商货物，一概拒绝运载。九月，总督斥责律劳卑愚钝顽迷，不遵中国法律，下令停止英国通商，所有契约，一概无效，商馆雇用人（翻译仆役等）一概告退，中国人供给英人食物，处死刑，外国人供给英人食物，处重罚。律劳卑受辱不可再忍，令战舰两艘冒炮火强航至黄埔，保护商馆，总督也派军队包围商馆，断绝水路交通，形势危急。律劳卑突患热病，自动退回澳门，不久病死。卢坤解除通商禁止令。

律劳卑死后，德庇时继任为商务总督。总督卢坤命令公行，传谕英商推选大班（商人首领），不许再有所谓监督官。在华英商上书英王，要求派遣军队，直接与清政府交涉。德庇时主张采取静默态度，等候英政府的训令。道光十五年（一八三五年）德庇时辞职，罗宾臣继任。第三监督义律因阿柔号水手十二人被海盗虏获勒赎，持公函向地方官交涉，路上遭清官吏袭击倒地，大受侮辱。义律声称我这公函，关系十二人生命，清官吏说，我们止受禀单，不知有公函。

广东总督奉清帝命，加重压制外国人。道光十七年，义律继罗宾臣为商业监督，得英政府许可，放弃静默政策，决用超寻常手段争取鸦片贸易的自由。

义律上书英政府，指陈鸦片贸易早晚必起冲突，请派兵增援。英政府令东印度舰队司令长官马他仑爵士（Sir Frederick Maitland）带队往中国，出兵名义是保护英人在华的利益。道光十八年马他仑到广东，义律通知广东总督，请派员来见马他仑，总督令公行退还公函，说非禀单决不收受。总督下令搜查外国船，大声盘问："你们船里载有马他仑么？载有妇人及水手么？如果载这类人，不准你们航行虎门水路。"马他仑率战舰三只，要求总督说明理由，并称庄严的英国不能忍受这侮辱。总督见情势危急，惊慌无策，令广东某提督出面调停，交换相互平等的礼仪，英舰退还铜鼓湾。总督见英舰退去，又大发文告，令公行及翻译负责管教外国人，使学习文明礼貌，禁止外人不得宿娼淫荡，外人带眷属不得同坐一船。这一类侮辱告示，张贴公行正门上，激动外国商人愤怒更甚。

（五）鸦片输入与白银流出

明朝鸦片传入中国，价贵同黄金，流行不广。荷兰人制鸦片烟诱爪哇人吸食，清初传至台湾，转传闽粤，吸食渐广。雍正七年谕禁鸦片，凡贩卖及开烟店，处重刑。鸦片流行与官吏受贿，是不可分的，朝廷禁止令止能给官吏更多的纳贿机会。乾隆三十二年，鸦片输入增至一千箱。三十八年，英国东印度公司取得由孟加拉（Bengal）、彼哇（Behar）、我利萨（Orissa）等地鸦片的专卖权，开始向中国输送（以前是由葡商输入），逐年增加。四十五年，竟达四千零五十四箱。嘉庆元年清朝再下令禁止外国输入鸦片及国内栽种罂粟。

闽粤人多吸鸦片烟，如蔡牵（福建同安县人，聚海盗掠夺台湾闽浙沿海地方，嘉庆七年起事，十四年败死）因朋（瘾）发战败落海溺毙（蔡牵部下吸鸦片可想见）。道光十二年广东瑶民反清，总督调连州（广东连县）营兵，多吸食鸦片烟，不能得力。俞正燮（嘉道时人）《癸巳类稿》有“鸦片烟事述”一篇，附载戒烟药方，照俞氏说，鸦片已传入内地，不过还没有闽粤那样盛行。

鸦片销路逐渐扩大，朝廷又严刑禁止，从中获巨利的自然是广东官吏。英商运鸦片至海边，中国商船出海用现金收买，载回市场发售，在买卖过程中，无一处不是官吏纳贿的机会。嘉庆二十五年，鸦片输入五千一百四十七箱，道光元年七千箱，四年一万二千六百三十九箱，累增至十四年，达二万一千七百八十五箱，十七年，达三万九千箱。大抵嘉庆十六年至道光元年，平均每年输入四千四百九十四箱，道光元年至八年，每年平均九千七百零八箱，道光十五年至十九年，每年平均三万箱（每年流出银三千万两以上）。这样剧烈的鸦片输入，同时就是剧烈的白银输出，清政府那能不设法自救呢？

道光十六年，太常寺少卿许乃济奏称：“乾隆以前，海关则例中，鸦片列入药材，每担抽税三两，附加税二两四钱五分，总计五两四钱五分。嘉庆元年，严刑禁止入口，鸦片变成秘密贸易，交付全用现银，因此银价腾贵，往先银一两可换制钱一千文，现在换一千二百文乃至一千三百文。小民生计穷促，不可终日。从古以来，法令愈严，结果一定贿赂愈多，官吏刻剥愈甚，奸人作恶愈无忌惮。臣请准许鸦片合法贸易，由公行用土货交换，庶几现银可停止流出。”广东总督邓廷桢赞助许乃济，奏请认鸦片贸易为合法，征收关税，允许输入。当时朝臣群起反对，旻宁从众议，再下令严禁。

邓廷桢令公行驱逐外国鸦片商九人出境，义律提出抗议，邓廷桢停止英国通商，表示禁烟决心。一部分官吏却乘机包办，用官船秘密输送，贸易暗中发达，获利极巨。某次偶尔查获鸦片八箱，忽然四箱不见，四箱没入官府，箱内鸦片全变成砂土。这真是充当凶手的英国人和服毒自杀的中国人，彼此竞争，向吃人神的祭台上贡献牺牲品。

道光十八年，鸦片输入至五万箱以上，清政府愈益感到禁烟的必要了。邓廷桢派官缚中国鸦片商人至商馆前执行绞刑。十九年，又至商馆前执行绞刑，英、美、法、荷诸国商人取下国旗，表示反对，义律提出书面抗议，总督丝毫不让，发出斥责命令，交公行转达义律。

（六）战争不可避免

英国——英国政府在印度的财政，实际上不止依赖于对华的鸦片贸易，而且还依赖于这个贸易底偷运性质。如果中国政府允许鸦片贸易成为合法的贸易，同时允许在华植种鸦片，那末，英印国库会遭受严重的损失。英国政府表面上主张自由买卖毒药，暗中却保护自己对于鸦片生产的垄断权。所以英国所谓自由贸易底本质，到处可以看到它的“自由”底基础差不多就是垄断。

印度英国政府，它的七分之一的收入是由于出卖鸦片给中国人得到的。印度对英国布匹的很大部分的消费，却是靠这种鸦片底生产为转移的。因此英国政府绝对需要鸦片贸易的顺利进行，而且需要不合法贸易的顺利进行。为保持这种利益，自然止有诉诸强暴的战争。

广东官吏——广东官吏是绝对欢迎英国走私贸易的，同时也是绝对欢迎清政府严厉禁止的。因为鸦片既有命令禁止，关税当然废止，官吏利用职权，私收比关税增若干倍的贿赂，中外商人无不愿意。朝廷禁令愈严，官吏的权力愈大，非法贸易更较合法贸易容易扩张，鸦片愈禁愈盛，这是主要的原因。由于他们是清朝的官吏，不得不应付清朝的命令，在必要的时候，扮演傲慢狂暴、昏顽无知的丑剧，表示自己替朝廷实心办事。所以他们不仅制造祸因，而且还竭力发展祸因。伦敦每日电讯这样写道："我们应该鞭打每一个穿蟒袍而敢于侮辱我国（英）国徽的官吏……应该把这些人（中国将军们）个个都当作海盗和凶手，吊在英国军舰底桅杆上。""把这般浑身纽扣、满面杀气、穿着丑角服装的坏蛋，吊在桅杆上示众，随风飘动，倒能警戒人心。"中国官吏应该鞭打，每一中国人民都有这种权利，但是英国人说这些话，未免忘记自己也是海盗、凶手、坏蛋了。

清政府——湖广总督林则徐奏请禁烟道："如果鸦片不禁，国日贫日弱，数十年后，不仅无饷可筹，而且无兵可用。"这样最惊心的议论，自然大得旻宁的赞许，因为人民穷到无可剥削，军队失去镇压作用，清朝统治还能存在么？要自救，止有诉诸武力的一途。

英国和清朝都不惜一战，广东官吏又从中扇动战火，鸦片战争不能不爆发了！

简短的结论

由于人参贸易的发展，建州女真逐渐团结起来，努儿哈赤接受汉族文化最多，智力出诸部酋长上，开始用武力统一女真各部落，建立金汗国。

皇太极时国势更盛，重用文武汉奸，准备侵入中国，改金为清，改女真为满洲，企图模糊汉人仇金的旧恨，皇太极不愧为有政治远见的野心侵略家。

明朝政治的极端腐朽，农民起义军的政治短见，吴三桂的开关求援，汉族士大夫的甘心降敌，造成了多尔衮、福临入主中国的机会。

满洲民族是少数的，经济是原始的，文化是落后的，军队是杂凑的，要长久维持在中国的统治权，将成为无比的困难了。多尔衮紧握利用汉奸政策，大量收买汉族士大夫，借汉人力镇压汉人，终于成就了统治中国的事业。

皇帝、贵族、满洲八旗、蒙古八旗、汉军八旗、蒙古人、汉族士大夫、汉族人民，一层一层的监视着、压迫着，彼此间又充满着仇恨和矛盾。最大的矛盾自然是汉族人民与整个统治阶级、统治民族间的斗争。

皇帝立在一切矛盾的尖端，标榜满汉一体，满汉从不歧视等等“公正”话，其实防汉人如防盗贼，止有在危难的时候，才暂时信任汉官作自己的助力，一到危难过去，汉官又被轻视或杀逐。

因此汉官也并不满意清朝的待遇，许多人做诗文不慎被残杀了。一部分有民族气节的士大夫以及广大汉族人民是始终反抗满洲的，残酷的民族斗争，在清朝史上几乎没有停止过。

康熙以前，抗满运动缺乏统一的行动、团结的精神，此起彼仆，毫无成就。雍乾时代，某些志士用文字鼓动反满，遭受惨毒的镇压以后，运动又消沉了。嘉庆时代，民族斗争与阶级斗争联系起来，发动广泛的人民起义，由于领导人的愚昧无知，又逐渐被削平了。不过反满运动虽然失败，反满精神却永远在发展中。

康熙、雍正、乾隆三朝因内部统治比较稳固，对外用兵获得巨大的胜利。胜利的结果，引起财政的困难，剥削的加重，嘉庆以后，清朝走上衰落的道路了。

清朝严格执行闭关政策，极大部分人民保持小农业结合家庭工业的自给自足生活，虽然有些地区，已经存在着颇具规模的手工工场，比较欧洲是远落在后面了。因此欧洲资本主义侵入中国，成为不可抵御的力量。

落后的经济，腐败的政治，昏顽的统治者，凶暴的侵略者，一切罪恶和弱点，在鸦片贸易中全面表现出来，老朽的中国封建社会与新兴的英国资本主义不得不用战争来比赛彼此的力量，这个战争，就是鸦片战争。

附：明清年表

明			清	
公元	姓名	年号	姓名	年号
一三六八年	朱元璋　（太祖）	洪武		
一三九九年	朱允炆　（惠帝）	建文		
一四〇三年	朱棣　　（成祖）	永乐		
一四二五年	朱高炽　（仁宗）	洪熙		
一四二六年	朱瞻基　（宣宗）	宣德		
一四三六年	朱祁镇　（英宗）	正统		
一四五〇年	朱祁钰　（景帝）	景泰		
一四五七年	朱祁镇　（英宗）	天顺		
一四六五年	朱见深　（宪宗）	成化		

续表

一四八八年	朱祐樘　（孝宗）	弘治		
一五〇六年	朱厚照　（武宗）	正德		
一五二二年	朱厚熜　（世宗）	嘉靖		
一五六七年	朱载垕　（穆宗）	隆庆		
一五七三年	朱翊钧　（神宗）	万历		
一六一六年			努儿哈赤（太祖）（国号后金）	天命
一六二〇年	朱常洛　（光宗）	泰昌		
一六二一年	朱由校　（熹宗）	天启		
一六二七年			皇太极　（太宗）	天聪
一六二八年	朱由检　（思宗）	崇祯		
一六三六年			（改国号为清）	崇德
一六四四年			福临　（世祖）	顺治
一六四五年	朱由崧　（福王）	弘光		
	朱聿键　（唐王）	隆武		
一六四六年	朱以海　（鲁王）	监国		
一六四七年	朱由榔　（桂王）	永历		
一六六一年	（明亡）			
一六六二年			玄烨　（圣祖）	康熙
一七二三年			胤禛　（世宗）	雍正
一七三六年			弘历　（高宗）	乾隆
一七九六年			颙琰　（仁宗）	嘉庆
一八二一年			旻宁　（宣宗）	道光
一八五一年	太平天国		奕詝　（文宗）	咸丰
一八六二年			载淳　（穆宗）	同治
一八六四年	（太平天国亡）			
一八七五年			载湉　（德宗）	光绪
一九〇九年			溥仪	宣统
一九一一年			（清亡）	

第九章　隋唐以来文化概况

第一节　佛经的翻译

没有东汉以后大量佛经的输入，就不会有隋唐以后内容革新的中国文化。佛经的流传，全赖翻译事业的成功，翻译的成功，又全赖翻译技术长期的改善。从东汉到唐朝是佛经输入时期，译经家大体分直译、意译两派。

（一）直译派

中国最早译出的佛经，据佛教徒传说是摄摩腾（中天竺人，东汉初到中国）、竺法兰（中天竺人）共译的《四十二章经》一卷。《四十二章经》约二千余字，仿《论语》体裁，总摄佛学要旨，文义通显，梁启超证明它是后人伪造书，决非东汉译本（印度并无原本）。这就是说，东汉到东晋，所有译出经典，全是直译，没有意译，《四十二章经》是著述，不得误认为译本。

东汉末年安清（安息国人）译出经论三十九部，译家称安清译本“辩而不华，质而不野，为群译之首”。同时支谶（月支国人）译经十余部，也被称为“深得本旨，毫不加饰”。他们是中国最早的译经家,都是照原本直译,所谓“弃文存质(实),保存经意”,成为译家共遵的规律。

三国时代胡僧东来愈众,译经也愈多,文辞朴质,止供佛徒诵习,不为士大夫所称道。西晋初,法护通西方三十六种语言,译经一百六十五部。法护是华化的外国人(本月支人,世居敦煌郡),又得信士聂承远参正文句,删除烦杂,虽然还是“不辩妙婉显”,比先前不甚通汉言的胡僧,照原本直译,确已改进了一步。

前秦苻坚时,秘书郎赵政开始有组织的翻译经典,他聘请中外名僧,协力分工,译《阿毗昙毗婆沙经》。请僧伽跋澄(胡人)口诵经本,昙摩难提(胡人)笔受为梵文,佛图罗刹(不知何国人,精通汉言)宣译(译成汉言),敏智(中国人)笔受为汉文本。又译《婆须蜜经》,僧伽跋澄、昙摩难提、僧伽提婆三人共诵梵本,佛念(中国人)宣译,惠嵩笔受,道安、法和二人共同校定。因翻译精当,二经流传历久不废。

直译派主张译人止须变梵语为汉语,不得有所改易。赵政戒译人说:“因为不懂梵文,所以需要翻译,如果遗失原有意义,译人该负责任。”凡是赵政指导的译本,不许有多余的话,也不许有缺少的字,除改倒句以外,全照原文直译。道安说:“凡是流畅不烦的译本,都是掺了水的葡萄酒。”他提出“五失本”、“三不易”的主张。五失本(翻译时丧失梵文本来面目有五种不可免的原因)是:(1)梵语倒置,译时必需改从中国文法;(2)梵语朴质,中文华美(佛经输入,正当骈体文极盛时代),为了流通,不得不略加润饰;(3)梵语同一意义,反覆再三,不嫌烦复,译时不得不删去(通常翻译,总要删削三分之二);(4)梵文结尾处,要把前文重述一遍,或一千字,或五百字,译时不得不删去;(5)梵文话已说完,要说别事,又把已说的话，重说一遍，译时不得不删去。三不易（不容易）是：（1）用现代语翻古代语，难得恰当；（2）古圣深微的哲理，后世浅学难得精通；（3）阿难（释迦的弟子，释迦死后，阿难结集佛说成经）等（大迦叶及五百大罗汉）造经，非常审慎，后人随意译述，难得正确。因为五失本三不易，所以道安主张严格的直译，尽可能保存梵文原来的语意。

（二）意译派

直译派对翻译事业态度是忠实的，严谨的，可是译出的经典，晦涩难读，很少人能通达真意。道安死后不久，后秦姚兴时鸠摩罗什来到长安，大译经典，意译派盛行，佛学因此广泛的流传起来。

鸠摩罗什，父天竺人，母龟兹（新疆库车县）人，通大乘（大乘说一切都空）学。姚兴尊为国师，创译新经论（罗什以前，各译本称古经）凡三百余卷。罗什主张翻译不可能，曾对弟子慧叡说："天竺文体华美，与音乐配合，翻译以后，止存大意，失去真美，好比嚼饭给别人吃，不但无味，反使呕吐恶心。"因为译经"止存大意"，所以凡罗什所译，文辞流便（流丽圆通），全改旧译"古质"的风格。他临死发誓："如果译文不失大义，死后焚身，舌不坏烂。"可见他虽然意译，态度仍非常忠实和严谨。

罗什著名弟子竺道生、释道融、释昙影、释僧叡等多人，及南北朝胡僧、梵僧，继承译事，无一人敢与罗什立异，直译完全绝迹。隋时释彦琮作辩证论，综合各派论译意见，指出译人应具备八个条件：

（1）诚心爱法，立志帮助别人，不怕费时长久；

（2）品行端正，不使旁人讥疑；

（3）博览经典，通达义旨，毫无滞惑；

（4）涉猎中国经史，擅长文学，辞能达意；

（5）度量宽和，虚心求益，切戒武断固执；

（6）深爱学术，不喜名利，不想出风头；

（7）要精通梵文；

（8）要懂中国文字学。

意译派的理论，到彦琮已经完成。唐朝译经甚多，翻译技术愈益纯熟，梵、胡、华著名译人十余人，其中最著的是三藏法师玄奘。玄奘游历五天竺凡十七年，博通佛学，在五天竺称第一。贞观十九年用二十四马，载回经、律、论五百二十夹，六百五十七部。东汉以来，这是佛经第一次大输入。玄奘居长安弘福寺（后居慈恩寺）终身从事翻译，翻出经、论合七十四部，一千三百三十五卷，与罗什同称最大的译家。

（三）译场组织

译场组织至玄奘时大备。译场有证义十二人（全国著名通经僧徒），缀文九人（全国能文僧徒），字学一人（擅长文字学），证梵语梵文一人（精通梵文僧徒），笔受（记录），书手（抄写）若干人。太子太傅于志宁，中书令来济，礼部尚书许敬宗，黄门侍郎薛元超，中书侍郎李义府、杜正伦奉李治（唐高宗）命看阅经文。唐宋两朝宰相照例带“译经润文使”衔，从玄奘译经始。

北宋初，天息灾（印度迦湿弥罗人）等受赵光义（宋太宗）命居译经院（又名传法院，院分三部，中部译经，东部润文，西部证义。译经院附设印经院，译出经典，即时开雕），翻译经典。天息灾定译经仪式：第一译主，正坐面向外，宣读梵文。第二证义，坐左旁，与译主评量梵文。第三证文，坐右旁，听译主高声读梵文，是否有差误。第四书字，听梵语写成文字。第五笔受，翻梵语成华语。第六缀文，整理记录使成句义。第七参译，参考梵华文字，使无讹谬。第八刊定，删削烦冗，订定句义。第九润文官，朝南坐，润饰文字。北宋佛学已衰，译场组织虽极详备，译经成就却远逊唐朝。

第二节　佛教的盛行

南北朝隋唐是中国佛教极盛时代。佛教含有神秘而又丰富的哲学，修道证功的理论和方法。从来统治中国思想界的儒家各学派，哲学成份极其贫乏，远不是佛学的敌手，就是专门谈玄的老庄学派，规模狭小，对抗佛学，仍不免“鲁班门前弄大斧”，一接触势必败退。恰巧西晋灭亡，黄河流域被野蛮人占领，他们本身文化低微，正需要接受新的教化；长江流域侨居着大量北方士族，他们极度苦恼、失望，正需要强烈的麻醉剂，求得精神上的安眠，佛教流行，再没有更好的机会了。北方的道安、罗什，南方的支遁、慧远，适应社会需要，都成就了最大的业绩。

北朝流行大乘教义，南朝流行小乘宗风；北朝重在翻译，南朝重在义解（理解）。南北朝时代，北朝佛教高出南朝，北僧多到南方传教,大乘逐渐战胜小乘。隋唐时代,小乘衰息,大乘盛行,南方佛教与北方齐驱,最后南盛北衰。北宋时代,佛教在思想界的统治地位,被宋学夺去。

南北朝隋唐时代佛教诸宗派列表于下:

宗　名	开山祖	印度远祖	初起时	中盛时	后衰时
成实宗	鸠摩罗什	诃黎跋摩	晋安帝时	六朝间	中唐以后
三论宗	嘉祥大师	龙树、提婆	晋安帝时	六朝间	中唐以后
涅槃宗	昙无谶	世亲	晋安帝时	宋齐	陈以后归入天台宗
律　宗	南山律师	昙无德	梁武帝时	唐太宗时	元以后
地论宗	光统律师	世亲	梁武帝时	梁陈间	唐时归入华严宗
禅　宗	达摩大师	马鸣、龙树、提婆、世亲	梁武帝时	唐、宋、明	明末以后
俱舍宗	真谛三藏	世亲	陈文帝时	中唐	晚唐以后
摄论宗	真谛三藏	无著、世亲	陈文帝时	陈隋间	唐时归入法相宗
天台宗	智者大师		陈隋间	隋唐	晚唐以后
华严宗	杜顺大师	马鸣、坚慧、龙树	陈	唐则天后	晚唐以后
净土宗	善导大师	马鸣、龙树、世亲	唐太宗时	唐、宋、明	明末以后
法相宗	慈恩大师	无著、世亲	唐太宗时	中唐	晚唐以后
真言宗(密宗)	不空三藏	龙树、龙智	唐玄宗时	中唐	晚唐以后明初禁绝

涅槃、地论、摄论三家并入他宗,盛行的凡十宗,所属教乘如下表。

小乘	权大乘	大乘
俱舍、成实	律、法相、三论	华严、天台、真言、净土、禅

十宗中影响中国思想界最重要的有净土宗、法相宗、禅宗三派。

净土宗——道安弟子慧远，东晋末居庐山结念佛社，号白莲社。社友一百二十三人，有僧有俗，有道安弟子，有罗什门徒，成南方佛教中心地。白莲社创念佛修行法，在阿弥陀佛（西方极乐世界无量寿佛，左右有观世音、大势至两大菩萨）像前昼夜六次（昼夜各三次）口唱佛号，心观（想）佛相佛德，据说死后可往生净土（极乐世界）。

唐贞观时代，有善导大师居长安光明寺，大开念佛法门，据说善导在寺三十余年，极少睡眠，手写弥陀经十万卷，画净土变相三百壁，一心念佛，不谈世事，僧俗信仰，门徒甚众，长安肉店，几乎无人买肉。信徒中有的念弥陀经十万卷至五十万卷，有的念佛每天一万声至十万声。某信徒问善导："念佛一定能生净土么？"善导说："念佛一定往生。"某信徒礼拜毕，口念南无阿弥陀佛，登寺外柳树梢，合掌西望，倒投下地死。大众都赞叹善导善能引导人往生极乐世界。

善导传教与其他宗派大异，他不讲什么高深的哲理，止是教人一心念佛号，在下层社会流传极广。元明清三朝都有白莲教起义，"弥勒佛下凡"是当时号召民众的有力口号，因为净土宗有往生极乐世界（弥陀佛所在），别一念佛派有往生兜率（音律。弥勒佛所在）天的说法。弥勒降生，是释迦牟尼在世时的预言，佛教徒全有这个信念。

法相宗——法相、天台、华严称教下三家，是大乘教的主要宗派。法相宗又名唯识宗，又名慈恩宗（玄奘弟子窥基号慈恩法师创立法相宗）。小乘教说"有"，大乘教说"空"，在"有""空"中间，不空不有，离有空而合中道的是法相宗或唯识宗。因为有就是有，无（空）就是无，止有明了诸法的相状，才能明了非有非无的中道妙理。相状的根本在体性，相状无论怎样变化不齐，归根不离一识（心）。所以从决判（分析）诸法性相说，称法相宗，从百法事理皆不离识说，称唯识宗。

法相宗讲心、性、情、意识、中道、三学（戒学防止身口意所作恶业，定学收澄放心散心，慧学断惑证真），在各宗派中最精最密，给宋儒理学建立了巩固的基础。

禅宗——印度龙树菩萨创“非有常非无常；非乐非不乐；非空非不空；非有神非无神”及“不生不灭，不不生不不灭；非有非无；不受不著，言说悉灭，心行处断”的教义，鸠摩罗什译坐禅三昧经，龙树禅学开始输入中国。

相传释迦曾在灵山会上拈花，大弟子大迦叶微笑，传授心法，从此开始。二十八传至达摩禅师，自海路到中国，与梁武帝谈道不合，转至河南嵩山少林寺，面壁坐十年，创不立文字禅，被称为中国禅宗第一祖。禅宗依印度祖师例，不说法，不著书，觅得传衣钵人后，前祖就圆寂（死）。至五祖弘忍，号黄梅大师，始开山授徒，门下一千五百人，首座弟子神秀，不得传正法，不识一字的舂米人慧能（广东新兴县人），独受衣钵称六祖。从此禅宗分南（慧能）北（神秀）两派（南派主顿悟，北派主渐悟，禅宗分出顿渐二门），南派尤盛行，派下衍出云门、法眼、曹洞、沩仰、临济五宗。佛教各宗止有法相宗堪与禅宗对抗，其余都落在下风。

四祖道信门下有法融、弘忍两大弟子，道信付法时说：“百千法门，同归方寸（心）；河沙（无量）妙德，总在心源。一切戒门、定门、慧门神通变化,悉自具足(一心全有),不离汝心;一切烦恼业障,本来空寂,一切因果,皆如梦幻。无三界(欲界、色界、无色界)可出,无菩提(最高的道)可求;人与非人,性相平等;大道虚旷,绝思绝虑,如是之法,汝今已得,更无阙少,与佛何殊,更无别法。汝但任心自在,莫作观行,亦莫澄心,莫起贪瞋,莫怀愁虑,荡荡无碍,任意纵横,不作诸善,不作诸恶。行住坐卧,触目遇缘,总是佛之妙用,快乐无忧,故名为佛。"

这种见解,对佛学起着极大的破坏作用,一切法门全被推翻,禅宗虽是极端的唯心论者,但确有它大胆无拘束的革命意义。道信提出这一段大议论,法融不能契合无间,于是衣钵传给弘忍大师。

弘忍首座弟子名神秀,传法的时候,神秀写出一首偈语道:"身是菩提树,心如明镜台,时时勤拂拭,勿使惹尘埃。"众弟子们都认作最好的悟道语。厨下舂米僧慧能听了不以为然,请人代写四句偈语道:"菩提本非树,明镜亦非台,本来无一物,何处惹尘埃。"第二偈超脱高妙,衣钵传给不识字的慧能了。什么人都有传衣钵(得道)的机会,这是禅宗发达的原因。

慧能南宗盛行以后,禅学更向"破坏一切"的方向发展,如临济慧照禅师某日上讲堂问:"赤肉团上有一无位真人(佛),常从你们诸人面门出入。你们不知道的看看。"某僧问:"什么是无位真人?"慧照走下讲座捉住某僧道:"你说,你说。"某僧正待说话,慧照把他推开,道:"无位真人,是什么干屎橛!"说罢,便走归方丈。

把佛比干屎橛,将是何等的大胆。凡是禅宗中人,都敢大胆思考,大胆说话,大胆行动(当然,行动范围止限在禅学上),确有自由思想、自由言论的意义。可是统治阶级最怕的是思想自由、言论自由，虽然还不到禁止禅宗的程度，但已感到有提倡别种学说来抵制它的必要，高谈性命伦常的宋儒学派，在这个契机中开始萌芽了。

第三节　道教

道教是最下流污贱的宗教，集合人间秽恶不堪的思想，构成道教的教义。南北朝时代，南方有陶弘景，北方有寇谦之，都是道教大师。南方士人理解力较高，道教无法盛行；北方文化衰落，道教大得统治阶级尊信。嵩山道士寇谦之（张道陵张鲁派下）自称遇太上老君授与天师名位，令革除三张（张角、张宝、张梁东汉末发动黄巾军起义）租米（五斗米）钱税及男女合气术（淫术）等教规，专做礼拜并炼丹药。北魏、北齐君主登帝位，必受天师符箓，道教在北朝，与佛教至少有同等地位。

《隋书》经籍志载道经目录，共三百七十七部，一千二百十六卷。内经戒三百一部，九百八卷；饵服（炼丹药炼黄金）四十六部，一百六十七卷：房中（男女交接术）十三部，三十八卷；符箓（画符）十七部，一百三卷。止看这些目录，道教内容不难想见。

道士模仿佛经体裁，妄造道经，荒唐浅鄙，不值一笑。唐朝皇帝姓李，自认是李耳子孙，推崇道教，位在儒下佛上。贞观二十一年，李世民令玄奘与道士蔡景、成玄英等三十余人，译老子《道德经》为梵语，企图教化西方诸国。李隆基尊李耳为大圣祖玄元皇帝，各州建玄元皇帝庙，置博士助教，讲授《道德经》，科举中特立一科，士人得应考仕进。唐诸帝多因服丹药丧生，但道教始终受信任。

道教中主要的是炼丹一派。丹有内丹、外丹两种，内丹炼精气，外丹炼黄金丹药。房中是炼内丹的一部分，据说采阴补阳（女人可以采阳补阴），可以长生（要诀在固精不泄）。符箓是炼外丹的一部分，据说神药都在深山穷谷中，道士入山采药，必须带符，才能免虎狼鬼怪的阻挠。葛洪（东晋人）《抱朴子》，张君房（北宋人）《云笈七签》两书中记载许多丹方和符咒。

炼丹的药料多是毒药，吃了一定要死，道士称为羽化登仙。下面叙述一些炼丹斩尸法，藉见道教的妖妄。

引气——求仙大法有三，（1）保精（2）引气（3）服饵。引气可以治百病，去瘟疫，禁蛇兽（一嘘气，猛兽逃匿），止疮血（脓血），居水中，辟饥渴（不饮食），延年命，千岁不死。要诀在胎息。所谓胎息，是像胎儿在母腹中不用口鼻呼吸。鼻上置鸿毛，经三百次呼息毛不动，算是成功，如果一千次毛不动，那就快成神仙了。

炼丹——先造六一泥。六一泥是礜石、戎盐、卤碱、矾石四物，火烧二十日，取左牡蛎、赤石脂、滑石三物混合舂一万杵。置铁釜中猛火烧九日，取出舂一万杵。用浓醋苦酒调和成泥，名六一泥。合丹法用水银九斤，铅一斤，置土釜中猛火烧一整日，水银铅精化成像黄金的东西，称为玄黄。用好胡粉置铁器中火熬成金色，与玄黄拌匀，舂一万杵成泥，涂上下两土釜内外各厚三分，晒日光中十天令干，但不得燥裂，有裂纹，当用泥填补。取粤丹砂十斤，雄黄五斤，雌黄五斤，置两土釜中，用六一泥密涂两釜合缝处，厚三分，日光中晒十天，又捣白瓦屑成极细粉，与苦酒、雄黄、牡蛎合捣二万杵成泥，涂釜缝上厚三分，晒日光中十天令干。如釜缝有半发（一条发的一半）裂纹，神精飞去，便不能成丹。如裂纹比半发小，可用六一泥随时密涂。土釜置铁架上，用马粪离釜边五寸燃烧九日九夜。又用火近釜燃烧九日九夜。又在釜下燃烧九日九夜。又用火燃烧釜一半处九日九夜。凡三十六日夜丹药炼成。冷一日，开釜得神丹，状如霜雪，用三年老红雄鸡羽扫取。

服丹法：清早洗澡熏衣东向再拜，吞下丹粒像黍米大，渐增大如小豆。上士（有道力人）七天登仙，下士（无道力人）七十天登仙，无知愚民连吞一年才成神仙。

其余丹方甚多，总不外水银、四黄（雄黄、雌黄、砒霜、硫黄）、空青、丹砂、锡、铅等物，吃了迟早要毒死，就是道士所谓迟早会登仙。

去三尸法——道教说人身体中有三尸（或称三虫），使人不得长生。每当庚申日，通夜不睡，叩齿七下，击额呼彭倨（虫名），又叩齿七下，抚心呼彭质（虫名），又叩齿七下，扪腰呼彭矫（虫名），两手心先写下列几句话："吾受太上灵符，五岳神符，左手持印，右手持戟，日月入怀，浊气出，清气入，三尸彭倨出，彭质出，彭矫出。急急如律令。"守庚申以外，兼服去三尸药，方如下："丹砂一斤（细研），醇醋三升，纯漆二升。"微火煎令干稠，制丸如麻子大，每日服三丸，渐增至二十一丸，四十日后，三尸自出。连服千日，长生不死。

唐朝道教盛行，道士创造许多炼丹法，其中陈抟刻在华山石壁上的无极图，到宋朝成为宋儒正统派理学的构成部分。

道教教义非常庞杂，从佛经采取神话仪式，从儒经采取纲常伦理，从阴阳五行家采取迷信妖法（如占卜吉凶，推算命运），混合道教本有的炼丹长生术，形成中国唯一的宗教。它确是中国式的，适合中国社会，所以，能够长期流传，与佛教对抗。当它抗佛的时候，总是联合儒家，儒家抗佛，也一定联合道教（不一定形式上的联合），因为它们性质大同小异，并没有不可和缓的矛盾存在。

第四节　儒佛道混合物——宋学

宋儒理学，周敦颐、二程（颢、颐）、朱熹是正统派。当南宋正统派极盛时代，陆九渊创反对派与朱熹立异，理学存在一天，两派争执永不会停止。从两派本原看来，正统派由儒家的纲常、道教的清静（无极图）术数（先天图、推算命运）、佛教法相宗的哲学构成。修养功夫主由浅入深，好比佛教的"渐"教；反对派的儒及佛教的禅宗（明心见性，此心即佛）构成，修养功夫主豁然贯通，好比佛教的"顿"教。佛教顿渐二门相持不下，反映到宋学两大派也势如水火。

（一）宋学的思想基础

（甲）无极图

东汉道士魏伯阳著《参同契》，讲炼丹秘诀。唐末道士陈抟总括秘诀制成无极图，刻华山石壁。图如下：

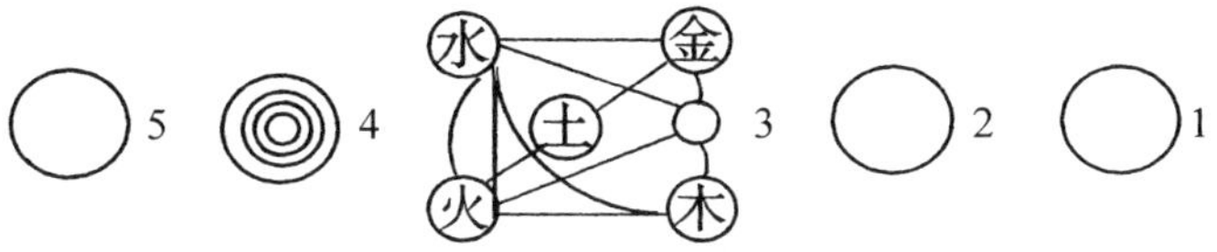

（1）最下圈名“玄牝之门”。指人身命门（生殖器）两肾（睾丸）中间空隙处，气从这里发生，称为“祖气”，凡人身五官百骸的运用知觉，根本就在这里。

（2）把“祖气”提升上去成（2）圈，名“炼精化气，炼气化神”，目的在炼有形的精（睾丸中精液）化为微妙的气，又炼鼻子呼吸的气，为出有入无（变化不测）的神。

（3）神气贯澈五脏六腑成中层一圈名“五气朝元”，修炼得法，自然水火交媾成孕。

（4）第四圈名“取坎（水）填离（火）”。阴（水）阳（火）交媾的结果，结成“圣胎”（成仙）。

（5）最上一圈名“炼神还虚，复归无极”。修炼功夫到这里，圣胎归到“无始”，也就无终（长生不死）了。

无极图宗旨，先要得窍（玄牝），次要炼精气，次要和合，次要得药（仙丹），最后要脱胎，求仙长生的秘诀就是这样。真是乌烟瘴气的一派妖言！

（乙）先天图

陈抟又传《河图》、《洛书》两图。据古来传说，伏羲氏时候，黄河里出一个“龙马”，背上有图（《河图》），洛水里出一个神龟，背上也有图（《洛书》），伏羲氏根据这两个图，画成八卦。这本是怪诞的神话。陈抟自称得到了龙马神龟背上的原图，天地奥妙全在图里面，比文王、周公、孔子讲《易经》高明得多。他这图号称先天图。

形如下：

河　图

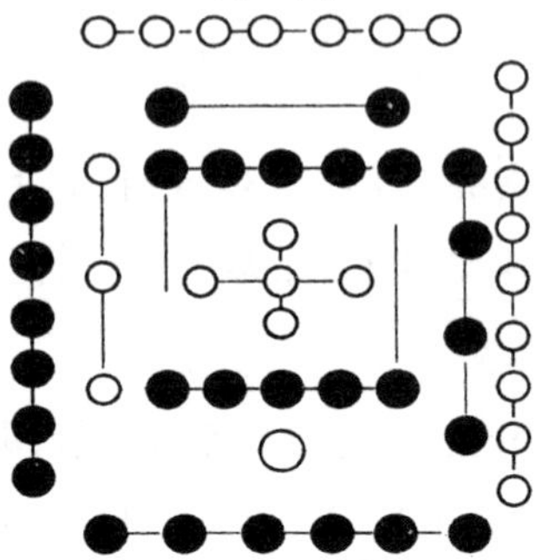

洛　书

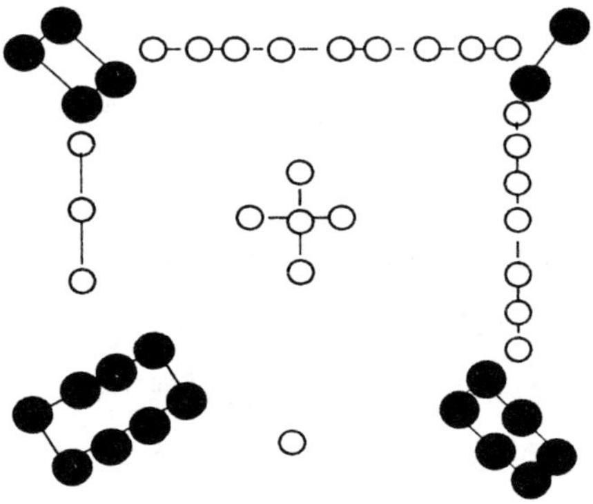

朱熹解释《易经》道：有天地自然的易学（即先天图），有伏羲的易学，有文王周公的易学，有孔子的易学。伏羲以上止有图画，没有文字，最应该细玩，可以看出易理的本原精微处。文王以下才用文字写出，失去原来的精微处了。

（丙）无极图、先天图的传授

无极图—河上公—魏伯阳—钟离权—吕洞宾—陈抟

先天图—麻衣道者—陈抟

以上据说都是神仙秘密传授。

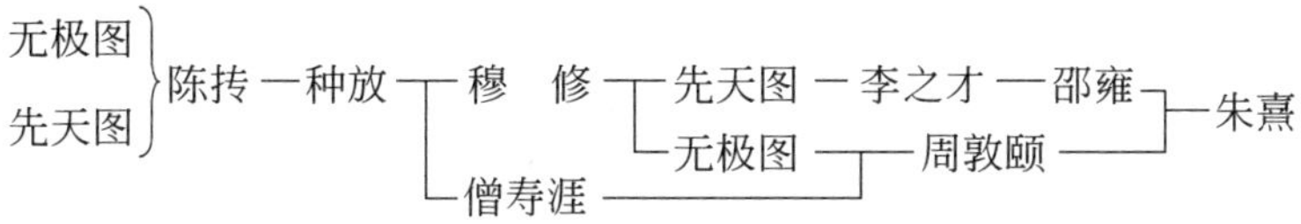

（丁）佛经的采取

宋学无论正统派反对派都精究佛学，试看正统派濂（周敦颐）、洛（二程）、关（张载）、闽（朱熹）等大儒的传记，无一人不擅长佛学。

周敦颐——敦颐师事鹤林寺僧寿涯，得"有物先天地，无形本寂寥，能为万象主，不逐四时雕"的偈语，因此悟道。又从名僧东林总求学，总教敦颐静坐，月余忽有心得，呈诗一首道："书堂兀坐万机休，日暖风和草自幽，谁道二千年远事，而今只在眼睛头。"总认为得道，结青松社共讲禅学。

程颢——"颢慨然有求道之志，泛滥于诸家，出入于老释者几十年，返求诸六经而后得之。"

程颐——伊川（颐）见人静坐（佛教的禅定），便叹其善学。伊川尝言今僧家读一卷经，便要一卷经中道理受用，儒者读书，却只闲读了，都无用处。

张载——载与二程论道学的要旨，欣然道："吾道自足，何事旁求？"于是尽弃异学（佛老）。

谢良佐（程颐大弟子）——朱熹说："上蔡（良佐学号）说仁说觉，分明是禅。"黄东发说："上蔡以禅证儒，是非判然（形迹甚显）。上蔡以后，学者羞于言禅，阴稽（考）禅学之说，托名于儒，其术愈精，其弊尤甚。"

杨时（程颐大弟子，三传得朱熹）——龟山（杨时学号）语录说："佛经说十识，第八庵摩罗识，唐（华）言白净无垢，第九阿赖耶识，唐言善恶种子。白净无垢，即孟子之言性善。"又说："庞居士谓神通并妙用，运水与搬柴；此即尧舜之道，在行止疾徐间。"又说："圆觉经言作、止、住、灭是四病。作即所谓助长，止即所谓不耘苗，住灭即是无事。"又说："维摩经云真心是道场，儒佛至此，实无二理。"

朱熹——熹博极群书，自经史著述而外，凡诸子佛老天文地理等学，无不涉猎讲究。

正统派大儒没有人不读佛经，反对派的陆九渊，用禅宗学理讲儒学，更是无人否认的定论。

（二）宋学确是儒学，不是佛老

（甲）宋学与佛老的同异

宋儒自称"吾儒"，异口同声斥责佛老，是不是"儿子骂父母"呢？当然不是。宋儒的嫡生父母是孔孟，佛老止有保母哺乳的关系。因为宋儒的最高宗旨在证明儒家三纲（君为臣纲，父为子纲，夫为妻纲）五常（仁、义、礼、智、信，化成五伦君臣、父子、夫妇、兄弟、朋友）是永恒真理，而五常又是服务于三纲的（五常本是优良的道德，服务于三纲，成为贱者卑者幼者片面的义务。所以阶级社会里不能有公平正常的道德）。佛教讲出家弃俗，破坏了三纲，道教讲清静无为，也对三纲不利，所以佛教必须痛斥，道教也该连带受骂。取道教无极图作主静论的依据，先天图作命运论的依据，佛教戒学（律）作修身齐家的依据，定学（静坐）作正心诚意的依据，慧学作格物致知的依据，佛性（凡人都有佛心）作性善的依据（五常出自天性，由五常化出的三纲，所以也出自天性，不可变动），中道（非有非空）作中庸的依据，“渐”教作“道问学”（下学而上达）的依据，“顿”教作“尊德性”（先立乎其大）的依据。无论宋儒采取佛老学说，成份有多有少，总没有超出“作依据”“作参证”的范围，不但不触动三纲五常的基本思想，而且三纲五常的理论，得佛老援助更形巩固有力。学术取佛老，宗旨反佛老，形式近佛老，精神反佛老，所以宋儒是儒不是佛老。

（乙）学佛老、讳佛老

宋儒深通佛老，却讳莫如深，彼此避免揭发。朱熹推崇太极图，陆九渊说这是道士学说，不该采取，彼此写信辩论至万余言。最后陆九渊诘问朱熹：“莫是曾学禅宗，所得如此？”朱熹反诘九渊道：“我讲的是太极，非如他人（指陆）阴实祖用其（禅）说，而改头换面，阳（表面）讳其所自来也。”经这样一次揭发，彼此停止辩论，不再攻击。

第五节　正统派宋学

佛教从南北朝广泛流行，到唐朝发展已达最高点，同时统治阶级某些先觉者，发现佛教流弊的可怕，感到复兴儒学有无可比拟的必要了。中唐时代，开始了复兴儒学运动。

（一）为什么佛教是异端

儒家说：“我们圣人的大道理，在于确立仁义礼智为道德的基本，忠孝爱敬为人伦的精髓，慈祥（和平）恭俭为对人的态度，理财设官为治民的要旨，死生任命为人生的究竟。那佛教却大不然。佛教止把"自了生死"算作大事，背弃君亲，灭绝天理；不娶不嫁，断绝人类；不耕不织，废弃人事。因为怕死，专打算死后安顿，一切心性知识以至山河大地都看作空无所有，善恶、是非、人情世事全被毁灭。尤可痛心的是轮回邪说，以为父母止是今生偶然遭遇，死后各投轮回，不再相见，这样说来，儿子不必爱亲行孝了。又设天堂地狱种种荒唐怪妄的谬谈，欺惑人心，把国法、人品（等级）看作不是永久的决定的常道。佛教所以是异端，原因在这里。"

（二）儒学与文学联合反佛老

唐朝统治阶级几乎全体是崇信佛老的，止有韩愈是他们中间最先觉的一人。韩愈河内南阳（河南孟县）人，师事梁肃学古文，肃好佛学，师事天台大师元浩。愈攻佛老，因而讳言自己是梁肃门人。照白居易（中唐末期诗人）说："退之（韩愈字）服硫黄（仙丹），一病竟不痊。"照陶谷（北宋初人）说，愈晚年（官至吏部侍郎）好色（有绛桃、柳枝二爱妾），吃火灵库（用硫黄喂雄鸡，人食鸡壮阳）病死，愈寄周循州诗中也说："乞丹药救病身。"可见韩愈攻佛老，实际止是攻佛。他对僧徒毫不加辞色，有机会便痛骂。著名的《原道》、《谏迎佛骨表》，是攻佛教最有力的文章。儒学复兴运动，韩愈确是唯一发动人。

韩愈的战术很高明，他把道统（儒学传授）、文统（古文对四六文革命）连接起来，提出"文以载道"的主张。因为古文运动从六朝以来，逐渐开展，唐朝陈子昂、元结、独孤及、梁肃诸人，卓著成绩，古文运动的力量远比新发生的复兴儒学运动大得多。韩愈是古文最大作者，提奖门徒（愈门徒甚众），运用“文以载道”的笔锋，向佛老（主要是攻佛）四六文同时猛击，文统中人成了道统中人，道统势力扩大了。

性的解释，是儒佛重要分歧处，韩愈作《原性》篇，弟子李翱作《复性书》，不仅攻佛，并建设儒学自己的哲学基础。他们自然不及宋儒性理学那样精深，但创始的功绩却永受宋儒的推崇。

韩愈弟子传授至北宋初，有穆修（兼传无极图、先天图），修讲古文及春秋学，传尹洙，洙传邵雍、欧阳修。凡北宋初古文家都兼儒学，所讲义理并不深入，攻佛老四六也不甚显著。

与穆修同时有孙复，讲《春秋》学兼做古文，是宋儒理学的正式创始人。他的弟子石介，作《怪说》两篇，上篇排佛老，下篇攻杨亿（四六文重要作者），又作尊韩（愈）篇，提倡韩愈猛攻佛老四六的勇气，在当时士大夫间激起了极大的纷扰（石介死后几乎剖棺戮尸）。

北宋初文统与道统不分，至周敦颐与欧阳修，渐各有偏重，再至二程与苏轼，文道二统完全分立。程认文学是“玩物丧志”，苏认佛老都是至理妙文，蜀（苏轼）洛（二程）二党互相指斥，仇怨极深。道统文统经一百多年的联合，因佛老四六逐渐衰落，二统也随着分裂，程苏时佛老四六完全败退，二统联合也完全破坏。

（三）初期宋学

五代篡弑剧烈，人伦大坏，尤其是君臣一伦，几乎不再存在。赵匡胤篡夺称帝，竭力奖励儒学，恢复三纲五常，企图巩固自己的统治权。崇儒成为宋朝的国策，后代皇帝继续执行，儒学发展势不可遏止，佛教从此衰落。道教祖师之一姓赵（玄武大帝），赵匡胤自认是他的子孙，道教仍保持相当的地位。

《春秋》是孔子讲名分（纲常）的儒家圣经，北宋初期儒者目光集注到这部圣经上，非常合时宜。穆修首先提倡春秋学，说“《春秋》有贬而无褒”。孙复著《尊王发微》十二篇，宗旨是“《春秋》无褒”（在孔子笔法下，全是乱臣贼子，无一人可褒赏），凡是人臣，都该受皇帝的诛罚。《春秋》一部分“攘夷”大义却被宋儒完全抹煞了。孙复创立宋学的规模，止讲“尊尊（君臣）亲亲（父子）”，有利君父片面的伦理，此后任何统治者（包括入主中国的异族）把表扬宋学，当作急务，原因就在这里。

（四）正统派的发展

宋初儒者严定君臣名分，但缺乏哲学的根据，不能制成完整的理论。周敦颐开始采取佛老，建设儒家的哲学。韩愈以来不曾想到夺敌人武器武装自己的方法，周敦颐这一成就，怪不得儒者认作巨大的功绩，甚至说孔子比他还差十分之一。

正统派宋学的主干是濂、洛、关、闽四大家，他们的学说极简单的说一些在下面。

周敦颐——他首先改造陈抟的无极图为太极图。改第（5）圈为第一个圈称“无极而太极”，改第（4）圈为第二圈，称“阳动阴静”，第（3）圈改称“五行各一性”，改第（2）圈为第四圈，称“乾道成男，坤道成女”。改第（1）圈为第五圈，称“万物化生”（《太极图说》是敦颐第一大著作）。他这改造的意义何在呢？他要提出“主静”

（敦颐自注：无欲故静）作为全部学说的宗旨（无欲主静立人极，人极是人类道德的最高型式），用“没有天地以前，已经存在着的无极原来是静的”来证明人的天性是静的，应该是无欲的。宋朝统治者急求稳定五代以来纷乱争夺的恶习，主静学说当然有极大的意义。

敦颐第二大著作是《通书》，《通书》提出一个“诚”字，说诚是“圣人之本，性命之源，五常之本，百行之原”。诚是“无为”的，是“寂然不动”的，所以诚是静的。人应该诚（不自欺，不欺人），这是毫无疑问的真理，可是周敦颐所谓诚却要人诚心诚意丝毫不怀疑三纲是永恒不变的真理。

程颢——颢及弟颐，年幼时从周敦颐问学，后来二程否认自己是敦颐的学生，大概敦颐道教气味太重（二程不谈太极图，又轻视邵雍的先天数），在二程看来，周邵不能算醇儒。二程开始从《礼记》中提出《大学》、《中庸》两篇，配《论语》、《孟子》称四书。《大学》讲“格物致知”，“正心、诚意、修身、齐家、治国、平天下”，《中庸》讲“天命之谓性”，“君子中庸（守常道听天命）、小人反中庸”，“诚者天之道也”，这都是理学最方便的依据，不必再求道教无极图的援助了。二程理学比周敦颐确推进一步，可以说理学的建设，到二程才真正完成。

程颢学问的宗旨叫做“识仁”（认识做人的道理。义礼智信都是仁的一体）。功夫是“诚敬以存之”（用诚心敬心保持这个认识了的仁）。仁是静的，怕被外物所惑诱，所以要“诚敬”来监视自己，这种功夫称为“慎独”。

程颐——程颐学问的宗旨是“涵养须用敬，进学在致知”，意思是说修养功夫要“主敬”，不可有自欺心怠惰心；学问前进的方法，必需格物。深究（穷理）事物的理性（集义），才能得真知，有了真知，才能确信自己的道理，力行不惑。“知行合一”说，程颐已经指出了。他又主张“学者先要会疑”，把疑当作进学的第一步功夫，最是精切。

张载——张载学问的宗旨是求仁。作《西铭》一篇，大意说“人是天地的儿子，凡是人都是我的同胞兄弟，万物都是我的朋友，皇帝是我们父母（天地）的宗子（长子总管家务），百官是宗子的助手。所以天下困苦人，都是我们的穷兄弟，应该让他们有好的生活”。张载学说（合天地万物为一体）在宋儒中最为切实广大，对宗子残虐人民，认为“害天地之仁，是父母之贼”，他的学说推行起来，可以发生不利统治阶级的危险（墨家兼爱无差等，儒家说仁有亲疏，《西铭》意思接近墨家），因此很少人提倡关学，比周、程、朱止算是一个配角。

张载经常留心一般人民的生活，路上见饿死人尸骸，回家后总是整天嗟叹，吃不下饭。他以为行仁政定要从经界（划分疆界分配土地）开始，经界不正，自然贫富不均，穷人衣食窘迫，还说什么教育和生活，所谓政治，止是些空谈罢了。他计划买田一方，试行井田制度，还没有实行，病死。

朱熹——朱熹是正统派理学的集大成者，他继承周敦颐的太极图（熹称文王谈易，不知有太极，孔子知太极，不知有无极），邵雍的先天图（雍著《皇极经世》，推演天地运命），魏伯阳的炼丹术（熹改名邹䜣，注《参同契》求长生术），以及儒经佛典诸子，无不泛览精研，在宋儒中学问最称博大。朱学宗旨在“主敬”在“道问学”。教人从平时言语行动等小事做起，必需格物穷理求得知，反躬实践见诸（于）行。他在白鹿书院讲学，订立下列教条：

（1）学问宗旨——父子有亲，君臣有义，夫妇有别，长幼有序，朋友有信。

（2）学问次序——博学之，审问之，慎思之，明辨之，笃行之。（学问思辨所以穷理，笃行有下列三条）

（3）修身——言忠信，行笃敬，惩（戒）忿窒（塞）欲，迁善改过。

（4）处事——正其谊（义）不谋其利，明其道不计其功。

（5）接物——己所不欲，勿施于人，行有不得，反求诸身。

宋儒善讲修身养性功夫，尤其是朱熹，讲得更周到切实。他们在这一方面确有甚大的成就，是应该珍视并采择的。可是修身养性以外，却很少有所发挥。因为宋学的所以发生，由于统治阶级需要这种学说；所以发展，由于这种学说，完全符合统治阶级的需要。统治阶级需要怎样的学说呢？要能教人服从尊长的，不敢犯上（反抗）的，听天信命的，庸言庸行的学说。宋学恰恰就是训练这样庸人的学问。

宋学最基本的宗旨止是一个"静"字（人生而静，天之性也），动便杂有人欲（人欲之极，犯上作乱）。修身最基本的功夫，止是"克欲"二字，千言万语，无非讲究克欲的方法。

第六节　反对派宋学

（一）陆九渊

正当朱熹讲学，正统派极盛的时候，陆九渊提出相反的主张与朱熹对立。

朱熹主道问学,下学而上达(从小事做起);陆九渊主尊德性,先立乎其大(先要立大志,明本心)。朱熹主格物致知,陆九渊主先发明人的本心。朱熹主归纳,由博反约;陆九渊主演绎,执简驭繁。朱熹主读书讲学,陆九渊主实践中(人情事势物理上做工夫)提撕省察(指点出道理),悟得本心,不必多读书(学苟知本,六经皆我注脚)。朱陆鹅湖大会,陆作诗说:"易简工夫终久大(自称),支离事业竟浮沉(讥朱)。"朱答诗道:"旧学商量加邃密,新知培养转深沉。"朱陆治学方法不同,两派相争主要就在这一点。

陆九渊学问宗旨也"主静",同时颇有主动的趋向。他教学生下棋,说可以长人精神,又教弹琴,说可以养人德性,又说"精神不运(动)则愚,血脉不运则病",他把俗人喜声色,喜富贵,喜文章技艺,与朱派专在口头上谈学问同样轻视,认为说空话,不理会实际行事,丝毫没有意义,这是陆学胜朱学的地方。

陆九渊主张先明本心,所谓本心,就是本人主观的判断。杨敬仲问九渊什么是本心,九渊说,你刚才判断两个卖扇人争讼,你知道是的是是,非的是非,这就是你的本心。统治阶级认定剥削压迫是是,人民反抗是非,所以九渊的学说,虽然没有正统派那样更容易利用,但并不妨害皇帝士大夫尊严的"天理"和"正义"。

(二)王守仁以前的理学

陆九渊死后,学派衰落,传授乏人。朱熹死后,门徒转相标榜,声势大盛。赵昀是南宋的昏君,信任贾似道,是祸国殃民的奸相,他们表扬朱注四书,送朱熹木主入孔庙,用道学家(程朱学)做官,道学家大欢喜,传授更盛。元末修《宋史》,特立《道学传》(周程朱),表示朱熹直接孔孟的道统。明朱元璋提倡程朱学,做八股文必需依照朱注语气,才算合格。朱棣命儒臣胡广等撰《五经大全》、《四书大全》、《性理大全》等书,结集宋儒正统派学说,颁布全国,士人头脑中,除了读朱注四书,做八股求官,再没有别的思想。所谓儒者,也止取程朱旧说,屋下架屋地敷衍一番,名儒薛瑄说:"自考亭(朱熹号)以来,圣道已大明,不烦后人发挥,照他说的做去就成。"思想界昏腐到这个地步,穷极必变,定要发生新的反抗思想。

陆九渊与朱熹对立,明儒反朱,自然向九渊求援。陈献章(正统、弘治时人)首创近乎陆学的白沙(献章,广东新会县白沙里人)学派,他的学问宗旨在"自得",反对依墙靠壁。曾对弟子陈庸说:"我说不是你也说不是,我说是你也说是,不是是都由我说,你有些什么呢?"他教人"做学问该从静坐中养出个头绪(明本心)来,才有商量处",又说"理会得这个(理),那末,天地由我立,万化由我出,宇宙全在我了"。又说"人除了这个心这个理,便无可贵,浑是一包脓血里一大块骨头,吃饭著衣,争权夺利,与禽兽无异"。这些显然是陆学的话头,但他并不标明陆学对程朱挑衅。

(三)王守仁

王守仁(弘治、嘉靖时人)比陈献章后起,发挥陆学,建立姚江学派(守仁,浙江余姚县人),在思想界推倒腐朽空虚的程朱派,称霸南方(北方儒者仍讲程朱学)。王学影响不仅鼓动了思想界,不仅鼓动了政治界,而且传入日本(明亡后,义士朱之瑜留居日本，为幕府德川光国宾师，传授王学），成为明治维新的一个力量。

阳明（王守仁幼年在浙江绍兴县阳明洞读书，因取为号）学说的宗旨，在破坏束缚身心的程朱学，提倡“狂”（率真进取）的学风。他说：“教育童子，应该让他自由发展个性，教师止是诱导他向好的方向走就成。如果一味拘束督促，学生看学校如牢狱，看师长如寇仇，勉强装出规矩，养成诡诈顽鄙的习气，教他为善，实际是迫他为恶。”阳明《传习录》载《训蒙大意示教读刘伯颂等》是一篇很好的教育理论。某次阳明与弟子们闲坐，举扇说“你们用扇”，一人起立对道“不敢”。阳明道：“圣人的学问，不是这等捆缚苦楚的，不是装做道学的模样。你们看《论语》曾点言志一章，何等狂态，随口狂言，要是伊川（程颐），便斥骂起来了。孔子却称赞曾点，足见圣人教人，不是要束缚众人成一个模型。”阳明最恶乡愿（伪君子程朱派），他说：“乡愿行为有两面，忠信廉洁去哄骗君子，同流合污去迎合小人，他们没有显著的罪恶可指，但他们的心早已破坏了。熟媚圆活，善能合俗，永不会学得圣人的道理。只有‘狂者’，才能免俗染，成圣人。”阳明这种主张，正与庸俗的程朱学对立。

陆九渊提出“心即理”的说法，王守仁把它发扬了，以为“心明便是天理”。朱熹说心可以“穷理”，但不能“尽理”，“心明乃见天理”（心和理内外两立）。这是朱王两派基本不同处。王学宗旨在“致良知”。所谓“良知，只是个是非之心，是非只是个好恶，只好恶就尽了是非，只是非就尽了万事万变”。所谓好恶，就是“好好色恶恶臭”的好恶，是直觉的、纯洁的，丝毫没有私欲掺杂在好恶里面。因此致（行）良知的功夫一定是“去人欲而存天理”，一定是“知行合一”。见好色（美色）一定喜欢，闻恶臭（臭秽气）一定厌恶。这是合一的知行，凡不行的知或知而不行，都不是良知，如果是良知，那就自动的非行不可了。

阳明有四有教义："无善无恶心之体（静），有善有恶意之动（动），知善知恶是良知，为善去恶是格物。"又有"无善无恶理之静，有善有恶气之动"二句，意谓心体本静，无善恶可言，善恶是在感动以后才发生。阳明在日，门下大弟子钱德洪、王畿已发生争议。王畿说"先生说知善知恶是良知，为善去恶是格物，怕不是究竟话头"。德洪问："为什么？"畿说："心体既是无善无恶，意也应该是无善无恶，知也应该是无善无恶，物也应该是无善无恶。如果说有善有恶，毕究心也未是无善无恶。"德洪说："心体原来是无善无恶，因为习染已久，觉心体上见有善恶在，为善去恶，正是复那本体功夫。"王畿这段主张称为四无教义，阳明死后，弟子各分派别，在浙江、广东、福建、江西传播致良知的学说。

（四）中派王学、右派王学

中派——钱德洪笃守阳明四句教义，又加一个"戒惧"（敬）功夫。他说："戒惧就是良知，觉得多这戒惧，就是功夫生了。久后本体（心）功夫，自然融合无间，做到'不思而得，不勉而中'，止是一个'熟'字罢了。"

右派——右派在江西盛行。邹守益说"独知"（不杂人欲的知）就是良知，必需"戒惧"、"谨独"才能致良知。聂豹、罗洪先等发挥阳明主静的一部分学说，拈出"收敛保聚"作培养功夫，阳明学说活生生的一部分，被右派完全抹煞。

（五）左派王学

王畿提出四无教义，认阳明四有是教中等以下人的说法，所以要用为善去恶功夫；他自己的四无，是教上等（最聪明人）人的说法，明本体便是功夫，好比禅宗的顿悟。他说："吾心有良知，遇父自能知孝，遇兄自能知悌，遇君上自能知敬，推扩为五常，百行，万物变化，不可计数，我心都能随来照应，足见万物包含在我的良知里面。"

（六）不利统治阶级的王学

王学从右到左，虽然分派很多，但所谓良知，并没有超越统治阶级的良知，也就是所谓是非，并没有违反统治阶级的是非。止有良知说传入被压迫阶级的时候，良知成为危险的学说，朱王两大派同声攻击，抑制新良知学说的发展，朝廷也用严刑捕杀、禁止，不让卑贱人民觉悟自己同样有良知的机会。到清朝，连右派王学也被禁止了。

王艮——王艮创造这一学派，称为泰州学派。他是泰州（江苏泰县）安丰场的盐丁，年三十，到山东贩盐，见孔子庙，立志想当圣人。后从王守仁受学，与王畿同称大弟子。艮讲学宗旨，在人我互亲，要人爱我，必先我爱人，人不爱我，必反省自己，反己就是格物的功夫。又说："百姓日用（日常生活）条理处，便是圣人条理处，圣人知条理，便不失，百姓不知便易失。圣人的道理，与百姓日用是无异的。凡无用（不合百姓日用）的都是异端。"又说："天民（常人）随命，大人造命。”心斋（王艮号）学说含有浓厚的平民色彩，把高妙不测的圣道，看做百姓日常生活的规律，不合的便是异端。人我互亲，反己格物，与其他学派高谈主观的天理大异。大人造命，与儒家居易（守常道）俟命（听天命）传统观念相反，艮收学徒不论身分，上自官吏，下至农商，环集听讲，随机立教，光明洞达，如脱桎梏，影响比阳明大得多。

王艮死后，弟子传授分士大夫及平民两派。士大夫派首推徐樾、王栋。徐樾传赵贞吉、颜钧，钧传何心隐。其他如耿定向、祝世禄、周汝登、陶望龄、焦竑、李贽诸人，都能摆脱礼教的束缚，起着极大的反抗作用。平民派首推樵夫朱恕。恕是泰州草堰场人，每担柴经过心斋讲堂，息担听讲，日久成大弟子。恕传兴化（江苏兴化县）瓦匠韩贞，贞有弟子千余人，全是农工小商人。贞传福建商人林纳。其他如江西农民夏廷美，福建油店佣工陈真晟都是泰州学派的名儒。不过平民派主张近乎庸俗，助官府教化，劝人安分息讼，不谈世事，没有士大夫派那样敢大胆破坏儒家的礼教。

士大夫派尤著名的学者，他们不幸的遭遇，简略叙述如下：

颜钧——钧字山农，江西吉安人。主张道就是率性行事，纯任自然，凡先儒讲究的道理格式，都是害道的东西。山农性义侠，喜救人急难，有志救世，曾作诗道：“若得春风遍九垓（掌握政权），世间那有三归台（无富人，人民得免痛苦），君仁臣义民安堵（做到君不暴虐，官不贪污，人民安居乐业），雉兔刍荛去复来（渔猎樵夫等贫贱人得自由生活）。”表示他的政治理想。当时无论所谓贤人坏人，都痛恨山农，无故捕下南京狱，决心杀他，幸得义士竭力营救，免死充军。

梁汝元——汝元江西永丰县人，幼年补诸生（秀才），从颜山农学。聚族人共居，亲身管理一族事务，冠婚丧祭钱粮徭役等事务，族中贫富互助，有无相通，成效甚著。本县知县某贪虐横征，汝元上书讥刺，县官大怒，诬陷汝元入狱，拟死罪。后得人营救，脱身走北京，招集徒众讲学，得罪张居正，又设密计驱逐奸相严嵩，严党怨恨入骨，到处访拿，汝元改姓名逃祸，仍不废讲学，张居正执国政，汝元正在湖北孝感县讲学，巡抚王之垣捕汝元死狱中。汝元屡改姓名，有何心隐、何夫山、何两川、梁无忌、梁光益等名，想见他当时处境的险恶。

李贽——贽字卓吾，福建晋江县人。万历时任云南姚安府知府，聚众讲学，忽自剃发（学佛徒）坐大堂办事，上官勒令解职。寓居湖北黄安县，招集男女，不分身分，传授心得，公开斥责孔孟以下诸儒，认人应该有欲，他说："酒色财气，不碍菩提路。"这在当时，真是大胆的猛吼。朝廷怒不可忍，捕贽下狱死。

满洲入关，禁绝士人结社讲学，王学受压迫尤重，泰州学派民间密传，成若有若无的形状。咸丰同治间，泰州人李晴峰阐明旧传，增入反满宗旨秘密讲授，有弟子数百人，散布长江南北。两江总督沈葆桢下令捕拿，李晴峰急毁所著书，泰州学派亡。

第七节　卓越的思想家

每当外族侵入中国的时候，有些——虽然是极少数的——卓越的思想家，看透国家灭亡生民涂炭的原因，完全由于统治阶级祸国殃民，罪恶万重。他们痛定思痛，感到必需改革社会制度，提倡民主政治，才能挽救民族的沦亡。他们生在封建时代，当然不能造出精密完备的理论，可是这些优秀的思想，也就大可珍贵，值得赞扬。

康与之——金灭北宋，士大夫逃窜长江流域，饱受亡国痛苦，康与之就是其中的一人。他著书名《昨梦录》，载一篇笔记式的文章，说西京（洛阳）山中有一大穴，他的朋友杨某入穴中，约行数百步，忽见平原，田地鸡犬陶冶居民，俨然一个大村庄。一人来迎，劝杨某快带妻子来避乱。他对杨某说："我们这里居民虽然异姓，却彼此信义和睦，比兄弟还亲爱，从没有疑妒争夺的事。我们这里一切衣服饮食牛畜丝麻等物，都按照各人需要公平分配，没有私有制度，所以大家能同居不乱。你如果来这里住，空手来就好，不要带金珠锦绣珍异等物，这里用不着。"随手指一家道："他们也是刚来不久，带些珠玉锦绮，被众人烧毁了。此地生活资料一点不缺少，最要紧的是计口授田，各人出力耕种纺织，绝对不许从别人手里榨取衣食。"

止有这样的社会，才能获得人类真正的和平，康与之可以说是中国空想社会主义者的第一人。

邓牧——南宋亡，牧与谢翱、周密等慷慨悲愤，抗志不屈，发扬高度的民族气节。牧著《伯牙琴》，有《君道》、《吏道》两篇。《君道篇》说："君主把天下当作私产，妄自尊大，残民自乐。天没有给他生四只眼、两只嘴、头有鳞、臂有羽（意谓君是禽兽怪物），形貌不异常人，足见常人都可以做君，为什么非他做不可。因为私有天下，多聚财物，怕人来夺位，不得不设军队刑狱，保护自己，从此争夺祸乱永不会停止。止有废除争天下的原因，使人不觉得做君是乐事，才是救乱的办法。"《吏道篇》说："大小官吏，游手浮食，遍布天下，害民比虎狼盗贼还凶。人民谁不愿意自食其力，安居乐业呢？官吏夺民食,竭民力,人民能不怨怒思乱么?上天不仁,生长这批奸邪(官吏),使与虎豹蛇蝎同为民害。止有废去官吏,让人民自治,才能得到安乐。”

废除大小统治者,废除剥削制度,政治全由劳动人民自己管理,邓牧可以说是中国民主主义者的第一人。

黄宗羲——满洲灭明,黄宗羲起兵救国,或走日本乞师,或入海据舟山,或驻四明山寨号召义兵。他晚年自述经历险境,计悬赏访缉两次,指名捕拿一次,守围城一次,被汉奸告发谋反三次,其他牵连遭祸不可计数。九死一生的黄宗羲,最后觉悟到政治的基本原理了。他著一部书叫做《明夷待访录》,其中《原君》、《原臣》两篇,透澈地发挥了民主主义。《原君》篇说:“上古时代人民为主,君为客,君是人民的公仆。后世君为主,人民为客,因此天下不得安宁。君夺天下的时候,屠毒生灵,离散夫妇,毫不动心,止求自己一人产业的获得,公然说,我替子孙创万世帝王的大业。得天下以后,敲剥天下人的骨髓,离散天下人的家庭(贫民出卖妻女),供自己淫乐,公然说,这是我产业的花息。这样看来,天下唯一的大害就是君,如果没有君,人民也就各得安居乐业了。天下人怨恨君是应该的,看作寇仇,称为独夫,是合理的。那些贱儒妄称君臣大义,人生在天地间是无可逃避的。甚至桀纣暴君,还说不该革他们的命。照贱儒们看来,兆民万姓在暴君统治下血肉狼籍,止算一只腐烂的鼠子,不值得怜惜的。”宗羲既指出君是唯一的害民贼,因此竭力推崇革命,认为革命是圣人的事业。《原臣》篇说:“官吏出仕,应该为天下不是为君主,为万民不是为一姓。官吏为天下万民办事,不是为君主充当奴仆。君臣关系等于朋友,君民关系等于路人。”

唐甄——明末清初人。著《潜书》四卷，主张君臣、君民、夫妇、男女间一切平等。

黄宗羲反抗专制独裁政治，最为痛切，人民有权革命，也是独到的卓见。唐甄平等学说，可以补充《待访录》的未备。黄唐二人都是阳明学派，对程朱派表示不满，的确，程朱派中从来没有产生卓越的思想家，汉奸却特别多。

王夫之——湖南衡阳人。明亡，夫之起兵抗清，战败逃隐湘西石船山，著书极多，现在《船山遗书》二百八十八卷，止是他全部著作中的一部分。夫之与黄宗羲、顾炎武并称伟大的民族主义者。三人治学方向不同，夫之学本北宋张载（关学），看重井田制度，提出土地公有的主张。他著《噩梦》一卷，专论民生经济问题，开端就说，"土地不是帝王所得私有。人民生在土地上，用自己的力耕自己的田，土地分明是耕者所有。赋税的性质，止是人民出一些余力养活办政治的人（帝王官吏），并不是佃农向地主纳租。"

从来讲土地制度的总以为帝王掌有土地最高所有权，人民从帝王分得耕地，是帝王莫大的恩德，人民应该感谢他们，服从他们。"食毛践土，具有天良"，成为专制（独裁）时代帝王责备人民的惯语，好像没有帝王，就不得种地生活，这是何等荒谬的见解。夫之指出田地应归耕者所有，可以说是前无古人的大发明。

北宋以来每一次外族侵入，总有卓越思想家发出精辟的议论，可是不久就被统治者压抑无闻了。这证明统治阶级确是人类进步思想的敌人。康与之以下诸人，凡主张民主政治的，一定主张废除剥削制度，这又证明统治阶级确是民主政治的敌人。

第八节 考据学派

南宋文士最重博学鸿词科(宰相多从词科出身),读书非常广博,考订非常精细。南宋末王应麟《词学指南》,讲明读书的方法,又作《困学纪闻》,会萃读书的心得,王应麟成为考据学派的创始人。

明朝士人埋头八股,空谈性理,大抵枵(音枭。空)腹不读书。一部分矫俗的名士,主张读古书(文必秦汉,诗必盛唐),因此文字学、音韵学、校勘学、辨伪学、训诂学、地理学、辑逸学、历算学,逐渐兴起。其中音韵学尤为读古书的关键。明中期以下。较大寺院都有主音和尚,专门研究音韵,发明颇多,给士人很大的便利。陈第(戚继光部将)著《毛诗古音考》、《屈宋古音考》,证明(用本证旁证)古今音韵不同,实是清朝考据学最重要的先驱者。

满洲入据中国,义士反抗失败,匿迹山野,读书著述,希望文字流传,人心不死,民族有复兴的一天。所以清初期学风,注重经史,读书与抗满联结,著述与实践(致用)一致,可称考据学派的启蒙时期。乾嘉两朝,学者为考据而考据,学术完全脱离实际生活,可称考据学派的极盛时期。道光时代,今文学兴,攻击古文学,西汉学(今文)与东汉学(古文)对立,可称考据学派的变化时期。

(一) 启蒙时期

(甲) 浙东学派——史学

黄宗羲,浙江余姚县人,学者称梨洲先生。梨洲博通十三经、二十一史、百家九流、天文、历算、乐律、道藏、佛藏，尤注重史学。他的读书程序是："学者必先穷经，但拘执经术，不切实用，想免做迂儒，必兼读史。"他著书数十种，《明儒学案》、《宋元学案》最称巨制。弟子万斯同继承黄学，为清初史学大师。斯同以后，有全祖望、邵晋涵、章学诚。学诚著《文史通义》，与唐朝刘知几《史通》并称历史学两大名著。

（乙）浙西学派——经学

顾炎武江苏昆山县人，学者称亭林先生。亭林治学宗旨是"博学于文"（包括一切典章制度文物）、"行己有耻"（一切行为没有污点）。方法是"读经自考文（了解字义）始，考文自知音始。"他著作中最重要的有《音学五书》、《日知录》（仿《困学纪闻》体）两书。清朝考据学派的规模，从亭林建立起来，被尊为"开国儒宗"。

（丙）怀疑派

考据学最基本的方法是"要证据""反对空谈"（宋学空谈性命的反动），因此证据不充实或并无实证的空论，虽然是所谓"大圣""大贤"的著作，都认为可疑，加以攻击。这一派著名的学者，有阎若璩、胡渭、毛奇龄、姚际恒等人。若璩著《尚书古文疏证》，证明书经一部分是伪书。胡渭著《易图明辨》，证明朱熹易学出道士传授，不是孔子的易学，把整个正统派宋学的哲学体系破坏了。毛奇龄著《大学知本图说》、《中庸说》、《论语稽求篇》等书，猛攻朱熹不稍忌讳，把程朱作为理论堡垒的四书摧毁（朱注四书幸有朝廷保护得不废弃）了。际恒著《古今伪书考》、《诸经通论》，对经史子无不怀疑，可称怀疑学的专家。

黄宗羲、顾炎武二人都兼长经史，黄偏重史，成浙东史学派，顾偏重经，成浙西经学派，二人治学宗旨都在求实用，排斥空谈。对理学态度，黄属姚江学派的右派，主王但不反程朱；顾接近朱但要用经学代替理学，排王不遗余力。怀疑派显立经学旗帜，公开攻击宋学，所有宋学理论的根据，全被怀疑派用考据方法攻破，宋学在清朝，依赖统治者支持，苟延残喘，不敢与考据学派正面对抗。

（二）极盛时期

清朝最怕汉人写历史，明末义士却最注意亡国史实的记录和保存。清朝对史学家大费苦心，玄烨招集遗老名士（博学弘儒科），令参加官修《明史》的撰述。从康熙十八年到乾隆四年凡六十年。《明史》才修成，显然借史馆收买失节的史学家。别一方面用严刑压迫，如庄廷鑨案，戴名世案，都是有意大屠杀，向民间史学家示威。弘历广搜野史，屡次烧毁，企图消灭汉族反满的意识。看清朝费力这样大，可见黄宗羲提倡史学的识见远大。

顾炎武想用经学来保存民族意识，继顾氏兴起的经学家，专力音韵训诂，放弃顾氏读经致用的本意。清朝看出经学没有危险性，加意提倡，任令与宋学斗争。弘历提倡尤力，开四库全书馆，收容著名考据家，乾嘉两朝，考据学派发展到最高度。

（甲）吴派

清初期经学，与宋学对立，也就是考据与空谈对立。至于经学采西汉人说或采东汉人说，却并不重视。宋学被怀疑派战败，经学（汉学）转入极盛时期的第一阶段，吴派是这一阶段的代表。

吴派首领惠栋，江苏吴县人。惠栋博极群书，著《九经古义》、《周易述》、《明堂大道录》等书，搜集汉儒旧说，凡汉人说不论是非，都当作珍宝，毫无批评，一概接受。这一派的学风是“好古”“信古”“博学”。成绩是散佚的汉人旧说，都被采集在一处，供给考据家丰富的材料。章学诚说吴派止有功力，没有理解，一生做细碎的工作，不能有串贯的思想，好比一条吃桑叶不吐丝的蚕。

（乙）皖派

戴震是极盛时期第二阶段也就是最高阶段的代表人。他是安徽休宁县人，读书极博，理解极精，依据许慎《说文解字》郑玄经注作学问的尺度，判断是非，如老吏折狱，被尊为清朝考据学派唯一的大师。许郑都是东汉人，讲古文经学，所以戴震一派称古文学派又称许郑学派。

皖派的学风是“实事求是”“无征（证据）不信”，这当然是很好的科学精神。可是他们止能依靠许郑去批判别人，却不能依靠真是来批判许郑。他们专力经学，旁及小学（文字学）、音韵、训诂、天算、地理、金石、乐律、典章、制度、校勘、考古等等，凡经过他们整理的古书，解释明确，使读者节省无限的精神，对学术确有极大的功绩。可是这个功绩并不能抵消他们共同的缺点。他们笃信许郑的学说，笃信经是无可怀疑的圣训。经的形成有先后不同的时代，内容有真实和假讹的区别，这些，他们是完全不理的，止要说得合许郑合经文，那就断然下判决了。所以他们标举“实事求是”、“无征不信”是科学的，但得出的结论却未必真是、真可信。

（丙）戴震的哲学

汉宋斗争，汉学战胜了，汉学必需建立自己的哲学，才能防止宋学的反攻，戴震在这一重要事业上，有了很大的成就。震著《孟子字义疏证》、《原善》两书，疏证用训诂学探求孟子本义，尤为一生第一大著作（戴氏自称所以正人心）。疏证主旨在说明理就是条理，条理必据人情作标准，凡不合人情的理，止是些个人意见，一定不是公理。他痛论宋儒谈理的祸害道:"尊者用理责卑,长者用理责幼,贵者用理责贱,不问那个理是否合理,总认为是合理的。卑者,幼者,贱者据理争辩,就是合理也认为不合理,因此在下面的人,不能把天下人的同情同欲(物质要求),达到上面。上面用自己的理责下面,下面的人都成了罪人,被法律杀死的罪人,还有人怜悯,被理杀死的罪人,谁去怜悯他。"

戴震真不愧为被压迫者的大哲学家,也不愧为对宋儒理学革命的第一人。

(三)变化时期

戴震的考据学、哲学,澈底击败了宋学,可是他这唯物主义的哲学,统治阶级决不允许它发展,首先出来痛斥的是浙东学派章学诚,认为戴震心术不端,离经叛道。皖派中也极少有人敢继续发挥(止有焦循一人),戴震自称第一大著作的价值竟一钱不值了。其余专讲训诂名物的一部分,虽然盛行,支离曼衍,已有人(方东树《汉学商兑》)讥为猪肉店的账簿了。皖派极盛时期,同时也是开始衰落时期,代它兴起的是西汉今文学派。

(甲)常州学派

戴震弟子孔广森治公羊学(今文经学),著《公羊春秋经传通义》。他不是有意恢复西汉今文学,来对抗皖派的东汉古文学,本意止在"备一家之言",后起今文学派也不认他是开山祖。

真正今文学从庄存与开始。存与江苏武进县人,与戴震同时。他自知训诂考据,决不能争胜,要对抗皖派,必需别辟新境,"其中多非常异义可怪之论"(何休《公羊传注·自序》)的公羊学成为最好的对象了。

存与著《春秋正辞》,不讲训诂名物,专求所谓"微言大义",学风与皖派大异,但并不攻击古文学派。

(乙)今文学派的发展

存与创立今文学派,同县刘逢禄继起,著《春秋公羊经传何氏释例》,凡何休所谓"非常异义可怪之论",如"张三世"(据乱世,升平世,太平世)、"通三统"(夏商周三代不同,随时因革)、"绌周王鲁"(鲁代周为王)、"受命改制"(孔子受天命为素王,改革旧制)等说,次第发明,公羊学卓然成一有力的学派。

刘逢禄著《左氏春秋考证》说《左传》是刘歆伪造书。此后凡今文学家无不攻古文经,一概指为刘歆伪书,立说不免武断,笃信古文经的东汉学派,却遭遇劲敌。古文学派的长城——《左传》、《周礼》两经,尤成众矢共射的鹄的。

(丙)今文学的分派

议政派——《公羊春秋》在西汉本是议政的要典,附会穿凿,是这一学派的特长。道光时代,西洋势力侵略益急,中国政治腐朽,危亡可忧,一部分先觉志士,借公羊学发挥改制变法的思想。龚自珍(浙江杭县人,著作名《定庵文集》)是这一派的代表,引公羊义讥评时政,排斥专制,晚清思想的解放(包括文章体制),自珍出力最大。光绪时代所谓新学家,无不读《定庵文集》,影响非常广泛。自珍又著《西域置行省议》,光绪时立新疆省,就是依据他的议论。与龚自珍并称的有魏源(湖南宝庆县人),著《海国图志》,谈世界地理,又著《圣武记》,主张变法图强(主张买外国船代替中国战船,在当时要算新见解)。龚、魏生在举国昏聩的时代,独能指天画地,规划天下大计,确是豪杰之士。他们都擅长考据学,但不屑自拘在考据圈子里。那些拘守今文经义的经师派自以为是，指他们是伪今文学派，自称为今文正统派。按照龚、魏的看法，这些夏虫井蛙，几乎不值一笑。

议政派发展到康有为、梁启超，造成近代史上著名的戊戌政变。

经师派——这是庸俗化的今文学派。这一派讲究今文师法，斤斤与古文学派争孔子真传、经学正统，如戴望、皮锡瑞、王闿运、廖平一类人，学问既不及古文学派的精切，识见又仅限在公羊、王制（《礼记》中一篇）小范围内，在学术史上不能占什么地位。

（丁）清末汉宋调和派

由于今文议政派的发展，使守旧顽固分子感到愤怒和恐慌。他们的代表是广州陈澧。澧擅长音韵学，著《东塾读书记》，调和汉宋学，取郑玄朱熹学说牵合为一事，反抗维新议政派。他们得达官贵人的奖励，戊戌以后，流行很广。浙江朱一新（义乌县人，著《无邪堂答问》），也是这一派的首领。

第九节　文学史略说

从秦汉到五四以前，中国文化领域内，有两个主力军在活动着，一个是经学，一个是文学。本书已经约略说了些经学，此地再极简单的说些文学。

中国言语属孤立语系，一字一音，一字一意，因此构成文学上若干特殊的形式（如骈文、五言诗）。文学种类很多，大体分类如下表：

- 心志—语言
  - 质言
  - 文言
  - }文学
    - 无韵
      - 单行
        - 通俗文学—语体—（庸俗／语体／小说）—宋元话本—明清演义小说等
        - 言文—古文—语体文
      - 骈偶—骈文—四六文—制义
    - 有韵
      - 可歌
        - 原始文学—民间歌谣、鼓词、戏剧等
        - 三百篇—辞赋—乐府—律诗—
        - 词—杂剧—南曲
      - 不可歌—本是可歌的文学，因流传已久，止存形式，与乐律脱离

《毛诗大序》说，“在心为志，发言为诗”。心志发出成言语，言语有素朴的文饰的两种，用文字写来成文学。

各体文学的发生，时代有先后，彼此又各有相通的性质和形式，用下表来表示大意。

殷周秦	汉…晋	南北朝	唐	宋元明	清	民国五四以来
言文系……古文系……						语体文系
			小说系……			
	骈文系……		四六系……	制义系		
辞赋系……		并赋系……		律赋系……		
歌诗系……	乐府五七言诗系……			古律体诗系……		
			词系……			
				戏曲系……		

上表：在同一行内的文体是直系递变。如言文（言语文字不分）递变为古文，古文递变为语体文（理由见下）。两行相并的，双方有性质或形式相通处。如唐人小说，形式上由古文四六合组成篇。

研究文学的变化发展，有下述几个规律：

（一）整部文学史是变新的、进步的、发展的。任何时代，不会有倒退的模拟的“好文学”。例如每一时代必有本时代特有的文学

（屈赋、汉乐府等），后一时代模拟它，不论怎样维妙维肖，总是有形无神，缺乏真味。葛洪《抱朴子》尚博篇说："俗士多云，今山不及古山之高，今海不及古海之广，今日不及古日之热，今月不及古月之朗。何肯许（称赞）今之才士，不减古之枯骨？重所闻，轻所见，非一世之所患矣。"刘勰（音协）《文心雕龙》通变篇说："名理有常，体必资于故实；通变无方，数必酌于新声；故能骋无穷之路，饮不竭之源。然绠短者衔渴，足疲者辍途，非文理之数尽，乃通变之术疏耳。"文学永远随时代向前发展，永远有新的好文学出现，葛洪、刘勰早已明确指出了。

（二）无韵文主叙事说理，以合言语为原则。例如西汉以前，言文大体一致。自骈文四六盛行，无韵文脱离言文一致的原则。古文（模仿古代言语）运动就是要恢复原则的一种革命运动。可是古文距离实际言语仍远，语体文兴，才真正与言语符合。

（三）有韵文主抒情，以可歌合乐为原则，例如诗三百篇、辞赋（一部分可歌，一部分可赋）、汉乐府等，原来都是可歌合乐的文学。等到新起的有韵文代位，旧的止保存形式，供文人学士们雕琢玩弄，文学价值甚微或毫无价值。

（四）文学演变有向心离心两个倾向（所谓心，指（二）（三）两原则）。大抵重内涵则向心，重形式则离心。例如宋学将兴必需提倡"载道"的古文，代替骈偶的近体文；五四运动将兴，先有语体文对古文革命。反过来看，骈体、四六、制义、俳赋、律赋等形式极美的文学，与思想少有关系。

（五）凡一种文学的长成，必经过胚胎、发育、壮盛、衰亡或蜕变等过程。例如古文，六朝是胚胎时期，韩愈以前是发育时期，韩（愈）、柳（宗元）、欧（欧阳修）、苏（轼）是壮盛时期，南宋以后是衰落时期，五四以后，逐渐趋向灭亡。

（六）一种新文学的发生，多在前期文学的壮盛时期。例如骈体文在西汉武帝（刘彻）时开始，古文在西晋武帝（司马炎）时开始，词在唐玄宗（李隆基）时开始。

（七）一种新文学的发生，大抵如下列二种方式。

（1）前期文学的蜕变。例如古赋增对偶成俳赋，俳赋增声律成律赋。

（2）前期文学的否定。例如古文对骈文革命，语体对古文革命。

（八）一种文学发展至壮盛阶段，往往同时有两个作者或两派明显对立，一保旧作风，一启新境界。例如建安时代曹丕与曹植，太康时代左思与潘（岳）、陆（机），东晋末陶潜与颜（延之）、谢（灵运），盛唐李白与杜甫。

（九）一种文学发展至高度，才能产生大作家。例如诗至盛唐有李杜。古文至中唐有韩柳，词至北宋有周邦彦。

（十）重要的文学多从民间创造出来，经文士采取，经过技术上的修整，始成高级的文学。例如汉清商乐府本是各地民谣，著名小说如《水浒传》、《三国演义》、《金瓶梅》等书，原是民间话本。

简短的结论

整部历史止是阶级间、阶层间相互斗争、联合的历史，而联合也是为了斗争。取隋唐以来文化史作例，也丝毫没有例外。

南北朝至唐，佛教大量输入中国，儒家战败了。道教与佛教战斗,也没有获得胜利。

韩愈把复兴儒学运动与古文运动联合起来,反对佛老和近体文(四六),主要是攻击佛教。

北宋初期儒者得皇帝的奖励,道统、文统两个势力联合向佛老、四六进攻,主要攻击方向仍是佛教。

周敦颐夺取佛道两教的哲学武器,来充实儒家的力量,战败佛教,创立正统派宋学。理学、文学继续发展,道统、文统也就分裂了。

正统派宋学到朱熹发展到最高点,陆九渊起来反抗,造成不可调和的朱陆争议。

程朱派有皇帝大臣作后援,独霸思想界。王守仁发挥心学,与程朱派对立。王派占优势,内部又分成许多派别,泰州学派传到平民中间去,其他王派对程朱派让步(调和),联合向泰州派攻击。

满洲入关,各派王学都被禁绝,奖励程朱派统制思想界,顾炎武提倡经学反抗宋学。经学中怀疑一派利用考据方法的武器,战败宋学,压迫它退到苟延残喘的地位上去。

黄宗羲提倡的史学,也被清朝压迫,不能获得发展的机会,浙西派经学独霸了学术界。

经学转上极盛时期,本身保存的宋学残滓,完全排除了,惠栋开始有意识的专讲汉学。所以吴派经学与初期经学杂有宋学的形状大异,经学改称为汉学。

皖派考据方法比吴派更精密,成就更广大,戴震开始创立考据学派的哲学,进一步打击宋学。自然用考据方法(近乎科学方法)得出的哲学理论,一定会接近真理,这个真理,却被统治阶级阻抑,不得发展。

皖派盛行，常州今文学派又起来与它对立，忧世志士，厌恶考据学派的支离烦琐，创立议政派，借公羊学发挥变法议论对封建专制表示不满，于是古文学派、今文经师派并肩向议政派攻击，康有为的《孔子改制考》被禁止烧毁。

古文学派竟与旧敌宋学联合起来，也向议政派进攻，企图保护封建专制的利益。

隋唐至清的文化史，就是这样一幅斗争图。

范文澜先生学术年表*

1893 年 （清光绪十九年）

范文澜字仲沄，号芸台。11 月 15 日生于浙江绍兴。先辈世代读书。父亲范寿钟科举落第，居家治学。叔父范寿铭，自清末至民国初年，先后任河南辉县知县、河北道尹，喜研金石学，有著述。后者对范文澜青少年影响颇大，他以后到北京求学，再到河南汲县教中学、在开封教大学，都和叔父有直接的关系。

自幼在私塾读《四书》，又由父亲教五经、古文和《泰西新史揽要》等，并写策论文章，准备将来应举。

1907 年 （清光绪三十三年）

清朝于 1905 年废科举、兴学堂。此年春，14 岁的范文澜进入县立高等小学堂，从此学习了数学、英语等新课程。在小学堂又进一步读了《易经》、《书经》，对他后来研究国学有好处。其时，反清革命家秋瑾等正在绍兴办大通学堂，紧张地从事革命活动，对少年范文澜影响甚大。

1908 年 （清光绪三十四年）

考入上海浦东中学堂。因受革命思想的影响而剃去长发，表示对清朝统治的憎恨，受到校长黄炎培的称赞，评为品学兼优的学生。

---

* 本年表由陈其泰撰写。

1910 年 （清宣统二年）

转入杭州安定中学堂。次年辛亥革命爆发，极为兴奋，对“共和”制度热烈拥护。

1913 年

中学毕业，依照叔父嘱咐，报考北京大学，入预科班。

1914 年

转入北大本科国学门，至 1917 年毕业。大学期间，师从黄侃（季刚）、陈汉章（伯弢）、刘师培（申叔）学习，醉心于训诂考证之学，被视为高材生，本人决心“追踪乾嘉诸老”，做古文经学大师的传人。

1917 年

本年夏在北大毕业，经叔父介绍，任校长蔡元培私人秘书。同时在北大文科研究所当研究员。担任文科研究各门科目的教员有钱玄同、陈汉章、黄侃、刘师培、吴梅等，因而继续得到诸位名师的指点。

11 月，去河南汲县叔父处与戴冠芳女士结婚，离开北大。婚后二人感情挚笃，相伴一生。

1918 年

经许寿裳介绍，到沈阳高等师范学校教课半年。下半年到河南汲县教中学，继续在此教书三年。到 1921 年，经叔父介绍在上海浙江兴业银行任统计员，因不满意此职业，不久即辞退。

1922 年

本年夏季应聘到由张伯苓任校长的南开学校任教。先是担任中学部教员，又在大学部兼课。

1923 年

本年起任南开大学部教授，讲授中国文学史、文论名著、国学要略等课程，自编《文心雕龙讲疏》、《正史考略》、《诸子略》等讲义。在《南开季刊》发表论文《周秦传记诸子引诗考略序》、《理想之兵制》。

1925 年

10 月，出版《文心雕龙讲疏》（天津新懋印书局印行），梁启超作序，称赞此书“征证详核，考据精审”。

1926 年

在南开大学加入中国共产党。

1927 年

在北京会见李大钊。

下半年起在北京大学任教授，又在师范大学、女子师范大学、中国大学、朝阳大学等校任教。

1928 年

印行《诸子文选》（亦称《诸子略义》，京师大学校文科出版科印）。

1929 年

应顾颉刚之邀，参加组织朴社（社址在北平），编辑出版书刊。此年是顾颉刚父亲六十寿辰，于端午节时，由钱玄同提议，诸同仁为顾老先生送寿屏，并提议“请仲沄撰文”。

8 月，出版《水经注写景文钞》（北平朴社出版）。9 月，出版《文心雕龙注》上册（北平文化学社出版。该书中册及下册分别于 1929 年 12 月、1931 年 6 月出版）。

1930 年

9 月，因被指为共产党，而被捕入狱。出狱后，仍在北大任教。冬，北大的进步学生创办《北大学生周刊》，聘范文澜为首席顾问。

1931 年

1 月,《正史考略》由北平文化学社出版。

8 月,发表《与颉刚论五行说的起源》(燕京大学《史学年报》第 3 期)。

1932 年

秋,受聘为北平大学女子文理学院国文系教授兼主任。次年,任院长。

1933 年

10 月,《群经概论》由北平朴社出版。

1934 年

8 月,再次以共党嫌疑被捕,解往南京拘押。

1935 年

在南京被监禁 4 个多月,年初返北平,在外国人办的中法、辅仁大学任教。

1936 年

撰成表彰历史上具有崇高民族气节的英雄人物,鼓舞民众勇敢抗击日寇的通俗著作《大丈夫》,7 月在上海由开明书店出版,受到热烈欢迎,到 1940 年 10 月印行了 4 版。

7 月,《文心雕龙注》由上海开明书店出版修订本。

此年,应河南大学文学院院长萧一山之聘到该校任教授,讲授中国上古史、中国文学史、经学、《文心雕龙》,所编上古史、文学史讲义受到学生欢迎。又受萧一山委托,主编《经世半月刊》。

1937 年

“七七”事变爆发,全国形势危急,与河南大学文史系主任嵇文甫组织、领导“河南大学抗敌工作训练班”。参加主编《风雨》周刊。又参印《游击战术》一书,两个月内销售达五千册,范文澜还被误认为“游击战术专家”。

本年在《风雨》周刊和《经世》半月刊发表有《对于持久抗战的几个肤浅意见》、《忆鲁迅先生》、《旧账与新账》、《根绝“汉奸”、“准汉奸”、“候补汉奸”》、《救亡与救亡计划》、《〈游击战术〉序》、《论纷乱与摩擦》等文章。

1939 年

春,参加新四军。从事文化宣传工作。

1940 年

1 月赴延安。不久即被任命为延安马列学院历史研究室主任。接受中共中央的任务,在短时间内主编一部供干部学习的中国通史。8 月,《中国通史简编》撰写工作正式开始,范文澜任总主编,计划分为三编,参加者有谢华、佟冬、尹达、叶蠖生、金灿然、唐国庆。

夏秋间,被邀请在延安新哲学年会上三次讲演经学简史。

本年发表的主要文章有:《关于上古历史阶段的商榷》(延安《中国文化》第 1 卷第 3 期);《中国经学史的演变——延安新哲学年会讲演提纲》(《中国文化》第 2 卷第 2 期、第 3 期连载);《中国通史简编之一:原始社会到中央集权的封建制度底成立——远古至秦 第一章 原始公社时代——黄帝至禹》(《中国文化》第 2 卷第 3 期);《中国通史简编之二:第二章 原始公社逐渐解体到奴隶占有制时代——夏商》(《中国文化》第 2 卷第 4 期)等。

1941 年

《中国通史简编》编撰工作因缺乏集体写作的经验,对于如何编法没有一致的意见,各位撰稿人交出的稿子有的太详,有的太略，不甚合用。故如范文澜所说："组织上叫我索性从头写起。"本年5月撰成上古至唐五代部分，至年底又完成北宋至鸦片战争前部分，计历时一年余。总字数56万字，实际上是范文澜一人撰写，但序言上仍按原来的分工将参加者一一列上。

9月，《中国通史简编》上册（上古至唐五代以前）在延安由新华书店出版。

本年底，延安马列学院改称"中央研究院"，范文澜任副院长兼历史研究室主任。

本年发表的主要文章有：《提倡民族气节的必要》（延安《解放》杂志第123期）；《中国通史简编之三：第三章 封建制度开始时代——西周》（《中国文化》第2卷第5期）；《旧剧新演》（延安《解放》杂志第125期）；《李大钊同志永远不死》（延安《新中华报》4月27日）。

1942年

12月，《中国通史简编》中册（北宋至鸦片战争以前）在延安由新华书店出版。

本年发表的主要文章有：《在中央研究院六月十一日座谈会上的发言》（延安《解放日报》6月29日）；《古今中外法浅释》（延安《解放日报》9月3日）；《开始并结束了旧民主主义革命的辛亥革命》（延安《解放日报》）等。

1943年

"中央研究院"改组为中央党校三部，范文澜调中央宣传部工作，继续撰写鸦片战争以后的中国历史，原拟作为《中国通史简编》下册。

本年发表的主要文章有：《紧张黑暗的一百年和伟大光明的一百年》（延安《延安日报》2月5日）；《斥所谓"中国文化的统一

性”》(延安《解放日报》7月10日);《袁世凯再版》(延安《解放日报》8月23日)。

1944年

本年发表的主要文章有:《汉奸刽子手曾国藩的一生》(中国近代史稿的一节)(延安《解放日报》7月25日、26日连载,延安新华书店出版);《辛亥革命:三条路线斗争的结果》(延安《解放日报》10月10日)。

1945年

抗日战争胜利。本年底范文澜离开延安。其时,他所编撰的近代史部分已撰成“自鸦片战争至义和团运动”。手稿由叶蠖生整理,次年在延安出版,书名改为《中国近代史》上编第一分册。(书名以后题为《中国近代史》上册。)

本年发表的主要文章有:《太平天国革命运动(初稿)》(延安《解放日报》4月25—30日连载,延安新华书店出版)等。

1946年

中共中央决定创办北方大学。4月,范文澜到达邢台,任北方大学校长。本年秋,一度迁到山西长治高庄,时间一年余。北方大学成立历史研究室,由范文澜主持,成员有刘大年、荣孟源、王南等,继又有叶丁易、王冶秋、尚钺。

本年发表的主要文章有:《在北方大学教职员全体大会上的讲话(4月20日)》(晋冀鲁豫边区《北方杂志》创刊号);《学习鲁迅先生的硬骨头》(晋冀鲁豫《北方杂志》第1卷第5期);《论正统》(晋冀鲁豫《人民日报》12月30日)等。

1947年

患眼疾,但自年初即开始进行《中国通史简编》的修订工作。

修订《中国近代史》也于夏天开始。

本年发表的主要文章有:《研究中国历史的钥匙》(晋冀鲁豫《北方杂志》第2卷第1—2期合刊)等。

1948年

夏,北方大学与华北联合大学合并,成立新的华北大学,校长吴玉章,范文澜任副校长。

1949年

3月,华北大学迁入北平,住进东城王府井大街东厂胡同1号,成为不久后成立的中国人民大学的前身。华北人民政府成立,范文澜任委员。他又由中华全国科学工作者联合会推选参加全国政治协商会议,并当选为全国政协委员。

范文澜曾于1947年秋请北方大学研究室诸同志帮助对《中国近代史》上册作过校订,至本年5月,又在华北大学历史研究室诸同志帮助下作校订。(此后,1951年和1954年,又两次作了较多的修改。)

本年发表的主要文章有:《中国早期的唯物历史科学家——李大钊同志》(与王南合撰)(华北《人民日报》);《谁是历史的主人(在北京大学的讲演记录稿)》(天津《进步日报》5月29日);《再谈谁是历史的主人(1949年5月30日在华北大学政治教研室的讲演稿)》(《人民日报》6月23日);《急起直追参加革命建设工作》(载《"五四"卅周年纪念专辑》,本年6月新华书店出版。按:该文收入《范文澜历史论文选集》时,编者将篇名改为《伟大的"五四"运动》);《华北大学校庆献词》(《人民日报》9月9日)。

1950年

中国科学院建立,在原华北大学历史研究室的基础上成立了近代史研究所,范文澜任所长。在建所之初,即邀请了金毓黻、聂崇岐、王崇武、邵循正、黎澍、李新来所工作。范文澜任所长20年时间内,近代史所从原来只有十几个人发展到近百人,培养了一批成绩显著的专家。

本年发表的主要文章有:《论中国封建社会长期延续的原因》(《中国青年》第33、34期,本年10月北京大众书店出版);《中华民族的发展》(《学习》杂志第3卷第1期);《金田起义一百周年纪念》(《新建设》杂志1950年10月号)等。

1951年

进城伊始,就在一些场合公开地欢迎对其所著《中国通史简编》提出批评意见,至本年,决定对此书从头修订。至1965年,共历15年,中间除了因病无法工作外,其余时间均认真细致、锲而不舍地进行修订。按照1952年所订计划,修订本《中国通史简编》共分四编:第一编:远古至秦统一;第二编:秦至隋统一;第三编:隋至元末;第四编:明清(鸦片战争以前)。自远古至五代十国部分在范文澜生前全部完成,分四册出版。共计110万字,篇幅为原版三至四倍,所以实际上是著者用十几年的功夫重写。

7月28日,中国史学会正式成立,推举郭沫若为会长,吴玉章、范文澜为副会长,范文澜负责主持史学会日常工作。在此后十年中,史学会的主要工作,是编辑出版《中国近代史资料丛刊》,至1959年共出版《义和团》、《太平天国》等10种,60册,总字数约3000万字。

本年发表的主要文章有:《关于〈中国通史简编〉》(《新建设》杂志第4卷第2期);《中国史学会成立大会的开会词(1951年7月28日)》(上海《大公报》9月28日);《史学会已有的成绩和今后的

努力》(上海《大公报》9 月 28 日)等。

1953 年

毛泽东委托范文澜、吴晗组织历史学家校点《资治通鉴》,由范文澜主持完成,在 1965 年出版。本年,根据中国科学院副院长李四光的倡议,在范文澜主持下,由金毓黻等历史学者和地震学者合作,编成《中国地震资料年表》出版。

4 月,与聂崇岐合编的《捻军》(《中国近代史资料丛刊》第三种)由上海神州国光社出版。

8 月,《中国通史简编》(修订本)第一编由人民出版社出版。

本年,人民出版社印行了《中国近代史》修订第 8 版,书名正式题为《中国近代史》(上册)。至 1955 年 9 月,人民出版社印行了本书第 9 版。

1954 年

本年发表的主要文章有:《保护历史文物的意义》(《文物参考资料》第 4 期);《试论中国自秦汉时成为统一国家的原因》(《历史研究》杂志 1954 年第 3 期);《关于中国历史上的一些问题——修订本中国通史简编绪言》(《中国科学院历史研究所集刊》第一集。按:1964 年,著者对该文作了较多的修改,刊入修订本《中国通史简编》第一编第 4 版)等。

1955 年

本年发表的主要文章有:《看看胡适的"历史态度"和"科学方法"》(《历史研究》1955 年第 3 期);《中国近代史的分期问题》(《中国科学院历史研究所第三所集刊》第二集)等。

1956 年

本年发表的主要文章有:《纪念太平天国 105 周年》(《人民日

报》1 月 11 日）;《“百家争鸣”和史学》（《学习》杂志 1956 年 7 月号）;《女革命家秋瑾》（《中国妇女》杂志 1956 年第 8 期）;《略谈中国近代史分期问题（1954 年 5 月为中国文学艺术界联合会中国近代史讲座所写的报告稿）》（《光明日报》10 月 11 日）等。

1957 年

本年发表的主要文章有:《生产关系一定要适合生产力性质》（《光明日报》2 月 28 日）;《历史研究中的几个问题（1957 年 3 月 25 日在北京大学“历史问题讲座”上的报告稿）》（《北京大学学报》1957 年第 2 期）;《文要对题（关于古代史分期问题的争论）》（《光明日报》5 月 9 日）等。

1958 年

4 月,《中国通史简编》（修订本）第二编由人民出版社出版。

《文心雕龙注》于本年由人民文学出版社再版。

本年发表的主要文章有:《历史研究必须厚今薄古》（《人民日报》4 月 28 日）。按:稍后,著者对本文有所订正,见天津《历史教学》杂志 1958 年第 6 期）;《历史研究应当厚今薄古（风气与条件）》（《历史研究》杂志第 5 期）;《戊戌变法的历史意义》（《人民日报》9 月 29 日）等。

1959 年

受周恩来总理委托,主持编成《西藏地方历史资料选辑》一书。

1961 年

5 月,参加在北京举行的纪念太平天国革命一百一十周年学术讨论会,在发言中严肃地批评史学界流行的“打破王朝体系论”和“打倒帝王将相论”,强调要透过这些论调貌似“革命”的表象,认识其对史学研究的危害,坚持严格的历史主义。

3 月和 9 月，先后参加在北京举行的纪念巴黎公社九十周年学术讨论会，及在武汉举行的纪念辛亥革命五十周年学术讨论会，两次发言都严肃地批评史学界存在的教条主义学风，强调踏踏实实进行科学研究的意义。

本年发表的主要文章有：《反对放空炮》（《历史研究》杂志第 3 期）。

1963 年

本年发表的主要文章有：《经学讲演录》（载《中国哲学》第一辑，该年 8 月由三联书店出版）。

1965 年

11 月，《中国通史简编》（修订本）第三编第一册、第二册由人民出版社出版。

本年发表的文章有：《“唐代佛教”引言》（《新建设》第 10 期）。

1969 年

7 月 29 日，因病在北京逝世。

关于《中国通史简编》

范文澜

《新建设》**编者按**：本文是范文澜先生在一个用《中国通史简编》做学习材料的机关里的讲话记录。范文澜先生嘱本刊发表这个记录，以供阅读《中国通史简编》的读者参考。

我对我写的《中国通史简编》是不满意的，早就想修改，但总没有机会。去年才开始改了一些，今天看来仍是不能满意，还得从头再来过。写一本书要错误尽可能少些，实在不容易，更不必说写得好了。希望同志们共同指出本书的毛病，做到像孔子所说的“十目所视，十手所指”，指出很多毛病来，对我帮助就大了，可以改得较好些。

1940年我去延安，中宣部要我编写一本十几万字的《中国通史》，为某些干部补习文化之用。我当时就同马列学院历史研究室的几位同志分工写作，由我总编。由于缺乏集体写作的经验，对如何编法没有一致的意见，稿子是齐了，有的太详，有的太略，不甚合用。中宣部索性叫我从头写起，1940年8月至1941年4、5月完成上册（五代十国以前），至年底完成下册。校完全书我就转入整风运动中去不再接触这个工作了。这本书原来限定写十几万字，但上册写完已有二十多万字，事已如此，只好不限字数，继续写下去。所以这本书是逐步扩充起来的，事前也缺少整个的计划和提纲（当时仅拟定略前详后，全用语体，揭露统治阶级罪恶，显示社会发展法则等几条)。这就是编写《中国通史简编》的经过情况。

要写一本比较好的中国通史,必须具备着若干必要的条件,而我呢?这些条件都是很缺乏的。

第一,我的马列主义修养差得太多,思想上主观性片面性非常严重,没有力量来正确地掌握马列主义的观点和方法,而这又是写历史的第一个必要条件,缺乏这个条件,就容易发生错误。

第二,材料的掌握和历史知识也很差。延安马列学院的资料室参考材料不算多,那时要找《农政全书》、《天工开物》这类书都找不着,有关史学的杂志新书,更是难以看到。同时我的历史知识很贫乏,许多部门根本不懂或懂得太少,如少数民族史、自然科学史、艺术史、哲学史等部门,我都是门外汉,因之,有的说不出来,有的说得肤浅不扼要。

第三,有充裕的时间,才能仔细研究问题,考订史料,而《中国通史简编》的编写,时间却嫌过于仓促。恩格斯说:"即令是唯物的观点在一个单独的历史实例上的发展,也是一种需要数年静心研究的科学事业……只有多数经过批判的选择与全部精细研究过的历史史料,才能解决这样一个课题。"按照恩格斯的标准来看《中国通史简编》,真可说是粗滥的作品。

由于上面三个原因,可以得出结论,这本书不可能写好,序言上也已声明这只是一本聊备删削的草稿。这本书既然写得不好,那末是不是可以丢掉?是的,不久就可以丢掉。因为中国已经解放,史学工作者在共同目标下,大家都在努力研究,不久就会写出较好的通史来,代替这个写得不好的《中国通史简编》。不过在目前这一种新型类的书还只好允许它暂时存在,虽然对它很不满意。原因是中国古代史书非常丰富,也有很多不朽的名著,但都属于旧型类，主要是为封建统治阶级服务的。在真正科学的历史书出现以前，只要是尝试着用马列主义的观点、方法写的历史，总比旧型类的任何历史书要好些。这就是说，运用马列主义不成熟比运用封建主义很成熟的历史书，从人民的需要看来，显然前者比后者合用，即令不是真正合用。有些学者讥笑新型类的历史书说："考订太不讲究，写历史闹出好多笑话！"照我的看法，尽管笑话很多，急须改正，但既然纠正了旧型类的历史书的某些根本缺点，这就是值得赞扬的。《中国通史简编》也和其他新型类的历史书一样，毛病很多，远远不够科学的水准，可是它比起旧的以封建地主阶级或资产阶级观点来写的历史书，却是本质上不同，许多写法在旧型类的历史里从来没有过。

第一，书中肯定历史的主人是劳动人民，旧型类历史以帝王将相作为主人的观点被否定了。

第二，按照一般社会历史发展的规律，划分中国历史的段落。旧历史写尧舜禹汤文武所处的时代都是一个样，完全是静止的，有的"颂古非今"，什么都是古的好，思想更是反动，试用一般的社会发展原则到具体的中国历史，这是和旧历史完全不同的。

第三，中国是长期延续的封建社会，但三千年来决不是没有发展，本书把封建社会分成三个时期（应该是四个时期，明以后自为一期），说明它的发展过程（当然，说得很不够，而且也未必说得正确）。从西周起到秦统一定为初期的封建社会。西周为什么是封建社会？今天不是专讲这个题目，无须多说，这里只说一点最简单的理由：根据地下发掘，商朝社会里阶级极显著地存在着，这是断定商朝决非原始公社的有力证据。贵族死后要用大量财宝和大批人殉葬。一个国王死了，殉葬人竟有多至一千人的。此外，每年祭祀，还要杀若干人同牲畜一样作祭品。一般贵族也起码要有几个人殉葬。至于周朝则截然不同，考古学者发掘了一百五六十个周墓，仅仅发现三个墓葬里共有六个殉葬人。经书记载殉葬事，《诗经》秦风有一条，《左传》有两条（昭公十三年一条不计在内），《礼记》有两条，都是认为“非礼”而予以反对。例如《左传》记晋卿魏武子将死，嘱咐他的儿子魏颗一定要嬖妾殉葬。魏颗不听，说这是“乱命”。又如《礼记》记陈乾昔将死，要求兄弟和儿子尊重他的愿望，给他造一口大棺材，让两个宠婢夹着他。儿子说：殉葬非礼，不能那样做。如果殉葬在周朝是一种制度，死者不必提出要求，儿子也决不敢反对制度。孟子引孔子说“始作俑者，其无后乎，为其象人而用之也”，孔子专讲周礼，连俑都反对，足见周朝废除了用人殉葬制度。商与周是前后接连的朝代，但殉葬就有这样的变革，这是什么缘故呢？我以为奴隶制度与封建制度的消息就在于此。奴隶占有制度与封建制度的区别，《联共党史》有如下的规定：“在奴隶占有制度之下，生产关系的基础，就是奴隶主对于生产资料以及对于生产工作者的所有制，这生产工作者就是奴隶主所能当作牲畜一样来买卖屠杀的奴隶”；“在封建制度之下，生产关系的基础，就是封建主对于生产资料的所有制，以及对于生产工作者不完全的所有制，这生产工作者就是封建主已经不能屠杀，但是可以买卖的农奴。”根据上述原则，商朝殉葬和作祭品的人就是奴隶，商人信鬼，让死了的国王贵人在天上有奴隶服役（不管是什么种类的奴隶）。周朝废除用人殉葬和用人作祭品，但并不废除用车马财宝殉葬，足见周朝不是因为不信鬼而不用人殉葬，而是因为农奴不能随意屠杀，在生产力发展的情况下，残余的奴隶，活着有较多利益可图了。奴隶是能说话的工具，和牛马一样，要杀就杀，完全没有生命的自主权，给奴隶主工作，吃主人的饭，多余的劳动产物全归主人所有。农奴有点小的分地和小的私有财产，要吃自己的饭，穿自己的衣，养自己的老婆、孩子。《诗经·周颂·载芟》篇说农夫带着家里人去耕公田（“有嗿其馌，思媚其妇，有依其士”）。《良耜》篇描写农夫给封建领主耕地，互相开玩笑说：“或来瞻女，载筐及筥，其饟伊黍”，译意为：“你老婆快来看你了，拿着筐子，盛着好米饭给你吃。”西周初年，天子慰劳农夫给陈米饭吃（“我取其陈，食我农夫”，又“曾孙来止，以其妇子，馌彼南亩”），这里说的黍米饭，当然是农夫自备。《载芟》、《良耜》两诗，说明当时的农夫耕公田吃自己的饭，而且有颇高的劳动兴趣。《小雅·大田》篇说：“雨我公田，遂及我私”，注疏家都说这是周朝“太平之时，民心先公之义”，其实不是这样；因为农奴在公田上工作完了以后，才能回到私田来工作，所以希望先下公田上的雨，随后下私田，以便得到时雨的好处。《周颂·臣工》篇“命我众人，庤乃钱镈，奄观铚艾”。译意为：“命令我的农夫们准备你们的耕具，还要多准备些割器。”显而易见到公田服役的农夫，要自备生产工具。《资本论》劳动地租篇中说农奴制与奴隶制的基本区别点是“奴隶是用他人所有的生产条件”，农奴除给地主服役耕种外，自己还有一点土地和劳动工具（《大田》篇、《臣工》篇正说明周初农夫有一点土地和劳动工具）。《周颂》中所表现的生产方式，应该是周初的主要生产方式，从《周颂》看来，当时在公田上劳动的人主要是农奴而不是奴隶。这不是说周朝没有奴隶存在，相反，奴隶数量还是很大的，不过不是主要的生产者了。主张西周是奴隶社会的历史学者，其基本论据建立在“重要生产工具，以农业而言便是土地”这个原则上面，依据《联共党史》所昭示，土地与生产工具同列于生产资料之内，土地不能当生产工具。所以用土地并非私有来判断生产工具私有的不存在，因而得出西周仍是奴隶社会的结论，似乎是值得考虑的。至于生产工具制作的变化，在奴隶制向封建制的转变上，不一定是决定性的。请注意：我不是否认生产工具的作用，只是说，同样的生产工具，在奴隶手中会遭受故意破坏，在“具有某些愿意从事劳动的兴趣”的农奴手中，就会提高生产效力，实际上发生了生产工具的重大作用。列宁《论国家》中说：“剥削形式的变换，把奴隶制度的国家转化为封建制度的国家。这是有极大重要性的。”证以古希腊罗马奴隶社会，曾大量使用铁制生产工具；到罗马帝国崩溃，封建制度开始，农具却十分简陋，主要的生产工具是木犁、木耙等，过了两百年，才使用带铁铧的犁和带铁齿的耙。足见过分拘泥于铜器和铁器，忽视其他许多重要材料，古代历史问题就难得通盘解释。以上所举西周材料，都是从从来无人怀疑的《诗经》里取来的，除非有充足证据证明那些材料出自后人伪造，否则就应该承认西周初年已开始了封建社会。我觉得这是中国历史的极大光荣事件，远在纪元前 11 世纪，中国社会已进化到封建社会，为什么不引以自豪呢？当然，我们反对虚妄的“自豪”。但证据既确实存在，弃而不用，就未免可惜了。

西周开始时据说有大小国家千余，东周一百数十国兼并为十余大国，至战国只剩七个大国。这个阶段的特点是：从原始的小国割据分裂局面，走向统一，自西周至秦共八百余年，才完成统一。

自秦至南北朝，为中国封建社会的第二阶段。秦统一中国是封建社会的一个大跃进。汉以前中国的经济文化中心在黄河流域；至三国时期，长江上游和中、下游建立起国家，开发经济，提高文化；后来长江流域的南朝又有进一步的发展，文化超过北朝，经济赶上黄河流域，至隋统一，黄河流域加上长江流域，中国的经济基础大大地扩大并加强了，文化也跟着大进一步。

隋唐至鸦片战争为中国封建社会的第三阶段。由于经济基础的扩大，文化也显著地超过前一阶段。宋朝开发了闽江流域（五代十国时王审知从河南带了很多人和生产工具去）。至元、明，珠江流域也开发起来了。自隋唐迄鸦片战争，中国封建社会的经济基础是黄河流域加长江流域，再加上闽江、珠江流域。在这基础上建立起来的正常朝代，一般约三百年，比前一阶段的正常朝代要多一百年（东西汉各二百年），这也可以说明唐以后经济基础确是扩大并加强了。

农民战争胜利的结果，出现了汉、唐、明三个大帝国，也就清楚地划分了封建社会的发展阶段。反之，农民战争失败的结果，军阀混战割据，外族乘虚侵入，出现分裂或沦陷的局面。劳动人民的命运就是整个历史的命运，不看清这一件大事，等于忘记了劳动人民是历史主人的原则。

第四，《共产党宣言》告诉我们说："一切至今存在过的社会的历史是阶级斗争的历史"（就是用文字传下来的全部历史）。《中国通史简编》写阶级斗争，着重叙述腐化残暴的统治阶级如何压迫农民，和农民如何被迫起义。旧型类历史站在地主阶级的立场上骂农民起义是"流寇"、"土匪"，描写成为野蛮人，把所谓"官军"的真正野蛮行为，大都挂到起义军账上。要矫正这种谬见，必须肯定农民起义的作用，同时也要指出农民阶级本身缺乏组织性和觉悟性，因之它只能起着有限度的推动作用。至于异民族侵入，我也着重写了民族英雄和人民群众的英勇抵抗。写农民起义和反抗异族侵略，本意在说明中国人民确有阶级斗争与民族斗争的伟大传统，但没有写好也是事实。

第五，书中注意收集生产斗争的材料，古代的科学发明以及有关农业手工业的知识还是写得不少。例如炼钢、造纸、印刷、火炮的逐步发展，茶叶、早稻、棉花的大量种植。又如南宋江西、浙江有人使用投铁片入胆水，提炼出铜的方法。汉末曹操在冰井台藏石炭数十万斤。汉时高奴县（延安县东）发现石油，北宋用来点灯。唐时航海有大船，宋时航海用指南针定方向。诸如此类，自信在主观上是十分重视的（当然还有不少被遗漏），不过因为知识缺乏，没有能多所解释。

同志们听了我刚才所说的那些话，不要误会以为我在这里自我吹嘘。像我这样一个初学马列主义的人，如果一下子能够写出科学性颇高的中国史来那真是怪事。这好像一个小孩子初学走路，东倒西歪，连跌带爬，不成模样。我们不能要求他一学就会，我们只能要求他不怕闹笑话，加倍努力去学习。

《中国通史简编》有很多缺点和错误，我要写一篇“自我检讨”，希望发表出来，以便让大家知道这并不是中国通史的“定本”，同时也希望引起大家的批评，帮助我改正。我在检讨中所得到的对本书缺点的初步认识，可以归纳为以下两个方面：

一、非历史主义的观点

在中国历史上占据最长时期的封建时代，一方面是包含着许多甚至对于今天的民族生活还起着负作用的沉重遗产；另一方面，也不能认为这段历史时期对于中国民族生活的发展毫无积极作用，毛主席在《论新阶段》里指出：“我们不应该割断历史，从孔夫子到孙中山，我们应该给以总结，我们要承继这一份珍贵的遗产。”《新民主主义论》里也指出，“剔除其封建性的糟粕，吸收其民主性的精华，是发展民族新文化，提高民族自信心的必要条件。”这正是无产阶级对待历史遗产的正确态度。对于整个封建时代的历史应该采取这种马列主义的历史分析的态度，对于个别的历史人物，个别的历史事件也同样应该采取这种历史的分析态度。如果无分析地一律抹煞或一律颂扬，都是主观主义的，非历史主义观点的表现。在这本书中的有些地方的叙述就有这种非历史主义的缺点。例如属于封建统治阶级的帝王将相，就他们整个阶级地位来说，没有问题是压迫人民、剥削人民的。但是他们中的某一些人，在一定的历史条件下，确实也起了推动历史进步的作用，如果一律否认或缩小他们对历史的贡献，那是不对的。例如秦始皇嬴政，结束了从西周到秦朝八百多年割据分裂的局面，伟大的中国第一次统一起来。他废侯王，置郡县，兴水利，通河道，筑长城，统一文字，划一度量衡，拆毁国内长城，开发岭南，驱逐匈奴，建立规模弘大空前未有的大帝国。汉朝制度基本上承袭秦制，汉后历代制度又自汉制逐次演变而成，秦在两千年来中国历史上所起的创始作用，有极大的重要性，没有足够的叙述是不对的。汉武帝刘彻是雄才大略的皇帝。至少从殷朝起就侵扰汉民族的匈奴族，到汉武帝时，才打了决定性的大战争，汉族胜利了。当时匈奴还是落后的奴隶制度国家，每年侵入边郡，破坏生产，捕捉汉人去当奴隶，打败匈奴完全合乎汉民族的利益。我对汉武帝的武功，没有着重写他胜利这一面，却着重写了人民所受战争痛苦的一面。唐太宗李世民是中国皇帝中出类拔萃的人物。他击灭了侵略中国的突厥族，建立起疆域广大，超越前代的大帝国。汉唐是历史上两个光辉的大朝代，唐朝的强盛又胜过汉朝，我没有着重写击灭突厥的功业，却看作为他父亲李渊报仇雪耻的战争。宋太祖赵匡胤统一五代十国分裂的局面，很有功劳。明太祖朱元璋从元朝异族压迫下恢复汉族政权，也很有功劳，我着重写赵匡胤的官僚政治，朱元璋的专制残暴，他们在历史上的贡献，都没有当作重点显著地写出来。

这本书中又有些地方因“借古说今”而损害了实事求是的历史观点。本来“借古说今”并不是绝对不可以，但如果简单地借古人古事来类比今人今事，这就不是“一切以条件、地方以及时间为转移”的历史的观察社会现象的态度，而是古今不分，漫谈时事了。例如《中国通史简编》里叙述魏、蜀、吴三国的情形就有这个毛病。三国以前长江流域经济文化都落后于黄河流域，孙权建立吴国，推行北方的耕作方法，开辟耕地，又派朱应、康泰出使南洋诸国，组织一万人的大舰队开展海上交通，长江流域经济、文化比东汉前进了一步，这些功绩是值得重视的。蜀汉在四川、云南，对少数民族不采取残暴镇压的政策，汉族与少数民族一般能和平相处，这在封建时代是很少见的。三国分裂是军阀混战的结果，但三国国内设施，也各有其积极意义的一面。借吴蜀联合拒魏来类比抗日民族统一战线，借孙权来类比国民党反动派破坏统一战线，把孙权描写成几乎是全部黑暗的人物，这是不合当时的历史事实的。又如武则天利用特务镇压她的政敌，是统治阶级内部的互相争夺。借武则天来斥责特务统治，着重写了特务的残暴，而且把宫庭私事也写了出来，意在增加对特务统治者的鄙视。事实上武则天统治的时候，中国还保持强盛的形势，对人民说来，她不算是属于坏的一类皇帝。

以上就是由于片面地“反封建”和“借古说今”所造成的非历史观点的错误。

二、在叙述方法上缺乏分析，头绪紊乱

列宁说："马克思主义的最本质的东西，马克思主义的活的灵魂就在于：具体地分析具体情况。"这种具体的分析，首先要把生产关系划分出来作为说明该社会形态的结构和发展，同时还要到处和经常考察那些适应于这些生产关系的上层建筑物，以血和肉来把骨干包裹起来。但事情还不止于此，马克思说"同一的——就主要的经济条件说是同一的——经济基础，仍可由无数种互相不同的经验上的事情，例如自然条件、种族条件、外来的历史影响等，而在现象上显示出无穷无尽的变异和差别来。不分析这种经验上给予的事情，是不能理解这一点的"。马列主义的分析法应用在历史研究上，如此复杂而繁重，丝毫没有其他轻而易举的便宜方法可以代替。《中国通史简编》却采用了一个便宜方法来代替它，那就是现象罗列法，把互相有机系联着的统一的整体，排列成许多各个孤立的现象。经济基础与上层建筑物，前一时期与后一时期，这一事件与别一事件，同一事件在此时此地与在彼时彼地，说不出或说不清楚它们中间有什么有机的内部联系，结果是头绪紊乱，不相贯通，名为历史，实际上是一本史料汇编。对某些单独的历史事实，也因为缺乏分析，往往不能作出惬当的判断。例如岳飞是抵抗女真侵略的民族英雄，他的行动是代表民族利益的伟大行动。他曾代表地主阶级攻灭洞庭湖旁农民首领杨么，这固然不是好事，但比起抗金来，显然是较小的，没有把事情的轻重说明白，在鉴定岳飞这样一个历史人物上，引起了混乱的看法。又如隋炀帝杨广开运河，给当时人民带来了严重的死亡和痛苦，开成以后，北至涿郡，南

达余杭,在经济文化的发展上起着重大的作用。杨广以前和以后,历史上不少开运河的人,杨广之所以特别著名,在于他使用民力太急暴,更主要的是他在河上作大规模的游行,为以前以后的人所未有。着重写了杨广残害人民骄奢淫逸,却没有说明开运河还有其积极的意义,显得看问题不够全面。

除了以上所说两方面的问题,其他如使用材料也有错误或欠妥的地方,不少史学工作者,曾经善意地给我指出,我在这里表示感谢。此外没有检讨到的问题当然还有,需要自己更深入地作检讨,找出全部错误来。

我这样想:按照中国目前史学研究的已有成绩,要总结四五千年的全部历史,写出一本比较完好的古代通史来,无疑是困难的,但决不能因此而减损工作的勇气与信心,因为中国史学确实具备了几个决定性的成功条件,相信若干年后,比较完好的中国古代通史一定会出现。第一,毛主席已经指出史学工作者应走的正确道路。第二,中国人民翻了身,反动统治阶级基本上消灭了,革命的实践中已经给"一部廿四史"做了总结,这对于史学工作者,创造了来全面地总结历史的有利条件。第三,全国史学工作者组织起来,分工合作,或研究断代,或研究专史,或研究少数民族,或研究某一专题,局部性的研究愈益深入,综合性的通史也就愈益完好。第四,全国史学工作者在马列主义、毛泽东思想的指导下,进行批评、自我批评,逐步改进自己的工作。这四个成功条件以外,还有一个条件,就是中国人民对史学工作者的期望和鼓励。

几千年来,中国人民千辛万苦,流血流汗,创造了自己的祖国,创造了自己的历史,既然是自己创造的,产生热爱祖国,热爱历史的心情,也是很自然的。今天人民革命胜利了,劳动人民真正当了自己祖国的家，对自己祖先创造历史的勤劳和伟大，特别感到亲切与尊敬，要求知道创造的全部过程，为的承继历史遗产，从那里吸收珍贵的经验，做更伟大更美好的新创造。历史上，中国劳动人民对自然界作斗争的生产斗争历史，对统治阶级及侵略民族作斗争的阶级的民族的斗争历史，都有非常光辉的成就。统治阶级中一部分人，以各个不同的程度，参加这种斗争，全部或部分地符合人民的意志和利益，在政治经济上，在武力卫国上，在文化思想上作出许多大小事业，给历史以巨大的贡献，这与劳动人民的成就，同样值得人民的永远纪念与学习。把上述丰富的史实综合起来，就会基本上构成古代历史的光明面。当然，正因为中国人民充满着民族自尊心，所以特别愤恨自己的已往的奴隶生活与落后状态，对那些玷污民族名誉，出卖人民祖国，压迫劳苦人民，破坏经济文化，阻碍社会发展，毒害人民思想的暴君民贼及其所代表的反动地主阶级，表现无限仇恨，把他们的罪恶写在历史上，好让人民知道历史不是走的一帆风顺的胜利道路，历史走的是崎岖曲折，艰难困苦的道路。

古代留下来大量历史书籍，一般是地主阶级文士为拥护地主阶级利益而写的，中国人民需要的是人民自己的历史，而现在还没有，这就是为什么期望和鼓励人民史学工作者努力研究的缘故。我希望和全国史学工作者在一起，依靠四个决定性的胜利条件，树立起为人民服务的最大决心，同心协力，为写出一本比较完好的中国通史而奋斗。

并野、德远整理，克敏、王综校对

原载《新建设》杂志 1951 年 4 卷 2 期

《中国通史简编》的学术成就*

陈其泰

一、由精研国学到成为马克思主义史家的学术道路

范文澜(1893—1969 年)是我国杰出的马克思主义史学家,他经历了由精研国学到成为马克思主义史学家的学术道路。他于 1913 年考入北京大学,至 1917 年毕业。这几年中,他打下了深厚的国学根底。他曾师从古文学派学者陈汉章、刘师培,尤其是深受古文训诂学家黄侃的影响。此时的范文澜,“笃守师法”,决心“追踪乾嘉诸老”。这些老师们也对他大加奖誉,“认为颇堪传授‘衣钵’”①。1925 年,他的第一本著作《文心雕龙讲疏》在天津出版。此后又相继出版了《群经概论》、《正史考略》、《文心雕龙注》等,成为国学界一位知名的学者。

此后,在时代潮流的推动下,范文澜走上了一条崭新的道路。“七七”事变后,他在河南大学举办抗战训练班,后至豫中各地从事

---

* 本文是基于 20 世纪 50—60 年代出版的修订本来论述《中国通史简编》一书的学术成就的,特此说明。——编者注

① 范文澜:《从烦恼到快乐》,《中国青年》第 3 卷第 2 期,1940 年 12 月。

抗战民众动员，参加了新四军，并于1939年冬由河南到达延安。在抗战的熔炉中，他完成了向唯物史观的转变。

他到达延安不久，即被任命为延安马列学院历史研究室主任，并接受中共中央交给的任务，在短时间内由他主持编写一部简明的中国通史。当时延安的物质条件极为艰苦，书籍资料更不充足，他却于1940年8月至次年年底，即以不到两年时间，在延安窑洞的煤油灯下，一笔一字，顺利而迅速地完成了总字数达56万字的通史著作，并于1941年9月和1942年底分上、下两册在延安出版。《中国近代史》(上册)也于1945年底撰著完成。在当时延安十分困难的条件下，范文澜却创造出如此学术业绩，堪称难能可贵！是中国共产党在把马列主义普遍原理与中国革命具体实践相结合方面所达到的成熟，使范文澜在理论上、认识上得到极大的提升，是延安革命精神和人们的思想风貌使他得到巨大激励和鼓舞，是中华民族迸发的伟大精神，激发了他要写出无愧于伟大时代的新型历史著作的热情和使命感！延安版《中国通史简编》至1949年在各解放区先后印行了7版，1947年还由希望书店在上海出版，如此广泛传布说明这部著作符合时代的迫切需要，受到广大干部、群众的热烈欢迎。

新中国成立后，范文澜任中国科学院近代史研究所所长、中国科学院哲学社会科学学部委员，第三届全国人大常委会委员和第三届全国政协常委会委员。在中共八大、九大，分别当选为中央候补委员和中央委员。1951年中国史学会成立，他任副会长，主持史学会日常工作。中国史学会主编《中国近代史资料丛刊》，他是总编辑之一。20世纪50年代至60年代前期，他与郭沫若一起领导全国史学界活动。他职务虽多，但对于权位一向十分淡泊，保持他作为学者和革命者忠诚、勤恳、正直、谦虚、朴实的本色。他所专注的是著史事业。1969年7月29日逝世之前,他仍在筹划将通史著作继续写下去,为新史学的发展奋斗到了最后一息。

二、《中国通史简编》的学术成就

《中国通史简编》作为范文澜的代表作,在叙述中国历史进程所表达的史识上,在讴歌民族精神、阐发民族智慧上,在反映各民族共同创造祖国历史上,在评价历史人物上,在描绘多样的社会生活上,在阐发传统文化的宝贵价值上以及全书的编纂、组织上,都成功地向读者展现出一幅幅雄浑壮阔、多姿多彩的历史画面。这里仅择要从四个方面对本书的学术成就作简略的论述。

(一)高明的史识 开阔的视野

范文澜著史的目的,是要科学地说明中国历史演进的客观过程,揭示其规律性,并总结历史上兴衰治乱的教训、民族的智慧、文化的精华。书中很重视论述历史发展的趋势和阶段特点,论述各个时期的政治思想和措施、社会结构、阶级关系、经济状况,这些内容与对制度的创立沿革、重大事件、人物活动、科技文化等方面的论述评论相配合,多层面地展开,构成了内容丰富的通史。

著者极其重视论述各个历史时期的特点和社会结构。如论述"周初大封建",建立较大侯国,降服许多小国,含有统一天下于周王的意义时,指出这显然是一个进步。强迫奴隶制度的小邦接受周朝的封建制度,更是一个重大的进步。分封与宗法制度密切结合,以周王为中心,形成一层一层的宗法等级关系。而其真实的社会物质基础,就是封建土地所有制。著者又专设一节论“统治阶级的敬天保民思想”,认为:周初的社会意识,与商代大不相同。商代奴隶主对奴隶有绝对的权威,因而在思想观念上也认为统治者受有绝对的天命,对民可以任意诛杀。周初统治集团的思想核心则是敬天保民。这与商代有质的不同,因为它反映了封建领主不完全占有农奴的新生产关系。敬天保民思想进步,就因为产生这种思想的基础进步。针对不少论者所言周初制度与商代制度无大不同的观点,著者指出,周代祭祀、葬礼与商代显著不同,并分析这种不同的原因是来自黄土高原的周人深知稼植之难,敦厚节俭。有关的周初文献即向我们昭示了这一点。而周初文化乃是灿烂的古代中华文化的最初基石,明乎此,那么周初的大政治家、大思想家周公的历史地位也就不言而喻了。

根据唯物史观原理,在阶级社会中,造成社会变化的原因,是各个时期的政治势力、政治主张、阶级或阶层间利益的斗争促使的,而其更深层的原因则是社会物质生产的变化和不同集团间经济利益的推动。按照这种理论和方法考察历史,对于提高历史学的科学性有重大的意义。贯穿范著全书的正是这一指导思想,书中以阶级关系和经济领域变动来解释社会变迁有许多成功的例子。对于三国鼎立的局势,除了论述东汉末年社会混乱情势下三大政治集团的角逐外,范文澜又从经济的角度作了深刻的分析。他提出的一个重要论点是:“从经济方面说来,三国分立也是东汉末年社会大破坏的自然产物。”其理由是:原来黄河流域是经济最发达的中心地区,因之它也是政治文化的中心地区。“这个伟大强盛的中心地区首先带动了长江上下游地区(益、荆、扬)的经济逐步前进。"西汉中期,楚越地方还被称为:地广人稀,刀耕水耨,无冻饿之人,也无千金之家。"这就是说,江淮以南经济落后,剥削者还不能积累起千金。到了东汉时期,大地主豪强到处出现,说明经济已有发展,足以产生大的剥削者。"经济发展的一个表现是人口增长。东汉时期,会稽郡户数、口数,都比西汉增长三分之一或更多一些。豫章郡、益州郡户口也有明显增长。"不过,长江上下游的人力富力比起中心地区来相差是很大的,它只能作为依附者与中心地区相联系,从而得到自身发展的助力。所以当中心地区强盛的时候,长江上下游不可能在政治上脱离朝廷自立为国家,但当中心地区遭受大破坏,不能起带动作用的时候,那就要发生一时的分立,汉、吴两国就是在这种情况下发生的。"然则由于历史上形成的渊源久远的政治、经济、民族、文化等条件的作用,黄河流域和长江流域从根本上要求统一,这是在长时期内发展的必然趋势。① 同样,范文澜根据经济、民族、文化等层面综合考察,对偏安一隅的东晋南朝共三百年对中国历史发展的积极作用也给予颇高评价。他说,自东晋立国,至隋灭陈,前后共二百七十二年。"西晋灭亡后,黄河流域在少数族统治下,长期遭受严重的破坏,汉族在长江流域建立本族政权,抵抗少数族的南来蹂躏,这是有利于民众的事业,不能看作分裂和割据。长江流域比起黄河流域来,一向是落后地区,东晋时期,北方汉族人大量南迁,长江流域经济有很大的发展,逐渐接近黄河流域未遭破坏时的经济水平,文化的兴盛,更远远超过当时

---

① 《中国通史简编》(修订本)第二编第三章第七节"汉国(蜀汉)"。以下凡引此书,只注明编、章、节。

的北方。南朝文化为隋唐统一时期高度文化奠定了基础。”①闽江流域和珠江流域比长江流域又落后得多。东晋时一部分北方士族迁到晋安郡(治设原丰县,即今福建福州市),闽江流域经济文化开始发展起来。梁末大丧乱,晋安郡独富饶安宁,不受丧乱的影响。侯景陷三吴,会稽郡很多人迁居到岭南,汉族文化在珠江流域也开始有一些发展。故长江下游的汉族士人通过迁到原先偏僻地区,把汉族先进的经济文化带过去,提高落后地区的水平,这也是东晋南朝时期历史进步的一个表现。

(二)多层面反映历史真实

著者恰当地运用了许多确凿生动的史实,极力状写历史演进的丰富内容和波澜曲折,状写历史场面的多姿多彩。首先是论述各朝代重要制度的创立衍变。制度的沿革是历史运动的主要表现形式之一,对于反映历史人物的行为、社会阶段的特征,对于认识各个朝代阶级的、经济的、文化的状况和中国历史走过的道路,以及总结兴衰治乱教训,都有很大关系。在《中国通史简编》一书中,著者对隋朝制度即有精辟的论述,书中高屋建瓴,概括了隋朝制度的创立有两大特点。第一,隋制系综合前代各种制度制定的,对于以后封建社会有深远的影响,就此而论,隋朝制度的重要性类似于秦朝。范文澜指出:“隋文帝统一天下,综合前代各种制度,有沿有革,厘定成隋制。自唐至清,基本上沿袭隋制,自然也陆续有不少改革。隋文帝所定制度,同秦制一样,都有划时代的意义。”第二,

① 第二编第五章第一节“五个朝代的更替:陈朝”。

隋朝建立,标志着自东晋迄南北朝近三百年分立局面走向重新统一,因而无论官制、礼制、选举制度等项,都突出地反映了中央集权制的加强,长期南北界限的泯灭,和长期华夏正统的发扬。范文澜的论述说明制度的设立深刻地反映了历史的根本趋势,对于读者认识隋朝虽是一个短促的时代,但对中国封建社会有重大影响这一历史地位,有很大的帮助。如隋代管理政务的机构是尚书省,下设吏部、礼部、兵部、都官、度支、户部六曹(以后度支改为工部,都官改为刑部)。六部尚书分掌全国政务,自隋时定型,一直沿袭到清末。隋代又改变汉、魏以下州郡县长官得就地自辟僚佐的制度,在后魏、北齐多由吏部选授的基础上,确立了全国任何小官,任用权都操在吏部的制度。① 隋朝虽然只历经 38 年,但读了范著,我们必然对隋在制度上多所创设的丰富内容有深刻实在的认识,而且对隋代在中国历史上承先启后的地位,和中华民族经过一个历史时期分立之后,必然在新的基础上走向更高的统一这一发展方向,在哲理上获得宝贵的启示。

《中国通史简编》还向我们多角度地展示促进和影响中华民族历史发展其他方面的内容,如水利工程,中外关系和文化交流,汉族地区社会结构和不同阶层的作用,民族活动,文化心理等。中外关系及文化交流是历史进程的重要内容,范文稿澜在论述唐以前的中外关系时,重点论述了与西域的交通和佛教传入对中国历史及文化的影响。他以充满热情的笔触论述中西交通对西汉和西方社会文化发展的巨大促进:“在这种形势下,中外文化的交流开始了一个新纪元。”“西汉晚期,印度佛教哲学与艺术,通过大月氏传

① 第三编第一章第一节“巩固国家统一的各种措施”。

入中国。希腊罗马的绘画也在1世纪传到天山一带。这些西方文化特别是佛教哲学的东来,大大影响了东方人的精神生活。”另一方面,是“高度发达的汉文化也大量传播到天山南北以及更远的西方”。西晋以后,佛教更大规模传入中国。对于佛教大规模传入造成的蛊惑民众思想、靡费浩巨财富、破坏农业生产等严重祸害的一面,范文澜在书中作了有力的批判。同时,他又以辩证态度,根据大量史实,总结出佛教在哲学上、艺术上对中国文化发展的有益影响:“佛教哲学的传入,对中国哲学发展的步骤说来(由朴素唯物论到唯心论,再由唯心论到唯物论)并不是无益的。”①“汉族传统文化是史官文化,它的优良特征是征实,它的缺点是想像力不很丰富。古代传下来的神话不多,就是缺少想像力的一个明证。……佛教拥有成套成堆的神话,传到中国来,可以补史官文化的不足,在艺术方面起巨大作用。中国古代规模宏大的艺术品的产生,和佛教是分不开的。”②

(三)谱写各民族共同的历史

范文澜明确提出:中国之所以成为一个伟大的国家,“首先必须承认,这是构成中华民族各族男女劳动人民长期共同创造的成果。”③书中第一编第四章设了“各族间的斗争与融合”一节,通过爬梳大量分散的史料,头绪清楚地叙述了东周时期中原华夏族及众多的少数族的分布及活动情况,精到地归纳总结而得出结论:东

---

① 第二编第三章第十节“经学、哲学、科学、宗教”之四“宗教”。

② 第二编第四章第五节“十六国时期的文化”之二“艺术、哲学”。

③ 《中华民族的发展》,《学习》1950年第3卷第1期。

周时期华夏族与诸族经过斗争达到融合,成为中国历史上民族关系和国家统一加强、文化向前发展的一个重要阶段,为秦汉统一作初步准备。秦汉时期形成人口众多的汉族,是由华夏族与原先杂居相处的诸族混合而成的,这是各民族共同创造祖国历史的一个很重要的史实。第二编东汉一章中,范文澜用了更多的篇幅论述东汉王朝与周边各族(乌桓、鲜卑、匈奴、羌、氐、西域各国)的关系,既记载东汉与北匈奴、鲜卑、羌的战争,又极为重视汉与周边各民族关系加强的史实。范文澜极重视汉代与西域各族联系加强对于促进西域社会发展和促进东西文化交流的意义,分析汉通西域的完全必要性和深刻合理性,指出:匈奴奴役西域各国,"敛税重刻,诸国不堪命",西域人民和大部上层人物,都盼望得到汉的保护,从西域各国的要求看,汉通西域是完全合理的;西域诸国内附,割断匈奴的右臂,汉朝才能取得北部边境的安宁,从自卫的观点看,汉通西域更是完全必要。书中写道:班超奉召将归国,从汉诸国大震动,疏勒国大官黎弇怕班超走了,龟兹来报复,拔刀自杀。于阗国王侯大臣抱住班超的马脚,号泣不让走。经过班超20年的经营,西域五十余国全部内属,葱岭东西路畅通。其后,班超之子班勇奉汉安帝之命,奋先父之余烈,再次立功绝域,大破匈奴呼衍王,又击走北单于兵,北匈奴向西逃遁,葱岭以东诸国重新归附,从此汉与西域商业往来和文化交流不绝。"过去汉文化经河西向西流,现在佛教文化经河西向东流。北匈奴被班勇驱逐,向西远走,西域各国免受奴役,有余力发展佛教文化,通过河西这条文化运河,与汉地保持着长期的正常关系。"[1]从张骞通西域,到班超、班勇父子经营

① 第二编第三章第五节"汉文化对国外诸族的影响"。

西域，这些历史事实有力地证明，今天新疆境内广大地区，早在两汉时期就与内地有着密切的政治、经济和文化的联系，中华民族的发展早就融汇着新疆境内各民族居民的宝贵贡献。范文澜在书中所作的分析和记载，无疑是我们加强民族团结和爱国主义教育的好教材。书中记载各民族的历史还有两项极为突出的：一是对于少数民族在历史上作了出色贡献的人物，如北魏道武帝拓跋珪、太武帝拓跋焘、周武帝宇文邕、吐蕃弃宗弄赞普（松赞干布）等对本民族和整个中国历史作出的贡献，都予以详细记载和高度评价。书中举出丰富的史实，详细论述松赞干布在位期间稳定内部、巩固王权、建立起统一的吐蕃国，与唐和亲、吸收汉文化，发展畜牧业、加强国力，创立兵制、官制和制定、使用吐蕃文字等项贡献，高度评价松赞干布推动了吐蕃进入强盛时期，其成就对后来藏族的形成具有深远的影响。“原来寂寞无所闻见的中国广大西部，因强有力的吐蕃国出现，变得有声有色了。这是吐蕃历史的大进步时期，也是中国西部居民开始参加历史活动的时期。”①二是在第三编中设立了“吐蕃国”、“回纥国”、“南诏国”三个专章，以 9 万字的篇幅来记述隋唐时期三个周边民族的政治、经济、制度和文化，这在通史著作中确实有首创的意义。

（四）评说千秋功罪

范文澜为自己著史提出的一项重要任务，是歌颂历史上的进步力量，揭露、谴责邪恶势力，评说千秋功罪。评判进步与邪恶的

---

① 第三编第四章“简短的结论”。

标准，是按照马克思主义的原则，严格地“把问题提到一定的历史范围之内”，考察其对人民大众态度如何，是否起到推动社会前进的作用。

本书出色地运用这一原则，对历史上众多的人物、事件、社会势力、思想流派提出了褒贬分明的评价。书中既态度鲜明地肯定人民大众推动历史前进的作用，同时，又实事求是地肯定了统治阶级中一部分人，在政治、经济、军事、文化上对历史作出的贡献，做到依据这些人物所处的历史条件，作具体分析，分别给予适当的评价。范文澜称汉武帝“无疑是中国历史上有特殊功勋的伟大人物”①。书中既严正地批评他“对外连年大用兵，战争使国内各种矛盾都激化起来”。对农民实行残酷的剥削，致使农民穷困破产，富人乘机大掠夺。同时又认为，“通过汉武帝，农民付出‘海内虚耗，户口减半’的代价，造成军事、文化的极盛时期。”②对于诸葛亮，书中认为，按照封建时代的标准来说，他的道德是很高的。他确实做到了一虚心纳谏，二不增殖私产，堪称是正身的模范。“他集中权力在一身，但是汉后主并不感到他的威胁，朝臣们并不感到他的僭越，国内始终保持着和睦状态。”“他以‘鞠躬尽瘁，死而后已’的精神来效忠汉国，无异于屈原的效忠楚国。”“他的攻魏计划虽是失败了，他所治理的汉国，在三国中却是最有条理的一国”③。又论述唐太宗接受了隋末农民起义的教训，有善于纳谏的作风，能知人、又能用人，“他相信人才就在今世，随时留心，从新人疏人甚

① 第二编第二章“简短的结论”。

② 第二编第二章第一节“西汉政治概况”。

③ 第二编第三章第七节“汉国（蜀汉）”。

至敌人中得到许多文武奇才”。他的文治和武功都取得空前的成功,是“中国皇帝中出类拔萃的人物”。当然他是个封建统治者,由于功业的巨大成就,后期骄矜心和享乐心也逐渐滋长。

对于功绩与罪过集于一身的人物,著者尤能精到而细致地加以剖析,不作笼统的肯定或指责。如对唐玄宗,书中有恰当的分析:“唐玄宗在开元年间,是励精求治的皇帝。……可是在取得成就以后,便精疲力尽,骄侈心代替了求治心。唐朝到开元时期才达到极盛的顶点,也就在这个时期的季年,造成了天宝时期的乱源。”开元年间,唐玄宗为求国内的安宁,曾表现出卓越的政治才能,主要表现在用人和纳谏上。先后任用姚崇、宋璟、张说、张九龄等人,各有所长,都能直言谏诤,补救缺政。“唐玄宗懂得纳谏的重大意义,这是取得开元之治的根本原因。可是,他纳谏非常勉强,这些直臣都因忤旨被罢免,不能久居相位。……他在位年久,骄侈心压倒求治心,想要一个顺从意旨的人做宰相,自己可以纵情享乐,老奸李林甫因此被用来代替张九龄。”谏诤的路被李林甫断绝,开元之治转向天宝之乱了。[①] 这些论述,是对唐玄宗功过的深刻分析,也是对唐朝由盛到衰这一历史转折的精到概括。书中对于较为次要的历史人物,也能要言不烦地评价他在历史上起到什么作用。如论述五代十国的吴越王钱镠对百姓剥削沉重,赋税苛重,同时肯定钱镠也做了些有益的事情,如兴修水利,促进了农业生产。[②]

以上例证,充分说明范文澜在评价历史人物时目光犀利,严格地从历史条件出发,善于透辟地、辩证地分析问题。著者还注重运

---

① 第三编第二章第一节“唐前期政治概况”。

② 第一编第三章第二节“环绕中原地区的十个小国”之五“吴越国”。

用比较方法评价人物，如书中对盛唐三大诗人李白、杜甫、王维学术思想渊源和风格不同的比较，对韩愈和柳宗元在古文运动中风格和地位不同的比较，都极具深度而有说服力。书中这类成功之处甚多，对于治史者更好地掌握评价历史人物的理论和方法，无疑大有裨益。

三、厚重的历史感和对“文”“史”兼通优良传统的发扬

在众多的史学著作中，《中国通史简编》具有独特的鲜明风格：既具有厚重的历史感，又做到了布局严整，叙述贯通，气势畅达，语言生动、隽永，达到二者完美的结合。范著厚重的历史感，来自对史料的广泛掌握和深刻、独到的理解，更来自他运用唯物史观基本原理来指导探索中国历史特点的努力。他善于对复杂的历史问题作入情入理的剖析、评说，而使人感到折服。

范文澜强调学习马克思主义理论要求“神似”，反对“貌似”。他说，“貌似是不管具体实践，把书本上的马克思主义词句当成灵丹圣药，把自己限制在某些抽象的公式里面，把某些抽象的公式不问时间、地点和条件，千篇一律地加以应用。这是伪马克思主义，是教条主义。”他又主张学习理论要独立思考，破除迷信。他说：“我们应该把‘我’大大恢复起来，对经典著作也好，对所谓‘权威’的说话也好，用‘我’来批判它们，以客观存在为准绳，合理的接受，不合理的放弃。”[①]范文澜总结汉民族形成的规律，就是创造性地运

① 《历史研究的几个问题》，《范文澜历史论文选集》，中国社会科学出版社1979年版，第208页。

用唯物史观理论的范例。范文澜认为，斯大林在《马克思主义与民族问题》等文中所讲，“民族是历史上形成的一个有共同语言、有共同地域、有共同经济生活以及有表现于共同文化上的共同的心理状态的稳定的人们共同体”，所论的几个条件是有普遍意义的；而斯大林所论“民族是在资本主义上升时代团结和发展起来”的论断，则只适用于欧洲，而不适应于中国历史。在中国，“自秦汉起，汉族已经是一个相当稳定的人们共同体”。从那时起汉民族已经形成，以后是进一步发展和巩固。在“绪言”中，他论证秦汉时期由皇帝、郡守、县令到乡里，已经形成一整套政治体系；秦汉时期，已具备“书同文”，“行同伦”，而且全国范围内已形成相当密切的经济联系。因此结论应该是：汉民族是“在独特社会条件下形成的独特民族。它不待资本主义上升而四个特征就已经脱离萌芽状态，在一定程度上形成了现实。它经历了二千余年的锤炼，具备着民族条件和民族精神”。“汉民族在资产阶级产生以前，早就是坚强的民族。”范文澜的观点在20世纪50年代发表后，在学术界引起热烈讨论，开始时许多人反对，只有少数人赞成。但随着时间的推移，绝大多数学者对此均持赞同态度，因而汉民族在汉代已经基本形成业已成为学术界的主流看法，在1986年出版的《中国大百科全书·民族卷》“民族形成理论”条目中，也采用了范文澜的观点。

对于传统文化，范文澜有极深入的研究，书中很多地方都有鞭辟入里的分析、概括。如，论述孔子思想是春秋时期“士”阶层的代表，它对宗族制度有一定的反抗性。孔子反对横征暴敛，表现出真诚的爱民思想，主张举贤才，慎刑罚，薄赋敛，重教化，斥责为政者“不教而杀”、暴虐残民的行为。不过，孔子把民看作愚昧无知的人，孔子修《春秋》，寄托他的政治思想。凡暴君被杀，称国人弑其君某某，表示国人皆曰可杀，但仍称弑，表示到底是以下犯上。这些都说明孔子思想有一定的进步性、反抗性，但保守性大于进步性。孔子创儒家学说，主要内容是“仁”和“礼”。礼指统治阶级规定的秩序。仁指做人的道理，也就是爱或同情心。礼是外在的，仁是内在的，二者合起来，目的就是服从统治阶级规定的等级制度。孔子讲“中庸”，也是妥协性的表现，“一切都得合于中庸之道，而中道所在，要依据情况随时移动。移动求中道称为权（称锤），权总是偏在尊者贵者亲者一方面。”总之，孔子学说有多面性，“所以儒家学派总能适合整个封建时代各个时期统治阶级的需求”①。这些论述揭示出孔子思想的内在蕴含。书中又从两千年中国古代政治思想与学术思想演变的大势，论述儒道两家学说的地位和作用：“儒道两家是封建统治阶级不可偏废的两个重要学说。儒家是一条明流，它拥护贵族尊卑的等级制度，使统治者安富尊荣；道家是一条暗流，它阐明驾驭臣民的法术，使统治者加强权力。秦汉以后历朝君主，凡善于表面用儒，里面用道，所谓杂用王霸之道的国常兴盛，不善用的国常衰亡。儒经和道经也为历朝士人所必读，成为学术思想的主要泉源。孔子与老子两大学派，一显一隐，灌溉着封建社会政治、文化的各个方面。”②这些论述都极其深刻中肯，确能道出古代思想的奥蕴。对唐代文学的气象、规模和时代特点，他先区分各个部门作了生动、详尽的论述，然后作精炼的概括，指出唐代文学继承了前代文学中有前途的新生因素，使之达到完成的境界，并得到大发展，又成为此后一千年间各种文学形式新的起点、新的源

① 第一编第四章“列国兼并时期——东周”第九节“孔子及其所创儒家学说”。
② 均据第一编第五章第六节“老子与庄周”。

头。“唐文学比起文学史上著名的建安、太康、齐梁诸时期来，是一个规模空前的发皇时期。自建安以来在文学形式上极被重视的声律和对偶化运动，唐朝达到了完成的境界，并且得到大发展。东晋以来对骈文处于劣势地位的散文运动，唐朝也达到了完成的境界而大为发展。近体诗（律诗）和古文（散文）是代表唐朝文学的主要文体，由此破坏了或者派生了其他若干文体，影响了后代文学至为巨大。”这是作者从深入地分析唐代文学内部诸多方面的演变，归纳出其中最具时代特征的新旧推移的逻辑发展，并且从俯视整个中国文学发展趋势的高度而得出的精到看法，为百花齐放的唐文苑作了准确的历史定位，立论超凡拔俗而又令人信服。

我国古代优秀史家兼通“文”“史”，有很高的文学造诣。从《左传》、《史记》起，就形成了善于用生动优美的文学语言叙述历史的优良传统，将史书写得形象逼真，栩栩如生，许多名篇脍炙人口，千古流传。古人还总结出“言之无文，行之不远”、“良史莫不工文”的原则，论述优美的历史表述对于吸引读者、广泛传播历史知识的重要作用。范文澜发扬了古代优秀史家的好传统，他写的历史著作和评论文章，极富文采，语言优美、洗炼、生动，在当代史家中被公认为最出色的。他强调文字表述的重要：“韩愈所说的文以载道，是经验之谈。一辆破烂车子载着大道理，人家会拒绝它走进自己的眼睛里。”①书中的历史叙述引人入胜之处不胜枚举。如，他论述唐代著名诗人李白、李贺的作品都意境超拔，想象奇特，但二人风格又迥异。李白的诗“奇思涌溢，想人之所不能想，说人之所不敢说，自有诗人以来，敢于冲破一切拘束，大胆写出自己要说的

① 《历史研究中的几个问题》，《范文澜历史论文选集》，第217页。

话，破浪直前，无丝毫畏缩态，李白至少是空前的一人”。[①] 李贺则相反，“他负才不遇，非常轻佻傲慢，看在眼中的文人极少，时人也合力排挤他，他愈被压抑，思想愈孤癖，诗意也愈深刻，特别是说到荒墓野鬼这一类极端消极的事物上，诗句也就愈精采。”“他在死的方面运用想像力，犹如李白在神仙方面，同样获得成功，不过长生与死亡意趣大不相同，二人的意境就大异了。”“李贺佳句大抵从实地观察中得来，又加以锤炼功夫，得句往往奇巧。好似高手摄影师选择最适当的地点，摄取全部胜地的精华。”[②]用比较手法讲出他们的不同风格，真切传神。他论述唐晚期及五代文苑一片衰败萧索，但此时却产生了新体的词，“恰似几朵鲜艳的桃李花在秋树枝上开放，使人感到衰秋里还留有一点春艳”[③]。生动贴切，令人赞赏。

精湛的理论分析、丰富的资料和文采斐然的文字，三者有机结合，相得益彰，使范文澜的论著赢得广大读者的欢迎。他在探求马克思主义历史学民族化和达到“文”“史”兼通境界方面所创造的丰富经验，值得我们认真总结。

---

① 第三编第七章第五节“百花盛放的唐文苑（诗、词）”之“盛唐诗人”。

② 第三编第七章第五节“百花盛放的唐文苑（诗、词）”之“中唐诗人”。

③ 第三编第七章第五节“百花盛放的唐文苑（诗、词）”。